21世纪高职高专“十二五”精品规划教材

大学语文

Daxue Yuwen

◎主　编　易前伟　胡　军

◎副主编　朱怀忠　张　斌　熊　勇

内容提要

全书分为五部分，即文学：感悟的人生；历史：真实的人生；哲学：思辨的人生；道德：修为的人生和口语：表达的人生。每部分都先介绍理论知识，然后通过中国古典史学、文学、道德和中外哲学的经典文章进行侧面说明；在编排上，将文选放在相应的理论后，从而使理论和文选相互印证、相辅相成。

本书可作为高职高专学生的公共基础课教材，也可供社会人士阅读。通过阅读本书，能使读者从中获得文学精神食粮，提高自己的文化素质修养，增强阅读能力和文字表达能力。

图书在版编目(CIP)数据

大学语文/易前伟，胡军主编. —天津：天津大学出版社，2014.6

21世纪高职高专"十二五"精品规划教材

ISBN 978-7-5618-5096-1

Ⅰ.①大…　Ⅱ.①易…②胡…　Ⅲ.①大学语文课－高等职业教育－教材　Ⅳ.①H19

中国版本图书馆CIP数据核字(2014)第136358号

出版发行　天津大学出版社
出 版 人　杨欢
地　　址　天津市卫津路92号天津大学内(邮编:300072)
电　　话　发行部:022-27403647
网　　址　publish. tju. edu. cn
印　　刷　昌黎太阳红彩色印刷有限责任公司
经　　销　全国各地新华书店
开　　本　185mm×260mm
印　　张　21
字　　数　524千
版　　次　2014年7月第1版
印　　次　2014年7月第1次
定　　价　45.00元

序　言

高职教学改革的落脚点就是教材、教法，许多高职院校基础课程的改革滞后于专业课程改革的一个重要的原因就是缺乏校本教材。"大学语文"是高等院校（包括高等职业院校）非中文专业大学生的必修课程，旨在培养学生基本的文学鉴赏能力和艺术气质。通观已出版的很多大学语文教材，其编写体例与中学语文课本无异，就是以各种体裁的文选为经，以文选分析为纬，按照文学的体裁（诗歌、散文、小说等）罗列出几个板块，选几篇经典的文章，组合成一本教材，完全缺乏大学语文的特色，更不适应高职学生的特点。

我们编写的这本教材，根据高职教育的特点，尝试对大学语文教材编写进行改革，尽量彰显"语文"含义，即"语言文字"义，强调大学语文与中学语文的不同，在编写中除了注重文学欣赏外，更加注重培育大学生最起码的人文素质，同时还对应用文写作和口头表达能力进行较为系统的指导和训练。

在技术教育和职业教育成为学校教育的重要组成部分的今天，注重工具性和实效性、追求利益成为人们评判成功与失败的标准，人文素质的培养遭到冷遇、排挤，甚至抛弃，这是应该反思的。当然，我们不是说技术教育不重要，而是强调人文教育和技术教育同等重要，甚至从人类长远发展看，人文教育更该被重视。

人文素质是一个精神软件，具有内在性或内敛性的特点，外化为一种精神气质。孟子曾经这样说道："君子所性，仁义礼智根于心，其生色也睟然，见于面，盎于背，施于四体，四体不言而喻。"（《孟子·尽心上》）人文素质是人内心的道德修为，以及由此生出的为人处世之道，表现在外表的神色、举手投足、言谈举止之间，而且，基于内心的外化行为是不言而喻的，是具备良好道德修养的人的本性体现。

人文素质的培养由人文科学来完成，而对非中文专业的大学生尤其是注重技术技能培养和校企合作的高职院校学生而言，人文素质的培养就只能通过大学语文这门课程来实施。人文科学包括史学、哲学、文学、经济学、政治学、法学、伦理学等，为此，我们在本教材的编写过程中一改传统的只选择文学作品的做法，将史学、文学、哲学、道德和口语交际融为一体。当今大学生除了身心成熟之外，在知识积累上也具备了一定的理性思维能力和评鉴能力，以往的文选分析一方面给学生一种厌倦感，另一方面也不能满足学生的求知欲。而且，语文尽管从小学到大学都在学习，可大部分学生对国学却知之甚少，甚至是根本不了解。

针对学生的这些现状，我们思考到：哲学作为一门思考宇宙、人生的系统知识，生存其间的人应该懂得；历史，究竟真的只是一些过去的人物和事件吗，什么是真正的历史、从何种角度正确看待历史人物和历史事件，这些都应该是现在的学生应该掌握的；学了十几年的语文，究竟什么是文学，文学应该怎样去鉴赏，应该从哪些方面去评价一篇文选，大学生也应该知道；在当今这个人人都在谈论"信仰危机"的时代，一个大学生应该具备哪些最起码的为人之道；在人与人交往过程中，最起码的交际用语有哪些，应该注意些什么……正是本着这样的想法和理念，我们分五个部分来编写教材：文学、历史、哲学、道德和口语，每部分都先介绍理论知识，然后通过中国古典史学、文学、道德和中外哲学的经典文章进行侧面说明；在编排上，将文选放在相应的理论后,从而使理论和文选相互印证、相辅相成。

本教材由重庆三峡职业学院基础部语文教研室全体教师参与编写,易前伟、胡军担任主编,提出整体编写框架。下设编委会,由易前伟、胡军、朱怀忠、张斌、熊勇、马绍文组成。参编人员:秦星、向学华、杨城、张洁、陶卫、邓向婧、王宏基、田君、邓丹。

具体分工如下:

胡军:第一章,文选三篇;

秦星:第二章第一、二节,第三章;

朱怀忠:第四、五章,第六章第一、二节;

张斌:第六章第三节"封建社会的发展演变"部分,文选八篇;

向学华:第六章第三节"秦汉时期"以后各部分及第四节,文选二篇;

易前伟:第七、八、九、十、十一章,第二章第三节,为第三十八篇文选作注,文选二十四篇;

熊勇:第十二章第一、二、三、四节,文选二篇;

马绍文:第十二章第五、六、七节;

杨城:第十三章;

张洁:第十四章;

陶卫:第十五章第一、二、三节;

邓向婧、邓丹:第十五章第四节;

王宏基、田君:文选四篇。

最后由主编易前伟通读全稿,统一修改、协调和润色,并撰写序言。

由于本书由多人执笔编写,文字风格不尽一致,内容深浅程度掌握亦不尽如人意,不足之处,敬请批评指正。

编　者

2014 年 3 月

目　录

文学：感悟的人生

历史：真实的人生

哲学：思辨的人生

道德:修为的人生

口语:表达的人生

文学：感悟的人生

第一章　文学的产生

“文学”一词在《辞海》是这样被定义的：“文学是社会意识形态之一。中外古人都曾把一切用文字书写的书籍文献统称为文学。现代人们将用语言塑造形象以反映社会生活，表达作者思想感情的艺术称为文学，又称为‘语言艺术’，现代通常分为诗歌、散文、小说、戏剧、影视文学等体裁，在各体裁中又有多种样式。”

事实上，文学除了被认定为是社会意识形态之一外，还有以下几种不同说法。其一，文学是孔门四科之一，如在《论语·先进》里提到：“文学，子游、子夏。”邢炳疏：“若文章博学，则有子游、子夏二人也。”亦指教贵族子弟的学科。在《宋书·雷次宗传》中提到：“上留心艺术，使丹阳尹何尚之立玄学，太子率更令何承天立史学，司徒参军谢元立文学。”其二，文学指辞章修养。如唐代元结在《大唐中兴颂序》提到：“非老于文学，其谁宜为？”其三，文学从汉代开始很长一段时间被作为官名来使用。汉代于州郡及王国置“文学掾”，或称“文学史”，这也是现代社会“教官”的由来。相传汉武帝为选拔人才特设“贤良文学”科目，由各郡举荐人才上京考试，被举荐者便叫“贤良文学”。魏晋以后有“文学从事”之名。唐代于州县置“博士”，德宗时改称“文学”，太子及诸王以下亦置“文学”。直到明清时期，这一称谓才被废除。

而当“文学”一词被作为概念来理解时，它是否有一个清晰的意义？如果有，这个意义又是如何来表达的？文学的概念源于文学观念，而文学的观念则是对于文学本质属性进行抽象概括而形成的。从文学观念到文学概念，这一过程在不断地重复着。

人类对于文学现象的最初认识源于各种文化现象的论述中，“文学”一词的含义与今天的也并不相同。在先秦时期，只能从《诗》《书》《礼》《乐》等涉及“诗”“乐”的文字中去体会文学观念。在文学创作繁荣的历史时期出现了相对独立的文学观念。随着人类社会进入多元化时代，文学得到了空前的发展，也得到了空前丰富的语言学、心理学、哲学和文化学的共同分析。20 世纪以来，文学理论研究也呈现出新的开放状态，对于“什么是文学”的这个问题有了新的正视和发展。

第一节　文学本质

目前，理论界的部分学者不再谈该问题，而是回避或否认文学的本质问题，但是本质问题却依然存在。

韦勒克认为：“一部文学作品，不是一件简单的东西，而是交织着多层意义和关系的一个极其复杂的组合体。”浜田正秀认为:“所谓文学,就是依靠‘语言’和‘文字’,借助‘想象力’来‘表现’人体验过的‘思想’和‘感情’的‘艺术作品’。”童庆炳认为:“文学是显现在话语蕴藉中的审美意识形态。”我国一般采用童庆炳的说法,从意识形态的角度探讨文学的本质,从而得出文学是一种审美的意识形态,更具体地说,是一种用语言来塑造审美形象的意识形态。

一、何谓文学

在汉语文学中,“文学”一词有自身的特定含义及其演变历程。简要说来,文学的含义大致经历了三个阶段的演变:原初义、广义含义、狭义的审美含义。

1. 文学的原初义

汉语里的“文学”一词,在先秦时期起初是指文章和博学两个不同的含义。“文”最早是指视觉可见的自然界斑纹或人工图示。在《说文》中有:“文,错画也,象交文。”《释名·释言语》这样解释说:“文者,会集众彩以成锦绣,会集众义以成辞义,如文绣然也。”后来的“文章”一词,最初就是指错杂的色彩或花纹。从现有的文献记载看,“文学”一词最早出现在孔子《论语》中,直接指文章和博学,被列为孔门四科之一。在这里,文学既指有文采的语言作品,即今天意义上的文学;同时也指人的博学,即今天意义上的学识或学术,如哲学、历史、语言等。可以说,“文学”一词在中国出现,一开始就带有双重含义。一方面,文学有“文采”的含义。“文采”,一是指错杂艳丽的色彩,如《墨子·辞过》说“刻镂文采,不知喜也”,引申而指音乐旋律的丰富变化;二是指文辞、才华,如《韩非子·难言》说“捷敏辩给,繁于文采,则见以为史”。另一方面,文学从它被使用时起就具有了渊博学识的含义,《论语·雍也》指出:“君子博学于文。”按照这种观点,凡是有文采的作品和有渊博学识的作品都可以被称为文学。

就第一种情况即有文采的作品来说,不仅今天意义上的诗歌、小说、抒情散文等是文学,而且一些一般不被看作文学但又具有文采的语言作品,也可以被称为文学。例如,《左传》和《史记》通常被划归为历史学著作,《庄子》属于哲学著作,但由于其中不少部分都写得富有文采,所以常常也被视为文学作品。而就第二种情况即有渊博学识来看,文学的指称范围就更宽泛了。只要是体现学识渊博的语言行为及其作品,都可说是文学。例如,旨在表达思想、陈述道德并与对手论辩的《孟子》和《荀子》及现在的鲁迅杂文等,都体现了渊博的学识,也可纳入文学范畴。

可见,文学在中国先秦时期一开始就是指文章和博学,即是有一定文采的语言作品和人的渊博学识。也就是说,文学兼有文学和博学双重含义。这样,在先秦时期,凡是有文采的文章和文献都可称为文学。

2. 文学的广义含义

在中国古代,一般将文学作广义文学礼记,即对于“文学”一词出现了比较宽泛的理解。从两汉时起,文学的“文章”和“博学”的含义就逐渐被分解,人们开始把“文”与“学”“文章”与“文学”区分开来,称今天意义上的文学为“文学”或“文章”,而称学术著作为“学”或“文学”。与此相应,在魏晋时期,人们还提出了“文”与“笔”的区分。这样,“文学”实际被分解成了“文”(文学)和“学”(学术)两个不同的含义。

到了唐宋时期,“文”(文学)与“学”(学术)之间的分界逐渐得到弥合,“文以载道”的思想通行开来,这使得广义的文学观获得了进一步的具体化。韩愈提倡文学传“道”,他反对过去那种一味注重“言辞”的流行弊病,强调文学传达儒家的“古道”。“读书以为学,缵言以为文,非以夸多而斗靡也;盖学所以为道,文所以为理耳”。如果说“学”(学术)的目的是表达儒家之道，那么同样，"文"（文学）的目的也就是传达"理"——儒家之道的具体化形态。"文"与"学"正是在"道"的基点上统合为一体的。从唐代起，文学中的"言辞"及"文采"受到抑制，而"明道"则成为了最高目标，这就为区分文学与非文学铺平了"道"。正由于"道"的主宰作用，"文"与"学"在"道"的基点上重新消除了差异，"文章"与"博学"两个含义再度形成统一，从而"文学"又在新时代的语境中重新复活了文学的最初含义。到清代，这种学术意义上的文学概念一直被使用。

这种广义文学观在西方历来都有倡导者。美国学者韦勒克和沃伦就批评过这种观点："有人认为凡是印刷品都可以称为文学。照此种观点来看，文学研究不仅与文明史的研究密切相关，而且实在和它就是一回事。在他们看来，只要研究的内容是印刷或手抄的材料，是大部分历史主要依据的材料，那么这种研究就是文学研究。"从韦勒克和沃伦两人的这个说法来看，实际上从反面证明了当时的西方社会的这种广义的文学观已经存在。

从以上例子看出，广义的文学观实际是泛指人类创造的一切语言性符号，包括今天的文学和非文学。如果以这种广义文学来衡量，那我们今天生活中的"文学"实在是太多了。不仅我们熟悉的诗歌、小说、散文是文学，就连平日里的交谈、新闻报道、路边标语、广告语等，都可以被称作"文学"了。显然，这样的文学所包含的内容过于宽泛，在今天来说是难以实行的。

3. 文学狭义的审美含义

魏晋时期，"文学"与"文章"和"文"逐渐成为同义词。南宋文帝时期建立了"四学"，这是一个重要的标志性事件。从此"文学"开始与"儒学""玄学""史学"区分开来，从广义文学大家庭中分离出来，甩开非文学形态而独立发展，确立了自身的特殊性。文学的审美含义从文学的广泛含义中分离并独立出来形成了狭义的文学观念。文学不再指代用语言或文字传输的所有的文化现象，仅仅指其中富有审美含义的那一部分。这样，文学就具有与我们前面提到过的政治、哲学、历史、宗教等一般的文化形态不同的特殊的审美形态了。这种特殊性大致可以相当于今日的"语言性艺术"的内涵，用以指那些以表达情感为主，并具有文采的语言艺术作品。尽管当时并未使用"艺术"字样，但文学实际上被认为具有了语言性艺术的性质。文学的审美含义的分离与独立，与这时期社会对文学的特殊审美属性的高度重视是密不可分的。其实早在先秦、两汉时期都出现过强调文学的审美属性的情形，但那时并没有一个明确的说法将审美形态与其他文学形态区分开来。到了魏晋时期，文学的审美属性才被正式确认，并延伸开来。曹丕在《典论·论文》中提到"诗赋欲丽""文以气为主"。实际上，曹丕的"诗赋欲丽"就是把诗赋的语言形式的美提到了第一位。他强调使用华丽的辞藻和优美的语言。"文以气为主"则肯定作家的创作个性的重要性。文学使用华丽的语言来表现作家的个性。如此说来，文学的确透露出了审美的信息。南朝梁萧子显《南齐书·文学传论》说："文章者，盖情性之风标，神明之律吕也。蕴思含毫，游心内运，放言落纸，气韵天成；莫不禀以生灵，迁乎爱嗜。"他把文学同"情性""神明""蕴思""游心内运""气韵""生灵"和"爱嗜"等表示审美属性的词语联系起来，无疑已明确认识到文学有着不同于其他文化形态的审美属性。同时，由于陆机、萧统、刘勰、钟嵘等人的努力，文学的审美属性终于获得了普遍的认可。从此以后，文学有了新的含义，文学即审美，这也成为了中国文学理论中占有重要地位的一个不变传统。

文学（文章）被视为人情感的风向标，人精神的乐律。梁朝萧统在《文选序》中提出了他的选文标准"事出于沉思，义归乎翰藻"。"沉思"指文学写作过程中作者的想象、幻想和理解等心理活动，而"翰藻"则指词语的文采，即辞藻华美。这是把艺术想象和文采视为"文"的两个条件，等于为文学制定了基本的缘情与文采标准。按照这种文学观，文学作品应当既表现人的情感，又在语言上富有文采。

在西方国家，审美文学从广义的文学中独立出来，大约到了18世纪才得以完成。从西方的文论来说，审美文学观念的确立，一方面是长期的文学互通经验总结的结果，另一方面则是启蒙运动和浪漫主义思潮的理论成果之一。而这些都与卢梭、歌德、拜伦、华兹华斯、雨果等诗人和作家的努力追求是分不开的。

虽然，中西方文论对文学审美属性还存在一些不同见解，但他们之间却还是存在相近的立场：文学与文化一般形态不同，它具有特殊审美属性。而这一认识就是我们今天所说的狭义的美文——当下的文学。

以上三种不同文学含义，显示出了它的不确定性和变化性。文学并不只是包含一种固定不变的含义，而是随着时代的变化或需求的转变而呈现出不同的含义。

二、文学本质

在了解文学含义的基础上，有必要进一步了解文学观念。与涉及的文学这个词语的具体用法不同，文学观念是指文学普遍性的看法或思想。简单地说，文学观念实际就是指对文学的普遍性或特殊性的理性认识，文学本质的认识。关于文学本质，有以下三种不同的学说。

1. 文学再现说

文学的再现，是指在文学活动的“世界、作家、作品、读者”四要素中，强调“世界”与“作品”的对应关系，而这是一种广义的界定。

实际上，文学的再现有广义和狭义两层含义。一是来自模仿的狭义的再现。在西方，从古希腊时期就开始存在的摹仿说，就是一种典型的再现说文艺观。在苏格拉底之前，希腊的思想家们认为文艺是模仿自然的，如赫拉克利特就提出过艺术是模仿自然的，是以自然面貌出现的观点。二是强调文学与世界的关系的广义的再现。它所表述的是艺术与世界的关系是怎样的问题，文学再现的问题说到底是文学与世界关系的问题。“再现”作为文学的基本问题，它的“基本性”应从它的“原始性”来看。在历史的视野中，文学是否以及能否“再现”世界的问题？如果能，它是如何再现的？这一直是中西文论中亘古难移的根本性问题。对“文学再现世界”，无论是持肯定态度还是持否定态度的论者都一直试图证明各自的观点：否定论者从对文学“能否”再现世界的质疑，进而追问文学是否再现世界；肯定论者则追问文学在能再现世界的基础上到底是怎样再现世界的。不同观点的论者为证明各自的理论，在这一过程中逐渐形成了文学与世界的关系多元的问题。其一文学是否以及能否再现世界？其二文学应该再现哪个世界：客观的物质世界、社会现实，还是主观经验？两者之间的关系又是怎样的？其三文学通过什么与世界建立联系？

在艾布拉姆斯提出的“世界——作家——作品——读者”的文学活动的“四要素”论中，他把作品作为连接世界、作家和读者的枢纽。刘若愚进一步将这四者的关系改造为形成相互关联的环形结构。但无论这种文学活动的整体结构是什么样的形式，世界、作者、作品、读者这四者在文学活动中都是最基本的要素。既然这四者及其关系构成文学活动的最基本的要素和关系，那么文学与世界的关系也就是文学活动最基本的关系之一。

文学与世界的关系其实是一种双向的建构关系，一种交互的对话关系，一种深层的交往关系。从根源上看，世界构成了文学的本源；反过来，文学也是以一种特殊的方式来呈现世界，这两方面相互运作而共同铸造为人们的文学活动。

文学之所以能再现世界,在于这二者之间存在着“异质同构”性,尽管文学并不是独立于世界之外的存在。然而,文学始终是一种特殊性的存在。按照俄国形式主义者的说法,文学作品所构建出的是陌生化的世界,是与日常生活保持审美距离的另一个世界。这种陌生化使得文学所再现的世界如此不同于人们日常生活,“艺术使我们对现实的感觉彻底地陌生化,从而摧毁了平常的感觉方式,使我们以新眼光来观察世界”。文学再现的世界是一个不同于我们生活中所遇到的纯粹的主客观世界的另一种世界。很多时候我们无法通过作品进入到作者的主观世界,也无法通过作品去判断它是否是客观的事实存在。唯一我们能说的是,文学并不在于再现所指的对象,而是通过所再现的世界让我们到达无限、想象、象征的世界。换言之,文学不仅能够再现一个世界 ,而且还能让我们从文学再现的世界中达到一个无限的可能。

2. 文学表现说

作品总是由特定的人来完成,从文学活动的四要素中得知,这个特定的人必然是要素中的作者。作者在进行文学创作时,总是会有意无意地将自己的亲身经历放在作品当中,希望能以最真实的事件、最真实的情感赢得读者的共鸣。因此,文学也可以被视为作者表现相关事物、情感这一系列活动的产物。与再现说坚持的文学再现强调世界与文学的关系不同,表现说强调文学是作家情感的外在表现的产物。

历来中国古代文学观念的一个重要传统就是强调文学是作者表现的产物,重视作者在作品中的表现活动。以诗歌为例,形成于先秦时期的“诗言志”的说法,证明了表现说的存在,代表了这种源远流长的表现观。它认为诗歌是作者情感和志向的表现。“诗缘情”是中国古代文论关于诗歌本质界说的另一大分支,它与“诗言志”交相辉映。在“缘情说”看来,诗歌是“吟咏情性”的产物,它所能表现的正是内心的情,但这种情并不像西方浪漫主义那种试图与客观事物决裂而单独存在的诗情,而是一种“物我合一”语境之中的情感性能和状态。

与中国古代文学观念很早就重视表现(诗言志、诗缘情)不同,西方文论一直使用摹仿论,所以对文学表现活动的认识比中国产生得晚很多。在18、19世纪之交的浪漫主义思潮中,文学作为作者的情感表现的观念才得以兴盛。英国诗人华兹华斯在1800年第一次明确提出:“诗是强烈感情的自然流露。”这里的自然流露对诗歌来说是最重要的。诗歌并不想模仿什么,而只是单纯地表现诗人的个人情感。这时的西方学术界逐渐抛弃了文学是生活的模仿的观点,认为诗歌是诗人思想情感的流露和表现。

虽然中西方文论在不同时期接受了表现说,都注重文学是作者情感的表现,但不同的是西方文论更加突出强调作者的决定作用,而中国文论则坚持人与自然是统一的,不能凌驾于自然之上,不能过分地强调作者的作用。

文学表现说在思维模式与文学再现说没有根本性的差异,只是表现说将文学的重心从社会现实拉回到了作者自我的身上。表现说不主张文学再现世界,而是强调文学表现自我情感;认为文学的成功来自作家的情感、想象力;不再是思想而是情感具有决定作用;作者的情感表现和想象力成为关注的焦点。不过文学表现说过分注重情感表现的作用,对文学来说,仅有情感表现显然是不够的。

3. 文学实用说

文学实用说和再现说、表现说分别突出文学与世界和作者情感的联系不同,实用说主张文学是为愉悦和教育而从事的模仿。也就是说,这种对文学的模仿是为了在读者中同时取得快乐和道德教育的双重效果。这种模仿更看重的是文学对人们产生的潜移默化的道德感化教育，看重的是实实在在的在社会现实中的实际作用。

中国古典文论中的“风教”“教化”就是这种实用说的典型代表。“风教”实际就是潜移默化教育的意思。文学作为风教，就是指文学以情感感化的方式来潜移默化地教育人们。我国伟大的思想家孔子就是这种文学风教论的开创者之一，他强调《诗经》对于人们具有“兴、观、群、怨”等社会“风教”的作用，并进而提出“兴于诗，立于礼，成于乐”的主张。汉代《毛诗序》首次提出“风教说”：“《关雎》后妃之德也，风之始也，所以风天下而正夫妇也。故用之乡人焉，用之邦国焉。风，风也，教也；风以动之，教以化之。”诗被规定承担了具体的“教化”任务：规范夫妇生活、促使人们遵守孝道、维护伦理秩序、完善教育体制、改造民风等。这个时候特别地突出文学的两个不同属性：一是情感对人的感染力量，文学具有特殊的情感表现功能；二是教育目的，指文学可以有效地教育人。前者是所使用的手段，后者则是实用说希望达到的目的。

其实在基本的文学观念上，文学实用说和文学再现说、表现说在理论上并没有根本冲突，相反，这三者之间是相辅相成、相得益彰。文学实用说利用再现理论，来证明文学教育作用的首要性和合理性。正是这样，实用说体现了自己的特点：主张文学的根本是服务于现实的功利需要，认为文学的成功取决于作家的现实关怀程度，现实社会功利需要成为关注的焦点。

实用说在要求文学服务于社会实际利益方面，有它存在的合理性。因为文学毕竟不能满足于表达个人情感，还需要更多地强调对于社会现实的贡献。当然，我们在看重文学的实用，注重它的“风教”“教化”时，不能片面地突出教育因素而忽略其他因素，否则文学将会变成一个残缺、不完整的事物。

所以，我们在讨论文学是什么、文学的本质是什么的时候并不能单独地将任何一种学说独立出来，必须将文学置身于现实的环境当中，不能顾此失彼地强调某一个观点，我们必须将所有的理论观点有机结合在一起，全方位、全面地认识文学。因为文学是一个延续了千年，有血有肉，有其自身特殊性、内涵的社会产物。

第二节　文学源起

关于文学的源起，历来就是一个充满争议、各执一词的问题。首先，由于历史久远，我们无法确认今天能看到的最早的文学作品即为文学的原初形态，因为文字产生以前的口头文学多数没有流传下来，而口头文学显然属于文学的范畴之内，同时，我们也无法确认我们现在看到的最早和最好的文学作品在其产生时也有同样的地位。因为，在作品的流传过程中，必然有大量优秀的文学作品消失于历史的长河中。因此，我们无法确认文学的最早的形态。其次，历代文艺理论家的文学观念差别很大，对于文学的本质、表现形式、地位等的认知都彼此不同，对文学的源起更是存在巨大的争论。

一、关于文学源起的主要学说

1. 摹仿说

摹仿说源于古希腊哲学。这一学说认为人与动物的区别在于人善于模仿，艺术起源于人类的模仿本能，艺术是模仿自然和社会人生的产物。

这一理论的代表性人物是古希腊哲学家德谟克利特和亚里士多德。德谟克利特认为人类从动物那里学会织布、造房，人类歌唱也是从模仿鸟类的鸣唱中学会的。亚里士多德更明确指出，模仿是人从儿童时期起就表现出来的天性。他在其代表作《诗学》第四章中说："一般说来，诗的起源仿佛有两个原因，都是出于人的天性。人从孩提的时候起就有模仿的本能（人和禽兽的分别之一，就在于人最善于模仿，他们最初的知识就是从模仿得来的），人对于模仿的作品总是感到快感。"摹仿说奠定了西方文艺理论的基础，为西方文艺理论确立了最基本的思维模式，对后世西方文学的发展影响深远。

我国古代典籍中的许多资料也可以为这一观点提供佐证，如《吕氏春秋·古乐》记载了远古时代黄帝、颛顼、尧帝等制乐作舞的情况，其中有不少诸如"听凤凰之鸣，以别十二律""效八风之音""效山林溪谷之音以歌"的文字。凡此种种，都透露了远古艺术中包含照相、模拟因素的信息。

在目前残存的史前艺术遗迹如洞穴壁画、雕塑和彩陶纹样中，确实可以发现许多模仿外部事物的形象，不管史前的人们出于何种动机来描绘和塑造这些形象，但这些形象本身却毫无疑问都是来自模仿，否则就无法辨认这些形象的原型是什么了。这就说明这一学说有一定的道理。但是尽管如此，模仿本身却并不构成艺术产生的原因，史前之人不过是"为模仿而模仿"的，史前艺术总是与实用目的联系在一起。如果将模仿归结为人的天性和本能，则忽视了人的实际需要以及为了满足这种需要而从事的实践活动在史前艺术中的主导意义。另外，用摹仿说也不能说明全部史前艺术的起源，史前艺术并非都是摹仿外部事物的，如音乐、歌唱和舞蹈，就不一定都是模仿的结果，一概地归之于模仿也显然存在着片面性。

2. 巫术说

巫术说认为原始文化具有巫术性。巫术是文学的母体，巫术的思维法则推动并促成了文学艺术的诞生。

原始人的生产活动带有巫术性，在生产生活的各个领域都配合以巫术形式。原始文化是一种巫术文化，巫术仪式维系着原始人的价值体系，它用一套仪式来实施魔法，企图操纵世界，实现自己的愿望，并用以调节部族内的人际关系、部族间的恩怨情仇等。如原始人在狩猎前跳狩猎舞，战斗前跳战斗舞，在收获前跳收获舞，而类似的仪式在原始人那里更多是生活的必需，是为了达到某种实效性（如获得丰收）而举行的活动，而非后世的审美或娱乐。但这些仪式却多少包含了后世文学艺术的形式，如驱魔的舞蹈具有戏剧的特点，咒语具有诗歌的抒情性与音乐美。而与巫术相伴生的神话传说最初只是古人解释自然的方式，如女娲造人的传说最初只是古人为人类的起源给出的答案，而经过后世的加工则变成了优美的叙事文学。而据西方学者考证，古希腊悲剧就源于纪念酒神死亡与再生的仪式。

巫术说是西方的艺术起源论中最有势力的一种观点。虽然如此，但它也因自身存在的弱点而不断遭到非议。英国人类学家马林诺夫斯基经过大量调查研究指出，原始人的艺术活动未必都来自巫术。例如，原始人将某些图形和符号刻在骨片、树皮、陶片、岩壁之上，用以帮助记忆和传递信息；原始人在夜晚举行的歌舞活动，也是出于饱餐后的满足或性欲的冲动，这与巫术显然没有什么关系。

3. 游戏说

游戏说认为人类发泄过剩精力的游戏是文学产生的根本原因。最早提出艺术是游戏的学者是德国的康德。在康德看来，包括文学在内的艺术应该像游戏一样是自由和愉快的，凡是带有强制的性质和直接功利目的的活动，都不是真正的艺术活动。后来席勒和斯宾塞对康德观点做了进一步的补充和发挥。他们认为"过剩精力"是文学与游戏产生的共同生理基础的见解，被称为“席勒－斯宾塞学说”。席勒认为，人们在现实生活中受到物质和精神两方面的束缚，得不到充分的自由，于是便用过剩的精力创造了游戏的世界，这也就是艺术的世界。游戏是自由的活动，它本身既是目的，又是手段。而斯宾塞认为，在低等动物里，必须把精力全部用于维持生命和延续生命所需要的活动上，而在高等动物特别是人类那里就不必完全如此，由于有了较好的条件，在完成维持和延续生命的活动之外还有剩余的精力。游戏和艺术，就是这种过剩精力的发泄。后来德国哲学家谷鲁斯又对此说加以补充，认为游戏并非仅仅是过剩精力的发泄，它要为日后的实际生活做准备，例如男孩玩打仗的游戏，就是对以后当战士的预演；女孩抱木偶的游戏，就是对将来做母亲的预习。

国学大师王国维受西方有关学说影响，在文学起源问题上也同意“游戏说”，论述也颇为周详：“文学者，游戏的事业也。人之势力，用于生存竞争而有余，于是发而为游戏。婉娈之儿，有父母以衣食之，以卵翼之，无所谓争存之事也。其势力无所发泄，于是作种种之游戏。逮争存之事亟，而游戏之道息矣。唯精神上之势力独优，而又不必以生事为急者，然后终身得保其游戏之性质。而成人以后，又不能以小儿之游戏为满足，于是对其自己之情感及所观察之事物而摹写之，咏叹之，以发泄所储蓄之势力。故民族文化之发达，非达一定之程度，则不能有文学；而个人之汲汲于争存者，绝无文学家之资格也。”（王国维《文学小言》）

从现代原始民族的考察可知，现代原始部落中的一些歌舞往往在劳动或战争之余进行，而且其表现形式，如声调和节奏，明显有别于劳动或战争本身，具有娱乐和愉情的作用。这在一定程度上符合游戏说的情况，而且此说将艺术看成是区分人类与动物的重要标志，也有较大的合理性。但是此说仅仅从精力发泄这一生理学、生物学的现象来看待文学艺术的发生，抹杀了影响文学艺术的社会根源，而将具有较为高级、丰富内涵的文学艺术与一般的游戏等同起来，也是值得商榷的。

除以上几种学说以外，关于文学源起的学说还有盛行一时的宗教发生说，19 世纪以英国浪漫派和托尔斯泰为代表的心灵表现说，以弗洛伊德为代表的潜意识欲望说等，都在一定程度上解释了文学源起的原因，但又各有缺陷，限于篇幅原因，不再赘述。

文学源起根本原因的揭示是劳动说。此说认为劳动是文学产生的起点，也是文学产生的根本原因，这也是马克思主义对于文学源起的基本看法。此观点主要从四个方面阐述人类文学源起的原因。

①劳动为文学活动提供了前提条件。劳动创造了人本身，也创造了人类社会。劳动提供了文学赖以产生的物质条件。人类的生产活动是人类最基本的实践活动，是决定其他一切活动的基本前提，人类通过劳动逐渐促进肢体的成熟和意识的成熟。

②劳动产生了文学活动的需要，文学伴随劳动而产生。史前人类在集体进行的劳动中，为了协调行动、交流情感与信息、减轻疲劳等，就由这些需要产生了语言和最初的文学，如原始人在劳动生产过程中乐意服从一定的拍子，并且在生产性的身体运动上伴以均匀的唱和声音和挂在身上的各种东西发出的有节奏的响声，这就是最早的音乐节奏的来源。原始人把这些有节奏的劳动呼声和音响与含有一定意义的语言结合起来，就产生了最早的诗歌。

③劳动制约了早期文学的形式。早期文艺是诗、乐、舞三位一体的。各民族最早的文学体裁是诗，如《诗经》《荷马史诗》等著作。而远古的许多作品也提到了文学发展初期，诗、歌、舞往往是一体的。如《吕氏春秋·古乐篇》中记载：“昔葛天氏之乐，三人操牛尾投足以歌八阕……”德国的毕歇尔在《劳动与节奏》中指出，劳动、音乐和诗歌最初是三位一体的，彼此交织

在一起，相互联系于生产或生活劳动。

④从原始文学的内容来看，文学起源于劳动。《吴越春秋》记载的"弹歌"仅八个字："断竹，续竹，飞土，逐宍。"但生动地写出了制作武器去狩猎的过程。劳动为文学创作提供材料，原始人生产劳动的实践活动为文学提供反映对象。文学不是天生就存在的，它是后天加工创造的结果。文学活动是为满足人类的需要而通过劳动的形式逐渐产生的，无论是从人的群体生活来看，还是从人的个体成长来说，游戏和文艺最终还是要归于劳动。

二、我国早期的文学形式

我国早期的文学形式可以分为口头文学和书面文学两大类。

1. 口头文学

口头文学的主要代表是原始歌谣和原始神话。文学的产生可以一直上溯到文字产生以前的远古时期。原始的歌谣和原始神话，在人们口头代代流传，经过漫长的时间，才用文字记下只鳞半爪。由于时间久远导致变异，后世见诸文字记载的原始文学很难说是其原貌。但从后世的记载来看，早期的口头文学反映了早期先民在生产力水平极低的情况下对世界的认识，反映了他们的知识系统，同时也表现了古人的情感愿望和生活方式等，也为后人了解原始初民提供了重要的途径。如中国神话盘古开天辟地的故事是古人对宇宙起源的解释；共工怒触不周山的故事反映了古人对天文地理现象的解释；女娲抟土造人是对人类起源问题的解释等。

2. 书面文学

书面文学的主要代表是先秦诗歌和先秦散文。

(1)先秦诗歌

先秦诗歌以《诗经》和《楚辞》为代表，是我国现实主义和浪漫主义诗歌的源头，显示出了我国古代诗歌的巨大成就。

《诗经》是我国第一部诗歌总集，又称"诗"或"诗三百"。全书收集了周初到春秋中叶五百多年间的作品，共分为风、雅、颂三大类。《诗经》广泛地反映了西周至春秋中叶社会生活的各方面内容。《诗经》以赋、比、兴为主要手法，以抒情言志为主要内容，奠定了我国诗歌的基础，其影响深远。

《楚辞》又称《楚词》，是战国时代的伟大诗人屈原创造的一种诗体。作品运用楚地（今两湖一带）的文学样式、方言声韵，叙写楚地的山川人物、历史风情，具有浓厚的地方特色。汉代时，刘向把屈原的作品和宋玉、王褒、贾谊、严忌等人"承袭屈赋"的作品及刘向自己的作品《九叹》编辑成集，共计16篇，名为《楚辞》。《楚辞》是继《诗经》以后，对我国文学具有深远影响的一部诗歌总集，是我国第一部浪漫主义诗歌总集。

(2)先秦散文

从先秦到战国时期，我国散文由萌芽而至成熟，我国古代史官文化十分发达，记载历史事件的叙事散文在散文史上首先成立。甲骨卜辞和殷商铜器铭文是我国最早的记事文学，《尚书》和《春秋》提供了记言记事文的不同体例。《左传》《国语》《战国策》等历史散文的出现，标志着叙事文学的成熟，开启了我国叙事文学的先河。

第三节　文学载体及其演变过程

文学载体，是指文学作品的承载形式、传播媒介。文学载体大致可分为口语载体、文字载体、印刷载体、大众载体和网络载体五个阶段。

1. 口语载体

口语载体是最早的一种文学载体。在文字产生并占据主导地位之前的原始社会,口语文学承担了人类以富于文采的语言去表情达意的重任。运用口语载体的口语文学往往具有如下两种形态:一是歌谣,如中国最早的诗歌选集《诗经》和古希腊的《荷马史诗》保存了流传于民间的原始歌谣体文学;二是流言,这是一种常被忽略的口语载体。它流传于民间的人际口语传播过程中,陈胜、吴广起义时编造的"大楚兴,陈胜王"的流言在民间迅速传播,产生了强大的社会动员力量。流言文学正是以流言媒介传播的文学。从古至今,流言文学都有自己的肥沃生存土壤,尤其是在社会处于动乱或转变的关键时段,各种文化冲突加剧,这就给流言文学的兴起预备了温床。

2. 文字载体

文字载体是语言载体的一种重要形态,是指以书面符号系统承担人际传播任务的语言载体。文字载体的发明是人类文化发展史上的一次重要的革命性事件,它使人获得了一种最基本而有效的书面语言传播载体。文字这种书面语言载体在一定程度上可以消除口语载体的时空限制,使语言超越时空,传播久远。

3. 印刷载体

印刷载体是指把文字和图画等做成版,涂上油墨复制在纸张上的载体技术。它通常包括手工印刷载体和机械印刷载体两种形态,此处特指手工印刷载体。在中国,手工印刷为宋元明清的文学发展做出了重要的贡献。由于印刷技术,特别是活字印刷术的发明和大量使用为宋代直至清代的文学发展创造了可能。以往的文学经典及其他文学典籍才得以大量印行、流通和阅读,这不仅大大拓展了文人的眼界,丰富了他们的修养,而且使新的文学更大量与快捷地复制及在普通读者中传播成为可能。宋代散文的活跃,宋词的繁荣,明清小说的兴盛,都与印刷载体的作用密不可分。

4. 大众载体

大众载体是向大量群众传送信息或娱乐节目的各种现代传播形式的总称,包括报纸、杂志、书籍、广播、电影等。而大众载体又大致可分为两类:机械印刷载体(包括报纸、杂志、书籍等)和电子载体(包括广播、电影、电视等)。大众载体的出现是文学发展史真正意义上巨变的开始,新的媒介方式的出现彻底改变了文学创作和传播的途径和广度。特别是电子载体的出现,让文学变得通俗化、日常化成为可能。

5. 网络载体

网络载体是指运用电子计算机网络及多媒体技术传播信息的载体技术。目前网络载体在世界范围内已经迅速发展,人类已进入网络时代。网络载体相较于以往的文学载体有着无可比拟的优势。第一,网络载体有着其他载体没有的传播、储存和复制的速度,因此可以大大拓展文学的接受面。第二,与报纸、广播、电影等大众载体对受众的单向传播不同,网络载体具有传播者与受众中间的双向传播性质。这使得网上文学形成人与人之间的及时沟通。读者与作者之间享有了在网上平等对话的权利。第三,人们在网上写作有更多可能具有个人化和个性化特征。第四,网络文学多具有文字、图片、声音相结合的特点,可以为文学阅读带来新的体验。

从文学发展和接受史来看,文学载体在随着人类生活的发展而不断变化。但旧有的载体并不会随着新载体的出现而消亡，而总是和新的载体叠加在一起共同起作用。比如，文字载体产生后，口语载体依然存在。又比如，盲人艺人的歌词就必须口耳相传才得以留存。而在网络载体大行其道的今天，其他传播方式也依然在发挥着作用。

第二章 文学创作

文学创作，是指文学创作主体与创作客体相互作用的一个过程。文学创作中的主体，就是指创作活动中处于主动和主导地位的具有审美、创造能力的人。创作主体就是从事文学创作的作家、艺术家。创作客体是与创作主体发生对应关系或创作主体认识视野中的一切认识现象，包括一切被创作主体认识、描摹、评价的物质世界与精神世界、外部世界与主观世界。从山川草木到社会生活、从事物外貌到内在结构、从他人言语到自我内心，都可以作为创作客体。在这个过程中，创作主体均要遵循文学创作规律与原则，经过主体与客体的互动实践，进行有意识的艺术构思，最终形成文学形象和文学作品。不仅如此，由于文学形式的不同，创作主体在创作过程中遵循的创作规律也有些许不同。

第一节 文学形式

文学一旦产生，文学作品的数量会越来越多，而且作品之间也会出现不同程度的差异。因此，为了认识这一事物，对作品类型进行划分的必要性得以彰显。人们对文学作品在形式上进行划分，是人们认识文学的必然。

到目前为止，为文学进行分类而出现的概念相当多，比如“体裁”“类型”“文体”“种类”“样式”等，此处不一一列举。本书称之为“形式”，实际上只是使用了一个名词而已。文学作品的形式，是指人类在语言文字反映生活的漫长历史过程中，在表情达意、塑造形象、结构安排及语言运用等方面逐渐形成的相对稳定的特点和约定俗成的规律，并由此而形成的文学作品形态上的类别和样式。

对于文学形式的分类，我国古代文人、学者很早就注意到这一问题。在这个过程中也形成了不同种类的标准、原则和方法，略举两例加以说明。

先秦时期，《周礼》中就记载了我国文学形式分类的情况：“大师……教六诗，曰风，曰赋，曰比，曰兴，曰雅，曰颂。以六德为之本，以六律为之音。”（《周礼·春官·宗伯》）这“六诗”的分类实则是文学内部的分类。魏晋时期，刘勰按照有韵无韵分文章为“文”和“笔”两类。“今之常言，有文有笔，以为无韵者笔也，有韵者文也。”（刘勰《文心雕龙·总术》）刘勰所区分的文、笔不是纯文学意义上的划分，而是对所有文章的分类。其所说的“文”相当于文学，不过也有的不是。所说的“笔”大致相当于一般文章，但是其中有的也具有文学色彩。

其他还有梁朝萧统分文章为赋、诗、骚、诏等 37 类（《文选》）；唐朝殷璠分文章为雅体、野体、鄙体、俗体 4 种（《河岳英灵集序》）等。我国古代学者以自己对文学的意识对文学进行了形式上的分类及实践。

在西方，流行“三分法”，即把文学分为三大类：叙事类、抒情类和戏剧类。亚里士多德、黑格尔、别林斯基等西方文艺理论家都主张这种分法。不过，文学有其时代性，是在不断发展的。随着新的文学种类产生，“三分法”难以囊括新的文学种类，“三分法”逐步被打破。更细致的划分方法出现，“四分法”呼之而出。“四分法”就是把文学分为诗歌、散文、小说、戏剧这四种形式。

文学种类的划分，体现了人们企图对文学进行整体认识和寻求规律的理论要求，这种要求是人类求知欲的正常要求。从客观上说，文学形式的分类，有利于人们对文学的认识。接下来，我们就采用大家比较熟悉和容易接受的诗歌、散文、小说、戏剧“四分”的方法来叙述文学形式。

一、诗歌

从现存的文献来看，世界上各个民族的文学都是以诗为开端的，而诗最初又是与音乐、舞蹈联系在一起的。可以说，诗歌是最古老的一种文学形式。原始人类在从事集体劳动时，一唱一和，借以协调动作、减轻疲劳。后来这种原始的歌唱和呼喊，以书面语言的方式记录下来，便产生了诗歌。诗早期和音乐是分不开的，为便于传唱，保留了音乐的形态特征，即保留了音乐通过节奏和韵律造成一种精神感觉。因而，诗具有语言形式的叠章复唱、押韵等音乐要素形式。诗歌中的语言方面在与音乐分离后，获得了专门的发展——诗歌语言的隐喻与象征。诗将音乐通过节奏韵律造成精神感觉的功能与诗自身的通过语言的隐喻象征造成精神领悟沟通的功能集于一身，海德格尔把诗看作是最高的艺术，是艺术的艺术。

我们现在归纳诗歌是一种饱含着诗人强烈的感情和丰富的想象，以凝练、形象、富于音乐美的语言符号，高度集中地反映生活、抒发诗人思想感情的文学形式。

根据不同的分类标准，可以将诗歌分为不同的类别形式。按照诗歌的表现内容，可将其分为抒情诗和叙事诗。抒情诗指的是直接或者间接抒发诗人感受的诗。叙事诗主要通过叙述完整的故事来抒发诗人的感情，包含史诗、诗剧等。按照诗歌的格式，可以分为格律诗和自由诗。格律诗也叫近体诗，包括绝句与律诗。格律诗有严格的格律要求，主要是讲究平仄、对仗、押韵等。自由诗语言在格律、音韵上没有严格讲究，不过还是要讲究节奏的。

与其他文学形式相比，诗歌有自己的突出特点。

第一，语言凝练，集中反映生活。诗歌语言的凝练特征体现在作者对社会生活的高度概括和深邃的思想上，作者往往选择那些最富有概括力而又形象的语言，来反映广阔的内容和深刻的诗意。言简意深、耐人寻味是诗歌追求的一种艺术境界，正因为如此，诗人们都十分讲究用字，以求达到“著一字而境界全出”的效果。如“推敲”练字典故，王安石对“春风又绿江南岸”中的“绿”字选用。杜甫做诗讲究“为人性僻耽佳句，语不惊人死不休”。卢廷让更是“吟安一个字，拈断数茎须”。贾岛对诗歌练字说“两句三年得，一吟双泪流”。在所有的文学形式中，诗歌的语言最为凝练，也最耐人寻味。集中概括反映社会生活，是一切文艺作品的共同特点，但诗歌的概括性更加突出，诗歌被认为是最凝练、最能反映社会生活的文学形式。它用最简约的语言表现和传达诗人对自然、社会、世界的主观感受。《诗经》中一篇《七月》，对我们了解、研究当时的农业、民俗、历法、政治等情况，具有极高的认识价值，但以诗歌形式来表现，不过8节，共88句(且以四言为主)。格律诗中的绝句，语言则更加精练，五绝四句仅仅20个字，七绝四句也不过28个字，却往往能表达丰富而深刻的内容，反映广阔的社会生活。比如，家喻户晓的李白的《静夜思》，只用了20个字就写尽了游子的乡愁。从当前的文学艺术形式来看，可能还没有任何一种艺术形式能如此精练地反映社会生活。

第二，感情强烈，含蓄隽永。诗歌和其他文学形式不同，它主要通过作者感情的抒发来反映社会生活、表达主观感情，从而感染读者。这种情感在诗歌中，比别的文学形式表现得更为浓烈、鲜明、直接。情感是诗歌的生命。“诗者，志之所志也，在心为志，发言为诗。情动于中而形于言……”(《毛诗序》)此处,诗歌的动力来源于情志。别林斯基也有“感情是诗情天性的最主要的动力之一;没有感情,就没有诗人,也没有诗歌”。更有“愤怒出诗人”(恩格斯语)。由此看来,中外的诗都强调诗歌的情感特征。《离骚》是屈原的代表作品,作者围绕着“楚国的出路何在”和“自己的出路何在”两个重大问题,用自己全部的情感、满腔的哀怨凝练而成。不过,诗歌情感的表达往往又以含蓄为美。诗歌情感的表达并不等于生活中的情感,含蓄的表现更耐人寻味。含蓄隽永更能激发读者的审美想象。

第三,想象丰富,意境深远。诗歌的激情总是和丰富的想象紧密相连,有强烈的感情,就具有特别丰富的想象,而丰富的想象力又可以推动感情的飞驰。如李白诗歌,章燮注疏的《唐诗三百首》共收录李白诗作 33 首,其中 16 首与月亮有关。而在这位天才诗人的笔下,月亮随着诗人的感情经历而变幻多姿,有时候是“白玉盘”,有时候又成了“瑶台镜”,有时候是“玉钩”,还有“清光”“玉蟾”“半蟾”“明月”“青天月”“水中月”“山月”“溪月”“寒月”“ 西江月”等;对待明月,李白一会儿“泛月”,一会儿“醉月”,还要“步月”“乘月”“揽月”“寄月”“赊月”“问月”“弄月”等,如此丰富的想象力,令人惊叹,为之称绝,而其中所蕴含的意境,则曼妙而深远。

第四,韵律和谐,富于音乐美。诗是世界上各个民族文学的开端,自其产生之日起,便与音乐紧密结合在一起。音乐的形态特征,在一定程度上决定了诗的形态特征,诗在发展中逐渐离开音乐,但“保留了音乐的形态特征,即保留了音乐通过节奏和韵律造成一种精神感觉”。叠章复唱、押韵、讲究节奏是其语言音乐美的表现。“节奏之于诗,是她的外形,也是她的生命。我们可以说没有诗是没有节奏的,没有节奏的便不是诗。”(郭沫若)诗歌的节奏是随感情起伏而变化的。鲜明的节奏、和谐的韵律,往往使诗歌的音调和谐,能朗朗上口,悦耳动听,富于音乐美。它一方面加强了诗人情感的表现力,另一方面也易激发读者的情感,引起读者的想象,加强读者的记忆,便于口唱流传。鲁迅对新诗看法,谈到:“我以为内容且不说,新诗先要有节奏,押大致相近的韵,给大家容易记,又顺口,唱得出来。”诗歌的音乐美是其突出的审美特征之一。

二、散文

散文是一种最为自由、与人们的现实生活联系相当紧密的文学样式。在各种文学样式中,散文是最复杂的一种样式。不同历史时期对散文的定义是不同的,相对不同的参照对象,它的含义也不同。最初的散文,在我国以及西方,都指的是与韵文相对的文体。先秦诸子散文就是与《诗经》相对的文体,在古希腊也是如此。柏拉图在《理想国》中谈到了与有韵的诗相对的散文。这是最广义的散文,它仅仅从语言音韵的角度进行区分,不管内容如何。在我国,骈文出现时,散文又是指与骈文相对的文体。在当代文学中,散文专指与诗歌、小说等样式并列的一种样式。

“散文的意思不止一个。对骈文说,是不用对偶的单笔,所谓散行的文字。唐以来的‘古文’便是这东西。这是文言里的区别,我们现在不大用得着。对韵文说,散文无韵;这里所谓散文,比前一义所包广大,虽也是文言里旧有的分别,但白话文里也可采用。这都是从形式上分别。还有与诗相对的散文,不拘文言白话,与其说是形式不一样,不如说是内容不一样……按诗与散文的分法,新文学里小说、戏剧(除掉少数诗剧和少数句中的韵文外)、‘散文’,都是散文。——论文、宣言等不用说也是散文,但通常不算在文学内——这里得说明那引号里的散文。那是与诗、小说、戏剧并举,而为新文学的一个独立部门的东西,或称白话散文,或称抒情文,或称小品文。”(朱自清《什么是“散文”》)

我国当代文学理论对散文的界定，直接来源于朱自清先生的这篇文章。从我国文学史角度看，“散文”这一概念，最初虽泛指所有无韵的文章，但实际上也包含诸如书信、序、跋、记、祭文、盟文、檄文等文章，同时也包括报告文学和传记文学。我国不仅是一个诗的大国，而且也是一个散文的大国。既有早时的先秦诸子、历史散文，又有后来的唐宋古文、游记小品，尤其是后者给人们留下了无数美文珍品。近代以来，伴随时代发展，又开拓出新的散文文体样式。比较有代表性的有“五四”以后周作人、林语堂、朱自清等人的散文创作，在我国传统散文的基础上，又有所开拓。新中国成立以后的魏巍、刘白羽、秦牧、杨朔等人，有意识地建立散文体裁模式的倾向更明显，散文创作一度繁荣，基本上建构了以叙事、抒情为主的叙事散文和抒情散文。当代余秋雨的散文创作在散文体裁模式上看，有其自身的意义，表现出散文艺术形式的幻化无穷。

从现在散文较为通行的范围来看，人们一般把散文分为小品文、传记文学和报告文学。小品文如书信、游记、杂文、祭文、序、跋等。在小品文中，游记的文学性是最强的。传记文学是文学与史传的结合，运用文学的艺术手段来记述人物。传记对人物的记述，在总体上要遵循真实性的原则。报告文学，则是现代社会的产物。报告文学，顾名思义是新闻与文学相结合的产物，其对象广泛，可以是人和事件，也可以是某一社会现象和问题。

散文作为一种常见的文学样式，深受许多人喜爱，其突出特点表现在以下方面。

第一，题材广泛，形式灵活、自由。在生活中，散文取材可以信手拈来，如所见所闻、所感所思。任何事物，无论古今，还是中外，也不分大小，小到花鸟虫草，甚至一滴水，一块泥土，大到草原荒漠，森林大海，人间宇宙，一切可尽收于作者笔下。

散文是各种文学形式中最为灵活、最为自由的一种文体。散文家柯灵说：

散文是一切文学样式中最自由活泼，最没有拘束的。

它可以是匕首和投枪，可以是轻妙的世态风俗画，也可以是给人愉快和休息的小夜曲。

它可以欢呼、歌颂、呐喊、抨击，可以漫谈、絮语、浅唱、低吟，也可以嬉笑怒骂、妙语解颐。

它可以是激越的风暴，也可以像大江在月光下静静地流动。

……

“散文是没有一定的格式的，是最自由的。”（作家梁实秋）散文的自由性特点突出体现在它的“散”。不过，这里的“散”不是指随便乱写，散文讲究“形散神聚”，形似散漫，实则言之有物（散文的散与不散，实则是形式与内容的辩证统一）。此处的“散”主要是指它不像诗歌那样要讲究对仗押韵，不像小说那样要考虑情节吸引人，也不像戏剧那样要强调人物语言的动作性。表达方式上，或描写、或叙述、或抒情、或议论、或说明，手法灵活，形式多样，是任何文体都不能与之相比的。在结构上也无固定模式。其篇幅字数也没有多与少的限制，句子可长可短，行文散放随意、不拘一格。所谓随物赋形，活泼多样，“运笔如风，不拘陈法”。散文之“散”是作家个性在形式上的灵动体现。

第二，语言精美、灵动，讲求语言美。散文与韵文相比，已无韵，与诗相比，形制已散漫，但散文终究是用语言写成的，如果散文没有了语言美，它也就缺少了半壁江山。散文同诗歌、小说、戏剧文学一样，是用语言来反映生活，表达作家的思想感情。“言之无文，行而不远。”散文如果缺乏文采，也同缺乏韵味的诗歌一样，会味同嚼蜡，无人问津。

散文语言本色自然，贴近现实生活，与生活中日常语言非常接近，读来给人以亲切之感。但散文语言又不完全等同于生活语言，更加突出文学性，讲究文字精当、简洁、明朗、蕴藉，注重语言的表现力和感染力，写景状物要形象灵动，叙事抒情应真切动人，自然流畅，流露出一种韵味美。议论说理则也不乏机趣和睿智，表现出灵动的美感。在句式变化上，或用排比，或用对仗，或长短句穿插，讲究整散结合、文白相揉，凸显出和谐的韵律美和典雅的形式美。如朱自清的《荷塘月色》、冰心的《小橘灯》等。一篇优秀的散文在音韵节奏、声调变化方面也都非常讲究。有了生动形象的语言，表现的内容即使是抽象的哲理，往往也可以成为妙趣横生的美文。例如，《庄子》既是哲学著作，又是散文经典之作，极具代表性。散文语言具有其他文体难以具备的优势，同时它又可以广泛借鉴其他文体的语言特长，引诗引文、学习戏剧语言的个性化技巧等来为我所用，使语言及语言表现手段更加丰富。由此可以说，欣赏优秀的散文作品也是我们学习语言、增加语言修养、提高语言表达能力和写作水平的一个重要途径。

高尔基在《谈谈我怎样学习写作》中曾说过："在我看来写散文要比写诗还难，它需要特别敏锐的眼力，需要有洞察力，要能看到和发现别人所没有看到的东西，还需要有某种文字上的异常严密而有力的词句。"好的散文的确不是轻易就可以写出的，而作为读者要想真正理解一篇优秀作品的内涵，成为作家的知音，同样不是一件轻而易举的事情，需要掌握一些欣赏散文的具体方法，这在其后的文学鉴赏篇章有具体介绍。

当然，散文成为能够与诗歌小说分庭抗礼、平起平坐的体裁样式，自然不是只靠语言："精确与简洁，这是散文的首要美质。它所要求的是思想，没有思想，再漂亮的语句也全无用处。"（俄国诗人普希金）它需要题材、表达、结构、语言等几个方面的联合，有了这几个方面，散文才会焕发出生机和活力。

三、小说

小说是一种散文体的叙事性文学形式。它主要通过人物形象的塑造、故事情节的叙述和具体环境的描写，营造虚构的艺术世界，广泛而细致地反映社会生活，表现作者对人生的体验和感悟。由于其内容生动、雅俗共赏，小说为大多数读者所喜闻乐见，可以说是现代最流行、最大众化的一种文学样式。

小说这一形式的产生要比诗歌晚，但是，叙事的产生要早于小说。人类最早的诗歌中有叙事诗，其中部族史诗是长篇叙事诗。诗的这一叙事功能，后来让位于历史著作了。在正统的史书以外，志事写人的文章也在民间存在。所以，小说样式虽然产生较晚，但是其渊源甚早。

在我国，小说一词最早见于《庄子·外物》："饰小说以干县令，其与大达亦远矣。"庄子此处所说的小说，不是后世作为一种文体的小说，而只是琐碎或无关宏旨的言谈。不过，庄子在《逍遥游》中，讲到了"齐谐""志怪"："齐谐者，志怪者也。谐之言曰：'鹏之徙于南冥也，水击三千里，抟扶摇而上者九万里。去以六月息者也。"到了汉代，《汉书·艺文志》将小说家列于诸子之后。"小说家者流，盖出于稗官。街谈巷语，道听途说者之所造也。"（《汉书·艺文志·诸子略》）魏晋南北朝时期出现了大量的志人、志怪小说，这是我国小说发展的重要阶段，后来又经唐传奇、宋话本，到明清时候，小说已经蔚为大观，体裁样式已经相当成熟。

小说的渊源不仅早，而且很多。应子讲的志怪、街谈巷语的"小说"，以及神话、先秦诸子的寓言等都是小说的直接来源。此外，《史记》《汉书》等史书的叙事成就也是我国小说的艺术基础。

在西方，现代文体学意义上的小说是近代的产物，主要有两个模式，"传奇"和"小说"（韦勒克、沃伦《文学理论》）。所谓小说，就是真实的描绘；所谓传奇，就是虚构荒诞离奇的故事。

从小说的产生和发展看，这种样式是建立在志人叙事基础上的。从一开始，志人叙事就有两个走向:一个是纪实,另一个是虚构。沿着这两个方向,当小说样式成熟起来时,就发展成现实主义文学和浪漫主义文学。从某种程度上讲,这两个走向并没有本质的界限,表面看来,它们的区别是现实和幻想,但是,无论是现实主义的还是浪漫主义的,实际上都是小说家的艺术创造。小说中的世界,是一个异于现实世界的世界。如果说它们还有什么区别的话,那就是"它们的区别并不在现实与幻想之间,而在于对现实各持有不同的概念,对幻觉各有不同的模式而已。"(韦勒克、沃伦《文学理论》)把小说当成绝对真实的记录与把小说当成绝对的幻想,这两者对于认识小说的真正本质都是有害无益的。那些明确以娱乐为目标的小说,并不能代表所有的小说,更不能代表小说作为一种文学样式的本质。

在本质上,无论写实的还是虚幻的,都是创造。"伟大的小说家们都有一个自己的世界,人们可以从中看出这一世界和经验世界的部分重合,但是从它的自我连贯的可理解性来说,它又是一个与经验世界不同的独特的世界。"(韦勒克、沃伦《文学理论》)这是对小说这一文学体裁的基本定位。

小说类型多样,根据篇幅和容量的不同,小说的类型分为以下四类。一是长篇小说。长篇小说是一种容量大、篇幅长、人物多、结构杂的小说样式,长于表现广阔复杂的社会生活,尤其是反映一定时期的重大事件和历史面貌。正因如此,鲁迅曾称之为"巍峨灿烂的巨大的纪念碑"。长篇小说的篇幅至少在十几万、二十余万字,多则百万甚至数百万字,它是小说中显示一个作家综合创作实力的鸿篇巨作。如《红楼梦》《子夜》便都是我国长篇小说中的优秀之作。现当代的长篇小说,在故事情节模式和叙事方式等方面,有了不同程度的突破和创新,并产生了性格小说、心理小说等多种新兴的长篇小说样式,体现出新的时代特征。二是中篇小说。中篇小说是一种篇幅和容量介于长篇小说和短篇小说之间的小说样式。当然这种区分方法也是相对的,事实上,它们之间有时也并没有一个泾渭分明的界限。总体上看,中篇小说比短篇小说容量大、篇幅长,在事件的叙述、情节的处理上又比短篇小说更细致而且较多变化。同长篇小说相比,其人物一般比长篇小说少,结构也没有长篇小说那样复杂。中篇小说的篇幅一般三四万字到十余万字,属中等规模的叙事作品。作家孙犁认为鲁迅的《阿Q正传》是我国现代中篇小说的开山鼻祖,也是我们研究中篇小说创作的最好范本,并以此为例分析说明了中篇小说区别于短篇小说的一些主要特点。三是短篇小说。短篇小说是一种人物少、情节凝练、内容集中、篇幅短小的小说样式,往往选取社会生活的一个侧面或人物活动的片断来加以高度艺术概括。"短篇小说是用最经济的文学手段,描写事实中最精彩的一段或一方面,而能使人充分满意的文章。"短篇小说容量较小,篇幅一般在几千字到两三万字。鲁迅的《孔乙己》《一件小事》《风波》即是如此。四是微型小说。微型小说是篇幅更为短小、内容更为集中、人物更少、情节更为单纯的一种小说样式。这类小说往往聚焦于生活中的一点,以小见大,揭示出隐匿在生活现象背后的各种矛盾或问题,以少胜多,意蕴深邃。字数往往在千字以内,因而也被称作"超短篇""小小说""一分钟小说""袖珍小说""千字小说"等。如:

书法比赛会,人们围住前来观看的高局长,请他留字。

"写什么呢?"高局长笑眯眯地提起笔,歪着头。

"写什么都行。写高局长得心应手的好字吧。"

"那我就献丑了。"

高局长沉吟片刻,轻抖手腕落下笔去。立刻,两个劲秀的大字从笔端跳到宣纸上:"同意。"

人群里发出啧啧的惊叹声。有人大声嚷道:“请再写几个!”

高局长循声望去,面露难色地说:

“不写了吧——能写好的就数这两个字……”(司玉笙的《“书法家”》)

这是一篇微型小说,全文用百来字,勾勒出高局长在书法比赛会上留字的场面和高局长的行为片段,却达到意蕴深邃、耐人寻味的艺术效果,亦可看出微型小说的基本特征。

小说以塑造人物形象和叙述故事为主,其特征主要从人物性格、故事情节和环境描写三个方面表现出来,具体体现在以下方面。

第一,人物刻画丰满、细腻。小说反映社会生活,以人物为中心,没有人物则不能称其为小说。因此,小说最主要的特征就在于刻画鲜明生动的人物形象,这是它区别于其他文学体裁的突出特征。小说可以通过细腻的细节描绘揭示人物性格的多方面特征,并突现其基本特征。剧本就不可能对人物的各个方面进行细致入微的刻画,尤其是心理方面。因为剧本要受严格的时空限制。小说则不然,尤其是中、长篇小说则有充分的自由。它可以运用灵活多样的方法,通过肖像、语言、行动、心理以及细节等描写,多角度、全方位地刻画人物;也可以在符合生活真实性的基础上进行丰富的想象和艺术夸张,塑造出完全虚构的人物形象。“小说家有的是时间和空间”去描写一切细枝末节,让人物栩栩如生地表现出来。

第二,故事情节完整、丰富。作家在小说中所构造的故事是在情节中展开并完成的,情节成了作家构造小说世界的基本依托。总的来说,情节是事件或故事的自然过程,是故事在时间中的展开。在这一过程中,事件或故事按照时间和逻辑顺序进行,有开端、发展和结束。同时,在这一过程中,人物的性格和思想也一点一点逐步展露出来。它是“人物之间的联系、矛盾、同情、反感和一般的相互关系——某种性格、典型的成长和构成的历史”。(高尔基)小说刻画人物离不开情节,金圣叹赞《水浒传》中的情节描写:“有节次,有间架,有方法,有波折,不慌不忙,不疏不密,不缺不漏,不一片,不烦琐,真鬼于文,圣于文也。”这正说明了小说具体、生动、丰富的情节的艺术魅力。叙事性文学作品实际上都要求情节,但都不如小说情节那样更强调完整和丰富,即使在一个短篇之中,情节也是相对完整而又往往跌宕起伏、曲折多变。

第三,环境描写生动、具体。任何人都处于一定的环境中,不可能脱离社会而独立存在。任何故事的发生都有其特定的背景,不可能是一个与周围事物毫无联系的孤立事件。环境描写是小说不可缺少的要素之一。小说中的环境是作品世界的一个构成部分,它的意义并不在于是否与现实环境能够吻合对应,它是为作品世界而存在的。因而,为了使人物形象和情节的发展更富有生活气息和真实感,更好地为读者理解和接受,小说特别注意对环境的描写。如果没有具体的环境描绘,人物行动就失去了依据,人物性格的形成发展就让人怀疑。阿Q这个人物的性格之所以可信,在于鲁迅让读者信服地看到了阿Q所处的时代和未庄这个具体环境,了解了形成阿Q性格的社会原因和时代背景。小说中的环境是人物生活和促使人物行动的环境,它既指作品所反映的生活时代背景,又指由人物关系构成的具体生活情景。

人物、情节和环境是小说构造作品世界的基本要素,这是就一般情况来说的。在现代小说的发展中,作家也在不断尝试体裁模式的更新或发展,出现了将其中某个要素有意淡化或强化的创作现象。有的理论家把因强化某一要素而创作的小说分别称为事件小说、人物小说、空间小说。有的作家也在尝试小说的诗意化,有的作家尝试侧重心理描写,有的作家尝试“纯客观”创作的新写实等,这些都是小说这种文学形式发展中一些样式创新,还有待读者和时间来检验。

四、戏剧

首先要区分的是戏剧文学与戏剧这两个不同的概念。戏剧是一门综合艺术，是艺术的一类，艺术包括文学、音乐、戏剧、舞蹈、绘画、建筑等门类，在这个层次上戏剧与文学是平行的。戏剧作为一门综合艺术，是由各种要素构成的，其中包括文学要素、音乐要素、舞蹈要素、美术要素，甚至还有建筑要素。其中的文学要素，就是剧本，而剧本就是所谓的戏剧文学。戏剧文学是戏剧艺术的文学要素之一，主要是供戏剧艺术家创造舞台形象的依据。

最初的剧本，仅供戏剧演出使用，并不具有文学阅读功能。随着戏剧的发展，剧本创作也获得了发展，这时，剧本除供戏剧演出使用以外，同时也具有了阅读功能。既然剧本是为戏剧演出而创作的，它就必须符合戏剧的要求。可以说，是戏剧的本质和特征决定和制约了戏剧文学的本质和特征。

因此，先谈谈戏剧。戏剧是一门综合艺术，要有剧本，有导演，有演员，有舞台，有舞台道具、布景、灯光，有服装，有些剧还需要音乐，有些剧还需要舞蹈。这其中，剧本涉及文学，要有作家给写剧本；演员和导演涉及表演艺术；舞台可能涉及建筑；道具、布景和服装涉及美术绘画；灯光涉及光学电学等自然科学；还有音乐和舞蹈。但是，与电影等综合艺术又不同，戏剧是由演员现场表演的，是在一个固定的舞台上演出的，是在一定的现实空间和时间中演出故事。戏剧作为舞台现场演出艺术，舞台的时间和空间对戏剧都有制约作用。舞台的空间是有限的，演出的时间也是有限的，这就决定了剧本的一些特征，因为剧本主要还是为戏剧演出而创作，阅读不是它的主要功能，它的创作必须遵照戏剧艺术的要求。

因此，戏剧文学就表现出与其他文学样式不同的显著特点。

第一，内容集中，结构严整。一部戏剧的演出时间是有限的，在这有限的时间里，不可能把众多的人物都塑造成功。舞台的空间也是有限的，不可能让众多的人物都出场。剧本只能写有限的人物，这又要求人物集中。在戏剧中同样存在叙事空间，即戏剧的环境，它是剧中人物活动的场所，是人物性格和事件发展的背景。前面说过，在小说中，作家可以根据情节发展的需要，自由地设置环境，环境可以随时变换。但是在戏剧中，舞台只有一个，环境的变换，是靠道具和布景的变换来虚拟完成的。事件的发展每变换一次环境，就必须变换道具和布景。道具和布景的变换，是不能在演出过程中进行的，必须停下来进行。于是，戏剧的结构单位“幕”和“场”就产生了。一出戏至多也不过由几幕组成，能够用来变换“环境”的机会还是不多的。因此，剧本必须考虑把事件尽量放在相对集中的环境中展开，这就要求环境集中。戏剧演出的时间和空间是有限的，剧本所写的事件也不可能像小说那样自由铺排，剧本必须选取最有代表性的事件，并进行压缩，这样才可能在有限的演出时间中完成，这就是事件的集中。剧本故事的叙事时间，即故事的发生发展和结局的自然时间和社会时间，也不能太长。也就是说，戏剧文学不能描写时间跨度太大的事件，这就是时间的集中。比较典型的例子是曹禺的《雷雨》，几个小时的演出，呈现的是一天的人事纠葛，内容上处理的是30年的事情，四幕戏中仅仅变换过一次场景，舞台性决定剧本中人物、环境、事件、时间的高度集中，在结构上可谓严整的典范。

第二，性格鲜明，冲突激变。“没有冲突就没有戏剧”，有人说，戏剧冲突是戏剧的生命。戏剧冲突是戏剧文学的鲜明特征，是构成戏剧文学的根本要素。所谓戏剧冲突，就是作品中所反映的矛盾和斗争。它既包括人物与人物之间的冲突，又包括人物与周围环境的冲突，还包括特定环境下人物自身的冲突。这些冲突都以人为主体，这里的“人”，既指个人，也指群体或集团。人物与人物的矛盾冲突既有敌对的,又有非敌对的。人与环境的冲突,既有人与社会环境的冲突,又有人与自然环境的冲突,而各种冲突又往往交织、融合为一体。郁达夫曾说:“剧的情节,大约可分序说(prologue)、纠葛(perplexity)、危机(climax)、释明(loosing of confliction)及结末(castrophe)五部。序说贵简洁优美,纠葛要五花八门,危机须惊心动魄,释明求似淡而奇,从释明到结末要一泻千里,不露痕迹。”这里所说的五花八门的“纠葛”和惊心动魄的“危机”,就是戏剧文学作品的精髓——戏剧冲突。戏剧文学作品主要用于舞台演出,而戏剧的上演,设有专场,受到时间和空间的限制,演出的时间一般不超过三小时,不能像小说那样根据需要而任意铺展,而必须把戏剧人物、矛盾冲突、情节和场面作高度集中的反映,以达到“绘千里于尺素,窥全豹于一斑”的效果。限于时间,戏剧冲突必须集中,而且迅速推进。“戏剧是一种激变的艺术,小说是一种渐变的艺术。”(英国戏剧理论家威廉·阿契科尔)同时他也说,“一个剧本,在或多或少的程度上总是命运或环境的一次急剧发展的激变,而一个戏剧场面,又是明显地推进着整个根本事件向前发展的那个总的激变内部的一次激变。”这里所谓的“激变”,是戏剧的节奏问题。剧作的特有魅力就在这“急剧惊人的变化”之中。戏剧用激变的方式展现冲突,是为了在较短的时间内在舞台上完成必要的动作情节,以表现出主要人物的性格特征。

第三,人物语言富于个性化和动作性。戏剧文学以台词为主,包括对话(对唱)、独白(独唱)、旁白(旁唱)等基本表达形式,是剧本塑造人物的基本手段。人物思想性格的塑造、矛盾冲突的开展、戏剧情节的变化都是通过人物的对话和动作来实现的。高尔基曾指出:“剧本中的人物仅仅依靠他们自己的语言,即纯粹的口语,而不是叙述的语言。”这就是说,剧本的语言是供演员“演”的,剧本通过台词来表现人物的性格。所以有人说,戏剧是对话的艺术、动作的艺术,它要求语言必须具有个性化和动作性的特点。剧本语言的个性化,是指每个剧中人物,在台上必须根据他的阶级地位、职业、年龄、经历、生活处境、思想感情、习惯爱好等,说出自己非说不可的话,就像老舍说的那样:“剧作者则需在人物头一次开口,便显出他的性格,闻其声知其人。”戏剧本质上是动作的艺术,所谓“富于动作性”,指的是“能够集中概括地说明人物内心复杂细微的思想活动”。它一方面表达人物自身的心理活动,并引起强烈的外部形体的动作;另一方面能刺激对方,促使对方产生相应的语言和动作。在《雷雨》第二幕,鲁大海和周朴园之间的一段针锋相对、步步紧逼的对话,极富有动作性,展示了人物性格之间的激烈冲突,推动了剧情发展。

对戏剧文学的分类、标准和角度不同,分类结果不同。按照人物事件的构成矛盾可以分为悲剧、喜剧和正剧。悲剧往往展示重大的社会矛盾冲突,表现在善恶两种社会力量的严重斗争中邪恶势力压倒了善的势力,善的、崇高的、美好的力量付出了重大的代价和牺牲,如鲁迅所说:“悲剧将人生有价值的东西毁灭给人看。”喜剧的矛盾冲突和悲剧不同,它是以笑的形式来讽刺和嘲弄那些消极、落后、倒退的生活现象和人物性格,揭示出其中的荒唐、愚蠢、悖理之处,以期生活能够向着好的方向发展,如鲁迅所说:“喜剧将那无价值的东西撕破给人看。”正剧兼有悲剧和喜剧的因素,所以也称悲喜剧,“它们里面有着悲剧性的性格和情势,可是,它们的收场总是大团圆,因为宿命的改变不是它们的本质所要求的。生活本身应该是正剧的主人公”。按照表现形式的不同,戏剧可以分为歌剧、舞剧和话剧。按照长度和容量可以分为独幕剧、多幕剧和连续剧。

第二节 文学创作过程

说到文学创作，一些人可能会觉得高深莫测，甚至会说，让我看一看、读一读文学作品还可以，写作是自己最不喜欢的事情。实际上我们要学会欣赏文学、研究文学，只读一读是不够的，还必须练习写作。我们从小到大一直在吟诗、读散文、看戏、读小说，可能未曾动笔写过一首诗、一则散文、一出戏或一篇小说。从前面的内容我们已经知道文学的主要功能是表现。如果只看别人表现而自己不能表现，就像朱光潜说的："如哑子听人说话，人家说得愈是畅快，自己就愈是闷得慌。"朱光潜还说："人生最大的快慰是创造，一件难做的事情做成了。一种闷在心里的情感或思想表现出来了，自己回头一看，就如同上帝创造了世界，母亲产出了婴儿，看到他好，自己也充分感觉到自己的力量，越发兴起鼓舞。没有尝到这种快慰的人就没有尝到文学的最大乐趣。"

要彻底了解文学，要尽量欣赏文学，就必须自己动手练习创作。创作当然不是一件容易的事情，但也绝不是一件不可能的事情。与其他加工、创造的生产、生活等物质用品不同，作家的创作成果是一件特殊的精神产品，文学创作是一种特殊的精神创造活动。本节拟从文学创作的发生阶段、构思阶段和物化阶段做一梳理，以了解文学创作的过程。

一、文学创作的发生阶段

（一）创作动机

"江馆清秋，晨起看竹、烟光、日影、露气，皆浮动于疏枝密叶之间。胸中勃勃，遂有画意。其实，胸中之竹，并不是眼中之竹也。因而磨墨、展纸、落笔，倏作变相，手中之竹，又不是胸中之竹也……"这是郑板桥在《题画》中谈的自己作画的一些感受，用在文学创作中同样也有道理。"眼中之竹"到"胸中之竹"即是文学创作的第一阶段——发生阶段，作家在充分"体验"基础上，即大量的观察、接触生活，为生活所感动，从而产生饱含感情的感受、难忘的记忆和思考。

创作动机，指的是推动作家、艺术家从事创作的念头，是创作活动得以进行的动力和能量。作家、艺术家要进行创作，也是为了满足某种需要而引起的。一部文学作品的创作，严格说来是从创作需要与动机的发生开始的。著名社会心理学家马斯洛认为人的行为是由需要引起的，需要是人心理最重要、最本质的东西，是人的所有行为的根本动力。文学作品是一件精神产品，文学创作是人的一种精神需要，属于马斯洛需要层次理论中"自我实现"的层次。自我实现强调的是个性和创造性。文学作品正是作家人格和个性的直接鲜明的表现，作者常常把自己的所见、所历、所闻、所思、所感表现出来，以感染、启发、教育读者。文学创作的需要从本质上讲，就是作家创作的愿望，创作就是自我实现，创造就是文学创作最宝贵的内驱力。

诱发创作的动机，多是作家在现实的矛盾中由于心理的不平衡，企图通过创作使情感得到宣泄，从而达到新的平衡。"大凡物不得其平则鸣……人之于言也亦然，有不得已者而后言，其歌也有思，其哭也有怀。"（韩愈《送孟东野序》）所谓"愤怒出诗人"，在文学史上是常见的。严肃的作家往往把文学创作看成是一种内在的审美追求，这种创作动机是超越功利的，是作家内在的需要。当然创作动机的产生，除了这内因之外，还要有外在的刺激。列夫·托尔斯泰在谈到自己创作小说《哈泽—穆拉特》的动机时说道："昨天，我走在翻耕过两次的休闲地上。放眼四望，除黑油油的土地——看不见一根绿草。尘土飞扬，灰蒙蒙的大道旁却长着一丛鞑靼木

(牛蒡),只见上面绽出三根枝芽:一根已经折断,一朵乌涂涂的小百花垂着;另一根也受到损伤,污秽不堪,颜色发黑,脏乎乎的茎秆还没有断;第三根挺立着,侧向一边,虽也让尘土染成黑色,看起来却那么鲜活,枝芽里泛溢出红光——这时候,我回忆起哈泽—穆拉特来。于是产生了写作愿望。"(转引自《托尔斯泰传》)一棵牛蒡花,再普通不过,许多人都不会注意,但引起了托尔斯泰的创作冲动。外界刺激对创作动机的引发具有偶然性,但不是纯粹的偶然,其中潜存着必然因素。一棵牛蒡花能引起他的创作动机,是因为那棵牛蒡花内在异常顽强的生命力与哈泽—穆拉特不屈不挠的性格有着某种一致性,两者被作家的想象力联系在一起。也就是说,一直潜有"胸中之竹",与"眼中之竹"一碰撞,艺术作品油然而创出。这也说明创作动机的引起既有外在原因,也有内在原因。

(二)艺术发现

艺术发现是指作家在社会生活中积累了一定的生活材料的基础上,依据自己认识和评价生活的思想原则和审美取向,对外在事物进行观察和审视时所得到的独特感知。艺术发现对于写作具有极其重要的意义,它决定了作品的独创性,可以说没有艺术发现就没有富有特色的作品。

在此之前,材料是死的、甚至是没有意义的,在这之后,材料负载着鲜活的生命信息进入主体心灵,于是一篇作品的艺术生命随之形成,犹如自然界的花鸟一样,因杜甫自己的独特体验,才有"花溅泪""鸟惊心",画家笔下的一植物、一动物更是如此,更能给我们带来感性认识,它已经被赋予了艺术生命。

艺术发现之所以称为"发现",在于创作主体对于材料意义的体会、揭示,它与作者主体紧密相关,是作者主体精神的观照,但并不是作者主观随意空无凭据硬加给材料的,而是材料中本来就有,只是主体把它"发现"出来罢了。正如白杨树,在北方随处可见,许多人对之熟视无睹,但正因为它的普通,它能在恶劣的自然界中顽强的生存下去,而且还一直向上——"力争上游",这时候,它不再是单纯、普通的一株植物了,而是被赋予了作者给它的某种主体精神,这种精神是当时北方抗日军民和整个中华民族紧密团结、力求上进、坚强不屈的革命精神和斗争意志,而这种由眼前的植物到白杨树的内在精神,这一"所想" 就是艺术发现。白杨树因茅盾的发现有了生命,从而使其具有了审美品格和精神内涵。这种"发现",既不是主体的,也不是客体的,而是相互生发、相互建构的。从这一例子可以看出白杨树成为审美对象是靠作家茅盾的审美眼光的发现,从而赋予了白杨树内在的精神。反过来,如果不是石头而是土坯,你也不会"审"出上述美来。当然,不是任何植物都能让茅盾"审"出美来,这需要将之与当时的北方抗日军民和整个中华民族的某种精神联系起来,还有就是因为白杨树本身具有让作家"发现"的特质。这种例子不单纯只是在作家身上出现,实际上,我们每一个个体(主体),也往往有自己特别喜欢的客体,这主客体之间的某种联系——内在的精神内涵,实际上与这类似。

艺术发现表面上像是突然发生的事,但实际上这与作家长期积累、长期思考相关,与作家整体的精神准备、精神水平相关。作家以一颗敏感的心灵体验生活,以同情开放的心态对待生活,生活中任何有审美价值的精神信息都可能引起他(她)的注意,给他(她)以启示,让他(她)发现人人眼睛看见而心灵没看见的东西。因此,对于艺术发现,重要的不是有没有生活,而是有没有对于生活的发现。人人都有生活,但未必人人都有发现。所以对于作家来说,既要"身"入生活,更要"心"入生活,从心的角度才能发现新的角度。正如罗丹所说"生活中不是缺少美,而是缺少发现美的眼睛"。这要求作家要常以普通人的身份去生存,去承受生活的悲欢离合、喜怒哀乐，对生活的深层进行感受、理解、想象等的积累和深化，这样才可能获得文学创作需要的发现准备。生活本身的体验过程，就是对人生意义的体会和发现过程。

二、文学创作的构思阶段

有了艺术的发现，有了艺术创作的动机，就为进行创作准备了充分的激情，文学创作从艺术构思真正开始。

艺术发现让作家明确了“写什么”，并产生了创作冲动，“想写”且“急于写”下去。“怎么写”呢？接下来就是对想要写的内容进行艺术构思。艺术构思的意义在于通过对材料的艺术琢磨，为作家想要写的内容确立恰当的、充分艺术的形象结构，从而深入地、巧妙地、富于独创性地完成艺术作品。

所谓艺术构思，是作家在创作冲动的驱动下，调动各种艺术手段，孕育具体作品的思维活动和思维过程，以完成未来作品从内容到形式的全面设计。在这个过程中，作家通过对生活素材的选择、提炼、加工、改造、变形等制作，在观念中创造出艺术形象。艺术形象的诞生过程好比是“十月怀胎，一朝分娩”，而艺术构思就是艺术形象的“怀胎”阶段，即是孕育阶段。作家对艺术形象的孕育“正像母亲在自己腹内负载着和孕育着婴儿一样；创作过程和生育过程颇不乏相似之处，并且颇不乏类似这一生理动作的痛苦，当然，这里所说的是精神的痛苦。”（别林斯基）这一生动的比喻，说明了艺术构思的特点和艰辛。

艺术构思往往包含艺术形象触发、酝酿、定型这样几个相互联系而又有区别的几个阶段。

艺术形象的触发，这是作家、艺术家在有了一定的生活积累和情感积累之时，在生活实践中受到某种刺激而产生的企图把客体要强烈地表现出来的一种愿望。它常以灵感的形式出现，外物的触发是引起作者构思的契机。阿Q的形象，在鲁迅心目中似乎已经有好几年，但鲁迅“一向毫无写他出来的意思”。因孙伏园约稿，“经这一提，忽然想起来了”，由此才产生了《阿Q正传》的构思，才使作者“竭力想摸索人们的魂灵”，“写出一个现代的我们国人的魂灵来”。有时“触发”不是直接产生于对事物的感知，而是作者因某种情况产生创作的需要之后被有意识唤起的印象所触动。老舍笔下的人物，王蒙笔下的人物也多是如此。艺术形象的触发，对于作家来说就在于发现。这是艺术形象形成的基础。

艺术形象的酝酿、定型，指的是创作主体在有了具体的把握对象和构思趋向之后，对出现在头脑中的信息材料作进一步的扩充、延展，并进行再体验、再认识的构思活动过程，是使形象逐步走向具体化、深刻化和情感化方向的过程。好比母体中“胎儿”的发育过程，是一个走向成熟的过程。

在这一个过程中，先是把所要表现的人（物）在作家头脑中活跃起来，朝着具体、鲜明、生动的方向发展；与此同时，创作主体又需主动对材料进行再认知，努力透过客观世界的外表，把握其未被意识到的本质特征，使形象蕴含着的本质和意义得以深化和拓展。以老舍创作祥子这一艺术形象为例，祥子原型来自于作家老舍听朋友讲的一个车夫三次买车而又三次卖车的故事。老舍以这个故事为起点，展开了一系列联想。老舍曾回顾道：“我先细想车夫有多少种，好给他一个确定的地位。把他的地位确定了，我便可以把其余的各种车夫顺手儿叙述出来，以他为主，以他们为宾，既有中心人物，又有社会环境，他就可以活起来了。”接着又想到车主和乘客：“祥子应该租赁哪一车主的车，和拉过什么样的人。这样，我便把他的车夫社会扩大了。”继而又联想到祥子的全部生活：“刮风天，车夫怎样？下雨天，车夫怎样？”然后还想到“一个车夫也应当和别人一样有哪些吃饭以外的问题。他必定有志愿，有性欲，有家庭和儿女，对这些问题，他怎样解决呢？他能否解决？这样一想，我听来的故事便马上成为一个社会那么大。"(《老舍论创作》)从这里我们可以看出，老舍构思祥子的过程，是把感性形象进行不断丰富，不断挖掘人物的社会内涵，二者结合在一起来思索，同时在这里又倾注了老舍本人对人物命运的关切和同情之心。主体的构思做到了"选材要严，开掘要深"(鲁迅)。

对这样一个事实"一个小姑娘漂亮但却弱智，屡受无赖的戏耍"，一般作家看到可能会产生深深的同情，对无赖表示激愤的谴责。但作家史铁生却这样认为："谁又能把这世界想个明白呢？世上的很多事是不堪说的。你可以抱怨上帝何以要降诸多苦难给这人间，你也可以为消灭种种苦难而奋斗，并为此享有崇高与骄傲，但只要你再多想一步你就会坠入深深的迷茫了：假如世界上没有了苦难，世界还能够存在么？要是没有愚钝，机智还有什么光荣呢？……"史铁生从中勘破了人生、世界、宇宙、存在(他在更多时候称之为"上帝")的真相："一个失去差别的世界将是一潭死水……看来差别永远是要有的。看来就只好接受苦难——人类的全部剧目需要它，存在本身需要它。"(转引自史铁生《我与地坛》)登高俯瞰大街，如蚁的人群东奔西走，人来车往熙熙攘攘，这景象太常见了，谁想到了什么？史铁生居高而望这宏大的人间，想到的是人生就像量子力学中的波粒二重性："你每一瞬间都处于一个位置，都是一个粒子，但你每时每刻都在运动，你的历史正是一条不间断的波，因而你在任何瞬间在任何位置，都一样是命途难测。人间社会也是如此，在几十亿条命运轨道无穷多的交织之间，一个人的命运神秘莫测——你能知道你现在正走向什么？你能知道什么命运正向你走来吗？"(转引自史铁生《散文三篇》)从这些例子可以看出，高明的作家往往能从最平常的现象中看到最深刻的精神意蕴，这直接决定着艺术作品的精神层次。

艺术形象的孕育，是艺术构思过程中的一次质的飞跃，它为艺术形象的形成创造条件，同时也决定着艺术形象的成败。

艺术形象的定型是艺术形象的酝酿的继续，是艺术构思过程中再一次飞跃。艺术形象的酝酿着重于对社会生活现象的体验和理解，而艺术形象的定型侧重于对社会生活素材进行生发、加工和改造，按照艺术的规律，在作家心中构造出艺术形象。

经过这样的艺术触发和酝酿定型阶段，一个神奇的艺术形象生命从胎儿已经孕育成熟，呼之欲出，只等待着降生，也即基本上完成了艺术构思。

三、文学创作的物化阶段

这个阶段指文学创作中的写作阶段，也称艺术传达。这个阶段的任务就是按一定的艺术形式，把构思中孕育形成的审美意象固定下来，通过物态化的形式体现出来，造成可供接受者欣赏的艺术形象。就是运用语言文字符号这种物质材料，按一定文学样式的审美规范把构思中的艺术世界写出来。

在文学创作最后的物化阶段，对于作家来说，不单纯是写作技巧的运用，确切来说，是一个作家再度创造的过程。在这一过程中，贯穿着作家对生活材料的再认识、再体验、再提炼，从而达到更深刻的认识和理解。这一阶段是艺术构思的继续，但更是对艺术构思的超越，二者亦相互渗透。如王蒙所说："构思得差不多了，靠写。写，不仅仅是把想好的东西记录下来，固定下来，写，是创造的最重要的阶段。正是在写的过程中，你的思维活动、情感活动、内心活动才空前活跃起来。你写的一行一行的字把你带入了你所要写的那个世界，你好像看到了你要写的人物，你好像经历了他们所经历的事情，你的分析和判断、追忆和联想、痛苦和欢乐、爱和恨、痛和痒、寻求和向往，一句话，从你的头脑到你的神经，到你的感官，正是在写作的过程中将会怎样地活跃起来啊！只有这种活跃，才是文思的保证，才是写出来'栩栩如生'的保证，才是写得下去的保证。"（转引自王蒙《漫谈小说创作》）需要注意的有两点，一是在这一过程中将不(够)完善的构思进一步增删修改使之臻于完善。二是要能自如地运用语言文字和相关艺术技巧把构思的成果完美表现。后者对作家的语言文字修养及运用语言文字的能力至关重要。

写作活动是一项严肃的而又艰苦的苦差事，需要作家付出巨大的脑力劳动。作家在写出初稿之后，为了提高作品的思想和艺术质量，还得反复修改，多次斟酌，然后才能定稿，修改是写作过程的一个不可缺少的组成部分。修改是为了使艺术构思更加合乎情理，艺术表现更加完美。托尔斯泰在这方面曾谈过自己的经验，认为开始写第一遍时，使文思自然发展，"应当草草地写，不去考虑表达的正确与否以及放在上面地方。第二遍抄写时删去一切多余的东西。并把每个思想放在它该放的地方。第三遍抄写再斟酌准确的表达。"（《托尔斯泰论创作》）。这方面的例子比较多，贾岛"推敲"典故，王安石"绿"字的选择。曹雪芹写《红楼梦》"披阅十载，增删五次"。托尔斯泰《战争与和平》的开头写了15次。果戈理的《钦差大臣》有六种修改稿，《死魂灵》有五种。《永别了，武器》的开头，海明威修改达39次之多。这类例子不胜枚举，既见写作之艰，又足证写作过程中的反复修改是写好作品的重要条件。

第三节 文学创作规律

文学创作是文学创作主体对客观世界的一种主观和能动反映，是由一定生活实践的作家为某种生活所感动，根据自己对生活的体验与感悟，再经过自己头脑有意识的主动加工，并用语言作为载体创造出文学人物和文学事件，最终形成传诸人世、为读者评价欣赏的文学作品。毫无疑问，文学创作是一个由感知客观世界的外在活动转向自身内部精神意识的过程。在这个转化过程中，文学创作最终以形成许许多多的人物或事件来感染生活中的人，有的甚至是家喻户晓，如鲁迅笔下的"阿Q"及其精神胜利法，可谓是中国千百年封建社会人格的一种写照和代称。

文学创作在由外向内、由物质向精神、由具体向抽象的转化过程中，创作主体必须遵循一定的文学创作规律，这就是所谓的典型化规律、语言表达艺术化和形象思维贯穿始终的规律。

一、典型化规律

文学创作是创作主体的一种特殊的审美观体现。客观世界万事万物林林总总、人们生产生活千千万万，创作主体是选择描写农民、小市民、高官、演员，还是选择平民日常琐碎平凡的油盐酱醋，是选择历史真实人物、事件还是将道听途说而来的故事引申发挥，这跟创作主体自身实践的可能性、实践的范围以及独特的审美理念密切相关。这样就不难理解老舍为啥总以北京人作为自己的文学对象。

文学创作既然是一种特殊的审美体现，一种特殊的审美创造，这就决定了创作不是简单地记录生活真实，不是将生活以文字语言的形式复活，而是需要将日常化、惯常化的客观生活现象加以审美的典型化，从而使客观生活与创作主体的主观意识相融合。

1. 典型化

典型化是指创作主体将本真生活（即素材）转化为具有典型意义的艺术形象的过程，这是文学创作的最基本规律。鲁迅先生在《我怎么做起小说来》一文中将典型化概括得相当恰当。他如是说："所写的事迹，大抵有一点见过或听到过的缘由，但绝不全用这事实，只是采取一端，加以改造，或生发开去，到足以几乎完全发表我的意思为止。人物的模特儿也一样，没有专用过一个人，往往嘴在浙江，脸在北京，衣服在山西，是一个拼凑起来的角色。"可以看出，文学创作中的典型化，就是把现实生活中存在的人物或事件，通过创作主体(一般是作家)进行艺术改造使其转化为能体现生活中带有普遍意义而同时具有鲜明的个别性和特殊性的艺术形象的过程。在这一过程中，创作主体通过感性的、具体的生活现象揭示事物的内在本质或属性，通过带有时代特征的个性体现事物的某种共性，通过具体的冲突或矛盾展示一定时期社会环境和社会发展规律。总而言之，典型化实际就是通过处在一定时代的具体个性来揭示某特定时期人物共性和特定时期的情况。

文学创作的典型化的结果是形成典型形象，典型形象往往是集个别与一般、个性与共性、偶然与必然于一身的综合体，从这个意义上讲，典型化过程实际上既是一个个性化过程，也是一个概括化过程。

2. 个性化

个性化是指创作主体从生活中的具体个体出发，抓住个体有别于众生的方方面面，把社会生活的本质以及自身对社会、对人物的体察和发现转化在个体的言行举止及性格之中，从而成为一个活生生的、又独具一格的个体。个性是文学的生命，德国著名诗人歌德曾这样说过："艺术的真正生命正在于对个别特殊事物的掌握和描绘。"他还说："到了描述个别特殊这个阶段，人们称为'写作'的工作也就开始了。"在歌德看来，个性化不仅是文学创作的生命价值所在，也是整个文学创作活动的开端。

个性化是典型化的基础。通俗地说，个性化就是一种独特化，与众不同化。别林斯基曾这样说："(典型形象)都是新颖的、独特的，没有任何一个形象重复其他形象，而是每一个形象都有各自的生命。"譬如，贾宝玉见了女孩就清爽，见了男人就觉得污浊；阿Q连捉虱子都要比大小，吃虱子都要比声音的清脆……这些形象所具有的言行是自己独有的，是不寻常的。但作为典型化的个性化，往往是通过独特的人物、事物或环境去表现具有普遍性的社会现象或社会本质。

个性化主要着眼于特殊性。在现实生活中的每个人都是特殊的，不存在所谓纯粹的"一般人"。每个人的性格是由特殊的环境以及他们经历的特殊实践过程所决定的。譬如，文学中塑造得比较成功的妓女形象，创作主体都不是写她们的"卖淫"行为，而是凸显她们在特殊环境中铸就成的特殊性格。元代关汉卿《救风尘》中的赵盼儿，虽盼望与一个理想男子结合而过上幸福生活，却始终对"从良"保持着清醒认识；曹禺《日出》中的陈白露尽管讨厌纸醉金迷的糜烂生活，却始终无力摆脱对奢侈生活的向往；左拉《娜娜》中的娜娜为报复社会，不断"侮辱"和"损害"那些玩弄过她的男人，弄得他们妻离子散、倾家荡产，甚至丧命。同为妓女身份，却有着不同的思想情感和言行举止，她们都有各自的特殊性。

追求典型形象的特殊性，是优秀的创作主体孜孜以求的。德国哲学家黑格尔这样说道："艺术家所应该做的事不是把它的内容刨平磨光，成为这种平滑的概括化的东西，而是把它的内容加以独特化，成为有生命的有个性的东西。"(引自黑格尔《美学》)施耐庵在《水浒传》一书中，对同样具有"粗鲁"性格的人物着力写出各自"粗鲁"的特性，如"鲁达粗鲁是性急，史进粗鲁是少年任气，李逵粗鲁是蛮，武松粗鲁是豪杰不受羁靮，阮小七粗鲁是悲愤无说处"。(金圣叹《读第五才子书》)俄国著名文学家果戈理在《死魂灵》中塑造了五个地主，在保持着所有地主共性的同时，五个地主各有自己的特殊性：玛尼洛夫以绅士风度和热情向贵族示好，博取生活资本；柯罗博奇卡守财、愚蠢且固执；诺兹德廖夫是地主中的流氓、恶棍，胡作非为，刚愎自用；索巴凯维奇聪明强干；普柳什金是吝啬鬼、守财奴。正是由于各自的独特性，才使得每个形象栩栩如生，令人过目不忘。

文学作品中的典型形象具有鲜明的独特个性，但仅有个性是不够的，因为那种仅为了个性而写作个性的做法被贬斥为“恶劣的个性化”，不能真实反映典型形象所生活时代的人物共性，以及人物涉及的事件或生存环境的整体风貌。为此，文学创作的典型化往往要求个性化和概括性相并而行。

3. 概括化

概括化是指创作主体将生活中的具体现象加以加工、提炼，使之达到足以深刻反映社会生活的某些本质或规律的水平，从而使艺术形象具有普遍意义的创作过程。文学创作的概括化，并非是抽象化，科学活动中的抽象化是从许多个别中提取一般，然后抛弃个别，形成概念或理论；文学上的概括化，是创作主体始终围绕具体的生活现象，所概括的生活本质源于具体现象又由感性形态进行表现。

典型形象是现实生活必然、本质和规律的反映，而不是偶然的、表面现象的罗列，因此，典型化就必须挖掘出蕴含在个别中的一般、偶然中的必然、现象中的本质，是对现实生活的高度浓缩和凝聚。高尔基就说过：“文学的事实是从许多同样的事实中提炼出来的，它是典型化了的，而且只有当它通过一个现实真实地反映现实生活中许多反复出现的现象的时候，才是真正的艺术作品。”俄国19世纪著名文学家冈察洛夫《奥勃洛摩夫》中的主人公奥勃洛摩夫是一个没落地主，懒惰成性、因循苟安而又耽于幻想，他的一生是俄罗斯19世纪40至60年代现实生活的反映，具有极大的概括性。列宁就曾这样评价过：“在俄国生活中曾有过奥勃洛摩夫这样的典型……他老是躺在床上，制订计划。从那时起，已经过去很长一段时间了。俄国经历了三次革命，仍然存在着奥勃洛摩夫，因为奥勃洛摩夫不仅是地主，而且是农民；不仅是农民，而且是知识分子；不仅是知识分子，而且是工人和共产党员。”（引自《列宁全集》）这就是说，奥勃洛摩夫具有的性格和气质不仅存在于垂死挣扎的地主阶级，也存在于社会生活中那些沉浸于幻想、脱离实际的各阶层、各行业的人群之中，具有相当的概括性。

典型化过程中的个性化和概括化并不是完全割裂、独立进行的，在创作过程中二者往往是交织在一起的。

概括化必须借助个性化才能开展，并最终通过个性形式得以表现出来；而个性化又必须包含着概括化的内容才有意义。在典型化过程中，个性化和概括化的关系是从个别到一般，又从一般到个别这样不断反复的过程，通过不断的循环往复逐步达到二者的和谐统一。

文学艺术是一个多彩的世界，而文学创作典型化的具体方法和途径往往是多种多样的。现实主义文学作品所采用的典型化手段主要有以下两种。

第一，以现实生活中的某一真实人物或事件（即原型）作为创作基础，吸收与原型相关的其他原始材料进行补充和丰富，并加注创作主体的某种情感倾向和价值判断，通过想象和联想，从而创造出比原型更丰富、更饱满，也更具普遍意义的文学形象。俄国著名的现实主义文学家托尔斯泰就这样说过：“我常常写真人的，以前在手稿中，甚至主人公的姓氏都是真的，为的能更清楚地想象我依照来写的那个人。”四大名著之一的《三国演义》也是在历史原型基础上创作出来的，北京大学中文系55级学生在编写的《中国小说史稿》中说：“罗贯中在民间群众创作的基础上，继承了话本中‘拥刘反曹’的主题，接受了其中的人物原型，并注入了自己的心血，创作了《三国志通俗演义》。”由此可以看出，原型是文学创作一个不可或缺的素材来源，对于文学创作具有巨大的推动作用。

生活原型被人称作是文学典型的“种子”，原型的性格特征被比作文学典型的“胚芽”，文学创作的典型化被比作是“光合作用”；而把“种子”或“胚芽”转化成成熟的参天大树，关键在于典型化这个“光合作用”。典型化就需要创作主体经过自己审美理念的过滤和筛选，对原型身上具有的某种性格进行放大式或特写式的改造和加工，使其在具有鲜明个性的同时，又深刻带有原型生活时代的普遍人物性格，从而深刻反映社会本质，达到文学形象共性和个性统一、主体和客体的融合。

第二，创作主体将现实生活中许多人身上具有本质意义的某些特征加以概括和梳理，然后通过一个典型形象集中表现出来，这个就是鲁迅先生说的“杂取种种人，合成一个”的方法。所谓“杂取”，就是为使创作形象具有典型性，创作主体往往截取相同时代不同地域，或不同时代不同地域的人物外貌、穿着、性格特征等，附加在创作的文学典型身上，从而显示时代的普遍性。

在概括大量生活现象的基础上塑造典型的方法，往往需要创作主体在扎实的生活实践或体验中，凭借自己艺术家的敏锐的洞察能力、感知能力和分析能力，在日常的生活现象中去发现本质的或必然的东西。文学史上成功的典型形象，诸如阿Q、《水浒传》中一百单八将、王熙凤、祥林嫂、哈姆雷特、堂·吉诃德、葛朗台等都是“杂取种种人，合成一个”方法运用的结果。

二、形象思维的运用

文学作品是以文学形象的形式来艺术地展示世界，这就决定了文学创作过程中创作主体的思维方式是形象思维。

1. 形象思维的定义

形象思维有广义和狭义之分。广义的形象思维是指一种以直观形象（具体可感知的形象）为思维载体的高级心理活动，其思维成果是一种具有认识作用的形象体系，而不是抽象的理论；狭义形象思维是专指文学创作中创作主体所进行的思维活动，也就是指主体最终要运用形象来表达自己对生活的审美判断。

用形象来思维是文学创作的客观规律，许多文学家、文学理论家都对此有论述。黑格尔说：“艺术美是诉之于感觉、感情、知觉和想象的，它就不属思考的范围，对于艺术活动和艺术产品的了解就需要不同于科学家思考的范围”，他又说：“艺术不仅可以利用自然界丰富多彩的形形色色，而且还可以用创造的想象自己去另外创造无穷无尽的形象。在这种丰富无比的想象和想象的产品面前，思考就好像不得不丧失它的勇气。”别林斯基指出：“诗歌是寓于形象的思维。”“诗人用形象来思考，他不证明真理，却显示真理。”这都充分说明了形象思维在创作中的重要作用。

2. 形象思维的特点

形象思维是创作主体在创作过程中的主要思维方式，它是以表象（人们在头脑中出现的关于事物的形象）作为思维运动的基本材料，以情感作为思维运动的驱动力，通过主体的想象和联想并最终创造出形象的一种思维活动。

作为艺术家掌握世界的一种思维方式，形象思维与抽象思维具有很大的共同性：能够认识和反映客观世界，揭示客观世界万事万物的本质和发展规律，并且遵循着认知事物的一般规律，即从感性认识上升到理性认识，从个别到一般。但形象思维毕竟不同于抽象思维，具有自身的一些基本特征。

首先，形象思维以表象为思维运动的材料。形象思维的根本特点在于以表象运动作为思维方式。何谓表象？表象，也称记忆表象，是一个心理学概念，是指保留在记忆中的客观事物的印象，也即是个体曾经感知而现在不在感知范围中的事物的形象反映。表象是形象思维的基本材料。文学创作过程中，创作主体运用形象思维所处理的不是一般的概念，而是具有形象性和可塑性的表象；形象思维的过程实际就是表象在创作主体头脑中不断推移、组接、演变、成熟的过程。形象思维始终离不开具体的表象，在这个意义说，形象思维实际就是一种表象在主体头脑中不断运动与转化的过程。具体的文学创作活动中，表象运动贯穿于整个过程的始终，从产生创作动机，到选材立意、构思、物化，创作主体都在进行连续不断的表象运动。西晋文学家陆机在《文赋》中说"遵四时以叹逝，瞻万物而思纷；悲落叶于劲秋，喜柔条于芳春""笼天地于形内，挫万物于笔端"，创作主体从感叹世界变化到产生自我情绪，自始至终都在进行表象运动。歌德也以自己的创作实践对其进行了介绍："作为一个诗人，努力去体现一些抽象的东西，这不是我的做法，我在内心接受印象，并且是那类感官的、活生生的、媚人的、丰富多彩的印象，正如同一种活泼的想象力呈现时的那样。我作为一个诗人，是把这些景象和印象艺术地加以琢磨与发挥，并且通过一种生动的再现，把它们展露出来，使别人倾听或阅读之后，能得到同样的印象。"俄国著名作家杜勃罗留波夫用简洁的语言概括出文学创作以表象为思维运动材料的特征，他说："艺术家们所处理的，不是抽象的观念与一般的原则，而是活的形象。"

其次，形象思维以艺术想象作为思维的方式。以艺术想象作为思维的方式是形象思维的又一重要特征。想象，是创作主体在头脑中凭借记忆所提供的材料进行加工，从而产生新形象的心理过程；也就是主体将过去经验中已形成的一些暂时联系进行新的结合。想象是人类特有的一种对客观世界的反映形式，它能突破时间和空间限制，从而达到跨越时空的境界。创作主体以艺术想象作为思维方式，通过主体自觉的表象运动，集众多表象的不同因素于一身，产生出全新的表象，即审美意象。如鲁迅《祝福》中的祥林嫂，便是作家以记忆中保存的单妈妈、宝姊妹、看坟女人的表象为基础，对她们进行分解，并又按照新的联系重新组合与建构形成的。一般而言，最终形成的艺术形象往往超越了直接经验的局限，在主体的参与下被重塑和改造而产生了很大的变形，它们或是被缩小，或是被夸大，使之在某种程度上符合创作主体自身对表象感知的主观情感。艺术想象是文学创作过程中最活跃的心理机能，它能使创作主体打破时空的界限，和天地万物相感应，这就是陆机所谓的"精骛八极，心游万仞""观古今于须臾，抚四海于一瞬"，刘勰在《文心雕龙·神思》中也有精辟的描述："文之思也，其神远矣。故寂然凝虑，思接千载；悄焉动容，视通万里。"天南海北、远古而今，任创作主体思维凭借想象的翅膀驰骋。艺术想象与科学想象有着明显不同。艺术想象是灌注着创作主体情感的想象，在想象中主体总是以情作为取舍、贯通、渲染素材的标准，对自己想象虚拟出来的人物、景物，主体充满着强烈的情感，甚至与人物、景物融为一体；而科学想象则拒绝情感渗入，排斥情感干涉，要求整个想象过程充满理性和冷静。还有，艺术想象要着意于强化艺术形象的个性特征，想象中的人物、景物或环境越是个性化，艺术品就越有生命力，就越真实动人，就越具有普遍性；而科学想象要求认知对象普遍化、标准化，必须摒弃对象的个别特征。

最后，形象思维伴随着强烈的情感活动。客观地说，作为人对客观事物的一种态度体验，情感在人类的种种发明创造中都是离不开的，是其创造的动力。列宁就说过："没有'人的情感'，就从来没有也不可能有人对于真理的追求。"在文学创作中，情感有着不可替代的作用，它不仅是推动创作主体进行形象思维的动力，也是文学形象诞生的催化剂，创作主体的形象思维自始至终都伴随着强烈的情感活动。情感是形象思维的驱动力。创作主体在观察、研究、分析现实生活中的人和事时，总是从自己的情感体验出发，产生创作的冲动。在描述自己创作《家》时情感的驱动作用时，巴金这样说："我写《家》的时候，我仿佛在跟一些人一同受苦，一同在魔爪下面挣扎。我陪着那些可爱的年轻生命欢笑，也陪着他们哀哭。我一个字一个字地写下去，我好像在挖开我的记忆的坟墓，我又看见了曾经使我的心灵激动过的一切。"（引自《巴金文集》）想象在情感的极力推动下，会达到高度自由的极致状态，如法国作家福楼拜在谈及自己创作《包法利夫人》时说："今天我就是丈夫和妻子、情人和他的姘头……我觉得自己就是马，就是风，就是他们俩甜蜜的情语，就是使他们的填满情波的眼睛眯着的那道风光。"可以说，从创作主体的艺术积累、创作动机的初始产生到艺术构思、艺术想象的具体运作，都离不开情感的参与，或者可以这样说，创作主体的形象思维活动完全是在情感的推动下进行的。情感是艺术形象产生的催化剂。当创作主体的情感推动想象、组合表象，使零散的表象联结成一个或几个艺术形象时，这情感就熔铸到艺术形象之中，并通过艺术形象表现出来。这就是刘勰所谓的"神用象通，情变所孕"。譬如，杜甫名句"感时花溅泪，恨别鸟惊心"，情感推动着诗人进行大胆想象——花溅泪、鸟惊心，原初零散的表象——感时、恨别、花溅泪、鸟惊心——在情感驱动下组合在一起，最终使创作主体杜甫完成了蕴含自己情感的艺术形象。

总之，在整个创作过程中，创作主体的形象思维始终灌注着强烈的情感活动，无论是艺术的原始积累、还是艺术构思和艺术传达，都离不开情感的参与。所以，别林斯基这样说："没有情感，就没有诗人，没有诗歌。"

三、心理活动贯穿文学创作

文学创作自始至终是一种心理活动，创作主体从现实生活选取素材，到提炼、构思，甚至到最终用语言表达出来，整个都是心理活动在起作用。文学创作的心理活动主要体现在以下三个方面。

1. 直觉

文学创作是创作主体发挥主观能动作用，自觉运用形象思维对客观世界进行的反映活动，但在本质上是创作主体自觉进行的意识活动。主体创作的心理过程，是意识和无意识交互作用的过程。而无意识在文学创作中的突出表现就是艺术直觉。

艺术直觉是创作主体的直接来源，艺术直觉的发生往往是不自觉的，当创作主体直觉到某个现象的意义时，并没有经过有意识的思索或自然的推理过程，也就是说，艺术直觉是不期而至的。法国作家福楼拜说："艺术直觉，的确类似将醒将睡时的幻觉——由于它的刹那性的特征——它经过你的眼前——你这时候就该贪婪地扑过去。"艺术直觉产生于创作主体的无意识活动，是无意识积淀的结果；当外在客体刺激了创作主体，无意识中的情感和理性就会在主体毫无觉察的情况下控制和支配主体，艺术直觉就这样不期而至了。

艺术直觉具有鲜明的直观性。创作主体凭借直觉，可以迅速捕捉到生活中那些有意义的现象，并且保留这些现象的鲜明性和生动性，并最终由此创造出艺术形象。艺术直觉往往能引起创作的冲动，当艺术直觉产生的一瞬间，创作主体实际上已经进入了艺术构思的过程了。屠格涅夫在论及《父与子》的创作时，这样说："那个典型很早就引起我的注意了，那是1860年，有一次我在德国旅行，在客车上遇到一个年轻的俄国医生……他那锋利而独特的见解，使我吃惊"，"照我看来，这位杰出人物正体现那种刚刚产生的，还在酝酿之中，后来被称为'虚无主义’的因素。”

2. 灵感

灵感是指创作主体思维活动中特别活跃、亢奋并取得突破性成果的一种特殊心理现象。

文学创作应该是一种相当艰苦的精神劳动，在艺术创作过程中，人们常常会遇到这样一种现象：艺术家正处在“山重水复疑无路”时，会猛然顿悟，茅塞顿开，出现了“柳暗花明又一村”的豁然状态，于是，艺术家就能文思泉涌，下笔有神。这猛然一悟就是我们所谓的“灵感”。俄国作家果戈理这样描述灵感到来时的情形：“我感到，我脑子里的思想像一窝受惊的蜜蜂似的蠕动起来；我的想象力越来越敏锐。噢，这是多么快乐呀，要是你能知道就好了？最近一个时期我懒洋洋地保存在脑子里的，连想都不敢想写的题材，忽然如此宏伟地展现在我的面前。”

灵感是怎么来的呢？可以说，灵感是以突发形式出现的长久思考的结果，它是创作主体平时长期的生活积累和艺术实践所带来的必然结果。俄国作家契诃夫这样论及灵感的出现：“平时注意观察人，观察生活……那么后来在什么地方散步，例如在雅尔达岸边，脑子里的发条就会忽然咔地一响，一篇小说就此准备好了。”长期的生活积累和艺术实践积累是灵感发生的间接而又必然的条件。灵感的出现是偶然的，但灵感出现的原因却是必然的。

在文学创作中，灵感的产生是一种特殊的飞跃现象。它一般具有以下特性。

第一，突发性。灵感的出现往往突如其来，灵感何时出现，怎样出现，由什么事物刺激而生，这些都是不能或难以预先知晓的。郭沫若在《我的作诗经过》中描写灵感的到来：“《凤凰涅槃》那首长诗是在一天之中分成两个时期写出来的。上半天在学校的课堂里听讲的时候，突然有诗意袭来，就在抄本上东鳞西爪地写出了那首诗的前半，在晚上行将就寝的时候，诗的后半的意趣又袭来了，伏在枕上用铅笔只是火速地写，全身都有点作寒作冷，连牙关都有点打战。”不仅如此，灵感往往持续的时间非常短，创作主体要抓住其转瞬即逝的特性，灵感一来就不要错过，一旦失去就不可再来。

第二，亢奋性。灵感到来时，创作主体往往处于极度的兴奋之中，呈现为一种痴迷忘我状态。巴尔扎克在创作《高老头》时，描写高老头被两个忘恩负义的女儿抛弃而惨死时，竟进入角色太深而昏厥过去。他的朋友进来看他，发现他倒在地上，把他扶起来，巴尔扎克悲伤地说：“高老头死了！”郭沫若在创作《地球，我的母亲》时，他赤着脚在石子路上走来走去，“时而又率性倒在路上睡着，想真切地和‘地球母亲’亲昵，去感触她的皮肤，受她的拥抱”。这说明灵感来临时，创作主体进入亢奋状态后就不可自拔。

第三，创造性。灵感是一种突破性的创造活动。当灵感出现时，创作主体往往打破常规思路，捕捉到平常难以获得的独特而新颖的成果，见人之未见，想人之未想。也就是说，灵感意味着一种独创，比如一句绝妙的诗句，一个精彩的戏剧场景，一个与众不同的艺术形象，等等，都是灵感涌现之时给予创作主体的思维成果。

3. 通感

通感是指主体各种感觉经验之间的相互沟通与转化。凭借通感，艺术家可以突破对事物的一般经验的感受而获得精神微妙的体会，从而探寻清新奇异的表现形式。

从生理机制上看，通感的产生主要是大脑皮层有关部分暂时神经联系的建立。客观刺激物作用于人的感受器官，引起大脑皮层的相关活动，从而产生一定的心理现象；由于客观刺激物彼此之间存在着一定的联系，加上主观情绪的需要，反映在大脑皮层活动上，就形成各有关神经元之间一般联系和特殊联系的建立，这就构成了心理活动中的各种联想。从表面来看，通感似乎只是感觉的转移，即从一种感觉引起另一种感觉的兴奋；可实际上，其心理内容并不仅仅限于感知活动，还必然包含着表象的活动。即通感不可能是客观事物直接使人产生感觉的结果，而是一种感觉引起某一表象活动从而使相应的感觉经验复现。由此，在这个意义上讲，通感的心理内容主要是感觉所引起的关于其他表象的某种关联感受，或者说，是感觉所引起的表象联想。

通感在文学创作中具有重要作用，主要表现在丰富形象的表现力和感染力上。通感能突破语言的局限，丰富表情达意的审美情趣，起到增强文采的艺术效果。譬如，闻到酸的东西会联想到尖锐的物体，听到缥缈轻柔的音乐会联想到薄薄的半透明的纱帐，等等。

文学创作的整个过程中，直觉、灵感和通感这种种心理活动始终贯穿在其中，使创作主体一次次地在创作中进行飞跃，直至最终创造出艺术形象。

四、语言表达和艺术构思要统一

前文所提及的典型化和形象思维的运用，并不是文学创作独有的，其他艺术，如绘画、雕刻、音乐、舞蹈、戏剧等，都具有这样的创作规律。而真正能够使得文学创作与其他艺术种类的创作相区别的是表示文学创作的语言表达。

文学是一种语言的艺术。语言不是无意义的符号，而是一种文化、一种传统的载体，是历史的积淀和前人心理、经验的反映；所以，语言不仅是一种交际工具，更重要的意义在于它会影响到人对世界的认知。文学创作主体在完成艺术积累、构思并形成艺术形象以后，要将自己的艺术形象通过语言表达出来，这就需要一个语言表达过程。

语言表达过程是文学创作中不可缺少的环节，是创作主体和客观世界得以统一的桥梁，也是寻找文学形式和文学内容的完美结合的直接途径。前苏联著名文学家高尔基曾这样说："语言把我们的一切印象、感情和思想固定下来，它是文学的基本材料。文学就是用语言来表达的造型艺术。"

通过语言表达，创作主体能具体、生动地描绘形象。语言具有描绘形象、唤起读者形象联想的作用，是因为语言所表现的概念是同有关的表象联系在一起的。创作主体应当掌握语言艺术的特点和技巧，从所反映的生活出发，去寻求最恰当的语言，从而将自己的艺术形象用语言表达出来。

第三章 文学鉴赏与批评

文学活动作为一个完整的过程与系统，不仅包括文学创作，而且包括文学接受。文学接受又包含两个层次，一个是文学鉴赏，一个是文学批评，二者既相互联系又相互区别。

第一节 文学鉴赏

一、文学鉴赏的性质

文学鉴赏是读者为了满足自己的审美需要，对文学作品所进行的带有创造性的感知、想象、体验、理解和评价活动，它能使人获得特殊的精神享受。

（一）文学鉴赏是一种审美享受

文学鉴赏离不开阅读，但阅读不一定就是文学鉴赏。其主要区别：阅读可以是读文学作品，也可以是读非文学作品，而文学鉴赏只能是鉴赏具有审美特质的文学作品；一般的阅读受理智和功利的驱使，以认知为目的，而文学鉴赏以满足人们的审美需要，以愉悦身心为归宿；一般阅读受理智制约，不要求其他心理功能参与，而文学鉴赏因文学形象能唤起读者各种心理机制的积极活动，因而需要各种心理功能的参与。由此，文学鉴赏是一种审美享受。读者在阅读文学作品的过程中，沉浸在作品所描写的世界，整个心灵都被作品中的形象调动起来，处于自由、和谐、兴奋的状态，得到情感上的愉悦和精神上的满足，从而获得审美享受。

（二）文学鉴赏是一种再创造活动

在鉴赏文学作品时，读者不是简单地重现作品形象，被动接受作品的思想，而是根据自己的生活经验、审美经验，对艺术形象进行补充、加工、改造。对同一部作品，不同的读者有不同的认识，对同一个艺术形象，不同的读者会有不同的评价，甚至同一个读者不同年龄段阅读同一部作品，也会有不同的艺术感受，做出不尽相同的审美评价。因此，与文学创作一样，文学鉴赏也是一种创造。不同的是，文学创作是从生活到形象再到文字，而文学鉴赏则是根据已有的文字到形象再到生活。作家写出作品是一次创造，而读者在文学鉴赏中根据作者的文本发挥想象，进行再次创造。

文学鉴赏的再创造表现在以下方面。

第一，补充与丰富作品形象。文学通过艺术形象表现社会人生，不可能也没有必要面面俱到，只能采取以少总多，以有限暗示无限的方式。作者只把最重要、最富有特征和暗示的部分描述出来，其他的则留给了读者，为读者留下了再创造的空间。另外，文学是一种语言艺术，其艺术形象具有间接性。因此，读者不仅要通过语言符号把作者已经描述出来的部分在头脑中复现出来，还要根据作者的暗示和诱导，由此及彼、由隐到显去补充与扩展。只有这样，才能完成对艺术形象的全面审美把握。

第二，发现与增加作品意义。文学作品总是包含着一定意义，但其意义隐含在文学形象之中，而且是多重的、模糊的、不确定的。读者的每一次鉴赏活动都是对作品意义的一种发现，一种增添，一种创造，文学作品便是在读者不断地再创造中一次又一次地以新的面貌出现，杰出的作品也就具有永远说不尽的意义。鉴赏的再创造对同一对象和主体来说，可以因条件的变化而产生某种不可重复的新颖感。真正优秀的作品，总是经受着不同时代的读者的反复欣赏，并带来“再创造”的无穷乐趣。

二、文学鉴赏的条件

文学鉴赏是读者与文学作品之间的一种联系与交流，必须具备一定的条件才能实现。

（一）具有较高审美价值的文学作品

所谓较高审美价值的文学作品，是指作品具有生动、丰富具体的文学形象，蕴含丰富健康的思想内涵。非文学作品无法进行文学鉴赏。作品质量欠佳，形象干瘪，语言乏味，形式陈旧，意蕴肤浅，趣味低下，无法给读者带来精神上的满足，也不能给读者以情感上的愉悦。这样的作品就不能成为文学鉴赏的对象。

（二）具有能够感受艺术美的读者

文学鉴赏是读者与文学作品的一种交流，没有文学读者，文学鉴赏无法发生。当然，作为一个合格的鉴赏者至少应具备这样几个基本条件：一是必须理解文字；二是必须具备一定知识和文化修养；三是必须具备“艺术的眼光”。文学有自己的特点、内在规律与表现形式。人们在鉴赏文学作品的时候，也必须遵循这些特点规律和表现形式，即必须用“艺术的眼光”来欣赏文学作品。

读者没有接触文学作品，文学鉴赏也无法产生。要建立读者与作品的联系，一是读者必须对作品产生兴趣，而作品也能适应读者的情致；二是读者必须具有适当的心境。从心理学角度看，心境是人情感的一种基本状态，对人的行为有较大的影响。如果心境不适宜进行文学鉴赏时，即使最好的作品，他也无心翻阅，更谈不上进行文学鉴赏活动了。

在文学鉴赏的诸多条件中，努力提高文学鉴赏能力，是十分必要的。文学鉴赏能力包括哪些要素呢？一是敏锐的感知力。文学鉴赏活动是从感知文本语言文字开始的。在文学中，人的生活和世界的图景不是以它们直接的感性外观形式出现，而是以经过人类语言活动予以意识化、抽象化的形式出现。因此，鉴赏文学就必须去阅读文本的语言文字并辨识其含义，完整深入地感知这些语言符号所传达的生活图景。文化程度高、知识渊博、富于激情的人，对文本的感知能力就强，感知就敏锐。二是丰富的想象。文学是语言的艺术，其形象具有间接性，需要读者借助想象去“还原”和“再创造”。三是透彻的领悟力。文学作品意蕴丰富，如果没有透彻的领悟力，就不能拨开云雾，领悟其中之“象外之象”“景外之景”“韵外之韵”，就不能获得更多的审美享受。

如何培养自身良好的鉴赏能力？第一，掌握广博的文化知识。文学鉴赏的感知能力与文化修养有着密切联系，只有努力提高自己的文化知识水平，拓宽自己的知识视野，才能提高自身对文学的感知力，确保鉴赏活动的正常开展。任何文学作品都是可以感知的。但之所以对某些作品有读不懂的感觉，是因为作者与读者的视野差异太大。第二，积累丰富的生活经验。丰富的生活经验是培养鉴赏能力的基础。文学鉴赏能力的感知力、想象力以及领悟力都与生活经验密切相关。审美的人首先是个实践的人。鲁迅先生说：“但看别人的作品，也很有难处，就是经验不同，即不能心心相印。所以常有极紧要处，极精彩处，而读者不能感到，后来自己经验了类似的事，这才了然起来。例如描写饥饿，富人是无论如何不会懂的，如果饿他几天，他就明白那好处。”（引自尚钊《文学概论》）因此，我们要不断地积累生活经验，才能获得更多的审美感知。第三，坚持不懈的鉴赏实践。鉴赏能力是在反复不断的鉴赏活动中逐步养成的。

刘勰在《文心雕龙·知音》中说："凡操千曲而后晓声，观千剑而后识器，故园照之像，务先博观。"不断进行文学鉴赏实践，不仅可以使鉴赏者的感知力、想象力和领悟力趋向敏锐、丰富和透彻，而且还有助于树立正确的审美观和养成良好的审美态度。

三、文学鉴赏的心理过程

文学鉴赏是一个极其复杂的心理过程，涉及一系列心理因素和心理运动形式。它们既有各自独特的功能，又彼此依赖，相互诱发，相互渗透，很难划定严格的界限，也难以确定先后分明的阶段。

（一）感受与重建

文学鉴赏与其他艺术鉴赏一样，必须由鉴赏主体通过自己的感官去感受鉴赏客体的形象。文学形象是非直观的，鉴赏主体必须把语言符号转换成具体的文学形象，才能真正进行文学鉴赏。因此，文学鉴赏首先要感受语言符号。要感受语言符号就必须正确把握语义和语境。一定的语义总是与一定的语境相关联，同一个词、句在不同的语境中表现出不同的意义。在文学鉴赏中，绝不能把词句分割开来，孤立地去理解，而要把词句放在一定的语境中去理解、去玩味，才能真切地感受到它们所包含的文学意味。读者从头至尾把握语言符号的过程，也是文学形象重建的过程。

所谓重建，就是读者通过对语言符号的把握逐步转换成意象，使作品的艺术形象在头脑中重新显现出来的心理活动过程。艺术形象的重建主要依靠想象和联想完成。读者调动自己的生活积累，展开想象的翅膀，把语言符号转译为艺术形象，才能产生如临其境、如见其人、如历其事、如闻其声的真切感受。感受与重建阶段的主要任务是通过语言符号去把握蕴含在文学作品中的形象。文学作品源源不断地向鉴赏者提供文字信息，鉴赏者通过联想和想象、心灵的综合，不断地把这些信息转换为艺术形象，从而达到对整个形象体系的直观把握。

（二）体验与共鸣

读者在重建作品的艺术形象时，自己的情感必然激动，从而逐步进入对作品的体验阶段。文学鉴赏的体验，是指读者通过设身处地、推己及人、移情于物等方式，对作品所表现的种种情感进行感同身受、细致入微的体会、品味、揣摩和猜想。文学鉴赏的体验主要是一种情感体验。文学的本质特征就是其情感性，其艺术魅力在于其情感内容，文学鉴赏作为一种审美活动，更需要读者的情感体验。鉴赏者不是到文学作品中去认识和发现某种内容，而是要对作品进行情感交流与体验，从而获得某种感悟、审美快感和心灵的净化。共鸣也是文学鉴赏出现的一种心理现象。所谓共鸣，是指读者被作品中的艺术形象所打动，与艺术形象产生了一定的认同与感应，达到了主客体之间的契合一致与情感交流。

（三）理解与领悟

文学鉴赏始终伴随着强烈的情感，但也是理性行为。文学作品不但渗透了作家的主观情感，而且也反映了广阔的社会生活；不仅具有娱乐性与审美性，而且具有认识性与教育性。因此，文学鉴赏就离不开理解。所谓理解，就是读者对文学作品的各种内外关系及其意义所作的思考与探究。读者鉴赏作品时，不能只停留在具体的、感性的把握阶段，而要对自己所得到的感性材料进行分析、比较和综合，洞悉其深层的内涵和意义。当然，理解也不应脱离艺术形象去引申发挥，而应将直观和理解、感受与认识紧密结合。理解是由表层到深层、由感性到理性，通过分析、比较、综合，逐步达到对艺术形象的内在意蕴的把握。而领悟则大幅度地简化了常态的认识过程，省略了一系列中间步骤，在一瞬间便同时完成了感性直观和理性洞察。领悟主要是指读者无须借助抽象的思考，在对艺术形象的具体感受中，瞬间就能直接把握其内在意蕴。它类似于禅宗的顿悟或西方美学所说的直觉，虽然伴随着艺术形象的具体感受，却又不黏滞于作品所描绘的个别的具体内容，而是超越了作品表层意义，趋向于深层意蕴的把握。

(四)判断与回味

这里所谓判断，是指读者在感受、体验、理解、领悟基础上，对文学作品的意义、价值和优缺点所作的审美评价。审美评价并非一件易事，涉及作品的内容与形式、形象的塑造、意蕴的营造等，还涉及作品的艺术风格、艺术水平、艺术特色、艺术价值等。文学鉴赏中的审美判断具有三个基本特征：一是情感性，这种审美判断是读者根据情感的需要对自己所阅读作品的价值、优缺点所作的个体评判，必然带有读者的情感态度和兴趣爱好，具有浓厚的情感色彩。二是个体性，文学鉴赏中的判断是读者个体依据自己的审美需要、艺术趣味所作的判断，并不在意他人的评价和社会的认同，因此，它具有个体性。三是差异性，由于读者文化修养、艺术趣味、思想感情、生活经验千差万别，因此，对作品的选择、评价也会千差万别，正如鲁迅先生所说"看人生因作者而不同，看作品又因读者而不同"。(引自鲁迅《鲁迅全集》)初读一部优秀作品，就获得初步强烈而新鲜的第一印象，但鉴赏活动并不是到此结束，还会持续进入一种回味状态。所谓回味，就是获得初步的情感愉悦之后，再去品味、体会、玩味。鉴赏贵在回味，回味就是深化。小至寥寥数句的抒情诗，大至鸿篇巨制，都需要反复玩味，深入体会。

四、文学鉴赏的要求

(一)以艺术的眼光欣赏艺术

以艺术的眼光欣赏艺术，就是依照对象固有的特点去认识对象。文学艺术具有自身的特点与规律，我们应以文学的眼光去看文学，以艺术的眼光欣赏艺术，不然的话，文学鉴赏就成了捕风捉影。马克思说："对于非音乐的耳朵，最美的音乐也没有意义……"因此，我们应用一对"音乐的耳朵"去欣赏音乐，一双文学的双眼去欣赏文学。我们应努力把握文学的基本规律和主要特征，并不断在文学鉴赏的实践中锻炼自己的艺术眼光，探寻艺术境界的奥秘，感受作者热烈的情感，提高自己的审美水平。

(二)入乎其内，出乎其外

凡是优秀的文学作品都具有"勾魂摄魄"的艺术魅力，能吸引读者神游于艺术境界之中，喜怒哀乐，应境而生，或失声痛哭，或忘情欢笑。读者"入乎其内"，进入作品情境就能获得审美愉悦。文学鉴赏贵在深入，但又不能入而忘返。优秀的作品既能以巨大的魅力吸引人，使读者恍然神夺，忘其为艺术而视其如真实；又能通过艺术节奏的行进与变化，或通过作者的暗示，点醒读者的幻觉，使他回到清醒的立场上来，这是"出乎其外"。能"出乎其外"，就能冷静地进行回味和思索，才会发现美的奥秘，深化审美感受。如果只"入"不"出"，一头钻进作品的情境中，充当一个角色，不但得不到艺术享受，还会碰得"头破血流"。总之，要"入"得进，"出"得来，"入"才能感得真切，"出"更能看得分明。

(三)认识背景，了解作者

文学作品源于生活，不论是现实题材还是历史题材，都反映了当时的社会生活以及时代精神。唐代诗人白居易在《与元九书》中说："文章合为时而著，歌诗合为事而作。"这说明文学是社会生活的反映，是时代精神的产物。因此，读者把握了时代背景，有助于更好地理解作品。同时，认识了时代背景，还为考察作品所反映的社会生活、人物性格乃至作品细节等真实问题提供了必要的条件。文学作品都是一定的社会生活在作家头脑中反映的产物。作家的思想情感、审美观、价值观、审美理想等都融入其作品中。因此，我们鉴赏文学作品应该了解作家的经历、思想和创作意图。

（四）整体把握，局部开掘

一部作品就是一个艺术整体，艺术的美在于整体的和谐与统一。这正如鲜花是由一片片花瓣组成的一样，离开了花瓣，便没有鲜花的美，但分散孤立的花瓣，也不成其为鲜花。这正如泰戈尔所说："采着花瓣时，得不到花的美丽。"文学鉴赏就不能只采花瓣，不见鲜花。如元稹的《古行宫》："寥落古行宫，宫花寂寞红。白头宫女在，闲坐说玄宗。"全诗无一"怨"字，但诗中"古行宫""宫花""闲坐"等几个意象组合起来，诉说着宫女深深的哀怨，表达了诗人对宫女悲惨命运的深切同情，对唐王朝的强烈不满。如果只抓住几个意象赏析，就难以挖掘全诗的深层意蕴。在鉴赏中要把握完整的艺术生命，也要对局部作深入的剖析。局部是艺术整体的一部分，开掘局部有利于更深入地了解作品的艺术意蕴，有利于了解作者的艺术匠心。

五、各体裁文学鉴赏

（一）诗歌鉴赏

一般认为，诗歌是文学的一大样式，是饱含着情感和丰富的想象，运用比兴、象征、反复等表现方法，更集中、更概括地表现社会生活的文学样式。它凝练和谐，在具有节奏感和音乐美的艺术语言中表现强烈的思想感情。诗歌是给人以特殊视觉感受的语言组合体，同时，它不仅具有反思人生、关照人性、体验生命的审美功能，而且有助于人们除去表层的纷繁芜杂及各种迷幻，显示人生的本真，映照自身真实不虚的天性，净化人们的精神状态。

1. 诗歌的审美特征

（1）情感强烈，想象丰富

一切诗歌都以情感作为自己始终不渝的表达对象，诗歌表达的情感或慷慨悲歌，或辗转反侧，或欣喜若狂，或悲痛欲绝，或愁苦无绪。即使是叙事诗，也是诗人对以激情编织的故事而进行的歌唱。诗歌的情感总是与"志""义"融合在一起的。诗人思想感情一般隐含在文学形象之中。如杜甫的七律《登高》，通过"万里悲秋图""百年多病身"两个主要形象体系间接地表现了作者流寓夔州，壮志未酬，穷困多病，面对无边的萧瑟秋声秋色，心中可谓是万般思绪，无限感伤。

诗歌还具有丰富的想象。诗人在创作时，炽热的情感助推着诗人丰富的想象。如公刘在《运杨柳的骆驼》中妙想连篇，由眼前景象而想到来年荒漠中杨柳春风的美景，并巧意安排"骆驼驮杨柳"的意象，启发人们从有限的形象去联想到无限的天地。诗人浮想奇思，神游世界，同时，丰富的想象又将情感提升到新的高度。

（2）集中凝练，创造意境

诗歌是用极其精练的文学语言集中反映社会生活和表达思想感情的文学样式，是"以一概万"的艺术，而不像小说、戏剧那样去精心刻画人物的外部特征和内心世界，去铺叙故事情节和矛盾冲突。

诗歌要做到"咫尺万里"，要锤炼字句，压缩篇幅，更重要的是它要求诗人精选生活材料，抓住感受最深、表现力最强的生活现象和自然景物，寓丰富于单纯，寄深意于一瞬，以个别表现一般，以片段显示整体，以局部概括全貌，从而在简短的篇幅中创造出广阔而深远的艺术天地。

意境，又叫"境界"，是诗歌典型化原则在创作中的具体运用。"意"是诗人的思想情感；"境"是诗人所描绘的客观事物，即鲜明的生活图画。前者偏重于主观，后者偏重于客观，两者相互渗透、融合,形成主客观和谐的统一体。因此,意境,就是诗人所要表达的思想感情与诗中所描绘的生活图画有机融合而形成的艺术境界。意境的创造,是由诗歌的表现特点所决定的。诗歌不能像小说、戏剧那样用充分的笔墨去铺开广阔的画面,展开复杂曲折的情节,只能用集中凝练的笔触,将诗人的思想情感浓缩在有限的典型的生活画面中,使人通过画面的形象感受到诗人的思想感情。

(3)节奏鲜明,韵律和谐

节奏是诗歌的重要因素。节奏即间歇、停顿,相当于音乐的节拍。诗人恰当地安排发音不同的字词,使其高低、轻重、快慢、强弱与诗的内在情绪相适应,从而构成了诗歌的语言节奏。韵律指诗歌的平仄格式和押韵规则,主要体现在诗句的末尾用韵母相间的字,这称为韵脚。韵律使诗歌的语言形成一种和谐的关系,使前后诗句相互呼应,既有约束语言的作用,也便于记诵,更有利于情感的表达,从而强化诗歌的效果与力量。

(4)结构的跳跃性,语言的陌生化

诗歌呈现一种跳跃性结构特征,它遵循情感、想象的逻辑,超越了时间的樊篱,空间的鸿沟,在时空上任意跳跃伸缩,有意留下艺术空白;还省略有关过程和过渡性的句、段及关联词。在动作、形象、图景之间跳跃,以断续表现连贯,以局部概括整体,以空白替代充实。

诗歌的语言不仅要精练、生动、形象,更讲究陌生化。诗歌运用语言注重对日常语言的扭曲和变形,使之陌生化,以收到新奇、独特的效果,从而产生强烈的艺术魅力。例如,江淹的《别赋》"是以别方不定,别理千名。有别必怨,有怨必盈。使人意夺神骇,心折骨惊"中的"心折骨惊"就使用了陌生化。在诗中或使词性发生变化,或使语序错位,或使用古字、冷僻字、外来语、典故等,或诗句语法不合规范,或省略关联词等,从而使语言陌生化,增强艺术魅力。

2. 诗歌的鉴赏方法

(1)感受诗歌的情感美

诗歌的独特性在于抒情,诗歌存在的必要性在于抒情,诗歌的价值还在于抒情,没有情感的激动,就没有诗人,也就没有诗歌。诗人总是通过诗歌来表现郁积于自己胸中的情愫。因此,鉴赏诗歌就必须去感受诗人炽热的情,去感知诗歌热烈的情思。诗人除了在诗歌中直抒胸臆外,往往还借助形象、节奏来表达情感。

(2)品味诗歌的意境美

意境理论是在我国诗、画的土壤中生长出来的,是我国诗画创作的最高境界。这种艺术境界是由主观思想感情和客观景物环境交融而成的意蕴或形象。品味诗歌的意境美,我们应注意以下三点。其一,情景交融,情为主导。诗歌总是以客观景物作为主观情思的寄托,造成一种情景交融、和谐统一的艺术境界。景物因为有情感的融入,才会有生命贯注;情感因为有景物附丽,才会形象生动。诗人凭借丰富的生活经验和敏锐的感受能力,通过典型的图景或典型的细节描绘,将自己的真情实感渗透在形象之中,做到情中有景,景中有情,情景交融。其二,虚实结合,境生象外。意境中较实的部分,称为"实境",较虚的部分称为"虚境"。实境是逼真描写景、物、事的形态,而虚境则是由实境诱发和开拓的审美想象空间,它是原有画面在联想中的延伸和扩大,并伴随着这种联想而产生的对情、神、意的体味与感悟。"虚"与"实"的有机结合,才能升华为含蓄蕴藉的艺术最高境界。其三,含蓄蕴藉,韵味无穷。诗歌的含蓄,就是将丰富深广的社会生活和思想感情的内容,含蕴在鲜明生动的艺术形象之中,作者不是笨拙地直接宣扬或解说自己的观点,而是调动人们的想象力,使人们通过艺术形象的欣赏而得到思想感情的陶冶和美的享受。韵味是指意境中所蕴含的玩味无穷的情致，这是意境的审美特征。当然，意境的深层蕴含并不直接袒露在表层意象中，而存在于意象与意象之间构成的艺术之中，借助比喻、象征、暗示等，委婉道出，使人感会神悟，思而得之。

(3)吟诵诗歌的音乐美

诗歌具有音乐性，欣赏诗歌就应感受诗歌的音乐美。如李清照名作《声声慢》开篇运用七组叠字“寻寻觅觅，冷冷清清，凄凄惨惨戚戚”，由七个均等的音步造成一种缓慢的节奏，用轻长发音的平声字“寻寻”起音，并和声调略高，发音短促“觅觅”组成一个音群，然后在音调略高的“冷冷清清”的音群上进行过渡，而后，便连用三组发音绵长但音调渐次降低的叠音词。这样的韵律组合，有如压抑不住的哽咽抽泣，又如茫然无依的低回叹息，不知不觉进入那凄苦落寞的情境中，感受到那种孤苦悲凉的情味。

(4)探究诗歌的技巧美

和其他文学样式一样，诗歌有自己的特殊技法。了解和掌握这些诗歌技巧，有利于把握诗歌意蕴和对诗歌的鉴赏。下面列举几种常见技法。

1)巧比妙喻　比喻是诗歌最常见也是最重要的技法。我国先秦时期就提出了“风、雅、颂、赋、比、兴”的“六义”说。“比”就是“以彼物比此物”的比喻。诗歌的比喻不能单看成语言的一种修辞方法，而是一种诗歌形象的构成方法。为了追求含蓄蕴藉，充分拓展读者的想象空间，诗歌常常运用比喻强调本体与喻体之间的“远距”与“异质”。如法国兰波的诗句“我梦见雪光闪耀的绿幽幽的夜，一个个亲吻在大海面前徐徐飞旋”飘落大海的雪花成了情人的亲吻，那幽静海面上飘落的雪花，也似乎热烈而情意绵绵。

2)视听通感　通感本为一种由不同感觉相互作用形成的心理现象，心理学亦称为联觉。在审美反映中，通感的作用是巨大的，诗人往往依靠通感，更顺利地向客体渗透，更准确地体现自己的审美情趣。比如贾岛的“促织声尖尖似针，更深刺着旅人心”(《客思》)，听觉感知到的声音有了针一样的形象，还有可见可触的质感。这种感觉的沟通，熔铸成生动新奇的诗句，让读者体验到诗句的无穷韵味。

3)化静为动　诗歌常常写景，但景物有静景、动景。诗人笔下的静景，可以写得生机勃勃，这就是所谓的“化静为动”。化静为动，其法有二。一是客体给予主体的流动感。宋朝林通《山园小梅》有“疏影横斜水清浅，暗香浮动月黄昏”。“横斜”“浮动”四字就化静为动。“横斜”犹如绘画中三角形、对角线、曲线的构图法，以斜线和曲线这种形式给景物以流动感，使静物显示出动态，而“浮动”使梅香动态化了。还有“水清浅”“月黄昏”的背景，衬托了梅花的清秀高洁，生动活泼。二是主体赋予客体活动感。诗人将主观色彩渗透在静态的景物上，静景也就呈现出活动状态。例如，李白的“相看两不厌，只有敬亭山”(《独坐敬亭山》)。诗人将山拟人化，让它像人一样神情专注地“看”，这既增加了诗的情趣，也勾画了诗人孤寂沉闷的心情。这是化静为动，当然，也有化动为静。例如，王维的《鸟鸣涧》：“人闲桂花落，夜静春山空。月出惊山鸟，时鸣深涧中。”花落、月出以动态写静，鸟鸣是以声音写静，非常生动而深刻地表现出山居的清幽闲静。

(二)小说鉴赏

小说是一种以塑造人物为中心，通过描述完整故事情节和具体生活环境，形象、深刻地反映社会生活的叙事性文学体裁，是一种比较富有娱乐性和大众化的文学样式。小说必须具有人物、人物的行动和人物活动的环境处所，即人们常说的小说三要素：人物、情节、环境。

1. 小说的审美特征

(1)形似神肖的人物形象

小说人物形似神肖于原型，既是作者在创作时应遵循的审美规范，也是构成小说人物美的主要标志。小说人物在外表上“形似”于生活原型，但又富于自己的生命和神韵。小说典型人物的形似与神肖得到了高度统一，共性与个性得到了有机结合，它能更充分、更深刻、更生动地反映生活的真实面貌和本质规律，具有历史厚度和思想深度。陈忠实的《白鹿原》体现人物的历史厚度在当代小说的创作中达到了一个新的高度。作家以白嘉轩为中心人物，表现了他从信奉皇帝到剪去辫子，从不理解革命到帮助负伤的游击队员。通过这个人物，辛亥革命、五四运动、北伐战争、抗日战争、土地革命等近百年的历史事件或隐或显地得到了表现和概括。小说的人物又能表现人的深层心理，反映人心灵深处最隐秘和最微妙的意识。在小说人物的创造中，越是具有思想深度这一审美特点的，在体现人的本质方面往往就越充分，越典型。从这个意义上说，小说作家是人物灵魂的探索家和解剖家，把每个人各自隐蔽的内心奥秘、精神品格以及各种外部特征，活灵活现地揭示出来。

(2)曲折多变的故事情节

小说情节是人物性格的发展史，也是作家对故事进行因果安排而形成的艺术性结构。小说事件经过作家的分解、组合与虚构，超越了生活事件，实现了小说情节的陌生化与新奇化。这时，小说情节就完整细致了。完整是指小说情节具有整体感，不中断；细致是指小说情节具有丰满感，不干瘪。

情节作为生活矛盾运动的艺术反映，它是作为过程展开的，完整细致的小说情节一般呈现出“开端、发展、高潮、结局”这样一个动态过程。例如，《水浒传》林冲逼上梁山的情节，“樊楼诱奸”是开端，“白虎堂栽赃”和“刺配沧州”是发展，“火烧草料场”是高潮，“雪夜上梁山”是结局。在这样一个发展着的既相对完整又细致丰满的情节过程中，林冲“安分——忍辱——怒起——反抗”的性格变化得到了充分的立体展示。同时，情节又要多变而连贯，作家不能完全按照生活时空的客观发展来铺排情节，他要根据艺术需要去分解、组合和虚构，使情节生动曲折，具有变化美。或惊涛拍岸，流风回云；或平波展镜，潜流暗滚；或余波涟满，荡漾回环；或路转峰回，柳暗花明。只有千变万化的情节铺叙，才使情节产生“出人意料之外”的变化美。但是，无论情节怎样变化，小说情节一定要符合情理，符合逻辑。

(3)跌宕错叠的叙事

小说在本质上是叙事艺术。叙述水平和叙述效果直接关系到小说作品的可读性和艺术价值。小说是作家心灵和语言的外化，它表现了作家对生活事件因果关系的认识与理解，现实事件的存在是立体的、无序的，它和自然、社会生活的无数人、事、境发生着错综复杂的联系，而在小说中，生活事件的这种立体形态变成了作家以时间为序的线性叙述。小说叙述与生活事件的这一特点，使得作家在运用文学语言来叙述生活事件时，既要遵循特定的叙述规范，又要充分地发挥作家的能动性，使小说呈现出不同的叙述策略与风格。在从生活事件演变为小说叙述时，作家要在小说里创造一个叙述人的形象。通过这个叙述人的话语，作家将生活事件用语言外化。他可以是第一人称，也可以是第三人称，还可以是第二人称。有的是故事中人，有的也可游离于故事之外；有的不露声色，隐藏在情节和人物背后；有的通过各种艺术方法把自己的意向透露给读者；有的借助于人物的内心独白再现人物的灵魂激荡；有的在刻画人物肖像和行为中加上分析性的审美评述。作家在塑造人物性格时,不能脱离特定的历史条件和社会环境。人物总是在特定的环境和情境态势中生活着、行动着、思考着,离开了特定的环境和情境态势,人物的情绪心态、个性命运就无法得到充分展现和外化。

(二)小说鉴赏的方法

小说是广大群众普遍喜爱的一种文学形式。紧张的工作、学习之余,总爱读读小说,徜徉在作品所描绘的艺术境界里,或悲或喜,或哭或笑,获得审美愉悦。那么,如何欣赏小说呢?

1. 感受小说的环境美

环境是人物活动和情节展开的场所。小说人物形象的真实性、典型性,情节的具体性、合理性,只有在一定的环境中才能确定。因此,小说十分注重环境描绘。我们欣赏小说,就离不开对环境的欣赏。

感受环境美应注意以下两点。

首先,体验环境浓郁的气氛。在小说中,环境并不是纯客观的,总是渗透着创作者的审美意识,有着鲜明、浓郁、丰富的感情和情绪色彩。孙犁的《荷花淀》开篇有一段自然环境描写,月光、水色、薄雾、轻风、荷香,一幅美妙的风景画!水生嫂"像坐在一片洁白雪地上,也像坐在一片洁白的云彩上",苇眉子在她手指上"缠绞",在她怀里"跳跃"。作者在清新淡雅、有声有色的描绘中洋溢出诗情画意,这诗情画意又透露出水生嫂勤劳而贤惠的性格,同时又暗示"江山如此多娇",岂容日本鬼子践踏,我们的人民怎能不为之浴血战斗等多种情感。

其次,探究环境描写的艺术作用。环境的艺术作用有两点。一是环境烘托人物的情绪、情感、思想和性格。《红楼梦》中林黛玉寓居的潇湘馆是"苍苔满地""翠竹夹路""凤尾森森,龙吟细细",显示了主人公孤芳自赏、心郁忧愤的性格。薛宝钗寓居的蘅芜院,"奇草仙藤""愈冷愈苍翠",屋内"一色玩器全无",像"雪洞一般",这体现了主人公冷峭寡情的性格。环境描写与人物性格刻画水乳交融,和谐统一。潇湘馆居住的只能是"病美人"林黛玉,蘅芜院居住的只能是"冷美人"薛宝钗,相互不能互易、搬迁,否则,其性格元素也就改变了。二是环境描写还具有推动故事情节发展的作用。王蒙意识流小说《蝴蝶》中主人公张思远不断变换角色,时而是"小石头""张指导",时而是"张书记""叛徒",读者初读时确实难以把握。但文中恰到好处的环境描写,便为时时转换的主人公身份作了充分的补充,完美地交代了各个不同时代背景,并且起到了联系、推动故事情节发展的作用。

2. 体验小说的情节美

情节,是小说的一大要素。从一般意义上说,小说情节是一个个由某种内在逻辑联系在一起的故事,是一组或几组经过挑选,并按照一定的时空次序和因果关系精心组合起来的事件。《三国演义》中围绕诸葛亮,作者精心设计了"三顾茅庐、舌战群儒、火烧赤壁、三气周瑜、七擒孟获、六出祁山"等情节,这些情节不仅曲折、生动、复杂、完整,产生强烈的艺术魅力,而且还有力地刻画了诸葛亮的性格。

欣赏小说的情节美,首先得体验情节艺术魅力。小说情节具有一定的审美价值,尤其中国传统小说的故事情节具有强烈的艺术魅力。人们欣赏小说往往被曲折、生动、传奇、惊险的情节所吸引。《红楼梦》"大观园试才题对额"一回,宝玉才华焕发,甚得贾政满意,小厮们趁宝玉高兴围住讨赏,"一个个都上来解荷包,解扇袋,不容分说,将宝玉所佩之物,尽行解去"。矛盾由此展开。黛玉以为她送宝玉的荷包也被送了人,非常生气,此是一折。黛玉回房,"将前日宝玉嘱咐他没做完的香袋儿,拿起剪子来就铰"。矛盾向前发展,此是二折。等宝玉赶来时,香袋"早已剪破了",无法挽救了,也非常生气。这时情节波澜没有继续向前翻滚,忽然回波转浪,"宝玉把衣领解了,从里面衣襟上将所系荷包解了下来了,递与黛玉道:'你瞧瞧,这是什么东西?我何从把你的东西给人来着?'"宝玉的举动,令黛玉大感意外,情节的波涛出现回旋,荡起耀眼的浪花,此三折。此时黛玉亦已自悔,但宝玉的一句气话"我连这荷包奉还",情节又急转直下,泛起波澜。围绕一个平平常常香袋的情节描写,波峰迭起,情节变幻莫测,欣赏者情绪也就惊喜不定。这种一波三折,曲折多变,忽阴忽阳,乍晴乍雨的情节,不断打破读者的心理平衡,激起阅读的兴趣,读者从而获得强烈的审美快感。

其次,探究情节的社会内蕴。社会生活的矛盾冲突是小说情节的来源,而最具意义的情节必然显示出某些时代特征和社会本质。《红楼梦》第五十八回写道:贾宝玉嫌火腿鲜笋汤太烫,就要丫环们吹凉些。芳官在大家教训下也去吹汤。这时,芳官的干娘跑上来说"他不老成,仔细打了碗,让我吹罢。"由此引发了一阵责骂,描绘出一幅等级名分鲜明的图画:小丫环们"我们到的地方儿,有你到的一半",可见小丫们比那老婆子要高一个等级。而小丫环们也有"到不去的地方",那是上一等的、有体面的丫环们到的地方,这又是另一个高等级了。还有上等丫环与主子之间,就更是一个等级了,而主子与主子之间又有森严的等级。真是层层有等级,步步有规矩。小说这一情节,充分展示了封建社会等级森严的人际关系。不仅如此,这种等级观念还融入人们的血液中。芳官干娘急切吹汤,是献媚的表现;晴雯虽有叛逆思想,但等级观念犹存,因而斥责;小丫环的数落,等空盒佣人的嘲笑,无一不是等级观念的反映。我们挖掘情节中的生活内涵、社会本质,就能获得更多的审美愉快。

3. 品味小说的人物性格美

人物是小说三要素的关键要素,塑造鲜明、独特、生动的人物形象是小说创作的中心任务。欣赏小说,就要从不同侧面去把握人物个性,揭示出人物的典型意义。我们应采用什么方法去欣赏人物性格呢?

首先,循形探神。"以形写神""形神兼备"是中国的传统美学观。小说就是运用这种美学观来创造人物形象,使之达到以形传神的目的。因此,我们欣赏人物形象,就必须循形探神,以把握人物性格及其精神风貌。在小说中,所谓"形",指身段服饰、动作声音、表情举止等;所谓"神",是指风神意态、精神气质、性情品格等内在生命和个性特征。我们只有抓往人物的"形",才能把握人物的"神"。鲁迅先生在《故乡》中用简洁的笔墨勾勒了中年闰土的肖像,充分显露了其苍老、迟钝、麻木以及被生活压迫得透不出气的精神状态。这是诉之于视觉的"形",还有诉之于听觉的"形",这就是人物对话、独白。沈从文的《边城》中,祖父与翠翠关于顺顺的对话,就是诉之于听觉的"形"。祖孙两人,谈的是同一个人,神情心态各不相同。祖父神情自若,从容道来,对可能撮合的未来孙女婿非常称心,愉悦之情溢于言表,不觉自言自语,"好的,妙的……"而翠翠则不然,欲言又止,含而不露,不时用探询的口吻向爷爷摸底。姑娘的内心秘密不愿爷爷知晓,其喜悦、羞涩之情可想而知。人物语言还能揭示人物的"潜世界"。《水浒传》"王婆贪贿说风情"一回,王婆亲见潘金莲失手将帘子打在过路的西门庆头巾上后的双方情态,又见西门庆进店来时,两人有一段精彩对话:王婆出来道:"吃过梅汤?"西门庆道:"最好多放些酸。"……西门庆道:"王干娘,你这梅汤做得好,有多少在屋里?"王婆道:"老身做了一世媒,那(哪)讨一个在屋里?"西门庆道:"我问你梅汤,你却说做媒,差了多少。"王婆已知西门庆心意,想撮合二人,从而达到"贪贿"的目的——这是王婆的"潜世界";西门庆想通过王婆之"媒介",达到与潘金莲私通的目的——这是西门庆的"潜世界"。两人的对话用"梅"与

"媒"的谐音,相互暗示对方,交流思想。

其次,对比比较。一部小说描写了众多人物形象,而形象相互关联,构成一个整体世界。因而,人物的独特性是与他人相比较而显现的。如果孤立地欣赏,就发现不了其独特性,也使之失去了美学意义。其比较有四法,一是性格相左的人物对比,《水浒传》中石秀与杨雄对比,可见石秀"尖刻",杨雄"糊涂"(金圣叹语)。二是性格相近的人物对比,从而去显示人物的个性差别。例如《水浒传》中的"粗鲁",鲁达粗鲁是性急,史进粗鲁是少年任气,李逵粗鲁是蛮。三是比较不同人物对待相同或相似的事情,来认识人物性格的独特性。例如,武松打虎与李逵杀虎。武松被迫打虎,先是躲过老虎一扑、一掀、一剪,然后抡起哨棒就打,哨棒折断,只得赤手打虎,揪住老虎头皮,按住它,用脚踢其面门、眼睛,把老虎嘴按下泥坑里,尽平生之力,一顿狠打,这才打死了老虎。武松打虎打得"精细",打得巧妙。李逵为母报仇,主动杀虎,在老虎屁股上乱戳,老虎钻入洞,李逵亦钻入洞,老虎逃出洞,李逵亦追出洞,尽力拼杀。这真是打得简单,打得"大胆"。武松打虎与李逵杀虎,动机不同,性格相异。四是通过人物的前后对照,认识人物的发展变化。例如《水浒传》中的林冲,其妻被人调戏,正待要打,见是高衙内,"先自手软了",足见其忍辱退让,怯于反抗的性格。到了火烧草料场时,林冲一刀一个,杀死了三个仇敌,走上了反抗道路。前后对照就可以看出林冲性格的发展变化。比较对照是一条审美心理法则,欣赏人物形象,自觉地运用这一心理法则,就能更好地认识审美对象,从而获得充分的美感享受。

最后,探究内涵。小说中的人物形象,尤其是主要人物形象具有一定的典型性。这种典型人物,具有鲜明的个性特征,还蕴含了丰富的社会人生和历史文化意蕴。对欣赏者来说,这种典型人物也是引导人们认识社会人生的良师益友,是陶冶人们情操的最佳产品,它引起一代代人感情的共鸣,为人们留下回味无穷的艺术魅力。读者欣赏小说,就要着力探究人物形象的深厚意蕴。路遥在小说《人生》中成功塑造了一个"熟悉的陌生人"高加林。他生在农村,凭着毅力与打拼,走出了乡村。为了铸就他的伟大人生,实现自己崇高的理想,他除了顽强奋斗外,还不惜以"恶"的手段,"卑鄙"的手法去"开后门",做交易。他厌恶不正之风,却又以不正之风去开启前程之门;他深深爱着纯真的巧珍,却又背叛爱情,与自己不爱的人生活在一起。他是一个既自尊又自卑,既崇高又卑劣,既清高又庸俗,既积极工作又投机取巧的矛盾复杂性格的统一体。这种矛盾复杂的性格正折射出社会变革的种种矛盾,揭示出中国乡村和城市的经济、文化的种种差异与冲突,也反映了农村知识青年的心路历程等。高加林这个形象蕴含着深广的社会内涵和美学意蕴。

4. 探究小说的叙事艺术性

小说是叙事性最强的文体。所谓"事",就是特定的人在特定环境的活动、行为。所谓叙述,就是由发话人运用语言媒介将一系列事实或事件及其相互关系传递给受话人的传递行为和过程。一部小说如果没有叙述,或者叙述没有条理,小说各要素就会支离破碎,其审美价值就无法实现,所以应从叙事视角、叙事时间、叙事节奏等方面探究小说叙事的艺术魅力。

其一,叙事视角。小说作者在获得了题材、主题,选定了人物和事件的同时,必定考虑从哪一个角度来叙述小说。这个由作者建立起来的,而读者借以感知和认识小说中的人物、事件和环境的位置与角度就是小说的叙事视角。一般来说,叙事视角又分为两个。一是全知视角,即由作家以叙述人的身份作叙述。这个叙述人并不包孕在故事情节之中,却对作品中的人物命运了如指掌,对作品中发生的事件一清二楚。二是限知叙事视角,即以作品中的某个人物或几个人物充当事件、生活场景、故事情节的目击者和叙述者。叙述者融化在情节之中,成为故事情节的一个因素。当然,在一篇小说中,叙事视角可以转换。例如,鲁迅的《祝福》开始的一段和最后一段采用限知视角叙事,而中间叙述祥林嫂死了丈夫后到鲁四爷家做工,后被婆婆抓回去许给贺老六,后孩子被老虎吃后不得不再次到鲁四爷家做工,最后在孤苦中死去。这些都是采用全知视角叙事。这种叙事视角转换不仅保持了小说的统一性,而且做到了自然和巧妙,收到很好的艺术效果。

其二,叙事时间。时间在小说中具有重要的作用,可通过对事件所占时间的比例调配突出主要事件,可强有力地表现人物的主观感受,可刻画和显示人物的心理和情感。时间有物理时间与心理时间之分。小说家对叙事时间有以下几种安排方式。一是按照“时间一致”的原则,即事件发生的“行动时间”,作家用来叙述事件的“叙述时间”和读者阅读作品的“阅读时间”基本差不多,三者构成大体一致的关系,同时也指作品中的事件从发生、发展到高潮、结局,或是人物从出生、成长直至死亡等。二是按照歪曲时间的原则安排。首先,打乱时间的自然顺序,采用倒叙方式。例如,鲁迅的《祝福》将祥林嫂的死提到作品前面叙述,而把祥林嫂生前生活放到作品后面叙述。其次,把时间拉长或缩短,把生活事件、人物动作发生的本来比较短暂的时间故意用较长的时间来叙述,或把人物的动作、举止和神态变化等放慢、放大,让人们更好地感知作品。也可把时间缩短,即把发生在相当长的时间里的事件过程、人物行为动作等用较短的时间叙述,或者略去若干年月,或者一笔带过,如“三个月过去了”“两年过去了”等。再次,让时间同时并现,在小说作品中,许多事件同时展开,许多人物同时行动,许多现象同时出现,一旦经过作家叙述必然出现了先后,为解决这一问题,现代小说家采用同时并现法,即叙述同一时间里所发生的几件事。例如,不同的地域、不同的人物、不同的事件在同一时间里同时出现,这样增加了作品的纵深感和立体感。

其三,叙事节奏。节奏最初是音乐用语,指乐音有规律的强弱、长短现象,由音响运动的轻重缓急、抑扬顿挫构成。节奏并非只属于音乐,朱光潜认为“节奏是一切艺术的灵魂。”小说节奏的构成方式有:首先在急缓中表现节奏。“急”是指情节的紧张、气氛的热烈;“缓”是指情节的松弛、气氛的舒缓。对于情节急缓的处理应注意三点:一是急后需缓,在一段紧张、惊险的情节之后,需要一段舒缓的情节以舒其磅礴之气。紧张与舒缓,落差巨大,从而产生了鲜明的节奏。二是急中夹缓,在紧张情节中插入“闲笔”“缓笔”,如《红楼梦》“宝玉挨打”一回中,贾政雷霆大震,宝玉无计可施,情急之中碰到一位老婆子;老婆子偏偏耳聋,把宝玉所说的“要紧”,听成“跳井”,唠唠叨叨说了一堆令人可气又可笑的“闲话”。“闲笔”的掺入,不仅缓和了文字紧张度,而且活跃了文势,节奏灵动。三是急事缓笔,愈是紧急之事、惊险之事,作者愈是放慢叙述节奏,细细写出,从而造成读者心理紧张,激起欣赏者的审美期待。其次从壮美与优美的转换中显现节奏。如《水浒传》第四十一回,宋江被赵得、赵能率众追杀,火光烛天,刀光剑影,可谓惊心动魄。作者笔锋一转,宋江遇九尺玄女娘娘,则是星月满天,仙女的莺声燕语,可谓心旷神怡。把壮美与优美连接起来,就如山摇地撼之后,忽又柳丝花朵,既能使欣赏者在审美感受、审美趣味上有所转换,又能使欣赏者获得审美的节奏感。

(三)散文鉴赏

散文是与诗歌、小说、戏剧并称的文学样式。散文是描写真实存在的客观世界,直接抒发作者所见、所闻、所感、所思的文体。其特点是通过对现实生活中某些片段或生活事件的描述,表达作者的观点、感情并揭示其社会意义。散文可在真人、真事基础上加工创造。它可以叙事，但不一定具有完整的故事情节和人物形象，而着重表现作者对生活的感受，具有选材、构思的灵活性和较强的抒情性，散文中的“我”通常是作者自己；它可以抒情，语言不受韵律限制，表达方式多样，可将叙述、议论、抒情、描写融为一体，也可以有所侧重；它可以根据内容和主题的需要，像小说那样对典型细节和生活片段进行形象描写、心理刻画、环境渲染、气氛烘托等，也可像诗歌那样运用象征等艺术手法，创设一定的艺术意境。散文的表现形式多种多样，杂文、短评、小品、随笔、速写、特写、游记、书信、回忆录等都属于散文。总之，散文篇幅短小、形式自由、取材广泛、写法灵活、语言优美，能较迅速地反映生活。

按表达方法的不同，散文分三种：抒情散文、叙事散文和议论散文。

1. 散文的审美特征

(1)写真纪实，袒露个性

散文是作者直接面对读者袒露自己个性的文体，散文的写真纪实，体现在它所表现的作家感情真，性情真，散文具有较强的抒情性。散文写景、叙事、记人，目的在于抒发作者对生活的感受，总是表达作者内心由这景、事、人引发的那一缕情思和情韵。散文是作者和读者的正面交流，贵在有“我”。好的散文，总是以其坦诚而平易自然的交谈将读者带入作者内心，去听取他抒发对社会、人生、自然的见解，分享他的欢乐，感受他的苦闷和思索。

作者在借散文与读者坦诚交谈的过程中，把个性、性情展露给读者，读者可以从中看到作者的个性、趣味，以及谈吐、风度、学识、修养。散文除了情感因素外，还应有作者对世事人生真切而深刻的体验和感悟，和对于世事人生的真理发现，使读者获得启迪。

(2)优美质朴，雅趣共生

散文语言优美凝练，富于文采，体现在清新明丽、生动活泼，富于音乐感，同时，散文语言又是一种本色语言，它简洁质朴，自然流畅，寥寥数语就可以描绘出生动形象，勾勒出动人场景，显示出深远意境。

散文力求写景如在眼前，写情沁人心脾。优美的散文，往往富有哲理、诗情、画意。杰出散文家的语言极具个性，具有不同的语言风格：鲁迅的语言精练深邃，茅盾的语言细腻深刻，郭沫若的语言气势磅礴，巴金的语言朴素优美，朱自清的语言清新隽永，冰心的语言委婉明丽，孙犁的语言质朴，刘白羽的语言奔放，杨朔的语言精巧……而同一作家的语言风格又常因作品内容不同而各异，如鲁迅的散文，《记念刘和珍君》的语言锋利如匕首，《风筝》的语言凝重如深潭。散文写景是实景，叙事是真事，论理是真理，状物大都是实物，但无论写景叙事，还是论理状物，都要体现一个“趣”字：写景见情趣，叙事有事趣，论理、状物又充满理趣、物趣。

(3)率性自然，自由灵活

散文的选材范围自由广泛。天地万物、古往今来、自然社会都可作为散文的描写对象。它可以描写实实在在的家长里短，表现虚无缥缈的精神世界，展现奇幻莫测的传说与神话，叙述历史事件与人物，抒发内心的真情实感，阐述或深刻或浅显的哲理，可以模山范水，也可以议论风生。

散文的表现方式极为灵活、率性自然、没有形式格套。主要表现在笔法和章法两方面。笔法上，散文自由运用叙述、描写、抒情、议论、说明等各种表达方式，可以正面表现，也可以寄寓暗示。在章法上，散文没有固定的结构法则，其结构中心多种多样，既可以人物为中心，也可以典型细节为中心；既可以景物为中心，也可以象征性事物为中心，还可以抽象情思为中心。结构形式也不拘一格，时空的转换，情绪的递进，认识的深化，都可以成为组织材料的依据。总之，散文反映生活、表情达意的手法十分自由灵活。

2. 散文的鉴赏方法

散文是一种取材灵活，讲究意境，语言隽永，长于抒情的文学体裁。鉴赏散文可从以下几个方面入手。

(1)感受散文的情感美

一切文章皆须有情。散文以抒情为主，也可以说理、叙事。散文说理，必须寓理于情趣之中；散文叙事，必须饱含感情，具有特殊韵味，使人回味无穷。

优秀的散文，景、事、理皆为情服务，常常表现为寓情于景、寓情于事、寓情于理。因此，感受散文的情感美，可以从景中感受，即通过写景来抒发作家的感情。也可从事中感受，在鉴赏叙事散文时，要善于透过所叙之事去体会、感受作者丰富和复杂的情感内涵。因为在散文的叙事中，作家并不追求叙事的完整、生动，而是把它作为抒情的手段，还可从理中感受，即要注重从情中悟理，在理中染情，进入情理交融的艺术境界。这样既能够被作品中的理所折服，也能够被作品中的情所打动。

(2)品味散文的含蓄美

一般而言，散文写景咏物均有所寄托，但所托之意、所含之情往往采用借景抒情、托物言志等艺术表现手段委婉地表达出来，使散文呈现出一种含蓄之美。因此，要真正享受到散文的含蓄美，应了解散文含蓄美的实现手段：一是托物言情、借物言志；二是寓情于景，虚实相生，借设想、想象曲折表达好恶爱憎；三是运用象征或调动多种修辞手法使真意婉转而出。

鉴赏散文的含蓄美可从两个方面入手。首先，分析形象，体悟情感。含蓄之美在于作者用形象说话，形象的特征、色彩往往寄托着作者的喜怒哀乐、爱恨情仇。把握形象最突出的特征，调动生活经验、情感和积累去感悟寄寓于形象中的作者的精神世界，才能引发读者情感的共鸣。如茅盾的《白杨礼赞》，作者用白杨树的高大、伟岸、挺拔、正直，来赞美北方人民坚定豪迈、英勇不屈的革命斗争精神。散文托物言情、借物言志，用形象说话，寄托着作者的情感，体现了散文的含蓄美。其次，掌握技法，领略意境。含蓄之美是一种"意在笔端，神余言外"的意境，也是一种"若隐若现，欲露不露"的效果。这是作者运用一些技巧达到的，如象征、比喻、拟人、双关、反问、夸张、反复等的运用，对特定语句深层含义起着强化作用，能帮助我们深刻品味意境那丰富深远的内蕴，获得美感享受。如朱自清的《荷塘月色》，全篇着力于"淡淡的情趣"，通过描绘使小路、荷塘、花姿、月色、树影、雾气、灯光……可见可感；而叶香、蛙鸣、蝉声，又可味可闻；再加上心情的抒写，巧妙的譬喻，创造出一种淡雅、娴静、情景交融的优美意境，给人以美的享受。

在说理散文中，含蓄可以给议论创造一种蕴藉隐藏、含而不露的艺术效果。林希散文《石缝间的生命》，通过对野草、山花、松柏这些石缝间生命的描述，赞美了它们生命的倔强和崇高的品格，阐述生命的内涵就是拼搏，从不同层面揭示出生命的意义，寄寓了一种深切的人生感悟。石缝间顽强的生命以自己的形象感动着读者，又以这种生命所显示出来的理性力量震撼着读者。

(3)体验散文的构思美

散文往往通过生活中偶发的、片断的事项，去反映其复杂的背景和深广的内涵，做到"一粒沙里见世界，半瓣花上说人情"。要达到这种境界，构思是关键。构思是作者对生活素材进行去粗取精、去伪存真、由表及里的加工提炼过程。作者要在构思中为散文的思想内容寻找尽量完美的艺术形式，使思想性与艺术性达到和谐统一。因此，构思要解决立意、选材、创造意境、谋篇布局等问题。

要鉴赏散文的构思美，首先要理出文章的线索，或以情为线索，或以理为线索，或以物为线索，并且要分析文章的结构，把握其独特的艺术表现角度，这样才能感受到作者构思的妙处。朱自清的《给亡妇》以一条至诚醇厚的怀亲颂妻的情感线索把一些日常琐事的片断粘连在一起，杂而不乱，散中见整。其次，还要从文字的散与整，材料的疏与密，文笔的繁与简上欣赏散文的构思美。朱自清的《绿》是一篇善用工笔细描的写景散文，简笔略写和繁笔详写相结合，写作中又注重了疏密之分。文章的重心是写梅雨潭水之"绿"，因此文章就繁写潭水，简写瀑布。茅盾的《香市》、朱自清的《背影》、许地山的《落花生》、郁达夫的《故都的秋》、杨朔的《香山红叶》、贾平凹的《丑石》等，或用对比手法，或用象征手法，或以小见大、或由生活现象生发开去，都是构思巧妙、独具匠心的散文精品。

(4)探究散文的语言美

散文的魅力，很大程度上来自于语言的魅力。感受散文的语言美，要通过默读、朗读，结合语境推敲字句、辨析词义、体会词语感情色彩等多种途径，反复体味其语言，品味文中修辞的表达效果，随处留心玩味佳词美句的妙处，从而获得精神的充实和艺术的享受。

鉴赏散文的语言美应从以下三个方面去仔细品味。

首先，通过联想和想象领悟语言的表达效果。如朱自清的《绿》写到："这平铺着、厚积着的绿，着实可爱。她松松地皱缬着，像少妇拖着的裙幅；她轻轻地摆弄着……她滑滑地明亮着，像涂了'明油'一般，有鸡蛋清那样软，那样嫩……"这段文字非常优美，作者运用联想和想象，读者也只有通过联想和想象再现那难以言喻的梅雨潭的奇异的美——绿，调动个人生活经验来感受梅雨"立体感"形象，才能体会作者那浓浓的喜悦之情。

其次，注意品味词语和修辞的表达效果。任何好的作品，作者只有在遣词用句上下一番功夫，选用鲜明、生动、具体可感的形象性词语，才能完美地表情达意；而读者只有认真品味这些词语，才能更好地领会文章的内容和语言。如《绿》的开头"我第二次到仙岩的时候，我惊诧于梅雨潭的绿了。""惊诧"二字，耐人寻味，除含有"惊奇、诧异"的意思，还有深深的情味，作者用它衬托了梅雨潭的奇异之美，表达了作者对梅雨潭的赞美和喜爱，抒发了作者浓郁的喜悦之情。

最后，悉心培养对散文作品的审美情趣。散文的语言对人物、事物、景物的描写上常常形成一种意境，在总体形象上给人以美感，为读者描绘出一种情景交融的画面，给人以强烈的诗情画意之感。如朱自清的《春》，全文描绘了"春草""春花""春雨""迎春"等生动画面，以诗意的笔触描绘春天，赞美春天。鉴赏时，读者必须抓住语言中具有美感的因素进行开掘，在开掘中深入体味，要对语言文字有敏锐的感受。有了这语感，才可以与作者的心情相契合，才能培养自己的审美情趣，提高对散文作品的鉴赏能力。

(四)戏剧鉴赏

戏剧是一种以塑造舞台形象来反映社会生活的直观艺术，是一种以演员表演为中心，集文学、美术、音乐、舞蹈等艺术形式为一体的综合艺术。

1. 戏剧的审美特征

(1)融多种艺术于一体的表演艺术

戏剧是以演员的表演艺术为中心，吸收和融合了多种艺术成分的一门综合性艺术。它需要剧本作为舞台演出的文学基础;需要造型艺术,如布景、灯光、道具、服装、化装,用以表明剧情发生的时间、地点和人物的身份等;还需要音乐舞蹈,从不同角度辅助演员塑造舞台形象。而表演是戏剧的中心,是戏剧的生命,由演员当众表演给观众看,舞台上呈现出不同性格的人物形象,演绎出世态人情,直接引发现众的某种情感。因此,戏剧是各种艺术中最易给观众以直观和真实性感受的一种艺术,具有强烈的审美魅力。

(2)高度集中地反映社会生活

戏剧受时间和空间的限制,它要求人物典型,情节集中,戏剧冲突尖锐,能迅速推动情节的发展,高度集中地反映生活。老舍的《茶馆》反映时间跨度达半个世纪,涉及人物70多个,但戏剧内容却相当集中,演出时间仅两个多小时,地点只有一个——茶馆。

(3)强烈的戏剧冲突

戏剧冲突指展现在剧中的矛盾、纠葛和斗争,它包括由人物性格、心理活动的矛盾所构成的内在冲突和人与人、与社会、与自然力量的矛盾所构成的外在冲突。冲突是戏剧美学的第一范畴,冲突就是"戏",没有冲突就没"戏"。受戏剧时间与空间性的制约,戏剧必须要有强烈、尖锐的矛盾冲突,只有强烈的、尖锐的冲突才能迅速激化矛盾,使戏剧情节引人入胜、扣人心弦,因此,没有戏剧冲突就没有戏剧。

(4)个性化和动作化的台词

在戏剧中,人物的塑造、情节的展开、冲突的展现,都需通过剧中人物的对话和动作来实现。语言的个性化,通俗地说,就是什么人说什么话。老舍先生说:"三言两语使人物立起来,闻其声,知其人。"说的就是人物语言的个性化。同时台词必须富有动作性。"它一方面表达人物自身的心理活动,并引起强烈的外部形体的动作;另一方面能刺激对方,促使对方产生相应的语言和动作。"

2.戏剧的鉴赏方法

戏剧的迷人之处在于:在戏剧欣赏中,演员当场表演,观众看到的是创作的整个过程。面对面直接交流,集体体验,喜、怒、哀、乐,"一切的一切都发生在观众与演员之间"。如何能领悟到戏剧的艺术魅力呢?

(1)感受戏剧冲突美

戏剧冲突是戏剧情节发展的基础,没有戏剧冲突就没有戏剧。要有"戏",必须使尖锐的矛盾冲突迅速激化,使戏剧达到扣人心弦的程度。因此,鉴赏戏剧,必须要学会欣赏戏剧冲突。如何才能体验到戏剧冲突的美呢?

首先,把握剧中的戏剧冲突。感受戏剧冲突的美,就要把握剧中的戏剧冲突,了解戏剧冲突发生的背景,明确构成冲突的基本内容,分清戏剧冲突的主次,这是戏剧欣赏的第一步。如《雷雨》中的人际关系和矛盾冲突错综复杂,若不首先对剧中的矛盾冲突有所了解,鉴赏就只能是枉谈。

其次,体验戏剧冲突的美。在戏剧中,戏剧冲突不是主观臆造的,它来自生活,是生活真实的审美再造和升华,包含剧作家对生活的感受与诠释,渗透着一出戏中所有台上台下人员的价值观念和理想追求,有着鲜明、独特、丰富的感情色彩和撼人心魄的艺术魅力。

最后,探索戏剧冲突的作用。戏剧必须通过剧中人物的对话和动作,来展开激烈的冲突,在富于戏剧性的矛盾冲突和曲折起伏的情节中,塑造出具有鲜明性格的人物形象。只有安排好戏剧冲突,才能使剧情的发展跌宕起伏,不断把戏推向高潮,自始至终吸引观众,激起观众的共鸣。

(2)品味戏剧人物性格美

戏剧是一种表演艺术，一出好戏除了故事本身，戏剧中的人物会因为演员的表演而常驻观众心中，甚至影响了几代人。如哈姆雷特、夏洛克、娜拉、窦娥、红娘等，这些戏剧形象之所以成为成功的艺术典型，是因为演员成功地塑造了性格鲜明的人物。

首先，关注人物鲜明的个性特征。艺术的宗旨就是集中一切手段表现“人”，通过人物反映社会生活，结构、情节、冲突、语言等没有一样不是为塑造人物服务的，戏剧也同样以塑造人物的性格、揭示人物的心灵世界来显示其独特的艺术魅力。戏剧受时空制约，要求人物个性鲜明，能一下子给观众以深刻的印象，如奥赛罗的轻信和妒忌，夏洛克的贪婪和冷酷，窦娥的无辜与怨愤，红娘的活泼与机智，都是极鲜明地突出了他们性格的主要方面。

其次，从台词入手揣摩人物的鲜明性格。从台词去窥测人物性格，关汉卿《窦娥冤》中，赛卢医的出场语言：“行医有斟酌，下药依《本草》，死的医不活，活的医死了。”张驴儿的语言：“你敢是不肯，故意将钱钞哄我？赛卢医绳子还在，我仍旧勒死了你罢。”楚州太守桃杌的出场语言：“我做官人胜别人，告状来的要金银；若是上司当刷卷，在家推病不出门。”活脱脱地把这些小人物的性格描摹出来，透过这些小人物也揭示出窦娥悲剧的深层原因。

戏剧语言具有动作性，剧中人物的对话和独白，一方面要与人物的手势、表情、形体动作相结合，另一方面又要有力地刺激对方，展示人物性格的激烈冲突，以推动剧情的发展。《雷雨》第二幕片段：

鲁大海　你故意淹死了两千二百个小工，每一个小工的性命你扣三百块钱！！姓周的，你发的是绝子绝孙的昧心财！你现在还——

周　萍　（冲向大海，打了他两个嘴巴）你这种混账东西！（大海还手，被仆人们拉住）

周　萍　打他！

鲁大海　（向周萍）你！（仆人们一起打大海，大海流了血）

周朴园　（厉声）不要打人！（仆人们住手，仍拉住大海）

鲁大海　（挣扎）放开我，你们这一群强盗！

周　萍　（向仆人们）把他拉下去！

鲁侍萍　（大哭）这真是一群强盗！（走至周萍面前）你是萍…… 凭，——凭什么打我的儿子？

周朴园和鲁大海针锋相对、步步紧逼的对话，展示出人物性格之间激烈的冲突、工人阶级与资本家尖锐的矛盾，同时刺激了周萍打鲁大海的行为，而鲁侍萍目睹了离别二十多年的长子周萍打自己另一个儿子鲁大海，内心复杂而又极端痛苦。就在鲁侍萍的那句“你是萍……凭，——凭什么打我的儿子”的台词中人物复杂的性格和内心活动鲜明地呈现在观众面前。

还应注意从人物丰富的潜台词去探究人物鲜明的性格。潜台词是话语以外的弦外之音、言外之意，是台词的真实含义。好的台词一方面增加了对话语言的思想容量，另一方面扩展了戏剧语言的艺术张力。以最少的语言传递丰富的内容，给人以品味，给人以想象的空间，这正是中国文学崇尚的一种审美效果。

而潜台词对表现人物的思想性格也起到很重要的作用。《雷雨》第二幕周朴园与鲁侍萍相见那场戏：

周朴园　（忽然严厉地）你来干什么？

鲁侍萍　不是我要来的。

周朴园　谁指使你来的?

鲁侍萍　(悲愤)命!不公平的命指使我来的。

周朴园　(冷冷地)三十年的工夫你还是找到这儿来了。

鲁侍萍　(愤怒)我没有找你,我没有找你,我以为你早死了。我今天没想到这儿来,这是天要我在这儿又碰见你。

周朴园　你可以冷静点。现在你我都是有子女的人。如果你觉得心里有委屈,这么大年纪,我们先可以不必哭哭啼啼的。

短短的对话,却蕴含着丰富的"潜台词"。通过耐人寻味的语言,剧作中一再渲染的周朴园对鲁侍萍的那套"多情"与"怀念",已荡然无存。正像繁漪所骂的:"一个伪君子!""言外之意"的潜台词,对于表现周朴园的虚伪性格起到了极其重要的作用,比之通过繁漪等剧中人物之口的揭露,来得更真实,更具艺术张力。

最后,探索人物性格发展变化的心路历程。无数文学经典名著已充分证实了这一点:展示人物性格的发展变化,是人物塑造光彩动人的一个重要因素。莎士比亚的《哈姆雷特》层次清晰地展现了哈姆雷特性格的发展变化,配上华美的语言,哈姆雷特成为莎士比亚戏剧形象中最光彩照人的艺术形象之一。揭示人物性格发展的心路历程,这是使人物活生生地站在舞台上,牵动着万千观众心灵的内在力量。

(3)探究戏剧结构美

戏剧结构是剧作家对所反映的生活材料进行组织,对戏剧情节的设计和安排,布局中渗透着一个民族的审美情趣和剧作家的审美追求。

首先,关注戏剧情节结构的美。从戏剧情节结构看,戏剧组织材料的形式有开放式、锁闭式、人像展览式三种,每一种形式都有其独有的审美效果。

开放式的结构,按照开端、发展、高潮、结局安排情节,故事的发展与人物的命运,原原本本地在舞台上呈现。集中、完整的情节,步步紧逼、场场推进的形势,显得波澜壮阔,浩浩荡荡。人物始终处于人生的"惊涛骇浪"之中,外在的冲突和内心的挣扎交织在一起,形成紧张、激烈的戏剧氛围。中国古典戏剧多采用这种结构形式,如元杂剧《窦娥冤》按时间的顺序展示窦娥的悲剧,始终把窦娥置于人生的"惊涛骇浪"中,有序地展示窦娥与社会的种种矛盾以及站在人生的"惊涛骇浪"之尖人物的觉醒与斗争,具有震撼人心的艺术魅力。

锁闭式结构,从高潮即将临近处写起,随即就是高潮和结局,对于过去的事件和人物关系采用"回溯法"陆续交代。易卜生的《玩偶之家》是个典范。全剧把海尔茂就任银行经理并想一上台就解雇柯洛克斯泰作为戏剧的起点,这使剧中每个人物一出场就面临着重大抉择,使戏剧还没开始就已弥漫着紧张的情绪,戏剧矛盾一触即发,接着在现在进行着的情节与冲突中交代过去发生过的事,而这些过去的与现在进行着的休戚相关,形成一种复杂的,甚至令人焦急、紧张的戏剧氛围。悬念刚结束,震撼人心的高潮就接着来到了,因此戏剧气氛始终紧张,扣住了观众的心弦。

人像展览式结构,大都人物多,情节不突出,就像一幅漫长的群像画,画上出现形形色色的人物,展示他们各式各样的生活风貌和性格特征。它没有突出的主人公,也没有一件贯串到底的中心事件,每个人都带着自己的过去,成为一条独立的故事线。如老舍的三幕剧《茶馆》,以一个"茶馆"为舞台,展示各色人生,反映世态变迁。

其次，感受情节结构中的潜在力量。在戏剧表演过程中，不管是开放式、锁闭式、还是人像展览式，都需要有一股潜在的力量来推动戏剧情节的形成、发展和激化尖锐的矛盾冲突等。戏剧的情节结构，要依靠蓄势、发现、突转、悬念等艺术手法来推动整个戏剧的表演进程，而这些手法给戏剧艺术的直观性带来了巨大的审美效果。

一是蓄势。蓄势，就是为了使剧情发展所作的铺垫。《玩偶之家》中八年"平静""幸福"的生活就是蓄势。《雷雨》高潮之前，人物间各种关系、各种矛盾的交代，正是"山雨欲来风满楼"，好戏在后头。

二是悬念。悬念是"编剧或导演对剧情作悬而未决和结局难料的安排，以引起观众急欲知其结果的迫切期待心理。它是戏剧创作中使情节引人入胜，维持并不断增强观众兴趣的一种主要手法"。（引自《中国大百科全书·戏剧》）《雷雨》中客厅闹鬼、鲁贵总向女儿提"你的什么要紧事"，《玩偶之家》中娜拉出走后的命运……人物性格或戏剧冲突中安排好悬念，不仅有利于人物思想性格的塑造，还能造成观众的紧迫感，使全剧跌宕起伏，扣人心弦。

三是发现与突转。发现，指剧中人物对自己的身份或者与其他人物的关系，以对一些重要事实或无生命实物由不知到知的转变。戏剧往往通过发现来造成剧情发生意外的变化。《雷雨》中，周朴园发现鲁侍萍还活着，罢工工人代表鲁大海竟然是自己的儿子。侍萍发现女儿四凤与少爷周冲、儿子周萍的感情纠葛，发现周公馆的主人是那个30年前对自己始乱终弃的人……这一切发现让人发疯！繁漪让所有的人发现彼此真正的关系，这一"发现"不仅让剧中人物，同时也让观众不寒而栗！太多的"发现"纠缠在一起，使戏剧扣人心弦，弥漫着强烈的悲剧气氛。

当"发现"被舞台外化出来，矛盾冲突愈发尖锐到不可调和，往往会带来情节的突然转变，这就是"突转"，有时是"绝处逢生"，而有时却是"生而覆灭"。在《西厢记》"赖婚"一场中，张生一早起来，精心打扮，"皂角也使过两个也，水也换了两桶也，乌纱帽擦得光铮铮的"，一心等待红娘来请，谁知道等来的是老夫人变卦，急得张生声称要上吊，真是乐极生悲！可见，好的突转场面能使剧情起伏跌宕。

第二节　文学批评

文学批评是文学活动的重要组成部分。文学批评伴随着文学作品的被创作、被传播和被接受，它对文学活动具有动力性、引导性和建设性作用，既深化文学创作，影响文学观念和理论的发展，又促进了文学作品的传播与接受。

一、文学批评的性质与作用

文学批评是以一定的文学观念、文学理论为指导，在文学欣赏的基础上，对以具体文学作品为中心的一切文学现象和文学活动（包括文学批评自身在内）进行理性分析、判断和评价的活动。

（一）文学批评的性质

文学批评到底是一种什么样的活动呢？按韦勒克考证，文学批评既有"讨论具体的文学作品"的意思，同时也是"研究原理、范畴、技巧等"，因此，文学批评同时具有客观性和主观性。文学批评的目标是对文学现象（包括文学创作、文学接受、文学理论批评等）作出评判，指出所批评文学现象的优劣之处、其与文学现象的关联之处，确认其在文学发展史和某一历史时期横断面上的地位，认定其性质，以及对文学发展的作用。

第一，文学批评是社会历史批评和美学批评的有机统一，具有鲜明的倾向性。以文学作品为主要对象，文学批评要考察作品情感、思想等意蕴和形式技巧。这就要求文学批评要把对文学作品的社会历史考察和审美考察有机地结合为一体。文学批评分析文学作品不能脱离社会生活，在这个意义上，文学批评是一种对社会生活的评论。尽管如此，文学批评活动从开始到完成，不能停留在文学作品反映的社会生活之上，也不能沉迷于理论的推导，而是首先把文学作品当作一个审美对象，并充分阐释了作品的审美意蕴，文学批评才不至于丧失其本质属性。

第二，文学批评是一种以理性活动的方式研究、评价文学活动的科学活动。要揭示文学作品的优缺点，不借助理性活动是不行的，朱光潜就说过"批评的态度"须用理智。文学批评对文学现象的阐释、分析，要以一定理念、原则为依据思辨地进行；但还需具有实证性。文学批评是一种科学活动，其所依据的事实应该是确凿无误的。文学现象和文学事实都是文学批评的根据，进行文学批评时刻不要忘记，要从文学现象本身出发，要以文学欣赏为前提、为基础。虽然文学批评是需要理性思维，但很难设想，一个对于艺术思维的特性缺乏足够了解和体验的人，能够很出色地从事文学批评工作。文学批评的全过程中，既要把握好理性思维的基本性质，又要融合艺术思维的若干成分。

（二）文学批评的作用

在整个文学活动中，文学批评起着不可忽视的作用，尤其是在作家创作、读者接受这两个环节中，文学批评的作用最为明显。主要表现在以下几个方面。

1. 引导读者的阅读和鉴赏活动

文学批评是为了帮助读者更好地理解作品，好的文学批评能让读者发现其阅读时没有发现或遗漏的感觉、情感、思想、意义，从而深化读者对作品的感受和理解。这也正是文学批评的一个最基本的社会作用，即阐释文本，使读者更好地感受和理解作品。文学批评对文学阅读和鉴赏的引导作用还表现在能够帮助读者选择作品，指导其欣赏作品，提高读者的欣赏能力。

2. 调节作家的文学创作

文学批评能帮助作家提高创作。优秀的批评者往往能够启发作家发现真正的自我，从而不断提升自己的创作水平，形成创作特色。在文学创作中，作家很可能对所表现的社会生活只有一种直觉感受，感觉到所写题材有意义，但常常"当局者迷""不识庐山真面目"。文学批评往往能帮助作家发现自己所写题材的深层意义和价值，在一定程度上表达社会对作品的意见，从而使作家了解自己创作的得失。

3. 推动文学理论的深化和发展

文学批评对文学理论的深化和开拓具有巨大推动作用。文学批评和文学创作与具体文学活动有着直接的联系，所以能够最早接触新的文学现象、文学经验，文学批评对这些新现象的认识，对新经验的收集、归纳和总结，都为文学理论的进一步发展奠定了基础。

文学批评与文学理论相比，更贴近具体生动的文学实践，文学批评的实践性使其与当下的文学创作保持着密切的关系。文学创作常常以它的创新，向文学理论提出新的问题。而文学理论对创作中新问题的了解，对创作成功经验的总结，则需要通过批评活动来进行。

二、文学批评的标准与原则

（一）文学批评的标准

文学批评要分析和评价文学作品，需要有标准。文学批评标准就是一定时代用以衡量文学作品价值、判定一个文学作品高低优劣的尺度或准绳。从古至今,从来就不存在一成不变的文学批评标准,具体的文学批评实践告诉人们,文学批评标准是一个很难把握的问题,或者应该说文学批评标准是多样的。

具体的文学批评标准虽然多样化,但马克思主义文学批评提出的美学的历史观点则是一条原则性的标准。因为一切文学作品既是审美艺术品,同时又与现实生活密切关联,涵盖了一定的社会历史内容。在此原则性标准之上,文学批评最常用标准是思想标准和艺术标准。思想标准是衡量文学作品思想性强弱与否、深刻与否的尺度,艺术标准是衡量文学作品艺术上高低优劣的准绳。

思想标准用来评价文学作品的思想性。文学作品的思想性是指作品的形象、意蕴中所显示出来的社会政治、道德、哲学、宗教等意识形态观及其对读者产生的思想力量。运用思想标准评价文学作品时要注意三点。一是对文学作品艺术真实性的考察。具有艺术真实的文学作品,能够切实地反映社会生活的本质和意义,这样的文学作品的思想性是强烈和深刻的。二是对文学作品进步倾向性的考察。文学作品的倾向性,是作家渗透在作品中的对社会生活、人生命运,甚至历史发展趋势等的理解、认识和追求。这种倾向性与作家的世界观和人生观紧密相连,也表现出作家对社会生活的判断评价和是非爱憎,并能以此影响读者的思想和判断。思想倾向性考察就是品评文学作品所反映的历史发展趋向,所表达的人民大众的思想、要求和愿望,能否体现出终极关怀,能否引导人们追求光明、走向进步。文学批评考察文学作品倾向性是期望文学作品能在社会中产生积极影响。三是考察文学作品的情感性是否积极。一部文学作品是思想和情感的融合,其思想表达和产生的影响不是直接的抽象说教,而是依赖动人的情感感化。文学批评在评价文学作品思想性时,必然要分清情感的性质,主张作品从整体上抒发对人的心灵有积极影响、有益于身心健康的情感。

艺术标准是评价文学作品艺术性的高低优劣的尺度。所谓艺术性是指作家的艺术才情、气质、修养和创造能力等各种因素凝结在其作品中呈现出来的艺术魅力及其达到的艺术水准。运用艺术标准评价文学作品,要抓住以下四点。

一是文学形式的创造性与完美性。一部文学作品的语言、技巧、表现手法等要素构成了文学形式。文学形式是否符合艺术形式美法则,是衡量作品有无艺术性或艺术性高低的准绳。一部作品若是具有较高的艺术性,在文学形式上一般表现为语言生动而充满表现力,结构设计精巧而有机统一,表现技巧创新多样,文体的选用恰当合适,合乎内容要求等。

二是艺术形象要生动而充分。一个优秀的文学形象首先要生动形象,给人鲜活、有血有肉的感受,如在眼前,伸手可触,而且是独特而典型的,是作家独创的,具有不可重复性,所谓"独辟蹊径,卓然独立"。还有,优秀的文学形象都有"韵味"或者"灵魂",所谓"含不尽之意,见于言外"。

三是审美意蕴的丰富性与深刻性。审美意蕴是含蕴在文学形式、形象之中,又溢于其外的情致、韵调。对于文学作品的审美意蕴而言,要看其是否深刻和是否丰富。审美意蕴深刻而丰富的文学作品往往显现出迷人的艺术魅力和流芳百世的艺术效果。

四是具有鲜明的民族风格。一般来说,越是具有民族风格的文学作品,越能够引人关注,产生广泛影响。这不仅需要从内容方面进行发掘民族特色,而且在文学的艺术形式上也要体现民族风格。

由艺术标准的具体内涵可知,艺术标准和思想标准是内在地、紧密地联系在一起的。越是深刻的文学批评,艺术标准和思想标准就越是融合使用。

(二)文学批评的原则

文学批评活动的实践虽然有评价的标准,但标准的多样性,容易使文学批评实践活动失去规范,任何人进行文学批评活动都应当遵循一定的原则。从根本性质和基本任务来看,文学批评的一般原则主要有以下三条。

1. 从对象出发的审美把握的原则

审美把握的原则是文学批评的独特原则。文学批评的对象包括整个文学活动在内,但主要对象是文学作品。由于文学作品的审美属性和文学批评的美学评价要求所决定,文学批评必须以对批评对象的审美把握为基础,以批评主体的审美感受为起点,以批评对象的审美特征为中心,以分析评价对象的审美价值为主要目的。要切实落实这一原则,至少应该注意三点。首先,文学批评必须尊重艺术规律,按照艺术的逻辑行事。既要看到文学与生活之间的有机联系,更要看到文学是高于生活和文学自身的特殊规律,不能以生活逻辑简单替代艺术逻辑。其次,文学批评要切实建立在文学鉴赏的基础上。文学鉴赏是文学批评的前提和基础,文学批评只有在充分地感受文学形象,获得真切的审美体验的基础上才可能理解和阐明文学作品的思想性和艺术性。也就是说,文学批评应从具体艺术形象分析入手,因为形象是作品传达审美内涵的媒介,包含着作品的思想性和艺术性。最后,在尊重艺术规律的基础上,对不同类型作品要具体分析,要抓住它们各自的特点,不能千篇一律。

2. 顾及全篇的整体把握原则

整体把握原则要求文学批评的视野不能限于局部,不能把评论的依据建立在某一点或某种片面认识、片面理解的基础上,必须坚持全面、整体的观点。尤其批评的对象是复杂的文学作品,也是一个有机统一的整体,如果不遵从整体把握的原则,势必颠覆文学批评的科学性。整体把握原则与审美把握原则相统一,也体现了文学批评原则的特殊性。如何具体坚持整体把握原则呢?

第一,文学批评应做到文学批评的美学观点和历史观点的统一、审美把握原则和整体把握原则的统一。文学批评要把文学作品当作内容与形式相统一的有机整体,切忌从中抽去一句话、一个人物、一个情节、一个细节、一个场面等,任意发挥引申,以偏概全。

第二,顾及全篇与作者,做到知人论世。必须系统研究作家的生活经历、家庭环境、阶级地位、思想状况、文化艺术修养、兴趣爱好以及心理气质等精神个性,要把所批评的特定作品与作家的全部创作和思想生平联系起来进行整体考察,同时还要把它放到特定的时代环境中去,联系当时的社会经济、政治文化进行分析,才能给予正确评价和准确的定位。

第三,把握批评对象的总体倾向和整体价值。文学作品的意义和价值贯穿在作品有机统一的整体之中,文学批评一定要"顾及全篇",整体把握。应在把握作品整体倾向和价值基础上,再进行褒贬评价。

3. 从科学的态度出发,坚持实事求是的原则和坚持百家争鸣

实事求是原则是任何科学研究活动都要遵循的普遍性原则,文学批评也不例外。具体来说,文学批评就是要从具体作品的实际出发,实事求是地给予评价,不溢美、不隐恶。文学批评上的"百家争鸣"与文学创作上的"百花齐放"相辅相成,没有"百家争鸣"的文学批评,就不可能有真正的"百花齐放"的文学创作。坚持文学批评"百家争鸣",就是容许批评的自由,容许各种批评意见互相争论。与"百家争鸣"相对立的是"一言堂",所谓"一言堂"是某种强制性

的、霸权式的批评状况，不容许批评自由，甚至丧失批评原则，既危害文学批评本身的科学性与发展，也对文学创作与发展极其有害。

三、文学批评的方法与实践

（一）文学批评方法

进行文学批评活动，不仅需要正确的文学理论指导、科学的文学批评标准、正确的文学批评原则，而且需要科学合适的文学批评方法。文学批评方法是评价、剖析文学作品和其他文学现象的具体途径、手段和方式。在文学批评漫长的发展历史中，出现过各式各样的批评流派，也形成了各种不同的批评方法。

1. 社会历史批评

社会历史批评是一种从社会历史发展的角度观察、分析、评价文学现象的批评方法。这种文学批评方法侧重研究文学作品与社会生活的关系，坚信文学是对生活的再现并在一定的社会历史环境中形成，因此重视作家的思想倾向和文学作品的社会作用。这种文学批评的基本做法是，将作品产生的时代背景、历史条件以及作家的人生经历等与作品联系起来分析、评价文学作品。社会历史批评评价文学作品的尺度主要是真实性、倾向性和社会效果。运用社会历史批评方法评价文学作品，十分重视对作品中社会历史内容的阐释，而这种内容真实与否是首要的评价尺度。此处所谓真实性，是指文学作品所展示的社会生活画面、所塑造的艺术形象与社会现实生活的实际情况的符合程度，它是作家的真情实感、读者的真实感受与艺术真实的统一。社会历史批评对文学作品真实性的考察包括多个方面，比如时代背景的真实性考察、人物性格的真实性考察，乃至作品细节的真实性考察等。社会历史批评认为文学作品的内容不仅应该具有真实性，而且应有正确的倾向性，即对生活理解也应该是正确的。社会历史批评还非常关注文学的社会效果。文学历史批评认为优秀的文学作品不仅能丰富人们的知识，而且能够以优美健康的思想情感感染读者，从而对社会产生积极影响。社会历史批评在操作之时，要对文学作品的社会历史内容进行具体的阐释，要联系文学作品的社会历史内容说明其艺术形式，要具体考察文学作品的社会历史内容与作家的关系。

2. 心理学批评

心理学批评是汲取心理学的研究成果，立足于文学作为精神活动的特殊性，对作家创作心理、对文学作品中所表现和包含的心理现象以及读者的欣赏心理进行分析的方法。心理学批评不是单纯的心理分析，而是通过对作品人物的心理分析，企图找出作者创作的心理机制与意识，以此分析作品使用形式技巧、言语策略的心理原因，阐释作品的潜在意义。心理学批评常见者有精神分析学批评和格式塔心理学批评两种。前者着重在文学作品的分析中论证作家的本能欲望与潜意识如何构成创作动机，并对文学作品的特点与产生效果、影响作出心理学阐释。精神分析学的创始人弗洛伊德就持这样的观点：文学创作是本能冲动“升华”的结果，是欲望在现实中不能满足的补偿。英国医生欧纳斯特·琼斯运用此法对《哈姆雷特》的解析就是一个范例。格式塔心理学批评则侧重对文学作品的整体完形结构的评价，其理论依据是格式塔心理学的若干原则。其中最基本的一条是组织，它包括图形和背景、邻近原则、类似原则、良好完形原则和闭合原则等。符合这些原则组成整体，构成完形。格式塔心理学批评认为，整体不等于部分的总和，整体是先于部分而决定各部分的性质和意义的。因而，不把握事物的整体和统一结构，就不能创作和欣赏作品，也只有如此，才可了解并通达作家的心灵世界。心理学批评自然不止上述两种，还有原型心理学批评、人本主义心理学批评等，这里不再一一详述。

3. 文本批评

文本批评是把文学文本作为独立的批评对象,从文本的语言、结构、表达技巧等方面解析、评价文学作品的批评方法。文本批评大致产生于20世纪三四十年代,其中以新批评为突出代表。新批评出现于20世纪30年代,首先开始于英国,代表人物是瑞恰兹和艾略特,其中前者的《文学批评原理》被认为是新批评的奠基之作。20世纪四五十年代新批评在美国得到大力发展,代表人物有兰色姆、布鲁克斯等。虽然后来逐渐衰落,但是新批评提倡和实践的立足文本的批评模式成为文学批评的基本方法之一,至今仍有借鉴作用。新批评是典型的文本批评,其突出特点就是作品文本的本体地位,把作品文本作为批评的出发点和归宿。新批评在评价作品时,不考虑作家和读者的因素,而只从作品文本本身进行。威姆萨特则认为要认清两个"谬误"。一是不要把诗歌与作者的创作意图混淆的"意图谬误",文学作品所展示的艺术世界和作者创作的意旨不是同一回事,应该将两者明确区分开来。文学作品一经完成便独立存在,与作者意图无关。因此文学批评不应探究作者的创作意图,批评对象应确定在文学文本自身之上。二是不应把诗歌和诗歌的效果相混淆的"感受谬误"。新批评认为作品不仅独立作者而存在,而且也独立读者而存在。读者阅读作品所获感受,不一定就是文学作品所含思想感情,所以,文学批评也不应以探究读者阅读感受为主。排除这个谬误之后,新批评只能将批评目标专注在文学文本上。

具体到批评实践,新批评的具体方法是"细读"文本。所谓"细读"是指对文学文本的语言和构架要素进行极其详尽的剖析和阐释,在阐明文本中各种因素的冲突和张力的基础上,以文本语言为中心来认识和把握作品。"细读"文本非常重视艺术形式,如音韵、格律、文体,如修辞手法——反讽、暗喻等。燕卜荪在其轰动一时的《朦胧的七种类型》中,对二百多篇作品的细致分析,可谓"细读"的典范。新批评的衰落是因其局限性太大,文学活动本是一个整体,新批评只重一环,显然片面;虽重在文本剖析,然也偏向于语言形式分析,尤其是修辞手法,而作品也是一个有机整体,此做法也有偏颇。但在一定意义上,新批评也对社会历史批评起到了补充作用。

4. 文化学批评

文化学批评是一种从文化的角度考察文学现象、综合研究文学的文化性质的批评方法。它是在文化人类学和20世纪下半叶发展起来的"文化研究"的启发和推动下发展起来的。文化学批评把文学当做人类经验的一部分,关注其文化意义,这种方法重在文学与人类文化的关系,旨在揭示文学现象所蕴含的深厚的文化内涵。从文学批评实践具体情形看,文化学批评古已有之。中国孔子所讲"诗"可以"迩之事父,远之事君",曹丕所言文章是"经国之大业,不朽之盛事",是文化批评;自唐宋韩愈、柳宗元以来倡导的"文以明道""文以载道"的治文主张亦是文化批评。现代意义上的文化学批评,从英国发展而来,先驱人物是雷蒙德·威廉斯和理查德·霍加特。他们进行了一系列与传统文学批评有别的文学研究,结果获得了许多超越文学本身的研究成果。这意味着文学研究和文学批评发生了重大转向,即由文学自身的内部研究转向文学与其外部广泛联系的研究。乔纳森·卡勒就明确地说:"文化研究包括并涵盖了文学研究,它把文学作为一种独特的文化实践去考察。"文化学批评力图把文学放在广阔的时空构架中加以探讨,体现出如下特征。一是注重了文学的整体联系。从文化学批评来看,文学是一个具有广泛复杂的关系和深厚文化沉淀的文化载体,它与文化的其他载体有着千丝万缕的联系。文化学批评在考察文学作品时,必须同时考虑作品与人类社会的其他方面和层次,要在文化的综合网络中研究文学作品。这不仅要求全面考察文学与社会、哲学、宗教、科技诸方面的关系，而且还要对文学作品进行历史的综合追溯。二是展开文学的文化比较。文学现象作为文化象征和体现，既具有人类活动的一般性，又具有特殊性。这种特殊性常常体现出一定群体的精神特征，而这正是文化学批评要探寻和阐释的。不同民族的文学总有差异，差异最终只能在各自的文化根源中寻找。在这个意义上，文化学批评中的比较重在考察文化。在具体的文化学批评中，一要探寻文学作品中特定的民族文化心理。作家和作品都受到特定的民族文化环境的熏陶浸润，杰出的作家和优秀的文学作品更能体现出民族文化的特质。比如俄国作家冈察洛夫的小说《奥勃摩洛夫》中的主人公就体现了俄罗斯民族性格的某些方面，鲁迅的《阿Q正传》也试图通过阿Q写出国人的灵魂。三是揭示文学作品中的地域文化特征。文化学批评着眼于剖析文学作品中的地域风俗及其所展示的文化意蕴。例如，对鲁迅小说《故乡》《社戏》《孔乙己》《风波》《祝福》进行剖析，不难发现其中充满了浓郁的绍兴地区的乡土气息。沈从文的作品则充满了湘西淳朴刚烈、浪漫率真的自然民风。

文化学批评是一种新兴的文学批评方法，既有自身优势，也有局限。它虽然较多强调了文学作品的文化价值，但忽视或不够重视文学作品本身的审美追求。

（二）文学批评实践

文学批评在文学活动中具有突出的应用性和实践性。探讨文学批评的界定、标准、原则、方法，都是为了批评实践的具体操作。从对文学批评的理论理解到应用于文学批评实践，这是一个需要敏锐思考、消化理论、解读作品、恰当表达的过程，这是用批评特有的话语形式，把批评者个人的见解传达给作者、读者的语言化过程。文学批评实践既可以采用口头表述的方式，也可用书面表述的方式。一般来说，文学批评实践主要采用文字表述，即撰写批评文章。批评文章的撰写，要能体现出批评者的思维能力、解读能力、表达能力等综合文学素养。一篇好的批评文章，应该是感受真切、见解独到、表述严谨，行文流畅或颇富文采，把清晰的理论表述与蕴含的情绪气势融合起来，让人读而有思，思而有味，味而有感，感而有得。概念的堆砌搬弄、理论的生搬硬套、语言表达的干涩枯燥或故意卖弄，都是批评文章的禁忌。批评者的经历、素养、理论储备、身份地位及个人好恶，都会影响批评文章的具体写作。从具体的文学批评实践看，批评文学的写作没有定法，然而可以大体上提出一些主要操作原则，概括如下。

1. 阅读文本，了解批评对象

阅读文本，了解批评对象，是批评实践的前提。离开这个前提，文学批评就会成为无本之木。因此，文学批评工作的展开起点是阅读具体作品文本，比如一部小说、一首诗、一篇散文、一个剧本。阅读的同时就应该解析作品，然后闭卷思考，把对作品的感受、体验、理解、判断结合到一起，统筹思考，检查阅读理解的具体情况。再仔细阅读，俗话说“书读百遍，其义自见”，全面了解作品意义。

2. 仔细感受，选题立意

在阅读作品中，批评者要仔细感受，要设法将心灵融入进作品，还要设法在精神上从作品中超拔出来，造成一种透视距离。一部文学作品，尤其优秀的文学作品，其语言、结构、表现手法、格调风貌等，其形象、意境、意蕴等往往是复杂而丰富的。在具体的批评实践操作中，由于文学作品的多信息特性，让批评者可关注的“信息点”很多，因此需要选点切入，互相联系，理清楚其中之一或者几个方面。但是切入批评作品有不同视角，从不同视角审视便有不同的所得，通过批评作品呈现出不同的面貌、意蕴和风韵。比如，可以从文本语言层面切入，对作品语言修辞学意义进行评价；可以从作品结构入手，展开对作品的有机性、有序性的分析；可以从作品的某个事件、情节切入，分辨其真实性和表达意向；可以从人物的心理入手，探讨作者的深层的创作心理，剖析作品的心理学内容等。在批评史上，常常见到面对同一个批评对象，由于切入点不同，却得到许多不同的批评成果。比如对《红楼梦》的批评，对《哈姆雷特》的评论，皆是多种多样。所以，选题立意，与切入点的选择有关，而切入点的选择，总是与一定的理论背景和方法思想相关联。确定切入点之后，就要确定要旨。确定要旨包含三个方面的内容。一是确定批评所依据的主要理论点，即批评者进行批评时，对某种理论思想框架中的一定观点的选择运用。二是确定批评对象的基本目标对象，就是确定在具体批评中要集中在什么样或哪些目标上展开批评，也就是着重解析的是什么，评价的是什么。例如，是定位文学典型还是形象塑造，是定位意境问题还是韵律问题等。三是确定批评针对的基本问题所在，按照批评标准对批评对象所包含的丰富精神和多层面内容进行评价，找出其中的基本问题，或就事论事，或生发演绎。总之，一切都是为了确定要旨，以保证能够成篇。

3. 布局安排 论证严密

布局安排是在阅读感受、选题立意基础上，组织语言，安排结构，有条理、有层次地进行表达；严密论证，使批评观念“物化”成型，实现篇章。对于批评文章的写作而言，布局安排、严密论证要处理好几个有机关联的环节。主要是根据批评内容选择批评文体。批评文章的体裁多种多样，然而文体是文章内容的载体形式，不同的内容要求不同的载体。从分量上看，批评内容有大小、多少、轻重、厚薄之别；从性质上看，批评内容有印象、感悟、阐释、论证的不同。所以，为了能够达到批评效果，就要求与内容相一致的批评文体。一般来说，批评文章的文体大致上有两种，一是散文体，二是论文体。此外，还有诗赋韵体、笔记体等。批评内容如果是某种即兴的感悟，或机敏的发现，或灵感一现，那就不妨选用点评、随笔、漫谈、杂感之类的文体；如果是有相当深入的思考，较系统的研究或者相当的资料梳理，则不妨选用论文或者专著的形式。但不管如何选用文体，在论证之时，总离不开“摆事实，讲道理”，总要逻辑严谨地展示出批评的内容。所以，批评文章的布局安排，文体选择，不是一件容易的事，还涉及论证的问题和具体的语言问题等。

4. 语言规范，力求创见

文学批评文章的语言基本要求平实明白，还要力求规范，最忌讳词不达意、言语空洞。在批评实践中，除了语言表述上一些理应革除的弊病外，没有创见、没有新意、人云亦云也是一大弊病。不能强求每一篇批评文章都是极具创新之意。即使一时难有创意，但总得持之有据、言之成理，真正出自自己之手，若是初做批评文章，做到如此，已经不错。一篇批评文章的创见不是生来就有，往往是建立在自觉的批评意识和习惯之上的。要做到力求创见，一般要做到两点：一是发前人所未发，就是说形成全新的见解；二是发前人所已发，这是说对前人的认识的深化、推进或修正、补充。不管是哪种情况，都是既指内容的新意义、新价值，也包含批评方法、角度、标准等的更新，甚至批评文体的创新。无论什么样的批评创见，有一点应是特别强调的，那就是任何创新都离不开对文学作品的深入阅读。

文　选

一、伯兮

《诗经·卫风》

伯兮朅兮[1]，邦之桀兮[2]。伯也执殳[3]，为王前驱。
自伯之东[4]，首如飞蓬[5]。岂无膏沐[6]，谁适为容[7]？
其雨其雨，杲杲出日[8]。愿言思伯[9]，甘心首疾[10]。
焉得谖草[11]？言树之背[12]。愿言思伯，使我心痗[13]。

【注释】

[1]伯：兄弟姐妹中年长者，此处指女子的丈夫。朅(qiè)：勇武。

[2]桀：通“杰”，杰出，英杰。

[3]殳(shū)：兵器名，杖类，长一丈二尺，无刃。

[4]之：往。

[5]首如飞蓬：头上的乱发如飞散的蓬草。蓬：一种野生植物，枯后常在近根处折断，遇风飞旋。

[6]膏沐：面膏、发油之类。

[7]适(dí)：悦。

[8]杲(gǎo)：日出明亮貌。

[9]愿(yìn)言：思念的样子。

[10]疾：痛。“甘心首疾”指虽然头痛也是心甘情愿的。

[11]谖(xuān)草：萱草。古代人认为此草可以使人忘忧，又称忘忧草。

[12]树：动词。种植也。背：同“北”，北堂，即后堂。

[13]痗(mèi)：病。心痗，心痛而病。

【迷津导航】

《诗经》是我国第一部诗歌总集，原名《诗》《诗三百》，共有305篇。全书主要收集了周初至春秋中叶五百多年间的作品，其中包括了为观察民风采集于各地的民间诗歌，公卿列士所献之诗以及周王朝乐官保存下来的宗教和宴席中的乐歌等。《诗经》中的诗篇，分为“风”“雅”“颂”三部分。“风”即国风，是15个地区的乐调，这些诗歌主要反映劳动人民的思想感情，体现出他们的生活处境和理想愿望，共160篇。“雅”指朝廷正乐。“雅”分大雅和小雅。大雅共31篇，作者主要是上层贵族；小雅共74篇，作者既有上层贵族，也有下层贵族和地位卑微者，诗歌内容多与时政有关。“颂”分周颂、鲁颂、商颂，共40篇，是宗庙祭祀之乐，音乐比较舒缓，多是歌功颂德之作。《诗经》表现手法有赋、比、兴三种。“赋”是铺陈直叙，“比”以此物喻彼物，“兴”则是触物兴词，即客观事物触发了诗人的情感，引起下文，大多见于诗歌发端。“赋”“比”“兴”的运用，开启了我国古代诗歌创作的基本手法。

《伯兮》选自《诗经》中卫风部分，主要表现一个妇女对出征在外的丈夫的思念之情。本诗从三件事情体现妇女对丈夫的深刻思念之情。“自伯之东，首如飞蓬”，自从丈夫出征后，再也无心打扮，头发散乱。女为悦己者容，所爱的人不在身边，梳妆打扮还有什么意义呢？“愿言思伯，甘心首疾”，时时刻刻思念丈夫，即使想得头痛也是心甘情愿的；“焉得谖草？言树之背”，忘忧草可以使人忘掉忧伤，可是这世上没有使我可以忘掉忧伤的忘忧草，说明相思之深，已无法排解。

【思考与练习】

1. 诗中思妇对丈夫的相思之情,是通过何种方式表达的?

2. 论述本诗的艺术特色。

二、湘君

屈原《九歌》

君不行兮夷犹[1],蹇谁留兮中洲[2]?美要眇兮宜修[3],沛吾乘兮桂舟[4]。令沅湘兮无波[5],使江水兮安流。望夫君兮未来[6],吹参差兮谁思[7]!

驾飞龙兮北征[8],邅吾道兮洞庭[9]。薜荔柏兮蕙绸[10],荪桡兮兰旌[11]。望涔阳兮极浦[12],横大江兮扬灵[13]。扬灵兮未极[14],女婵媛兮为余太息[15]。横流涕兮潺湲[16],隐思君兮陫侧[17]。

桂櫂兮兰枻[18],斲冰兮积雪[19]。采薜荔兮水中,搴芙蓉兮木末[20]。心不同兮媒劳[21],恩不甚兮轻绝[22]!石濑兮浅浅[23],飞龙兮翩翩[24]。交不忠兮怨长[25],期不信兮告余以不闲[26]。

鼂骋骛兮江皋[27],夕弭节兮北渚[28]。鸟次兮屋上[29],水周兮堂下[30]。捐余玦兮江中[31],遗余佩兮醴浦[32];采芳洲兮杜若[33],将以遗兮下女[34]。时不可兮再得[35],聊逍遥兮容与[36]!

【注释】

[1]君:湘君。夷犹:犹豫不决。

[2]蹇(jiǎn):发语词。洲:水中陆地。

[3]要眇:美好的样子。宜修:修饰得恰到好处。

[4]沛:行貌。此处形容船行迅速。桂舟:桂木做成的船。

[5]沅湘:沅水和湘水,在今湖南。无波:不生波浪。

[6]夫(fú):语助词。

[7]参差:洞萧或排萧,相传是舜所造。

[8]飞龙:雕有龙形的船只。北征:北行。

[9]邅(zhān):转,改变行程。洞庭:洞庭湖。

[10]薜荔:蔓生香草。柏(bó):通"箔",帘子。蕙:香草名,绸:束缚,缠绕。

[11]荪:香草名,即石菖蒲。桡(náo):短桨。旌:旗杆顶端的饰物。

[12]涔(cén)阳:江岸名。今湖南省有涔阳县。极浦:遥远的水边。

[13]横:横渡。灵:指精诚。扬灵:显扬精诚。一说即扬舲,扬帆前进。

[14]未极:未到达。

[15]女:侍女。婵媛:因担忧而呼吸急促。

[16]横:横溢。潺湲(yuán 援):缓慢流动的样子。

[17]隐:痛。陫侧:同"悱恻",欲言不得而心情不宁。

[18]櫂(zhào):同"棹",长桨。枻(yì):船舷。

[19]斲(zhuó):砍。

[20]搴(qiān):用手拔取。芙蓉:荷花。木末:树梢。

[21]媒:媒人。这句意思是说,心意不同,则媒人徒劳而无功。

[22]甚:深厚。

[23]石濑:石上急流。浅(jiān)浅:水流湍急的样子。

[24]翩翩:疾飞的样子。

[25]交:交友。怨长:长相怨恨。

[26]期:相约。不闲:没有空闲。

[27]鼂(zhāo):同"朝",早晨。骋:直骋。骛(wù):疾驰。皋:水旁高地。

[28]弭:止。节:策,马鞭。弭节:停止鞭马,让车缓行。渚:水边。

[29]次:止息。

[30]周:围绕。

[31]捐:舍弃。玦(jué):环形玉佩,有缺,表示

决断、决绝的意思。

[32]遗:留下。醴(lǐ):澧水,在湖南,流入洞庭湖。

[33]芳洲:香草丛生之洲。杜若:香草名。

[34]遗(wèi):赠予。下女:身边的侍女。

[35]聊:暂且。逍遥:游玩。容与:舒缓放松的样子。

【迷津导航】

《湘君》选自屈原作品《九歌》。《九歌》原是流传于江南楚地的民间祭歌,屈原加以改定而保存下来,主要反映南方巫祭文化。这首诗是祭祀湘水女神的乐歌,与《湘夫人》是姊妹篇。传说中,舜在南巡途中死在了苍梧,葬于九嶷山。他的两个妃子娥皇、女英追赶到洞庭湖湘水地区后,听到噩耗,投湘水而死,成为了湘水女神。屈原在神话传说和南方民间祭歌的基础上,塑造了湘君和湘夫人的神灵形象。描写了湘夫人和湘君这相爱中的神灵,为了相聚,在思念中备受煎熬,后因未能见到心爱的人产生的怨慕神伤的感情。

这首诗按情节和心理变化的线索,可以分为四段。第一段写美丽的湘夫人在作了一番精心的打扮后,乘着小船兴致勃勃地来到与湘君约会的地点,可是却不见湘君前来,于是在失望中抑郁地吹起了哀怨的排箫。第二段接写久等湘君不至,湘夫人便驾着轻舟向北往洞庭湖去寻找,忙碌地奔波在湖中江岸,结果依然不见湘君的踪影。第三段主要是失望至极的爱恨之情和交杂的煎熬的心情。第四段写湘夫人等不到湘君之后心情难以平静,因爱生怨,将玉环抛入江中,但最终心情平复后仍然坚贞执著地守候着这份爱情。

全诗将湘夫人内心的期盼与等待、爱与怨、希望与失望等复杂的心理活动刻画得细致入微,充满了一种缠绵悱恻的情感。

【思考与练习】

1. 论述本诗抒情特点及湘夫人的形象特点。

2 结合本诗实际熟悉楚辞的文体特征。

三、节南山之什

《诗经·小雅》

节彼南山[1],维石岩岩[2]。赫赫师尹[3],民具尔瞻[4]。忧心如惔[5],不敢戏谈[6]。国既卒斩,何用不监[7]!

节彼南山,有实其猗[8]。赫赫师尹,不平谓何[9]?天方荐瘥[10],丧乱弘多[11]。民言无嘉[12],憯莫惩嗟[13]!

尹氏大师,维周之氐[14]。秉国之钧[15],四方是维[16]。天子是毗[17],俾民不迷。不吊昊天[18],不宜空我师[19]。

弗躬弗亲[20],庶民弗信[21]。弗问弗仕[22],勿罔君子[23]。式夷式已[24],无小人殆[25]。琐琐姻亚[26],则无膴仕[27]。

昊天不傭[28],降此鞠訩[29]。昊天不惠[30],降此大戾[31]。君子如届[32],俾民心阕[33]。君子如夷[34],恶怒是违[35]。

不吊昊天,乱靡有定。式月斯生[36],俾民不宁。忧心如酲[37],谁秉国成[38]?不自为政,卒劳百姓。

驾彼四牡,四牡项领[39]。我瞻四方,蹙蹙靡所骋[40]。

方茂尔恶[41],相尔矛矣[42]。既夷既怿[43],如相酬矣[44]。

昊天不平，我王不宁。不惩其心[45]，覆怨其正[46]。

家父作诵[47]，以究王訩[48]。式讹尔心[49]，以畜万邦[50]。

【注释】

[1]节：山高峻貌。

[2]岩岩：积石貌。

[3]赫赫：极盛貌。师：太师，周三公之官职常兵权，类似大帅。尹：尹氏。师尹，大师尹氏。

[4]具：即俱。瞻：视。这句意思为人民都看着你。

[5]惔(tán)：火烧。

[6]戏谈：戏谑。因师尹暴虐，人民感到害怕，乃至不敢戏谑。

[7]国：诸侯之国。卒：尽，完全之意。斩：灭绝。监：察。这两句是说，诸侯国之间因相互攻伐而减绝，师尹为天子三公直观，为什么不监视诸侯，制止他们之间的攻伐。

[8]实：广大貌。猗：读"阿"，即阿丘。这句说，南山阿丘，甚为广大。阿丘，高低不平的山丘，以喻师尹的不平。

[9]不平：为政不平。

[10]方：方今。荐：重、再。瘥(cuó)：疾病。荐瘥：再加以疫病。

[11]弘：大。弘多：很多。

[12]嘉：喜庆之意。

[13]憯(cǎn)：作语助，曾，乃。惩：止。嗟：语末助词。这句是说"竟没有人制止这种现象"。

[14]氐：通"柢"，根本。

[15]秉：持，掌握。钧：平。

[16]维：系。

[17]毗(pí)：优厚。指天子对尹氏的待遇。

[18]弔(diào)：善。昊天：老天。

[19]空：穷困。师：众民。

[20]躬：亲。弗躬：弗亲。此言周王不亲政事。

[21]信：信从。

[22]仕：察。此言周王对政事不问不察。

[23]勿：语气词，无意义。君子：指王。王不问政事，在位者遂欺罔王。

[24]式：用。夷：平，指平正之人。已：止，谓欺罔之事停止。这句大意是说，王用平正的人，即可使欺罔之事停止。

[25]殆：危殆。这句说，不要使用小人，而至危殆。

[26]琐琐：计谋偏浅之貌。姻亚：婿之父曰姻，两婿相谓曰亚。此处指师尹。

[27]膴(wǔ)：厚，大。仕：事。这句说，不要任以大事。

[28]傭：均。

[29]鞠：穷。訩：凶，恶。鞠訩：穷凶极恶。

[30]惠：爱。不惠：不爱惜人。

[31]戾：灾祸，暴虐。

[32]届：极，止。指停止不平之政。

[33]阕(què)：止息。

[34]夷：平正。指施行均平之政。

[35]违：去。指除去人民的恶怒。

[36]式：用。斯：指动乱。生：进，增长。

[37]酲(chéng)：病酒。

[38]成：平。秉国成：同秉国之均。

[39]项：大。项领：大领。马长期在车上不行走，其项就会肿大。

[40]蹙蹙(cù)：缩而不申之貌。此以马的"靡所骋"喻贤怀才而无所施展。

[41]茂：勉。此处指勉行恶事。

[42]相：视。相尔矛矣：看着你的矛。

[43]夷：平，谓平息。怿(yì)：服，即平服。

[44]相酬：相报复。

[45]心：谓邪僻之心。

[46]正：正道。这句是说，反而怨恨正道。

[47]家父：本篇作者，为周大夫。作诵：作诗而讽谏。

[48]究：穷，尽。此处言彻底揭示。訩：凶，恶。

[49]讹：化，变化、改变之意。尔：指周王。

[50]畜：休养；安定。

【迷津导航】

《节南山之什》选自《诗经》小雅，为周幽王大夫家父所作。描写了周幽王时代国家祸乱频繁，百姓遭受灾难，天下不平的政治局面，本诗揭露周王使用小人，不亲政事，导致了国家的动乱。诗虽是直接讽刺太师尹氏，其实是旁敲侧击，谴责的是周朝天子。诗以高峻的终南山起兴，象征尹氏身居高位，执掌大权，多处以怨"昊天"不善的方式，实际也是对周幽王任用小人、不亲政事的批判。

【思考与练习】

1. 诗中表达的感情较复杂，主要的情感内容是什么？

2. 赏析本诗，体会其艺术特色。

四、春江花月夜

张若虚

春江潮水连海平，海上明月共潮生。
滟滟随波千万里[1]，何处春江无月明。
江流宛转绕芳甸[2]，月照花林皆似霰[3]。
空里流霜不觉飞[4]，汀上白沙看不见[5]。
江天一色无纤尘[6]，皎皎空中孤月轮[7]。
江畔何人初见月？江月何年初照人？
人生代代无穷已[8]，江月年年望相似[9]。
不知江月待何人，但见长江送流水[10]。
白云一片去悠悠[11]，青枫浦上不胜愁[12]。
谁家今夜扁舟子[13]？何处相思明月楼[14]？
可怜楼上月徘徊[15]，应照离人妆镜台[16]。
玉户帘中卷不去[17]，捣衣砧上拂还来[18]。
此时相望不相闻[19]，愿逐月华流照君[20]。
鸿雁长飞光不度，鱼龙潜跃水成文[21]。
昨夜闲潭梦落花[22]，可怜春半不还家。
江水流春去欲尽，江潭落月复西斜[23]。
斜月沉沉藏海雾，碣石潇湘无限路[24]。
不知乘月几人归[25]，落月摇情满江树[26]。

【注释】

[1]滟(yàn)滟：波光闪动的光彩。

[2]芳甸(diàn)：遍生花草的原野。

[3]霰(xiàn)：天空中降落的白色不透明的小冰粒。

[4]流霜：飞霜，古人以为霜和雪一样，是从空中落下来的，所以叫流霜。这里比喻月光皎洁，月色朦胧、流荡，所以不觉得有霜霰飞扬。

[5]汀(tīng)：水边平地。

[6]纤尘：微细的灰尘。

[7]月轮：指月亮，因月圆时像车轮，故称月轮。

[8]穷已：穷尽。

[9]望：一作“只”。

[10]但见：只见、仅见。

[11]悠悠：渺茫、深远。

[12]青枫浦：地名，今湖南浏阳县境内有青枫浦。这里泛指游子所在的地方。

[13]扁舟：孤舟，小船。

[14]明月楼：月夜下的闺楼。这里指闺中思妇。

[15]月徘徊：指月光移动。

[16]离人：此处指思妇。妆镜台：梳妆台。

[17]玉户：形容楼阁华丽，以玉石镶嵌。

[18]捣衣砧(zhēn)：捣衣石、捶布石。

[19]相闻：互通音信。

[20]逐：跟从、跟随。月华：月光。

[21]文：同“纹”。

[22]闲潭:安静的水潭。

[23]斜:古音 xiá。

[24]碣石:山名,今河北境内。潇湘:河名,今湖南境内。无限路:言离人相去很远。

[25]乘月:趁着月光。

[26]摇情:激荡情思,犹言牵情。

【迷津导航】

张若虚(约660—720年),唐代诗人,扬州(今属江苏)人,曾任兖州兵曹。生卒年、字号均不详。事迹略见于《旧唐书·贺知章传》。唐中宗神龙年间(705—707年),与贺知章、贺朝、万齐融、邢巨、包融俱以文词俊秀驰名于京都,与贺知章、张旭、包融并称"吴中四士"。玄宗开元时尚在世。张若虚的诗仅存两首于《全唐诗》中,其中《春江花月夜》是一篇脍炙人口的名作,它沿用陈隋乐府旧题,抒写真挚动人的离情别绪及富有哲理意味的人生感慨,语言清新优美,韵律宛转悠扬,洗去了宫体诗的浓脂艳粉,给人以澄澈空明、清丽自然的感觉。此诗乃千古绝唱,有"以孤篇压倒全唐"之誉,闻一多称之为"诗中的诗,顶峰上的顶峰"。全诗三十六句,每四句一换韵,以富有生活气息的清丽之笔,创造性地再现了江南春夜的景色,如同月光照耀下的万里长江画卷,同时寄寓着游子思妇的离别相思之苦。

【思考与练习】

1. 从写作的角度出发,谈谈"月光"在本诗中的作用。

2. 怎样理解这首诗"哀而不伤"的基调?

五、临洞庭湖赠张丞相[1]

孟浩然

八月湖水平[2],涵虚混太清[3]。
气蒸云梦泽[4],波撼岳阳城。
欲济无舟楫,端居耻圣明[5]。
坐观垂钓者,徒有羡鱼情[6]。

【注释】

[1]一说"望洞庭湖赠张丞相",也称"临洞庭上张丞相"。

[2]湖水平:湖水上涨,与岸齐平。

[3]虚、太清:均指天空。此句意思是天水相连,混为一体。

[4]云梦泽:古时云、梦为二泽,长江之南为梦泽,江北为云泽,后来大部分变干变淤,成为平地,只剩洞庭湖,人们习惯称之为云梦泽。宋代范致明《岳阳风土记》:"盖城据东北,湖面百里,常多西南风。夏秋水涨,涛声喧如万鼓,昼夜不息。"

[5]"欲济"二句:是以比喻的方式说,想做官却苦无门路,无人引荐,但不做官又有辱圣明的时代。

[6]羡鱼情:《淮南子·说林训》中记载:"临渊而羡鱼,不若归家织网。"这句仍是表示作者希望入仕,企盼有人引荐。

【迷津导航】

孟浩然(689—740年),唐代诗人,汉族。本名不详(一说名浩),字浩然,世称"孟襄阳",襄州襄阳(今湖北襄阳)人,是盛唐山水田园诗派的主要作家之一,与另一位山水田园诗人王维合称为"王孟",以写田园山水诗为主。因他未曾入仕,又称为孟山人。其诗清超越俗,清闲浅淡中,自有泉流石上,风来松下之音。著有《孟浩然集》。

《临洞庭湖赠张丞相》是孟浩然山水诗的另类题材的佳作。全诗"体物写志",表达了作者希望有人援引他入仕从政的理想。诗人托物抒怀，曲笔擒旨，于浩渺阔大、汹涌澎湃的自然之景中流露了心声。该诗含蓄委婉，独具风韵。

诗人选取洞庭湖为切入点，首联描写洞庭湖全景。八月秋高气爽，浩阔无垠的湖水轻盈荡漾。远眺碧水蓝天，上下浑然。一个"混"字写尽了"秋水共长天一色"的雄浑壮观，表现了一种汪洋恣肆、海纳百川的意境。

颔联描写湖水声势。写云梦泽水汽蒸腾，岳阳城受到洞庭湖波涛的摇撼。句式对仗工整，意境灵动飞扬，表现出大气磅礴的气势。一个"蒸"字写出了云蒸霞蔚、龙腾虎跃、万马奔驰之势；一个"撼"字，笔力千钧，如同巨澜飞动、"惊涛拍岸，卷起千堆雪"的场景，然而，"岳阳城"又被壮阔的湖水所拥抱。这使读者比物联类：一座古城与浩渺的湖水相比尚且如此渺小，更何况是一个人的力量。这里妙笔生花，一语惊人，是千古名句。

颈联转入抒情。采用了类比的手法，先说诗人自己本想渡过洞庭湖，以"无舟楫"喻指自己向往入仕从政而无人接引赏识。后一句中一个"耻"字，道出躬逢盛世却隐居无为、实在感到羞愧的心情，言下之意还是说明诗人自己非常希望被举荐出仕。"欲济"而"无舟楫"，比喻恰当，婉曲传旨。

尾联引用典故，"卒章显志"。"坐观垂钓者，徒有羡鱼情"化用《淮南子·说林训》的古语："临河而羡鱼，不若归而结网。"喻指诗人空有出仕从政之心，却无从实现这一愿望，这是对"颈联"的进一步深化。"垂钓者"比喻当朝执政的人，这里指张九龄，恳请他荐拔；"羡鱼情"喻从政的心愿，希望对方能竭力引荐，使诗人的愿望得以实现，活灵活现地表达了诗人既慕清高又想求仕而难以启齿的复杂心理。总之，诗人那种有志难酬、不得已而为之的难言之情溢于言表。

诗人继承了自《诗经》以来传统的比兴手法，托物言志，自然和谐。既包含着丰富的自然美，又体现了诗人的逸士风神，正是"笔墨之外，自具性情"。

【思考与练习】

1. 结合课文，分析本诗所表达的思想。
2. 如何看待作者在本诗中所表达的思想？

六、蜀道难

李白

噫吁嚱[1]！危乎高哉！
蜀道之难，难于上青天。
蚕丛及鱼凫[2]，开国何茫然！
尔来四万八千岁[3]，不与秦塞通人烟。
西当太白有鸟道[4]，可以横绝峨眉巅。
地崩山摧壮士死[5]，然后天梯石栈相钩连。
上有六龙回日之高标[6]，下有冲波逆折之回川[7]。
黄鹤之飞尚不得过，猿猱欲度愁攀援[8]。
青泥何盘盘[9]！百步九折萦岩峦。
扪参历井仰胁息[10]，以手抚膺坐长叹[11]。

问君西游何时还，畏途巉岩不可攀。
但见悲鸟号古木，雄飞雌从绕林间。
又闻子规啼夜月[12]，愁空山。
蜀道之难，难于上青天！使人听此凋朱颜。
连峰去天不盈尺，枯松倒挂倚绝壁。
飞湍瀑流争喧豗[13]，砯崖转石万壑雷。
其险也如此，嗟尔远道之人胡为乎来哉[14]？
剑阁峥嵘而崔嵬[15]，一夫当关，万夫莫开[16]。
所守或匪亲，化为狼与豺。
朝避猛虎，夕避长蛇。磨牙吮血，杀人如麻。
锦城虽云乐[17]，不如早还家。
蜀道之难，难于上青天，侧身西望长咨嗟[18]。

【注释】

[1]噫吁嚱：蜀方言。宋庠《宋景文公笔记》卷上："蜀人见物惊异，辄曰'噫吁嚱'。"

[2]蚕丛、鱼凫：传说中古蜀国两位国王的名字。

[3]尔来：从那时以来。四万八千岁，夸张而大约言之。

[4]太白：太白山，又名太乙山，在长安西（今陕西眉县、太白县一带）。鸟道：只有鸟能飞过的小路。

[5]"地崩"句：《华阳国志·蜀志》："秦惠王知蜀王好色，许嫁五女于蜀。蜀遣五丁迎之。还到梓潼，见一大蛇入穴中。一人揽其尾掣之，不禁，至五人相助，大呼拽蛇，山崩时压杀五人及秦五女并将从，而山分为五岭。"

[6]六龙回日：《淮南子》注云："日乘车，驾以六龙。羲和御之。日至此面而薄于虞渊，羲和至此而回六螭。"螭即龙。高标：指蜀山中可作一方之标志的最高峰。

[7]逆折：水流回旋。回川：有旋涡的河流。

[8]猿猱（náo）：蜀山中最善攀援的猴类。

[9]青泥：青泥岭，在今甘肃徽县南，陕西略阳县北。《元和郡县志》卷二十二："青泥岭，在县西北五十三里，接溪山东，即今通路也。悬崖万仞，山多云雨，行者屡逢泥淖，故号青泥岭。"

[10]扪参历井：参、井是二星宿名。古人把天上的星宿分别指配于地上的州国，叫做"分野"，以便通过观察天象来占卜地上所配州国的吉凶。参星为蜀之分野，井星为秦之分野。扪：用手摸。历：经过。胁息：屏气不敢呼吸。

[11]膺：胸。

[12]子规：即杜鹃鸟，蜀地最多，鸣声悲哀，若云"不如归去"。《蜀记》曰："昔有人姓杜名宇，王蜀，号曰望帝。宇死，俗说杜宇化为子规。子规，鸟名也。蜀人闻子规鸣，皆曰望帝也。"这两句也有断为"又闻子规啼，夜月愁空山"的，但不如此文这种断法顺。

[13]喧豗（huī）：水流轰响声。砯（pēng）崖：水撞石之声。转：转动。

[14]胡为：为什么。

[15]剑阁：又名剑门关，在四川剑阁县北，是大、小剑山之间的一条栈道，长三十余里。

[16]"一夫"两句：《文选》卷四左思《蜀都赋》："一人守隘，万夫莫向"。《文选》卷五十六张载《剑阁铭》："一人荷戟，万夫趦趄。形胜之地，匪亲勿居。"

[17]锦城：《元和郡县志》卷三十一剑南道成都府成都县："锦城在县南十里，故锦官城也。"今四川成都市。

[18]咨嗟：叹息。

【迷津导航】

李白（701—762 年）字太白，号青莲居士。自称祖籍陇西成纪（今甘肃静宁西南），隋末其先人流寓西域碎叶（唐时属安西都护府，在今吉尔吉斯斯坦北部托克马克附近）。幼时随父迁居绵州昌隆（今四川江油）青莲乡。少年即显露才华，吟诗作赋，博学广览，并好行侠。从 25

岁起离川，长期在各地漫游，对社会生活多有体验。公元742年（天宝元年）被召至长安，供奉翰林。文章风采，名动一时，颇为唐玄宗所赏识，但在政治上不受重视，又遭权贵谗毁，仅一年余即离开长安。公元744年（天宝三年），在洛阳与杜甫结交。安史之乱爆发后，他怀着平乱的志愿，于公元756年参加了永王李璘的幕府。因受永王争夺帝位失败牵累，流放夜郎（今贵州境内），中途遇赦东还。晚年漂泊东南一带，卒于当涂（今属安徽）。其诗以抒情为主，表现出蔑视权贵的精神，对人民疾苦表示同情，又善于描绘自然景色，表达对祖国山河的热爱。诗风雄奇豪放，想象丰富，语言流转自然，音律和谐多变。善于从民间文艺和神话传说中吸取营养和素材，构成其特有的瑰玮绚烂的色彩。李白是屈原之后最具个性特色、最伟大的浪漫主义诗人，达到盛唐诗歌艺术的巅峰。有"诗仙"之美誉，与杜甫并称"李杜"。存世诗文千余篇，有《李太白集》30卷。

《蜀道难》，是中国唐代伟大诗人李白的代表作品。全诗294字，以山川之险言蜀道之难，给人以回肠荡气之感，充分显示了诗人的浪漫气质和热爱祖国河山的感情。诗中诸多画面此隐彼现，无论是山之高，水之急，河山之改观，林木之荒寂，连峰绝壁之险，皆有逼人之势，其气象之宏伟，其境界之阔大，确非他人可及。正如清代诗评家沈德潜所盛称："笔势纵横，如虬飞蠖动，起雷霆于指顾之间。"

唐以前的《蜀道难》作品，简短单薄。李白对乐府古题有所创新和发展，用了大量散文化诗句，字数从三言、四言、五言、七言，直到十一言，参差错落，长短不齐，形成极为奔放的语言风格。诗的用韵，也突破了梁陈时代旧作一韵到底的程式。后面描写蜀中险要环境，一连三换韵脚，极尽变化之能事。所以殷璠编《河岳英灵集》称此诗"奇之又奇，自骚人以还，鲜有此体调"。

【思考与练习】

1."蜀道之难，难于上青天"这句诗有什么含义？它重复出现三次，有什么作用？

2.这首诗表达了诗人什么样的思想感情。

七、兵车行[1]

杜甫

车辚辚[2]，马萧萧[3]，行人弓箭各在腰[4]。
耶娘妻子走相送[5]，尘埃不见咸阳桥[6]。
牵衣顿足拦道哭，哭声直上干云霄[7]。
道旁过者问行人[8]，行人但云点行频[9]。
或从十五北防河[10]，便至四十西营田[11]。
去时里正与裹头[12]，归来头白还戍边。
边庭流血成海水[13]，武皇开边意未已[14]。
君不闻汉家山东二百州，千村万落生荆杞[15]。
纵有健妇把锄犁，禾生陇亩无东西[16]。
况复秦兵耐苦战，被驱不异犬与鸡[17]。
长者虽有问，役夫敢申恨[18]？
且如今年冬，未休关西卒[19]。

县官急索租，租税从何出？
信知生男恶，反是生女好。
生女犹得嫁比邻[20]，生男埋没随百草。
君不见青海头[21]，古来白骨无人收。
新鬼烦冤旧鬼哭[22]，天阴雨湿声啾啾[23]。

【注释】

[1]兵车行：选自《杜诗详注》。这首诗大约作于天宝中后期。当时唐王朝对西南的少数民族不断用兵。天宝八年（749年），哥舒翰奉命进攻吐蕃，石堡城（在今青海西宁西南）一役，死数万人。天宝十年（751年），剑南节度使鲜于仲通率兵八万进攻南诏（辖境主要在今云南），军大败，死六万人。为补充兵力，杨国忠遣御史分道捕人，连枷送往军所，送行者哭声震野。这首诗就是据上述情况写的。这是一首乐府诗。题目是诗人自拟的。

[2]辚（lín）辚：车轮声。《诗经·秦风·车辚》："有车辚辚"。

[3]萧萧：马嘶叫声。《诗经·小雅·车攻》："萧萧马鸣"。

[4]行（xíng）人：指被征出发的士兵。

[5]耶：通假字，同"爷"，父亲。走：奔跑。

[6]咸阳桥：指便桥，汉武帝所建，故址在今陕西咸阳市西南，唐代称咸阳桥，唐时为长安通往西北的必经之路。

[7]干（gān）：冲。

[8]过者：过路的人，这里是杜甫自称。

[9]点行（xíng）频：频繁地点名征调壮丁。

[10]或：不定指代词，有的、有的人。北防河：当时常与吐蕃发生战争，曾征召陇右、关中、朔方诸军集结河西一带防御。因其地在长安以北，所以说"北防河"。

[11]西营田：古时实行屯田制，军队无战事即种田，有战事即作战。"西营田"也是防备吐蕃的。

[12]里正：唐制，每百户设一里正，负责管理户口。检查民事、催促赋役等。裹头：男子成丁，就裹头巾，犹古之加冠。古时以皂罗（黑绸）三尺裹头，曰头巾。新兵因为年纪小，所以需要里正给他裹头。

[13]边庭：边疆。

[14]武皇：汉武帝刘彻。唐诗中常有以汉指唐的委婉避讳方式。这里借武皇代指唐玄宗。唐人诗歌中好以"汉"代"唐"，下文"汉家"也是指唐王朝。开边：用武力开拓边疆。

[15]荆杞（qǐ）：荆棘与杞柳，都是野生灌木。

[16]陇（lǒng）亩：耕地。陇，通"垄"，在耕地上培成一行的土埂，中间种植农作物。无东西：不分东西，意思是行列不整齐。

[17]秦兵：指关中一带的士兵。耐苦战：能顽强苦战。这句说关中的士兵能顽强苦战，像鸡狗一样被赶上战场卖命。

[18]长者：即上文的"道旁过者"，即杜甫。征人敬称他为"长者"。"役夫敢申恨"：征人自言不敢诉说心中的冤屈愤恨。这是反诘语气，表现士卒敢怒而不敢言的情态。役夫：行役的人。

[19]关西：当时指函谷关以西的地方。这两句说，因为对吐蕃的战争还未结束，所以关西的士兵都未能罢遣还家。

[20]比邻：近邻。

[21]青海头：即青海边。这里是自汉代以来，汉族经常与西北少数民族发生战争的地方。唐初也曾在这一带与突厥、吐蕃发生大规模的战争。

[22]烦冤：愁烦冤屈。

[23]啾啾：象声词，表示一种呜咽的声音。

【迷津导航】

杜甫（712—770年），字子美，自号少陵野老，祖籍襄州襄阳（今湖北襄阳），一般认为出生于巩县（今河南巩义）。他是盛唐时期伟大的现实主义诗人，代表作有"三吏"（《新安吏》《石壕吏》《潼关吏》）、"三别"（《新婚别》《垂老别》《无家别》）等。为初唐诗人杜审言之孙。唐肃宗时，官左拾遗。后入蜀，友人严武推荐他作剑南节度府参谋，加检校工部员外郎。故后世又称他杜拾遗、杜工部。他忧国忧民，人格高尚，一生写诗1500多首，诗艺精湛，被后世尊称为"诗圣"。

《兵车行》是唐代大诗人杜甫的名篇,为历代推崇。它揭露了唐玄宗长期以来的穷兵黩武,连年征战,给人民造成了巨大的灾难,具有深刻的思想内容,在艺术上也很突出。

天宝以后,唐王朝对我国边疆少数民族的征战越来越频繁,战争的性质,已由天宝以前的制止侵扰,安定边疆,转化为残酷征伐。连年征战,给边疆民族和中原人民都带来深重的灾难。全诗分为两大段:首段叙事,写送别的惨状。“问行人”以下为第二段,由征夫诉苦,是记言。诗人深刻地揭露了李唐王朝穷兵黩武给人民造成的深重灾难,表达了对人民不幸的真挚而深厚的同情。这是杜甫第一首为人民的苦难而写作的诗歌。

本诗是一首七言歌行,诗中多处使用了顶真手法,诵读起来,累累如贯珠,音调和谐动听。另外,还运用了对话方式和一些口语,使读者有身临现场的真切感。

【思考与练习】

1.“行人”的直接倾诉,从哪几个方面表现了不义战争给人民带来的痛苦?

2. 本诗是一首叙事诗,它叙述了一件什么事?

八、更漏子[1]

温庭筠

玉炉香,红蜡泪[2],偏照画堂秋思[3]。眉翠薄,鬓云残[4],夜长衾枕寒。　梧桐树,三更雨,不道离情正苦[5]。一叶叶,一声声,空阶滴到明。

【注释】

[1]《更漏子》:词调名。古代用滴漏计时,夜间凭借漏刻传更,故名更漏。子:语尾助词,无实义。

[2]红蜡泪:语出杜牧《赠别》诗:“蜡烛有心还惜别,替人垂泪到天明。”

[3]秋思:秋天到来引起的愁思。

[4]鬓云残:鬓发散乱。

[5]不道:不顾。

【迷津导航】

温庭筠(约812—870年),本名岐,字飞卿,太原(今山西太原)人。唐宣宗大中初试进士,屡次不第。曾为方城尉,官终国子助教,世称温方城,温助教。作者诗词并工,而词的成就尤高,他精通音律,在词的格律形式上起了规范化的作用;词内容多偏重写闺情,辞藻艳丽。《花间集》列为首,对后世词风有巨大影响。

《更漏子》是一首温婉抒情词,是温庭筠众多诗词中一首非常具有分量的词。整首词情中有景,景中有情,甚至还能从中听到当时的叹息声和雨声。纵观全词,看似是一个个物象的连接,实际上是作者内心思绪的起承转合。将内心的悲伤思念用文字的触觉、视觉乃至听觉表达出来。全词看似写景,实则写情。

【思考与练习】

1. 结合《更漏子》,说说温庭筠辞藻艳丽的特点。

2. 谈谈诗歌中一个个物象对作者情感表达的作用。

九、望海潮[1]

柳永

东南形胜，江吴都会[2]，钱塘自古繁华。烟柳画桥，风帘翠幕，参差十万人家[3]。云树绕堤沙[4]，怒涛卷霜雪[5]，天堑无涯[6]。市列珠玑[7]，户盈罗绮，竞豪奢。

重湖叠巘清嘉[8]，有三秋桂子，十里荷花。羌管弄晴[9]，菱歌泛夜[10]，嬉嬉钓叟莲娃。千骑拥高牙[11]，乘醉听箫鼓，吟赏烟霞[12]。异日图将好景[13]，归去凤池夸[14]。

【注释】

[1]《望海潮》：词调名，首见于柳永。词咏钱塘（今浙江杭州），调名当是以钱塘作为观潮胜地取意。

[2]江吴：钱塘位置在钱塘边北岸，旧属吴国，隋唐时代为杭州治所，五代吴越建都于此，故云江吴都会。又称"三吴"。

[3]参差：形容楼阁高下不齐。十万人家：吴自牧《梦粱录》卷十九："柳永《咏钱塘》词曰：'参差十万人家。'此元丰前语也。自高庙（宋高宗）车驾自建康幸杭驻跸，几近二百余年，户口蕃息，近百万余家。"

[4]堤：指钱塘江防潮汛的大堤。

[5]怒涛：形容汹涌的潮水。霜雪：比喻浪花。

[6]天堑：天然的壕沟。堑，坑。古代偏安南方的国家以长江为阻挡敌人的天堑。

[7]珠玑：此处泛指珠宝等珍贵商品。

[8]重湖：西湖以白堤为界，分为外湖、里湖，故云。叠巘：重叠的山峰。清嘉：秀丽。

[8]羌管：泛指乐器。

[10]菱歌：此与上句为互文，写笙歌盈满，日夜不停。

[11]千骑：宋朝州郡长官兼知州军事，故以千骑为言。牙：牙旗，将军用的旗帜。

[12]烟霞：山水，景色。

[13]图：描绘。

[14]凤池：即凤凰池，对中书省的美称。此处泛指朝廷。

【迷津导航】

柳永（约987—1053年），字耆卿，汉族，崇安（今福建武夷山）人。北宋词人，婉约派最具代表性的人物之一，代表作《雨霖铃》。原名三变，字景庄。后改名永，字耆卿。排行第七，又称柳七。宋仁宗朝进士，官至屯田员外郎，故世称柳屯田。他自称"奉旨填词柳三变"，以毕生精力作词，并以"白衣卿相"自许。

柳永由于仕途坎坷、生活潦倒，他由追求功名转而厌倦官场，沉溺于旖旎繁华的都市生活，在"倚红偎翠""浅斟低唱"中寻找寄托。作为北宋第一个专心作词的词人，柳永是北宋一大词家，在词史上有重要地位。他扩大了词境，佳作极多，他不仅开拓了词的题材内容，而且写作了大量的慢词，发展了铺叙手法，促进了词的通俗化、口语化，在词史上产生了较大的影响。

《望海潮》一反柳永惯常的风格，以大开大阖、波澜起伏的笔法，浓墨重彩地铺叙展现了杭州的繁荣、壮丽景象，可谓"承平气象，形容曲尽"（见陈振孙《直斋书录解题》）。这首词，慢声长调和所抒之情起伏相应，音律协调，情致婉转，是柳永的一首传世佳作。

开头三句，入手擒题，以博大的气势笼罩全篇。这首词首先点出杭州位置的重要、历史的悠久，揭示出所咏主题。自"烟柳"以下，便从各个方面描写杭州之形胜与繁华。下片重点描写西湖。

《望海潮》词调始见于《乐章集》，为柳永所创的新声。这首词写的是杭州的富庶与美丽。艺术构思上匠心独具，上片写杭州，下片写西湖，以点带面，明暗交叉，铺叙晓畅，形容得体。其写景之壮伟、声调之激越,与东坡亦相去不远。特别是,由数字组成的词组,如“三吴都会”“十万人家”“三秋桂子”“十里荷花”“千骑拥高牙”等的运用,或为实写,或为虚指,均带有夸张的语气,有助于形成柳永式的豪放词风。

【思考与练习】

1. 结合中学时期学习的柳永的词,谈谈这首词与其的异同。

2. 谈谈诗歌赏析中情与景的关系。

十、一剪梅

李清照

红藕香残玉簟秋[1]。轻解罗裳[2],独上兰舟。云中谁寄锦书来?雁字回时,月满西楼[3]。花自飘零水自流[4]。一种相思,两处闲愁。此情无计可消除,才下眉头,却上心头。[5]

【注释】

[1]玉簟(diàn):光华如玉的竹席。

[2]裳:古时旧指下衣,上衣称为“衣”,此处泛指衣服。

[3]雁:指雁群飞时排成“一”或“人”字形,相传雁能传递书信。

[4]“花自飘零”一句:花,自在地飘零;水,自在地漂流。

[5]“此情”三句:无法排除的是这相思,这离愁,刚从微微紧蹙的眉间消失,又隐隐缠绕上了心头。

【迷津导航】

李清照(1084—1155年),宋代(南北宋之交)女词人,号易安居士,济南章丘(今山东济南)人。她出身于书香门第,早期生活优裕,其父李格非藏书甚富,为她打下了文学基础。出嫁后,与丈夫赵明诚共同致力于金石书画的搜集整理,共同从事学术研究。他们志趣相投,生活美满。金兵入侵中原后,流落南方,赵明诚病死,李清照境遇孤苦。她一生经历了表面繁华、危机四伏的北宋末年和动乱不已、偏安江左的南宋初年。

李清照是中国古代罕见的才女,她擅长书、画,通晓金石,而尤精诗词。她的词作独步一时,流传千古,被誉为“词家一大宗”。她的词分前期和后期。前期多写其悠闲生活,多描写爱情生活、自然景物,韵调优美;后期多慨叹身世,怀乡忆旧,情调悲伤。她的诗歌、散文和词学理论都能独树一帜、卓尔不凡,但成就最高影响最大的则是词的创作,形成了“易安体”。她不追求藻饰,而是提炼“寻常语度入音律”,用白描手法表现对事物的敏锐感触,刻画细腻、微妙的心理活动,以致赢得了婉约派词人“宗主”的地位,成为婉约派代表人物之一。同时,她的词作不乏豪放风格,对辛弃疾、陆游以及后世词人有较大影响。后人认为她的词“不徒俯视巾帼,直欲压倒须眉”,她被称为“宋代最伟大的一位女词人,也是中国文学史上最伟大的一位女词人”,有“千古第一才女”之美誉。

李清照有《易安居士文集》《易安词》等著作,但久已不传。现存诗文集为后人所辑,有《漱玉词》一卷,《漱玉集》五卷。代表作有《声声慢》《一剪梅》《如梦令》《醉花阴》《武陵春》《夏日绝句》等。

《一剪梅》这首词上片描写词人的独居生活。首句以点带面,描绘了一幅词人眼中的余香袅袅的秋景图,为排遣心中的愁绪而“轻解罗赏,独上兰舟”,一个“独”字意境全出——由以前的举案齐眉到如今的茕茕孑立,怎奈“愁更愁”;看到鸿雁,诗人想象着也许是丈夫托鸿雁捎信而来,企盼之情溢于言表。下片是词人抒发内心感受,直抒相思之苦。词人用“花自飘零水自流”起兴,这既是写她在舟中所见,也是她的内心所感。句中“自”用得最妙,词人移情于物又借物抒情,表达了对时光易逝的感慨。“一种相思,两处闲愁”,是直接抒发相思之情。词人把夫妻双方合起来写,这是她设身处地地想象丈夫也如自己一样深深地思念着对方,可是空间上的距离使二人不能相互倾诉,只好各自思念着、愁闷着。这也是女性特有的细腻之处。

【思考与练习】

1. 结合《一剪梅》,谈谈李清照词中白描手法的运用。
2. 请同学们用白描手法叙述一下自己一天的生活或学习情况。

十一、青玉案·元夕[1]

辛弃疾

东风夜放花千树[2],更吹落,星如雨[3]。宝马雕车香满路。凤箫声动,玉壶光转[4],一夜鱼龙舞[5]。　蛾儿雪柳黄金缕[6],笑语盈盈暗香去[7]。众里寻他千百度,蓦然回首[8],那人却在,灯火阑珊处[9]。

【注　释】

[1]元夕:阴历正月十五日为元宵节,是夜称元夕或元夜。

[2]花千树:花灯之多如千树开花。

[3]星如雨:指焰火纷纷,乱落如雨。

[4]玉壶:指月亮。

[5]鱼龙舞:指舞鱼、龙灯。

[6]蛾儿、雪柳、黄金缕:皆指古代妇女的首饰,这里指盛装的妇女。

[7]盈盈:仪态美好的样子。

[8]蓦然:突然,猛然。

[9]阑珊:零落稀疏的样子。

【迷津导航】

辛弃疾(1140—1207年)南宋词人。原字坦夫,改字幼安,别号稼轩,历城(今山东济南)人。出生时,中原已为金兵所占。21岁参加抗金义军,不久归南宋。历任湖北、江西、湖南、福建、浙东安抚使等职。一生力主抗金,曾上《美芹十论》与《九议》,条陈战守之策,显示其卓越的军事才能与爱国热忱。其词抒写力图恢复国家统一的爱国热情,倾诉壮志难酬的悲愤,对当时执政者的屈辱求和颇多谴责;也有不少吟咏祖国河山的作品。题材广阔又善化用前人典故入词,风格沉雄豪迈又不乏细腻柔媚之处。作品集有《稼轩长短句》,今人辑有《辛稼轩诗文钞存》。

《青玉案·元夕》一词极力渲染元宵节观灯的盛况。先写灯火辉煌、歌舞欢腾的热闹场面。花千树,星如雨,玉壶转,鱼龙舞。满城张灯结彩,盛况空前。接着写游人车马彻夜游赏的欢乐景象。观灯的人有的乘坐香车宝马而来,也有头插蛾儿、雪柳的女子结伴而来。在倾城狂欢之中,词人却执意于观灯之夜,与意中人密约会晤,久望不至,猛见那人却在“灯火阑珊处”。结尾四句,借“那人”的孤高自赏,表明作者不肯同流合污的高洁品格。全词构思新颖,语言工巧,曲折含蓄,余味不尽。

【思考与练习】

1. 结合此词,谈谈时代背景对文学创作的作用。
2. 结合当今网络小说的创作,说说文学作品的意韵表现方式。

十二、水龙吟[1]

苏 轼

似花还似非花[2]，也无人惜从教坠[3]。抛家傍路，思量却是，无情有思[4]。萦损柔肠[5]，困酣娇眼，欲开还闭[6]。梦随风万里，寻郎去处，又还被、莺呼起[7]。 不恨此花飞尽，恨西园、落红难缀[8]。晓来雨过，遗踪何在？一池萍碎[9]。春色三分，二分尘土，一分流水。细看来，不是杨花点点，是离人泪[10]。

【注释】

[1]《水龙吟》：词调名，首见于北宋柳永的咏梅之作。

[2]"似花"一句：谓像花又不像花。

[3]"也无人"一句：也没有人爱惜，任它飘来坠去。

[4]"抛家傍路"三句：韩愈《晚春》诗"杨花榆荚无才思，唯解漫天作雪飞。"这里反用其意，谓杨花不是无意地抛家傍路而飞，看似无情，却有它的愁思。

[5]萦：愁思萦绕缠绵。柔肠：杨柳枝条柔细，故以柔肠为喻。白居易《杨柳枝》曰："人言柳叶似愁眉，更有愁肠如柳丝。"

[6]"困酣"两句：形容困倦之极。此以美人的娇眼比喻柳眼。古人诗赋中称初生的柳叶为柳眼。

[7]"梦随"三句：唐人金昌绪《春怨诗》曰："打起黄莺儿，莫教枝上啼。啼时惊妾梦，不得到辽西。"此用其意。

[8]"落红"一句：谓春事衰残。缀：连缀。

[9]萍碎：作者《再和曾仲锡荔枝支》自注曰："飞絮（即杨花）落水中，经宿即化为萍。"

[10]"细看来"三句：作者用比喻，将相思之人愁思的泪水比作飘落的杨花。

【迷津导航】

苏轼（1037—1101年），北宋文学家、书画家、诗人、词人。字子瞻，又字和仲，号东坡居士，世称"苏东坡"。汉族，眉州眉山（今属四川）人。与父苏洵、弟苏辙合称三苏，父子同列唐宋八大家（韩愈、柳宗元、欧阳修、苏轼、苏洵、苏辙、王安石、曾巩）。他在文学艺术方面堪称全才。其文汪洋恣肆，明白畅达，与欧阳修并称欧苏；诗清新豪健，善用夸张比喻，在艺术表现方面独具风格，与黄庭坚并称苏黄；词开豪放一派，对后代很有影响，与辛弃疾并称苏辛；书法擅长行书、楷书，能自创新意，用笔丰腴跌宕，有天真烂漫之趣，与黄庭坚、米芾、蔡襄并称宋四家；画学文同喜作枯木怪石，论画主张神似。诗文有《东坡七集》等，词有《东坡乐府》。

《水龙吟》一词构思巧妙，刻画细致，咏物与拟人浑然一体，把杨花比喻为一个想离家出走、去万里寻郎的思妇。杨花虽然像花，但没有鲜艳的色彩，没有美丽的姿质，没有人对它怜香惜玉，任凭它被东风吹落。它离开枝头，好似孩子离开了家，它傍在路旁，像是无家可归的流浪儿。看上去杨花似乎对杨树无情无义，实际上却是含有深情。它团团逐队成球，滚动中损坏了柔肠，它躺在路边，似在睡觉，聚而又散，散了又聚，像是很困的女子，娇眼睁睁又闭上，睡去了。梦中，她随着春风，万里漂泊，苦苦寻觅，寻觅情郎。一阵风起，吹得杨花四散，好似梦中少女，被莺叫声唤起。上片以花为人，以人写花，杨花美人，契合为一。下片抒发伤春惜花之愁。由"不恨"到"恨"，欲进先退，由杨花到落红，宕开一笔，而后折回杨花。一夜风雨，早晨雨停时，落花散在泥地、漂在水中，已难以拾起来了。末以点点杨花与离人珠泪交融为一。融情于物，以物体情，神来之笔，令人叫绝。全篇赋物言情，虚实相生，笔墨人化，有神无迹。

【思考与练习】

1. 说说作者以杨花比指思妇的妙处。

2. 举一生活中的比喻实例，说说比喻在语言交际中的作用。

十三、踏莎行

秦观

雾失楼台，月迷津渡[1]，桃源望断无寻处[2]。可堪孤馆闭春寒，杜鹃声里斜阳暮[3]。驿寄梅花，鱼传尺素，砌成此恨无重数[4]。郴江幸自绕郴山，为谁流下潇湘去？[5]

【注　释】

[1]月迷津渡：月色朦胧，迷失了渡口，此处蕴含着找不到出路的意思。

[2]“桃源”一句：化用刘晨、阮肇天台山之事，比喻所向往的事遥不可及。据《幽明录》记载，相传东汉时，剡县刘晨、阮肇共入天台山取榖皮，迷不得路，旬余粮绝之时遥望一桃树，便吃得果实数枚；后下山途中一大溪边遇到姿貌俱佳的两名女子，相邀还家。两人就在那里居住了十年，求归，却已是七世孙了。至晋太元八年（383 年），再次寻找曾待的地方，却再也找不到了。

[3]杜鹃声里：杜鹃鸟啼声凄切，容易引起离人的乡愁。

[4]“驿寄”三句：谓远方朋友寄赠的礼物和慰藉的书信，更引起自己无限的愁苦。鱼传尺素，即用“鱼”传递书信，最早出现在东汉蔡邕的《饮马长城窟行》的乐府诗集：“客从远方来，遗我双鲤鱼。呼儿烹鲤鱼，中有尺素书。长跪读素书，书中竟何如？上言加餐饭，下言长相忆。”

[5]“郴江”两句：由“沅湘日夜东流去，不为愁人住少时”变化而来。幸自：本是。为谁：为什么。潇湘：湖南二水名，河流后名为湘江。诗词中多用潇湘。

【迷津导航】

秦观（1049—1100 年），字少游，一字太虚，号淮海居士，扬州高邮（今江苏高邮县）人。北宋词人，与黄庭坚、张耒、晁补之合称“苏门四学士”。元丰八年（1085 年）进士，初为定海主簿、蔡州教授，元祐初苏轼荐为秘书省正字，兼国史院编修官。哲宗时“新党”执政，被贬为监处州酒税，徙郴州，编管横州，又徙雷州，至藤州而卒。

秦观散文长于议论，《宋史》评为“文丽而思深”。其诗长于抒情，敖陶孙《诗评》说：“秦少游如时女游春，终伤婉弱。”他是北宋后期著名的婉约派词人，其词大多描写男女情爱和抒发仕途失意的哀怨，文字工巧精细，音律谐美，情韵兼胜。代表作为《鹊桥仙》（纤云弄巧）、《望海潮》（梅英疏淡）、《满庭芳》（山抹微云）等。《鹊桥仙》中“两情若是久长时，又岂在朝朝暮暮！”被誉为“化腐朽为神奇”的名句（见《蓼园词选》）。《满庭芳》中的“斜阳外，寒鸦数点，流水绕孤村”被称做“天生的好言语”（《能改斋漫录》引晁补之语）。张炎《词源》说：“秦少游词体制淡雅，气骨不衰，清丽中不断意脉，咀嚼无滓，久而知味。”著有《淮海集》。

《踏莎行》一词亦题作“郴州旅舍”，于宋哲宗绍圣四年（1079 年）秦观在郴州被贬之作。当时作者因旧党关系受到当权者的排斥，官职被削，一再远徙，精神上感到极度痛苦。这首词正是采用比兴手法，抒发了他在这一特定境遇中的怅惘、失望和寂寞、愁苦心情。词旨凄婉，音调低沉，反映出封建士大夫遭贬失意时的脆弱性格。

上片写谪居中寂寞凄冷的环境。开头三句，缘情写景，劈面推开一幅凄楚迷茫、黯然销魂的画面。下片由叙实开始，写远方友人的殷勤致意、安慰。词的收尾两句，可以说是作者完成《郴州旅舍》词的画龙点睛之笔，既直接写明了地点——郴州，又突出了客居的情怀。同时，它又通过巧妙的联想，含蓄的处理，收到了言有尽而意无穷的艺术效果。

【思考与练习】

结合《踏莎行》和《望海潮》，说说同为婉约派词人的秦观和柳永词风的异同。

十四、鹏鸟赋

贾谊

单阏之岁兮[1]，四月孟夏，庚子日斜兮[2]，鹏集予舍[3]。止于坐隅兮[4]，貌甚闲暇[5]。异物来萃兮[6]，私怪其故[7]。发书占之兮[8]，谶言其度[9]，曰："野鸟入室兮，主人将去。"请问于鹏兮："予去何之？吉乎告我，凶言其灾[10]。淹速之度兮[11]，语予其期。[12]"鹏乃叹息，举首奋翼；口不能言，请对以臆[13]：

"万物变化兮，固无休息。斡流而迁兮[14]，或推而还[15]。形气转续兮[16]，变化而嬗[17]。沕穆无穷兮[18]，胡可胜言[19]！祸兮福所依，福兮祸所伏；忧喜聚门兮，吉凶同域[20]。彼吴强大兮，夫差以败；越栖会稽兮，勾践霸世[21]。斯游遂成兮，卒被五刑[22]；傅说胥靡兮，乃相武丁[23]。夫祸之与福兮，何异纠纆[24]；命不可说兮，孰知其极[25]！水激则旱兮，矢激则远[26]；万物回薄兮[27]，振荡相转[28]。云蒸雨降兮[29]，纠错相纷[30]；大钧播物兮[31]，坱圠无垠[32]。天不可预虑兮，道不可预谋[33]；迟速有命兮，焉识其时[34]。

且夫天地为炉兮[35]，造化为工[36]；阴阳为炭兮，万物为铜[37]。合散消息兮[38]，安有常则[39]？千变万化兮，未始有极[40]，忽然为人兮[41]，何足控抟[42]；化为异物兮[43]，又何足患！小智自私兮，贱彼贵我[44]；达人大观兮[45]，物无不可[46]。贪夫殉财兮[47]，烈士殉名。夸者死权兮[48]，品庶每生[49]。怵迫之徒兮[50]，或趋西东[51]；大人不曲兮[52]，意变齐同[53]。愚士系俗兮[54]，窘若囚拘[55]；至人遗物兮[56]，独与道俱。众人惑惑兮[57]，好恶积亿[58]；真人恬漠兮[59]，独与道息[60]。释智遗形兮[61]，超然自丧[62]；寥廓忽荒兮[63]，与道翱翔。乘流则逝兮[64]，得坻则止[65]；纵躯委命兮，不私与己。其生兮若浮，其死兮若休；澹乎若深渊止之静[66]，泛乎若不系之舟[67]。不以生故自宝兮[68]，养空而浮[69]；德人无累兮，知命不忧。细故蒂芥兮，何足以疑！"[70]

【注释】

[1]单阏(chán è)：太岁在卯曰单阏，这年是汉文帝六年，丁卯年。

[2]庚子：四月里的一天。日斜：太阳西斜时。

[3]集：聚集，停息。予舍：我的屋子。

[4]坐隅：座位的一角。

[5]闲暇：从容不惊貌。

[6]异物：怪物，指鹏鸟。萃：停止。

[7]私怪其故：暗自怀疑它飞来的缘故。

[8]发：打开。书：此处指占卜所用的书。

[9]谶(chèn)：预示吉凶的话。度：数，即吉凶的定数。

[10]"吉乎"两句：如有吉事，你就告诉我；即使有凶事，也请把什么灾祸说明。

[11]淹：迟。淹速：指死生的迟速。

[12]语：告诉。期：指死生的期限。

[13]臆：胸。这两句是说：鹏鸟不会说话，请用胸中所想的来对答。

[14]斡：转。斡流：运转。

[15]推：推移。还：回。以上四句大意：万物变化运转，反复无定。

[16]形气：指相对而言；形，指有形的；气，指无形的。转：相互转化。续：继续。

[17]嬗(chán)：蜕化。这句大意：形气的转移连续，变迁蜕化。

[18]沕穆：精微深远貌。

[19]胜：尽。这两句大意：上述万物变化之理，深微无穷，不能尽言。

[20]同域：同在一个地域。

[21]"彼吴"四句：用春秋时吴越相争之事来说明成反为败、失反为得之理。

[22]"斯游"两句：李斯游于秦国，身登相位，二世时，被赵高所逸，最终受五刑而死。

[23]“傅说”(yuè)两句:相传傅说当初在傅岩操服劳役,殷高宗武丁以为他是贤人,用他为相。

[24]纠:两股拧在一起的绳索。纆:三股拧成的绳索。这两句大意:祸福相互依附纠缠,如同绳索绞合在一起。

[25]“命不”两句:天命不可解说,谁知道它的究竟。

[26]旱:通“悍”,这里指水的奔流迅猛。这两句大意:水流矢飞,为外物所激,则或悍或远,发生变化。

[27]回薄:往返相激。

[28]振:同“震”。转:转化。这两句大意:万物都不断变化,相互激荡、影响、转化;人事有时因祸得福,有时因福得祸,反复无常。

[29]蒸:因热而上升。降:因冷而下降。

[30]纠错:纠缠错杂。纷:纷乱。

[31]大钧:造化,自然界。阴阳造化,如大轮运转以造器。播物:指运转造物。

[32]坱圠(yǎng yà)无垠:无边际貌。

[33]“天不”两句:天和道,其理深远,不可预先思虑谋划。

[34]“迟速”两句:死生迟速有命,哪能预知它的期限。

[35]炉:冶金之炉。

[36]工:冶金工匠。

[37]“阴阳”两句:阴阳所以铸化万物,故喻为炭;事物由阴阳铸化而成,故喻为铜。

[38]合:聚。消:消灭。息:生。

[39]常则:一定的法则。

[40]未始:未尝。极:终极。

[41]忽然:偶然。

[42]控抟(tuán):控,引;抟:持;有贪恋珍惜的意思。

[43]化为异物:变成其他东西,这里指死。

[44]“小智”两句:智慧浅小之人,只顾自身,以他物为贱,以自己为贵。

[45]达人:通达之人。大观:心胸开朗,所见远大。

[46]可:合适。

[47]殉:以身从物。

[48]夸者:探求虚名的人。

[49]品庶:众庶,一般人。每:贪。

[50]怵:指为利所诱。迫:指为穷困所迫。

[51]趋西东:东奔西走,趋利避害。

[52]大人:指与天地合德的伟人。曲:指为物欲所屈。

[53]“意变”一句:意:通“亿”,大人对亿万变化的事物都等量齐观,一视同仁。

[54]系俗:为俗累所牵绊。

[55]若囚拘:如罪人之受拘束。

[56]至人:指有至德之人。遗物:遗弃万物。

[57]惑惑:指豁乱之甚。

[58]好恶积亿:是说所爱所憎,积聚很多。

[59]真人:指得天地之道的人。恬:安。漠:静。

[60]与道息:和大道同处。

[61]释智:放弃智慧。遗形:遗弃形体。

[62]超然:超脱于万物之外。自丧:自忘其身。

[63]寥:深远。廓:空阔。忽荒:同“恍惚”。寥廓忽荒,元气未分之貌。

[64]逝:去。

[65]坻(chǐ):水中小洲。

[66]澹:安静。

[67]泛:浮游。

[68]“不以”一句:不因为活着的缘故珍惜自己。

[69]养空而浮:涵养空虚之性而浮游。

[70]“细故”两句:细故,细小事故。蒂芥:芒刺。一般常作心怀嫌怨和小不快意的比喻。

【迷津导航】

贾谊(前200—前168年),汉族,洛阳(今河南省洛阳市东)人。西汉初年著名的政论家、文学家。18岁即有才名,年轻时由河南郡守吴公推荐,20余岁被文帝召为博士。不到一年被破格提为太中大夫。但是在23岁时,因遭群臣忌恨,被贬为长沙王的太傅。后被召回长安,为梁怀王太傅。梁怀王坠马而死后,贾谊深自歉疚,直至33岁忧伤而死。其著作主要有散文和辞赋两类。散文如《过秦论》《论积贮疏》《陈政事疏》等都很有名,辞赋以《吊屈原赋》《鹏鸟赋》最为著名。

《汉书·贾谊传》载："谊为长沙傅三年，有鵩入于谊舍，至于坐隅。服似鸮，不祥鸟也。谊既以适居长沙，长沙卑湿，谊自伤悼，以为寿不得长，乃为赋以自广。"这篇赋便是《鵩鸟赋》。

第一段是简单叙事。谪居独处，找不到别的倾听者，只能向这只带来死亡之兆的鸟儿诉说；鵩鸟虽然无法开口说话，但是贾谊让它具备了高妙的智慧。诉说者所提出的问题是：他要到哪儿去，是凶还是吉？而安慰者却避而不答这个问题，它所回答的是：死亡不过是万物变化的一种，不值得为生留恋，为死悲伤。在这种答非所问中，贾谊其实是在强调自己对于死亡的预感。这也许是最后一次诉说，最后一次安慰自己：也许死并不那么可怕。

第二段是虚拟的回答，实际上是贾谊在阐发自己的思想。他引用了很多道家思想，如物相转化，福祸无常等；生命的偶然性和死亡的超然性等；大人至人与世俗之人对人生追求的不同看法等。似乎都在渲染一种人生短暂，生命渺小和具有不确定性的人生感受；一种无欲无穷，幽远宁静的生活态度；表现的是乐观而豁达的精神境界。

第三段继续这种想法，从大人、至人、真人与一般凡夫俗子的人生追求中得出的对比，可以看作是窥破生命，看透人生的一种感叹，表现自己要遗世独立、顺应自然的恬淡安然。

《鵩鸟赋》一文中虽然含有道家对生死的看法，但又有与其所不同。虽然在文章中潇潇洒洒、海阔天空，贾谊的真实状态却完全不是这样：为怀才不遇而悲愤、为身心疲惫而感伤、为前途未卜而惆怅。可以感悟到作者当时的心境是一种出奇的悲愤，正是这悲愤促使其在文章中处处反其道而行之，于是写得越欢娱，就越是衬出现实的凄凉；写得越洒脱，就越是衬出无力割舍的迷茫；写得越圆满，就越是衬出那颗颠沛潦倒的心早已支离破碎。贾谊，人称冠绝洛阳的贾生，就这样在自怨自艾中驾鹤远去。

【思考与练习】

1. 结合《鵩鸟赋》，说说在对汉赋的鉴赏中要注意哪些问题？

2. 结合当今人的生死观，对贾谊表现在文中的生死观进行简单评价。

十五、苏秦始将连横

《战国策·秦策一》

苏秦始将连横[1]，说秦惠王曰[2]："大王之国，西有巴、蜀、汉中之利[3]，北有胡貉、代马之用[4]，南有巫山、黔中之限[5]，东有肴、函之固[6]。田肥美，民殷富，战车万乘[7]，奋击百万[8]，沃野千里，蓄积饶多，地势形便[9]，此所谓天府[10]，天下之雄国也。以大王之贤，士民之众，车骑之用，兵法之教[11]，可以并诸侯，吞天下，称帝而治[12]。愿大王少留意，臣请奏其效[13]。"

秦王曰："寡人闻之：毛羽不丰满者不可以高飞，文章不成者不可以诛罚[14]，道德不厚者不可以使民，政教不顺者不可以烦大臣[15]。今先生俨然不远千里而庭教之[16]，愿以异日[17]。"

苏秦曰："臣固疑大王不能用也。昔者神农伐补遂[18]，黄帝伐涿鹿而擒蚩尤[19]，尧伐驩兜[20]，舜伐三苗[21]，禹伐共工[22]，汤伐有夏[23]，文王伐崇[24]，武王伐纣[25]，齐桓任战而伯天下[26]。由此观之，恶有不战者乎？古者使车毂击驰[27]，言语相结[28]，天下为一，约从连横[29]，兵革不藏。文士并饰[30]，诸侯乱惑，万端俱起，不可胜理。科条既备，民多伪态[31]，书策稠浊，百姓不足[32]。上下相愁，民无所聊[33]，明言章理[34]，兵甲愈起。辩言伟服[35]，战攻不息，繁称文辞[36]，天下不治。舌弊耳聋[37]，不见成功，行义约信，天下不亲[38]。于是乃废文任武，厚养死士，缀甲厉兵[39]，效胜于战场。夫徒处而致利[40]，安坐而广地，虽古五帝三王五伯，明主贤君,常欲坐而致之,其势不能。故以战续之。宽则两军相攻,迫则杖戟相橦[41],然后可建大功。是故兵胜于外,义强于内,威立于上,民服于下。今欲并天下,凌万乘[42],诎敌国[43],制海内,子元元[44],臣诸侯[45],非兵不可。今之嗣主,忽于至道,皆惛于教[46],乱于治[47],迷于言,惑于语,沉于辩,溺于辞[48]。以此论之,王固不能行也。"

说秦王书十上而说不行,黑貂之裘弊[49],黄金百斤尽,资用乏绝,去秦而归,羸縢履蹻[50],负书担橐[51],形容枯槁,面目犁黑[52],状有归色[53]。归至家,妻不下纴[54],嫂不为炊,父母不与言。苏秦喟叹曰:"妻不以为夫,嫂不以我为叔,父母不以我为子,是皆秦之罪也!"乃夜发书,陈箧数十[55],得《太公阴符》之谋[56],伏而诵之,简练以为揣摩[57]。读书欲睡,引锥自刺其股,血流至足[58]。曰:"安有说人主,不能出其金玉锦绣,取卿相之尊者乎?"期年[59],揣摩成,曰:"此真可以说当世之君矣!"

于是乃摩燕乌集阙[60],见说赵王于华屋之下[61],抵掌而谈[62]。赵王大悦,封为武安君[63]。受相印[64],革车百乘[65],锦绣千纯[66],白璧百双[67],黄金万溢以随其后[68],约从散横以抑强秦[69]。故苏秦相于赵而关不通[70]。

当此之时,天下之大,万民之众,王侯之威,谋臣之权,皆欲决苏秦之策[71]。不费斗粮,未烦一兵,未张一士,未绝一弦,未折一矢,诸侯相亲,贤于兄弟[72]。夫贤人在而天下服,一人用而天下从。故曰:式于政不式于勇[73];式于廊庙之内[74],不式于四境之外[75]。当秦之隆[76],黄金万溢为用,转毂连骑,炫熿于道[77],山东之国从风而服,使赵大重[78]。且夫苏秦,特穷巷掘门桑户棬枢之士耳[79],伏轼撙衔[80],横历天下,廷说诸侯之王[81],杜左右之口[82],天下莫之能伉[83]。

将说楚王,路过洛阳。父母闻之,清宫除道[84],张乐设饮[85],郊迎三十里[86]。妻侧目而视[87],倾耳而听。嫂虵行匍伏[88],四拜自跪而谢。苏秦曰:"嫂何前倨而后卑也[89]?"嫂曰:"以季子之位尊而多金[90]。"苏秦曰:"嗟乎!贫穷则父母不子[91],富贵则亲戚畏惧。人生世上,势位富贵,盖可忽乎哉[93]!"

【注释】

[1]苏秦:字季子,战国洛阳人,策划联合六国抗秦,后被破坏。连横:秦国从西向东收服诸国,六国联合结盟抗秦则称为"合纵"。

[2]说(shuì):劝说。秦惠王:秦国的国君(公元前336—前331年在位),名驷。

[3]巴:以重庆为中心的川东地带。蜀:以成都为中心的川西地带。汉中:今陕西省南部地区。当时三地虽未归秦,但交通频繁,故言西有其利。

[4]胡貉(hè):匈奴族地区兽名,皮可制裘。代马:今山西省北部代县等地所产的马。

[5]巫山:今重庆巫山县东。黔中:今湖南沅陵县西。限:通"险",险隘、屏障。

[6]肴:同殽,山名,今河南洛宁县西北。函:函谷关,今河南灵宝县西南。

[7]战车:兵车。

[8]奋击:奋力作战的武士。

[9]形便:得形势,擅便利。

[10]天府:自然界富饶的府库。

[11]教:教育。

[12]称帝而治:战国时代的最高统治者是王,国力强大的王自称帝号,有进行统一的企图。

[13]奏:恭述、奏明。效:效验,验证。

[14]文章:法令。诛罚:讨伐。

[15]政教:教化、主张。不顺:不合时宜,行不通,有阻力。

[16]俨然:矜庄貌,郑重其事地。庭教之:庭上指教。

[17]愿以异日:希望改日再领教。

[18]神农:传说中的炎帝名号。补遂:部落名。

[19]涿(zhuō)鹿:山名,在今河北涿鹿县西南。蚩尤:九黎部落之酋长,为黄帝所诛。

[20]驩(huān)兜:尧臣,因作乱被放逐。

[21]三苗：即古代的苗族，今湖南溪洞一带。

[22]共工：古之水官名，极横暴，为禹所放逐。

[23]有夏：指夏王桀，有，语气助词。

[24]崇：国名，崇侯虎，助纣为恶，为文王所诛。

[25]武王：即周武王。纣：即殷纣王，暴虐之君。

[26]任战：即肯战。伯：同霸。

[27]毂（gǔ）：车毂，形容车辆之多，奔驰之急。

[28]言语相结：商谈结盟。

[29]约：约定。连：结交。

[30]文士：文人说客。饰：巧辩。

[31]伪态：态度虚伪。

[32]不足：贫困。

[33]愁：仇怨。聊：聊以生计。

[34]明言：明显之言。章理：彰著之理。

[35]辩言：言辞巧辩。伟服：服装壮观。

[36]繁称：称谓繁琐。文辞：美饰言辞。

[37]弊：指疲困、劳累。

[38]亲：亲近。

[39]缀：连接。厉兵：磨炼兵器。

[40]徒处：指置身空守，与下句“坐”，均谓不劳坐守。

[41]杖戟：拿着戟。橦：刺。

[42]凌：凌驾、统帅。

[43]诎：同屈。

[44]子：以……为子女。元元：人民。

[45]臣：以……为臣。

[46]惛：不明。

[47]乱：混乱。

[48]辞：言辞。

[49]裘：皮衣。弊：坏，坏损。

[50]羸（léi）：通“缧”，缠绕。滕（téng）：绑腿布。蹻（jué）：草鞋。

[51]橐（tuó）：袋子。

[52]犁：黑色。

[53]归：愧。

[54]纴：纺织机。

[55]箧（qiè）：书箱、书篓。

[56]太公：姜太公。阴符：兵法。

[57]简：选择。练：熟悉。揣摩：研究。

[58]足：脚跟。

[59]期年：满一年。

[60]摩：接近、临近。燕乌集阙：宫阙名。

[61]华屋：华丽殿堂。

[62]抵掌：手掌相抵，喻交心。

[63]武安：地名，今河北省武安县。

[64]受相印：接受相国封印。

[65]革车：兵车。

[66]纯：匹。

[67]白璧：玉石。

[68]溢：二十四两。

[69]约：邀约、联合。从：古代“纵”的通假字，此指同盟阵营。散：离散、拆散。横：此指非同盟阵营势力。

[70]关：函谷关。不通：交通隔绝。

[71]皆欲决：都想以……为决定。

[72]贤：优胜。

[73]式：同“试”，用、致力于。

[74]廊庙：君主祭祖之地。

[75]四境：国家的范围。

[76]当：匹敌、堪比。隆：兴盛、兴旺。

[77]转毂连骑：滚滚军车战骑。炫熿：光耀，炫耀。

[78]山东：华山以东。从风：像风吹草动一样。大重：大受重视。

[79]穷巷掘门：居于贫穷巷子里，凿墙洞为门。桑户：引喻为贫穷的庄稼农户。棬（quān）枢：用树条圈起来作为门枢。

[80]伏：伏身。轼：古代车厢前扶手横木。撙（zǔn）：控制，节制。衔：缰绳。

[81]廷：通“庭”，殿庭。说（shuì）：说服，辩说。

[82]杜：禁阻，堵塞。

[83]伉：通“抗”，对等，抗衡。

[84]清宫除道：清理房屋，打扫街道。

[85]张乐（yué）：张罗音乐。设饮：备办酒席。

[86]郊迎：出郊迎接。

[87]侧目而视：不敢正面而视。

[88]蛇行匍伏：蛇样曲回匍匐前行。

[89]倨：傲慢。卑：谦卑。

[90]以：因为。季子：指小叔子。位尊而多金：地位显赫而多有钱财。

[91]不子：不以为子。

[92]忽：忽视，轻视。乎哉：语气助词，相当于今日的“啊，哦”。

【迷津导航】

《战国策》是中国古代的一部史学名著。它是一部国别体史书，又称《国策》，主要记载战国时期谋臣策士纵横捭阖的斗争。全书按东周、西周、秦国、齐国、楚国、赵国、魏国、韩国、燕国、宋国、卫国、中山国依次分国编写，分为12策，共33卷，共497篇。所记载的历史，上起前490年智伯灭范氏，下至前221年高渐离以筑击秦始皇，约12万字。是先秦历史散文成就最高、影响最大的著作之一。

本文选自《战国策·秦策一》。苏秦以"连横"说秦未成，又以"合纵"游说赵王，终于一举成名，身佩六国相印，傲世天下。苏秦朝"连横"暮"合纵"，足见战国时各国之间斗争的复杂。

【思考与练习】

1. 结合课文，谈谈苏秦这一人物形象。

2. 简要说说本文中运用对比手法的艺术效果。

十六、秋声赋

欧阳修

欧阳子方夜读书[1]，闻有声自西南来者，悚然而听之[2]，曰："异哉！"初淅沥以萧飒[3]，忽奔腾而砰湃[4]；如波涛夜惊，风雨骤至。其触于物也，鏦鏦铮铮[5]，金铁皆鸣；又如赴敌之兵，衔枚疾走[6]，不闻号令，但闻人马之行声。余谓童子："此何声也？汝出视之。"童子曰："星月皎洁，明河在天[7]，四无人声，声在树间。"

余曰："噫嘻悲哉！此秋声也。胡为乎来哉？盖夫秋之为状也[8]，其色惨淡[9]，烟霏云敛[10]；其容清明，天高日晶[11]；其气凛冽[12]，砭人肌骨[13]；其意萧条，山川寂寥。故其为声也，凄凄切切，呼号愤发。丰草绿缛而争茂[14]，佳木葱茏而可悦。草拂之而色变，木遭之而叶脱。其所以摧败零落者，乃一气之余烈[15]。夫秋，刑官也[16]，于时为阴；又兵象也，于行为金。是谓天地之义气，常以肃杀而为心。天之于物，春生秋实。故其在乐也，商声主西方之音，夷则为七月之律。商，伤也，物既老而悲伤；夷，戮也，物过盛而当杀。"

"嗟夫！草木无情，有时飘零[17]。人为动物，惟物之灵。百忧感其心，万物劳其形，有动于中，必摇其精。而况思其力之所不及，忧其智之所不能，宜其渥然丹者为槁木[18]，黟然黑者为星星[19]。奈何非金石之质，欲与草木而争荣？念谁为之戕贼[20]，亦何恨乎秋声！"

童子莫对，垂头而睡。但闻四壁虫声唧唧，如助余之叹息。

【注释】

[1]欧阳子：作者自称。方：正在。

[2]悚(sǒng)然：惊惧的样子。

[3]淅沥：细雨声。以：而。萧飒：形容风声。

[4]砰(pēng)湃：同"澎湃"，波涛汹涌的声音。

[5]鏦鏦(cōng)铮铮：金属相击的声音。

[6]衔枚：古时行军或袭击敌军时，让士兵衔枚以防出声。枚，形似竹筷，衔于口中，两端有带，系于脖上。

[7]明河：银河。

[8]秋之为状：秋天所表现出来的意气容貌。状：情状，指下文所说的"其色""其容""其气""其意"。

[9]惨淡：黯然无色。

[10]烟霏：烟气浓重。霏，茂盛的样子。云敛：云雾密聚。敛：收，聚。

[11]日晶：日光明亮。晶：亮。

[12]凛冽：寒冷。

[13]砭(biān)：古代用来治病的石针，这里引用为刺的意思。

[14]绿缛：碧绿繁茂。

[15]一气：这里指秋气。余烈：余威。

[16]刑官：执掌刑狱的官。《周礼》把官职与天、地、春、夏、秋、冬相配，称为六官。秋天肃杀万物，所以司寇为秋官，执掌刑法，称刑官。

[17]有时：有固定时限。

[18]渥：红润的脸色。

[19]黟(yī)：黑。星星：鬓发花白的样子。

[20]戕(qiāng)贼：残害。

【迷津导航】

欧阳修(1007—1072年)，字永叔，号醉翁，又号六一居士，庐陵(今江西吉安)人。北宋著名文学家、史学家。四岁丧父，家境贫困，读书刻苦，宋仁宗天圣八年(1030)中进士，后以右正言(谏官)充任知制诰(主管给皇帝起草诏令)。由于上疏为先后被排挤出朝的杜衍、范仲淹、韩琦、富弼等名臣分辩，被贬为滁州太守。后又知扬州、颍州，再回朝廷任翰林学士、史馆修撰。晚年曾任枢密副使、参知政事(副宰相)等高官，死后追赠太子太师，谥文忠。

本文作于仁宗嘉祐四年1059年秋，欧阳修时年五十三岁，虽身居高位，然有感于宦海沉浮，政治改革艰难，故心情苦闷，乃以“悲秋”为题，抒发人生的苦闷与感叹。文章描绘了山川寂寥、草木零落的萧条景象，借景抒写了对人事忧劳和与秋关联的音声情象的悲感，但最后“念谁为之戕贼，亦何恨乎秋声！”却转喻祸根在人。全篇语言流畅、声情并茂，不愧为佳作。

【思考与练习】

1. 作者是怎么表现这秋声的？妙处何在？

2. 面对着萧条肃杀的秋景，作者有何感叹？

十七、寿阳曲·远浦归帆

马致远

夕阳下，酒旆闲[1]。两三航未曾着岸。落花水香茅舍晚，断桥头卖鱼人散。

【注释】

[1]酒旆(pèi)：酒店的招幌。

【迷津导航】

马致远(约1250—1324年)，字千里，号东篱，元代戏曲作家、散曲家，河北省沧州市东光县人。因《天净沙·秋思》而被称为秋思之祖。所作杂剧今知有15种，《汉宫秋》是其代表作；散曲120多首，有辑本《东篱乐府》。青年时期仕途坎坷，中年中进士，曾任江浙行省官吏，后在大都(今北京)任工部主事。马致远晚年不满时政，隐居田园，以衔杯击缶自娱，死后葬于祖茔。

这首小令通过一组鲜明而富有特色的意象，描绘了江村小埠宁静恬美的黄昏景色，表现了作者得趣于隐居生活的闲适散淡的心情。

【思考与练习】

1. 本文是怎样描绘渔船靠岸后的情景的？

2. 对文中“闲”的运用有怎样的看法？

十八、青凤

蒲松龄《聊斋志异》

太原耿氏，故大家，第宅弘阔。后凌夷，楼舍连亘，半旷废之[1]。因生怪异，堂门辄自开掩，家人恒中夜骇哗。耿患之，移居别墅，留老翁门焉。由此荒落益甚。或闻笑语歌吹声。

耿有从子去病，狂放不羁[2]。嘱翁有所闻见，奔告之。至夜，见楼上灯光明灭，走报生。生欲入觇其异。止之，不听。门户素所习识，竟拨蒿蓬，曲折而入。登楼，殊无少异。穿楼而过，闻人语切切。潜窥之，见巨烛双烧，其明如昼。一叟儒冠南面坐，一媪相对，俱年四十余。东向一少年，可二年许；右一女郎，裁及笄耳。酒胾满案，围坐笑语[3]。生突入，笑呼曰："有不速之客一人来！"群惊奔匿。独叟出叱问："谁何入人闺闼？"生曰："此我家闺闼，君占之。旨酒自饮，不一邀主人，毋乃太吝？"叟审睇曰："久仰山斗[4]！"乃揖生入，便呼家人易馔。生止之。叟乃酌客。生曰："吾辈通家，座客无庸见避，还祈招饮[5]。"叟呼："孝儿！"俄少年自外入。叟曰："此豚儿也[6]。"揖而坐，略审门阀。叟自言："义君姓胡[7]。"生素豪，谈议风生，孝儿亦倜傥；倾吐间，雅相爱悦。生二十一，长孝儿二岁，因弟之。叟曰："闻君祖纂《涂山外传》，知之乎[8]？"答："知之。"叟曰："我涂山氏之苗裔也。唐以后，谱系犹能忆之；五代而上无传焉。幸公子一垂教也。"生略述涂山女佐禹之功，粉饰多词，妙绪泉涌。叟大喜，谓子曰："今幸得闻所未闻。公子亦非他人，可请阿母及青凤来共听之，亦令知我祖德也。"孝儿入帏中。少时，媪偕女郎出。审顾之，弱态生娇，秋波流慧，人间无其丽也。叟指妇云："此为老荆[9]。"又指女郎："此青凤，鄙人之犹女也[10]。颇惠，所闻见，辄记不忘，故唤令听之。"生谈竟而饮，瞻顾女郎，停睇不转。女觉之，辄俯其首。生隐蹑莲钩，女急敛足，亦无愠怒[11]。生神志飞扬，不能自主，拍案曰："得妇如此，南面王不易也！"媪见生渐醉，益狂，与女俱起，遽搴帏去[12]。生失望，乃辞叟出。而心萦萦，不能忘情于青凤也。至夜，复往，则兰麝犹芳，而凝待终宵，寂无声欬[13]。

归与妻谋，欲携家而居之，冀得一遇。妻不从，生乃自往，读于楼下。夜方凭几，一鬼披发入，面黑如漆，张目视生。生笑，染指研墨自涂，灼灼然相与对视。鬼惭而去。次夜，更越深，灭烛欲寝，闻楼后发扃，辟之閛然[14]。生急起窥觇，则扉半启。俄闻履声细碎，有烛光自房中出。视之，则青凤也。骤见生，骇而却退，遽阖双扉。生长跽而致词曰："小生不避险恶，实以卿故。幸无他人，得一握手为笑，死不憾耳。"女遥语曰："惓惓深情，妾岂不知，但叔闺训严，不敢奉命。"生固哀之云："亦不敢望肌肤之亲，但一见颜色足矣。"女似肯可，启关出，捉之臂而曳之[15]。生狂喜，相将入楼下，拥而加诸膝。女曰："幸有夙分；过此一夕，即相思无用矣[16]。"问："何故？"曰："阿叔畏君狂，故化厉鬼以相吓，而君不动也。今已卜居他所，一家皆移什物赴新居，而妾留守，明日即发。"言已，欲去，云："恐叔归。"生强止之，欲与为欢。方持论间，叟掩入。女羞惧无以自容，俛首倚床，拈带不语。叟怒曰："贱婢辱吾门户！不速去，鞭挞且从其后！"女低头急去，叟亦出。尾而听之，诃诟万端。闻青凤嘤嘤啜泣。生心意如割，大声曰："罪在小生，于青凤何与？倘宥凤也，刀锯斧钺，小生愿身受之！"良久寂然，生乃归寝。自此第内绝不复声息矣。

生叔闻而奇之，愿售以居，不较直[17]。生喜，携家口而迁焉。居逾年，甚适，而未尝须臾忘凤也。

会清明上墓归，见小狐二，为犬逼逐。其一投荒窜去，一则皇急道上。望见生，依依哀啼，阘耳辑首，似乞其援[18]。生怜之，启裳衿，提抱以归。闭门，置床上，则青凤也。大喜，慰问。女曰："适与婢子戏，遘此大厄[19]。脱非郎君，必葬犬腹。望无以非类见憎。"生曰："日切怀思，系于魂梦，见卿如获异宝，何憎之云！"女曰："此天数也，不因颠覆，何得相从？然幸矣，婢子必以妾为已死，可与君坚永约耳。"生喜，另舍舍之。

积二年余，生方夜读，孝儿忽入。生辍读，讶诘所来。孝儿伏地，怆然曰："家君有横难，非君莫拯。将自诣恳，恐不见纳，故以某来。"问："何事？"曰："公子识莫三郎否？"曰："此吾年家子也[20]。"孝儿曰："明日将过，倘携有猎狐，望君之留之也。"生曰："楼下之羞，耿耿在念，他事不敢预闻[21]。必欲仆效绵薄，非青凤来不可！"孝儿零涕曰："凤妹已野死三年矣！"生拂衣曰："既尔，则恨滋深耳！"执卷高吟，殊不顾瞻。孝儿起，哭失声，掩面而去。生如青凤所，告以故。女失色曰："果救之否？"曰："救则救之，适不之诺者，亦聊以报前横耳。"女乃喜曰："妾少孤，依叔成立。昔虽获罪，乃家范应尔[22]。"生曰："诚然，但使人不能无介介耳[23]。卿果死，定不相援。"女笑曰："忍哉！"次日，莫三郎果至，镂膺虎韔，仆从甚赫[24]。生门逆之[25]。见获禽甚多，中一黑狐，血殷毛革；抚之，皮肉犹温。便托裘敝，乞得缀补[26]。莫慨然解赠。生即付青凤，乃与客饮。客既去，女抱狐于怀，三日而甦，展转复化为叟。举目见凤，疑非人间。女言其情。叟乃下拜，惭谢前愆。喜顾女曰："我固谓汝不死，今果然矣。"女谓生曰："君如念妾，还乞以楼宅相假，使妾得以申返哺之私[27]。"生诺之。叟赧然谢别而去。入夜，果举家来。由此如家人父子，无复猜忌矣。生斋居，孝儿时共谈宴。生嫡出子渐长，遂使傅之；盖循循善诱，有师范焉。

【注释】

[1]凌夷：当作"陵夷"，谓凡事始盛终衰，如山丘之渐平。

[2]从子：侄子。

[3]胾(zì)：大块肉。

[4]久仰山斗：敬慕之词，意谓如仰望泰山北斗。

[5]通家：有世交的人家，此处意为胡叟住在我家，早有交往。

[6]豚(tún)儿：对自己儿子的谦称。豚：小猪。

[7]义君：指家长。此处是对其先世的敬称。

[8]涂山外传：古代传说，禹在涂山娶九尾白狐为妻，称涂山氏。

[9]老荆：称自己妻子的谦词。东汉梁鸿妻孟光，服饰简朴，荆钗布裙。以荆条作钗，示贫寒之意。

[10]犹女：侄女。

[11]隐蹑莲钩：意谓暗中轻踩青凤脚。莲钩指女子缠过的小脚。

[12]搴(qiān)：掀起。

[13]欬(kài)：谈论之声。

[14]閛(pēng)然：开门的声音。

[15]关：门。

[16]夙分：前世缘分。

[17]不较直：不计较代价。

[18]闒(tà)耳辑首：垂耳缩头。

[19]遘(gòu)：遇到。

[20]年家子：同一年考中的举人、进士，彼此称为同年。对彼此的后辈则称年家子。

[21]不敢预闻：不愿听。

[22]家范：家规。

[23]介介：不愉快地记在心中。

[24]镂膺：马胸前镂金饰带。虎韔(chàng)：虎皮做的弓袋。

[25]逆：迎接。

[26]便托裘敝，乞得缀补：就假托皮衣破了，求得狐皮修补。

[27]返哺之私：指尽孝的愿望。传说乌鸦是孝鸟，乌雏长大后能衔食喂养老乌，称为"返哺"。

【迷津导航】

蒲松龄(1640—1715年)清代文学家，小说家，字留仙，一字剑臣，号柳泉居士，世称"聊斋先生"，山东省淄博市人，出生于一个逐渐败落的地主家庭，广读经史，学识渊博，书香世家，但功名不显。创作有文言短篇小说集《聊斋志异》；有文集4卷，诗集6卷；杂著《省身语录》《怀刑录》等多种；戏曲3种，通俗俚曲14种。经人搜集编定为《蒲松龄集》。《聊斋志异》是蒲松龄的代表作，在他40岁左右时基本完成，此后不断有所增补和修改。"聊斋"是他的书斋名，"志"是记述的意思，"异"指奇异的故事，指在聊斋中记述奇异的故事。多数作品通过谈狐说鬼的手法，对当时社会的腐败、黑暗进行了有力批判，在一定程度上揭露了社会矛盾，表达了人民的愿望，但其中也夹杂着一些封建伦理观念和因果报应的宿命论思想。学史上，它是一部著名的短篇小说集。全书共491篇，内容十分广泛，多谈狐仙、鬼妖、人兽，以此来概括当时的社会关系，反映了17世纪中国的社会面貌。

《青凤》是《聊斋志异》中的著名作品，写的是人狐相恋的神话故事，性格豪放的耿生爱上了美丽温柔的狐女青凤。他不因"异类见憎"，关键时刻急难勇为，援手相助。狐女青凤虽是异类，却善解人意，富有人情，她勇敢地冲破"闺训"礼教的束缚，与耿生热烈相爱，最终如愿以偿。这篇小说具有反对封建礼教、追求个性解放的积极意义，艺术上也具有鲜明特色，人物形象栩栩如生，故事情节曲折奇幻，充满浪漫主义色彩。

【思考与练习】

谈一谈女主人公青凤的个性特征。

历史：真实的人生

第四章 历史

历史的含义是迄今为止聚讼纷纭、莫衷一是的问题。可以这样说，有多少历史学家就有多少种历史概念的解释。在此，我们只能从“历史”这一名称的来源寻找一些蛛丝马迹。“历史”的含义在汉语中最早用“史”字代表。甲骨文中“史”字与“事”相似，指事件。许慎《说文解字》云：“史，记事者也。从又，持中。中，正也。”便指出“史”的本意是记事者，即“史官”。由此引申，则代表史官记录的事，换句话说，即所有被文字记录的过去的事情。“历史”一词出现较晚，《三国志 · 吴书 · 吴主传》注引《吴书》，吴主孙权“博览书传历史，藉采奇异”。“史”前加“历”字是指经历，也就是人类经历的一段时间。在事件中加入时间概念，“历史”一词就具有了当今的含义。也有人认为“历”乃近代日本学者为翻译英文“history”而附加的辅助义，其意味着人类所经历过的事情，在意义上其概括范围远较“史”字为大。

在西方，多数语言的“历史”一词源自希腊语“historia”，这个词出自有“历史之父”之称的希罗多德的《历史》(*Historia*)一书，原意为“调查、探究”。

作为一门学问，历史并不是单单归属于人文科学或社会科学，而是人文社科的桥梁，它合并了两大领域的研究方法。一般来说，史学家通过研究各种书面文字努力尝试解答和历史有关的问题，但并不局限于此。历史知识的原始资料分为三种：文字记载的、口头流传的、保留下来的历史遗迹。通常历史学家会综合三种资料进行研究，而文字记载经常被作为强调的重点，因为它普遍记录了发展的时间。这种强调引申出了一个新领域——史前史，也可称为史前学，研究的是没有书面记录的那段时期。由于世界各地文字出现的时间各不相同，所以史前史和历史的主要区别要根据具体的论题而决定。为了便于研究，学者们根据过去人类的范围将其划分为不同的阶段。划分过去的方法繁多，包括按年代分类、按文化习俗分类、按不同主题分类等。

历史研究倾向于一些专门的地点、时间和主题，历史学家同时也会关心其他一些普通的内容；但对于一般人而言，历史已经成为一个普通词，代表着过去人类的所有事情，甚至于现在更兴起了一门所谓的广义历史。由此，原来研究历史都是为了应用或理论目的，而现在还多了一条：那就是对人类过往的好奇。

第一节 何谓历史

历史，是客观存在的事实，真相只有一个。然而记载历史、研究历史的学问却往往随着人类的主观意识而变化、发展和完善,甚至也有歪曲、捏造。广义历史是指一切事物已往的运动发展过程,它可以分为自然发展史和人类社会发展史。自然发展史比人类社会发展史的时间久得多、范围广得多。但是,通常我们并不使用广义历史这一概念,我们所讲的历史,一般是指人类社会发生、发展的历史,即与自然界互相依赖、互相制约的人类社会以往的运动发展过程,即狭义历史。

历史是客观存在的,不是可以凭主观愿望随意改造的;历史是过去的人类活生生的活动,而不是流年老账的堆砌。要把客观历史过程同历史的记录区分开来。以前许多人为历史下定义,其实都是为历史的记录下定义,它们的主要缺陷在于把人们从不同角度、不同侧面对历史上客观存在的反映和历史上的客观存在混为一谈。

人类社会的历史已有二三百万年的时间,就是从文字产生后算起,也已有数千年的时间。这一漫长的人类社会的运动发展过程,是整个物质世界运动发展过程的一部分,是和自然界的发展联系着的,并且遵循着与自然界一样的一定客观规律。但是,相比机械的、物理的、化学的、生物的运动形式,人类社会的运动发展是一种更加高级、更加复杂的运动形式。我们以人类社会作为研究对象,自然要注意、要研究这种运动形式的基本特点。

人被称为"万物之灵"。有意识、有目的地进行活动,是人类创造自己历史的显著特点。在自然界中,运动是由一些盲目的、不自觉的力量在相互作用中实现的。但是,人类历史却不同。每一个人通过追求自己的、自觉期望的目的而创造自己的历史,不管这种历史的结局如何,而这许多按不同方向活动的愿望及其对外部世界的各种各样的影响所产生的结果,就是历史。这一特点不是使人类历史变得简单易解,相反,倒是增加了它的复杂性。

每个投入历史活动的人都有自觉的目的,但历史的运动却常常不是完全按照人们的个人目的确定最终结局。所以,人们有意志、有目的地投入历史活动,但却不能据此去解释历史。当然,这毕竟只是事情的一个方面;另一方面,我们也看到,人们的思想、目的等,在人类历史发展过程中,绝不是不起任何作用的、绝对不能实现的。人们逐步认识着世界,改造着世界,永无止境地向前发展。从低矮简陋的草屋,到耸入云霄的摩天大楼;从粗笨的石斧,到灵巧的机器人;从曲折朦胧地表达自己利益要求的奴隶起义、农民起义,到高举科学理论旗帜的无产阶级革命……人们的思想、目的总是逐步趋向于符合客观实际,逐步付诸实现,从而逐步创造真正的人类历史。人离开狭义动物愈远,就愈是有意识地创造自己的历史,而不能预见的作用、不能控制的力量对这一历史的影响就愈小,历史的结果和预定的目的就愈加符合。可见,人类的思维活动并没有减少人类历史的偶然性。人们在从事历史活动时,既可表现为某些个别意向与历史结局不相符合,又可表现为某些个别意向与历史结局趋向相符合,并因而延缓或加快历史的进程,这就造成了历史活动的特殊性和复杂性。

以往众多的历史学家、思想家,都看到了人类历史活动的这个特点,但却无力认识它。可见,承认这个特点及这个特点所带来的历史偶然性,并善于发现这种偶然性始终服从于内在的规律性,是研究人类历史必须予以充分注意的。

要做到这一点,就要求我们透过人类纷繁复杂的精神活动,看到人类区别于动物界并从而最终同自然界划分开来的基本特点——人类从事物质生产劳动。人们都会想到,有了人,也就开始有了历史。可是,人是怎样产生的呢? 人是在劳动斗争中产生的。劳动促使人类脱离了古代猿类,脱离了动物界,走上独立发展的道路。作为物种,人也是由进化产生的。不仅从个体方面来说是如此——从一个单独的卵细胞分化为自然界所产生的最复杂的有机体,而且从历史方面来说也是如此。经过多少万年的努力，手和脚的分化，直立行走，最后确定下来了，于是人就和猿区别开来，音节分明的语言发展和头脑巨大发展的基础就奠定了，这就使得人和猿之间的鸿沟从此成为不可逾越的了。手的专门化意味着工具的出现，而工具意味着人所特有的活动，意味着人对自然界进行改造的反作用，意味着生产。狭义的动物也有工具，然而只是它们躯体的四肢，蚂蚁、蜜蜂、海狸就是这样；动物也进行生产，但是它们的生产对周围自然界的作用在自然界面前只等于零。只有人才给自然界打上自己的印记，因为他们不仅变更了植物和动物的位置，而且也改变了他们所居住的地方的面貌、气候，他们甚至还改变了植物和动物本身，使他们活动的结果只能和地球的死亡一起消失。

由此可知，物质生产活动是人类社会赖以产生、发展的最基本运动形式。富兰克林曾这样说："人是制造工具的动物。"正是在生产劳动的基础上，人类社会才获得如此巨大的进步，才能够从过着"构木为巢，以避群害""钻燧取火，以化腥臊"艰难生活的原始人群，进入学会利用各种能源、掌握各种先进科学手段、使自然界越来越多地置于人类控制之下的现代社会。正是为着有效地从事生产劳动，不断地推动生产发展，并谋求以新的生产方式代替旧的生产方式，从而更好地解决人类所需要的生活资料，人类才以伟大的奋斗精神，导演了一幕幕惊天动地、波澜壮阔的历史场面，创造出自然界永远无法比拟的生动、丰富、辉煌的历史内容。离开了生产劳动，就没有人类社会；离开了生产劳动矛盾运动的规律，就无法科学认识人类社会形态依次演进的历史。所以，社会发展史首先是生产的发展史，是许多世纪以来依次更迭的生产方式的发展史，是生产力和生产关系的发展史。

以生产活动为基本特征的人类社会历史，具有无比丰富、无比复杂的层次性，人们在各种层次的社会关系中从事着各个方面的活动，从而构成了一个庞大的、有机联系着的系统。这个系统的运动过程，也就是人类社会历史由低级到高级、由简单到复杂的不断发展的过程。在阶级社会中，以剥削和被剥削经济关系为基础展开的各种形式的阶级斗争最为显著、最为深刻，影响到社会生活的各个方面，推动着社会历史前进。

历史，是人类社会的历史。它是由人们的有声有色的活动构成的，又是在各色各样的社会关系中实现的。在横向上，它由人们经济的、政治的、思想的等关系所构成，有无限丰富的内容；在纵向上，它波浪起伏，前呼后拥，永不停顿地向前。

第二节　历史的层次性

历史是人们对"过去"的追忆。那么，为什么人们是追忆这些"过去"而不是那些"过去"？人们到底是如何在纷繁复杂的"过去"中构建历史的？探讨这一问题，需要把握历史的不同层次。

一、概述

"过去"不仅是一个相对于"现在""未来"的时间概念，还是一个席卷一切的客观进程，世界上的一切事物都处于不断"过去"的进程中。所以，从最宽泛的意义上说，历史应该包含世界上的一切人物（无论是"大人物"还是"小人物"）、一切事件（无论是惊天动地的还是悄无声息的）、一切地方（无论是富庶的还是贫困的）。这无所不包的历史，可以称为"客观历史"。不过，在极为纷繁复杂的"客观历史"面前，人的认知能力是十分有限的。世界上的一切都处在不断"过去"之中，"现在"作为一个不断奔向"未来"的点，其身后留下的是无数个"过去"。要完全认知“过去”、全景式复原“过去”,对身处“现在”的人来说是不大现实的。即使利用现代科技手段,现代人类社会对所发生的一切的记录能力也相当有限。所以,“客观历史”的许多信息总是不可避免地永远消逝,能够以文字、图像、声音、实物等形式留下的历史信息或者说“史料”,只是“客观历史”中的一部分。但是,这些“史料”又未必都是身处“现在”的人们所关心的历史。面对几千年来人类社会层层累积的“史料”,人们总是自觉不自觉地从自己“现在”的生存状态出发,有选择地构建历史。换句话说,只有“过去”那些能引起“现在”人兴趣和思考的东西,才能真正成为人们所关心、所了解的历史,成为“被激活的历史”。

“客观历史”是最客观真实的历史,也是最宏大丰富的历史,但它不可能被人们完全认识。人们只能不断接近它,越来越多地揭开它的神秘面纱。“史料”事实上远比我们所知道的要丰富得多,它总是处在不断被发现的过程中,而且每一次重大发现总能极大地影响人们对历史的看法。比如,19 世纪末 20 世纪初甲骨文的发现,刷新了中国“史料”,也使人们对中国古代历史与文明有了新的认识。与此类似的由于新材料的重大发现而形成的敦煌学、简帛学等,也都在不断拓展着中国“史料”。“被激活的历史”只是“客观历史”的冰山一角,是“史料”的极小部分。它之所以被激活,是因为与人们“现在”的生存状态、价值选择紧密关联。意大利美学大师克罗齐曾提出过一个命题:“一切历史都是当代史,”他还说:“现在对我们沉默不语的文献,将依次被新生活的光辉照耀,将重新开口说话。”在他看来,那些不再被思考而仅用抽象词语记录的“编年史”是“死历史”。但随着生活的发展逐渐需要时,“死历史”就会复活,过去史就变成了当代史,就成为“被激活的历史”。

可以认为,人们之所以追忆这些“过去”而不是那些“过去”,主要是由“现在”人的生存状态和价值选择决定的,呈现在“现在”人面前的历史主要是“被激活的历史”。当然,对于不同群体来说,由于生存状态和价值选择的不同,“被激活的历史”又是各不相同的。即使对于同一群体而言,由于时代的不同,“被激活的历史”也是不断发展变化的。“被激活的历史”的这些特点,决定了人们是从“现在”出发去发现历史;决定了关注“现在”始终是史学的学术增长点,是史学发展的重要推动力。回顾一下中外史学的发展历程,我们可以清晰地看到因为对“现在”的关注而带来的史学兴盛。从某种意义上说,史学就是在不断构建“过去”与“现在”的对话中彰显自身价值、推动自身发展。

二、客观历史

客观历史作为历史学的认识对象,一个基本的特征就是一去不复返,不会重现在我们面前。这个特征决定了客观历史认识者不能像以研究现实社会为主的社会科学家那样,直接观察到自己的认识对象。人们应从当时的生产力情况、社会环境、人文风情、社会氛围等角度来观察客观历史及客观历史中的真实历史事件和历史人物。而这些观察都是通过各类历史资料间接得来的,这些历史资料大部分是经过前人的头脑加工过的,而且后人对包括实物史料在内的所有历史资料的鉴别、分析,也都要通过自己的头脑来进行,也都要打上主体意识的烙印。这样,我们得到的关于历史过程、事件、人物等的一切历史认识,都是经过了至少两次的历史认识者的头脑的加工而重新构建的,里面已经包含了历史资料的最初记载者以及以后的历史认识者的阶级、民族或集团的立场、思想观点、好恶感情等我们称之为主体意识的东西。所以,但凡一切历史认识和作为历史认识结果的一切历史著述,都是客观历史认识者通过大脑对客观历史进行加工而重新构建起来的,包含着客观历史认识者的主体意识的历史。

正如前文所言,历史应该包含世界上的一切人物、一切事件和一切地方,这才是真正的

“客观历史”。不过目前，人们认知纷繁复杂的“客观历史”的能力是十分有限的。世界上的一切都处在不断“过去”之中，要完全认知“过去”并全景式复原“过去”，对身处“现在”的人来说是不太可能的。所以，客观历史呈现存在着很大的局限性，它往往受制于很多因素的制约。

广而言之，客观历史研究者与自然现象和其他社会现象的研究者一样，总是在不同程度上或不同方位上，以不同方式对他的认识对象进行或多或少的考察研究实践。人们的各种实践活动是获得各种认识的源泉，而从实践中获得的认识总是在不同程度或不同侧面上与实践对象的本来面貌相吻合，这个吻合度的大小显然与实践者对认知进行的实践活动的广度和深度成正比。

就历史学而言，客观历史研究者对自己的认识对象考察研究后得到的结果——历史著述，与客观历史吻合度的大小，跟客观历史研究者自身社会生活实践的广度和深度以及他对自己所要认识的历史活动的有关资料的考察研究实践的广度和深度成正比。这就是说，客观历史研究者自身的社会生活实践和对历史资料考察研究实践的广度和深度越大，其撰写的主体化历史与客观历史的吻合度就越大；反之，吻合度就越小。所谓广度，是指客观历史研究者对他的研究对象中包含的众多侧面、方位所作的体验、考察和加工的全面程度；所谓深度，是指对他的研究对象在一定的侧面、方位上体验、考察和加工的功力程度。这两者之间是互相联系的。

具体而言，客观历史呈现的局限性大致有以下几个。

1. 历史资料的局限

历史资料是我们认识历史的基本依据，史料方面存在的问题在很大程度上限制人们对历史真相的认识。例如，关于我国远古至夏代的历史情况，只有少数几种古籍中有十分简略的记述，此外还有一些零散的考古资料，这些资料可以帮助研究者作出若干判断，但稍有不慎，就可能偏离历史真相。

再如，关于殷商历史，古籍中一说汤建都于亳（今河南商丘），一说建都于西亳（今河南偃师）。按《史记》记载，自汤建国到商灭亡，共传 17 代，31 王。《竹书纪年》说从商汤至纣亡，历时 496 年。《左传》则说有 600 余年。据记载，从汤至盘庚，商人曾五次迁都，但五次迁都的具体年代和地点，各种史籍的说法不一。

又如，周厉王贪婪暴虐，引起国人不满，公元前 841 年，都城发生国人暴动，围攻王宫，厉王出奔，于是出现“共和行政”。但何谓“共和”，有两种说法。《史记·周本纪》称，“召公、周公二相行政，号曰共和”；《吕氏春秋》则称，“共伯和修其行，好贤仁”，被诸侯拥戴，代行王政，以“共和”为共伯和的年号。孰是孰非至今难以确定。

不但在古代史上许多史实由于史料的局限而至今难做定论，即使在近现代史上，许多重大的革命、战争以及经济、文化生活领域的史实，也有相当多互相矛盾的记载。历史资料方面存在的这些问题，严重制约着我们对历史真相的认识。

2. 历史时代的局限

与历史资料的局限导致局部或个别史实与历史真相的背离，由于历史时代的局限而导致非科学的社会历史观在漫长的时期里占据统治地位，从而导致客观历史研究者对社会历史总的进程及其运动规律的理解和描述，往往与历史真相发生根本性的背离。

例如，在古代和中世纪的数千年间，由于人类改造自然和社会的能力极其低弱，世界上各个民族大都相信有一种超自然、超社会的神秘力量在主宰着人的命运，盛行着天命史观或神意史观。这种历史观使人们相信，人类祖先是神灵创造出来的。中国有女娲造人说，西方有上帝造人说，还把人类社会历史发展变化的终极原因归结为天、神灵或上帝。如中国历代封建统治者把自己标榜为"真龙天子"，建立王朝是"奉天承运"，"天"决定着国家兴亡、战争胜败、年成丰歉以至风雨阴晴、生儿育女。在西方，人们则把一切变化说成是上帝的安排：残酷的战争是上帝的惩罚；和平是上帝的仁慈。上帝用亚述人和巴比伦人惩罚某个民族，用波斯人复兴某个民族，用亚历山大保护某个民族，用罗马人帮助某个民族。亚述人、波斯人、希腊人、罗马人的国家一个接一个地崩溃了，这全是上帝的安排。直到黑格尔、兰克都还相信上帝的意志最终支配着人类的命运。他们还认为，上帝的意志常常是通过帝王将相和领袖英才之类的精英人物的思想和行动表现出来的，所以这种神意史观又同英雄史观或精英史观结合在一起。

这种历史时代的局限，实际上是与剥削阶级的阶级局限联系在一起的，因为这些唯心主义历史观在漫长的时代里，不仅为剥削阶级及其思想家普遍一致地信仰和倡导，而且被大多数劳动阶级所接受，表现出鲜明的时代特征。从这个角度上，我们把它看成是一种时代的局限。

3. 阶级立场和政治立场的局限

客观历史研究者的阶级立场和政治立场的局限不但与历史时代的局限相联系，还表现为在具体的历史过程、事件、人物的研究和写作中限制着研究者的观察视野，从而在他的历史著述中总是打上他特有的阶级立场和政治立场的烙印。例如，古希腊著名历史学家修昔底德对雅典民主政治言过其实的赞美和对那种民主政治的阶级实质的隐讳，法国大革命史研究者们各执一端的褒贬之论，都是历史研究和写作者的阶级立场和政治立场的局限的具体表现。

在中国史籍中也不乏这样的实例。如对于用暴力反抗封建统治的农民起义，统治阶级的官修史书，都诬之为杀人放火、无恶不作的"寇""匪""贼""盗"行径，口诛笔伐，毫不掩饰地表现出封建统治阶级的阶级偏见。如《明史》中专设《流贼传》，大力渲染明末农民起义"荼毒中原，所至糜烂"的恐怖景象。甚至说李自成等人"以杀人取乐"，张献忠入川后，竟杀人"六万万有奇"，这个数字比当时全国人口总数 1.2 亿还要多出数倍，可见封建统治阶级对农民起义竭尽污蔑诋毁之能事了。

新中国成立后，新中国的史学工作者站在人民的立场，理所当然地驳斥了历代封建统治阶级对农民起义的污蔑，肯定了历史上农民起义的正义性和进步性。但在建国后至"文革"结束的近 30 年间，几乎所有论述农民起义的文章，都在"只有农民的起义和农民的战争，才是历史发展的真正动力"这样一种思想指导下，在肯定农民起义的正义性和推动历史前进的积极作用的同时，又走过了头，以至对农民起义中的一些消极现象和所带来的消极后果没有作应有的揭示和分析。另一方面，对于历史上的剥削阶级及其代表人物又往往采取全盘否定的态度，而不是采取科学的分析态度，在揭示他们的阶级本质的同时，对其中那些对历史发展确实起过积极作用的人物给予实事求是的肯定。这种片面的所谓"革命立场"，也限制了人们对历史真相的认识，导致了与客观历史的背离。

4. 狭隘的民族立场的局限

客观历史研究者因狭隘的民族立场的局限而导致与历史真相的背离，这种情况在历史上屡见不鲜。如德、俄两国史学家在俄罗斯国家起源问题上发生的"诺曼起源说"和"东斯拉夫起源说"之间的分歧，就是一例。实事求是地说，争论各方都有一定的史实依据，只是需要仔细鉴别谁的真理成分更多一些，谁与历史真相的背离程度更大一些。可以肯定的是，在认识历史上关于民族问题的时候，狭隘的民族立场显然局限着人们的认识，从而造成与历史真相的背离。

5. 研究者水平能力的局限

客观历史研究者的知识水平，搜集、鉴别、解读史料的能力和分析研究能力，以至文字表达能力等方面的情况，也会对认识历史产生局限，导致与客观历史真相的背离。因为这些方面的局限会使历史研究者在认识和描述他的研究对象时，不能达到应有的广度和深度。

全面认识客观历史研究者在认识历史的过程中可能遇到的种种局限，是十分重要的，这有助于促使我们在研究历史时自觉地注意克服那些局限，最大限度地降低与客观历史真相发生背离的程度，在阅读历史著作时，注意鉴别其中可能由于作者的某种局限而出现的与历史真相的背离，避免盲目轻信。

三、史料

史料是指可以据以为研究或讨论历史时的根据的东西。通常说的史料，是指那些人类社会历史在发展过程中所遗留下来的，并帮助我们认识、解释和重构历史过程的痕迹。人类对历史的认识和研究离不开史料。

一般将史料区分为第一手史料（primary source）和第二手史料（secondary source）。前者是指接近或直接在历史发生当时所产生，可较直接作为历史根据的史料；后者是指后人运用一手史料所作的研究及诠释。二者的界限经常不明确，如《史记》就很难说是一手资料还是二手史料。一般汉语中所称史料，主要是指第一手史料。

史料，“亦即人类社会历史在发展过程中所遗留下来的痕迹”。史料的种类很多，可以把史料大致分为四种类型。

1. 文字史料

文字史料是指用文字的形式体现和保存下来的人类活动记录。文字史料的范围比较广泛，它不仅包括历史上的官方和私人记录（如经、书、子、集、档案、报纸杂志等），而且包括当代的历史著述和读物以及文学作品等。其中，尤以正史和稗官野史最为重要。

正史是指《史记》《汉书》等传记史书，以帝王传记为纲领并且由朝廷史官记录的有别于民间野史的中国史书。正史之名始见于南朝梁阮孝绪《正史削繁》。《隋书·经籍志》将《史记》《汉书》等以帝王传记为纲的纪传体史书列为正史，居“史部”书之首位。《明史·艺文志》又以纪传、编年二体，并称正史。清乾隆年间的《四库全书》，确定《史记》至《明史》的24部正统的纪传体史书为正史（即所谓“二十四史”），并确定凡不经皇帝批准的不得列入。1921年，北洋军阀政府又增《新元史》，合称二十五史。

稗官：古代的一种小官，专给帝王搜集街谈巷语、道听途说，以供省览，后来称小说为稗官，泛称记载逸闻琐事的文字为稗官野史。稗官野史指旧时的小说和私人编撰的史书。

野史是指古代私家编撰的史书，与官修的史书不同的另一种史书，与“正史”相对而言。古代有“稗官野史”的说法，稗官者，采录民俗民情的小官也。

《汉书·艺文志》引如淳所说：“细米为稗，街谈巷说，甚细碎之言也。王者欲知里巷风俗，故立稗官，使称说之。”唐·陆龟蒙《奉酬袭美苦雨见寄》：“自爱垂名野史中，宁论抱困荒城侧。”元萨都剌《上赵凉国公》：“如此声名满天下，人间野史亦堪传。”这种闾巷风情、街谈巷说、遗闻佚事的记录，也叫“稗史”，如鲁迅多次称道的《明季节稗史汇编》。鲁迅所说的“杂记”，大概即“稗史”之类。稗是野生的草，稗史其实就是野史。

所谓“野”，有两层含义：第一，从与在朝人士相对立而言，是在野人士（或士大夫的下层人士）所作，未经官方审定，更不是“钦定”的，甚至为官方所禁，不是藏于庙堂官厅，而是流传于

"野",当然,其中某些书也流传到官厅,在流传中经过官方删改;第二,从雅与俗、文与野相对立而言,是未经人工过分雕饰的,是原始的史料,显得粗鄙,但具有原始性、真实性。

野史中所写的人物和事件大多是实有其人、实有其事的。刘鹗《老残游记》云:"野史者,补正史之缺也。名可托诸子虚,事虚证诸实在。"相比较而言,正史的史料更可靠、更权威,也更可信,但由于封建的正统观念及其他种种原因,也删去了一些本该记入正史的事情。这些事情便成了野史。历史上比较有名的野史如崔鸿《十六国春秋》《越绝书》,赵晔《吴越春秋》,丘悦《三国典略》,鱼豢《魏略》,刘肃《大唐新语》,王仁裕《开元天宝遗事》,李肇《国史补》,习凿齿《汉晋春秋》,常璩《华阳国志》《逸周书》《古文琐语》,司马彪《九州春秋》等。

2. 口碑史料

口碑史料是相对于文字史料而言的,指收集当事人或知情人的口头资料。收集的基本方法就是调查访问,采用口述手记的方式收集,经与文字档案核实,整理成为文字稿。在座谈或访谈时,应当按访谈对象的原话忠实记录,有条件的可以既做笔记又做录音或录像。在座谈或访谈结束后,要对记录稿进行整理、核对,力求记录准确、无遗漏。如果有录音,则记录稿应与录音核对。整理经社会调查得来的口碑史料,还需要参考其他资料,对于一些不清楚的问题作出解释或写上注释,加以说明。分析口碑史料时,要注意并不是所有口碑史料都是真实的,有时甚至可能出现完全违背史实的内容和观点,这就涉及如何看待口碑史料的真实性问题。

3. 实物史料

实事史料是人类在征服自然和进行社会活动时所遗留下来的各类工具、用品、文物、古迹、遗址、建筑、绘画等以物质形式保存下来的资料。这类史料相对于文字史料而言虽然往往显得零散和片断,但却是历史的见证和历史知识的可靠来源,它既能比较真实地反映历史,又具有形象直观性。在运用实物史料时,不是从考古意义上去考虑其价值,而是要用实物史料来补充说明教材记述的历史内容。

4. 图片与音像史料

图片史料是指将实物等不能变为文字的材料,用图片的形式反映形成的史料。这类史料总体上具有较高价值,但也有后人根据想象而作的历史图画,如人物像(秦始皇像、汉光武帝像等)、历史图画等,相对来说运用价值就稍低些。与图片史料一样,音像史料也可非常直观、形象、生动地再现"历史"情节。

史料种类繁多,所呈现的特点也各不相同。相对来说,原始史料是参与历史活动的当事人或当时人所记载的,可靠性强,运用价值最高,所以要尽可能地找原始史料。但是,对原始史料不能一概盲目迷信。因为有些人出于种种原因或某种目的,并不能如实地记录亲身经历的事,或对其中某些方面进行掩盖、歪曲。如曾经参加"一大"的广州代表陈公博写过一本回忆录,讲述从大革命到20世纪30年代初国民党内部的斗争经历。书中他把自己说成是一个真心投身革命且毫无个人杂念、一心为国为民的无私人物。事实上,他在抗日战争时期积极参加汪精卫的伪政权,对日本侵略者卑躬屈膝,从中就可看出他说的不是事实,而是为了美化自己。因此,我们说原始史料价值最高是从总体而言的,具体情况应具体看待,应提高辨别史料真伪的能力及如何评价史料的能力。

第五章 历史学

以历史为认识对象所形成的学问，叫史学或历史学，也可以用“历史”一词代表。历史学的本质其实是把实际发生的事件转换成以意念和文字形式存在的历史的过程和方法。关于历史学的目的和方法的研究探讨，在西方属于历史哲学的范畴，历史哲学的出现和发展，意味着历史学从单纯的历史记录发展成为对历史的解释和对历史规律的探求。一开始，历史哲学仅仅关心如何改进历史研究的方法，但认为被研究和记录的历史就是真实的历史。在新康德主义和新黑格尔主义的影响下，人们对自身的认识过程有了新的理解，哲学家开始重新定义历史学。意大利哲学家克罗齐提出“一切真历史都是当代史”的命题，认为往事只有在当代人生活中发挥作用才成为历史，否则是“死的历史”，即编年史。因此，同样的历史在不同的时期会被不断地改写。英国哲学家柯林武德又进一步认为“一切历史都是思想史”，即历史是历史学家思想的反映，不仅因时代而异，也因人而异。而唯物主义的历史观认为历史事件是客观存在的，历史则是历史学家主观对客观的历史事件的认识。由于人主观的局限性，对客观的历史事件的认识是有限的，主观的认识不能完全符合客观的历史，因此只有不断改进、逐渐逼近，这一过程才同自然科学的过程一致。这种历史学称为“历史科学”。

第一节 何谓历史学

确定客观实在的研究对象，是一门科学得以建立的前提和基础。欲建立史学评论学科，也必须先从本体论的角度确定史学评论定义的内涵。而要确定史学评论的定义，必先确定史学（亦称“历史学”）的定义。

史学究竟是什么？这是史学史、史学理论研究首先必须解决的问题，史学评论理论研究亦不例外。因为，它虽然归属于史学本体论范畴，而非史学评论本体论要回答的问题，但是，不先确定史学的定义，史学评论实践的对象和史学评论理论的研究对象等基本问题就都无法说清楚。

一、“史”有二义

因取义的广狭不同，史学的定义从内涵上可归纳为两种。广义的“史学”是对“史”进行同时合训而产生的“史有二义”的统一体，包括两个方面：一是完全独立于人们的意识之外的人类过往社会的客观存在及其发展过程；二是历史学家对这种客观存在和过程及其规律的描述和探索的精神生产实践及其创造出来的产品。狭义的史学不包括前者，专指后者。

狭义的史学是一种精神生产实践及其创造的属于观念形态的东西的统一体。就其性质而言，因历史学家考察的角度和出发点的不同，有“活动”说、“学问”或“学术”说、“知识体系”说、“科学”说、“艺术”说和“一半是科学，一半是艺术”说、“整合”说等不同的界定。

中西方对史学的认识所经历的过程基本相同。中国古代的“史学”概念亦从对“史”的认识发展而来，或者说它最初也包含在“史”中。大体说来，中国古代“史”的含义经历了史官、史书、史事、史学的发展过程。换而言之，在中国古代，人们对史学概念的解说所达到的最高认识水平是:史学是一门关于如何认识、叙述或编纂过去的事件的专门性、技艺性的学问。这种认识与西方近代“历史学是艺术”的界说有异曲同工之妙。在中国古代史学发展史上,作为人类过往社会客观存在的“历史”与作为一种专门性学问的人们对它进行认识、描述的活动及其结果的“史学”,最后实现了初步的分离,这是古代历史学家经过数千年探索的结果,亦是他们在史学认识上的最大成就之一。

正因“史学”从“史”的硬壳中脱胎而来,所以,尽管在当代历史学家看来,“历史”与“史学”是两个内涵和本质均不相同的概念,对于它们各自是什么的回答分属于不同的本体论范畴,但是当人们定义它们时,它们就像是一个事物的不同两面——两者交互使用、互相纠结在一起。“史”因一字多义在同时合用也总有二义,这种情况在近代依然顽固地维持着。因此,近人对史学的定义,并不比古人高明多少,也往往不能彻底分割克丽欧女神(希腊神话中执掌历史的女神)的双面性。他们在定义“史者为何”或“历史何谓”的时候,实际上不是在确定“历史”的定义,而是在确定“史学”的定义;有时则同时合训而兼具两义。如果从历史本体论角度来分析,人们难免会把他们的定义当作是从观念形态上来界说“历史”的概念,从而得出他们的历史观本质上是属于唯心主义历史观的结论。如果我们从他们解说的实际内容和文本的整体语境来分析,则不难看出,他们正是从狭义上确定了史学的内涵。

二、史学究竟是什么

以上关于史学的解说,从逻辑序列上讲,其实与历史学自身演进的自然历史过程和人们对它加以认识的思想史过程是基本相符的。“史有二义”和今人的“活动”说、“学问”或“学术”说与“知识体系”说、“超科学”或“一半是科学,一半是艺术”说、“科学”说,可以看作是客观存在事实在历史学家思想上或理论上的表现形式。当今中国历史学界、史学界众说纷纭,不过是史学实践日趋复杂多元的纷乱现实在史学工作者思想上造成认识混乱的切实反映;而且,他们各自对史学定义的确定,在很大程度上受到了定义者本身学术背景和研究对象的具体内容的影响。

历史学不仅仅是一种活动,不仅仅是专门的学问或学术,也不仅仅是一种知识体系,更是一门在研究对象和任务方面都具有科学性的特殊学科。对于中国马克思主义历史学来说,它不仅仅是一门一般意义上的科学,它更是一门完全的科学知识形态意义上的科学。

由于马克思主义历史学的既存事实,对历史学是什么的回答,就不应该再继续停留在一般历史学的认识阶段,而必须把它当作一门完成的知识形态意义上的科学来看待。中国历史学理应归属于迄今为止唯一科学的马克思主义历史学范畴,而不是也不应该是任何别的什么历史学。

从特性方面讲,尽管历史学或多或少地具有其他社会科学甚至人文学科(如文学、艺术)的某些一般特性,但它之所以成为一门独立的科学,不在于这些一般特性,而在于它根源于自己的研究对象和任务,把自己区别于其他社会科学、人文学科的特性,其中较显著且重要的有:它与哲学相比的特殊性特征,与一般社会科学相比的综合性、整体性特征,与文学相比的真实性特征。在历史学身上所表现出的某些人文学科一般性特性的东西,同样不能成为否定它是一门科学的根据。

因此,任何关于历史学不是科学的史学的定义或解说,都不能拿来作为重新确定史学的定义的基础性材料。

历史学是科学。一门学科的科学性的一般判断根据是:研究的对象必须是客观实在的东西，因为只有客观实在的东西，才可能有它内在的发展规律；它必须是旨在探讨对象发展规律的认识活动。历史学显然符合这两层要求。但是，这样的历史学还不能称为真正的历史科学。一门学科要成为一种完成的科学知识形态，还需要同时符合第三层要求：必须以揭示出事物的规律为前提，然后按照事物本身的规律（即它的内在联系）去说明事物的原因，是为完成的科学知识形态。

据此，中国历史学的科学性，除因它具备了一门学科的科学性所必须符合的一般性要求以外，根本的依据就在于它是归属于马克思主义历史学范畴的一门学科。换言之，马克思主义历史学的科学性，根本地决定了中国历史学的科学性。

现在，我们可以给历史学——中国特色的历史学——的定义作如下说明。

历史学是一门整合型的社会科学，是历史研究主体在马克思主义哲学所提供的一般规律指导下，运用一定的思维认识方式和手段，在与历史客体发生互相作用的过程中，通过对历史客体的分析研究，以理解其特殊规律和特点的一种精神生产实践及其创造出来的产品——历史知识。

在这一史学定义中，"整合型的社会科学"的含义是，历史学是一门以科学性和真实性为基础，内在地或是以"外加的"方式融合了特殊性、综合性（或整体性）、实证性、抽象性（或哲学性）、价值性、艺术性的整合型社会科学，因此它不同于一般的哲学、其他社会科学或人文学科；"历史研究主体"即历史学家，而不是一般民众或其他社群；"马克思主义哲学"，具体来说，是历史唯物主义，主要是指马克思和恩格斯辩证的、历史的、唯物的观察事物的思想方法，而不是它的具体历史结论；"历史客体"，是指首先作为一种历史客观实在而存在（"自在之物"），然后才进入历史学家认识视野进而转化成为认识客体而存在（"为我之物"）的世界各民族、国家的无数历史现象、历史事件和历史人物以及由它们构成的世界各民族、国家的客观历史事实和过程，是历史学的对象领域，因而它不是哲学研究对象之一的一般人类社会的客观历史过程；"特殊规律和特点"，是指世界各民族、国家的历史发展的特殊规律和特点，而非人类社会历史发展的一般规律和特点。

第二节　历史学的研究过程

史学的历史是非常古老的。人类在开始创造自己的历史的同时，也开始记忆、总结、探讨自己的历史。那些依赖笨拙的方式留下的半是神话、半是记忆的传说，可以说是史学的童年。

民族学的材料告诉我们，即使是处于原始社会阶段，尚不知道使用文字的人们，也能以各种方式记下本氏族、本部落的历史，并常常以朗朗上口的诗歌形式讲授这些历史。

新中国成立初，在我国西南地区，有些尚未学会使用文字的少数民族，也以类似的方式记录本族的历史。他们有一根记事的木棍，发生大事，刻一长划，发生小事，刻一短划，循着这一道道划痕，即可讲出一部生动的历史。由此可知，我国古代关于"结绳记事""刻木记事"的记载，是有根据的。历史学大概就是这样发轫的。这样流传下来的历史，从内容上说，人、事被神的影子掩盖着，被神的力量主宰着。这是那个时代意识形态的特点。人们认为神创造了世界，创造了人类。所以，中国古代的传说，例如伏羲氏、燧人氏、神农氏的伟大创造，黄帝与蚩尤的逐鹿中原，等等，就蒙上了浓重的神的色彩。从形式上说，这类历史常常是以诗歌的形式传唱的，在《诗经》中，有些篇章即属这类传唱，举例如下。

《商颂·玄鸟》篇中说："天命玄鸟，降而生商，宅殷土芒芒。古帝命武汤，正域彼四方。方命厥后，奄有九有。商之先后，受命不殆，在武丁孙子。武丁孙子，武王靡不胜。龙旂十乘，大糦是承。邦畿千里，维民所止，肇域彼四海。四海来假，来假祁祁。景员维河。殷受命咸宜，百禄是何。"又《长发》篇中说："濬哲维商，长发其祥。洪水芒芒，禹敷下土方，外大国是疆。幅陨既长，有娀方将，帝立子生商。……"

这些朴实、简洁、有韵的诗唱，为我们记述了商、周先民艰苦创业的生动情景，成为研究那一时期历史的宝贵史料。古代希腊传唱的著名史诗《伊利亚特》《奥德赛》，古代印度传唱的著名史诗《罗摩衍那》《摩诃婆罗多》也都属于这一类具有宝贵史料价值的传说。

文字的产生，标志着人类历史的巨大进步。有了文字，严格意义的历史学才从原始、质朴的神话传说中发展起来。

祖国史学的辉煌成就，是举世闻名的。"历史"一词，虽出现于清末，但"史"字在遥远的古代是指史官，却是确定无疑的。许慎在《说文解字》中释为"史，记事者也。从又，持中。中，正也。"段王裁引《玉藻》左右史之言解释记事，以"君举必书，良史书法不隐"解释中正。但"又"既为右手之义，则中字似应指具体实物。所以，吴大澂在《说文古籀补》中称："史，记事者也，象手执简形。古文中作，无作者。推其意盖以当作 ，即之省形。册为简策本字，持中即执简册之象也。"江永则认为为官府之簿书。"凡官有簿书谓之中，故诸官言治中受中，小司寇断庶民讼狱之中，皆谓薄书，犹今之案卷也。此中字本义，故掌文书者，谓之史。"这些解释虽有歧义，但大体可以看出，"史"字是指秉持簿册、职掌记事的史官。文献记载也说明了这一点。周代的史官已有大史、小史、内史、外史、左史、右史、御史等名目，不仅王朝有史官，诸侯之国，卿大夫之家也有史官。史官的建置，说明记录历史已成为当时的大事，史籍由此而丰富起来。孟子所称"晋之乘，楚之梼杌，鲁之春秋"；墨子所称"周之春秋，燕之春秋，宋之春秋"，以致有所谓"百国春秋"，都反映了用编年体记载历史的方法已被广泛采用，渐成制度。而"书""志""典""记"一类历史文献留存下来，则反映记述重大政治事件、保存重要典册、档案，已渐归属史家的职责。

不过，这时的历史学，不仅形式极简单，而且内容也偏重记录，还谈不上历史经验的总结、历史规律的探讨以及历史发展趋势的预见。相反，史学依然和神学纠缠在一起，尤其是因为这时人类已跨入阶级社会阶段，史学作为统治者实行精神统治的工具，已开始借用神学为自己的历史活动制造根据。

以后，随着经济文化的进步，历史学日趋发展，体例多样化了，内容广泛了，不仅注意历史经验的总结，而且在各种观点指导下探讨历史的规律。这样，才产生了像《史记》《资治通鉴》等具有代表性的历史著作。

历史学在欧洲发生的也很早。历史这个词在英语中为"history"，法语中为"histoire"，意大利语为"storia"，三者同出于希腊语的"historia"，其初意本为"征问""问而知之"。这是从希腊古代爱奥尼亚人以求真精神从事"记事"发展起来的。在此基础上，公元前五世纪时，"史学之父"希罗多德写了著名的《历史》（亦称《希波战争史》），修昔底德写了著名的《伯罗奔尼撒战争史》，波里比阿写了著名的《通史》，翻开了欧洲历史学的光辉的第一页。

历史学属于意识形态的范畴，在数千年文明史中，它是人类文化的一个重要组成部分。历史学以人类社会的运动过程作为自己研究的对象、反映的对象，它所涉及的范围是十分广泛的，包括的内容是十分丰富的。它既不像哲学那样高度抽象，又不像经济学、法学等侧重从一个方面横向解剖人类社会，它要从诸方面的联系中、从纵的历史过程中，反映人类社会是如何产生、如何发展的。人类社会中的一切现象都有其自身的历史的过程，历史学要对这诸方面过程进行纵向研究，这就是各种专门史。但是，仅仅做到这一步还是不够的，历史学还必须从总体上考察人类社会的运动过程，这就是概括了各种专门史研究成果的通史或断代史。

在阶级社会里，历史学具有鲜明的阶级性，都是为一定阶级服务的。中国古代的封建史学家就很明确这一点，"资治"往往是他们治史的第一要义。"史者，所以明夫治天下之道也。""夫史者，所以纪政治典章因革损益之故，与夫事之成败得失，人之邪正，用以彰善瘅恶，而为法戒于万世。是故圣人之经纶天下，而不患其或敝者，唯有史以维之也。"（清·戴名世《论说·史论》）因此，历代统治者十分重视修史，把它作为实行精神统治的一大支柱，并立于官府，从政治上给予保证。这是历史学获得发展、历史著述格外丰富的一个原因，同时，也是历史学具有明显的阶级局限性，更多地受一个时代政治影响的重要原因。历史在发展，历史学也在发展。历史学作为上层建筑的一部分，是由经济基础决定的，是随着经济基础的发展变化而发展变化的。集中反映这一点的首先是历史观。历史观是历史学的灵魂，它反映着每一时代人们对历史运动的根本看法。不论是和神话杂糅在一起的历史传说，还是最简单的文史记载，其中都已包含着历史观的萌芽，只是还很幼稚、很朦胧罢了。随着历史学的发展，历史观就逐渐系统化、理论化了，在历史学中的地位也越来越重要，可以说，没有历史观就没有系统的历史学。历史学是一门社会科学，它是在一定的历史观指导下，通过一定的体裁，运用严谨、生动的文字，去反映人类社会运动发展的过程。

第三节　历史学的分类

全部中国史学发展历程，事实上存在两大段。第一段是旧史学，或者称之为传统史学。这一段时间最长，有两千多年之久。其间史学经历千变万化，而万变不离其宗。史官、史家的职掌不外乎记注、撰述两大项。史学的主体不外乎史籍编纂。史籍体裁以编年、纪传、纪事本末为基本。早期，只有修史（记注、撰述）的史家。稍后，在修史的史家之外，产生了专务评史的史家。这种旧史学直到清朝结束为止，没有质的变化。第二段是新史学，时间极短，涵盖却复杂。从 19 世纪 90 年代至今，有西方传入的近代资产阶级史学理论、方法，有以辩证唯物主义和历史唯物主义为指导的马克思主义史学，有以疑古为主旨的古史辩派史学，还有旧史学的余韵，仅一个世纪多一点，发生了辛亥革命、"五四"运动、中国共产党诞生、中华人民共和国成立等历史巨变。这一段时间的史学与以前两千多年的旧史学相比有根本的不同，真可谓全新的史学。当然，也有自此之后出现的以辩证唯物主义和历史唯物主义为指导的马克思主义史学，我们称之为历史科学。

一、旧史学

对于旧史学发展的分期以及对每一时期史学发展的总体把握，应从史学史与社会史相贯通的视角，才能准确地把握旧史学发展的内在逻辑，努力把握一个时代的历史形势，并将这一时期的史学放在这个历史形势之下，不满足于史学现象与历史状况的简单对比，而是抓住史学与这一时代的社会、政治问题之间的有机联系，从而总揽这一时期史学发展的总体面貌与特征，使人们对于这一时期的史学有一个提纲挈领的认识。

1. 先秦时期——旧史学产生的时期

先秦是中国旧史学的发端时期。从远古神话传说的出现，到甲骨金文的记事、各种史籍的产生，以至春秋战国多种历史撰述的问世，史学的一些主要方面都已形成并得到初步发展。在这个过程中，也显示出史学发展的几个重要的十分鲜明的特点，这就是文字记载由简单的片段逐步形成正式的史书并出现多种历史体裁，史官产生和史官制度形成，各种历史观点和历史观念的并存等。最能表现先秦史学之时代特点的是历史观念的变化，一是由神权的看法发展为人为的看法以及两种观点的斗争，二是在变法图强的战国形势下，出现了历史是变化的还是不变的思想斗争。

2. 秦汉时代——旧史学的成长时期

秦汉时期是旧史学发展的第二个时期，可以说是中国史学的成长时期。在这一时期，史学长大成人了，它做出了童年时期所做不到的事情。

这个时期出现了两部史学巨著：司马迁的《史记》和班固的《汉书》。《史记》上起传说中的黄帝，下至汉武帝的天汉年间，是一部通史，也是一部截取各种史体之长的综合体史书。特别应当指出来的，这是史学领域里有意识地要"成一家之言"，而在史学实践上也做到了"成一家之言"的第一部史书，在历史观点、史料搜集、文字表述上都有显著的成就。这是中国史学已成长起来的显著标志。《汉书》上起秦汉之际，下至王莽之灭，详细记载了西汉兴亡的史事。在史体上，它基本上继承《史记》，而断代为史，为后来所谓"纪传体"史书中断代史的开山之作。这两部书反映了当时皇朝空前统一的规模和政治要求的特点。它们对于后来史学的发展都有深远的影响。

这个时期出现了大规模的文献整理工作。刘向奉命跟任宏、刘成、李柱国校定皇家藏书。每校一书，刘向总是采取异本，合并重复，订其讹误。校完一书，总要作出叙录，叙述作者生平、内容大旨和篇章目录。他重视学术流别，把校定的古籍分为六类，38 种。他和任宏等校定的书达 13 000 多篇，亦即 13 000 多卷。刘向的儿子刘歆，按着书的分类，概括为《七略》一书，而刘向为各书所作叙录，则汇为《别录》。刘向等人的工作，开创了大规模校书的范例、大规模缮写定本的范例。这对于后来的"校雠学""目录学"有很大的影响。可以说，刘向是中国历史文献学的创始者。他在中国历史文献学史上的地位，有类于《史记》《汉书》在中国史学编纂史上的地位。

可以说，秦汉时代"大一统"社会政治体制为史学提出了崭新的时代课题，使得秦汉史学呈现出"特殊面目"。

3. 魏晋南北朝隋唐时期——旧史学的发展时期

在门阀政治与风气的推动之下，随着史学社会影响的不断扩大，出现了私人撰史的高潮，史书种类与数量迅速发展，史脱离经而独立，"史学"的意识被普遍承认；在隋唐重建"大一统"局面以后，对修史工作高度重视、严密控制，史馆制度发展完善，"正史"地位突出，而官修史书的数量与质量也都处于历史高峰；家史、谱牒和各种名目的别传大量涌现，是为门阀社会风尚在史学领域的突出表现；各民族政权的建立、民族融合的进一步发展、"合久必分、分久必合"的历史大势，使得民族史、地方史的撰述非常发达，在史学上占有突出的地位；而史学突飞猛进的发展，也使史学家的主体意识获得自觉与提升，史学批评蔚然成风；而在中唐以后，唐皇朝的国运由盛转衰，中国封建社会由前期向后期转型，在史学领域也发生了重要的转折和创新，突出表现于通史撰述的复兴以及典制体史书的出现，经世致用的思潮随之而兴。

4. 五代辽宋金元时期——旧史学的继续发展时期

理学思潮的勃兴是这一时代史学发展最为相关的历史因素；而辽、金、西夏、蒙元政权则以纂修"正史"的举措表达出强烈的对儒家文化的认同意识；在严重的民族危机与社会危机的催迫之下，两宋史学具有强烈的现实关怀与经世精神，充分体现于"资治"之学、"经制"之学、"事功"之学的发达以及当代史撰述的风尚。

5. 明清时期——旧史学的嬗变时期

在这个专制皇权空前强化的时代，大规模修史活动频繁进行，既对文化建设与制度建设起到了积极作用，也反映了封建社会没落文化专制的加强；明代中后期以后，新的社会、文化因素出现，儒家思想日呈衰势，在史学领域则出现了蔚然成风的历史批判意识，以新的价值观重新评价历史的思想倾向相当普遍，而明清之际诸大家的历史反思则把这一思潮推向高峰；在这个中国封建社会的末运之世，史学也进行着大规模的学术总结工作；尤其值得一提的是，这一时代，与以往相比，史学发展呈现出不断走向社会深层、与社会联系越来越紧密的重大趋势，历史普及读物大量出现，史学经世观念深入人心，与社会经济生活、各种国家职能相关的各类专门史书层出不穷，地方志的编修更是进入了一个新的历史时期。

二、新史学

中国新史学，时间极短，涵盖却复杂。从 19 世纪 90 年代至今，有西方传入的近代资产阶级史学理论、方法，有以辩证唯物主义和历史唯物主义为指导的马克思主义史学，有以疑古为主旨的古史辩派史学，还有旧史学的余韵。

新史学，一指 20 世纪初开始萌动、20 世纪 50 至 60 年代空前发展旨在反对以兰克为代表的传统史学的史学新潮流；一指近一二十年来这种"新史学"的更新变化。反对兰克学派客观主义史学的主张，首倡于 19 世纪末的德国哲学家，如狄尔泰、文德尔班等，但真正从史学实践上倡导新史学的，有法国学者西米昂、亨利·贝尔、乔治·勒费弗尔，美国学者鲁宾逊、比尔德等人。他们的共同特征是提倡广阔的史学范围，并开拓史学研究领域，与社会科学、人文科学分支合作，强调史学家解释，重视历史学与现实的关系即史学功能等。但在 20 世纪 30 年代之前，新史学具体研究成果还不多见。

这里，主要介绍一下西方新史学的几大派别，以此感知新史学的具体内涵。

1. 法国年鉴学派

法国年鉴学派是西方新史学中最有影响的一个派别。以年鉴派为代表的法国新史学在战后已逐步成为主流，打破了传统史学的统治地位。新史学派还通过办杂志、编辑大型系列丛书、出版大量研究著作、利用大众传播媒介（报刊、电视、电台等），在社会上扩大影响，直接影响广大人民的观念，使史学走出纯学术的象牙塔。这不仅贯彻了新史学使历史研究更适合同时代人们需求的宗旨，而且巩固了新史学的地位。

随着 20 世纪 50、60 年代新史学逐渐成为主流以及于 70 年代达到鼎盛时期，新史学本身也在发生变化。对年鉴派来说，自 1968 年第三代年鉴派代表人物勒高夫（J. Le Goff）、勒胡瓦拉杜里和费罗（M. Ferro）接替布罗代尔担任《年鉴》主编从而开始年鉴派发展的第三阶段以来，年鉴派本身的变化越来越明显。其中之一是年鉴派不再像第一、第二代那样有一、两个主要的核心代表人物，而是群雄纷起；表现在理论、方法、主张上也不再有统一的特征，而是五光十色，纷繁多样。年鉴派逐渐丧失其严格的学派性，更无法全面概括一切新史学潮流。1978 年，勒高夫提出"新史学"的名称，用以概括已占主导地位的史学新潮。这自然并不意味着年鉴派的消失。“新史学”无疑是年鉴派在新形势下的继续,它反映年鉴派的成功和变化。

2. 英国马克思主义学派

在西方新史学中,除了年鉴学派以外,较有影响的还有马克思主义历史学派。西方马克思主义历史学派主要是在战后,尤其是在20世纪50年代中期以后发展起来的。他们中间的情况并不完全相同,但总的说来,大多是把马克思主义当作学术思想和研究方法来接受的。他们并不教条地对待马克思主义,“而是要求马克思主义在新的知识背景下,在我们生活于其中的迅速变化的世界条件下,有所提高,有所发展。”

在西方马克思主义历史学派中,英国的影响较大;加拿大马克思主义历史学家帕尔默关于这个问题说道:“我想毫无疑问当代西方马克思主义历史写作以二次大战后英国共产党历史学家小组的成立为开端。一大批马克思主义历史学家聚集在这个团体周围,他们大多数致力于研究英国史中形形色色的问题。作为一个整体,他们改变了人们对英国过去历史的看法。在长期以来仇视马克思主义的学术界,他们将马克思主义视为理论框架,确立了它的合法地位。他们证明,马克思主义历史研究能够产生丰富多彩的经验性作品。他们的成果向国际历史学界展示出历史唯物主义作为分析工具的威力。”。

3. 美国计量历史学派

在西方新史学中另一位较有影响的国际性历史学派——计量历史学派(或译数量历史学派),则可以美国为主要代表,总的说来,计量历史学派主要是在二战后20世纪50年代后期逐渐发展起来的。

计量史学在美国崛起以后,最先传播到早有数量经济史研究传统的英国和法国。60年代以来,力量方法在英国已被广泛应用。1964年成立的剑桥“人口与社会结构史研究小组”是英国最主要的计量史学研究机构。法国从20世纪60年代起逐渐对美国的新经济史学派做出反应,并为引入做了大量的工作。不过许多年鉴派历史学家,从他们自身的范型出发,对美国新经济史的弱点也很敏感。他们更看重的是计量历史方法本身。他们运用计量方法在历史学许多领域做出了成就,还创立了系列史(histoire serielle)。肖努创建了法国第一个计量史学研究中心。

三、历史科学

我们通常把马克思主义的历史学称之为历史科学。历史科学和以往的各种历史学有着显著区别。

首先,指导理论不同。历史科学所以能被称之为真正的科学,关键在于它是以科学的唯物史观作为理论指导去研究人类社会历史的。以往的各种历史学都没有能够做到这一点,历史的阶级的局限使以往的历史学无法从根本上摆脱唯心史观,因而也就不能正确地反映历史,使历史学体系达到科学的程度。

其次,阶级属性不同。以往的历史学,都是掌握在剥削阶级手中,为剥削阶级服务的;历史科学是属于无产阶级和广大劳动人民群众的,是为人民服务的。以往的历史学,以剥削阶级的利益要求为转移,总会有意无意地歪曲历史、篡改历史;历史科学站在无产阶级立场上,没有任何阶级私利和偏见需要掩饰,相反,倒是要求尊重历史实际,如实地反映人类历史运动发展的过程。所以,历史科学能够被称为真正的科学,又是与它的无产阶级属性相一致的。

我们指出历史科学与以往历史学的区别,却不是说历史科学是凭空产生的,同以往的历史学没有任何关系。历史科学的产生,是人类社会进步的必然结果,同时,也是对以往旧的历史学批判继承的结果。历史科学和以往的历史学之间没有一条截然分开的鸿沟。以往的历史学不仅在考订史料、编纂形式乃至语言文字的运用等方面为历史科学提供了许多可学习、可借鉴的东西，就是历史理论和方法方面，在唯心史观的笼罩中，也包含有许多带有科学性的因素，理应为历史科学所吸收。历史科学是一门不断发展的社会科学，像任何科学一样，它不是一个封闭的静止的教条主义模式，过去、现在和将来，它都要吸收一切科学研究成果，其中也包括吸收非马克思主义历史学在一些具体问题研究中提供的科学成果和科学方法。

运用唯物史观研究历史是历史科学的根本特点，在这个根本前提下，历史科学是会有不同学派存在的。不能认为历史科学既然是科学，就只能搞“一言堂”，只能提出一种见解，这种想法不符合历史科学的发展规律。人类社会生活无限广阔，即使同样遵循唯物史观，但限于理解、运用唯物史观的方式、能力不同，掌握史料的多寡、范围不同，在解释人类社会历史时，总会形成各自的特点，出现不同的意见。不同学派的存在，正是历史科学繁荣的表现，是促进历史科学发展的动力。历史的真理是在不同学派切磋、讨论中逐步达到的。

历史科学是一门社会科学，是无产阶级意识形态的重要组成部分。人类社会的历史是历史科学的研究对象。在唯物史观指导下，阐明人类历史的真实过程，总结各方面的历史经验，揭示历史发展的规律，预见历史发展的趋势，是历史科学的任务。

第四节　历史学的体裁

中国史书有非常丰富的体裁，不论是学案、会典、艺文、方志，还是史评，都有令人瞩目的成就，但是综观各类史书，主要以编年体、纪传体和本末体为三大主干。编年史导源于孔子的《春秋》，由司马光的《资治通鉴》集大成；纪传体始于司马迁的《史记》，而后为历朝正史所继承；《通鉴纪事本末》创于南宋的袁枢，它以事件为中心，开创追溯本末的新史体，在明清有很大的发展。这三大体裁各有长短：编年体，时序明晰，要事精选，一目了然，但简于叙事，多有阙疑；纪传体，网罗一代风云人物，包举大端，巨细无遗，但同为一事，分在数篇，断续相离；本末体，事有终始，原委具备，但孤立成章，事不相属，有失综合贯通。凡此种种，古今史家多所辩难或补正，但各种体裁并行不悖，无法相互取代，各自都有辉煌的成果在中国文化史上熠熠闪光。

体裁是表现内容的形式，它受制于内容，又是内容的载体，从而具有相对的独立性。优秀的形式可以将内容发挥得更为圆满，使史学表现方式更加多样化，使读者更乐于阅读。怎样优化体裁，再现和阐明中国历史变迁的万千气象，可以提出十六字方针：因史制宜，择优选用，扬长补短，综合创新。建立富有中国气派的历史学，希望清史的纂修，开创一个新的体裁风格。

一、中国史书的主要体裁

史书的编著，首先遇到的是体裁问题。中国史书的体裁是丰富的。在中国史学的童年时期，史书的体裁有记事、记言二种，相传有左史记言、右史记事的说法。事实上，记言、记事很难截然分开。但如从主要的表述形式来看，记言、记事之为两种最古老的史书体裁，可以说是没有问题的。

随着史学的发展，在记言、记事两种体裁继续存在的情况下，记事和记言相结合的史书就逐渐多了起来，其中有编年体、纪传体、典制体和纪事本末体，这都是主要的体裁。

编年体出现较早。如《春秋》《左传》《竹书纪年》等书，或出现在春秋末年，或出现在战国时期。编年体史书以时间为中心，按年、月、日顺序记述史事。因为它以时间为经，以史事为纬,比较容易反映出同一时期各个历史事件的联系,这是它的优点。但编年体不易于集中反映同一历史事件前后的联系,这又是它的缺点。编年体史书记载史事,有时也追叙往事,有时又附带记述后事,并不是绝对地按时间的先后来叙述,这是编年体史书在体裁运用上的灵活性,但同时也反映了编年体的局限性。

纪传体的建立者是西汉司马迁(约前145或前135—前90年)。他所著的《史记》,是纪传体的通史。其后,东汉班固(32—92年)著《汉书》,是纪传体的断代史。《二十四史》都是用纪传体写成的。

纪传体的优点是以记述历史人物为中心,可以更多地反映各类人物在历史上的活动,同时,因记述的范围比较广泛,便于通观一个时期历史的发展形势。这是编年体史书所不及的。纪传体史书的缺点是难以清晰地表达历史发展的时间顺序和各事件、各人物之间的相互联系。

典制体史书,分门别类,记述历代的典章制度。它是纪传体史书中书志的发展,从纪传体中分离出来,成为独立的体裁。我国第一部有影响的典制史是唐代杜佑(735—812年)的《通典》。全书二百卷,分食货、选举、职官、礼、乐、兵刑、州郡、边防八门,每门之下又分若干子目,综合各代,贯通古今。宋元之际,马端临(约1254—1323年)撰《文献通考》,全书348卷,体例上较《通典》有所增益。《通典》《文献通考》都是通史性质,后人把这两书跟《通志》合称《三通》。

纪事本末体,既不同于编年体之以纪年为主,也不同于纪传体之以传人为主,而是以记事为主,把历史上的大事,详其首尾,集中表述其过程。无论是编年体还是纪传体,在记事方面都存在着明显的不足。自南北朝以后,就出现了纪传、编年孰优孰劣的争论,但新的途径还没有找到。袁枢依据《资治通鉴》的内容,总括为239事,分别列目,各自成篇,并于各篇之间略按时间顺序编排,撰成《通鉴纪事本末》四十二卷,创立了纪事本末体。纪事本末体史书克服了编年体和纪传体"首尾难稽"的缺点,并能做到"文省于纪传,事豁于编年",这在史书体裁上是一个重要的进步。

二、中国史书的其他重要体裁

中国史书中还有学案体、表、图和评论,也是重要的体裁。学案体,是适应学术史编写需要的体裁。这种体裁有学者传记、言行录、著作摘要、别人的有关评论,而特别重视学术流派和师弟子传授的关系。

学案体是出现比较晚的一种较完备的学术史体裁。明清之际,黄宗羲(1610—1695年)撰《明儒学案》,列学案十九目,叙明代学者二百余人。这书以学派为纲,论述了学者们的生平和学术成就,成为我国第一部有系统的学术史著作。黄宗羲又撰《宋元学案》,未能成书,其子黄百家和全祖望(1705—1755年)完成了这个工作。这两部书是学案体史书中的杰作,体现了古代学术史的较高发展形势。

表和图,一般是跟其他体裁结合成书,但也有分别单行的。《史记》中的"世表""年表""月表",《汉书》中的《古今人表》,《新唐书》中的《宰相表》《方镇表》等,它们都是跟其他历史体裁结合起来,相辅而行。刘知几不赞成以表入于史书,认为:"以表为文,用述时事,施彼谱牒,容或可取,载诸史传,未见其宜"。他对《史记》《汉书》中的表进行激烈的批评。郑樵的意见跟刘知几正相反,他说:"《史记》一书,功在十表"。章学诚认为:"班氏《古今人表》,史家诟詈,几如众射之的;仆细审之,岂惟不可轻訾,乃大有关系之作,史家必当奉为不祧之宗"。梁启超也说《新唐书》里的《方镇表》《宰相世系表》"是很大的宝贝"。表的好处,一是减少繁文,用较少的篇幅记载较多的史事；二是条理清晰，“于纷乱如丝之中，忽得梳通栉理”；三是总括遗漏，使难以载入正文的人和事也能得到适当的反映。因此，史表历来受到不少史家的重视。

历史评论，是专就史事、史书或史学进行评论或论断。这是不同于一切以历史叙述为主的一种体裁。历史评论较早出现的是对史事的评论。西汉贾谊（前200—前168年）的《过秦论》、东汉班彪（3—54年）的《王命论》、三国曹冏的《六代论》、唐朱敬则的《十代兴亡论》，论得失，辨兴亡，评人物，都是很有名的史事评论。

历史评论中，还有评论史书和史学的专书。这是在史学得到相当程度的发展后才出现的。与萧统同时的梁朝人刘勰（约465—约532年）所撰《文心雕龙》，有《史传》篇，是我国较早的史学评论著作。我国第一部评论史书的专著是刘知几的《史通》。章学诚著的《文史通义》，是继《史通》之后又一部史学评论的专书。它对清代以前的史书体例有较广泛的论述，而着重阐发作者对一些史学理论的见解。

中国史书的体裁，名目繁多，但主要的和比较重要的不过以上各种。上述各种体裁，有的还有不同的子目，这里就不一一列举了。

第六章　中国简史

中国是世界四大文明古国之一，中华文明亦称华夏文明，是世界上最古老的文明之一，也是世界上持续时间最长的文明。它发达的封建社会，曾创造了同时代世界最高的文明，中华文明史源远流长，若从黄帝时代算起，已有五千多年。有学者指出，中华民族有"三十万年的民族根系、一万年的文明史、五千年的国家史"。举世公认，中国是历史最悠久的文明古国之一。一般认为，中华文明的直接源头有两个，即黄河文明和长江文明，中华文明是两种区域文明交流、融合、升华的果实。中国历史自黄帝时代算起则约有 5 000 年。有历史学者认为，在人类文明史中，"历史时代"的定义是指从有文字时起算，在那之前则称为"史前时代"；历史中传说伏羲做八卦，黄帝时代仓颉造文字；近代考古发现了 3 350 多年前（前 1350 年）商朝的甲骨文、4 000 年前至 5 000 年前的陶文、5 000 年前至 7 000 年前具有文字性质的龟骨契刻符号。

从政治和社会形态区分中国历史，据考古资料显示，约在早于距今 6 000 年前的裴李岗文化晚期或者仰韶文化早期时代，中原地区从母系氏族社会过渡到了父系氏族社会。同时，原始社会的平等被打破。而据历史记载，夏朝已经开始君王世袭，周朝建立完备的封建社会制度至东周逐渐解构，秦朝统一各国政治和许多民间分歧的文字和丈量制度，并建立中央集权政治。自汉朝起则以文官主治国家直至清朝。1911 年孙中山领导的辛亥革命，推翻了清王朝 200 多年的统治，同时也结束了延续 2 000 多年的封建君主制，建立了"中华民国"，这是中国近代史上最伟大的事件之一。1945 年，国民党发动内战，中国共产党经过三年解放战争，于 1949 年推翻了国民党政府。1949 年 10 月 1 日，北京天安门广场举行开国大典，中华人民共和国主席毛泽东庄严宣告：中华人民共和国正式成立。

第一节　原始人群生活

原始人群是史前时期的初级阶段，也是人类最早的社会组织形式。当时他们生活在杂木丛生、野兽逼人的恶劣环境中。加之主要的生产工具只有简陋的打制石器，因而获取食物十分艰难。在这种情况下，个人的作用微不足道。他们必须联合起来，以群体的力量弥补个人力量的单薄。每个群体的成员都要彼此协作，集体进行渔猎，合力防御野兽的侵袭，才能勉强维持生存。共同劳动，必然导致生产工具和产品的公有，产品也必须平均分配。当时人们食不果腹，衣不蔽体，没有剥削和压迫。原始人虽然群居，但只能局限于一定的规模。人数太少，难以应付恶劣的自然环境。人数太多，又不易获取足够的食物。估计原始人大约以数十人结为一个群体，有一定的活动范围。各群体间很少交往，处于相对孤立的状态。

原始人群又可分为"猿人""古人"两个阶段。这一时期在考古学上属于旧石器的早期和中期。

猿人化石的主要代表有元谋人、蓝田人和北京人。猿人使用的工具是打制石器，主要依赖采集果实和挖掘根块为生，同时狩猎活动对他们也有着重要的意义。猿人还懂得使用天然火，改善了生活环境，增强了征服自然的能力。古人的体质较猿人明显进步，已接近现代人。古人化石和遗迹分布更为广泛，主要代表有大荔人、长阳人、丁村人及许家窑人等。古人使用的工具仍然是打制石器，但打制的技术有所提高，并掌握了人工取火的方法。古人在生活上仍然依赖采集、狩猎。

一、原始人群居住方式

原始人的社会生活是集体的群居生活。那时，人类刚刚从动物界中分离出来，居住和流徙于热带、亚热带森林中和湖岸河边。为了对付十分困难和严峻的生活环境，人们结成几十个人的小群体即原始群，依靠集体的力量生存。在原始群中，人们共同采集可食的植物，捕食昆虫，猎取野兽，吸吮蜂蜜。食物来源缺乏，即使得到一点点，也要在原始群中分食。他们使用天然棍棒或制作粗糙石器，集体进行采集和狩猎，过着群居的生活。

随着人类自身能力的逐步提高，由原始社会的群居，逐步演变成部落，演变成家庭。到了旧石器时代的晚期，随着生产的发展，他们的居住地相对固定了下来，人与人之间的关系就更加密切了。而后逐渐形成了氏族，也叫氏族公社。

原始社会初期，人类还不会建造房屋，而以自然洞穴为栖身之所。这种岩洞在北京人遗址等均有发现，其共同特点：洞口一般较小，可借以避免寒风侵袭及防止野兽侵扰；洞口方向选择朝南，因我国冬天有强劲的西北风，若对方向不加考虑，就难以抗御寒风的袭击，不利于保暖。洞口的地势选择一般较高，要求封闭性好，洞内无水，这样既有利于防潮，又有利于卫生保健。

洞居的不利促进原始人走出洞穴。于是，在地面上建造栖身之所，产生了巢居和穴居。

巢居是指原始人类利用树木和杂草搭在树冠上形成的一种原始建筑，因形似鸟巢，故名。在我国，据考古学者考证，长江流域及其以南地区，是巢居的主要分布地带。《韩非子·五蠹》："上古之世，人民少而禽兽众，人民不胜禽兽虫蛇，有圣人作，构木为巢，以避众害，而民悦之，使王天下，号曰有巢氏"。巢居，有利于安全和健康，它可以比较有效地防止野兽的袭击。

新石器时代，中国居室建筑进步，河姆渡遗址的干栏式建筑就比较典型。遗址出土，有圆木、方木、木板等千件以上，并发现有榫卯结构和企合板。干栏式建筑由巢居发展而成，有避瘴气、毒虫、防潮作用，对人类健康是有利的。

穴居为中原地区原始先民的最主要的一种居住方式，与巢居可能同时并存。穴居主要分布在黄河中上游的黄土高原。随着考古研究的深入，在长江流域、珠江流域、西南和东北有黄土地带的地区，都发现了穴居遗迹，这表明穴居是全国范围内的居住方式之一。穴居根据入地深浅分为深穴居和半穴居两种，根据构造形式又分为横穴和竖穴两种。为了更好地防潮，先民们又探索了一些方法，例如：先将室内地面和壁面拍实，继用颗粒细小的泥土涂抹等。半坡早期的穴居遗址出现了在泥土中掺加草筋，提高泥土的抗拉性能和凝结力，使防水性也有所提高。在仰韶文化建筑遗址中，很多地面有烧烤层，即红烧土地面，这一技术后来又应用于墙壁和屋面上，烧烤陶仅是当时人们所能找到的最好的防潮措施，预防了因潮湿而致的病患。

二、原始人群的婚媾

原始社会的婚姻形态虽然在考古中很少反映。但根据文献记载和民族学及传说，我们仍能窥见一斑。大致说来，原始社会经历了以下几种婚姻形态：杂婚（乱婚）——群婚制——对偶婚——单偶婚。

1. 杂婚

早期人类还保持了一种动物特性，即群体内部男女成员之间实行杂乱的性交关系。此时尚未形成婚姻制度，每一个女子属于每一个男子，每一个男子也同样属于每一个女子。这种杂婚现已不存在,但在古代传说中可以找到一些痕迹。

杂婚的形成主要有两方面原因:其一是以群的联合力量和集体行动来弥补个体自卫能力的不足;其二是猿人尚未产生“亲戚兄弟夫妇男女”等伦理观念,在生产上出现了自然分工,不同年龄阶层的男女在婚姻关系上自然产生距离,伦理观念逐渐形成。特别是认识到杂婚的危害后,杂婚随之消失,并向血缘婚过渡。

2. 群婚制

群婚制,又叫集团婚姻制,是指原始社会中一定范围的一群男子与一群女子互为夫妻的婚姻形式。它是人类社会最早的婚姻家庭形态,其本质特征在于两性关系受到一定范围的血缘关系的限制或排斥。群婚制具体可以划分为血缘群婚制和亚血缘群婚制两个阶段。

血缘群婚制,亦称血婚制或血缘家庭,指在原始社会蒙昧时期的中级阶段,在同一原始群体内,同一行辈或同一年龄阶段的男女即是兄弟姐妹又互为夫妻的集团婚姻形式。它是群婚制的低级形式,也是人类两性关系史上产生的第一个禁忌原则。这一规则排除了纵向的父母与子女、祖父母与孙子女等直系血亲间的两性行为;两性行为只能在同一行辈的男女之间进行。

亚血缘群婚制,又叫伙婚制、亚血缘家庭或普纳路亚家庭,是原始社会蒙昧时期的高级阶段所存在的群体婚姻家庭形态。它仍是同辈分男女之间的集团婚,但是却从两性关系中排除了兄弟姐妹——起初排除了同胞兄弟姐妹,后来又逐步排除了血缘关系较远的兄弟姐妹之间的通婚,因而是群婚制发展的第二阶段,亦是群婚的高级形式。亚血缘群婚制的实质特点就是:一群姐妹有着她们的共同之夫,但她们的兄弟除外;一群兄弟有着他们的共同之妻,但她们的姐妹除外。

3. 对偶婚

对偶婚亦称对偶家庭。这是指原始社会时期,不同氏族的成年男女双方,在或长或短的时间内实行由一男一女组成配偶,以女子为中心,婚姻关系不稳固的一种婚姻形式。对偶婚为一种两厢情愿、不受约束而稍有固定的成对同居形式,是从多偶婚(伙婚)向单偶婚过渡的一种形式。其形式有走婚、望门居、不落夫家等。

这种成对配偶相对稳定的结合演变为常态化的对偶婚制,经历了一个漫长的形成发展过程。早在群婚制时期,对偶婚现象即有萌芽,并时有发生,但在当时的社会条件下并没有成为一种普遍实行的婚姻制度。所以在原始社会的一个相当长的时期内,对偶婚和群婚是并存的。即使在对偶婚盛行时,其表现也并不总是单一的,有时是复杂的、交叉的,即一个男子与几个女子或一个女子与几个男子分别的牢固结合,社会也没有施以增强这种结合的有力规范。它仍然是介于群婚和个体婚之间的过渡形态,带有双重特点或过渡性质。

4. 单偶婚

单偶婚亦称一夫一妻制、个体婚,是一男一女结为夫妻的婚姻形式。与之相对是一夫多妻和一妻多夫。

单偶婚产生于原始社会末期,随着父权制代替母权制,世系与财产继承开始父系计算而形成。它的确立是文明时代开始的标志之一,并适应于整个文明时代。确立这种婚姻形式,主要由于私有制的发展,在生产资料私有制的社会里,男子掌握经济大权,女子处于从属地位。父亲的财产只能由出自父亲的子女继承,因此作为妻子必须严格保持贞操和对丈夫绝对服从。这种一夫一妻制只是对妇女而不是对男子而言的。在中国的奴隶社会和封建社会里,男尊女卑，女子受男子统治，女子只能嫁给一个丈夫，而男子特别是剥削阶级的男子则可以实行重婚、纳妾的一夫多妻制。中国自西周建立中国传统礼教以来，就一直实行一夫一妻制，后世也一直遵行这一规定。当然，在古代，是一夫一妻多妾制（这里的妾包括了媵、婢等）。

三、原始人群的观念

根据传说的记载，原始人群起初并没有将自己和地球其他生物对立、分开。因为在当时，人类犹在混冥之中，他们与万物并生，或自以为马，或自以为牛，尚没有从自然界中把自己划分出来。同时，在这一时代的原始人群中，任何分工都不存在，人与人的关系只是混沌一团，他们不知亲己，不知疏物。天地万物，磅礴为一，正是原始的“天人合一”。在这样的一个时代，人类对于他们的周围的现实世界尚不能引起反应。

随着社会的发展，在新石器时代，原始人群中已有了性别、年龄等的分别，以及采集、狩猎等的自然分工。在这种经济基础上，人类已开始对自然和自身有了直觉的理解，并进而规定人与人、人与自然现象间的种种关系、慢慢地就产生了自己的思想观念，如神、宗教、图腾的出现。

1. 神的出现

灵魂不灭是万物有灵信仰的基础。而灵魂不灭观念的发生，正是由于梦、死等现象综合产生的结果。梦与死的现象早就存在，但只有达到一定的社会经济阶段，才能从这些现象中引导出灵魂不灭的观念。比如在原始人群迁徙无定居的时代中，老年人、病人常被族群所遗弃，其后果如何原始人并不需要知道，而只有在懂得钻木取火、工具改进，原始人过渡到定居生活时代之后，遗弃的老年人、病人的尸体出现，逐渐地产生了灵魂不灭的观念。

由人自然的灵魂不灭的观念而引申到万物有灵，正是由于当时生产力水平低下，人类对自然界缺少理解，无力征服，才可能产生神、恶魔、奇迹等观念，于是原始人相信包围于他们周围的自然物与自然现象，都是一些暗藏的幽灵的象征，于是一切万物都是神灵。万物有灵也是自然界的人格化。由于自然界的人格化，于是造成了最初的诸神，于是一个世界变成了两个世界——人的世界和神的世界。在整个蒙昧时期，由于人的世界万人平等，反映到神的世界上也是万灵平等。咒术于是出现。咒术师是神人两界的沟通者，表现了原始人对自然征服的渴望。在原始人看来，一切可以作为生活资料的，以及可以影响他们生活资料的，以及可以影响他们生活资料取得的自然物，都值得崇拜。这也反映出经济基础决定上层建筑的这一历史唯物主义的客观必然性。

2. 原始宗教

原始宗教是原始社会发展到一定阶段产生的以反映人和自然矛盾为主要内容的初期状态的宗教。人类一开始并无任何宗教可言。到了旧石器时代中、晚期，氏族公社产生，人类社会形成一个个比较稳定的血缘集团。这时，人的体质与思维能力有了进步，集团内部语言有了发展，某些禁忌和规范已经形成。人们以集体的力量和简陋的工具与自然界作斗争时，一方面逐步认识到人们的生产活动与某些自然现象的联系；另一方面又受着自然界的沉重压迫，对自然界的千姿百态、千变万化得不到正确的理解。于是，恐惧与希望交织在一起，对许多自然现象作出歪曲颠倒的反映，把自然现象神化，原始宗教便从而产生。

根据考古发现，原始宗教可追溯到石器时代。原始宗教之表现形态多为植物崇拜、动物崇拜、天体崇拜等自然崇拜，以及与原始氏族社会存在结构密切相关的生殖崇拜、图腾崇拜和祖先崇拜等。

3. 图腾主义

氏族社会生产力的发展,改组了社会的生产组织和家族关系,同时也发展了人类的思维能力。从宗教方面说,前氏族社会时代的万物有灵的信仰,到了氏族社会便发展为图腾主义。图腾主义与万物有灵不同之点,即万物有灵是对一般的自然现象及动植物的盲目崇拜,而图腾主义则是对一种或数种特定的自然现象及动植物的崇拜。而这一历史的转变是反映了人类从迁徙流浪生活转向于某一特定自然环境之中开始定居生活,从而察知特定自然环境范围之内特殊的自然物,从而选择其中的某一种或多种自然物或自然现象作为崇拜的对象。其次,这一信仰的转变也反映着人类从掠夺经济生活诸如采集、狩猎过渡到生产经济生活,诸如畜牧、原始农业等。因为图腾的崇拜已经不是对自然一般的惊奇与恐怖所刺激而发生的一种精神屈服,而是作为生活资料的某几种特殊的自然现象的有意识的保护。

图腾主义信仰能够加强本族间的团结,同时又能积极地巩固和各氏族间的联系,并进而发展各氏族间的交换关系。作为一种观念形态,发挥着它自身的历史作用,只有在社会生产力发展到相当水平的时候,它就会成为一种形态而被保留下来,终止其历史使命。

第二节 先秦三代

先秦三代在整个中国历史上处于重要地位,它的开端是中国社会由原始社会向奴隶社会的过渡,结束是由奴隶社会向封建社会的过渡,其处于一个承上启下的重要阶段。

传说远古时期炎帝与黄帝大战,黄帝胜,并建立了"中国",然后经过三皇五帝,经历了从大约公元前5700年开始到大约公元前2100年的约3 600年的时间。在这段时间中,国王的产生均采用"禅让制"。最后到了尧帝,尧帝禅帝位于舜,舜帝在老后又禅帝位于禹,禹死后,禹之子启建立夏王朝,结束了"禅让制"。从此,"夏"成为中国第一个传说中的朝代。传说夏朝时有"两万诸侯"。四百余年后(即约公元前1600年),最后一个王——夏桀暴虐无道,成汤革夏,立商代。商时,青铜器工艺非常发达,甲骨文文字也十分成熟。所以,夏商时期(约公元前2100年到约公元前1100年)(也有称商代或商周时代)又称为"青铜时代"。传说商代有"三千诸侯"。约前1046年,黄河上游周武王伐纣,牧野之战取胜后建西周,定都镐京,疆域逐步扩大。在周朝初期,约有"八百诸侯"。前841年"国人暴动",反抗周厉王暴政,此后实行六卿合议,史称"共和行政",这是中国历史有确切纪年的开始。前770年,在西北游牧部落犬戎的侵袭下,周平王迁都雒邑,史称东周。此后,随着周王朝势力衰落,分封的诸侯形成了众多诸侯国,相互争战,著名的先后有春秋五霸、战国七雄,这被称为春秋战国。最后在战国时期,周朝被秦国所灭。

一、夏代

夏代,中国史书记载的第一个世袭王朝。中国历史上的"家天下",就是从夏代的建立开始的。

1. 发展历程

相传尧、舜、禹时,部落联盟内采用"禅让"的方式"选贤与能",推举联盟的共主。后来,禹传位于他的儿子启。从此,禅让制被世袭制所取代,这标志着漫长的原始社会被私有制社会所替代,中国历史由"天下为公的大同世界"进入了"家天下"的奴隶社会。

夏启死后,出现了五子争权斗争以及出现了"太康失国""后羿代夏"和"少康中兴"的事件。桀统治的时候,却一味地讨伐边国,耗费了大量财力;而且,桀是一个昏庸无能、贪图享受的暴君,残害百姓、重用奸佞。在夏王朝陷入内外交困时,商汤对它进行了讨伐。桀被商汤战败,被放逐以后就死了,夏王朝被商代所取代。中国历史上第一个世袭制政权,夏代,传13世、17王,历时472年,于公元前17世纪末、前16世纪初灭亡。

2. 政治制度

夏代的法制指导思想可概况为奉"天"罪罚。奉"天"罪罚的法制观表现为:一方面统治者的统治依据来自于天命;另一方面打着天的旗号实现统治。

国王是夏代的最高统治者,集军政大权于一身。其下属的军队、官吏和监狱等是维系国家政权的支柱。

3. 经济文化

关于夏代的社会性质问题,目前史学家虽然还没有取得一致的看法,但是大都肯定当时存在着公社及其所有制即井田制度。

《左传》哀公元年记载伍员谈到"少康中兴",少康因过浇之逼逃奔有虞时说:"虞思于是妻之以二姚,而邑诸纶,有田一成,有欢一旅,能布其德,而兆其谋,以收夏众,抚其官职。""有田一成"的"成",反映了夏代井田制即公社所有制的存在。

根据《孟子·滕文公上》的"夏后氏五十而贡"看来,夏代的公社农民可能在耕种自己的五十亩"份地"外,还要耕种五亩"共有地",即如赵岐《孟子注》所说"民耕五十亩,贡上五亩"。夏代公社中的大部分土地已经作为份地分配给公社成员,由其独立耕种;另一部分土地作为公社"共有地",由公社成员共同耕种,将其收获物采取贡纳的形式,缴纳给公社酋长。

有关夏代社会发展的情况,古代文献记载既少,又多模糊不清。关于夏代的地下考古工作,目前还在继续探索中。经过多年的调查和发掘,在河南西部和山西南部等地,发现了一种介于河南龙山文化和郑州二里岗早商文化之间的文化遗存,称为"二里头文化"。

4. 干支纪年纪日法

中国传统的干支纪年纪日法,起源是很早的。夏代末期的帝王有孔甲、胤甲、履癸(桀)等,都用天干为名,说明当时用天干作为序数已较普遍。

夏代的历法,是我国最早的历法。当时已能依据北斗星旋转斗柄所指的方位来确定月份,夏历就是以斗柄指在正东偏北所谓"建寅"之月为岁首。

二、商代

商代是中国历史上的第二个朝代,从公元前1600年至公元前1046年,前后相传17世31王,延续600年时间。

总的来说,商代是处于奴隶制的鼎盛时期,奴隶主贵族是统治阶级,形成了庞大的官僚统治机构和军队。奴隶主对奴隶既可以买卖,也可以随意杀死;奴隶主死后还要由奴隶殉葬,从商代帝王显贵们的陵墓中可以看到,殉葬的奴隶少则几十,多则上千。

1. 发展历程

传说商族是高辛氏的后裔,居黄河下游,有着悠久的历史。舜时,商族出了一位杰出的军事首领——契。后来商人把他称作"玄王",作为始祖。契曾帮助禹治水有功而受封于商(今河南商丘),以后就以"商"来称其部落(或部族)。太康失国时,契的孙子相土开始向东方发展。到夏朝中期,向河北发展。到契第十四代孙汤时,商已成为东方一个比较强大的方国。

汤是一位很有修养的商族首领,他向夏王朝首都发起进攻。双方战于鸣条(河南封丘东),夏师败绩。灭夏后,汤建立了商王朝,定都于亳。商代的建立,大大促进了生产力的发展。汤灭夏后,就以“商”作为国号。其后商盘庚迁殷(今河南安阳西北)后,又以“殷”称之,或者“殷商”并称。历史上把这一段时期称作“商汤革命”时期。

商汤死后,因其子太丁早死,由太丁之弟外丙继位;外丙死后,其弟中壬继位;中壬死后,又以太丁之子太甲继位,太甲乃商汤之长孙。

武王伐纣的故事记载了商代灭亡的过程。周部落的首领武王姬发,联合各部落讨伐殷商。最终,商王朝灭亡,被周朝取代。

2. 法律制度

商代的法制指导思想在夏朝奉“天”罚罪法制观的基础上有进一步发展,更加强调“神”,尤其是祖先神的作用。在这种天命观的影响下,商人十分迷信鬼神。商王自称是上帝的儿子,即“下帝”,也称天子。因此,执行占卜的神职人员——巫、史等,在商代社会生活中占有重要地位。在王权神授观下,商代的法律也都是以“天”与“神”的名义制定的。

3. 经济文化

商人从一开始就是以农业为主的部落,商代统治者对农业很重视。商代手工业分工细,规模巨,产量大,种类多,工艺水平高,尤以青铜器的铸造技术发展到高峰,成为商代文明的象征。丝织物有平纹的纨,绞纱组织的纱罗,千纹绉纱的縠,已经掌握了提花技术。

商殷时期的每一公社农民只有通过其所属的公社才能领得自己的份地。公社所有制一般分为“公田”和“私田”,“公田”上的收获物就作为交给奴隶主贵族的一种赋税。

自商代起,中国音乐进入了信史时代。民间的音乐和宫廷的音乐都有长足的进步。青铜冶铸达到了很高的水平,从而使乐器的制作水平飞跃,大量精美豪华的乐器出现了。

商代甲骨文兼有象形、会意、形声、假借、指事等多种造字方法,已经是成熟的文字。在出土的甲骨卜辞中,总共发现有4 672字,学者认识的已有1 072字。甲骨文因刻写材料坚硬,故字体为方形。而同时的金文,因系铸造,故字体为圆形。

三、周代

周代是中国历史上继商朝之后的朝代。周代分为“西周”(前11世纪中期—前771年)与“东周”(前770年—前256年)两个时期。西周由周武王发创建,定都酆镐(宗周);东周由周平王宜臼建立,定都雒邑(成周)。其中东周时期又称“春秋战国”,分为“春秋”及“战国”两部分。周王朝存在的时间从约前11世纪至前256年,共计存在约为791年。周代是中国第三个也是最后一个世袭奴隶王朝。这部分主要讲西周。

1. 发展历程

先周部落原来活动在渭河流域。周的始祖姬弃在夏代时做过农官,被后人称为“后稷”。周文王姬昌做了部落首领之后,广求人才,征服周围一些部落,扩张势力,为灭商做了准备。周文王死后,他的儿子周武王姬发继位。周武王在孟津(今河南孟津县东北)与人百诸侯会盟后约两年,兴兵灭商。武王死后,成王继位,因年纪小,由武王的弟弟周公旦摄政。周公辅助成王采取一系列措施来巩固其统治,包括分封制、宗法制,礼乐制、井田制等。

西周一共传了12个王。公元前841年,国人举行暴动,把周厉王赶跑了,由周定公和召穆公临时主持政事,称为“共和行政”。共和元年即公元前841年,是中国历史有确切纪年的开端。

西周最后一个王是周幽王,他宠爱妃子褒姒,废掉申后,引起申后父亲申侯的不满。公元前771年，申侯联合犬戎等部落攻入镐京，杀了周幽王，西周灭亡。

2. 政治经济

周灭商后，周天子分封天下，把自己的同姓与功臣分封到各个地方，建立起同姓与功臣的各个诸侯国，数量达数百个，通过宗法封建制度，建立起一个以周天子为中心，各个诸侯国围绕的奴隶制朝代。

西周时，锋利的青铜农具得到较普遍的使用，进行了规模较大的垦殖和耕耘；原来的抛荒制被休耕制代替，土地利用率提高；沤治和施用绿肥，以火烧法防治病虫害，标志了田间管理的新水平。王朝中担任司稼的官员必须熟悉作物的不同品种及其适应地区，从而更好地指导农业生产。

西周比较重要的手工业中最重要的仍然是青铜铸造业。其分布地区很广，生产能力扩大，效率和水平提高，铸造工艺改进。家蚕的饲养十分普遍，纺织成为农家的一项重要副业。丝织物有斜纹提花织品和刺绣品。已经掌握池水沤麻的微生物脱胶法，以便将纤维分离出来。

3. 德治思想

周代德治思想的形成，有其时代的必然性。首先，周人是以农耕起家的部落。周人能够战胜殷商并取其而代之，实质上，就是农耕的生产方式战胜并取代了半耕半牧的生产方式。对于周人这样一个以农耕起家的新兴诸侯国而言，重视社会关系的构建，重视个人行为的规范，便是必然的选择。其次，大力宣传德治思想，既是周人对内凝聚人心的政治需要，也是周人对外树立良好的、新兴的政治形象的需要。事实上，周人正是通过新兴的德治思想的宣传，不仅成功争取到了周邦内外广泛的政治支持，而且也成功地塑造了周人取代殷商的政治形象和舆论基础。

德治最基本的含义是统治之德。德字的古字从直从心，意思是把心思放端正。心思端正了，行为也就端正了。这一点，对统治者而言便是具有统治之德。对于统治者来说，统治之德主要表现在三个方面：第一，敬天，即必须以端敬的态度对待上天；第二，保民，即以爱护的态度治理百姓；第三，统治者必须把个人正直无邪的品格，转换为治理百姓的成果，即让百姓广受恩德，这才是大德，天命也依此而决定取舍。

4. 科学文化

中华科学、思想文化的源泉是《易》。《易经》最早提出“天文”的定义。《周易》虽然成书于战国时期，但它表达的确实是周代形成的天命思想。《易》曰：“观乎天文，以察时变”，《易·系辞》曰：“天垂象，见吉凶，圣人象之。”。西周萌生的阴阳思想，对中国天文学的发展有着重要的影响。《周易》有很长的形成和发展过程，被后人称为河图、洛书的东西，是烧灼卜骨的表现，是远古先民在长期生活和占卜的实践中感悟出的理性思维和形象思维互相串联、互相渗透的反映。《周易》发展成为一部内容博大精深的阐述宇宙变化的哲学著作，对中华文化的发展产生巨大而深远的影响。

四、春秋战国时期

春秋战国（公元前770年—公元前221年）时期合称东周。公元前771年，犬戎杀幽王，灭西周。第二年（前770年），周幽王太子宜臼由镐京迁都于洛邑（今河南洛阳），史称东迁后之周王朝为东周。周赧王59年（前256年），东周为秦所灭，共传25王，历时515年。东周自公元前770年（周平王元年）至公元前476年（周敬王四十四年）这段历史时期，史称之为“春秋时期”，自公元前475年（周元王元年）至公元前221年（秦王政二十六年）秦始皇统一全国，则被称为“战国时期”。

1. 发展历程

公元前770年至公元前476年的春秋时期，那时一些较大的诸侯国，为了争夺土地、人口以及对其他诸侯国的支配权，不断进行兼并战争。先后起来争当霸主的有齐桓公、宋襄公、晋文公、秦穆公、楚庄王。历史上把他们称为“春秋五霸”。

在诸侯争霸的过程中，大国兼并小国，诸侯国数目逐渐减少，华夏族和其他各族接触频繁，促进了民族融合。春秋时期，铁器已经在农业、手工业生产中使用。农业生产中使用铁锄、铁斧等。铁器坚硬、锋利，胜过木石和青铜工具。铁的使用标志着社会生产力的显著提高。那时，也开始用牛耕地。耕作技术提高了，农业生产进一步发展起来。一些贵族把公田化为私田，逐渐采取了新的剥削方式，让种田的劳动者交出大部分产品，保留一部分产品满足自己的生活之需。

公元前475年至公元前221年是战国时期，经过春秋长期激烈的争霸战争，到战国开始，主要的诸侯国有齐、楚、燕、韩、赵、魏、秦等七国，历史上称之为“战国七雄”。

周代为中国历史发展的一个转折时期，为中华文化的形形产生了重要的影响，为中华文化的发展起到承前启后的作用，其分封制、宗法制、礼乐制都对后来历代产生影响。

2. 百家争鸣的思想文化艺术

春秋战国时代是由奴隶制向封建制过渡的时代，是先进的封建生产关系战胜落后的奴隶制生产关系的时代，在学术上是诸子百家争鸣空前活跃的时代。各种艺术蓬勃发展，百花齐放。

春秋战国时期，知识分子中不同学派的涌现呈现出争芳斗艳的局面。《汉书·艺文志》将战国主要思想学派分为十家——儒、墨、道、法、阴阳、名、纵横、杂、兵、小说。

“百家争鸣”反映了当时社会激烈和复杂的政治斗争，主要是新兴地主阶级和没落奴隶主之间的阶级斗争。这个时期的文化思想，奠定了整个封建时代文化的基础，对中国古代文化有着非常深刻的影响。当时，代表各阶级、各阶层，各派政治力量的学者或思想家，都企图按照本阶级(层)或本集团的利益和要求，对宇宙对社会对万事万物作出解释，或提出主张。他们著书立说，广收门徒，高谈阔论，互相辩难，于是出现了一个思想领域里“百家争鸣”的局面。

文献记载是颇为丰富的，特别是壁画。从成书于战国时期的《山海经》、楚国的伟大诗人屈原《天问》反映的内容，可以窥见当时壁画所曾有过的巨大规模，可惜均未流传至今。我们只能从青铜器画面、漆器画面和仅存的两幅帛画来了解当时的绘画。透过庞大复杂的青铜画面：采桑、狩猎、习射、宴乐、水陆攻战等，可以看出当时的工匠已具有相当高的构图能力和塑造形象的能力，已经初步掌握均衡对称、对比等艺术法则。

远不如同时期希腊雕刻的水平，大型的具有独立意义的雕刻作品尚未被发现，当时的雕刻作品主要是随葬的泥木俑、玉石雕刻品，制成动物形、人形的青铜器和漆器及其他工艺美术品。从类型的复杂性和材质手法的丰富性来说，又是希腊雕刻所不及的。中国传统雕刻所具有的装饰性、绘画性、象征性等特点，此时已具雏形，这一传统的影响是极为深远的。

青铜铭文(金文)及石鼓文代表中国书法艺术发展的第一个高潮，其风格或苍劲古朴，或清秀典雅，具有特殊的美感，为后世所珍重。盟书、简册，无论是丹书或朱书，其字体又别具风韵。如侯马盟书，刀锋笔痕明显，转折顿挫有力，线条粗细略有变化，入笔出笔形成蚕头，有人称之为蝌蚪书，形成一种特殊的美感。玺印文字为后来的印章篆刻艺术提供了最早的典范。

受到历代统治者的重视和各阶层人民的喜爱，其社会作用是相当大的。对上层来说，音乐舞蹈首先是用于祭祀和宴享等重大典礼，对百姓来说主要是娱乐休息。起初，宫廷乐舞与民间乐舞是严格分家的。到战国时代，宫廷乐舞吸收了不少民间乐舞成分，产生了郑声、楚舞、楚音、宋音、卫音、齐音等等，这些带有浓厚民间乐舞色彩的宫廷乐舞，是历史前进中不可避免的现象，曾引起一些守旧人士的恐慌和反对，但乐舞的变革同历史进步一样是大势所趋，不可逆转。

第三节　封建社会

封建社会是分封制定义的一种社会制度。地主阶级成为统治阶级的社会是封建社会，地主阶级与农民阶级之间的矛盾是封建社会的主要矛盾。封建社会形成的自然经济是以土地为基础，农业与手工业结合，以家庭为生产单位，具有自我封闭性、独立性，以满足自身需要为主的经济结构。

封建社会中往往存在相当明显的阶级制度，如宗法制，形成金字塔式的统治架构，但是它们之间的关系并不也是如此完善的，通常领主的爵士不会再对国王效忠，也因此有了一句名言“我的附庸的附庸，不是我的附庸”。然而这种统治结构能够长期维持下来的，就是封建社会的思想观念：通常以“君上大权”为骨架，融入一些有利于统治阶级的思想而汇集成，其中也含有一些优秀的道德价值观，最典型的是儒家思想。

在封建社会，地主阶级统治其他阶级的根本即为封建土地所有制。自从商鞅变法起就实行土地私有制，地主对辖内土地拥有绝对支配权，可以任意买卖。地主阶级通过掌握土地这一生产资料，对使用土地的农民通过榨取地租、放高利贷等手段剥削其他阶级。同时封建土地所有制的形式也不尽相同，通过契约租赁、缴纳地租、雇用佃户等方式实现，但其本质依然是一种剥削与被剥削的关系，不会改变封建社会作为一个阶级社会的本质。

一、封建社会的发展演变

一般来说，我国封建社会经历了形成、初步发展、鼎盛、继续发展和衰落的几个时期。

1. 战国时期——中国封建制度的确立时期

继春秋时期封建生产关系在经济基础领域得以确立后，战国时期的上层建筑也发生明显变化。在新兴地主阶段推动下，各诸侯国先后开展了变法运动，历经 100 多年，新的封建制度终于在各国确立。在各国变法中，秦国的商鞅变法最彻底。商鞅变法彻底废除了井田制，而代之土地私有制；又废除分封制，代之以另一种政治制度——以县制为代表的中央集权制。中国奴隶社会的两种最典型的制度分别为封建社会中两种最典型的制度所取代。

2. 秦汉时期——封建社会初步发展时期

本阶段是中国封建社会中央集权制度的建立和巩固时期。秦灭六国后，为巩固统一，在中央建立起至高无上的皇帝制和三公制，在地方确立郡县制，并在思想文化方面通过“焚书坑儒”等强硬手段，初步建立起中央集权制度。

东汉时期，中央集权渐趋衰落，其主要原因在于豪强地主势力的恶性膨胀，这是东汉一朝政治上的突出特点。豪强地主指在政治上享有特权，在经济上占有大量土地，而且世代相传具有特殊身份的大地主，豪强地主拥有强大的经济实力，政治上又掌握中央或地方政权，还拥有私人武装，是对中央集权的潜在威胁。在黄巾起义被镇压后，社会上便出现了豪强地主割据混战的局面。

3. 三国两晋南北朝时期——封建国家分裂和民族大融合的时期

本阶段是中国古代的一个乱世。这一时期秦汉以来封建的大一统局面被打破，其间虽有西晋的短期统一，但分裂是这一时期政治的主要特点。

本阶段出现了汉族和各少数民族大融合的局面。在汉族和少数民族之间，存在着经济、文化等方面的明显差异。北方出现了民族大融合的趋势，江南经济有了较大发展，开始改变我国农业经济以北方黄河流域为中心的格局。由于东汉和西晋统治者对内迁各少数民族实行民族歧视和民族压迫政策，造成尖锐的民族矛盾，故而形成了东晋十六国和南北朝时期民族大分裂的局面。而北魏统一黄河流域后，北方出现了民族大融合局面，成为国家统一不可或缺的条件。

4. 隋唐时期——我国封建社会的鼎盛繁荣阶段

隋唐时期，我国处于世界发展前列，是最文明先进、最繁荣发达、最富庶的强大国家，是我国封建社会中央集权制度得完善时期。隋朝开创三省六部制和科举制，唐朝进一步完善三省六部制使其分工明确，便于提高行政效能，三省最高长官的地位均相当于丞相，便于集思广益，彼此又互相牵制，避免相权过大威胁君权，因而较好地解决了中国封建社会的一对固有矛盾——君权和相权的矛盾，从而加强了中央集权。科举制使门第不高的有才能的人可以参加到政权中来，统治者也可以进一步笼络士人，扩大了封建统治的阶级基础，也对魏晋南朝以来腐朽的士族制度产生了冲击的作用。这两种制度的完善保证了封建政治的稳定，为经济的发展创造了条件。但封建社会的另一对固有矛盾——中央和地方的矛盾，本阶段没有得到妥善解决。由于唐玄宗在边境设藩镇，导致地方权力膨胀，对中央集权产生了严重的威胁，从而爆发安史之乱，唐朝从此由盛而衰。而安史之乱后，地方上更出现了藩镇割据的局面，加速了唐朝的衰落，并直接导致唐朝的灭亡。

5. 五代十国辽宋夏金元时期——我国封建社会的继续发展时期

这一时期的特点是从分裂割据若干民族政权并立逐步走向统一，民族融合进一步加强。在经济上，重心南移，封建生产方式逐步向边疆地区扩展，封建经济继续发展。

本阶段的政治局面经历了封建国家的再度分裂——局部统一——民族政权的并立——全国重新统一的过程。五代十国的分裂局面是唐朝后期藩镇割据的继续和扩大，北宋结束分裂割据局面，但在全国的版图上还存在着辽、大理等发展政权，后来更陆续出现了西夏和金。因此北宋只是局部统一的朝代，而区别于大一统的汉唐。北宋亡后，又出现了南宋与金的对峙。直至 1279 年，元政权凭借其强大的武力使全国重新归于统一。

本阶段是我国封建社会中央集权制度的强化阶段，主要体现在北宋和元朝加强中央集权所采取的一系列措施。

6. 明清时期——我国封建社会的衰落时期

明清时期是中国封建社会中央集权制度的空前强化时期，其突出特点为君主专制的强化。明朝统治者在中央废丞相，在地方废除省制，设三司；清朝统治者在中央设立军机处，以上中央或地方行政机构的调整均加强了君主权力。明清统治者均采取一些“非常”措施以维护统治，加强君主权威。如明朝设厂卫特务机构，严密监视和控制官员、百姓，并以八股取士作为科举考试的形式，以培养皇帝的忠顺奴仆；清朝统治者则大兴“文字狱”，造成“万马齐喑”的恶劣局面。这些措施的出台，恰恰是封建制度走向衰落在政治上的表现。

明清时期中国封建王朝的对外政策发生了明显变化。自明朝郑和下西洋后，统治者即开始推行闭关锁国政策，清前期统治者效法之。该政策严重阻碍了中外交流和中国资本主义生产关系的发展，使中国对世界发展大势茫然无知，是中国落伍于世界潮流的重要原因。同时，本阶段中国开始遭到西方早期殖民活动的骚扰，如葡萄牙占据澳门，荷兰侵占"台湾"。这也反映出封建制度的衰落。

二、秦汉时期

（一）秦朝

秦帝国（公元前221—前206年）是中国历史上一个极为重要的朝代，它是由战国时代后期的秦国发展起来的统一大国，结束了自春秋起五百年来分裂割据的局面，成为中国历史上第一个统一的、多民族的、中央集权制国家。自秦始皇至秦王子婴，共传三帝，享国十五年。

1. 秦朝发展历程

公元前221年，秦始皇二十六年，诸侯割据称雄的封建国家结束，专制主义的中央集权的汉族统一国家开始了。这是古代历史上特殊的伟大事件。自秦朝起，中国形成了一个以汉族为主体的统一的大国，不管豪强公开割据或外族侵入建立政权，最后总是还原为汉族作主体的统一国家。

公元前210年秦二世胡亥即位。他进一步加重对农民的剥削和压迫，以"税民深者为明吏"，以"杀人众者为忠臣"。公元前209年7月，在陈胜、吴广的领导下，在大泽乡举起了中国历史上第一次大规模农民起义的旗帜，附近农民纷纷斩木揭竿参加起义。

陈胜起义后，项梁和项羽在吴起兵响应。不久项梁率领八千子弟兵渡江北上，队伍扩大到六七万人，连战获胜。刘邦也起事，归入项梁军中。此后，秦二世被赵高杀死，继立的子婴被贬去帝号，称秦王，公元前206年向刘邦投降。刘邦攻占咸阳，秦亡。

公元前202年，项羽兵败垓下，乌江自刎。同年二月，刘邦在定陶即皇帝位。

2. 秦朝创立中央集权政治制度

作为一个大一统王朝，秦朝在幅员辽阔的统治区域内，创立了高度集中的中央集权的政治制度。

政治方面，确立至高无上的皇权。皇帝拥有至高无上的权利，凡行政、军事、经济等一切大权，均由皇帝总揽；建立从中央到地方的官制和行政机构即三公九卿制。三公分别为丞相（帮助皇帝处理全国的政事）、太尉（负责管理军事）、御史大夫（执掌群臣奏章，下达皇帝召令，兼理国家监察事务），互相没有统属关系，由皇帝掌握最终决断权。地方实行郡县制，皇帝任免郡县的主要官吏。

经济方面，实行土地私有制，按亩纳税；统一度量衡，统一货币；统一车轨，修驰道。

文化方面，书同文，将小篆作为标准文字；"焚诗书"，加强思想控制；以吏为师，严禁私学。最著名的例子就是"焚书坑儒"。

秦朝还颁布了严苛的法律，对农民实行什伍编制。

（二）汉朝

汉朝是中国历史上继短暂的秦朝之后出现的朝代，分为"西汉"（公元前202年—公元9年）与"东汉"（25—220年）两个历史时期，后世史学家亦称两汉。西汉为汉高祖刘邦所建立，建都长安；东汉为汉光武帝刘秀所建立，建都洛阳。其间曾有王莽篡汉自立的短暂新朝（9—23年）。

1. 西汉

公元前202年,汉高祖刘邦称帝。刘邦登基后,采用叔孙通的建议,恢复礼法,设三公和九卿,任用萧何为丞相,采取与民休息、清静无为、休养生息的黄老政策。汉高祖刘邦死后,汉惠帝刘盈继位,但是在此期间,实际是吕后称制。

吕后死后,汉文帝刘恒即位。他和儿子汉景帝刘启即位期间,继续采取黄老无为而治的政策,实行轻徭薄赋、与民休息的政策,恩威并施,恢复了多年战争带来的巨大破坏,使人民负担得到减轻,史称"文景之治"。

汉景帝刘启死后,其子刘彻即位,即汉武帝。汉武帝刘彻在位期间(前141—前87年),采取了一系列改革措施,锐意进取,使得汉朝的政治、经济、军事变得更为强大。在政治上,汉武帝刘彻加强皇权,采纳主父偃的建议,施行推恩令,削弱了诸侯王的势力,中央集权得到了大大的加强。文化上,废除了汉朝以"黄老学说、无为而治"治国的思想,积极治国,并采纳董仲舒的建议,开始重用儒术。军事上,积极对付汉朝的最大外患——匈奴。在这期间,汉朝先后出现了卫青、霍去病等天才将领,终于击败匈奴单于,使得"漠南无王庭"。又收复南越国和朝鲜,使中国成为亚洲第一霸主,世界第一大帝国。外交上,两次派张骞出使西域,开辟了丝绸之路。

汉武帝刘彻死后,年仅7岁的汉昭帝刘弗陵即位,是为孝昭皇帝。汉昭帝刘弗陵登基之初,由上官桀、金日磾、田千秋、桑弘羊和霍光五人共同辅政。汉昭帝刘弗陵遵循汉武大帝刘彻晚年的政策,对内继续休养生息,以至于百姓安居乐业,四海清平。汉昭帝刘弗陵死后,汉武帝刘彻孙昌邑王刘贺即位。他行为放纵,密谋除掉霍光,但反被霍光废掉。之后霍光又迎立汉宣帝刘询即位,是为汉中宗。汉宣帝刘询治国摒弃不切实际的儒学,采取道法结合的治国方针,在整顿吏治上沿用汉昭帝刘弗陵,劝民农桑,抑制兼并,降低豪强在国家中的角色。经过了汉武帝刘彻、汉昭帝刘弗陵、汉宣帝刘询的治理,国家经济明显恢复,使汉朝再度迎来了盛世,这就是著名的武昭宣盛世。

汉宣帝刘询死后,汉元帝刘奭即位,西汉开始走向衰败。公元9年,王莽建立新朝,西汉灭亡。

2. 东汉

公元23年,王莽政权灭亡。公元25年,刘秀即位,是为光武帝,定都洛阳,史称东汉。刘秀即位后,于37年终于消灭赤眉、隗嚣、公孙述等割据势力,实现全国统一。汉光武帝废除王莽时的弊政,社会安定,加强中央集权,对外戚严加限制,史称光武中兴。

汉明帝和汉章帝在位期间,东汉进入全盛时期,号为"明章之治"。公元88年,汉章帝突然驾崩。年仅十岁的太子刘肇即位,是为汉和帝。公元105年,和帝病逝。出生仅百日的少子刘隆即位,是为殇帝。汉殇帝仅在位8个月就驾崩了。接替即位的是清河王刘庆之子汉安帝刘祜。延光四年三月,汉安帝在南巡途中死在叶城。外戚阎氏秘不发丧,拥立汉章帝之孙济北王刘寿之子刘懿,史称汉前少帝,但其在位仅200余日就病死。少帝死后立济阴王刘保,是为汉顺帝。公元143年,顺帝病死,太子刘炳即位,是为冲帝,即位时年仅2岁,由梁太后临朝执政。公元145年,汉冲帝驾崩,年仅三岁。正月廿五日,梁冀拥立刘缵即位,是为汉质帝。质帝非常聪颖,称梁冀为"跋扈将军",因此质帝不久就被杀害,年仅八岁。

本初元年闰六月初七日,汉章帝之孙刘志即位,是为汉桓帝。永康元年十二月二十八日,汉桓帝驾崩。桓帝没有留下子嗣,由河间王刘开的曾孙刘宏继位,是为汉灵帝。公元184年,爆发了由张角所带领的黄巾之乱，东汉名存实亡。

3.“汉族”的由来

“汉人”的称呼起源于汉朝，意为汉朝之人。到了北魏后期才演变为中国人的代称。后来，“汉人”所包含的范围越来越大。经过历代各族之间的杂居、融合，许多民族加入汉人的行列。到“中华民国”时期，“汉人”才正式改称“汉族”。汉族是中国的主要民族，现在占全国总人口的93.3%。

汉族以前被称为“华夏”族，战国时代秦国设汉中郡（距今已有2 400多年），汉中由此而得名，为后来秦统一后的天下三十六郡之一。

楚汉战争时刘邦被封为汉中王，其率领的军队被称为“汉军”，驻扎在汉中。后刘邦率汉军“明修栈道，暗度陈仓”，首先占据关中，进而统一天下，定国号为“汉”。

强盛的汉帝国为反击匈奴入侵，与匈奴进行了长期的、大规模的、惨烈的战争，强悍的汉军铁骑大规模追击匈奴，深入大漠腹地数千里，甚至翻越了葱岭，使当时非常强大的匈奴屡次遭受重大打击，极少数残余远遁欧洲，致使“漠南无王庭”。当时各国震动，谈汉色变。

由于空前强大的汉军在西域、中亚各地演绎了一百多年不败的神话，使汉军、汉人威名远播，“明犯强汉者，虽远必诛！”强大的汉帝国用铁和血维护了自己的尊严，也使其子民在异族面前，可以自豪地大声说“我是汉人！”。

4.“汉服”的由来

汉服，即华夏衣冠，中国汉族的传统服饰，又称为汉装、华服。此不能与“唐装”“和服”相混合。其由来可追溯到三皇五帝时期一直到明代，连绵几千年，华夏人民（汉族）一直不改服饰的基本特征，这一时期汉民族所穿的服装，被称为汉服。自炎黄时代黄帝垂衣裳而天下治，汉服已具基本形式，历经周朝代的规范制式，到了汉朝因推崇周礼制而趋向完善并普及。

随后各朝代的汉服虽有局部变动，但其主要特征不变，均是以汉代为基本特征。

博大精深、体系完备、悠久美丽的汉服，是中国不可多得的一大财富，是非常值得每一个炎黄子孙引以为自豪的。客观上的汉族人的某些过渡历史阶段的穿着服饰，例如汉化旗装、旗袍、马褂等绝对不可以被称作“汉服”，因为它们与真正的汉服没有正常的演变衔接过程。汉服以其强大的生命力一直没有灭绝，直到现代，汉族人信仰的道教、佛教以及一些边远山民，还有国内许多少数民族都还保持着汉服的特征，现代社会的一些重要祭祀、纪念活动、民俗节日等仍能看到汉服的身影。汉服的影响十分深远，亚洲各国的部分民族如日本、朝鲜、越南、蒙古、不丹等国服饰均具有或借鉴汉服特征。

三、魏晋南北朝时期

魏晋南北朝时期，是中国历史在经过秦汉400多年统一之后出现的又一次动荡、战乱和分裂的时期。在这一时期里，社会人口大量频繁地迁徙，而迁徙的主要和基本的形式是民族迁徙。与历史上其他时期的民族迁徙相比，这一时期的民族迁徙有着明显的特点和重要的影响。

（一）魏晋的民族迁徙

远在文明开端，我国就存在着多个民族集团。在漫长的历史岁月里，民族迁徙绵延不断，其最基本动因是在经济方面。魏晋南北朝时期，战争连年不断，政权更替频繁，尤西晋灭亡以后，除汉族外还有多个少数民族在北方建立政权。各政权之间为争夺地盘利益而频繁发生战争，这些战争成为民族迁徙的一个主要动因。由于魏晋南北朝时期的民族迁徙由多种动因促成，所以这一时期的民族迁徙有着迁徙民族多、迁徙范围广、人口迁徙数量大、迁徙方向呈多向性等特点。

在魏晋以前，我国的民族迁徙多是小区域流动，迁徙民族多居于中原政权沿边地区。而魏晋南北朝时期，在北起大漠以北、贝加尔湖畔，南至福建、广东、海南岛，东起长白山、松花江流域，西到新疆塔里木盆地的广阔地域内，空前数量的民族卷入了大迁徙的潮流。其中既有历史悠久的古老民族如汉族（华夏族）、羌族、氐族、匈奴、越族，也有较为年轻的乌桓、鲜卑等民族和在魏晋才兴起的柔然、敕勒、吐谷浑、爨等民族。有的迁徙范围较大，分布较广，如汉族从黄河流域大量迁移到淮河、长江流域以至珠江流域；鲜卑族从东北的呼伦池及辽西地区迁移到河套阴山一带的“匈奴之故地”，直至晋、冀、豫中原腹地和河西走廊地区；蛮族则有不少从湖南、湖北逐渐北上，及至进入河南中部。有些民族迁徙的范围则较小，如山越基本上是在江南从山区出居平地；匈奴是从塞外迁移到塞内边郡及黄河流域；柔然、敕勒的迁徙范围则大体上是漠北、漠南地区。

由于魏晋南北朝时期诸多因素促使诸多民族在空前广阔的区域内迁徙，使得民族迁徙在人口数量上也是空前的。各族迁徙人口的总量由于资料的缺乏而很难掌握，但从史料中所记载的部分数字来看，这个数目应是相当大的。如三国时期内迁的南匈奴有3万落（户），以每户7口计，即有20余万口。西晋初年内附之塞外匈奴有20余万口。仅此二者匈奴内迁人口即约50万。投奔曹操的乌桓人先后有两万余落，以每落10口计算，即有20余万人。再加上被俘约10万人，总共有30余万乌桓人被迁至内地。故有人认为内迁的匈奴、羯、氐、羌、鲜卑、乌桓等“人数远超二百万”。而中原地区的汉族又大量南迁，其中建安十八年（213年）“庐江、九江、蕲春、广陵户10余万皆东渡江，江西遂虚，合肥以南惟有皖城”，以每户5口计算，仅这一次南迁人口就近60万之多。西晋末年至刘宋之际，又有90余万北方汉人南迁江南。估计南迁汉族人口之总量不会低于北方内迁之少数民族人口数量。南方北迁的蛮族也有不少，《魏书·蛮传》中有数字记载的即有十六、七万户，以每户5口计，则有80余万口。

（二）魏晋风度

魏晋风度，一般理解为当时的名士风度，实际上指的是在中国魏晋时代产生的一种人格精神与生活方式的统一体，包括哲学思辨、人格境界、文学创作、审美追求等方面。从时间上来说，指的是三国时的魏（220—265年）至两晋（265—420年），再到刘宋时代以士族名士为主体的生命体验，它以“竹林七贤”中阮籍嵇康和晋宋时期诗人陶渊明为代表人物。

魏晋风度的形成，与当时兴起的士族阶层有着紧密联系。士族，或者叫作世族，是东汉末年兴起的世家大族，他们垄断做官权力，有着政治特权与庄园经济，可以与皇权平分秋色，比如东晋时就有“王与马，共天下”之说。这构成了在中国历史上的一道风景。魏晋风度的名士大部分是世家大族的人物，比如王、谢家族，他们既是政治与经济大族，也是文化大族，谢氏是诗歌家族，王氏是书法大族。所以魏晋风度既是名士的精神贵族产物，也是凭借经济与政治特权而形成的。

东汉末年，社会陷入了空前的战乱之中，南北分裂，生灵涂炭，老庄人生无常、企求解脱的学说走进人们的心灵之中。王瑶先生在《中国文学史论集》中曾指出，感叹人生无常是汉魏以来文学的主旋律。这种时代情绪又凭借当时文化的主体士族的崛起形成特定的思想体系，对人生苦难的解脱，对逍遥境界的寻求，成了魏晋以来人生哲学的重大课题。当时，围绕着这一主题，各种人生哲学纷纷出现。比较有代表性的有这么几种：以阮籍为代表的逍遥论；以嵇康为代表的养生论；以《列子·杨朱》为代表的纵欲论。此外，还有何晏、王弼的无为论，向秀、郭象的安命论等。魏晋以后逐渐兴盛的佛教，则从宗教麻痹的角度来解释人生问题。这几种人生哲学虽然旨趣不同，角度各异，但都是探讨如何解脱苦难，实现人生价值的。正像著名学者汤用彤先生在《魏晋玄学与文学理论》一文中所说的那样："魏晋人生观之新型，其期望在超世之理想，其追求者为玄远之绝对，而遗资生之相对。从哲理上来说，所在意欲探求玄远之世界，脱离尘世之苦海，探得生存之奥秘。"这种生命精神在《世说新语》这部记载名士轶事的笔记小品中有着生动表现，收入这部笔记中的大都是汉末以来名士冲决礼法，率真自得，狂诞任放的轶事；其行动有着明确的追求，那就是抛弃传统儒家哲学中过于拘执的道德说教，以自己的生命意志来支配行为，通过偶发性的情节来组织行为，形成创作。著名书法家王羲之的兰亭故事也是这种精神的体现。东晋王羲之等人在永和九年（公元354年）于兰亭举行文人集会，将文人的以诗会友与民间的三月三日禊饮之礼结合起来。当时许多人士写诗歌，后来编成集，王羲之在当时写了一篇序，就是著名的《兰亭集序》，文章以优美清丽的笔调，描画出位于江南的山阴兰亭阴历三月三日天朗气清，惠风和畅与茂林修竹，清流激湍的景观，诗人触景生情，由物感发，畅想人生意义；王羲之认为，人生的过程、生命的价值既不是庄子所说的一死生，也不是俗人所理解的外在功名，而是感悟生命过程的兴趣："向之所欣，俯仰之间，以为陈迹，犹不能不以之兴怀。况修短随化终期于尽。古人云：'死生亦大矣'。岂不痛哉！每览昔人兴感之由，若合一契，未尝不临文嗟悼，不能喻之于怀。固知一死生为虚妄，齐彭殇为妄作。后之视今，亦由今之视昔。悲夫！"

在《兰亭集序》中，最能感物兴怀的是"死生亦大矣"的悲剧主题，即从宇宙永恒、人生短暂中感到个体悲剧、人生的价值所在。人生有限而天地无限，而认识到此中意义并不是"一死生"即泯灭生命的意义，而是要在这短暂的人生中把握世界与人生的意义，珍惜这瞬间的快乐。但这又不同于《列子·杨朱》中宣扬的及时行乐，因为人不同于禽兽就在于人拥有这种高峰体验的可能性，放弃这种人生的高峰体验而逐于肉欲，等于将人生退化到禽兽之域。魏晋风度的形而上意义即在于此，这是魏晋风度的精神理念，也是我们现代人最应当思考与感怀的。

魏晋风度的表现有这样几种，通过这些方式，展现出名士的精神气质与贵族风格。

1. 饮酒

酒是魏晋风度的典型写照。曹操诗中就有"对酒当歌，人生几何"的感叹。最典型的便是"竹林七贤"的好酒狂饮。所谓"竹林七贤"，是对三国魏末七位人士的称谓，他们分别是嵇康、阮籍、山涛、向秀、刘伶、阮咸、王戎。七人常集于竹林之下，肆意酣畅，故世谓"竹林七贤"。魏晋名士追求精神的境界，而酒有助于这种境界的创造与形成，《世说新语·任诞》中记载："王卫军云：酒正引人着胜地。""王佛大叹言：三日不饮酒，觉形神不复相亲。"

2. 服药

这里的药特指一种叫作五石散的矿石药。五石散自汉代出现，至魏时因玄学宗师之一何晏的服食而大行于世，东汉时服食相当普遍。由于服食五石散后发热，服食者往往要穿着宽袍大袖的衣服，于是不吃药者也附庸风雅，跟着名人的衣服也变得宽大起来了。还有许多不吃药的人也会在路旁假装药性发作以摆阔气，一副生怕不服食就跟不上时代的样子。

3. 放情山水

晋名士在山水自然中陶冶性情，解放人格。东晋时代由北南下的士族与当地豪族广占山林田园，开辟新野荒地，比如南朝刘宋著名山水诗人谢灵运曾任太守的永嘉，就是在晋室南渡之后才开发的。现在的著名风景区浙江温州楠溪江一带就属于这块地方。士族将新开发的江南之地打造成庄园与领地，作为世代相传的固有财产。他们在对自然林野的经营管理中，刻意将它朝着田园化方向发展，既“尽幽居之美”（《宋书·谢灵运传》），又“备登临之美”（《南史·王裕之传》）。在偏安江左的时候，士族文人徜徉于江南秀丽的山水景色之中，优哉游哉，其乐无穷。谢安在今天的浙东一带邀集王羲之等人带着歌妓游山逛水，说“我卒当以乐死！”

4. 喜欢清谈

《世说新语》是南朝刘宋政权临川王刘义庆所编著的一部笔记小品，主要记载东汉末年至魏晋间的名士轶事，是六朝著名的笔记小品，其中记载着当时的名士清谈，展现了名士的思想风采。在清谈对话中，因为种种原因的激发，谈者机锋迭出，呈现出一些新的思想，类似于后世的禅宗机锋。

尽管处于战争频繁的无奈之中，但是魏晋名士在精神趣味与生活价值观念、生活方式上，进行了自我调节；在向上向善之中，他们的人生得到充实，他们的心理得到舒缓，在自己的生活方式上得到提升。王国维说：“盖人心之动，无不束缚于一己之利害，独美之为物，使人忘一己之利害，而入高尚纯洁之域。”

四、唐宋时期

(一)唐 朝

隋炀帝统治后期，暴虐无道，爆发隋末农民大起义。公元617年五月，太原留守、唐国公李渊在晋阳起兵，占领长安后拥立杨侑为帝，改元义宁，即隋恭帝。李渊任大丞相，进封唐王。大业十四年(公元618年)隋炀帝在江都被大臣宇文化及杀死，隋朝灭亡。同年五月，李渊称帝，即唐高祖，定国号为唐，改元武德，定都长安。

1. 唐朝的发展历程

唐朝建立后，李渊派李世民征讨四方，剿灭各方群雄。武德九年六月初四，四方征战有功的李世民发动玄武门之变，李建成和李元吉被杀。李渊退位，是为太上皇。李世民即位，李世民就是唐太宗，改元贞观。

(1)贞观之治

太宗时期将被突厥所占据的蒙古高原纳为势力范围，唐朝北方的诸民族专称李世民为天可汗。内政方面承继了宰相制，发展完善和确立了后世运用的三省六部和科举选士制，又推行均田制，实行租庸调制，唐太宗不计出身，召集了一大批精明强干的大臣，不论降将或建成旧臣，他均一一重用。例如魏征，为前太子建成的幕臣，太宗登位后不计前嫌，而且事事也听从魏征的劝谏。这时期社会秩序安定，经济繁荣，历史上称为“贞观之治”。其政绩的总结《贞观政要》成为日本和朝鲜的帝王教科书，亦为后世君主模仿学习的对象。黄金时代的来临，原因之一是人口大量减少，荒芜的肥沃田地举目皆是，谋生比较容易。原因之二是太久的战争使人厌恶战争，乐意于和平安定。但仅此两个原因不能促成什么，将近三百年的大分裂大混战，人民也有这种客观环境和主观愿望。所以，另一个原因是李世民及其政府正确方向的领导。再大的船舶，掌舵的只有一人，负责航行的只有少数人，这少数人即国家领导人，其重要性用不着解释。李世民和臣僚房玄龄、杜如晦、魏征随时随地都用杨广作为警惕对象，每一件措施都求其跟杨广不同，使他们成为一个战斗团队，互相勉励督责，兢兢业业从事国家建设。在人民尊重和信任的支持下，推行廉洁政治，获得空前成功。李世民个人的优秀是最主要的因素，他严格控制自己不去触及无限权力的毒牙，并能鼓励和接受最难堪的逆耳之言。向理性屈服是一件不容易的事，李世民的伟大正在于此。自从盘古开天辟地，李世民是中国帝王中最早的一个被中国人真心称颂崇拜的人物,固由于他的勋业,也由于他本身的美德。他治理国家的一言一行,成为以后所有帝王的典范。

(2)武周代唐

李世民的继承者唐高宗健康状况不好,许多政事都交给皇后武氏来处理。高宗死后不久,武皇后立太子李显为帝,是为唐中宗。不久又废中宗为庐陵王,改立另一个儿子李旦为帝,是为唐睿宗。平定了徐敬业领导的反叛后,在天授元年(690 年),皇后武氏废睿宗自己称帝,改国号"唐"为"周",称圣神皇帝。武后也成了中国历史上唯一自称皇帝的女人,前后掌权 50 余年。在武周十五年统治时期,武后为了制衡甚至打击高宗以来世家大族的权力,对以科举进身仕途的官员大力提拔,狄仁杰就是其中的代表。她又安排她的侄儿党羽武三思和武承嗣等人担任重要职务。传统史学家对武后批评,如索元礼、来俊臣和周兴等官员在其鼓励下以告密、酷刑等替她监视群臣。武后又常绕过门下省、中书省直接对官员发号施令,开了破坏官吏制度的先例。公元 705 年,则天还周于唐,中宗继位。中宗的皇后韦氏想效仿武氏,被临淄王李隆基(唐玄宗)杀死,713 年李隆基将太平公主也赐死,党羽或被杀或被逐,结束了这段史称"韦后之乱"的混乱政局。同年改元开元。唐玄宗在位 44 年,前期(开元年间)政治比较清明,经济迅速发展,唐朝进入全盛时期,史称"开元盛世"。这一时期被认为是继汉武帝时期之后,中国历史上出现的第二次鼎盛局面。首都长安成为当时世界上最大的城市。

(3)安史之乱

唐玄宗改元天宝后,志得意满,决意放纵享乐,从此不问国事。在纳杨玉环为贵妃后,更加沉溺酒色。唐玄宗任用"口蜜腹剑"的李林甫为宰相长达十八年,使得朝政败坏;接着又以杨国忠为相,出现了宦官干政的局面,高力士的权势炙手可热。唐玄宗好大喜功,有些边境将领投其所好,挑起对异族的战事以邀战功。由于当时兵制由府兵制改为募兵制,使得节度使与军镇上的士兵结合在一起,出现了边将专军的局面。其中以胡人安禄山最著。安禄山一人身兼范阳、平卢、河东三镇节度使,掌握重兵,在天宝十四年(755 年)趁唐朝政治腐败、军事空虚之际和史思明发动叛乱,史称"安史之乱"。唐玄宗逃到成都,太子李亨在灵武称帝,是为唐肃宗,奉玄宗为太上皇。安禄山则自称大燕皇帝,年号圣武。经过八年时间这场叛乱才被平定。唐朝元气大伤,从此由盛转衰。此时均田制已逐步瓦解,土地兼并现象日趋严重,租庸调制也无法实行;藩镇割据形势已经形成。唐朝大厦无可避免走向倾覆,虽有唐宪宗的励精图治,但也难以回天;最终在黄巢起义的打击下,名存实亡的唐朝在黄巢部将朱温的落井下石和最后一推之下,于 907 年走到了尽头。

2. 唐朝的对外民族交往

作为重新统一的中华帝国的主人,隋唐两代都充分意识到自己是汉代的继承者。在公元 6 世纪和 7 世纪,为实现收复汉朝领土的雄心,它们在越南北部扩张、发动旨在恢复中国在南满和朝鲜的领土控制的征战,并占领位于通往中亚和西方的丝绸之路上的诸绿洲王国的行动提供动力。

在朝鲜,中国遇到了有力抵抗。朝鲜和南满被强大和组织完善的高丽国控制,高丽国对隋几次企图收复原来汉朝领土的行动进行了猛烈抵抗,致使隋朝国力大损。唐在高宗时成功征服了高丽,并把大部分朝鲜合并为中国的一个保护国达数年之久。朝鲜又统一为新罗国,而在满洲和邻近沿海区的原来的高丽领土成了另一个强国——渤海的中心地区。新罗和渤海都是稳定和组织完善的王国,严格地以唐朝为样板。两国统治阶级都使用中国文字,模仿中国文体，信仰中国式的佛教和儒家思想。虽然这一地区与越南不同，对唐保持政治独立，但它也长期处在中国文化圈内。日本的情况稍有不同。它处于汉朝所知道的世界边缘，隋唐对它并无领土野心。但中国对其的影响已通过朝鲜传入。在7世纪，日本人开始有意识地按照唐的模式组织其国家，全盘采用中国文字和文学语言、中国的艺术形式、宗教、哲学、法律和制度。在唐代，中国在日本的影响达到顶点。虽然在以后的世纪中它受到本地兴起形式的挑战，但到了唐末，中国的影响已牢固和长期地把日本纳入其文化圈内。

文化同化的最后一个地区是西南，汉朝已经在这里实施一定程度的控制。在唐代，当地强盛的南诏王国代替了在现今云南省境内的混乱的部落集团。南诏国对唐保持独立，并且长时期对它抱有强烈的敌对态度。这一地区直到元朝才正式并入中国。但尽管互相敌对，本地区又相对落后，南诏也采用中国语言并沿用许多唐朝制度。它也成了中国文化圈的边缘部分。

在隋唐时期，中国对东亚广大地区密切的文化影响就这样确立了，并且直至近代还受中国文明的支配。这个区域里的国家与中国早期的任何邻国迥然不同。在此以前，中国周围的民族具有完全不同的文化、组织制度和生活方式。这些部落民族有时非常强大，并入侵中国和短期侵占中国大片土地。但他们政治上不稳定，不能治理定居的农业人口；在文化方面，中国人有一切理由把它们当作"夷狄"而加以蔑视。而在唐代涌现的那些新国家在中国人的经验中却是十分新鲜的事物；它们的组织方式与中国相同，虽然规模要小得多；它们的统治者具有同样的思想意识，并用中文来处理公务，采用中国的法律和办事手续。虽然它们接受朝贡国的地位，实际上却完全不受中国管制；唐朝在与它们打交道时，不得不以比以往更平等的态度对待它们。这是宋朝与北方邻国对外关系新形式的背景。

在北方和西方，唐朝面临更常见的挑战。在这里，中国政策的基本目的仍是两个方面：一是保护中国人定居区不受生活在固定的草原边境以外的周边游牧民族的袭扰；二是控制和保护经今之甘肃省和新疆通向中亚、伊朗和西方的贸易路线。通往中亚和西方的各条路线对隋唐来说具有非常重大的意义。

3. 唐人街

唐朝是中国历史上的一个强盛时代。国外的华侨往往被人称为"唐人"，华侨聚居的地方被称为"唐人街"。"唐人街"，按英文的字义是"中国城"的意思。美国"唐人街"是当年开发美国西海岸的中国人——华工和华商创立和建设起来的。开始，他们在旧金山、纽约市等地的某些街道，开设中国式的小茶馆、小饭铺、豆腐坊等，逐渐形成了华人生活区（也称中国镇）。如今，唐人街成了繁华的街道。那里有华侨学校、同乡会、俱乐部、影剧院等。每逢新春佳节，唐人街上要龙灯、舞狮子、放爆竹……保留着中国传统的辞旧迎新的风俗。

（二）宋朝

宋朝从建立时就面临严重的边患，辽、西夏、金及蒙古构成了两宋主要的边患，宋代是"士大夫的乐园"，却是军事的侏儒，与其他民族交战很少取得胜利。

任何新兴政权，初兴时候都会有一段时间具有相当强大的战斗力。只宋代不然，它一开始就高度疲惫。唐朝的黄金时代生龙活虎使山河动摇；可一进入宋王朝，却成了病夫，不堪一击。赵匡胤是后周皇帝郭荣的亲信，被认为是绝对不会叛变的将领，然而他最终叛变了。他自己的经历使他警觉到部下的所谓忠心并不可靠。要想根绝叛变，不能单纯地寄托于部下的忠心，唯一办法是不要为别人累积叛变资本。所以他定下原则：不让大臣有权，万不得已时，也不让大臣有权过久。假如有权之人所掌之权只是暂时性的，就无法作大规模行动。这可从宋王朝中央政府组织形态上观察出来。三个中枢机构,“尚书省”“门下省”“九寺”跟唐政府组织一样仍然存在,不过都属于辅枢,地位并不重要。中枢三机构并不总隶于宰相,而是分隶于皇帝。宰相只在理论上统摄全局,除非奉有特别命令,否则他不能过问枢密院(军事)或三司使司(财政)的事。这是预防政治领袖跟军事领袖或财政领袖结合的重要措施。在军事上则使将领们永远没有军权。枢密院即现代的国防部,其首长限定由文职人员担任,并且连战术单位的部队首长也改由文职人员担任,军队的战斗力遂被伤害。

宋帝国的武装部队分为两种,一种是称为“禁军”的国防军;一种是称为“厢军”的地方团队。地方团队全是老弱残兵,分散各地,维持地方治安。国防军则是精锐,全部集中在首都开封。遇到战争,即由中央临时委派一位文职人员担任统帅(甚至由宦官担任统帅,却很少由将领担任统帅),率领出征。而负责实际作战的将领,也出于临时委派,他们虽然是职业军人,但对所统率的部众却一无所知。战争结束时,统帅把军权交出,将领则调往别的单位,士兵返回营区。这样的好处是统帅跟将领不熟,将领跟士兵不熟,绝对不会发生陈桥式兵变。正因如此,再多的部队也不过是一群乌合之众,不但不能担当大的攻击,连承受大的打击都困难。文官担任统帅,尤其是致命的有害制度。像澶渊之盟那一年,天雄战区(河北大名)司令官王钦若(当时官衔“参知政事判天雄军府兼都部署河北转运使”,即“副宰相兼天雄战区司令官兼总指挥兼河北省省长”),看到辽军从下经过,吓得屁滚尿流,唯有烧香拜佛,祈求神仙保佑。可以想象,在这种情形之下,士气是如何形态。可以预见的是内忧外患的宋帝国在面对蒙古铁蹄时的必然结局。

五、元明清时期

(一)元代

1271年,蒙古国大汗忽必烈,把原来属于西夏帝国、金帝国、宋帝国、大理帝国四国的土地和蒙古本土,合并组成一个元帝国——在中国历史中,我们称之为元王朝,由大汗兼任皇帝(蒙古人了解中国人习惯皇帝,不习惯可汗)。中央政府完全仿效金帝国的组织,只有一点不同,即传统上占重要位置的尚书省和门下省,从金帝国时就不再设立,元政府亦然。不过元政府要同时充当蒙古帝国政府,所以组织复杂繁琐,十分庞大。各官署的首长,有时竟达十数人之多。元帝国只是蒙古帝国大汗的直辖殖民地,在这个直辖殖民地上,划分为十一个行政地区。所在的位置和辖区,跟20世纪现代的行政地区相近。大分裂时代和辽、金帝国时代,汉人也曾被异族统治过,但整个汉民族全部沦落到异民族之下,在元代却是第一次。元政府把治下百姓分为四等:第一等是蒙古人,他们是天之骄子,充任各级政府首长;第二等是中亚人(色国人),因他们大多信奉伊斯兰教,所以也称回回;第三等是“汉人”,即金帝国所属(淮河以北)的中国人;第四等是“南人”,即宋帝国所属(淮河以南)的中国人。在中国国土上,中国人却最低贱。元政府更依凭职业性质,把帝国百姓分为十级:一、官(政府官员);二、吏(吏佐,不能擢升为官员的政府雇员);三、僧(佛教僧侣);四、道(道教道士);五、医(医生);六、工(高级技术人员);七、匠(低级技术人员);八、娼(娼妓);九、儒(儒家,道学家);十、丐(乞丐)。一向在中国传统社会最受尊敬的儒家道学家、知识分子士大夫,在蒙古人看来,是彻头彻尾的寄生虫,比儒家所最鄙视的娼妓都不如。因为在蒙古故土的沙漠地区,每一个人,包括妇女儿童,都要从事劳动,在他们的知识领域内,实在想不通世界上还有专门读书和专门做官这种行业。蒙古人曾发挥出他们惊人的军事才能,缔造了一个空前庞大的帝国;但他们的政治才能却远为落后,这是由于他们文化落后所致。蒙古人向外扩张,并没有任何政治理想,如中国儒家学派所倡导的吊民伐罪；也没有任何高级情操的动力，如基督教、伊斯兰教传播福音到天涯海角。蒙古人向外扩张的目的只有两个：一是掠夺财富；一是满足征服欲望。了解蒙古帝国的野蛮本质和立国精神，就容易了解汉人所受迫害的沉重。

（二）明代

元朝末年，朝政腐败，灾害频繁。国库也日渐空虚。为了弥补财政亏空，元政府除了加重赋税以外，还发行新钞"至正宝钞"并大量印制，致使通货膨胀严重，导致民不聊生。至正十一年（1351年），元顺帝征调农民和兵士十几万人治理黄河水患。黄河两岸农民本已饱受灾荒之苦，在治河工地上又横遭监工鞭打，被克扣口粮，非常愤怒。于是，"治河"和"变钞"就成为民变的导火线，导致红巾军起义爆发。当年5月，红巾军起义爆发。次年，郭子兴聚众起义，攻占濠州（今安徽凤阳）。不久，贫苦农民出身的安徽凤阳人朱元璋投奔郭子兴，屡立战功，得到郭子兴的器重和信任，并娶郭子兴养女为妻。之后，朱元璋离开濠州，发展自己的势力。至正十六年（1356年），朱元璋率兵占领集庆（今江苏南京），改名为应天府，并攻下周围一些军事要地，获得了一块立足的基地。此时的朱元璋"地狭粮少""孤军独守"，远不及其他起义军势力，处境十分艰难。朱元璋采纳了谋士朱升"高筑墙，广积粮，缓称王"的建议，经过几年努力，朱元璋军事和经济实力迅速壮大。1360年，通过鄱阳湖水战，陈友谅势力遭到巨大打击。1363年，陈友谅势力被完全消灭，1367年，朱元璋攻下平江（今苏州），张士诚自尽。之后朱元璋又消灭割据浙江沿海的方国珍。1368年正月，朱元璋在应天称帝，建立了明朝。之后趁蒙元内斗之际进行北伐和西征，同年攻占大都（今北京），元朝撤出中原。之后朱元璋继续消灭位于四川的明玉珍势力和据守云南的元朝梁王，又深入沙漠，进攻北元。天下至此初定。

朱元璋大刀阔斧的整肃清洗之后，特权阶层被消灭了，全国建立了一个以小农经济为主体的社会。随着生产力的发展和几代官僚集团的发展，到了明代中后期，朱元璋所建立的与小农经济适应的政治、经济制度走到了尽头。土地兼并严重，豪强林立，国库空虚的同时百姓却没得到实惠，国家的赋税都被士绅富户转嫁到了小农的头上。于是明代中后期出现了张居正的改革，这是一次试图挽救明代和挽救封建制度的改革。张居正改革具体表现在以下几方面：①以法治为理政中心，示大信于天下；②以理财为监察中心，整顿官府；③以均赋役为中心，厚商利农，发展社会经济；明代留给后代的最大遗产就是故宫。北京故宫是明清两代的皇宫，又称紫禁城。历代宫殿都"向天立宫"以表示君权"受命于天"。由于君为天子，天子的宫殿如同天帝居住的"紫宫"禁地，故名紫禁城。故宫始建于明永乐四年（1406年），永乐十八年（1420年）建成。历经明清两个朝代24个皇帝。故宫规模宏大，占地72万平方米，建筑面积15万多平方米，有房屋9 999间，是世界上最大最完整的古代宫殿建筑群。为了突出帝王至高无上的权威，故宫有一条贯穿宫城南北的中轴线，在这条中轴线上，按照"前朝后寝"的古制，布置着帝王发号施令、象征政权中心的三大殿（太和殿、中和殿、保和殿）和帝后居住的后三宫（乾清宫、交泰殿、坤宁宫）。在其内廷部分（乾清门以北），左右各形成一条以太上皇居住的宫殿——宁寿宫，和以太妃居住的宫殿——慈寿宫为中心的次要轴线，这两条次要轴线又和外朝以太和门为中兴，与左边的文华殿，右边的武英殿相呼应。两条次要轴线和中央轴线之间，有斋宫及养心殿，其后即为嫔妃居住的东西六宫。出于防御的需要，这些宫殿建筑的外围筑有高达10米的宫墙，四角有角楼，外有护城河。

城墙上开有4门，南有午门，北有神武门，东有东华门，西有西华门，城墙四角，还耸立着4座角楼，角楼有3层屋檐，72个屋脊，玲珑剔透，造型别致，为中国古建筑中的杰作。

(三)清代前、中期历史

清初盛世对大多数民众来讲，这一个半世纪(大概自清朝人关迄至1800年)是一段和平与繁荣的时代，清朝最初的四个皇帝享有盛名。

顺治(本名为福临，在位于1644年至1661年)，幼年登极，初时由叔父多尔衮执政。顺治帝宗教思想浓厚，既受耶稣会教士汤若望的影响，也对佛教极感兴趣。康熙(本名玄烨，在位于1662年至1722年)在各项标准上，符合了传统中国所谓内圣外王的尺度，他既仁慈也不乏决断力。他在国内主持大政，也带兵领将驰骋于边疆。在位61年，也正是清朝在中国巩固其统治的时期。他的臣民不会忘记，当南巡的时候，船泊于乡间，而皇帝灯下读书至午夜未歇。康熙雍容大度，他的儿子雍正(本名胤祯，在位1723年至1735年)却严苛而有心计。他注重纪律，但因本身及家事间的纠纷而对臣僚采取严密的监视，引起特务政治的抬头。四个帝王的最后一个是乾隆(本名弘历，在位1736年至1795年)，在位60年。他并未在1795年去世，只是传位于子而自称太上皇，仍在幕后操纵国事至1799年驾崩为止。全中国历史中，未曾有如此数代帝王，持续不断地将开明专制政绩保持如此之久。四人个性不同，却都富有精力，也都能干。这一个半世纪之内，国际贸易对中国最为有利：茶叶行销于俄国，生丝及丝织品见爱于日本(自德川幕府初年即如是)，而此时欧洲正值启蒙运动抬头，中国的瓷器、地毯、漆器、首饰与家具使西欧各国首都表现着富丽堂皇。未漂白的棉织匹头称为“南京货”，初行于欧洲，后及于美洲。在工业革命前夕，中国乡镇工业产品仍保持着一种黄昏前的质量优势，直到西方超越中国为止。中国所赚得的外汇有助益于传统的农村经济，由外输入的白银主要来自日本及菲律宾，经常又持久，于是使流通的货币量增多，加上国库及各省区的铜钱铸造，更使流通加速。

第四节　近代以来的历史

一、清王朝的覆灭

鸦片战争敲响了清王朝覆灭的钟声，鸦片战争之后，清帝国在西方的炮声中瑟瑟发抖。1838年，皇帝旻宁命各大臣对鸦片提出意见，大多数都主张禁绝，而尤以湖广(湖南省、湖北省)总督林则徐态度最为激烈。他在奏章上说：“如果再漠视这种贸易，则数十年后，中国再没有可以抵抗敌人的士兵，也再没有维持军队的粮饷。”旻宁采纳了大多数人的意见，任命林则徐为钦差大臣，前往广州查禁。1839年，林则徐到达广州，他是一个勇于负责的人，但当时大黑暗反扑后的时代背景，不允许他有丰富的国际知识，他跟其他官员一样，习惯于使用强硬手段。他到广州八天后的3月18日，就下令禁绝鸦片，命外国商人把现存的鸦片，于三天内全部交出，还要具结保证：“以后永不夹带鸦片，如果违犯被查出时，甘愿船只立即没收，人员就地处决。”第二天，即3月19日，外国商人所住的商馆即被包围，中国仆妇跟附近居民，也都撤退。其他国家都愿作此承诺。英国商务监督查理义律也愿具结保证以后英国商船绝不夹带鸦片，但遇到有违犯这项禁令时，他要求两点：一是，没收鸦片，必须付给补偿；二是，对于违法人员，不能就地处决，必须经过公开的审判，才可以定罪。林则徐不理会查理义律的要求，宣称如果不交出鸦片，便断绝商馆的饮食供应。查理义律被包围到第十天，不得不屈服，交出全部鸦片一百四十万公斤，但仍拒绝具结，遂跟全体英国商人撤出广州，退到澳门。当英国政府得悉咸丰皇帝下令永远禁止通商之后，维多利亚女王以下，包括国会的反对党都十分激动。通商贸易是英国帝国主义赖以生存的命脉，不能忍受被破坏，他们遂决定使用武力打开中国市场的大门,大黑暗时代的中国,显然不是这英伦三岛的对手。这一场战争,事实上是贸易战争,不是为鸦片而战,而是为贸易而战。但它却是由鸦片引起的,所以称它是鸦片战争。

1840 年,英国远征舰队抵达澳门,共拥有军舰 16 艘,战斗部队 4 000 人,查理义律以全权大使身份,决定直接跟中国清王朝的中央政府交涉。他只留下少数军队封锁广州,自己率领大部分舰只北上,在中途攻陷舟山群岛上的定海县(浙江舟山),建立补给站,然后直抵天津的外港大沽。次年(1842)春,奕经率二万人精锐的大兵团,反攻宁波,被一千余人的英军击溃,奕经逃出性命。英舰进攻乍浦(浙江平湖乍浦港),清政府最自豪的满洲兵团,看见那些夷人的军舰像山一样逼面而来,上面喷着滚滚浓烟,天空一片漆黑,竟然一哄而散。英军不久即攻陷上海,逆长江而上,再攻陷镇江(江苏镇江),切断江南运粮到北京的运河,然后再驶到江宁(江苏南京),在江心停泊。朴鼎查提出最后通牒说,如果中国不接受英国所提出的条件,就开始炮轰。清政府的将领对于一向瞧不起的英夷,现在已闻风丧胆,文职官员更惊慌失措。皇帝旻宁除了在奏章上批一些大言不惭的话以显示他的愚昧无知外,最后只好派大臣耆英当全权代表,在江宁(江苏南京)上竖起白旗,接受英国的条件,签订《南京条约》。

英国以 2 500 人,进入面积比它本土大 50 倍,拥有 4 亿人口的庞大帝国,竟横冲直撞,如入无人之境。直到 20 世纪中日参与第二次世界大战,历时百年之久,中国就是打的这种每战必败的仗。大黑暗使中国军队腐烂,士气消沉,用任何方法都无法振作,因为这不单是军队问题,军队不能孤立于政治之外。《南京条约》共 13 条,其主要的内容是:中国赔偿英国鸦片损失和军费白银二千一百万两;中国割让香港全部主权于英国;开放广州、福州、厦门、宁波、上海 5 个港口为商埠,允许英国设立官员(领事)驻扎自由贸易(五口通商);中英两国地位平等,公文来往,用平等款式,中国不得再称英国为英夷。

这是中国第一次签订的现代意义的战败条约,战败国当然倒霉——割地赔款。五口通商,也是一种正常的国际关系。英国从"英夷"升格到跟天朝同样的地位,更显示《南京条约》的平等意味,何况中国在事实上仍称英夷如故,在心里仍瞧不起如故。可是,《南京条约》随后签订的一些附约,就不是那么回事了。1842 年,再签《善后章程》八条。1843 年,再签《五口通商章程》十五条。1843 年,再签《虎门条约》二十条。在这些名称不一的附约中,有下列规定:英国人之间,或英国人跟中国人之间,任何争执,英国人不受中国司法审判,而由英国官员审判(领事裁判权;英国军舰可在五个商埠停泊,保护商民;英国在五个商埠,可以租地建屋)到了 1846 年,英国在上海正式划定区域,称为租界。在租界地内,视同英国本土,中国不能行使主权。以后各国纷纷仿效,中国国内遂又有国;中国以后给予其他国家的任何利益,也应同时给予英国。这才是真正的不平等条约,在这些附约中,英国利用中国清政府官员对国际事务的茫然无知,一半恐吓,一半欺骗,使清政府在糊里糊涂中任凭英国摆布。而对引起战争的鸦片问题,反而像没有那回事一样,双方谁都不提。英国是故意躲避形诸文字,因为用条约保护贩卖毒品,将成为历史上的污点;尤其中国一旦醒悟过来,要求互惠,英国势将非常尴尬。清政府已精神恍惚,唯恐提起鸦片这个不祥之物,会招来更大的麻烦。就在这种谁都心里有数,却闭口不言的情况下,鸦片恢复进口,而且比从前进口更多,中国人吸毒的数目也疯狂增加。到了 19 世纪末,大多数官员和稍富有的中国人,都沉湎在烟榻之上,我们应对这个乌烟瘴气的社会景观,保持深刻印象,才可以了解中国一天比一天陷于绝境的缘故,鸦片的普及是重要原因之一。中国闭关自守五千年的古老大门,从此被英国的军舰大炮打开,再不能复合。接着美国总统泰勒派遣全权大使顾盛,拿着一封"孤统摄二十六邦"的图书,乘军舰到了广州,清政府官员已成了惊弓之鸟，急忙跟他签订《望厦条约》。法国军舰像逐臭的苍蝇一样，也闻风而至，清政府代表耆英鼓起胆量，稍为表示迟疑，法舰就开到广州海面示威，宣称将北上攻击舟山群岛，耆英也急忙签订了《黄埔条约》。接着又是葡萄牙、西班牙、比利时、普鲁士（德国）、奥匈帝国、意大利、荷兰、丹麦、瑞典等，一些中国曾经听说过，或从没有听说过的弹丸小国，在过去就是前来进贡也不见得够资格的，现在排队而来。清政府手忙脚乱，无法招架，于是只要他们能报出一个国名，清政府就一一跟他们签订条约。所有这些条约中，都有"利益均沾"条款，他们虽没有把中国打败，结果却每一个都是战胜国，凡英在《南京条约》附约中所享有的片面最惠国特权，诸如领事裁判权、军舰护侨权之类，他们也都同时获得。在这些弹丸小国眼中，中国是一个土头土脑的大肥佬，如果不乘机坑骗一下，简直良心上过不去。

清政府的真正危机在1894年来临。这一年中国的附属国朝鲜发生动乱，朝鲜请求中国出兵，依照中日《天津条约》，中方照会日本，日本同时出兵朝鲜。日本挑衅中国的机会来了。日本首先攻击了中国军舰，中日战争爆发。

战争分别在陆海战场进行。中国驻防牙山的陆军，自丰岛海战后，就受到日军的猛烈攻击，无法抵抗，即向汉北方二百公里外的重镇平壤撤退。中国在平壤集结的军队有一万四千人，司令官叶志超是官场中的典型人物，胆小如鼠，视钱如命，又没有声望，其他将领们也都是大小官僚，除了吸食鸦片外，每天都摆酒欢宴，既不体恤士兵，也不理会逼面而来的大敌，他们都相信"船到桥头自然直"的官场哲学。等到日军以一万五千人发动攻击时，大军即行崩溃，叶志超首先逃生。日军乘胜尾追，越过鸭绿江，深入中国领土的辽东半岛，顺利地占领位于半岛最南端、中国最优良的旅顺军港。日本在旅顺做灭种式大屠杀，中国人只有三十六人逃生。平壤溃败后，中国北洋舰队运送增援平壤的武装部队回航途中，跟日本舰队相遇。北洋舰队提督丁汝昌站在旗舰定远号的舰桥上指挥，下令舰队作一字形雁阵应战。可是副提督兼旗舰舰长（右翼总兵旗舰管带）刘步蟾，发现如此排阵，定远号处在最危险前端，将第一个受到炮击，于是在转达命令时改为人字形雁阵，使定远号位于他认为比较安全的中央后方位置。英国顾问泰乐尔看见阵势跟提督所下命令不符，对这种在海军中闻所未闻、几近叛变的阵前抗命，大为震骇。他急忙奔上舰桥，企图挽救，但时间已不许可，日舰已经逼近，刘步蟾下令开炮。奇怪的事情发生了，当定远号的大炮发射第一炮时，那个年久失修、早就锈烂的舰桥被震断裂，丁汝昌和泰乐尔被双双抛到半空而后跌到甲板上。丁汝昌腰部重伤，泰乐尔失去知觉。日舰的猛烈炮火，把定远号的桅樯摧毁，以致悬挂不出指挥的旗帜，各舰遂成了一群各自为政的盲鸭。海战只五小时，中国战舰五艘沉没，其余全部重伤，落荒而逃。日本仅松岛号重伤，无一舰被击沉。北洋舰队这时仍剩下军舰二十六艘，包括战舰七艘、炮艇六艘、鱼雷艇十三艘，集结在基地威海卫（山东威海）。旅顺陷落后，威海卫更加重要，仍控制着渤海海口，阻止日舰进攻天津。黄海战役三个月后，日本海陆夹攻威海卫，陆军由山东半岛最东端的成山角登陆，日军登陆后，攻陷威海卫的要塞炮台，北洋舰队反而暴露在自己岸炮的威胁之下。日本海军又一连两夜发动鱼雷艇偷袭，定远号被击搁浅，来远号和威远号则被击沉，两舰上的战士伤亡惨重，但两舰舰长因贪玩不在舰上却安然无恙。这是一个绝望的局势，中国海军主力全在北洋舰队，其他南洋、粤洋两个舰队都微不足道，而且地域观念和派系观念，使他们乐意于看到以李鸿章为首的北洋系势力瓦解，所以北洋舰队根本不可能有援军。不久，丁汝昌所在的刘公岛上发生兵变，水兵弃舰登陆，要求提督丁汝昌"放他们一条生路"，而岛上驻防的陆军却抢着攀上军舰，要求快快逃命。秩序已乱，英国顾问瑞乃尔建议丁汝昌凿沉残余军舰，士兵徒手投降。丁汝昌采纳,下令沉船,可是舰长们恐怕沉船后会触怒日本人,可能性命不保,拒绝执行命令。丁汝昌又打算率领各舰突围,更没人理会,丁汝昌只好服毒自杀。拒绝沉船、又拒绝突围的舰长之一程璧光乘着悬挂白旗的炮艇出港,向日本舰队投降。历时二十四日的威海卫战役结束,曾经煊赫一时,作为自强运动结晶的北洋舰队,灰飞烟灭。1895 年,中国代表李鸿章在他领导的事业全部失败后,到日本低头接受屈辱的和平,签订《马关条约》:①中国承认朝鲜独立自主;②中国割让辽东半岛、台湾、澎湖给日本;③中国赔偿日本军费白银二亿两(这是一个天文数字)。中国战败,朝鲜陷于惊恐,在朝鲜人的眼中,伟大的天朝是不会战败的。朝鲜失去了靠山,六神无主,只有默默地承认日本为他们的宗主国。

《马关条约》既然签订,中国的重大损失已成定局,李鸿章眼看着自己的北洋舰队全军覆没,战争在绝望中结束,日本用巨额的白银搞"殖民兴业",而中国只有她苦难的儿女去承接一次一次的悲惨。

在发奋图强上,日本起步比中国迟。这可以由对门户开放所持的态度上,得到启示。美国舰队敲开锁国二百余年的日本,日本并不把它当作一种耻辱,反而庆幸由于这个刺激,使日本早日惊醒。中国不然,像一个赤身露体而衰老患病的梦游患者,被鸦片战争惊醒后,发现自己所处的窘境,而认为惊醒他的人罪该万死。日本面对着巨变,内心充满着恐惧和自卑,立刻就认清必须全盘接受西洋文化,才能生存。中国则悻悻然怒不可遏。对西洋文化怀着一种轻蔑和仇视的心情,在不得不屈服时,所想的是"以夷制夷",不是虔诚的学习,而是一开始就态度不正。这已是让步的最大限度。也就是说,日本认为万事不如人,它的改变出自内心的彻底觉悟。中国则始终坚持从古代传下来的儒家系统的那些儒书,仍是救世良方,只要加以现代化的解释就可以了。中国政府的性质和皇族的地位,跟日本的完全不同。日本皇帝被形容为万世一系,是一种传奇的政治形态,日本有过将近七百年的幕府政治,但幕府的最高官位不过"征夷大将军",他们把天皇的权力剥夺罄尽,但从没有人想到把天皇排除,自己去当天皇。中国任何一个有权力的野心家,第一件想到的事就是把皇帝挤下宝座,由自己的屁股坐上去,并且还要用极残忍的手段对付失去权力的帝王,以免他死灰复燃。帝王本身自然也用同样残忍的手段对付那些有权力的野心家,以免他们的屁股发痒。所以中国统治阶级对于权力问题,具有高度的敏感和紧张,帝王的最大工作不是治理国家,而是防止官员或将领独揽大权。一些高级官员或军事将领,也特别用不揽大权——事实上也就是不负责任,来表示自己并不是野心家。西洋文化中的民主政治,主要的精神是帝王无权,权在民选的宰相和议会,而这恰恰严重违反了中国政治传统,更触犯了权力中心最大的禁忌。所以中国专制政体下的帝王,是世界上危险感最大的人,对野心家的恐惧心理,助长一种对中国伤害最大的贪污罪行。贪污在中国数千年不能绝迹,而在大黑暗时代尤其无孔不入,原因之一就是帝王有意培养它,当愤怒的人群纷纷控告某一有权人物贪污暴虐时,帝王往往暗自高兴,认为手握大权的人一旦把注意力放到贪污上,他就再不会有坐金銮殿那种野心。这些跟西洋近代文化,尤其跟自然科学工业以及军备业务,不能并存。日本却在一开始就肃清了贪污,建立起来一个非常有效率的文官制度,这是重要的分野。

二、清王朝覆灭到抗日战争

亚洲第一的中国海军的失败和覆灭使国人对封建体制内的洋务自救运动报以失望的态度,有识之士转而寻找其他的道路。孙中山、陈独秀及东洋留学派的救国努力可以看作是中华复兴之路的伟大探索。青年孙中山曾上书李鸿章,谋求政府的改革,结果无人理睬,孙中山愤而发起革命，孙中山以日本为革命活动的主要基地积极宣扬和筹划武装革命，倡导三民主义。这些武装革命和宣传经过累年的惨淡努力之后终于动摇和终结了清王朝的统治。

以陈独秀、李大钊为代表的早期共产党人走的是另一条救亡复兴的道路。二人都是精英知识分子。陈独秀先办《新青年》，倡导民主科学，后转向激进组建中国共产党，李大钊是将马克思主义引入中国的功臣，在组建中国共产党时，李大钊和陈独秀是党内公认的领袖。共产党深信只有共产主义才能救中国。早期的共产党人积极寻求与其他党派主要是国民党的合作，打倒军阀，统一全国，组建联合政府。

在1900—1927年这个历史时段里，有一个被学界称为留学东洋派的松散的团体特别引人注目。这个团体集中了中国现代历史相当多的显赫的名字，他们的形象可以组成辉煌的历史画卷：严复、秋瑾、徐锡麟、湖南人黄兴、宋教仁、陈天华、蔡锷、杨度、四川邹容、福建林觉民、胡汉民（国民党中央主席）、谭人凤（同盟会骨干，长江巡阅使）、蒋介石、汪精卫、张伯苓（南开大学校长）、孙武（武昌起义共进会首脑）、居正（国民政府司法院长）、戴季陶（国民政府考试院长，中宣部长）、刘揆一（陆征祥内阁工商总长）、章士钊（段奇瑞政府教育总长）、鲁迅，皆可列名史册，居一席地位。可以说留学东洋派是毛泽东时代之前的中国历史的主要书写者。日本和中国的历史如此纠结，如果没有日本的侵华战争，中日关系当会呈现的是一种多么不同的面貌，可惜，历史永远没有假设，1931年的9月18日，可悲的中日战争来临了。而全面的战争则在1937年的7月7日来临。

三、八年抗日战争

八年抗战，对于每个中国人都可说是刻骨铭心的记忆。抗日战争可分为三个阶段。

第一阶段：从1937年7月卢沟桥事变到1938年10月广州、武汉失守，是战略防御阶段。

卢沟桥事变揭开了全国抗战的序幕。当时，日本侵略者把国民党作为主要作战对象，所以由国民党军担负的正面战场是抗击日军进攻的主要战场。在全国抗战初期，国民党表现了一定的抗日积极性，先后进行了平津会战、淞沪会战、忻口会战、徐州会战、太原会战、武汉会战等重要战役，并取得了台儿庄战役的胜利，阻滞了日军的推进，粉碎了日军3个月灭亡中国的狂妄企图。但是，由于国民党在政治上实行单纯依靠政府和军队的片面抗战路线，在军事上则采取单纯防御的战略方针，所以，尽管国民党军队的许多官兵对日军的进攻进行了英勇的抵抗，但正面战场的战局仍非常不利，先后丢失了华北、华中的大片领土，国民政府亦迁都重庆。而中国共产党代表中华民族的根本利益，提出一条依靠人民群众的全面抗战的路线。1937年8月下旬，共产党领导的红军主力改编为国民革命军第八路军，开赴华北抗日前线；10月间，南方各省的红军游击队也改编为新四军，开赴华中前线。八路军和新四军深入敌后，开辟敌后战场，主要从战略上配合国民党军作战。

第二阶段：从1938年10月至1943年12月，是战略相持阶段。

随着战局的扩大，战线的延长和长期战争的消耗，日军的财力、物力、兵力严重不足，已无力再发动大规模的战略进攻。敌后游击战争的发展和抗日根据地的扩大，使日军在其占领区内只能控制主要交通线和一些大城市，广大农村均控制在以八路军、新四军为主的中国军队手中。1938年9月，中国共产党召开了六届六中全会，毛泽东提出了中国共产党在民族战争中的地位问题，批判和克服了王明的右倾机会主义路线，坚持了独立自主的原则，保证了抗日战争的胜利进行。在此阶段，日本的侵华方针有了重大变化：逐渐将其主要兵力用于打击在敌后战场的八路军和新四军，而对国民党政府则采取以政治诱降为主的方针。日本侵略军集中了大部分兵力和几乎全部伪军,对中国共产党领导的敌后抗日根据地进行了残酷的"大扫荡"。抗日根据地军民开展了艰苦的斗争,坚决地进行反"扫荡"、反"蚕食"斗争,敌后战场逐渐成为抗日战争的主要战场。在日本政府的诱降下,国民政府内亲日派头子汪精卫公开投降。1940年3月,他在南京成立了伪国民政府,组织伪军,协同日本侵略军进攻抗日根据地。同时,国民党的反共倾向也日渐增长,蒋介石采取"消极抗日,积极反共"的政策,掀起了三次反共高潮,妄图消灭共产党和敌后抗日根据地。中国共产党坚持"发展进步势力,争取中间势力,孤立顽固势力"的方针,领导解放区军民一面抗击日伪军的"大扫荡",一面打退了国民党的三次反共高潮,巩固和发展了抗日根据地。至1943年12月,日军在兵力严重不足的情况下,被迫收缩战线,华北方面军停止向抗日根据地的进攻。

第三阶段:从1944年1月解放区战场局部反攻至1945年8月日本宣布无条件投降,是战略反攻阶段。

1944年,共产党领导的敌后军民在华北、华中、华南地区,对日伪军普遍发起局部反攻。与此同时,国民党正面战场却出现了大溃败的局面,先后丧失了河南、湖南、广西、广东等省的大部分和贵州省的一部。1945年,八路军、新四军向日军发动了大规模的春、夏季攻势,扩大了解放区,打通了许多解放区之间的联系。当时,由于国民党军队主力分散在中国的西南、西北大后方地区,日军占领的大部分城镇、交通要道和沿海地区都处在解放区军民的包围之中,因此全面反攻的任务,自然地主要由敌后抗日根据地的人民军队来进行。1945年5月,苏军攻克柏林,德军正式向盟军投降,第二次世界大战欧洲战场的战争宣告结束。1945年8月,美国军队在太平洋战场上对日作战胜利,逼近日本本土。8月6日和9日,美国在日本的广岛、长崎投掷了两颗原子弹。

1945年8月8日,苏联政府对日宣战,出兵中国东北。8月9日,毛泽东发表了《对日寇的最后一战》的声明,要求八路军、新四军及其他人民军队,在一切可能的条件下,对一切不愿投降的侵略者及其走狗实行广泛的进攻。1945年8月14日,日本政府照会美、英、苏、中四国政府,宣布接受《波茨坦公告》。8月15日,日本天皇裕仁以广播"终战诏书"的形式正式宣布日本无条件投降。9月2日,日本投降的签字仪式在停泊于日本东京湾的美国战列舰"密苏里号"上举行。9月9日,在南京陆军总部举行的中国战区受降仪式上,日本驻中国侵略军总司令冈村宁次代表日本大本营在投降书上签字,并交出他的随身佩刀,以表示侵华日军正式向中国缴械投降。至此,抗日战争胜利结束。

整个抗日战争期间,中国军队共进行大规模和较大规模的会战22次,重要战役200余次,大小战斗近20万次,总计歼灭日军150余万人、伪军118万人。战争结束时,接收投降日军128万余人,接收投降伪军146万余人。

四、四年解放战争

1945年8月,蒋介石在日本投降前后三次发电邀请毛泽东到重庆商谈"国际、国内重要问题"。为避免内战再起,国共双方代表曾先后签订了《政府与中共代表会谈纪要》,即《双十协定》和《停战协定》。然而,国民政府派出军队进入东北地区及其他原日军占领区后,不承认前期已经进入该地的中共军队及其所建立政权的合法性,双方遂发生大规模武装冲突。美国国务卿马歇尔奉命前来进行调停工作,虽曾达成国共双方共组政府的协议,但在中华民国国民政府主张召开非常片面的国民大会,共产党及其他亲共党派坚决反对的情况下,短暂的合作再度破裂。1946年6月,国民党军队以突然袭击手段,进攻中共在中原地区的一个集结区,全面内战遂告爆发，中国国民党方面则认为该次事件为共军主动调动挑起，双方各执一词，但借此机会开战的意图却是两造皆然，美国遂中止对中华民国的军事援助，装备美式武器的中华民国国军因此开始走向下坡路。

1946年年底，中国国民党、中国民主社会党与中国青年党召开制宪国民大会，制定中华民国宪法，并选举中华民国总统，中共及民盟等民主党派强烈反对和抵制，国共关系全面破裂。1947年7月，中共军队开始战略反攻，将战争引向广大国民党统治区。1947年10月10日，中共中央以“中国人民解放军”名义发表宣言，提出了“打倒蒋介石，解放全中国”的口号。1948年4月30日，中共中央发布纪念“五一”国际劳动节口号，其第五项号召各民主党派、人民团体及社会贤达迅速召开政治协商会议，讨论并实现召集人民代表大会，成立民主联合政府。各民主党派和无党派民主人士表示热烈响应，并逐渐向解放区集中。为从经济上支撑内战，国民政府废止法币，发行“金圆券”，内战造成空前的通货膨胀，导致经济、金融秩序濒临全面崩溃，新疆省政府发行的货币面额高达六十亿。共产党以要求民主为口号，搭配蜂拥而起的学潮，以宣传争取民心，以大量谍战人员（如刘斐、郭汝瑰、韩练成、熊向晖、张克侠、何基沣、廖运周等等）渗透夺取军事情报，并以乡村包围城市的策略开始进行全面的战争。

1948年冬，中国人民解放军发动战略决战。历经辽沈战役、平津战役、淮海战役等三大战役后，国民党军队实力快速缩减，节节败退。到了1949年元旦，内外交困的蒋介石宣布下野，此后代总统李宗仁试图求和，以长江为界划江而治，但遭到中共中央与蒋介石的拒绝。1949年4月，中国人民解放军，展开渡江战役，突破长江防线，向全国进军。南京国民政府对全中国的统治宣告终结。1949年9月，带有制宪会议性质的由中共和其他民主党派及爱国人士参加的新“政治协商会议”在北平开幕，会议通过带有临时宪法性质的《中国人民政治协商会议共同纲领》，并决定改国号为中华人民共和国，定都北京。10月1日，毛泽东在北京宣告中华人民共和国中央人民政府成立。

今天，历史洗净烟尘，当国民党主席连战和共产党中央总书记胡锦涛实现历史性握手的刹那，国共的恩怨一笑泯之，中华民族向着伟大的复兴之路迈进。

文 选

十九、垓下[1]之围

司马迁《史记·项羽本纪》

项王军壁[2]垓下，兵少食尽，汉军及诸侯兵围之数重。夜闻汉军四面皆楚歌[3]，项王乃大惊曰："汉皆已得楚乎？是何楚人之多也！"项王则夜起，饮帐中。有美人名虞，常幸从[4]；骏马名骓[5]，常骑之。于是项王乃悲歌慷慨[6]，自为诗曰："力拔山兮气盖世，时不利兮骓不逝[7]。骓不逝兮可奈何，虞兮虞兮奈若何[8]！"歌数阕[9]，美人和之。项王泣数行下，左右皆泣，莫能仰视[10]。

于是项王乃上马骑[11]，麾下壮士骑从者八百余人，直夜溃围南出[12]，驰走。平明[13]，汉军乃觉之，令骑将灌婴以五千骑追之。项王渡淮，骑能属者百余人耳[14]。项王至阴陵[15]，迷失道，问一田父，田父绐曰[16]："左。"左，乃陷大泽中。以故汉追及之。项王乃复引兵而东，至东城[17]，乃有二十八骑。汉骑追者数千人。项王自度不得脱[18]。谓其骑曰："吾起兵至今八岁矣，身七十余战[19]，所当者破[20]，所击者服，未尝败北[21]，遂霸有天下。然今卒困于此[22]，此天之亡我，非战之罪也。今日固决死[23]，愿为诸君快战[24]，必三胜之，为诸君溃围、斩将、刈旗[25]，令诸君知天亡我，非战之罪也。"乃分其骑以为四队，四向[26]。汉军围之数重。项王谓其骑曰："吾为公取彼一将。"令四面骑驰下，期山东为三处[27]。于是项王大呼驰下，汉军皆披靡[28]，遂斩汉一将。是时，赤泉侯为骑将[29]，追项王，项王瞋目而叱之[30]，赤泉侯人马俱惊，辟易数里[31]。与其骑会为三处。汉军不知项王所在，乃分军为三，复围之[32]。项王乃驰，复斩汉一都尉，杀数十百人，复聚其骑，亡其两骑耳。乃谓其骑曰："何如？"骑皆伏曰[33]："如大王言。"

于是项王乃欲东渡乌江[34]。乌江亭长檥船待[35]，谓项王曰："江东虽小，地方千里，众数十万人，亦足王也。愿大王急渡。今独臣有船，汉军至，无以渡。"项王笑曰："天之亡我，我何渡为！且籍与江东子弟八千人渡江而西，今无一人还，纵江东父兄怜而王我[36]，我何面目见之？纵彼不言，籍独不愧于心乎？"乃谓亭长曰："吾知公长者[37]。吾骑此马五岁，所当无敌，尝一日行千里，不忍杀之，以赐公。"乃令骑皆下马步行，持短兵接战。独籍所杀汉军数百人。项王身亦被十余创[38]。顾见汉骑司马吕马童[39]，曰："若非吾故人乎[40]？"马童面之[41]，指王翳曰[42]："此项王也。"项王乃曰："吾闻汉购我头千金，邑万户，吾为若德[43]。"乃自刎而死。王翳取其头，余骑相蹂践争项王，相杀者数十人。最其后，郎中骑杨喜、骑司马吕马童、郎中吕胜、杨武各得其一体。五人共会其体，皆是。故分其地为五：封吕马童为中水侯，封王翳为杜衍侯，封杨喜为赤泉侯，封杨武为吴防侯，封吕胜为涅阳侯。

项王已死，楚地皆降汉，独鲁不下。汉乃引天下兵欲屠之；为其守礼义，为主死节，乃持项王头视鲁，鲁父兄乃降。始，楚怀王初封项籍为鲁公，及其死，鲁最后下，故以鲁公礼葬项王榖城。汉王为发哀，泣之而去。

诸项氏枝属,汉王皆不诛,乃封项伯为射阳侯。桃侯、平皋侯、玄武侯皆项氏,赐姓刘。

太史公曰[44]:吾闻之周生曰[45],舜目盖重瞳子[46],又闻项羽亦重瞳子。羽岂其苗裔邪[47]?何兴之暴也[48]!夫秦失其政,陈涉首难,豪杰蜂起,相与并争,不可胜数。然羽非有尺寸[49],乘势起陇亩之中[50],三年,遂将五诸侯灭秦[51],分裂天下,而封王侯,政由羽出[52],号为"霸王",位虽不终[53],近古以来未尝有也。及羽背关怀楚[54],放逐义帝而自立[55],怨王侯叛己,难矣[56]。自矜功伐[57],奋其私智而不师古[58],谓霸王之业,欲以力征经营天下[59],五年卒亡其国,身死东城,尚不觉悟,而不自责,过矣[60]。乃引"天亡我,非用兵之罪也"[61],岂不谬哉!

【注释】

[1]垓(gāi)下:地名,故址在今安徽亳县东南的城父村。

[2]壁:营垒;此处用作动词,即在……扎营。

[3]四面皆楚歌:四面八方都响起用楚方言所唱的歌曲。喻指楚人多已投降。

[4]幸从:得到宠爱,跟随在项羽身边。

[5]骓(zhuī):毛色黑白相间的马。这里是以毛色为命名。

[6]慷慨:同"忼慨",悲愤激昂。

[7]逝:奔驰。

[8]奈若何:将你怎么办。若:你。

[9]阕(què):乐歌终了一次叫做一阕。

[10]莫:没有人。

[11]骑(jì):名词,一人乘一马为一骑。

[12]直夜:当夜。溃围:突破重围。

[13]平明:天亮时。

[14]骑能属者:能跟从而来的骑兵。属:随从。

[15]阴陵:秦时地名,故址在今安徽定远县西北。

[16]田父:老农。绐(dài):欺骗。

[17]东城:秦时地名,故址在今安徽定远县东南。

[18]度(duó):揣测,估计。脱:脱身。

[19]身:亲身参加。

[20]所当者:所遇到的敌方。

[21]尝:曾。败北:战败,败走。

[22]卒:最终。

[23]固:必,一定。

[24]快战:痛痛快快地打一仗。

[25]刈(yì):割,砍。

[26]四向:面朝四个方向。

[27]期:约定。山东:山的东面。为三处:意谓分三处集合。

[28]披靡:惊溃散乱的样子。

[29]赤泉:地名,在今河南淅川西。赤泉侯:汉将杨喜,后封赤泉侯。

[30]瞋(chēn)目:瞪大眼睛。叱(chì):大声呵斥。

[31]辟易:倒退。

[32]复:又,再。

[33]伏:通"服"。

[34]乌江:即今安徽和县东北之乌江浦。

[35]亭长:乡官。秦、汉时制度,十里一亭,设亭长一人。舣(yǐ):移船靠岸。

[36]纵:即使。王我:让我为王。

[37]长者:性情谨厚的人。

[38]创:创伤。

[39]顾:回头看。

[40]故人:旧相识。

[41]面之:面对着项王。

[42]指王翳:把项王指给王翳看。

[43]吾为若德:我就给你个好处吧。

[44]太史公:即太史令,司马迁自称。《史记》每篇传记文后均设"太史公曰"一段文字,以抒发他对传主一生行事、遭遇的总结性意见。

[45]周生:汉时儒者,姓周,名不详。

[46]盖:表推测,"或许是""可能是"之意。重瞳子:一只眼睛里有两个眸子。

[47]苗裔:后代子孙。

[48]暴:骤然,突然。

[49]尺寸:指极少的封地、权势等凭借。

[50]陇亩:田间,指民间。

[51]将:率领。五诸侯:齐、赵、韩、燕、魏五国。此处泛指楚以外的各路义军。

[52]政:政令。

[53]不终:没取得较长远的好结果。

[54]背关怀楚：放弃关中，怀归楚地。指的是项羽不扼据关中而还军建都彭城。

[55]放逐义帝：项羽之叔项梁起兵时，立楚王后代熊心为怀王。灭秦后项羽尊其为义帝。后项羽自立为西楚霸王，徙义帝往长沙郴县，并阴令人于途中杀之。

[56]难矣：意思是说，项羽在这种情况下还想成大事，那就太困难了。

[57]自矜：自夸，自负。攻伐：指武力征伐之功。

[58]私智：一己之能。师古：以古代成功立业的帝王为师。

[59]经营：治理，整顿。

[60]过矣：实在是太错了。

[61]引：援引，以……为理由。

【迷津导航】

司马迁（公元前145—前90年），字子长，夏阳（今陕西韩城南芝川镇）人，西汉史学家、思想家、文学家。著有《史记》《汉书·艺文志》，著录有《司马迁赋》八篇；《隋书·经籍志》有《司马迁集》一卷。

《史记》是我国西汉著名史学家司马迁撰写的一部纪传体史书，原名《太史公记》，记载了上自上古传说中的黄帝时代，下至汉武帝元狩元年间共3 000多年的历史。《史记》是中国历史上第一部纪传体通史，被列为二十四史之首，与后来的《汉书》《后汉书》《三国志》合称“前四史”。

《史记》全书包括十二本纪（记历代帝王政绩）、三十世家（记诸侯国和汉代诸侯、勋贵兴亡）、七十列传（记重要人物的言行事迹，主要叙人臣，其中最后一篇为自序）、十表（大事年表）、八书（记各种典章制度记礼、乐、音律、历法、天文、封禅、水利、财用），共一百三十篇，五十二万六千五百余字。

《史记》对后世史学和文学的发展都产生了深远影响。其首创的纪传体编史方法为后来历代“正史”所传承。同时，《史记》还被认为是一部优秀的文学著作，在中国文学史上有重要地位，被鲁迅誉为“史家之绝唱，无韵之《离骚》”，有很高的文学价值。

本文节选自《史记·项羽本纪》。题目系编者自加。

本文描写项羽走上穷途末路的情况。司马迁不以成败论英雄，而是用充满激赏和同情的笔触展现了项羽失败的英雄本色，真可谓成也英雄败也英雄；也中肯地指出了项羽起兵灭暴秦的伟大历史功绩和所犯的缺乏政治远见、专恃武力经营天下的致命错误。

《项羽本纪》是《史记》中最重要、最杰出的篇章之一。《垓下之围》是其中的精彩片段。首先，文章给我们塑造了一个可歌可泣的悲剧英雄形象。文中精选了三个场面，从人物的心理、言行举止等多个角度，给读者刻画了这一英雄末路的悲剧性格。在四面楚歌中，“一惊、一悲、一泣”的描写，展示了项羽作为一个凡人多情而无奈、慷慨悲凉的心境，让读者亲近、可感。在突出重围的描写中，用说到做到、连斩数将，再现了项羽勇猛无比的风姿。在乌江边，项羽宁可自刎也不苟且偷生，揭示了他内心世界中知耻重义、视死如归的一面。所有这些，无不让人肃然起敬、扼腕痛惜。

其次，司马迁写人物传记，在不违背史实的基础上，为塑造和刻画人物形象，对某些细节作大胆地想象和合情合理地艺术加工。如“虞兮虞兮”的慷慨悲歌，“天之亡我”的反复呼告，瞋目吓退吕马童数里的气势，乌江边的一席话，“羽岂其苗裔邪?”的发问等，这些有血有肉的艺术加工和大胆想象，明显收到了使人物性格鲜明、情感动人的艺术效果，已显露出小说技巧的端倪。它对后世散文、小说、戏剧的创作产生了深远的影响。

【思考与练习】

1. 结合课文分析项羽的性格特征。

2. 你认为文章中哪些地方有小说写法的因素？说说这种处理有何作用？

3. 结合课文或其他艺术形象，谈谈你对文学艺术中“悲剧艺术”的认识？

二十、李广传

班固《汉书·李广苏建传》节选

广出猎，见草中石，以为虎而射之，中石没矢，视之，石也，他日射之，终不能入矣。广所居郡闻有虎，常自射之。及居右北平射虎，虎腾伤广，广亦射杀之

石建卒[1]，上召广代为郎中令。元朔六年[2]，广复为将军，从大将军出定襄[3]。诸将多中首虏率为侯者[4]，而广军无功。后三岁，广以郎中令将四千骑出右北平，博望侯张骞将万骑与广俱[5]，异道。行数百里，匈奴左贤王将四万骑围广，广军士皆恐，广乃使其子敢往驰之。敢从数十骑直贯胡骑，出其左右而还，报广曰：“胡虏易与耳。”军士乃安。为圜陈外乡[6]，胡急击，矢下如雨。汉兵死者过半，汉矢且尽。广乃令持满毋发[7]，而广身自以大黄射其裨将[8]，杀数人，胡虏益解[9]。会暮，吏士无人色，而广意气自如[10]，益治军[11]。军中服其勇也。明日，复力战，而博望侯军亦军，匈奴乃解去。汉军罢，弗能追。是时，广军几没，罢归。汉法，博望侯后期，当死，赎为庶人。广军自当，亡赏。

初，广与从弟李蔡俱为郎，事文帝。景帝时，蔡积功至二千石。武帝元朔中[12]，为轻车将军，从大将军击右贤王，有功中率，封为乐安侯。元狩二年[13]，代公孙弘为丞相[14]。蔡为人在下中[15]，名声出广下远甚，然广不得爵邑，官不过九卿[16]。广之军吏及士卒或取封侯。广与望气王朔语云[17]：“自汉击匈奴，广未尝不在其中，而诸妄校尉已下[18]，材能不及中[19]，以军功取侯者数十人。广不为后人[20]，然终无尺寸功以得封邑者，何也？岂吾相不当侯邪？”朔曰：“将军自念，岂尝有恨者乎[21]？”广曰：“吾为陇西守，羌尝反[22]，吾诱降者八百余人，诈而同日杀之，至今恨独此耳。”朔曰：“祸莫大于杀已降，此乃将军所以不得侯者也。”

广历七郡太守，前后四十余年，得赏赐，辄分其戏下，饮食与士卒共之。家无余财，终不言生产事。为人长，爰臂[23]，其善射亦天性，虽子孙他人学者莫能及。广呐口少言[24]，与人居，则画地为军陈，射阔狭以饮[25]。专以射为戏。将兵，乏绝处见水，士卒不尽饮，不近水；不尽餐，不尝食；宽缓不苛，士以此爱乐为用。其射，见敌，非在数十步之内，度不中不发，发即应弦而倒。用此，其将数困辱，及射猛兽，亦数为所伤云。

元狩四年[26]，大将军票骑将军大击匈奴[27]，广数自请行。上以为老，不许；良久乃许之，以为前将军。

大将军青出塞，捕虏知单于所居，乃自以精兵走之[28]，而令广并于右将军军[29]，出东道。东道少回远[30]，大军行，水草少，其势不屯行[31]。广辞曰：“臣部为前将军[32]，今大将军乃徙臣出东道，且臣结发而与匈奴战[33]，乃今一得当单于，臣愿居前，先死单于。”大将军阴受上指[34]，以为李广数奇[35]，毋令当单于，恐不得所欲[36]。是时，公孙敖新失侯[37]，为中将军，大将军亦欲使敖与俱当单于，故徙广。广知之，固辞。大将军弗听，令长史封书与广之莫府[38]，曰：“急诣部[39]，如书。”广不谢大将军而起行，意象愠怒而就部[40]，引兵与右将军食其合军出东道。惑失道[41]，后大将军。大将军与单于接战，单于遁走，弗能得而还。南绝幕[42]，乃遇两

将军。广已见大将军，还入军。大将军使长史持糒醪遗广[43]，因问广、食其失道状，曰："青欲上书报天子失军曲折[44]。"广未对。大将军长史急责广之莫府上簿[45]。广曰："诸校尉亡罪，乃我自失道。吾今自上簿。"

至莫府，谓其麾下曰："广结发与匈奴大小七十余战，今幸从大将军出接单于兵，而大将军徙广部行回远，又迷失道，岂非天哉！且广年六十余，终不能复对刀笔之吏矣[46]！"遂引刀自刭。百姓闻之，知与不知[47]，老壮皆为垂泣。而右将军独下吏，当死，赎为遮人。

【注释】

[1]石建：万石君石奋之子，曾为郎中令，为官谨慎。

[2]元朔六年：前123年。

[3]大将军：指卫青。定襄：郡名。治成乐（在今内蒙古和林格尔西北土城子）。

[4]中首虏率：符合斩获敌首的标准。中（zhòng）：达到；符合。率（lǜ）：标准，规定。

[5]张骞：本书有其传。

[6]圆阵外向：列成圆形阵，兵士面向外对敌。

[7]持满毋发：拉开弓勿发射。

[8]大黄：黄色的大弩，可以连发、远射。裨（pí）将：副将。

[9]益：逐渐之意。

[10]意气自如：神色如常。

[11]益：更加之意。

[12]元朔：汉武帝年号（前128—前123年）。

[13]元狩二年：前121年。

[14]公孙弘：本书有其传。

[15]下中：下中等。汉时分人为九等，下中为第八等。

[16]九卿：西汉包括太常、郎中令、卫尉、太仆、廷尉、少府、鸿胪、宗正、大司农等。

[17]望气：占候之术。这里指望气者。王朔：汉代著名的望气者。

[18]诸妄：《史记》作"诸部"。妄：犹凡。

[19]中：中等之人。

[20]不为后人：不在他人之后。

[21]恨：悔恨。

[22]羌：少数民族，西汉时散居于今甘肃、青海一带。

[23]猿臂：喻臂长而灵活。

[24]讷（nè）口：语言迟钝。

[25]画地为军阵，射阔狭以饮：这是一种游戏。即在地上划阔狭（宽窄）不同的线，从远处射之，比赛射箭的准确度，输者罚饮酒。

[26]元狩四年：前119年。

[27]骠骑将军：指霍去病。本书有其传。

[28]走：追逐之意。

[29]并：合并。右将军：指赵食其（yìjī）。

[30]少回远：稍迂回而道远。

[31]不屯行：不能结队前进。

[32]臣：自谦称。部：率领，引申为职务。

[33]结发：指成年束发。

[34]阴：暗中。

[35]数奇（jī）：言命运不佳。古代占卜，以偶为吉，以奇为凶。

[36]恐不得所欲：言恐怕不能胜敌。

[37]公孙敖：公孙，复姓，敖，名。曾封为合骑侯，又因怯敌而失侯。

[38]幕府：这里指大将军卫青行军府。

[39]诣（yì）：往。

[40]意象温（yùn）怒：内心怒表露于外。愠，含怨。

[41]导：向导。

[42]南绝漠：向南渡过沙漠。绝：横渡。

[43]糒（bèi）：干饭。醪（láo）：浊酒。遗（wèi）：送给。

[44]曲折：言具体情况。

[45]上簿：申状受审。

[46]刀笔之吏：掌管文书之官吏。古时书简，以笔记事，以刀削误。刀笔连用，有增减随意之意。

[47]知：熟识。

【迷津导航】

班固（公元32—公元92年），东汉历史学家班彪之子，班超之兄，字孟坚，扶风安陵人（今陕西咸阳），著有《白虎通德论》六卷，《汉书》一百二十卷，《集》十七卷。此外，班固也是东汉时期最著名的辞赋家之一，著有《两都赋》《答宾戏》《幽通赋》等。

《汉书》，又称《前汉书》，由我国东汉时期的历史学家班固编撰，是中国第一部纪传体断代史，“二十四史”之一。《汉书》全书主要记述了上起西汉的汉高祖元年（公元前206年），下至新朝的王莽地皇四年（公元23年），共230年的史事。《汉书》包括纪十二篇，表八篇，志十篇，传七十篇，共一百篇，后人划分为一百二十卷，共八十万字。

《汉书》的语言庄严工整，多用排偶、古字古词，遣词造句典雅远奥，与《史记》平畅的口语化文字形成了鲜明的对照。中国纪史的方式自《汉书》以后，历代都仿照它的体例，纂修了纪传体的断代史。《汉书》开创了我国断代纪传表志体史书，奠定了修正史的编例。

本文选自《汉书·李广苏建传》，题目系编者自加。

李广，西汉名将。汉文帝十四年（前166年）从军击匈奴因功为中郎。景帝时，先后任北部边域七郡太守。武帝即位，召为中央宫卫尉。元光六年（前129年），任骁骑将军，领万余骑出雁门（今山西右玉南）击匈奴，因众寡悬殊负伤被俘。匈奴兵将其置卧于两马间，李广佯死，于途中趁隙跃起，奔马返回。后任右北平郡（治平刚县，今内蒙古宁城西南）太守。匈奴畏服，称之为飞将军，数年不敢来犯。元狩四年，漠北之战中，李广任前将军，因迷失道路，未能参战，愤愧自杀。

【思考与练习】

1. 结合课文，分析李广性格特征。

2. 分析李广自杀的原因。

二十一、武帝操纪

陈寿《三国志·武帝纪》节选

太祖武皇帝，沛国谯人也[1]，姓曹，讳操，字孟德，汉相国参之后。桓帝世，曹腾为中常侍、大长秋[2]，封费亭侯[3]。养子嵩嗣，官至太尉[4]，莫能审其生出本末。嵩生太祖。

太祖少机警，有权数，而任侠放荡，不治行业，故世人未之奇也；惟梁国桥玄、南阳何颙异焉。玄谓太祖曰：“天下将乱，非命世之才不能济也，能安之者，其在君乎！”年二十，举孝廉为郎[5]，除洛阳北部尉[6]，迁顿丘令[7]，徵拜议郎[8]。

光和末[9]，黄巾起。拜骑都尉[10]，讨颍川贼[11]。迁为济南相[12]，国有十余县，长吏多阿附贵戚，赃污狼藉，于是奏免其八；禁断淫祀，奸宄逃窜，郡界肃然。久之，征还为东郡太守[13]；不就，称疾归乡里。

顷之，冀州刺史王芬、南阳许攸、沛国周旌等连结豪杰，谋废灵帝，立合肥侯[14]，以告太祖，太祖拒之。芬等遂败。

金城边章、韩遂杀刺史郡守以叛，众十馀万，天下骚动。征太祖为典军校尉[15]。会灵帝崩，太子即位[16]，太后临朝。大将军何进与袁绍谋诛宦官，太后不听。进乃召董卓，欲以胁太后，卓未至而进见杀。卓到，废帝为弘农王而立献帝，京都大乱。卓表太祖为骁骑校尉[17]，欲与计事。太祖乃变易姓名，间行东归。出关，过中牟[18]，为亭长所疑[19]，执诣县，邑中或窃识之，为请得解。卓遂杀太后及弘农王。太祖至陈留[20]，散家财，合义兵，将以诛卓。冬十二月，始起兵于己吾[21]，是岁中平六年也[22]。

初平元年春正月[23]，后将军袁术、冀州牧韩馥、豫州刺史孔伷、兖州刺史刘岱、河内太守王匡、勃海太守袁绍、陈留太守张邈、东郡太守桥瑁、山阳太守袁遗、济北相鲍信同时俱起兵[24]，众各数万,推绍为盟主。太祖行奋武将军[25]。

二月,卓闻兵起,乃徙天子都长安。卓留屯洛阳,遂焚宫室。是时绍屯河内,邈、岱、瑁、遗屯酸枣[26],术屯南阳[27],伷屯颍川,馥在邺。卓兵强,绍等莫敢先进。太祖曰:"举义兵以诛暴乱,大众已合,诸君何疑?向使董卓闻山东兵起[28],倚王室之重,据二周之险[29],东向以临天下;虽以无道行之,犹足为患。今焚烧宫室,劫迁天子,海内震动,不知所归,此天亡之时也。一战而天下定矣,不可失也。"遂引兵西,将据成皋[30]。邈遣将卫兹分兵随太祖。到荥阳汴水[31],遇卓将徐荣,与战不利,士卒死伤甚多。太祖为流矢所中,所乘马被创,从弟洪以马与太祖,得夜遁去。荣见太祖所将兵少,力战尽日,谓酸枣未易攻也,亦引兵还。

太祖到酸枣,诸军兵十余万,日置酒高会,不图进取。太祖责让之,因为谋曰:"诸君听吾计,使勃海引河内之众临孟津[32],酸枣诸将守成皋,据敖仓[33],塞轘辕、太谷[34],全制其险;使袁将军率南阳之军军丹、析[35],入武关[36],以震三辅[37]:皆高垒深壁,勿与战,益为疑兵,示天下形势,以顺诛逆,可立定也。今兵以义动,持疑而不进,失天下之望,窃为诸君耻之!"邈等不能用。

太祖兵少,乃与夏侯惇等诣扬州募兵[38],刺史陈温、丹杨太守周昕与兵四千余人。还到龙亢[39],士卒多叛。至铚、建平[40],复收兵得千余人,进屯河内。

刘岱与桥瑁相恶,岱杀瑁,以王肱领东郡太守。

袁绍与韩馥谋立幽州牧刘虞为帝[41],太祖拒之。绍又尝得一玉印,于太祖坐中举向其肘,太祖由是笑而恶焉。

二年春,绍、馥遂立虞为帝,虞终不敢当。

夏四月,卓还长安。

秋七月,袁绍胁韩馥,取冀州。

黑山贼于毒、白绕、眭固等十余万众略魏郡、东郡[42],王肱不能御,太祖引兵入东郡,击白绕于濮阳,破之。袁绍因表太祖为东郡太守,治东武阳[43]。

三年春,太祖军顿丘,毒等攻东武阳。太祖乃引兵西入山,攻毒等本屯。毒闻之,弃武阳还。太祖要击眭固,又击匈奴于扶罗于内黄[44],皆大破之。

夏四月,司徒王允与吕布共杀卓。卓将李傕、郭汜等杀允攻布,布败,东出武关。傕等擅朝政。

【注释】

[1]沛:地王国名,治相县,在今安徽濉溪县西北。谯:县名,即今安徽亳县。

[2]中常侍:皇帝侍从,东汉由宦官担任。大长秋:皇后近侍,东汉多用宦官。

[3]东汉有封地的爵位有王、公、侯,侯又分县侯、乡侯、亭侯。

[4]太尉:东汉中央的高级官吏之一。东汉以太尉、司徒、司空为三公。

[5]孝廉:汉代选举的主要科目,取其孝顺廉洁,每年由各郡国按人口比例荐举。郎:皇帝侍从官的通称。有议郎、侍郎、郎中等,东汉尚书郎亦称郎。

[6]除:任命做官。尉:县的佐官,掌察捕盗贼,维护治安。

[7]顿丘:县名,在今河南清丰县西南。

[8]议郎:掌顾问应对,议论朝政。

[9]光和:汉灵帝年号,共七年(公元178-184年)。

[10]骑都尉:军官名,统率皇帝卫队中的羽林骑兵。

[11]颍川:郡名,治阳翟县,即今河南禹县。

[12]济南:王国名,治东平陵县,在今山东历城县东。相:王国行政长官,相当于郡太守。

[13]东郡:治濮阳县,在今河南濮阳县西南。太守:郡的长官。

［14］合肥侯：其人不详。

［15］典军校尉：禁卫军军官名，为汉灵帝所置“西园八校尉”之一。汉代军官名称，最高为将军，次为中郎将、校尉、都尉等。

［16］太子：指汉少帝刘辩。

［17］骁骑校尉：也是禁军军官。

［18］中牟：县名，在今河南中牟县东。

［19］亭长：汉代地方行政组织，县下面有乡，乡下有亭，大致十里一亭，亭设亭长。

［20］陈留：县名，为陈留郡治，在今开封市东南。

［21］己吾：县名，在今河南宁陵县西南。

［22］中平六年：公元189年。

［23］初平：汉献帝年号。初平元年即公元190年。

［24］后将军：汉代有前、后、左、右将军，统兵，位次上卿。冀州：约辖今河北省南部，治邺县，在今河北临漳西南。牧：汉代州的长官为刺史，汉灵帝时改刺史为牧，权位重于刺史。豫州：约辖今河南东部、安徽北部地，治谯县，即今安徽亳县。兖州：约辖今山东省西部及河南东部部分地区，治昌邑县，在今山东金乡县西北。河内：郡名，治怀县，在今河南武陟县西南。勃海：郡名，治南皮县，在今河北南皮县东北。山阳：郡名，治昌邑县。济北：王国名，治卢县，在今山东长清县南。

［25］行：暂任或代理某项官职。奋武将军：杂号将军，即前、后、左、右将军之外的将军。

［26］酸枣：县名，在今河南延津县西南。

［27］南阳：郡名，治宛县，即今河南南阳市。

［28］山东：指河南崤山以东。

［29］二周：东周初，平王迁都王城，在今洛阳；春秋末，周敬王迁都成周，在今洛阳东。于是称成周为东周，王城为西周。

［30］成皋：县名，在今河南荥阳县西。

［31］荥阳：县名，在今县东北。

［32］孟津：黄河渡口，在今河南孟县南。

［33］敖仓：仓名，在今河南荥阳西北。

［34］轘辕：关名，在今河南偃师县东南。太谷：关名，在今洛阳东南。均为险要之地。

［35］丹：丹水县，在今河南淅川县西。析：县名，即今河南西峡县。

［36］武关：在今陕西商南县南。

［37］三辅：指长安周围的京兆尹、左扶风、右冯翊三郡。

［38］扬州：大致辖今安徽省淮水以南、江苏省长江以南及浙江、福建、江西等省。治寿春，在今安徽寿县。

［39］龙亢：县名，在今安徽怀远县西。

［40］铚：县名，在今安徽宿县西南。建平：县名，在今河南永城县西南。

［41］幽州：辖今河北省一部，北京、天津市地及辽宁省大部。治蓟县，即今北京。

［42］黑山贼：东汉末与黄巾同时起义的一支农民军。黑山在今河南浚县西北太行山中。魏郡：治邺县（见前）。

［43］东武阳：县名，在今山东莘县南。

［44］于扶罗：南匈奴首领名。

【迷津导航】

陈寿（233—297年），字承祚，西晋巴西安汉（今四川南充北）人。他少好学，就有志于史学事业，对于《尚书》《春秋》《史记》《汉书》等史书进行过深入的研究。师事同郡学者谯周，在蜀汉时任观阁令史。当时，宦官黄皓专权，大臣都曲意附从。陈寿因为不肯屈从黄皓，所以屡遭遣黜。入晋以后，历任著作郎、治书侍御史等职。280年，西晋灭东吴，结束了分裂局面。陈寿当时开始撰写并完成《三国志》。

《三国志》是西晋陈寿编写的一部主要记载魏、蜀、吴三国鼎立时期的纪传体国别史，详细记载了从魏文帝黄初元年（220年）到晋武帝太康元年（280年）六十年的历史，受到后人推崇。全书一共六十五卷，《魏书》三十卷，《蜀书》十五卷，《吴书》二十卷。

《三国志》不仅是一部史学巨著，更是一部文学巨著。陈寿在尊重史实的基础上，以简练、优美的语言为我们绘制了一幅幅三国人物肖像图。人物塑造得非常生动，可读性极高。取材精审，作者对史实经过认真的考订，慎重的选择，对于不可靠的资料进行了严格的审核，不妄加评论和编写，慎重的选择取材之源。《三国志》善于叙事，文笔简洁，剪裁得当。

本文节选自《三国志·武帝纪》，描写了曹操出生至汉末黄巾起义时显露头角到参与天下诸侯讨伐董卓的战争这一段故事。

曹操一生征战，为全国尽快统一起了一定作用。

曹操在北方屯田，兴修水利，解决了军粮缺乏的问题，对农业生产恢复有一定作用；用人唯才，打破世族门第观念，罗致地主阶级中下层人物，抑制豪强，加强集权。所统治的地区社会经济得到恢复和发展。

总的来看，黄河流域在曹操统治下，政治有一定程度的清明，经济逐步恢复，阶级压迫稍有减轻，社会风气有所好转。所以说，曹操在汉朝的名义下所采取的一些措施还是具有积极作用的。

【思考与练习】

1. 结合课文分析曹操的性格。
2. 结合课文谈谈东汉末年动乱的原因有哪些？

二十二、则天皇后本纪

宋祁　欧阳修《新唐书·则天皇后本纪》节选

天授元年正月庚辰[1]，大赦，改元曰载初，以十一月为正月，十二月为腊月，来岁正月为一月。以周、汉之后为二王后，封爵、禹、汤之裔为三恪[2]，周、隋同列国，封其嗣。乙未，除唐宗室属籍[3]。腊月丙寅，杀刘齐贤。一月戊子，王本立罢。邢文伟为内史[4]，岑长倩、武承嗣同凤阁鸾台三品[5]，凤阁侍郎武攸宁为纳言[6]。甲午，流韦方质于儋州。二月丁卯，杀地官尚书王本立[7]。三月乙酉，以旱减膳。丁亥，苏良嗣薨。五月戊子，杀范履冰。己亥，杀梁郡公孝逸。六月戊申，杀汴州刺史柳明肃。七月辛巳，流舒王元名于和州。颁《大云经》于天下。壬午，杀豫章郡王𬀩。丁亥，杀泽王上金、许王素节。甲午，赦永昌县。癸卯，杀太常丞苏践言。八月辛亥，杀许王素节之子璟、曾江县令白令言。甲寅，杀裴居道。壬戌，杀将军阿史那惠、右司郎中乔知之。癸亥，杀尚书右丞张行廉、太州刺史杜儒童。甲子，杀流人张楚金[8]。戊辰，杀流人元万顷、苗神客。辛未，杀南安郡王颖、鄅国公昭及诸宗室李直、李敞、李然、李勋、李策、李越、李黯、李玄、李英、李志业、李知言、李玄贞。九月乙亥，杀钜鹿郡公晃、麟台郎裴望及其弟司膳丞琏。壬午，改国号周。大赦，改元，赐酺七日[9]。乙酉，加尊号曰圣神皇帝，降皇帝为皇嗣，赐姓武氏，皇太子为皇孙。丙戌，立武氏七庙于神都[10]。追尊周文王曰始祖文皇帝，妣姒氏曰文定皇后；四十代祖平王少子武曰睿祖康皇帝，妣姜氏曰康惠皇后；太原靖王曰严祖成皇帝，妣曰成庄皇后；赵肃恭王曰肃祖章敬皇帝，妣曰章敬皇后；魏义康王曰烈祖昭安皇帝，妣曰昭安皇后；周安成王曰显祖文穆皇帝，妣曰文穆皇后；忠孝太皇曰太祖孝明高皇帝，妣曰孝明高皇后。追封伯父及兄弟之子为王，堂兄为郡王，诸姑姊为长公主，堂姊妹为郡主。司宾卿史务滋守纳言，凤阁侍郎宗秦客检校内史，给事中傅游艺为鸾台侍郎、同凤阁鸾台平章事。十月丁巳，给复并州武兴县百姓[11]，子孙相承如汉丰、沛。甲子，贬宗秦客为遵化尉。丁卯，杀流人韦方质。己巳，杀许王素节之子瑛、琪、琬、瓒、瑒、瑗、琛、唐臣。辛未，贬邢文伟为珍州刺史。置大云寺。封周公为褒德王，孔子为隆道公。改唐太庙为享德庙[12]，以武氏七庙为太庙。

二年正月甲戌，改置社稷，旗帜尚赤。戊寅，杀雅州刺史刘行实及其弟渠州刺史行瑜、尚衣奉御行感、兄子左鹰扬卫将军虔通。戊子，武承嗣为文昌左相[13]。庚寅，赐酺。乙未，杀丘神勳、左豹韬卫将军卫蒲山[14]。庚子，杀史务滋。腊月己未，始用周腊。四月壬寅朔，日有蚀之。丙午，大赦。五月丁亥，大风折木。岑长倩为武威道行军大总管，以击吐蕃。六月庚戌，左肃政台御史大夫格辅元为地官尚书，鸾台侍郎乐思晦，凤阁侍郎任知古：同凤阁鸾台平章事。七月庚午，徙关内七州户以实神都。八月戊申，武攸宁罢。夏官尚书欧阳通为司礼卿兼判纳言事[15]。庚申，杀右玉钤卫大将军张虔勖[16]。九月乙亥，杀岐州刺史云弘嗣。壬辰，杀傅游艺。癸巳，左羽林卫大将军武攸宁守纳言，冬官侍郎裴行本[17]，洛州司马狄仁杰为地官侍郎：同凤阁鸾台平章事。十月己酉，杀岑长倩、欧阳通、格辅元。壬戌，杀乐思晦、左卫将军李安静。

【注释】

[1]天授元年：公元690年。

[2]三恪：三恪之制是一种帝王之制。周朝新立封前代三王朝的子孙给以王侯名号称三恪以示敬重。

[3]除唐宗室属籍：废除唐皇族名册。

[4]内史：官名。隋曾改中书省为内史省，中书令为内史令。唐朝沿袭隋制，设内史，为正二品官员，执掌中书省，即宰相。

[5]唐初，除三省（中书省、门下省、尚书省）长官为当然宰相外，皇帝又指令其他官员参与朝政机密。其本官阶品较低者，则用“同中书门下三品”或“同中书门下平章事”（武周时改称为“同凤阁鸾台三品”或“同凤阁鸾台平章事”）的头衔，亦为宰相。

[6]凤阁侍郎：唐官名。光宅元年（684），由中书侍郎改置，神龙元年（705）复原名。纳言：官名，唐武德四年改为侍中。

[7]地官尚书：武后（武则天）光宅元年（公元684年），吏户礼兵刑工六部分别改称天地春夏秋冬，地官尚书即户部尚书。

[8]流人：被流放的人。

[9]赐酺：秦 汉 之法，三人以上不得聚饮，朝廷有庆典之事，特许臣民聚会欢饮，此谓“赐酺”。后世王朝遂为一种宴饮庆祝活动。

[10]七庙：本指四亲（父、祖、曾祖、高祖）庙、二祧（高祖的父和祖父）庙和始祖庙。《礼记·王制》：“天子七庙，三昭三穆，与太祖之庙而七。”后泛指帝王的宗庙。神都：即洛阳。

[11]给复：免除赋税徭役。

[12]太庙：帝王的祖庙，皇帝为祭拜祖先而营建的庙宇。

[13]文昌左相：官名。即尚书左仆射。唐武则天光宅元年（684）改，中宗神龙元年（705）复名尚书左仆射。

[14]左豹韬卫：官署名。唐光宅元年（684），改左右威卫为左右豹韬卫。神龙元年（705），复原名。

[15]夏官尚书：唐官名。唐武则天光宅元年（684年），改兵部为夏官，兵部尚书为夏官尚书。神龙元年（705年），复原名。

[16]右玉钤卫：唐光宅元年（684），改左右领军卫为左右玉钤卫。神龙元年（705），复原名。

[17]冬官侍郎：唐光宅元年（684），曾改工部为冬官，工部侍郎为冬官侍郎。神龙元年（705），复原名。后世亦以冬官为工部的通称。

【迷津导航】

欧阳修（1007—1073年），字永叔，号醉翁，又号六一居士。汉族，吉安永丰（今属江西）人，自称庐陵（今永丰县沙溪人）。谥号文忠，世称欧阳文忠公，北宋卓越的文学家、史学家。与韩愈、柳宗元、王安石、苏洵、苏轼、苏辙、曾巩合称“唐宋八大家”。千古文章四大家：韩，柳，欧，苏（唐代韩愈、柳宗元和北宋欧阳修、苏轼）。

宋祁（998—1061年）北宋文学家。字子京，安州安陆（今湖北安陆）人，后徙居开封雍丘（今河南杞县）。天圣二年进士，官翰林学士、史馆修撰。与欧阳修等合修《新唐书》，书成，进工部尚书，拜翰林学士承旨。卒谥景文，与兄宋庠并有文名，时称“二宋”。

《新唐书》记载中国唐代历史的纪传体史书。二百二十五卷，包括本纪十卷，志五十卷，表十五卷，列传一百五十卷。北宋宋祁、欧阳修等撰，宋仁宗嘉祐五年（1060年）全书完成，由曾公亮进呈。《新唐书》所增列传多取材于本人的章奏或后人的追述，碑志石刻和各种杂史、笔记、小说都被采辑编入。

本文节选自《新唐书·则天皇后本纪》。主要叙述武则天690年登基至695年这段时间的历史事件。

武则天(624年2月17日—705年12月16日),汉族,中国历史上唯一一个正统的女皇帝(唐高宗时代,民间起义曾出现一个女皇帝陈硕真),也是继位年龄最大的皇帝(67岁即位),又是寿命最长的皇帝之一(终年82岁)。唐高宗时为皇后(655—683)、唐中宗和唐睿宗时为皇太后(683—690),后自立为武周皇帝(690—705),改国号“唐”为“周”,定都洛阳,并号其为“神都”。史称“武周”或“南周”,705年退位。

【思考与练习】

1. 结合课文分析武则天的性格。

2. 以现在的眼光,谈谈如何评价武则天。

二十三、岳飞传

脱脱、阿鲁图《宋史·岳飞传》(节选)

岳飞,字鹏举,相州汤阴人[1]。世力农。父和,能节食以济饥者。有耕侵其地,割而与之;贳其财者不责偿[2]。飞生时,有大禽若鹄,飞鸣室上,因以为名。未弥月,河决内黄[3],水暴至,母姚抱飞坐瓮中,冲涛及岸得免,人异之。少负气节,沈厚寡言,家贫力学,尤好《左氏春秋》、孙吴兵法[4]。生有神力,未冠,挽弓三百斤,弩八石,学射于周同,尽其术,能左右射。同死,朔望设祭于其冢。父义之,曰:“汝为时用,其徇国死义乎!”

康王至相,飞因刘浩见,命招贼吉倩,倩以众三百八十人降。补承信郎。以铁骑三百往李固渡尝敌,败之。从浩解东京围,与敌相持于滑南,领百骑习兵河上。敌猝至,飞麾其徒曰:“敌虽众,未知吾虚实,当及其未定击之。”乃独驰迎敌。有枭将舞刀而前,飞斩之,敌大败。迁秉义郎,隶留守宗泽。战开德、曹州皆有功,泽大奇之,曰:“尔勇智才艺,古良将不能过,然好野战,非万全计。”因授以阵图。飞曰:“阵而后战,兵法之常,运用之妙,存乎一心。”泽是其言。

……

先是,绍兴五年,飞遣梁兴等布德意,招结两河豪杰,山砦韦铨[5]、孙谋等兵固堡,以待王师,李通、胡清、李宝、李兴、张恩、孙琪等举众来归。金人动息,山川险要,一时皆得其实。尽磁、相、开德、泽、潞、晋、绛、汾、隰之境,皆期日兴兵,与官军会。其所揭旗以“岳”为号,父老百姓争挽车牵牛,载糗粮以馈义军,顶盆焚香迎候者,充满道路。自燕以南,金号令不行,兀术欲签军以抗飞,河北无一人从者。乃叹曰:“自我起北方以来,未有如今日之挫衄[6]”金帅乌陵思谋素号桀黠[7],亦不能制其下,但谕之曰:“毋轻动,俟岳家军来即降。”金统制王镇、统领崔庆、将官李觊崔虎华旺等皆率所部降,以至禁卫龙虎大王忔[8]查千户高勇之属,皆密受飞旗榜,自北方来降。金将军韩常欲以五万众内附。飞大喜,语其下曰:“直抵黄龙府,与诸君痛饮尔!”方指日渡河,而桧欲画淮以北弃之,风台臣请班师。飞奏:“金人锐气沮丧,尽弃辎重,疾走渡河,豪杰向风,士卒用命,时不再来,机难轻失。”桧知飞志锐不可回,乃先请张俊、杨沂中等归,而后言飞孤军不可久留,乞令班师。一日奉十二金字牌,飞愤惋泣下,东向再拜曰:“十年之力,废于一旦。”飞班师,民遮马恸哭,诉曰:“我等戴香盆、运粮草以迎官军,金人悉知之。相公去,我辈无噍类矣。”飞亦悲泣,取诏示之曰:“吾不得擅留。”哭声震野,飞留五日以待其徙,从而南者如市，亟奏以汉上六郡闲田处之。方兀术弃汴去，有书生叩马曰："太子毋走，岳少保且退矣。"兀术曰："岳少保以五百骑破吾十万，京城日夜望其来，何谓可守？"生曰："自古未有权臣在内，而大将能立功于外者，岳少保且不免，况欲成功乎？"兀术悟，遂留。飞既归，所得州县，旋复失之。

桧遣使捕飞父子证张宪事，使者至，飞笑曰："皇天后土，可表此心。"初命何铸鞫之，飞裂裳以背示铸，有"尽忠报国"四大字，深入肤理。既而阅实无左验，铸明其无辜。飞坐系两月，无可证者。岁暮，狱不成，桧手书小纸付狱，即报飞死，时年三十九。云弃市。籍家赀，徙家岭南。幕属于鹏等从坐者六人。

狱之将上也，韩世忠不平，诣桧诘其实，桧曰："飞子云与张宪书虽不明，其事体莫须有。"世忠曰："'莫须有'三字，何以服天下？"时洪皓在金国中，蜡书驰奏，以为金人所畏服者惟飞，至以父呼之，诸酋闻其死，酌酒相贺。

【注释】

[1]汤阴：河南汤阴县。

[2]赀(shi)：世。

[3]内黄：河南内黄。

[4]孙吴兵法：孙子兵法和吴子兵法。

[5]砦(zhài)：同"寨"。

[6]衄(衂)nǜ，失败，挫伤。

[7]桀黠：狡诈凶暴。

[8]忔(yì)：忔查，称合扎，为亲军之意。

【迷津导航】

中国的正史保持了一个很好的传统，那就是后一个朝代为前一个朝代书写。与自己为自己书写相比，前者显然更有说服力。《宋史》为元代脱脱等所写，这篇《岳飞传》出自列传的第124。作为列传的124，并不是说岳飞排位靠后，而是因为列传是按时间排序的，岳飞生在两宋间，不少人先于他而留名。脱脱为岳飞单独作传，显见元人对岳飞的推崇和权重。岳飞是一位力挽狂澜的人物，在饱受欺凌的两宋民族战争中横空出世，他留给世人的是传奇里的精忠报国，是含恨撤兵抱憾而终的莫须有。正史所载的岳飞是一位战场英雄，一位伟大的统帅，一位卓越的军事家。岳飞缔造了这样一支军队，第一支以将帅名字命名的军队，一支宁愿冻死也不闯民宅的军队，这样的军队只有几百年后戚继光的戚家军才能与之并列。

【思考与练习】

1. 结合课文，分析岳飞的性格。

2. 讨论岳飞在今天的意义。

二十四、魏忠贤传

张廷玉《明史·阉党传》(节选)

生祠之建，始于潘汝祯。汝祯巡抚浙江，徇机户请[1]，建祠西湖。六年六月疏闻于朝，诏赐名"普德"。自是，诸方效尤，几遍天下。其年十月，孝陵卫指挥李之才建之南京。七年正月，宣大总督张朴、宣府巡抚秦士文、宣大巡按张素养建之宣府、大同，应天巡抚毛一鹭、巡按王珙建之虎丘。二月，鸣泰与顺天巡抚刘诏、巡按倪文焕建之景忠山，宣大总督朴、大同巡抚王点、巡按素养又建之大同。三月，鸣泰与诏、文焕，巡按御史梁梦环建之西协密云丫髻山，又建之昌平、通州，太仆寺卿何宗圣建之房山。四月，鸣泰与巡抚袁崇焕又建之宁前，宣大总督朴、山西巡抚曹尔祯、巡按刘弘光又建之五台山，庶吉士李若琳建之蕃育署，工部郎中曾国祯建之卢沟桥。五月，通政司经历孙如洌、顺天府尹李春茂建之宣武门外，巡抚硃童蒙建之延绥，巡视五城御史黄宪卿、王大年、汪若极、张枢、智铤等建之顺天，户部主事张化愚建之崇文门，武清侯李诚铭建之药王庙，保定侯梁世勋建之五军营大教场，登莱巡抚李嵩、山东巡抚李精白建之蓬莱阁、宁海院，督饷尚书黄运泰，保定巡抚张凤翼、提督学政李蕃、顺天巡按文焕建之河间、天津，河南巡抚郭增光、巡按鲍奇谟建之开封，上林监丞张永祚建之良牧、嘉蔬、林衡三署，博平侯郭振明等建之都督府、锦衣卫。六月，总漕尚书郭尚友建之淮安。是月，顺天巡按卢承钦、山东巡按黄宪卿、顺天巡按卓迈，七月，长芦巡盐龚萃肃、淮扬巡盐许其孝、应天巡按宋祯汉、陕西巡按庄谦，各建之所部。八月，总河李从心、总漕尚友、山东巡抚精白、巡按黄宪卿、巡漕何可及建之济宁，湖广巡抚姚宗文、郧阳抚治梁应泽、湖广巡按温谟建之武昌、承天、均州。三边总督史永安。陕西巡抚胡廷晏，巡按谦、袁鲸建之固原太白山。楚王华奎建之高观山。山西巡抚牟志夔，巡按李灿然、刘弘光建之河东。

每一祠之费，多者数十万，少者数万，剥民财，侵公帑[2]，伐树木无算。开封之建祠也，至毁民舍二千余间，创宫殿九楹[3]，仪如帝者。参政周锵、祥符知县季寓庸迻为之，巡抚增光俯首而已。锵与魏良卿善，祠成，熹宗已崩，犹抵书良卿，为忠贤设渗金像。而都城数十里间，祠宇相望。有建之内城东街者，工部郎中叶宪祖窃叹曰："此天子幸辟雍道也，土偶能起立乎！[4]"忠贤闻，即削其籍。上林一苑，至建四祠。童蒙建祠延绥，用琉璃瓦。诏建祠蓟州，金像用冕旒[5]。

几疏词揄扬，一如颂圣，称以"尧天帝德，至圣至神。"而阁臣辄以骈语褒答，中外若响应。运泰迎忠贤像，五拜三稽首，率文武将吏列班阶下，拜稽首如初。已，诣像前，祝称某事赖九千岁扶植，稽首谢。某月荷九千岁拔擢，又稽首谢。还就班，复稽首如初礼。运泰请以游击[6]一人守祠，后建祠者必守。其孝等方建祠扬州，将上梁，而熹宗哀诏至，既哭临，释缞易吉[7]，相率往拜。监生陆万龄至谓："孔子作《春秋》，忠贤作《要典》。孔子诛少正卯，忠贤诛东林。宜建祠国学西[8]，与先圣并尊。"司业硃之俊辄为举行[9]，会熹宗崩，乃止。而华奎、诚铭辈，以藩王之尊，戚畹[10]之贵，亦献谄希恩，祝厘恐后[11]。最后，巡抚杨邦宪建祠南昌，毁周、程三贤祠，益其地，鬻澹台灭明祠，曳其像碎之[12]。比疏至，熹宗已崩，庄烈帝且阅且笑。忠贤觉其意，具疏伪辞，帝辄报允。无何，忠贤诛，诸祠悉废，凡建祠者概入逆案云。

【注释】

[1]机户：明中期以后，以生产商品为目的的纺织业逐渐兴起，并在江南一带发展成为独立的手工业工场。苏州出现以丝织业为主的"机户"，他们拥有资金和几台至几十台织机。这里代指老百姓，徇机户请意思是应老百姓的请求（为魏忠贤建生祠）。

[2]公帑：帑（tǎng），指公共的财产。

[3]九：多。楹（yíng）：堂屋前部的柱子，楹联（亦称"楹帖"）。量词，古代计算房屋的单位，一说一列为一楹。九楹：柱子之多。

[4]"辟雍"一词，亦作"璧雍"，取四周有水，形如璧环为名。辟雍本为西周天子为教育贵族子弟而设立的大学，是"天子之学"的场地，是"行礼乐，宣德化"的地方。

[5]冕旒（miǎn liú）：古代大夫以上的礼冠。顶有延，前有旒，故曰"冕旒"。天子之冕十二旒，诸侯九，上大夫七，下大夫五。见《周礼·夏官·弁师》。

[6]游击：武官名，游击将军的简称。

[7]缞[cuī]：古代用粗麻布制成的丧服。吉：吉服（古代祭祀时穿的礼服）。这里指脱下礼服之意。

[8]在国子监西面。

[9]国子监司业叫朱之俊的请求立即举行。

[10]与戚里同意，帝王外戚聚居的地方，这里代指外戚

[11]祝厘（禧 xī）：祈天降福。

[12]鬻：卖。澹台灭明：据《姓氏考略》记载，可知澹台一姓，是居者以地名为姓而来的。在山东

嘉祥县南的澹台山旁，相传古时灭明居之，即以地为姓，称澹台氏，故名为澹台灭明，字为子羽。

【迷津导航】

《明史》是二十四史最后一部，共三百三十二卷，包括本纪二十四卷，志七十五卷，列传二百二十卷，表十三卷。它是一部纪传体明代史，记载了自朱元璋洪武元年(公元 1368 年)至朱由检崇祯十七年(公元 1644 年)二百多年的历史。其卷数在二十四史中仅次于《宋史》，但其修纂时间之久、用力之勤却大大超过了以前诸史。修成之后，得到后代史家的好评。清史学家赵翼在《廿二史札记》卷 31 中说："近代诸史自欧阳公《五代史》外，《辽史》简略，《宋史》繁芜，《元史》草率，惟《金史》行文雅洁，叙事简括，稍为可观，然未有如《明史》之完善者。"

本文选自《明史·阉党传》，选文主题是魏忠贤建生祠。明代的宦官之祸惨烈，自刘瑾、汪直之流而下，到魏忠贤至于极致。《明史·阉党传》所选魏忠贤部分重点不是去记叙魏忠贤如何柄权乱国，而是选文中的士大夫奸在佞横行时之表现。在后世张廷玉他们看来，阉党之乱趋于惨烈关键在于"党人附丽之，羽翼之，张其势而助之攻"，以至于国之不国。传统文化里匡时救世是士大夫的必然承担，而明代的士大夫却为魏忠贤搭建生祠，集体伏地阿谀，实在是不成体统。近代鲁迅、柏杨等人认为中国的问题不在军阀、政客和党棍，而在于专制主义的文化，(柏杨的说法是文化酱缸，鲁迅批判最激烈的实际上也是中国的精英自身)，他们与明史的修订者张廷玉观点接近，阉党的横行是明代士大夫的耻辱，而专制文化在中国的泛滥则是近现代精英的失责。

【思考与练习】

1. 谈谈你对魏忠贤的看法。

2. 结合选文，谈谈你对宦官(太监)的理解和看法。

哲学：思辨的人生

第七章　哲学的产生

何谓哲学？哲学为何物？18 世纪著名浪漫派诗人诺瓦利斯认为："哲学是全部科学之母；哲学活动的本质就是精神还乡，凡是怀着乡愁的冲动到处寻找精神家园的活动可称之为哲学。"爱因斯坦认为："如果把哲学理解为在最普遍和最广泛的形式中对知识的追求，那么，哲学显然就可以被认为是全部科学之母。"冯友兰在《中国哲学简史》中如是说："（哲学）就是对于人生的有系统的反思的思想。"胡适在《中国哲学史大纲》中指出："凡研究人生切要的问题，从根本上着想，要寻求一个切要的解决的学问就是哲学。"毛泽东明确指出："哲学就是认识论，哲学最基本的问题是关于思想的问题，而关于思想的思想是全部思想的关键，就是哲学。"

哲学的含义，是迄今为止都众说纷纭、莫衷一是的问题；可以这样说，有多少哲学家就有多少种哲学概念的解释和定义。在此，我们只能从"哲学"这一名称来源寻找一些蛛丝马迹。"哲学"这一概念源于希腊语 philosophia，philosophia 由 philos 和 sophia 组合而成，意思是"爱智慧"。然而"智慧"却并非是人们通常理解的"对事物能快速、灵活、正确地理解和解决的能力"，即"小聪明"；而是指整个宇宙、自然界、人类社会存在的最深邃也最根本的奥秘和规律，标志着一个至高无上、永恒无限的理想境界，即"大智慧"。真正的智慧是人类力所不及的，柏拉图曾说，"智慧"这词太大了，它只适合神而不适合人，我们人只能爱智慧。"哲学"义为"爱智慧"，就表明对这种"大智慧"的追求和探寻，而"哲学"就是人类通过各种途径努力探寻宇宙、自然、人类社会存在运行的根本规律的一门学问。

作为一门学问，哲学首先是理论化、系统化的世界观，是对宇宙、自然、社会、人生及思维的概括和总结，是透过繁复的各种表面现象寻求宇宙、自然、社会、人生的本质与规律，即以探求世界本源、本质、共性为形式，并最终确立世界观和方法论作为其内容的社会科学。

然而，哲学并非是知识或科学知识。知识或科学知识不过是我们人类认识世界和改造世界的一种工具和手段，具有明显的功利性和目的性，而哲学是一种纯粹理性的判断与追求，其存在和存在价值正是哲学家们只为追求和热爱智慧本身，不带有其他任何功利目的。希腊著名哲学家亚里士多德就指出，虽然一切科学都比哲学更有用，但唯有哲学是真正自由的学问。哲学家明白自身只能爱智慧而不能占有智慧，因为人生有限而智慧无穷，智慧的"绝对无限"甚至不能依靠人类的无限延续来实现。哲学家穿越人世或自然表象，希冀发现和破解整个宇宙最深沉的奥秘。不过，知识或科学知识与哲学之间并非存在无法跨越的鸿沟，二者存在着很多联系。作为人类认识能力的产物，知识和科学知识以理性为基础，其结果表现为具有一定普遍必然性的知识和实用性的技术。哲学与科学知识一样属于理论思维，从根本上总是诉诸理性,但哲学的最终目的是追求永恒无限的智慧境界,力求解决人类精神的"终极关怀"。这正是哲学的优越之处,然而其优越之处也正是局限所在:哲学源于人类精神的终极关怀,对象是永恒无限的东西,可实际人类的认识能力难以达及永恒无限的对象;这就导致哲学既缺乏宗教诉诸所谓信仰的方便之门,同时又达不到科学知识的具体确定性,最终处在尴尬的两难境地。这也就是 20 世纪著名哲学家维特根斯坦所说的"哲学问题具有这样的形式:'我找不着北'"的现象。

无论哲学优劣如何,它最终还是以一门学科形式立足于人类的精神文化中,与文学、历史学、伦理学、经济学、美学、逻辑学、人类学、社会学、教育学、政治学、语言学、心理学等并列于哲学社会科学范畴,为探寻人类精神活动家园贡献一份力量。

第一节　哲学源起

哲学作为一门学科存在并被人接纳,恐怕要追溯到公元前 6 世纪到公元元年之间,这一时期出现了一批著名思想家。

在人类文明发展史上,于公元前 6 世纪到公元元年的大约六百年的时间里,世界各地集中出现了一批伟大的思想家,其思想的内容在当时几乎是特立独行的、前无古人的,而其思想的广博和深邃,时至今日都还没有人能够突破。这不能不说是人类文明史上的一个奇迹。这些伟大的思想家在东西方均有,包括西方最具代表性的希腊人苏格拉底、柏拉图和亚里士多德,印度佛教创始人释迦牟尼,以色列基督教始祖耶稣,中国的儒家圣人孔子和道教鼻祖老子等。尽管身在不同的时间和空间,可他们几乎都不约而同地采用理性的方式对宇宙自然和人类历史做本源性探索,而他们的探索大多是旷古绝后的,并且构成了哲学最初的文化源头。

一、哲学产生的前提条件

哲学是人类认识世界的必然结果,由人类思维逻辑发展所决定,不同地区的文化历史所产生的不同世界观对哲学的产生也起着很大的影响作用。就此,哲学的产生是多种因素综合作用的结果。

1. 主观因素:人类由原始世界观的执著转向哲学思维

从人类主观因素看,人类开始从原始世界观转向哲学思维。原始世界观是人类处在生产力极其低下时的一种思维发展阶段,由原始神话观、原始意象思维和原始宗教观三部分组成,是人类在一种不自觉地、被动地接受自然赋予所做出的消极反映。随着生产力的提高和人类意识的逐渐觉醒,古代先人开始跳出原始世界观的藩篱,对宇宙自然和人类社会做理性思考的尝试。人类之所以能迈出这一步,希腊思想家柏拉图认为是基于人的"惊异、闲暇和自由"。

"惊异",是人类本性中蕴藏的求知欲和好奇心,是人人具备的。柏拉图在《泰阿泰德篇》中说:"惊讶,这尤其是哲学家的一种情绪。除此之外,哲学没有别的开端。"接着还说:"这(指'惊讶')地地道道是哲学家的情绪,即惊讶,因为除此之外哲学没有别的决定性的起点。"在远古时代,人类面对宇宙自然各种变幻莫测的现象,在感到对自身不可控制的世事的恐惧、无知和茫然的同时,人们也对春生夏长、秋收冬藏以及草木荣枯、生老病死这些有规律的现象提出了质疑:为什么这些现象会是如此有规律,且能循环?难道宇宙自然界冥冥之中存在一个造物主,控制着这一切?如果有,这个造物主究竟是谁呢?正是这样一些爱智者的惊异和质疑,促使人们开始探寻和追求,以此寻求世事变化的缘由、规律及本源。

“惊异”并不是哲学,“惊异”只是产生哲学活动的前提;有了“惊异”,还得需要智者拥有“闲暇”的时光和“自由”的身心。

“闲暇”,就是指社会上存在一群不用靠自己劳动才能谋求生活的人,他们有空余时间思考问题。随着生产力的提高和阶层分化,积累了一定的社会财富,社会上出现了一批不靠劳动而获得生存的特权阶层,特权阶层的人在闲来无事时开始了对哲学的探索。这就是中国古谚所说的“饱暖思淫欲,饥寒起盗心,富贵生闲心。”从哲学产生的这一因素可以发现,哲学从一开始就是一门非实用学问,所关注的是世界和人类的根本性和一般性的问题,而不是为寻求生存的一些具体问题。只有处在富贵阶层又具有良好的教育背景且爱好寻根究底的人们,才能在闲暇之时优哉游哉地思考远离生存之道的宇宙之道。

“自由”,是指爱智者们不受任何目的的约束,是为寻求智慧而寻求智慧,为哲学而哲学的。“自由”与“闲暇”之间具有因果关系:“闲暇”是因,“自由”是果;只有具有了“闲暇”,特定阶层的优秀人士摆脱了时空控制,爱智者们成为身体的自由支配者和意识观念的自由意志者,他们才能够无拘无束、天马行空地受所有自由精神家园的指引,为探索宇宙自然的一切奥秘做出贡献。这也决定了哲学是一门纯粹的、自由的学术,孔子所谓的“古之学者为己,今之学者为人”便是哲学的真实写照。

2. 客观因素:社会制度的改造和人类文明的发展

从社会历史背景看,社会制度的改造和人类文明的发展程度为哲学创造了良好的社会环境。仅有个人或某团体的理性思考行为,是不可能影响整个社会风气的,哲学的产生也有当时社会历史背景的促成。作为一门学问的产生,哲学最早是在古希腊的土壤中孕育产生的,而且整个西方哲学都是在希腊哲学的护佑和遮蔽下生存。在此我们就谈谈古希腊哲学产生的社会历史背景。

公元前 6 世纪左右,古希腊建立了世界上第一个以私有制为基础的社会。公元前 594 年,梭伦进行了一系列社会改革,确立了私有制,依据财产多寡将希腊人民分为四个等级,第一次将财产与权利联系起来,即有钱就有权,为贵族民主制度的诞生奠定了基础。梭伦对旧的氏族制度和氏族血缘关系进行了打击和破坏,恢复和扶植了小农经济,在新的制度中加入了一个全新的因素——私有财产,还为奴隶制民主共和国的建立奠定了基础。在梭伦改革私有制确立 70 多年后,克里斯提尼于公元前 509 年又进行了一次影响深远的社会民主制度改革,改革肃清了氏族制的残余,标志着古希腊平民与贵族斗争的胜利结束,确立了贵族民主政治。克里斯提尼确立了官员选举制、任期制,进一步使整个社会氛围开明和自由,使社会产生了大量有闲阶层。公元前整个 6 世纪,古希腊都处在侵略、扩张和建国改革的纷乱中,而同时代在地球的东方——中国也处在相同环境下的春秋战国时期,周王朝名存实亡、诸侯各国纷争,在破旧立新的过程中,人们没有了制度、规范和道德的约束,反而变得身心自由、思想开放。所以那时中国出现了诸子百家、百家争鸣的局面,而古希腊则诞生了以理性思辨为特色的哲学。

古希腊文明的长期积淀是哲学文化产生的前提。公元前 17 世纪左右出现了迈锡尼文明,接着古希腊人建立了第一个国家——迈锡尼王国;于公元前 11 世纪左右又建立了许多小国,使得古希腊进入了“列国时期”。在这期间,古希腊出现了影响巨大的文明代表人物:一个是荷马,创造了两部史诗《伊利亚特》和《奥德赛》,将历史和神话杂糅在一起进行古代英雄人物的叙述,这两部史诗也就是人们后来通称的“荷马史诗”;一个是赫西俄德,创作了长诗《工作与时令》和《神谱》,系统阐述了神的正义思想。这两人通常被认为是古希腊哲学得以产生的文明基础。除此之外,古希腊哲学的产生还得益于其他文明古国先进的文化、科学和艺术的影响。

从一般意义上讲,哲学的最终出现是人类思维能力和认识水平提高的结果,是原始世界观不能满足人们日益增长的精神需要时寻求的一种新的思维方式。这是由人类思维发展的内在逻辑所决定的。但在同时,还得具备相应社会环境为其提供的大环境以及在大环境下生存的"爱智慧"之人,意即具有睿智头脑的人同时具备批判性的思维方式和对人类的一种深厚的终极关怀,而人们拥有的这些品质正好与哲学这门学科本性相契合,只有这样才能产生哲学。

二、"哲学"的命名

哲学产生的人为因素和社会环境都具备了,可怎么给新兴事物命名呢?

"哲学"名称与古希腊的 philosophia 具有渊源。最早使用 philosophia(爱智慧)和 philosophos(爱智者)这两个词语的是著名思想家和数学家毕达哥拉斯。据柏拉图的助手赫拉克利德在《论无生物》中的记载,毕达哥拉斯是在与弗里阿西亚的僭主勒翁交谈时第一次使用 philosophia(爱智慧)这个词语的,并自称自己是 philosophos(爱智者)。毕达哥拉斯还进一步阐释,philosophos(爱智者)与生来追求名利的猎手迥然有别,他们生来寻求宇宙自然的真理,是自由人。后来英语将其改化为 philosophy,并逐渐传播开来。

中国古代并没产生"哲学"一词,但"哲"和"学"这两个动词存在历史却相当悠久。在汉语中,"哲"的基本含义是明智、明理,指人们通过思想认识活动,使被遮蔽的智慧和道理显明出来。"学"的基本含义是模仿、实习、再现,指个人通过模仿、学习、再现事物的活动,从而获得知识和能力。"哲"与"学"两词偶尔合在一起组成并列动词词组"哲学",其含义是指人们为了明智、明理、提高思维认识能力所进行的学习认识活动。"哲"后发展为指称那些善于思辨、学问精深不易为常人所理解者,近似西方的"哲学家""思想家",如"孔门十哲""古圣先哲"或"哲人""哲"。中国最早的哲学著作是《周易》,而一般认为中国哲学起源于春秋战国时期,以孔子的儒家、老子的道家、墨子的墨家和韩非子法家为代表。

1874 年,日本最早的西方哲学传播者西周在其著作《百一新论》中借用古汉语"哲"义转化为"哲学"来翻译由希腊文 philosophia 转换来的英语 philosophy 一词。1896 年前后,近代教育家、思想家黄遵宪、康有为等将日本的译称介绍到中国,后渐渐通行。而西方对"哲学"一词的释义也被迁移过来。西方"哲学"通常用来说明人们对生活的某种看法和基本原则,而学术上的哲学则是对人们看法和基本原则的理性质疑和反思,并试图对这些看法和基本原则进行理性的、系统的建构。

哲学思想源于公元前 6 世纪的古希腊,尤其源于以泰勒斯为中心的米利都学派。泰勒斯有"科学和哲学之祖"之称,创立了希腊最早的哲学学派——米利都学派。泰勒斯认为世界本原是水,其格言就是"水是最好的",水是世界初始的基本元素,地球不过是一个漂浮在水上的球体。其哲学观点用一句话概括就是"水生万物,万物复归于水"。这是世界上最早对世界来源及组成元素进行探索的先驱。在泰勒斯之后,米利都学派另一代表人物阿那克西曼德主张世界万物本原是"无限",即"阿派朗";世界万事万物生于无限又归于无限,而无限本身既不能创造又不能消灭。米利都学派的成立标志着西方哲学的诞生,开始用抽象的理性思维探讨万物的根源,提出了第一个哲学范畴——本原的问题。

然而,哲学成为一门独立的学科却是在 17 世纪,由笛卡尔正式确立了哲学的学科地位。笛卡尔是法国著名哲学家、数学家、物理学家、生理学家,1596 年出生于法国土伦省莱耳市的一个贵族家庭。1612 年攻读法学,取得博士学位,后投笔从戎。期间结识了著名数学家伊萨克·皮克曼,并开始探寻一种普遍使用方法;而三个奇特的梦更是增强了笛卡尔创立新学说的信心。据说有一天晚上笛卡尔做了三个梦:一是被风吹到风力吹不到的地方;一是得到了打开自然宝库的钥匙;一是开辟了通向真正知识的道路。这是笛卡尔思想上的一个转折点。不过这只是一个思想萌芽,真正开始实践是在移居荷兰后。1621 年笛卡尔结束军旅生活回到法国,因法国内乱,后于 1628 年移居荷兰。在荷兰居住的 20 多年里,笛卡尔深入研究哲学、数学、天文学、化学和生理学等,并完成了几乎一生的哲学著作。1628 年出版《指导哲理之原则》,1634 年写成《论世界》,1641 年出版《形而上学的沉思》,1644 年又出版了《哲学原理》等,为哲学在学科领域中开辟了一条新的道路,使得哲学登上了与物理学、生理学、经济学、数学等并列的世界学科门类。

第二节 哲学的基本问题

哲学的基本问题又称哲学的根本问题,是哲学的最高问题。之所以被称作哲学基本问题,就在于这个问题是标志哲学成为一门科学的问题。这个问题就是指思维和存在、意识和物质的关系问题。恩格斯于 1886 年写的《路德维希·费尔巴哈和德国古典哲学的终结》一书中第一次明确表述:“全部哲学,特别是近代哲学的重大的基本问题,是思维和存在的关系问题。”哲学的基本问题,是唯物主义和唯心主义这两种对立的哲学体系得以区分的客观标准,是指导人们掌握哲学发展的普遍规律。

一、哲学基本问题的内容

哲学基本问题涉及两个方面的内容。

一是世界本原问题,即思维和存在、意识和物质二者之间谁是世界的本原。对这二者的不同回答区分出唯物主义和唯心主义这两大基本派别和两条对立的哲学路线。凡认为思维或意识是第一性、物质是第二性,即意识先于物质,物质后于意识并依赖于意识而存在,意识决定物质的哲学派别是唯心主义的;相反,凡认为物质是第一性、意识是第二性的,即物质先于意识、意识后于物质并依赖于物质存在的哲学派别是唯物主义。无论是坚持物质第一性的唯物主义,还是坚持意识第一性的唯心主义,都承认世界本原只有一个,这就是哲学史上的“一元论”。“一元论”分为唯物主义“一元论”和唯心主义“一元论”。与“一元论”相对的是“二元论”,即哲学史上还存在着的一种观点——认为物质和意识都是世界的本原,而且物质和意识是两个彼此独立的、毫无关联互不依赖的世界本原,强调物质和精神是同等公平地存在着。“二元论”实际坚持意识离开物质是可以独立存在的,归根结底是属于唯心主义的。从以上可以看出,哲学基本问题的第一个问题就是世界源于何处、世界由什么组成的问题。

二是物质和意识之间的关系问题,即物质和意识是否有同一性的问题。何谓物质和意识的同一性问题?同一性是指物质和意识是高度统一的,本质是相通的,二者在一定条件下是可以相互转化的。意识是对物质的一种能动的反映,正如马克思所说:“观念的东西不外是移入人的头脑并在人的头脑中改造过的物质的东西而已”,而“观念”一词在古希腊的原意就是“永恒不变的真实存在”。绝大多数哲学家,无论是唯物主义和唯心主义学派,都坚持思维是对存在的反映,即承认二者存在同一性。这就是哲学中的世界可知论。然而,唯物主义首先承认物质世界及其规律的客观存在,并承认思维在反映存在的基础上,承认世界是可认识的。而唯心主义因把意识看作第一性的，所以承认客观世界是思维、精神的产物，认为认识世界就是精神的自我认识。与世界是可认知的相反，有些哲学家坚持否定认识世界的可能性，或彻底认识世界的可能性，这就是不可知论。不可知论最早由英国的托马斯·亨利·赫胥黎创造，由 D. 休谟和 I. 康德继承并发扬。

实际上，哲学基本问题的两方面可以概括成一个方面，那就是存在和思维（或物质和意识）的关系问题，正是认为二者产生先后不同以及是否具有同一性构成了不同的哲学派别和哲学理念。简单图示如下：

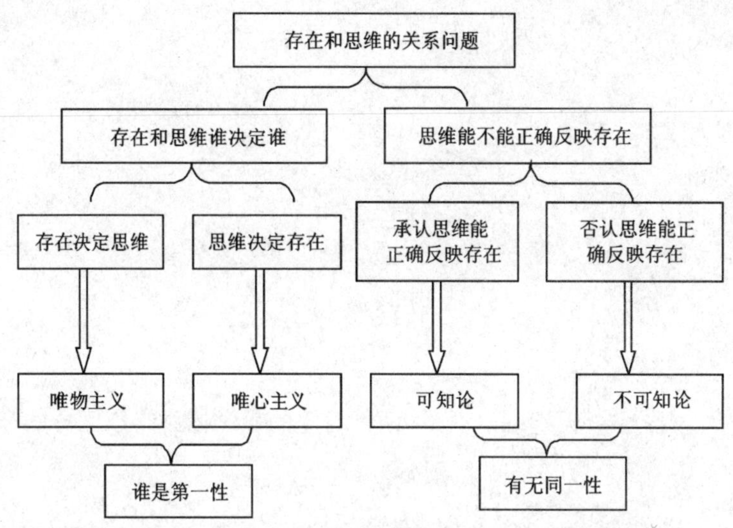

哲学涉及的问题是非常多的，而物质和意识的关系问题能成为基本问题，归根结底是由哲学所研究的对象以及以它作为世界观这一特点决定的。哲学流派异彩纷呈，可最终都可从回答或解决物质和意识的关系问题上加以区别，形成唯物主义和唯心主义这两大哲学派别、哲学路线，其中不存在任何第三条哲学路线或派别。

二、哲学基本问题提出的意义

哲学基本问题的提出，具有重大的理论意义和实践意义。

①揭示了哲学的根本特征。作为世界观理论，或者哲学作为哲学，必须对物质和意识、存在和思维这两类现象及其关系做出回答，否则就不成其为哲学。

②哲学基本问题是揭示哲学发展规律的指南，揭示了哲学的根本路线和方向，还揭示了哲学斗争的焦点。对哲学基本问题的不同回答，规定了哲学派别的根本路线和方向，也是不同派别进行斗争的焦点。哲学基本问题提供了划分唯物主义和唯心主义、可知论和不可知论的标准，对于理解哲学和哲学史上的斗争具有重要意义。

③哲学基本问题也是人类实践中的基本问题，它揭示了人类实践的基本矛盾。正确回答这个问题，对于在实践中自觉坚持存在决定意识、实事求是的思想路线具有重要作用。从实际（存在）出发还是从主观愿望（思维）出发，反映了两条对立的思想路线，关系到革命和建设事业的成败。以毛泽东为代表的中国共产党人，把马克思主义的普遍原理（包括哲学基本问题原理）同中国革命具体实践结合起来，提出了实事求是的思想路线，对哲学基本问题的原理作了生动的运用和具体的发展。

④哲学基本问题也是揭露唯心主义的锐利武器。现代资产阶级的许多哲学流派，为了掩

盖其唯心主义的实质,竭力回避和抹杀哲学基本问题;只有坚持哲学基本问题,才能将唯心主义的实质揭示出来,也才能理解唯物主义与唯心主义之间的本质区别。

哲学基本问题的两个方面是相互联系、不可分割的。确定了物质和意识谁是第一性的问题,才能区分出唯物主义和唯心主义;确定了意识能动地反映物质,才能区分出世界可知论和世界不可知论。然而,我们只有从唯物主义观点出发,才可能解决世界的可知性问题,也只有坚持世界的可知性,才可能把唯物主义的基本原理贯彻到底。

第八章　西方著名的哲学观

西方哲学是一个模糊、通俗的称呼。美国哲学家梯利在其所著的《西方哲学史》中对马克思主义以前的社会主义哲学家进行了介绍，却将马克思哲学忽略了，而该书时间跨度是从古希腊哲学一直到美国实证主义哲学，而马克思主义正好处在这个时间内；这说明梯利的西方哲学是不包括马克思主义的。另一位著名的哲学家罗素所撰写的《西方哲学史》纳入了马克思主义，然而罗素并未完整地阐述马克思主义哲学，而是将马克思看做是对西方哲学具有重大影响的哲学家。由此可以看出，西方哲学中的"西方（西欧）"不仅仅指一个地理概念，还指文化上的"西方世界"，即资本主义世界。

西方哲学从原始神话脱胎之后，一直发展演化到21世纪的今天，主要经历了古希腊哲学、中世纪哲学、近代哲学和现代西方哲学四个阶段。

古希腊历来被认为是欧洲乃至西方哲学的故乡，古希腊哲学大体上分为三个阶段：一是重视宇宙本原研究，即自然哲学阶段，先后形成了米利都学派、艾菲斯学派、毕达哥拉斯学派和埃利亚学派等，他们分别认为水、火、数目和"存在"是世界万物的本原；二是研究人的阶段，这时的哲学家们相信真正的存在和客观真理，认为一切为真或为假，苏格拉底认为认识真理是可能的，而真正的知识从具体的道德行为中寻求；三是系统化哲学阶段，代表人物是柏拉图和亚里士多德。柏拉图提出"理念论"，认为在感知世界之外存在一个真实的理念世界；而亚里士多德把理念称为"形式"，认为形式是事物的本质，存在于事物之内，他还创立了形式逻辑，为传统逻辑打下了坚实的基础。

中世纪欧洲，天主教在世俗生活和精神生活中占据统治地位，哲学成为神学的附庸，主要为宗教信仰做理性阐释。在5～10世纪，哲学主要解释普遍与个别的关系。11～14世纪初，形成了唯名论与实在论两个派别。以法兰西罗瑟林为代表的唯名论坚持，个别具有实在性，个别先于普遍。而以安瑟尔谟为代表的实在论认为，在事物之先有一个"无始无终的真理"。14世纪初到15世纪中，随着教会的衰退与自然科学的发展，哲学逐渐脱离神学，中世纪哲学向近代哲学过渡。

近代哲学发现了自然和人自身，开始注重知识和个人自由的追求。在15～17世纪，形成了人文主义和自然哲学两股思潮，主张一切以人为中心，反对灵魂不朽和禁欲主义。17～18世纪末是近代哲学的第二阶段，重在关注认知主体和客体的关系，形成了经验论和唯理论两个派别。唯物主义经验论以F·培根和洛克为代表，认为感觉是认识的来源。唯物主义唯理论以B·斯宾诺莎为代表，认为宇宙自然是唯一的实体，而思维和存在是实体的两种形式。唯心主义经验论的代表是笛卡尔和G·W·莱布尼兹，认为人的理性认识能力是天赋的。唯心主义唯理论以贝克莱和休谟为代表，坚持"存在即被感知"，认为只存在感知实体和感知，其他什么也不存在。从18世纪末的康德哲学起，近代哲学进入第三阶段，即德国古典哲学阶段，代表人物有康德、费希特、谢林、黑格尔和费尔巴哈等。前四人认为世界的本质是精神的，精神、自我、主体是他们哲学中的中心概念，从而把世界统一在思维的基础上；费尔巴哈则认为自然界是唯一实在，除自然界和人之外，不存在其他东西。

现代西方哲学是19世纪中叶以后流行于西方资本主义国家的各种哲学流派的总称，一般指黑格尔之后至今的西方哲学，其特点是流派众多、思想方式深刻，先后出现了唯意志主义、实证主义、新康德主义、直觉主义、分析哲学、现象学、存在主义、解释学、西方马克思主义、实用主义、结构主义和解构主义等新流派，而且一个流派往往还有众多分支。

在西方哲学绵延传承的两千多年岁月中，不仅学派林立、思想独特，而且其哲学思想对生活、对时代产生了重要的导向作用；有些哲学理念和哲学判断甚至成为家喻户晓、人人传诵的名言哲句。

第一节 贝克莱——"存在即被感知"

乔治·贝克莱（George Berkeley，1685—1753年）是近代西方主观唯心主义哲学的创始人，英国唯心主义经验论心理学思想的主要代表，被称为贝克莱主教，与约翰·洛克和大卫·休谟被认为是英国近代经验主义哲学的三位代表人物。

经验主义（Empiricism），是一种认识论学说，认为人类知识起源于人的感觉，并以感觉的领会作为基础。经验主义最初诞生于古希腊，纵观历史可以分为温和的经验主义和激进的经验主义，前者认为所有的意识观念均来源于知觉；后者观点更为激进，公开宣称不仅意念内容而且意念整个过程都不可能存在内部能力，而只能是习得的。贝克莱的哲学观属于后者。

一、贝克莱的生平及主要成就

贝克莱（1685—1753年），1685年出生于爱尔兰的基尔肯尼（Kilkenny）郡。从小天资聪慧、富有想象力，11岁进入基尔肯尼大学，15岁又考入都柏林三一学院，在广泛涉猎了哲学、逻辑学、数学和多种语言之后，于1704年获得学士学位。紧接着1707年获得硕士学位，并留校担任讲师、特别研究员。在担任特别研究员期间，贝克莱受到当时英国著名讽刺作家斯威夫特的推荐，进宫谒见，并受到了一个爱恋斯威夫特的女子的财产馈赠，由此决定在百慕大群岛建立学院，动身去美国。但在罗德爱兰度过三年之后，他就回国而放弃了这个计划，而美国加利福尼亚州的贝克莱城就是因他这次出行而命名的。1709年，他生平第一部哲学著作《视觉新论》出版了，该书致力于对视觉和触觉的机制和本质做出新的解释，断言人们凭借视觉和触觉不能认识到事物的存在；宣称视觉对象并不存在于观察者心外，而是存在于观察者心中。尽管《视觉新论》尚未公开否定物质的存在，但他对视觉问题的研究是创立"非物质主义"哲学思想的一个重要环节。1710年发表最著名的哲学著作《人类知识原理》，明确提出了著名哲学观"存在即被感知"。1713年出版《海拉斯和斐洛诺斯的对话三篇》，这三篇哲学著作一经刊出，均成为当时英国各大学热烈讨论的问题。贝克莱从此成为了关注对象。贝克莱还出版了一些政治经济学著作，如1712年发表《论消极服从》，1720年发表《论运动》，1721年刊发《论如何防止大英帝国的毁灭》，1733年还出版《视觉论辩释》，1734年出版《分析哲学家》，同年被任命为爱尔兰基尔肯尼地区主教，任职18年，仍致力于哲学研究。晚年的贝克莱丢弃了哲学，去弄焦油水，他认为这种东西有种神奇的药性，1752年移居牛津附近的新学院，1753年1月14日离世。

尽管以哲学家身份蜚声海内外，可贝克莱在许多学科都有不菲的成就与价值。

1. 心理学方面的成就

贝克莱的心理学思想主要体现在他的第一部著作《视觉新论》中，该著作对视觉学说、错觉学说和空间知觉学说三方面都做了比较详细的分析。视觉学说研究距离、物体、感觉和经验之间的关系，断定经验来自视觉、触觉的客体、方位、大小和形状。企图证明人们的视觉经由什么途径来知觉客体的距离、体积和位置，并探讨视觉的观念和触觉的观念有什么差异，是否有共同的观念。错觉学说主要探讨月亮错觉。贝克莱依据自己的唯心主义经验来研究空间知觉，明确反对笛卡尔的天赋观念，运用视网膜倒转的例证来进行分析。他认为，人类是通过眼手配合而对物体做出反应，而对于空间位置的感念是通过对物体的接触而获得的。贝克莱由此相信"通过触觉而感知到的"东西支配着我们对空间位置的判断。这样，所谓视网膜倒转问题就成为一个虚假问题。简单地说，就是人们由空间知觉来判断距离的远近和物体的大小，还提出眼的辐合作用、眼的投射域和眼的调节作用（紧张度），而这些都符合现代眼科生理的事实。

由此看出，贝克莱主要用联想来解释人们关于现实世界的心理学知识，这种知识本质是简单观念（心理元素）的结构或复合，由人们的联想把它们结合到一起。无论是视觉学说、错觉学说，还是空间知觉学说，贝克莱都认为是视觉印象与触觉和运动觉联合起来的结果，是人们经验的结果。知觉不是一种简单的感觉经验，而是一种必须经过学习才能得到的观念联合。这是第一次用感觉的联合解释纯心理过程。贝克莱由此也成为心理学史上经验论的代表人物。

2. 数学方面的成就

在数学方面，贝克莱主要提出了所谓的"贝克莱悖论"。"贝克莱悖论"的提出有深刻的学术背景，17 世纪牛顿、莱布尼兹分别独立发现了数学最锐利无比的工具——微积分，但二者的理论建立在无穷小的分析之上，而无穷小概念是非常混乱的，这就导致常常遭到非议和攻击。1734 年，贝克莱以"渺小的哲学家"之名出版了《分析学家；或一篇致一位不信神数学家的论文，其中审查一下近代分析学的对象、原则及论断是不是比宗教的神秘、信仰的要点有更清晰的表达，或更明显的推理》，该书标题冗长，对牛顿的微积分理论进行了攻击。因为无穷小在牛顿理论中一时界定为零，一时界定为非零，因此贝克莱嘲笑无穷小量是"已死量的幽灵"。

数学史上将贝克莱提出的问题称为"贝克莱悖论"。简单地说，"贝克莱悖论"可以表述为"无穷小量究竟是否为 0"的问题。就在当时实际应用而言，无穷小量它必须既是 0，又不是 0；但从逻辑角度而言，这无疑是一个矛盾。这一问题的提出在当时的数学界引起了一定的混乱，由此导致了第二次数学危机的产生。贝克莱是以主教身份提出的"贝克莱悖论"，而且其初衷在于维护神学的统治，但却真正抓住了牛顿理论中存在的缺陷，是切中要害的。

3. 哲学方面的成就

贝克莱的哲学成就是最大的，主要创立了"非物质主义"的哲学观。所谓"非物质主义"，是唯心主义的一个分支，坚持意识是第一性、物质是第二性的，认为可感物的实在性不过是被人们感知到了，物质只有被感知才是存在的，否则就是不存在的。所以，贝克莱的"非物质主义"哲学观又被称为"存在即被感知"哲学观。

二、贝克莱——"存在即被感知"的哲学观

贝克莱创立"非物质主义"哲学观时正处在资本主义的上升时期，自然科学尤其是数学、光学和力学取得较大发展，唯物主义哲学的发展进一步为自然科学提供了新论证，从根本上动摇了宗教神学的地位。贝克莱力图创立一种既能维护宗教神学，又能修正科学实质的思想体系。于是，他利用感觉论、经验论的形式，创立了一套主观唯心主义的"非物质主义"哲学观，为宗教教条提供新的论证。

贝克莱是在继承J·洛克经验主义哲学观基础上提出的"非物质主义"观,J·洛克是英国经验主义的开创者,他认为人类所有的思想和观念都来自或反映人类的感官经验。贝克莱承认知识起源于感觉,他认为知识的对象就是观念,并把观念划分为三种:感觉观念、反省观念和想象观念。尽管三种观念有差别,但最后都归于感觉。贝克莱认为,不是由事物存在派生出感觉观念,而是由感觉观念派生事物。贝克莱还认为,除了感觉观念之外,还有别的一种东西在认识感知它们,这就是心灵或自我。而知识对象是在心灵或自我中存在并为它所感知的,这就是贝克莱修正洛克的经验论而提出的主观唯心主义的著名观点,即"存在即被感知"。

贝克莱因为否定物质的存在而在哲学上占有重要地位。在这个否定里,贝克莱用许多巧妙的议论作为根据。"存在即被感知"观在其《人类知识原理》中进行了集中、具体的理论阐述,主张物质对象无非是由于被感知才存在;而在其《海拉斯和斐洛诺斯的对话三篇》这一著作中,贝克莱企图批驳各种对"存在即被感知"思想的种种责难。他甚至高呼:"难道还有什么能够比相信物质这种东西存在更荒谬离奇、更违背常识、或者是比这更明显的一套怀疑论吗?"

贝克莱对"存在即被感知"哲学观从两个方面进行了论述。

第一,物质就是"虚无"论。贝克莱深知物质概念是一切唯物主义和无神论者的基石,也是自己"存在即被感知"哲学观立论的前提,为此,他干脆否认物质的客观实在性,企图达到他取消物质的目的,宣称物质就是"虚无"。贝克莱从主观唯心主义出发,采用种种诡辩手段,认为事物不过是存在于人类心中的。他还以夸大感觉的相对性来否定物质属性的客观性,所谓的物质广延、形状、运动完全是相对的,是随着感觉器官的结构或位置的变化而相应改变的,因此,它们完全依赖于人心而不是存在于人心之外的任何地方。他又认为,既然一切可感性质都只是存在于心中,为感知者所感知,它就不能存在于心外那种无思想、无感知能力的所谓的物质实体中,即使把物质实体作为独立于心外存在的"假设",但没有活力的、纯被动的物质实体也无法说明它如何产生心中的观念。所以,哲学上所谓的物质实体,只不过是一个根本不存在的抽象概念,物质根本就是不存在的,物质就是"虚无"。

贝克莱这样攻击唯物主义中关于"物质"或"有形实体"的学说,不过是"怀疑主义"的主要支柱。同样,一切"无神论"和不信宗教的渎神的企图,也是建立在这个基础之上的。"……物质的实体从来就是'无神论者'的挚友,这一点是无须多说的。他们的一切古怪系统,都明显地、必然地依靠它;所以一旦把这块基础去掉,整个建筑就不能不垮台。"所以,他首先坚持认为,物质是一个虚构的词,不表示任何实在的东西,在人的心中也没有与之相应的观念。但是,物质是不依赖于人的感觉而客观存在,这是人类长期实践所证实的,绝不是贝克莱可用主观唯心主义就取消得了的。

第二,"存在即被感知"论。贝克莱认为,物质就是"虚无",可人们生活实践中接触到的事物或对象又是怎么来的呢?在关于观念或感觉的来源这一认识的基本问题上,贝克莱断言,观念不是对客观事物的反映,观念的产生不需要假设外物的存在;反之,事物(或存在)却是"一些观念的集合",例如,当某种颜色、滋味、气味、形象和硬度经常在一起出现时,我们便把这些观念作为一个单独的事物来看待,并用苹果的名称来表示它。也就是说,人们认识的对象就是观念,观念并不反映观念之外的任何事物,而且除了观念本来就没有任何事物;人们平常所说的事物,不过是观念各种不同的结合而已。

可观念又是怎么来的呢?贝克莱认为,观念本身并不能独立存在,也不来自外部的物质世界，观念本身又是被动的、被感知的，而一个观念不能成为其他观念的原因；那么，观念要产生就必须存在一个能感知的主动实体，而这个主体在贝克莱那里命名为所谓的心灵、精神、灵魂或自我。观念只存在于这个东西之中，或者被这个东西所感知。这个精神是能动的、能感知的，但个人精神是有限的，虽说可以产生某些零散的观念，但不能产生那种稳定的、以有规则的系列出现在人心中的观念。这种精神只能是一个全知、全能、全善的无限精神，即上帝所产生的。

这样，贝克莱除了肯定作为知识对象的观念存在外，还肯定了感知者和上帝及其感知的存在。在这个意义上，他关于存在的更为完整的表达是——存在即被感知和感知。这就使得贝克莱在主观唯心主义基本前提下，又加上一层客观唯心主义的思想，从而完成了他的“非物质主义”哲学的论证。

三、客观评价“存在即被感知”

贝克莱的“存在即被感知”哲学观是在为了给宗教神学建立新的理论基石、企图调和科学与宗教的尖锐矛盾的历史背景下提出的，这就为他寻找唯心主义经验论作为基础奠定了基调，同时也注定了该理论的缺陷。

从“存在即被感知”的观点出发，不可避免地会导向唯我论。既然观念的存在依赖于心灵的感知，自然万物若能被我感知则只能被理解为观念，也就是万事万物都是我心灵的感觉表象，心灵感知时就存在，不感知时就不存在。所谓的“存在即被感知”不过是以个人感知为评判标准的。这也是贝克莱常常被人诟病嘲笑之处，唯物主义哲学家这样质问：既然你认为世界上的一切都是你的感觉，那么当你出世之前也就是你没有感觉的时候，你的父母是不是客观存在的呢？这也就是有时往往是这个人没感知到某种东西，却被另一个人感知到了。为解决这种矛盾，贝克莱把感知主体由“我”改变为“我们”，只要有人感知到观念（事物），不管人多人少，观念（事物）就存在。可“我们”范围到底有多大？“我们”的最大数不过是全人类，人类有限，而人类的精神也是有限的。那我们过去、现在和将来感知不到的宇宙某一角落由谁来保证它的存在呢？贝克莱在此不失时机地提出了上帝作为一切存在的依据。在这意义上讲，唯我论最终就演变为唯上帝论。这就是作为神学家兼哲学家的贝克莱的真正目的。

“存在即被感知”观还有一个缺陷，就是“精神”。贝克莱认为，所谓的精神（心灵）是一个单纯、能动而不可分的存在。由于观念是被动的、没有活力的，精神作为观念的感知者是能动的和有活力的，所以精神不能通过观念表达出来。但是，按照贝克莱的“存在即被感知”观，不能通过观念表达，即不能被感知的东西就不能称其为存在，这样说来，精神也是不存在的。为此，贝克莱不得不提出存在的另一个标准——精神的存在就在于感知，也就是精神之所以存在是由于能进行感知；而对观念来说，存在就在于被感知。这两个标准在逻辑上是矛盾的，反映出贝克莱在理论上的不一致性，在认识论中的表现就是对观念知识通过精神的感知而获得，对精神的认识通过精神的相互映现而实现。由此看出，贝克莱的哲学理论存在两个缺陷：存在双重标准和唯我论。为避免理论的崩溃，贝克莱给存在设定了两个标准：对观念来说，存在即被感知；对精神来说，存在即在于感知。

实际上，感知的对象并不是只有唯一的观念，它的对象有两个：一是外物；一是观念。感知既能感知到外物，又能感知到观念，感知本身不过是一个媒介，将外物和观念进行衔接，即外物——感知——观念。贝克莱人为地将感知对象限制在唯一的观念上，从而导致外物被迫主观化为观念。感知了的事物，的确能够知道它的存在，但是存在的事物未必都能够被感知，比如说埋藏于地下的矿藏、文物、宇宙空间的其他物质；从数量范围来看，感知的事物要远远小于未知的也即存在的事物。

贝克莱的哲学虽属唯心主义体系，但却在客观上极大地促使了唯物主义努力克服自身局限获得进一步发展，而且贝克莱的主观唯心主义哲学，标志着英国经验历史论发展中的一个转折点，对后来英国和西方的唯心主义流派产生了很大影响。D. 休谟的不可知论是贝克莱唯心主义经验论发展的必然结果，现代西方哲学中的实证主义、马赫主义、逻辑实证主义等流派，都是在继承贝克莱哲学的基础上产生的。

第二节　黑格尔——“绝对观念是宇宙之源”

黑格尔是德国著名哲学家，是德国古典哲学的集大成者，创立了一个完整的客观唯心主义体系。黑格尔哲学是 19 世纪的德国资产阶级的世界观体系，具有百科全书式的丰富性，居于整个资产阶级哲学的高峰。它不仅反映了当时德国资产阶级的革命性与软弱性，也在一定程度上反映了当时整个西方资产阶级的特点。在黑格尔哲学中，表现了丰富的辩证法内容与保守体系的深刻矛盾。

一、黑格尔生平及成就

格奥尔格·威廉·弗里德里希·黑格尔（1770—1831 年），1770 年出生于德国西南部符腾堡公国首府斯图加特，1788 年进入图宾根神学院学习哲学和神学，1793 年毕业后，先后在伯尔尼和法兰克福当了七年的家庭教师。1801 年来到了当时德国哲学和文学中心耶拿，开始了他一生中具有决定意义的一个阶段。他先是与谢林共同创办杂志《哲学评论》，次年又成为耶拿大学编外讲师，四年之后成为副教授。1807 年出版他的第一部著作《精神现象学》。1808 年至 1816 年间，他在纽约堡当了八年中学校长，期间完成了著作《逻辑学》（简称“大逻辑”）；1816 年被聘为海德堡大学教授。1817 年，出版《哲学全书》（分为逻辑学、自然哲学、精神哲学三部分，其中逻辑学部分被简称为“小逻辑”），完成了他的哲学体系。1818 年黑格尔开始担任柏林大学教授，1821 年出版《法哲学原理》，1822 年被任命为大学评议会委员。1829 年，黑格尔被任命为柏林大学校长和政府代表，1831 年被授予三级红鹰勋章，同年发表《论英国改革法案》，但因普鲁士国王下令中止，就只发表了前半部分。同年，黑格尔死于霍乱。死后，黑格尔在柏林大学的讲稿被整理为《哲学史讲演录》《美学讲演录》和《宗教哲学讲演录》。

黑格尔是个思想丰富的多产之人，在逻辑学、历史哲学、美学、宗教、形而上学、认识论、政治学、辩证法等诸多领域都有涉猎。下面就其最为重要、对后世影响最深的三方面进行阐述。

1. 伦理思想

黑格尔集以往西方伦理思想之大成，特别是继承和发展了康德的伦理思想，建立了一个完整的理性主义伦理思想体系。黑格尔的伦理思想集中体现在其著作《法哲学原理》中，其中包括抽象法、道德、伦理三部分，中心是揭示自由理念的辩证发展过程。通过对法哲学的研究和批判，黑格尔认识了伦理和道德的差异性。他以自为存在的方式回答了长期以来存在的有关精神效用的问题，明确提出了作为“真实的精神”的伦理概念的界定。黑格尔将伦理概括为三个特点：伦理是一种善，这种善在自我意识中有自由意志，并通过精神世界达到现实世界；伦理形式具有认识的正确性与合理性的需要，对主体来说法律和权力同样存在；伦理学中的义务同样是作为伦理世界的实体来对待的。在黑格尔看来，法与伦理都是经过抽象性的、必然的、现实的发展，在自我意识的无限形式中认识自己，即法和伦理都具有约束力，并同时在反思中存在。作为客观现实性的法，按照黑格尔的说法，一方面是作为意识而存在的，另一方面是作为现实性所拥有的力量而存在。

从哲学上看，黑格尔伦理思想的形式是唯心的，但其内容是现实的，方法是辩证的，它的成就对后世伦理思想包括马克思主义伦理思想的形成和发展都有着重要影响。

2. 美学思想

黑格尔的美学思想集中体现在《美学讲演录》一书中。如果说康德是德国古典美学的奠基者的话，黑格尔则是这一美学体系的集大成者。在黑格尔看来，美学范畴包括美、丑、崇高、悲剧性、喜剧性等，既相互联系又矛盾转化的一个有机整体，而且与艺术的具体历史发展的阶段和形式相联系对应，形成一个自在而自为的发展圆圈。黑格尔以美为核心构筑了一个内容丰富的美学范畴，总结了西方美学发展一千年来的全部美学成果，达到了近代西方美学的高峰。

"美是理念的感性显现"构成黑格尔美学思想的核心。同谢林一样，黑格尔把美学视为艺术哲学，并把艺术由一般经过特殊再到个别的发展过程作为他的美学体系和美学范畴体现建构的线索；分别对艺术的性质和特征、艺术发展的历史类型和各门艺术的体系，进行了既是逻辑的又是历史的分析。在逻辑方面，黑格尔建立了一个庞大的有关艺术的唯心主义哲学体系；在历史方面，他开创了艺术社会学的研究，展示了宏伟的历史观。黑格尔的美学思想在西方美学史的发展过程中，起到了划时代的作用，成为古典美学的集大成者。

3. 哲学思想

黑格尔的哲学思想主要体现在他对世界本原的探讨上，他认为绝对观念是世界的本原。绝对观念并不是超越于世界之上的东西，逻辑学、自然哲学和精神哲学都是它在不同发展阶段上的表现形式。因此，事物的更替、发展、永恒的生命过程，就是绝对精神本身。围绕这个命题，黑格尔哲学的任务和目的就是展示通过自然、社会和思维体现出来的绝对精神，揭示它的发展过程及其规律性，实际上是在探讨思维与存在的辩证关系，在唯心主义基础上揭示二者的辩证统一。

二、黑格尔——"绝对观念是宇宙之源"的哲学观

恩格斯曾经这样高度评价黑格尔哲学："近代德国哲学在黑格尔的体系中达到了顶峰，在这个体系中，黑格尔第一次——这是他的巨大功绩——把整个自然的、历史的和精神的世界描写为处于不断运动、变化、转化和发展中，并企图揭示这种运动和发展的内在联系。"而黑格尔哲学精髓和核心就是一句话，那就是"绝对观念是宇宙之源"。而其全部哲学观念都以"绝对观念"为源头和基础。

"绝对观念"又称"绝对理念"，是观念自身矛盾发展的必然结果和最后阶段，是绝对的全部真理。绝对观念是哲学的唯一对象和内容，绝对地超脱了主观与客观的对立，一切矛盾都和解了。在黑格尔那里，"绝对观念"有时和"绝对精神"通用。在黑格尔看来，精神（观念）在本质上通过对于自然和对于自身的扬弃而到达自由，也就是说，精神在本质上即是自由。

黑格尔心中有一个"世界之神"，它创造了世界上的一切东西。这个"世界之神"并非基督教中的上帝，而是"精神"。在黑格尔看来，精神具有一种神性，是神在世间最高贵的体现。这个精神是独立于我们所有人的，甚至独立于所有事物的。它是在自然界和人类社会出现以前就存在着的一种精神性的本原，这就是"绝对精神"。在我们面前的一切事物，包括人的精神意识活动，也包括山川河流、动植物、人类社会等，都是“绝对精神”自我实现的结果。

黑格尔的“绝对观念是宇宙之源”包含三方面的含义：

一是绝对者即精神，这便是黑格尔的绝对精神。无论是自在的实体存在还是自为的主体都是片面而不完整的，只有自在自为后的精神才实现了绝对的永恒和统一。精神才是理念和自然的完全统一，因此只有精神可以作为绝对者，绝对者只有精神。

二是精神的辩证运动。黑格尔认为，思维和存在统一于绝对精神，绝对精神是一独立主体，是万事万物的本原与基础，是万物最初的原因和最内在的本质。在自然界出现之前，绝对观念经历了一个漫长的自我演化过程，从一个最虚空的范畴——“存在”开始，一步步地向前发展，每一步都比前一步更具体、更深入，因而也就具有更大的真理性。黑格尔认为，绝对精神的辩证发展经历了三个阶段：第一阶段是逻辑阶段，在自然和人类产生之前，绝对精神就是纯逻辑概念的自我推衍，意即精神的存在完全是凭借它自身，而不需要向外物的外化，也就是精神所谓的自由；第二阶段是自然阶段，绝对精神外化为自然界，意即绝对精神存在于实在的形态之中，存在于它自己的创造之中，而自由作为一种现成已有的必然而存在着；第三阶段是精神阶段，绝对精神存在于一种自在自为的存在而又永远创造着的统一性中，也就是绝对真理性中的精神——绝对精神，意即绝对精神进行自我否定，转化为精神并返回自身。绝对精神的三个阶段先后表现为主观精神（个人意识）、客观精神（社会意识）和绝对精神（返回自身），而这三个阶段同时也是绝对精神把世界万物实现出来的方式。从这个角度讲，黑格尔又将绝对精神辩证运动的三阶段称作正—反—合三阶段，而黑格尔哲学就是对三个阶段的描述，相应由逻辑学、自然科学和精神哲学三部分组成。

三是绝对精神的外在体现。黑格尔把主观精神分为人类学（自然灵魂、感情灵魂、现实灵魂）、精神现象学（意识、自我意识、理性）、心理学（理论精神、实践精神、自由精神）；把客观精神分为法哲学（抽象法、道德、伦理）、历史哲学，把绝对精神分为艺术、宗教以及哲学，或者称为艺术哲学、宗教哲学和哲学史。黑格尔所讲述的绝对精神是对沿着人类理性的一种发展程度而言的，所以在他的绝对精神中不可能找到除人之外的东西。绝对精神意识到自我在个人中的存在，黑格尔称为主观精神；主观精神在家庭、社会与国家之中达到更高的意识，黑格尔称之为客观精神；艺术、宗教和哲学是绝对精神在自身中所达到的最高形式的自我实现。其中又以哲学为最高形式，所以黑格尔认为绝对精神是最先在哲学中发现了自我。黑格尔哲学的基本出发点是唯心主义的思维与存在同一论，精神运动的辩证法以及发展过程的正—反—合三段式。从某种角度看，黑格尔的绝对精神是一种神秘力量，按照正—反—合的规律不断变迁、不断生长、不断演绎出万事万物。

黑格尔围绕着“绝对观念即宇宙之源”这个基本命题，建立了令人叹为观止的客观唯心主义体系，主要阐释绝对精神自我发展的三个阶段：逻辑学、自然哲学和精神哲学。黑格尔坚持世界的运动变化是“绝对观念”发展的结果，而自己的哲学是“绝对观念”的最高体现，普鲁士王国是体现“绝对观念”的最好国家。所以，从现实角度看，黑格尔哲学是为普鲁士专制制度服务的，但在其哲学体系中提出了有价值的辩证法思想，认为整个世界是在不断运动、变化和发展着的，其内部矛盾是发展源泉。正是因为如此，马克思、恩格斯在继承黑格尔哲学辩证法的合理部分的基础上创立了唯物辩证法。

三、黑格尔哲学的影响

黑格尔——确切说是黑格尔哲学的影响，正如罗素所说，“固然现在渐渐衰退了，但以往一向是很大的，而且不仅限于德国，也不是主要在德国”；黑格尔哲学由于其涉及面广博、精深，几乎影响了整个世界哲学；可以毫不夸张地说，黑格尔以后的哲学流派或多或少都受到了黑格尔哲学观的影响：有的是在其基础上萌芽诞生的，有的是作为对立面而产生并生存的，有的则是对黑格尔哲学的进一步深化或转向。

深受黑格尔哲学影响的世界著名哲学家有费尔巴哈、马克思、恩格斯、列宁、鲍威尔、施蒂纳、托洛茨基、布拉雷德、汉斯·昆、海德格尔、萨特、巴特、哈贝马斯、伽达默尔等。人们把受到黑格尔哲学影响的哲学现象称作黑格尔主义（Hegelianism）。黑格尔主义是对从黑格尔哲学思想体系中发展出来的庞大哲学运动的一种称呼，依据其发展方向和施及范围一般将其分为四个阶段。

第一阶段是在德国发展的阶段，一般称作德国黑格尔学派，时间主要是在1827—1850年。19世纪20年代，黑格尔哲学成为德国的官方哲学，以黑格尔为中心，形成了一个庞大的黑格尔学派。但随着黑格尔1831年死于霍乱，黑格尔学派于20世纪30年代末期发生分化，分裂为右派、中派和左派三派。右派，又称老年黑格尔派，是德国资产阶级保守派的思想代表，主要成员有加布勒、辛里克斯、罗生克兰兹等，他们继续宣扬黑格尔的客观唯心主义，认为存在的现实就是合理的，坚持“绝对观念即世界之源”，对黑格尔哲学中的辩证法思想进行否定、抹杀。他们整理并出版了黑格尔生前未公开的著作，如《历史哲学讲演录》《美学讲演录》《宗教哲学讲演录》《哲学史讲演录》等，为黑格尔哲学思想的充分传播做出了贡献。左派，又称青年黑格尔派（Young Hegelians），是老年黑格尔派的对立面，属于黑格尔主义中的激进派，主要代表人物是D.F.施特劳斯、B.鲍威尔、A.卢格、E.梅因、M.施蒂纳等，L.费尔巴哈、马克思和恩格斯早年也曾参加过青年黑格尔派的活动。1835年施特劳斯发表《耶稣传》，标志着青年黑格尔运动的兴起，他们坚持“合理的都是现实的”，企图以革命的意义阐释黑格尔哲学中的辨证方法，得出无神论的结论。黑格尔主义的中派比较温和，企图从起源意义诠释黑格尔哲学体系。

第二阶段是新黑格尔主义（neo Hegelianism）阶段，主要发生在1850—1904年。新黑格尔主义是19世纪下半叶以来从右的方面对黑格尔哲学进行复兴的各种思潮的总称，主要代表人物有T.H.格林、F.H.布拉德雷、B.鲍桑葵、J.罗伊斯等。新黑格尔主义在不同国家、不同时期的表现形式存在很大差别：英美哲学家们打着“复兴黑格尔”的旗号，继承并重新解释了黑格尔的“绝对观念”，是对黑格尔客观唯心哲学的进一步阐述，故称为绝对唯心主义；德国、意大利等国的新黑格尔主义者们并不研究和解释黑格尔哲学，他们往往以别的唯心主义哲学作为出发点，但在客观唯心的基本思想倾向上与黑格尔是异曲同工的，故哲学史上也将其算在新黑格尔主义范畴。从总体上看，新黑格尔主义既继承了黑格尔主义的传统，又吸取了经验主义和现代非理性主义的一些观点，对黑格尔哲学进行重新研究和改造，探讨了世界的本质和基础等问题，强调事物之间的联系性和整体性，曾在英、美和意大利等国产生过巨大影响。

第三个阶段被称作黑格尔的复兴。在20世纪法国哲学史中，我们通常只关注柏格森和存在主义，而往往忽视或遗漏其间的一个重要的哲学思潮，那就是黑格尔在法国的复兴。20世纪早期开始的黑格尔复兴，是一个渐进的过程，而且一开始就具有某种黑格尔的烙印。1929年，让·华尔发表了著名的《论黑格尔哲学中的苦恼意识》，主张研究黑格尔早期思想中呈现出来的精神和情感，必须将概念化的辩证法还原为生命的体验和直觉。他最注重黑格尔《精神现象学》中提出的“苦恼意识”，认为其看到了意识自身的分裂与矛盾，并据此断言，通常认为对立的黑格尔和克尔凯戈尔之间实际有着深层的亲缘关系。让·华尔的黑格尔研究开拓了新视野，使法国的黑格尔主义复兴从一开始就围绕着两个主题：一是重视黑格尔早期思想，一是与初生的存在主义思潮相联系。黑格尔在法国复兴的整个过程中，亚历山大·科耶夫是一位核心人物，一方面他促进了对黑格尔的研究从单纯的学术研究进一步走向思想上的复兴；另一方面，他又直接影响了萨特、梅洛·庞蒂、福柯、拉康、阿隆等人，使现代法国思想打上了某种黑格尔的烙印。1933 年，科耶夫在亚历山大·科日雷的推荐下，在法国高等实用学院教授黑格尔课程，其历时七年的讲座于 1947 年由学生凯诺编辑出版，题为《黑格尔哲学阅读导论》。此书的出现引起了对黑格尔更大、更广泛的关注，也为下一代法国黑格尔主义的代表让·伊波利特对《精神现象学》的翻译及其著作创造了一大批读者；而科耶夫书中对黑格尔精神现象学中"主奴关系"的重新解析，也成了法国二战后思想的一个基本线索，萨特、梅洛·庞蒂在自己著作中处处显露出黑格尔的存在。同时，科耶夫结合对时代的理解，赋予黑格尔《精神现象学》一种新的精神。当时，俄国无产阶级取得胜利，马克思主义成为欧洲思想界关注的一个重大课题。从 19 世纪下半叶开始，关注人生存的存在主义思潮的影响也越来越显著。科耶夫正是借助马克思主义和存在主义来解释黑格尔的，走的是世俗的、人类学的、存在主义的和历史主义的解释途径，从而使黑格尔理论具有了现实生命力。总体上看，黑格尔复兴的主题是强调重新探索黑格尔主义思想的起源。

第四个阶段是在二战以后，欧洲重新掀起对马克思主义的研究，使黑格尔主义遗产对马克思主义的价值凸显出来。俄国十月革命的胜利，促使哲学界对马克思哲学的再次关注。在探索马克思主义来源的问题上，人们发现了黑格尔哲学对马克思主义的深刻影响，或者确切地说，黑格尔是马克思主义的先驱。黑格尔的《法哲学》和《精神现象学》关注的并非抽象的自然界，他关注哲学在时代变迁中的发展与运用，同时还注重以人的实践活动为基础的社会历史，以及人类进化的条件与基础；而马克思哲学是实践哲学和革命哲学，始终关注的是现实的人和国家。因此，黑格尔的历史唯心主义观点应该是历史唯物主义，而不是辩证唯物主义；从这个意义上讲，黑格尔对马克思的影响主要在《精神现象学》和《法哲学》两书上，而且正是黑格尔肯定物质因素有助于决定哲学和人类社会发展的思想对马克思产生了重要的启示。

黑格尔主义是黑格尔哲学对后世影响的一种直接体现，从四个阶段的发展历程来看，黑格尔哲学思想的深度、广度以及时代性深深影响了一代代哲学家。后世哲学家要么研究黑格尔哲学思想，要么寻找突破黑格尔哲学的缺陷，要么继承与发扬黑格尔哲学思想中的合理内核，从而形成了庞大的黑格尔哲学研究队伍和黑格尔主义。

第三节　笛卡尔——"我思故我在"

勒奈·笛卡尔(1596—1650 年)，法国哲学家、数学家、物理学家和生理学家，是近代哲学的始祖、理性主义心理学思想的鼻祖。笛卡尔是一个非常具有破旧立新的开创精神的人，罗素如是说："他是一个禀有高超哲学能力、在见解方面受物理学和新天文学深刻影响的人。固然，他也保留了经院哲学中许多东西，但是他并不接受前人奠定的基础，却另起炉灶，努力缔造一个完整的哲学体系。"罗素对笛卡尔的评价是相当高的，并且他还这样补充道："这是从亚里士多德以来未曾有的事，是科学的进展带来的新自信心的标志。他的著作泛发着一股从柏拉图到当时的任何哲学名家的作品中全找不到的清新气息。"也就是说，笛卡尔将亚里士多德建立起来的西方传统哲学的藩篱打破了，开创了一个西方哲学的新天地。笛卡尔是近代资产阶级哲学的奠基者之一,被黑格尔尊奉为“现代哲学之父”。由于他在欧洲哲学和科学界的巨大成就和影响,被誉为“近代科学的鼻祖”。

一、笛卡尔的生平及成就

笛卡尔,1596 年生于法国都兰城的一个贵族家庭,其父是布列塔尼地方议会的议员兼地方法院法官,其母在他一岁时就去世,但留下了一大笔遗产,为他后来从事自己喜欢的工作奠定了良好的经济基础。

笛卡尔八岁就进入欧洲有名的贵族学校——耶稣会的拉弗莱什学校读书,因体弱多病,被允许在床上早读,从此养成了孤僻的性格和思考的习惯。他学习了八年,接受了传统的文化教育,包括古典文学、历史、神学、哲学、法学、医学、数学及其他自然科学,但他对所学的感到很失望,发誓向“世界这本大书”进行寻根究底。1616 年笛卡尔取得普瓦捷大学的法学博士学位。为开阔眼界和获得平静的生活,笛卡尔投笔从戎,1621 年结束战斗生活回国。军旅生涯的几次奇特经历对笛卡尔后来的思想成就产生了重要影响:一是他遇到了心灵导师——当时著名的数学家和物理学家以撒·贝克曼;一是一个晚上接连做的三个梦。

1621 年回到法国,正值内乱,笛卡尔到荷兰、瑞士、意大利等国旅游。1625 年定居巴黎。后于 1628 年为逃避迫害移居荷兰,在荷兰生活了二十多年。在荷兰的日子里,笛卡尔对哲学、数学、天文学、物理学、化学和生理学等诸多领域进行了深入研究,并通过数学家梅森神父将自己的学说传播到欧洲。笛卡尔一生的主要著作几乎都是在荷兰完成的。1628 年写作了《指导哲理之原则》。1634 年完成以哥白尼学说为基础的《论世界》,书中总结了他在哲学、数学和许多自然科学问题上的一些看法。1637 年,笛卡尔用法语写成论文《折光学》《气象学》和《几何学》,并为此写了一篇序言《科学中正确运用理性和追求真理的方法论》,哲学史上将其并称为《方法论》。1641 年出版了《形而上学的沉思》,这一本书进一步论证了在《方法论》中提出的论点,全书包括一封给巴黎神学院的信,一篇内容提要和六篇沉思。第一篇沉思提出我们可以怀疑一切的理由;第二篇说明思想者的存在是无可怀疑的;第三篇进而证明上帝存在;第四篇提出凡是理性理解到的都是真的以及错误的来源是什么;第五篇论述物质事物的本质是广延;第六篇讲物质事物的存在以及人的灵魂和形体的差别。1644 年出版《哲学原理》,讲述了他的大部分科学理论。

笛卡尔一生的成就是多样的,他既是哲学家、数学家,也是科学家。在哲学和数学上,其工作的重要是无与伦比的;而在其他科学成就方面,其成绩也很值得称道。

第一,数学方面。笛卡尔创立了解析几何,打开了近代数学的大门。笛卡尔提出要将代数和几何的优点结合起来,建立一种“真正的数学”。1637 年,笛卡尔发表《几何学》,创立了平面直角坐标系,用代数形式解决几何学问题,这就是我们后来称作的“解析几何学”。解析几何的出现,将相互对立的“数”与“形”统一了起来,首次使几何曲线与代数方程相结合。笛卡尔还采用运动的观点,把曲线看成点运动的轨迹,建立了点与实数、曲线和方程的对应关系。这种对应关系的建立,不仅标志着函数概念的萌芽,还表明变数概念进入了数学领域,使数学思想发生了转折性变化。笛卡尔的这些成就,为后来牛顿、莱布尼兹发现微积分创造了条件。正如罗素所说:“他的首创在于使用坐标系,就是用平面上一点到两条固定直线的距离来确定这点的位置。……这绝非他对数学的唯一贡献,却是最重大的贡献。”恩格斯也高度评价说:“数学中的转折点是笛卡尔的变数。有了变数,运动进入了数学;有了变数,辩证法进入了数学;有了变数,微分和积分也就是立刻成为必要了。”

第二，天文学方面。笛卡尔发展了宇宙演化论，形成了自己关于宇宙发生和构造的学说，并创立了漩涡说。他认为太阳周围有巨大的漩涡，带动着行星不断运转，运转中产生土、空气和火三种元素，其中土形成行星，火形成太阳和恒星；而且天体的运动来源于惯性和某种宇宙物质漩涡对天体的压力，在大小不同的漩涡中有一天体是所有天体的中心，从而解释了天体间的相互作用。笛卡尔以太漩涡模型的太阳起源学说首次依靠力学理论，解释了天体、太阳、行星、卫星、彗星等的形成过程，比康德的星云说还早一个世纪，是17世纪最有权威的宇宙论。

第三，物理学方面。笛卡尔凭借严密的数学推理和直觉，在物理学方面做出了有益贡献。1619年开始，笛卡尔关注透镜理论，参与了对光的本质、反射与折射率以及磨制透镜的研究。他运用坐标几何学从事光学研究，在《屈光学》中第一次对折射定律提出理论论证。在力学上，他发展了伽利略的运动相对性思想。还在《哲学原理》第二章中比较完整地第一次表述了惯性定律，强调了惯性运动的直线性。同在第二章里，笛卡尔还第一次明确地提出了动量守恒定律，即物质和运动的总量保持不变。他还对碰撞和离心力等进行了初步研究，为后来克里斯蒂安·惠更斯的成功研究打下了基础。

第四，哲学方面。笛卡尔的哲学思想和方法论，在他一生中占有重要地位，其思想对后来哲学和科学的发展，产生了极大的影响。笛卡尔反对经院哲学和神学，提出了怀疑一切的"系统怀疑的方法"。他提出了"我思故我在"的思想原则，认为精神实体和物质实体并列存在，在形而上学或本体论上，他是典型的二元论者。他将几何学的推理方法和演绎法运用于哲学，认为概念就是真理，提出了"天赋观念"。

二、笛卡尔——"我思故我在"的哲学观

"我思故我在"是笛卡尔最重要的哲学命题和哲学思想，是他全部哲学的起点，也是他"普遍怀疑"的终点。笛卡尔的原文是这样的：

至高的形而上
在时间的拐弯处
你的影子 无处不在
穿越过世纪的尘埃
因为一种思想　你的光芒一路照耀
在人类精神的花园
你是一片长青的叶子
I am thinking, therefore I exist
来自哲学的呓语　谁的声音如梭
在每一个交叉的路口
智者如此说。

"我思故我在"的英文是I think, therefore I exist，直译为"我思考，所以我存在"，将"我思"与"我存在"看作因果关系，这是过去东欧和中国学界对笛卡尔"我思故我在"的一般理解，也是将笛卡尔看作是极端主观唯心主义代表进行批判的理由。可"我思故我在"的真正含义却并非如此。

"我思故我在"的意思是："我无法否认自己的存在，因为当我否认、怀疑时，我就已经存在！"也就是说，"当我怀疑一切事物的存在时，我却不用怀疑我本身的思想，因为此时我唯一可以确定的事就是我自己思想的存在"。否认或怀疑是自己的一种思维活动，这就决定了

“我”的存在是首先的，所以他说，“我思故我在”。

笛卡尔在提出了“我思故我在”的思想之后，接着进行了细腻描述，他这样说：“当我要把一切事物都想成是虚假的时候，这个进行思维的‘我’必然非是某种东西不可；我认识到‘我思故我在’这条真理十分牢靠、十分确实，怀疑论者的所有最狂妄的假定都无法把它推翻，于是我断定我能够毫不犹豫地承认它是我所探求的哲学中的第一原理。”由此可以看出，并非是“由于我思考，所以我存在”，而是通过思考或怀疑而意识到了（我的）优先存在，即由“思”而知“在”、觉“在”。

笛卡尔之所以能提出“我思故我在”的哲学思想，与其普遍的怀疑观是密不可分的。

笛卡尔纯粹哲学理念主要在1637年写成的《方法论》和1642年出版的《沉思录》两书中体现。这两书内容有诸多重复，阐述了他关于所谓“笛卡尔式怀疑”的方法。他从最基本的各种感觉出发，认为我们人类最接近的各种所谓“真实”的东西不过是来自感觉和对感觉的表达，而这些东西常常欺骗我们。因此，唯一明智的是再也不完全相信眼睛所看到的东西。为此，笛卡尔相信所谓的外部世界是不可信赖的，而且这些外部世界还常常以梦的方式进入我们的认知，使得我们有时无法正确区分是“梦”还是“醒”。在此基础上，笛卡尔对整个外部世界充满了怀疑，并进而将其发展到极致：“我愿意假定，一切真理的源泉不是仁慈的上帝，而是一个同样狡猾、同样有法力的恶魔，施尽全身的解数，要将我引上歧途。我愿假定，天空、空气、土地、形状、色彩、声音和一切外在事物都不过是那欺人的梦境的呈现，而那个恶魔就是要利用这些来换取我的轻信、我要这样来观察自己：好像我既没有双手，也没有双眼，也没有肉体，也没有血液，也没有一切的器官，而仅仅是糊涂地相信这些的存在。”

笛卡尔从怀疑基本的具体事物到怀疑所有外部世界，主张对每一件事情、每一样东西进行怀疑，不能信任人类自身的感官。然而，他在产生普遍怀疑的同时，发现了一个秘密，那就是要发出怀疑这种活动或进行思考的主体必须存在，也就是怀疑者是首先存在。由此他推出了他著名的哲学思维“我思故我在”。他这样说：“我就小心地考察我究竟是什么，发现我可以设想我没有身体，可以设想没有我所在的世界，也没有所在的地点，但是我不能就此设想我不存在，相反地，正是从我想到怀疑一切其他事物的真实性这一点，可以非常明白、非常确定地推出：我是存在的。而另一方面，如果我一旦停止思想，则纵然我所想象的其余事物都真实地存在，我也没有任何理由相信我存在，由此我就认识到，我是一个实体，这个实体的全部本质或本性只是思想，它并不需要任何地点以便存在，也不依赖任何物质性的东西。因此，这个‘我’，亦即我赖以成为我的那个心灵，是与身体完全不同的，甚至比身体更容易认识，纵然身体并不存在，心灵也仍然不失其为心灵。”

“我思故我在”中的“我”是什么呢？“我”是“一个精神实体，没有任何物质性，我思考并存在，因为永不说谎的神把我创造为一个灵性的存在。神派我考察并控制这物质世界。”在“我”无可辩驳的存在以及真实世界存在的基础上，笛卡尔提出了宇宙自然同时存在着两个不同的实体；一是精神世界（称其为“灵魂”或“心灵”），一是物质世界（称其为“广延”）。精神实体不仅比物质更容易认知，而且还对物质实体进行统治和操控。而精神实体和物质实体又来源于何处呢？笛卡尔认为，精神和物质都来自上帝，只有上帝是独立存在的。

由此，笛卡尔的“我思故我在”的哲学命题是其“普遍怀疑”观引申出的结果。笛卡尔的怀疑不是对某些具体事物、具体原理的怀疑，而是对整个人类、整个世界、整个宇宙的绝对怀疑。怀疑一切外在世界，然而不能怀疑本身的存在，也就是不能怀疑思维者或怀疑者的存在；怀疑的对象是物质世界，而怀疑自身是精神实体“心灵”，由此引申出精神实体和物质实体的同时存在。

笛卡尔的“我思故我在”并非一个逻辑推论的结果，但它却不失为一个哲学史上的奇迹。它确立了认知主体的独立性和优先性，强调和肯定了思想自身，是思想才能确定物质的存在。在这个意义上讲，“我思故我在”为后来兴起的反思意识、主体原则和理性精神奠定了坚实的基础。

然而，“我思故我在”是将物质实体当作被怀疑和搁置的东西，而后借助上帝才确立为与精神实体各自独立、互不相干的实体。精神实体是观念的世界，每一个心灵都是独一无二的，凭借着本质而可以不朽，而物质实体却能被轻而易举地被摧毁。笛卡尔这样的观点后来被称作“身心二元论”。一方面对后来哲学思想产生巨大影响，另一方面成为 20 世纪哲学批判的靶子之一。

三、笛卡尔哲学的影响

尽管笛卡尔一直是一个企图在唯心主义和唯物主义寻求平衡的“二元论”者，但他对后世哲学的历史贡献是不可磨灭的。我们这里仅就哲学史上具有重要地位的哲学家或哲学流派进行说明。

(1)笛卡尔“身心二元论”对英美心灵哲学的影响

笛卡尔虽未明确论述身心关系，但对自我、意识、思维、反思等主题反复强调。他哲学中的身心二元论被称为实体二元论，将实体分为了物质实体和精神实体（或心灵实体）。物质的本质是广延，精神的本质是意识或思维，二者具有不同的性质：物质是无限可分的，精神是不可分割的；物质要遵循自然科学规律，是被控制的，而心灵实体具有自由意志，是自由的；物质只有通过人的感官经验才能被构建起来，是被间接地知道的，而个体具有直接通达精神实体的优越通道，因而精神实体是被直接地知道的。在笛卡尔那里，与物质相比，精神才是最坚实的基础，没有什么比这更加确定无疑的。

笛卡尔身心二元论在英美心灵哲学颇受诟病，但并非所有人都反对。事实却是，实体二元论产生了广泛而深远的影响，以至于整个近代自然科学都将其作为哲学基础。笛卡尔身心二元论对后世心灵哲学的深远影响主要体现在以下几点。一是给心灵哲学提供了哲学范畴，身心二元的关系问题成为心灵哲学的本体论问题。二是给心灵哲学提供了前进发展的方向。身心二元是否存在以及二元关系如何，成了心灵哲学不得不讨论和解决的问题，即使到今天，身心问题仍然是心灵哲学的本体核心，因为身心问题触及到了整个宇宙除了物质东西外还存在什么的这一根本性问题。从这个意义上讲，近代心灵哲学就是源于笛卡尔的身心二元论。另外，由于身心二元论存在它固有的缺陷，即没有办法解决身体和心灵是如何相互作用、相互影响的。从克服身心二元论的缺陷出发，心灵哲学家们基本上沿着笛卡尔所遗留的可能性路线，消解二元对立，建立一种一元论的哲学立场。在心灵哲学的领域里，唯物主义是能够影响整个 20 世纪，并将影响带入 21 世纪的唯一一组观点。唯物主义认为，唯一存在的实在是物理实在，心灵在某种意义上还原为物理状态，即心灵不过是物质实体的一种存在形式，从而确定了物质先于意识的思想萌芽。在此基础上衍生的唯物主义流派主要有行为主义、物理主义、功能主义、强人工智能和取消唯物主义等，都针对笛卡尔的身心二元论的弊病提出了某方面的解决办法。尽管这几种理论没能从根本上解决身心二元论所固有的问题，然而，在此之后，心灵哲学史上最令人激动的进步出现了，这就是建立在哲学、认知心理学、计算机科学、语言学、人工智能等交叉领域基础之上的“计算机功能主义”或“强人工智能”的理论。从计算机软件与硬件的关系方面寻找身心二元关系的解决方案。

(2)笛卡尔“我思故我在”的哲学观对德国古典哲学的影响

“我思故我在”强调意识的强大作用以及人类认知的主观能动性,这些观点直接启发了康德,并最终导致德国古典哲学的创生。德国古典哲学是在18世纪末至19世纪上半叶德国资本主义发展的条件下产生的,它广泛吸收了以前哲学家们的思想成果,其中对其有直接影响的是以R.笛卡尔和B.斯宾诺莎为代表的理性主义学派、17至18世纪英法经验主义学派和启蒙运动学派、德国莱布尼兹—沃尔夫学派和G.E.莱辛为首的启蒙运动学派等。

德国古典哲学并非一个统一学派,但有其内在的首尾一贯的发展规律,那就是在整个发展过程中贯穿始终的最重要哲学问题是关于思维与存在、主体与客体的问题。其创始人康德在《纯粹理性批判》一书中提出并着重探讨了这个问题,他认为以前的唯物主义和唯心主义、理性主义和经验主义都未能解决人怎样认识世界的问题,因此应该寻找新的出发点。受到笛卡尔“我思故我在”的哲学观中精神实体存在的直接启发,康德认为,要解决认识世界的问题,首先应解决开始认识前,应研究人的认识能力本身和认识的可能性。康德承认在人类之外有某种不依赖于意识而存在的东西,把它命名为“自在之物”,即“物自体”。然而,“自在之物”本身究竟怎样,人类无法认识。人类能认识的只是由“自在之物”作用于人的感官而形成的表象,即现象。而现象的存在离不开人们先天的认识能力。在这里,康德在“自在之物”和“现象”之间划了一条不可逾越的鸿沟。然而,他认识到了人在认知世界的主观能动作用,这是唯物主义因素。

德国古典哲学在黑格尔哲学中得到了完成。黑格尔对思维和存在、主体和客体的关系作了他自己的回答,他将绝对精神(亦称绝对观念)看作是世界的本原,自然界和人类社会都是从绝对精神中派生出来的。在《精神现象学》中,黑格尔表述了自己哲学体系的中心思想,即“实体就是主体”。作为宇宙万物本原基础的绝对理念是实体又是主体,它不是静止不动的,而是通过自我运动辩证地发展着。整个世界和人类社会无非是“绝对理念”自我发展和不断运动的产物。黑格尔始终坚持理念、精神在先,而自然界和人类社会是后来发展出来的,强化了从笛卡尔以来的对精神或意识以及认识主体的推崇和重视。由此看出,笛卡尔在“我思故我在”中强调了认知主体作用,由康德为首的德国古典哲学继承、发扬并成为该学派的主题,最终在黑格尔那里得到完成,从而推动了辩证法的发展。

同时,笛卡尔提出的无所不能的“上帝”观念,也鼓励了B.斯宾诺莎对其进行进一步改造,将“上帝”看作整个宇宙、整个自然,从而想从唯物主义角度克服和否定笛卡尔的身心二元论。而且,为了解决笛卡尔哲学的缺陷,“笛卡尔学派”也站在不同立场对其哲学进行了引申发挥。N.马勒伯朗士站在唯心主义一边,强调“上帝”的作用,认为人类认识世界完全依赖于上帝,这就忽视或弱化了人类的主观能动性和主体地位。G.W.莱布尼兹用上帝的“前定和谐”说来说明身与心是彼此自然地保持一致的两种东西,宇宙万物由绝对单独的“单子”构成,但万事万物之间互相协调,构成一个和谐的总体。而18世纪的法国唯物主义则发展了笛卡尔物理学的机械唯物主义,克服他形而上学中的唯心主义,把唯物主义的第二种形态发展到高峰。

笛卡尔哲学中的“普遍怀疑”和“我思故我在”的哲学思想,毫不夸张地说,影响了整个欧洲以至世界后来的哲学,后起哲学多多少少受到了笛卡尔或笛卡尔后来学者的直接或间接的影响。

第九章　中国古代的哲学观

曾经有一段时间有人这样做出概括:"中国不存在哲学"。这个结论当然是以纯粹西方哲学进行参照与对比得出的,那是一种将西方哲学当作哲学标准确定的结果。毫无疑问,中国不存在哲学是毫无道理可言的。

当然,与西方纯粹理性思考世界本原不同的是,中国古代哲学在思考世界本原问题时带有"人性"观点。也就是说,中国古代哲学往往从人与自然的关系着手,对自然、宇宙做出来源解释。这就使得中国古代先哲对宇宙的思考,是通过人生的看法、人生活的意义及价值来加以反映、凝结和提升的。中国古代哲学在中国传统文化中起着主导作用,是传统文化的精髓和灵魂。

中国古代哲学萌芽于商周时期,而中国古代哲学家大多脱胎于巫史。巫史在经历了"绝地天通""武王克商"和"怨天尤人"等历史事件后,不再依赖卜筮手段、从鬼神天帝角度解释自然或社会现象,而是试图做出理性解释。然而,作为史官,他们并不是追求纯粹知识的"爱智者",只不过是在解释人事时"推明天道",从而为"人事"给出一个圆满的解释系统。这就决定了中国古代哲学从一开始就不是纯粹追求知识,而是在寻求社会人事现象的合理借口。这与西方哲学从一开始寻求宇宙自然真理或规律是大相径庭的。这也是中国哲学一直为人诟病是否为学科的把柄。所以,中国古代哲学是具有中国文化特色的哲学,是将人事与宇宙相结合的哲学。

西周初年的《尚书·洪范》提出宇宙五源学说,即五行学说,认为金、木、水、火、土是构成世界最基本的五种物质。这与当今公认的世界上第一位哲学家泰勒斯认为世界是由水构成是何其相似。周代有人又提出世界万事万物都有阴阳两极,即"一阴一阳之谓道",《周易》提出乾、坤、震、巽、坎、离、艮、兑等基本八卦,这八卦分别对应自然现象——天、地、雷、风、水、火、山、泽,这八卦又能组合为六十四卦,来说明各种复杂的自然现象和社会关系。阴阳五行学说以及八卦理论开创了中国古代哲学的先河,从此让中国哲学在文明史上拉开了序幕。

春秋战国时期,诸侯割据,战争频繁。然而,正如钱穆先生所说:"国家不幸则哲人幸",在礼崩乐坏的时刻,诸说纷起,百家异说,"是其所是,非其所非""成一家之言者"竟达189家,而名声流传后世的就有儒家、道家、墨家、名家、法家、阴阳家、兵家、农家等学派,涌现出了一大批对后世影响巨大的思想家,如孔子、孟子、墨子、老子、庄子、孙子、韩非子、荀子等,这个时期成为了中国古代哲学的第一个高峰。

在中国哲学三千多年的发展史上,前仆后继有无数的思想渊源和思想传统,在我国历史的不同时期或不同阶段中起着不同凡响的作用和影响,成为我们民族精神文化的不同基因。其中,纵观历史和当今社会生活,对中国哲学发展影响最大的有五大思想传统,它们分别是"天人合一"观、早期儒家、早期道家、中国佛学、宋明理学。尽管源于不同流派、起于不同时段,这五大传统却具有共同的中国哲学特点,那就是它们都是人生智慧,而非纯粹的真理智慧。中国古代哲学的智慧是通过伟大的精神人格以及哲学家的实践行为进行显现的,中国哲学家"究天人之际,通古今之变",把对宇宙自然的玄想、探究通过对现实世界的透视来达到实现。

第一节 中国古代的三种宇宙观

在认知并利用宇宙自然的过程中，整个人类都是基本一致的。由人与自然同出一源转向人与自然的独立分裂。人类刚从猿转化为人时，还处于蒙昧状态，对浩瀚无边神秘莫测的宇宙自然既具有莫名的恐惧又怀着无上的尊崇，认为人类与宇宙自然是同出一源、同祖同宗的，二者具有共同的性质和相同的构成部分。其表现就是每个民族在原始社会都有动植物等自然崇拜、祖先崇拜和图腾崇拜现象。这就是中国古代哲学所谓的"天人合一"。随着生产力的提高，人类思维的逐步提升与完善，人类开始逐步脱离并最终彻底从宇宙自然中独立出来，作为宇宙自然的对立面存在，成为宇宙万物的主宰。然而，与西方相比，中国先民的自觉意识却来得漫长、艰难，或者从某种程度上讲，中国先民从始至终都没能完全摆脱自然的束缚和羁绊，也就没能真正实现天与人的分别独立。

中国先贤圣哲对宇宙的认知是比较全面的，并在此基础上提出了三种宇宙观。

一、对宇宙的描述

宇宙的形状是至大无边的。《庄子·天下》里引用惠施的话说"至大无外，谓之大一"，此处的"大一"即宇宙，宇宙是浩瀚无穷、无边无际的。在古人的观念里，"宇"和"宙"是两个不同的事物，"宇"是东南西北、上下四方的空间，而"宙"是往来古今、旦暮朝夕的时间，正是时间和空间的交错混杂构成了宇宙的万事万物。东汉张衡对宇宙描绘得更细致，他在《灵宪》中如是说："八极之维，径二亿三万二千三百里，南北则短减千里，东西则广增千里。自地至天，半于八极，则地之深亦如之，通而度之，则是浑已。……过此而往者，未之或知也。未之或知者，宇宙之谓也。宇之表无极，宙之端无穷。"

宇宙不是静止不动，而是瞬息变化的。《论语·阳货》云："天何言哉？四时行焉，百物生焉。"《荀子·天论》亦云："阴阳大化，风雨博施。"这些都是肯定变易是这个宇宙自然最根本的存在形式或最根本的事实，宇宙中的一切事物都处在流变之中，而宇宙就是一个变化不止的历程。《庄子·大宗师》里说："万化而未如有极也。"表明宇宙不仅时时刻刻处在变化之中，而且变化是永无止境、普遍的。对宇宙变化讲述得最为详细系统的是《周易·系辞传》，"在天成象，在地成形，变化见矣"；又云"易穷则变，变则通，通则久"；而其最突出之处在于将变化认为是一种创新，"富有之谓大业，日新之谓盛德，生生之谓易"。还说："《易》之为书也不可远，为道也屡迁，变动不居，周流六虚，上下无常，刚柔相易，不可谓典要，唯变所适。"也就是说，宇宙既不是静止、孤立或机械排列的，也不是一个封闭的系统。相反，它是一个开放的、交融互摄、有机联系的整体。

在中国先民的意识中，宇宙观的主要构成要素是道、气、阴阳和五行(金木水火土)。"道"是宇宙的本原、本体、规律或原理，《老子》二十五章云："有物混成，先天地生，寂兮寥兮，独立而不改，周行而不殆，可以为天下母，吾不知其名，字之曰道，强为之名曰大，大曰逝，逝曰远，远曰反。"老子还认为"道"生成天地万物的过程是"道生一，一生二，二生三，三生万物"，在生成万物之后，道又作为天地万物的根据而蕴含于天地万物自身之中，且以无形无象之态普遍地存在，无间不入，无所不藏。道在不同的宗教或经典里，又称作真空、性、灵、金丹、佛性等，但本质都是一个。"气"和"道"含义差不多，是宇宙自然的本原，《庄子·知北游》云："人之生，气之聚也。聚则为生，散则为死。若死生为徒，吾又何患。故万物一也。是其所美者为神奇，其所恶者为臭腐。臭腐复化为神奇,神奇复化为臭腐。故曰'通天下一气耳'。圣人故贵一。"后来指人的精气,与体、志一起构成人体。"阴、阳"是道中两个对立统一的元素,《周易·系辞上》:"一阴一阳之谓道,继之者善也,成之者性也。""五行"是指金、木、水、火、土,《黄帝内经·五帝》云:"……天有五行,水火金木土,分时化育,以成万物。其神谓之五帝。"五行是宇宙自然的五种构成基质,随着五个基质的转化盛衰,宇宙自然产生变化,使宇宙万物循环不已。五行主要强调整个概念,说明了事物的结构关系和运动形式。可以看出,中国先民认为,宇宙自然是由看不见摸不着却无时无刻不存在的"道"或"气"构成的,"道"构成的万事万物既有阴阳对立的两面,又通过金木水火土这五种基质相生相克,循环产生与流变。宇宙既是整体的,又是各事物相互联系、相互制约而生成的结果。

二、三种宇宙观

中国古代的宇宙观相对完整和周详,但同时也很主观。因为观察天象是古代中国社会的一件大事,除了要为农业提供准确的历法时间,还要为统治者接受来自天庭的奇怪异常的天象,并赋予具有特定授意的信号。正是基于对宇宙变动不居、整体联系的客观事实和来自人类社会现实的主观需求,中国先民提出了三种宇宙观。

1. 浑天说

清代著名历史学家纪晓岚在《四库全书总目提要》对浑天说精辟概括为:"浑天说视天体为一个球形体,人在球体外面观看分布在外表的星象;也就是说,浑天说将天看作一个附着有很多天体的球壳绕极轴左旋,而静止在天球中央的地之形状则有地平和地圆两种观点。"从汉朝一直到元末明初,古人一贯主张浑天说。

浑天说起源的时间早在汉朝之前。有关浑天说的最早著录见于公元前4世纪慎到撰写的《慎子》一书。慎到指出:"天体犹如一个圆形的弹丸,其中心竖轴为倾斜状。"同时代的哲学家惠施也曾暗示大地为球形体,并指出:"大地既是无限的又是有限的,向南一直走,可以周而复始。"公元前3世纪的战国著名诗人屈原在《天问》中感叹道:"东西南北,其修孰多?南北顺椭,其衍几何?"不仅对地球赤道直径与两极直径的长短提出询问,还询问了地表弯曲的曲率问题。公元前2世纪末的天文学家落下闳,为了演示天文星象,制作了一个球形浑天仪。此后,鲜于妄人、耿寿昌、扬雄等极力推广浑天说。公元2世纪东汉张衡进一步完善了浑天说,他不仅改进了落下闳的球形浑天仪,还在《浑天仪图注》中简明扼要地阐述了浑天说,"浑天如鸡子,天体圆如弹丸,地如鸡子中黄,孤居于内";后在约成书于晋代的《浑天仪注》中概括为"浑天如鸡子,地如卵中黄"。

2. 盖天说

盖天说是中国古代最早的一种宇宙结构学说。此学说认为:"天是圆形的,像一把张开的大伞覆盖在地上;地是方形的,像一个棋盘,日月星辰则像爬虫一样过往天空。"这一学说又被称作"天圆地方说"。

最早关于天圆地方的盖天说的记录在《大戴礼记·曾子天圆》,其间有这样一段对话。"单居离问于曾子曰:'天圆而地方者,诚有之乎?'曾子曰:'离!而闻之,云乎!'单居离曰:'弟子不察,此以敢问也。'曾子曰:'天之所生上首,地之所生下首,上首谓之圆,下首谓之方,如诚天圆而地方,则是四角之不揜(yǎn,通'掩')也。'"从这段对话看出,曾参对天圆地方持怀疑态度。西汉末年成书的《周髀算经》中提出"天像盖笠,地法复盘"的新盖天说,认为天在上、地在下,天地相盖,二者都是圆拱形,中间相距八万里,日月星辰随天盖旋转,近见远不见,形成了昼夜四季变化。中国科学家钱宝琮等，将前者称为第一次盖天说，而《周髀算经》所记载的则是第二次盖天说。南北朝时祖暅在其著《天文录》中称："盖天之说，又有三体：一云天如车盖，游乎八极之中；一云天形如笠，中央高而四边下；一云天如欹车盖，南高北下。"

《晋书・天文志》对盖天说进行了充分的叙述："其言天似盖笠，地法覆盘，天地各中高外下。北极之下为天地之中，其地最高，而滂沲四颓，三光隐映，以为昼夜。天中高于外衡冬至日之所在六万里。北极下地高于外衡下地亦六万里，外衡高于北极下地二万里。天地隆高相从，日去地恒八万里。"可以看出，盖天说宇宙结构学说具有不同的学派，大概是不同时代注重强调学说的不同方向的发展。大体上可以说，盖天说形成于周初，而到了《周髀算经》时，已经形成了一个完整的、定量化的体系。它反映了人们对宇宙结构的一个认知阶段，在描述天体的运动方面也有一定的意义。

3. 宣夜说

宣夜说是我国历史上最有卓见的宇宙无限论思想。与浑天说、盖天说和西方古代的地心说、哥白尼的日心说将天体看作一个坚硬的球壳不同，宣夜说认为宇宙是无限的，宇宙中充满着气体，所有天体都在气体中漂浮运动。日月星辰的运动规律是由它们各自的特性决定的，绝没有坚硬的天球或本轮来束缚它们。宣夜说打破了固体天球的观念，创造了天体漂浮于气体中的理论，并且进一步认为连天体自身、包括遥远的恒星和银河都是由气体组成的。这些看法与现代天文学的结论有着惊人的相似，这是非常难得的。

宣夜说最早可以追溯到战国时代，但直到汉代才正式被提出。《庄子・逍遥游》中云："天之苍苍，其正色邪？其远而无所至极邪？"用提问的方式表述了对宇宙无限的猜测。战国中期的宋钘、尹文等提出了朴素的元气学说，把宇宙万物的本原归结为"气"，可以上为日月星辰、下为山川草木。名家的惠施又提出了"至大无外，谓之大一；至小无内，谓之小一"的朴素无限大和无限小思想。这就为宣夜说的宇宙无限观念奠定了基础。

宣夜说进一步发展，认为日月星辰也是由气组成的，只不过是发光的气。《列子・天瑞》云："日月星宿亦积气中之有光耀者。"三国时代宣夜说学者杨泉在《物理论》中进一步指出："夫天，元气也，皓然而已，无他物焉。"还认为银河也是气，并从中生出恒星来，"气发而升，精华上浮，宛转随流，名之曰天河，一曰云汉，众星出焉。"

宣夜说认为"天了无质"，否认了有形质的天，不仅认为宇宙在空间上是无边无际的，而且在时间上也是无始无终的，包孕着宇宙无限思想。所以，从科学规律来讲，宣夜说比浑天说和盖天说都要进步许多。然而，宣夜说没有提出自己独立的天体坐标及其运动进行量度的方法，其数据多是借自浑天说，并且也没有指出行星之间的区别及行星运动的复杂性。再加之该学说与统治者对天象需求的主观臆断相偏离，不被大量传播也就在情理之中了。

在汉代，曾经出现了浑天说和盖天说同台竞技的现象。在秦汉之前，盖天说比较盛行。自古以来，人们看见莽苍笼罩大地，产生了天圆地方的盖天说。而汉代兴起的浑天说认为，天体是一个整球，一半在地上，一半在地下，日月星辰是因为它们随天球转到下面去了，天球绕转一圈就是一昼夜。这种看法成功地解释了昼夜的交替、天体的东升西落和其他许多问题，而且与浑天说一致的浑天仪还能准确地测定天体位置，浑象能演示天象的变化。这一切对历法的推算既有用又方便，所以浑天说很快就被大多数接受，在我国宇宙观中长期占据着统治地位，直到明末西方天文学思想的渗透才开始发生改变。

中国古代的三种宇宙观尽管各有科学性，但在历史长河中传播最久最长的却是浑天说。

浑天说最为人称道的就是其认为宇宙是一个整体,宇宙中的万事万物都以自己独特的形态、性质存在其间,并以某种关系彼此联系、彼此约束着。为此,生长其间的天、地、人就是整体的存在形态。

第二节　以孔孟为首的儒家哲学

儒家哲学是中国最主要的哲学,主要是关于社会组织及社会秩序的哲学,又被称为日常生活的哲学、入世的哲学。儒家强调个人在社会、群团中的责任和义务,对于维护整个社会统治起着舆论和道德支撑,故几千年一直占据着封建统治舆论的绝对支配地位,产生了深刻而广泛的影响。从大的方面讲,它可称作是整个中华文明的代表,对中国封建社会的政治、经济、教育、家庭等确立了规范与制度;从小的方面讲,它对中国人的价值观念、精神信仰以及日常生活中的伦理观念都起着决定性作用。

一、儒家哲学的发展历程

儒家哲学思想萌芽于原始社会。原始儒家承继远古文明思想,是一门特别重视社群的维护和个人修养的实践哲学,这构成了周代社会哲学思想的核心,并成为系统儒家哲学思想的根本基础。

先秦儒家哲学的重点在于将儒家思想生活化和提出儒家哲学精神,以孔子、孟子和荀子为代表。孔子是儒家学派的创始人,其言行思想主要见于后世弟子所编辑而成的《论语》一书。孔子一生奉行"述而不作",在阐述传统制度和观念时,孔子基于自己的道德观进行重新阐释。除了对儒家经典做出新的解释外,孔子也阐述了自己对个人与社会、天与人的相关理论。孔子的核心理论是"仁义","仁"是世间普遍存在的情感,而"义"是社会人必须完成的责任与义务。如何推行"仁义",孔子认为要遵行推己及人,实行"忠恕"之道。孔子在强调人身努力拼搏奋斗之时,也承认天命的存在,并要求人要"知命"。

孟子是儒家学派中的理想主义者,他在回答行"仁"的原因时,提出了"人性本善"的观点,并极力通过论证人性中本有"恻隐之心""羞恶之心""辞让之心"和"是非之心"这"四端"来说明。他在政治哲学上提出了"王道"观,强调道德教育在国家治理中的作用。他在宇宙观方面提出了人的道德原则就是宇宙的原则,从而陷入神秘主义的漩涡。针对孟子,先秦儒家大儒荀子提出了"人性本恶"说,并从功利主义角度阐释道德的起源;提出了宇宙有三种势力:天、地、人,三种势力各有自己的特殊职责。

简而言之,孔子《论语》标榜圣人理想,《孟子》和《荀子》主要体现自我修养及人性观,而《易传》基于孔孟的德性思想而建构儒学的宇宙世界观。

据《孟子·梁惠王上》,孟子提出能够统一天下的是不喜欢武力之人,将其观点系统化和理论化的是汉代大儒董仲舒。董仲舒在汉武帝时提出了"罢黜百家,独尊儒术"的观点,使儒学开始正式登上正统地位,在中国哲学、政治和社会生活中发挥着独一无二的霸主地位。

汉代儒学是在解经的过程中出现的,汉儒们加入了当时的科技知识,提出了"天人相应"的天人关系观,强调人是天的一部分,人的言行举止的依据都只能在天命中寻找。基于"天人相应",董仲舒提出了涉及面比较广的哲学内容,诸如人性问题、社会伦理上确定了"三纲五常"观、政治哲学上提出政府职能在于依据自然界四季进行庆、赏、罚、刑,从而帮助发展人性、历史哲学上提出历史按照"三统"顺序进行朝代更迭等。由此,汉代哲学一方面由于强调天人的互动性，使得汉儒发展出由天象以定人事的社会哲学；另一方面经学的大力提倡，由解经研究而制定礼法，这是儒学思想在社会政治领域的落实，是儒学中有具体实效性的知识部分。汉代以后，儒家哲学走向衰微，中国哲学的主题转向了道家哲学与道佛两教的宗教哲学，直到宋代又恢复活力。

学界一般将先秦至汉代的儒学称作旧儒学，而将宋以后再次兴起的儒学称作新儒学。历史经历了魏晋南北朝的长期分裂后，于隋唐时期再次实现大一统。然而，儒学表现在孟子、荀子和董仲舒等著作的活力早已满足不了时代的精神与兴趣需求。随着道家复兴和佛教的传入，人们逐渐对性命之学感兴趣，而儒学的复兴就必然受到此种情势的影响。

新儒学的思想主要有三个来源：一是儒学本身传统；二是佛学，包括以禅宗为中介的道家；三是道教，尤其是道教中阴阳家的宇宙发生论。追究起来，新儒学应萌芽于唐代的韩愈和李翱的"道统说"。"北宋五子"的出现，恢复并发展了先秦以后几千年的儒学传统，使儒家强调道德修养与天人关系的思考，将儒学重新注入中国人的生活中。同时，也反映了儒家哲学体系能够从自己的典籍诠释中回应道佛思想挑战的形而上学建构。周敦颐、邵雍和张载都依据《易传》用图示方式对宇宙发生原理进行了解说，张载提出了"气"的概念，指出一切存在的个体事物都是由它造成的。新儒学在程氏兄弟俩中发生了分化：程颐开创了"理学"，由朱熹完成，又称"程朱理学"；兄长程颢开创了"心学"，因由陆九渊传承、王守仁完成，又称"陆王学派"。二程的思想则消化了周氏、张氏的思想体系，回复到孟子心学传统，提出了"天理""性即理""理一分殊"等命题，并建立"存天理，灭人欲"的功夫理论和理气二元学说。

朱熹是宋明理学的集大成者，对北宋以来的思想进行了全面的整理与重构，在本体论、宇宙论、人性论、政治哲学、文学理论等诸多方面都有一定见解及发展。朱熹继承并发扬了程颐对"理""器"的解释，并详细化为"形而上者，无形无影是此理。形而下者，有情有状是此器"(《朱子语类》卷九十五)，认为万事万物都有理，理是先于具体事物存在的，甚至在宇宙形成之前，一切理都已存在。理是永恒的。

新儒学本是儒家、道家、佛家和道教的综合，但新儒学发展到清代，由于儒家的正统地位空前加强，将新儒家打造成纯粹儒学就成为了当时的一大政治兼历史使命。清代学者们发动了"回到汉代"的哲学运动，即研究汉代学者为先秦经典所作的注释，并将这种研究称之为"汉学"。尽管在哲学的贡献上微不足道，但在历史、语文学等方面却有着惊人的、独特的成就。

由此可以看出，儒家哲学主要经历了四个阶段：先秦时期的成立时期、两汉之间的繁荣期、宋明时期的复兴期和清代的复古期。这四个阶段对儒家哲学的形成与传播都起了相当大的作用。

二、儒家哲学观

儒家哲学的世界观基本上以对天的理解以及天人关系的各种形态之间的比较与选择等两个问题为出发点，然后结合社会人存在的意义与价值，完成最终整个儒家哲学系统。在这个意义上讲，儒家哲学从根上只考虑了天命与人事两个方面，但又涉及实现顺应天命与尽人事的途径与方法，故可以从四个方面来总括儒家哲学观。

1. 天道观

天道是儒家哲学关注的主要哲学命题之一。天道有广义和狭义之分，狭义天道是与人道相对应的一个概念，是指天的运动规律；广义天道是指自然宇宙中的万事万物生成、发展和灭亡有其必然的规则、道理。在儒家哲学中的天道主要是指狭义天道，包含天命、天理、天象等含义。

在天道观上，儒家哲学体现在两个方面：一是认识天命的存在；二是解说天与人之间的关系。

天命，一般指上天的意旨、命令，由天主宰的命运，有时也指自然运行的规律与法则。在儒家哲学中，最早意识到"天命"存在的是孔子。孔子一生践行着"明知不可为而为之"的政治理念，然而在屡屡受挫之后不得不叹息："道之将行也与？命也。道之将废也与？命也。"（《论语·宪问》）他尽了一切人事而终未成功，将不成功的原因归结为命。命，即命运，孔子这里指天命。后来儒家就将天命看作是宇宙存在的一切外在条件。天命是不可抗逆、不可改变的，要获得人事的成功就要顺应天命，顺应天命就必须了解天命，这就是要"知命"或"知天命"。《论语·为政》云："吾十有五而志于学，三十而立，四十而不惑，五十而知天命，六十而耳顺，七十而从心所欲，不逾矩。"人们只要努力尽人事，成败都是"天命"决定的，人们不要计较，这就叫"知天命"。"知命"在儒家哲学也被看作评判君子的标准，"不知命，无以为君子也"（《论语·尧曰》）。孟子将"知命"发展为"知天"，并区分了"天爵"与"人爵"，强调宇宙原则与人的道德原则的一致性。孔孟的"天命"观直接影响了董仲舒对天人关系的认定与阐释。

天人关系，即上天与人的关系，中国整个哲学体系将天人关系看作是"天人合一"。"天人合一"是儒家哲学探讨的中心问题。天人合一与"天人之分"说相对应。天，是自然、宇宙、上天；人，是人类，宇宙自然的认知者、实践者。"天人合一"有两层意思：一是天与人具有一致性，人同天地，宇宙自然是大天地，人则是一个小天地；二是天与人相应相通，是说人和宇宙自然在本质上是与天地异级同构、对应一致的，一切人事均应顺乎自然规律，达到人与自然的和谐。

"天人合一"思想一般认为产生于战国的庄子，其实远不止于此。《易经·系辞》曰："伏羲仰则观象于天，俯则观法于地，观鸟兽之文与地之宜，近取诸身，远取诸物，于是始作八卦，以通神明之德，以类万物之情。"实现了"与天地准"和"弥纶天地之道"。八卦将自然视为一个整体，每一卦有上、中、下三个爻位，分别表示天、人、地。为此，八卦实为"天人合一"观的产物，是一切均要与天和谐、合拍的要求。无论是《易经·系辞》，还是庄子，都只是隐含着"天人合一"理念，直到汉代大儒董仲舒才将"天人合一"观发展为哲学思想体系，并由此建构为中华传统文化的主体。

董仲舒是汉代最有影响的思想家，向汉武帝提出了"罢黜百家，独尊儒术"的政治主张，使中国进入了儒家一统天下和文化专制的时代。其主要主张是"三纲五常"，而理论基础和来源是"天人感应"的"天人合一"观。董仲舒认为，天创造了万事万物和人，天是有意志的，和人一样具有"喜怒哀乐"。人与天是相应和的。然而，天意要宇宙自然实行大一统，而汉帝王是受命于天来对人间进行统治的。王侯受命于皇帝，臣受命于君，子受命于父，妻受命于夫，这一层层的受命关系都是天的旨意。董仲舒精心构筑"天人感应"的哲学论，目的就是把人世的一切秩序化、合理化，从而为统治者巩固其中央集权专制制度服务。帝王怎么体现天意呢？董仲舒利用阴阳五行学说。将阴阳与四时相配，推论出东南西北中的方位和金木水火土五行的关系，五行是天道表现，突出"土"居中央的位置，进而把阳尊阴卑理论运用于社会，推论出"三纲五常"的道德哲学。董仲舒还认为，"道"源于天，"天不变，道亦不变"，那么"三纲五常""大一统"等维护统治秩序的"道"是永远也不会变的。董仲舒认为，人的认知是了解天意，即"知天"。要"知天"，一是内省达到判断是非，二是观察阴阳五行。人们"尽心""知性"就能达到

“知天”，从而实现“天人合一”。

北宋理学家张载是第一个明确提出“天人合一”的人。《正蒙·诚明》云：“儒者则因明致诚，因诚致明，故天人合一。”这体现了人与天地万物为一体的“天人同构”观。人类实现与天地万物成为一体的方式方法是“大其心则能体天下之物”（《正蒙·大心》），只要超越人自身限制，破除人与人、人与物之间的隔阂，将天地万物看作一体，就能达到人与宇宙自然为一体的境界。同时代的程颢也指出“仁”是实现“天人合一”的一种途径和方式。明代著名理学家、“天人合一”说的集大成者王阳明提出“一体之仁”观。具有了“一体之仁”，人们就能将天地万物当作一个整体。王阳明还指出，为了达到“仁”的境界，人们应该“求至善，存天理，致良知”，而在求“至善”过程中，应尊重客观自然事实、自然规律（即天理），以使人的主观认知与自然相和谐，这样就达到“天人合一”。南宋理学家朱熹认为实现“天人合一”的途径是“灭人欲，存天理”，即人类应该剔除个人欲望，依照自然本身规律行事，将自身看作为自然的组成部分，这样就能实现真正的“天人合一”。

“天人合一”观的具体内容如下：①天地对应，即天球的南北极所形成的天轴与地球南北极所形成的地轴处在同一直线上；②天地气交，亦称天地同质，即天地人本源于一气，天人合一最重要的体现就是合于“气”；③天地同律，即时空合一；④人天同数，即人体的自然节律与天文、气象密切相关；⑤人天同象，即通过已知的宇宙现象来推知人体内在潜隐的内藏内腑的运行情况、运行规律及相应的功能；⑥天人同类，即人与天地万物之间具有类属的同质性；⑦人天同构，即人的生理构造与天地的位置安排具有同一性。

2. 人性观

人性，指人的本性，从根本上决定并解释着人类行为的那些人类本性。人性这个哲学命题贯穿在整个儒家哲学体系中。孔子并没对人性做定性分析，只提出了“性相近，习相远也”，指出人性是相近的。先秦的孟子、荀子和告子都对人性做了具体分析，孟子提出了“性本善”说，荀子提出了“性本恶”说，而告子则是折中态度，认为“性无善恶”说。随着佛学的传入与渗透，谈心论性成为哲学主题。宋明理学家们内在接受佛道思想，人性的善恶问题也就成为理学论据的要义。大体说来，理学家们大多秉承孟子的性善说，坚信“人之初，性本善”，认为人之所以为恶，都是后天的习性、贪念、欲望等所养成，因此，要反省克服各种贪念，驱除欲望，就能恢复人性最初的善良面貌。

为了论证“性本善”说，孟子着力说明人人都有“恻隐之心”“羞恶之心”“恭敬之心”和“是非之心”的“四端”观。与孟子形成强烈对比，荀子认为“人之性恶。其善者，伪也。今人之性，生而有好利焉……然则，人之性恶明矣，其善者伪也”。与先秦告子“性无善恶”说相近，西汉扬雄提出人性善恶混杂的观点，他说：“人之性也，善恶混。修其善则为善人，修其恶则为恶人。”北宋理学创始人张载在总结历史上人性善恶观的基础上，提出了天地之性和气质之性的学说，将人性论发展到一个新阶段。后朱熹极力推崇张载的人性论思想，说“极有功于圣门，有补于后学。”宋明心学代表王守仁干脆提出“理即是性”“性即是理”，具体是“无善无恶性之体。有善有恶意之动。知善知恶是良知。为善去恶是格物。”肯定人性是不分善恶的，善恶只在于人的意念。决定人产生善恶意念在于个人修养，为实现“仁”和彰显“诚”，人们必定要注重修养，故周敦颐提出了“人性修养论”。周敦颐将“主静”作为修养方法，“无欲故静”。所谓“静”，就是安定、安宁；所谓“无欲”，是指没有私欲的干扰。周敦颐认为，人能“无欲”，仁义道德的“本性”就充分发挥出来。

儒学家们认为人性有等次级别,主要体现在"性三品"说上。"性三品"说是受到孔子"唯上智与下愚不移"的先验论的影响而提出的。西汉董仲舒结合"天人感应"说,把人性分为上、中、下三等。上等的"圣人之性"先天就是善的,不需教育。下等的"斗筲之性",就算经过教育也难以转化为善的,这两种都是少数。只有"中民之性"占据大多数,需要教育,而且可以转化。接着,东汉的王充依据禀气的多少,把人性分为善、中、恶三种,认为性善是中人之上,性恶是中人之下,善恶混杂是中人之性。王充稍后的荀悦明确提出"性三品"概念,但却欠分析,唐代韩愈继承此概念,并进行了详细阐释。韩愈明确提出"性情三品"说,把性与情分为上、中、下三品。他在《原性》中说:"性之品有三,……上焉整者,善焉而已矣;中焉者,可导而上下也;下焉者,恶焉而已矣。""与生俱"的性包括仁、义、礼、智、信五种道德品质,上品之性具有仁而行于其余四者,下品质性反于仁而违背其余四者,中品之性仁不足且其余四者混杂不纯。而"接于物而生"的情,包括喜、怒、哀、惧、爱、恶、欲等。

3. 人生论

儒家哲学的人生论,即人生哲学,是其哲学的核心。孔子思想核心是"仁",孟子思想核心是"义",荀子发挥为"礼",从而形成了儒家哲学思想重视人们行为规范的要求。从整体上看,儒家人生哲学的最高理想就是实现"仁"。

何谓"仁者"?具有"仁"之人,即"仁者爱人",最基本的含义就是人与人之间要相互亲爱。其核心就是"爱",兼含有"生"和"畏"之意。《易经·系辞传》曰:"天地之大德曰生。"意即天地之间最伟大的道德就是爱护生命、保全生命。此处"生"包括天地万事万物。孔子在《论语·季氏》云:"君子有三畏:畏天命,畏大人,畏圣人之言。小人不知天命而不畏也,狎大人,侮圣人之言。"儒家的"畏"并非完全是"畏惧"义,而重在强调"畏而敬重"。"知"是"畏"的前提,而"畏"是"知"的结果,这也就是后来说的"无知者无畏"的来源。

"仁者"要怎样实施"仁"呢?儒家提出了"忠恕之道",即推己及人。《论语·里仁》记载了这样一段对话:"子曰:'参乎!吾道一以贯之。'曾子曰:'唯。'子出,门人问曰:'何谓也?'曾子曰:'夫子之道,忠恕而已矣。'"所谓"忠",是指"尽己",朱熹释为"尽己之谓忠",意即尽自己心力做事就是忠。

"忠"在儒家哲学中包括三方面。一是孝,"尽己始于孝道,百善孝为先"。"孝者,善事父母者也""夫孝者,天之经也,地之义也""身体发肤,受之父母,不敢毁伤,孝之始也"。二是"言忠信,行笃敬"即为人要诚实,言谈举止要发自内心。三是以志帅气,"志者,心之所之也"。子曰:"朝闻道,夕死可矣!"儒家的"恕"即是"宽以待人",用孔子的两句话表示:"己欲立而立人,己欲达而达人。""己所不欲,勿施于人。"这是以本人自身为尺度,对本人的行为进行调节。忠恕之道同时就是仁道,行忠恕就是行仁;而行仁必然履行社会责任和义务,所以忠恕之道既是人的道德生活的开端,也是道德生活的终结。

"仁者"的道路该如何开启并保持呢?儒家哲学提出了礼教和乐教。《孝经》:"安上治民,莫善于礼。移风易俗,莫善于乐。"儒家哲学有两部经典是专门讲礼的:一是《仪礼》,是对当时各种典礼程序的实录;二是《礼记》,是儒家对典礼的注释。儒家最注重丧礼和祭礼,认为是礼中最为重要的。荀子在《礼论》中说:"礼者,谨于治生死者也。生,人之始也;死,人之终也。终始俱善,人道毕矣。"又说:"事死如事生,事亡如事存,状乎无形影,然而成文。"对丧礼、祭礼等进行了诗教功能,废除了原先的宗教色彩。礼有三种本源。《荀子·礼论》云:"礼有三本:天地者,生之本也;先祖者,类之本也;君师者,治之本也。无天地,恶生?无先祖,恶生?无君师，恶治？三者偏亡，焉无安人。故礼，上事天，下事地，尊先祖而隆君师，是礼之三本也。”荀子还做了《乐论》，如是说：“人不能不乐，乐则不能无形，形而不为道，则不能不乱。……足以感动人之善心，使夫邪污之气无由得接焉，是先王立乐之方也。”儒家认为，音乐是道德教育的工具。

儒家的人生哲学就是通过礼乐的教化，使人成为内圣外王的圣人。“内圣外王”出自《庄子·天下》，却成为儒家的理论依据。儒家以“修己”为起点，以“治人”为终点，内圣和外王是相互统一的，内圣是基础，而外王是目的，只有不断进行内心修养，才能成为“仁人”“君子”，即实现内圣；只有实现了内圣，才能安邦定国，实行“王道”，达到外王的目标。简言之，儒家哲学“仁”和“内圣外王”的实现，就是使人成为品德高尚、为社会能做出卓越贡献的完人。

4. 方法论

在方法论上，儒家哲学提倡中庸之道。所谓中庸之道，亦称“君子之道”，是中和之道。《礼记·中庸》云：“不偏之谓中，不易之谓庸。中者，天下之正道；庸者，天下之定理。”意即中是天下的正道，庸是天下的公理。不偏不倚、不上不下处在中间就是中，不加改变保持原状从而达到和谐就是庸。只要达到不偏不倚、和谐状态，宇宙天地万事万物便各在其位而运行不息，万物便各得其所而生长发育。

儒家哲学的中庸之道意义非常丰富，在人生思想方面就包含三个方面。

第一，行为上要避免趋于极端，《论语·先进》云：“子贡问：‘师与商也孰贤？’子曰：‘师也过，商也不及。’曰：‘然则师愈欤？’子曰：‘过犹不及。’”又云：“子路曰：‘闻斯行诸？’子曰：‘有父兄在，如之何其闻斯行之？’冉有问：‘闻斯行诸？’子曰：‘闻斯行之。’公西华曰：‘由也问闻斯行诸，子曰有父兄在；求也问闻斯行诸，子曰闻斯行之。赤也惑，敢问。’子曰：‘求也退，故进之；由也兼人，故退之’。”孔子针对不同对象，将其限制在中庸范围。

第二，具备平和宽厚的胸襟。儒家素来注重人与人之间的和谐并存，强调“以和为贵”“和而不同”（即求大同存小异），善于与人沟通、交流，听得进别人的意见，能容纳别人的长处和缺点；主张以和平方式解决意见上的分歧与社会现实的争斗。

第三，兼容并包的圆融精神。所谓兼容并包，是指将宇宙中的各种事物及各种事物的各个方面全都容纳包括进来。道理虽有对错是非，但却并非黑白分明、真假二元对立；真理是多元的，具有不同层次，最重要的是能够明辨各种事物、真理的观点和层次，从而达到相互为用而不是相互排斥，将对方置之死地而后快。这也就是《礼记·中庸》所说的：“执其两端，而用其中于民。”朱熹对其进行了非常明晰的阐释：“凡物皆有两端，如大小厚薄之类。于善之中，又执其两端，而度量以取中，然后用之。”儒家避免用片面、过左或过右、过激的方法，而是主张用中庸方法去观察自然事物和社会、天道、天性、人性、人道等，这些理念对现在都有相当的启发作用。

儒家哲学可谓博大精深，但最终侧重社会取向的价值观，追求自我完善的道德观。在世界观方面，它是理性超世的；在人生目的方面，它却是功利现实的。终其一端不过是顺应天命追求内心修为并由此达到对社会、国家的治理，实现所谓内圣外王的人生理想。

三、儒家哲学的影响

儒家哲学思想自产生之日起就颇受瞩目，其富有伦理特色的政治观一直在中国封建时代长期是官方的统治思想。儒家哲学的核心是“仁”“礼”，这“仁”“礼”思想对后世产生了深远影响。

儒家的哲学思想尤其是"仁"学,是适应奴隶解放的历史潮流,在当时是一种进步的人道主义。在历史长河里,它一方面促使人们在生活中团结互助,构成中华民族优良的道德传统,铸就了诸多爱国志士。在"杀身成仁""舍生取义"的感召下,许多仁人志士为民族大义牺牲自己的利益甚至生命。它另一方面成为统治阶级统治人民的工具。儒家哲学最终外化为"礼",或者说靠"礼"来实施。诚然,儒家哲学固然对家庭和社会的亲和、宽容起到了积极作用,但儒家哲学的礼是使父子、君臣、兄弟、夫妇及官民等关系的秩序化、合理化,其主要作用是密切人们的伦理关系,改善人们的社会关系。从狭义上看,它确实具有维系社会正常秩序和伦理道德的作用,这也是儒家哲学几千年来为封建统治阶级所推崇的原因。同时,礼制规定的等级关系,使个人具有强烈的归属感,人们在礼的规范、说教中越来越倾向于保守、知足,这间接弱化了国民心理素质,使人养成了不思进取因循苟安的惰性,挫伤了人的进取精神。

儒家哲学体现了强烈的主体意识,这与当时主张人的本质是神的创造相比,是进步的。儒家哲学首次在人类历史上揭示人伦关系的法则,并凸显出个人的一切得受到社会政治、文化、法律法规和道德准则的检验与制约。

儒家哲学中的"仁"是"泛爱众"的人类普遍之爱,也是由近及远的差等之爱。儒家哲学并不是消除阶级差别,相反,它是为阶级差别做道德伦理的辩护解说的。然而,"仁"提倡"王道",反对苛政,这在历史上具有进步意义。

第三节 以老庄为首的道家哲学

道家和儒家一样,也是中国最重要的古代哲学之一,但由于儒家学者董仲舒向汉武帝提倡"罢黜百家,独尊儒术"的政策,并被后世帝王采纳,使得道家成为非主流思想。尽管道家并未被官方采纳,但对中国的政治、经济、社会、教育甚至普通人的信仰、观念等都造成了很大的影响,现代更有学者认为道家超越儒家,称其为中国传统文化的根本。

一、道家哲学的兴起及发展

道家哲学的起源很早,有原始宗教之说、隐士传统之说,还有黄老之说①。一般来说,公认第一个确立道家学说的是春秋时期的老子,在其所著的《老子》(《道德经》)中作了详细阐述。道家思想的代表人物还有战国时期的庄周、列御寇、惠施等人。西汉初年,汉文帝、汉景帝以道家思想治国,使人民从秦朝苛政中得以休养生息,史称"文景之治"。其后,董仲舒向汉武帝提倡"罢黜百家,独尊儒术"的政策,并被后世帝王采纳,道家成为非主流思想,但继续在中国古代思想的发展中扮演重要角色。宋明理学是在糅合了道家思想基础上发展而成。道家思想后来被张鲁(张衡之子)的天师道(亦称五斗米道)等宗教吸收,演变为中国的重要宗教之一——道教。魏晋风流在清谈玄学时更着重炼丹。因此,道家与道教常被人混淆。由此可见,道家哲学的发展至少经历过三个重要的时期。

1. 先秦至汉初时期

先秦至汉初时期,以老庄为主,确立道家哲学理论。

春秋战国时期,阶级斗争尖锐复杂,诸侯国之间的兼并战争给人民带来深重灾难。在这种

---

① 道教尊黄帝、老子为创始人,并称黄老,即黄老学说,传说中的黄帝有天人合一的思想,老子和黄帝都主张清净治天下,是道教起源的一种说法。

情况下，究竟如何安邦治国、修身养性等，思想界是众说纷纭，纷繁复杂，出现了“百家争鸣”空前活跃的态势。针对儒家提倡仁义、孝悌等治国修身学说，道家反其道而行之。此外，有些有志之士，厌恶不义战争、厌倦尔虞我诈的官场生活，便归耕田里，或渔捕江湖，过着悠然自得的隐士生活。此种现象，对道家思想的产生，也起着一定推波助澜的作用。

道家理论奠定于老子，老子《道德经》一书仅五千字，却字字珠玑，书中主要讨论了道的形而上学义、人生智慧义，提出一种由万事万物混合而成却又独立自存的自然宇宙起源论，也提出世界及生存其间的万事万物的存在与运行原理是“反者，道之动”（向相反方向转化）的本体论思想。而对于存活于宇宙自然之中的人类而言，应学习的东西只有一个，那就是处世智慧。在此基础上，老子提出了众多政治、社会与人生哲学观点，但重点都在保全物质身体而不在文明的开创。可以这样说，老子是以一套本于顺应宇宙自然之道的社会哲学与理论来应对人世混乱的现象，无意从人的主动性、能动性出发来制造社会的新气象，因为在他看来，那都不是大道本身要求、是违背大道的自然规律。

庄子是老子之后道家理论最重要的开创者，奠定道家哲学的基本上就是老庄哲学的形式。庄子的道家学说与老子学说稍有不同，主要体现在庄子更详尽地阐释了人与自然的关系、人的主观能动性，包括智慧上、认识能力上、身体能量上等。当然，与老子一样，庄子同样站在天道自然的哲学命题基础上，提出了从人的自我修养到面对整个社会国家的处世之道，《庄子》一书内七篇之作，充分阐释了庄子从世界观、知识论到社会哲学的内圣外王之道的理论。

战国时期，有“稷下黄老学派”之说。“稷下黄老学派”，是指齐国稷下学士标榜学习黄帝和老子学说的学派。所谓“稷下黄老学派”，其人物并非道家，不过托黄帝之名，以老子学说为基础，兼采儒、墨、名、阴阳五行之说，并结合当时齐国政治需要而吸收了法家的法治学说，将“道”与“法”有机结合起来，强调法治的必要性。因此，“稷下黄老学派”并非是真正的道家哲学。

战国末期的申不害和韩非，深受道家影响。据《史记·老子韩非列传》记载：“申子之学，本于黄、老而主刑名。著书二篇，号曰申子。”申子主张刑名，而本于黄老。《吕氏春秋·任数》亦云：“治乱、安危、存亡，其道固无二也，故至智弃智，至仁忘仁，至德不德，无言无思，静以待时，时至而应，心暇者胜。凡应之理……君道无知无为，而贤于有知有为，则得之矣。”申不害所谓治国之术，完全是从道家思想脱胎而来。韩非与他殊途同归，崇尚老子学说的代表作就是韩非子的《解老》和《喻老》两篇。司马迁在《史记·老子韩非列传》中也说：“韩非者，韩之诸公子也，喜刑名法术之学，而其归本于黄老。”申子和韩非崇尚道家思想，属于“黄老之学”。

西汉初年，经过战国以来的连年征战，国力衰退，人民疲惫，举国上下渴望天下太平。因此，老子“无为而治”的思想迅速传播开来。汉景帝至汉武帝初年，是“黄老之学”的盛行时期。但是，大力提倡“黄老之学”的是封建统治阶级的上层人物。以窦太后为代表，她厌恶儒学，并将儒生打入监狱；汉武帝当初也曾称道以“黄老之术”治国，只是没有一贯坚持。随着窦太后的死去，“黄老之学”也随之衰退了。

2. 魏晋南北朝时期

魏晋南北朝时期，以王弼、郭象为主，形成玄学清谈。

晋代以后，许多文人学士崇尚老庄，杂糅儒教和神仙家思想，兴起“玄学”之风。接着，封建统治阶级出于自身利益考虑，加强对玄学的利用，并置“玄学”，给予老子、庄子、列子、文子等博士头衔，道家地位大大提高。

据《晋书·王衍传》载："魏正始中，何晏、王弼等祖述老、庄。"何晏著《无为论》，提倡："天地万物，皆以无为为本。"《无名论》认为："为民所誉，则有名者也。无誉，无名者也。若夫圣人，名无名，誉无誉，谓无名为道，无誉为大。……自然者道也，道本无名，故老氏曰'强为之名'，仲尼称尧荡荡无能名焉，下云巍巍成功，则强为之名，取世所知而称耳。"与何晏同时的王弼同声相应，先后著《戏答荀融书》和《难何晏圣人无喜怒哀乐论》两文。两人一唱一和，相辅相成，祖述老庄，并融合儒家，因而产生了唯心主义的"玄学"。魏晋文学论者刘勰在《文心雕龙·论说》中云："何晏之徒，始盛玄论，于是聃、周当路，与尼父争途矣。"指出了魏晋时期道家思想与儒家思想的相互竞争并存的状态。

王弼最大的贡献在于著《老子注》，是我国最早的《老子》注本，为后世研究《老子》奠定了重要基础。西晋时人郭象著《庄子注》，他主张所谓"独化"理论，"凡得之者，外不资于道，内不由于己，掘然自得而独化也"（《庄子·大宗师注》）。在郭象看来，宇宙中万事万物的发展变化，并非由外界因素决定，亦非内在主观精神所改变。万事万物都是毫无规律可循的偶然现象或事件。郭象的"独化"理论是一种从高度抽象思维当中发展出来的玄学式概念，提倡一种事物没有大小区别，各自顺应自身的"玄冥"精神，平等尊重每一个生命的人生观。

与何晏、王弼不同，魏晋之间的"竹林七贤"（阮籍、嵇康、山涛、向秀、刘伶、阮咸、王戎）不拘礼教，崇尚老庄，亦好神仙，他们宣扬道家的清虚无为之道并非纯真，其中往往掺杂着神仙家的思想和一定的儒家思想。如"竹林七贤"之首的阮籍，"（籍）志气宏放，傲然独得，人性不羁……博览群籍，尤好《老》《庄》。""籍虽不拘礼教，然发言玄远，口不臧否人物。性至孝，母终，正与人围棋，对者求止，籍留与决赌。既而饮酒二斗，举号一声，吐血数斗。"（《晋书·阮籍传》）按道家思想，人死不过是万事万物发展的一个阶段或过程，即所谓"物化"。可阮籍却没能领悟到这一层，这说明阮籍在深受老庄道家思想影响的同时，儒家的孝道思想对他也有很深的熏陶。

在文人大兴"玄学"风的情况下，封建统治者建立"玄学"，发掘出"玄学"的治国理念，弘扬道家思想。官办"玄学"始于南朝宋文帝刘义隆时代。由于统治者的高度重视，崇尚道家思想的"玄学"，将其与艺术、史学、文学同列入国学，从而得到进一步发展。

3. 唐宋时期

唐宋时期，玄学发展到顶峰，用"道"阐释佛学，儒释道三家合流。

唐代经济繁荣，国家昌盛，高宗李治和玄宗李隆基重视道家，大力倡导"玄学"，道家思想得到广泛流传。据《新唐书·高宗本纪》记载，高宗以老子为李氏祖先，并"追号太上玄元皇帝"。到了玄宗时期，干脆将《老子》列为考试科目，将"庄子号为南华真人，文子号为通玄真人，列子号为冲虚真人，庚桑子号为洞虚真人。其四所著书改为真经"（《旧唐书·玄宗本纪》）。不过此时的"玄学"虽与道教混为一体，却与魏晋玄学有着很大不同。其中最重要的区别就是还重视列子。现存《列子》是东汉张湛所辑。《列子》从道家思想出发并对道家思想中无为的人生观进行了改造，强调人在自然天地间的积极作用。但在同时，列子讨论有无变化的问题，目的是建立一套形而上的生死理论，指出生死是最具私人性的事件，不可替代与避免，以此指导个体坦然面对生与死。

到了宋代，宋徽宗赵佶干脆自称为"教主道君皇帝"（《宋史·徽宗本纪》）。太学设置《道德经》《庄子》《列子》博士，诏封庄周为微妙元通真君，列御寇为致虚观庙真君。宋代道观林立，道教盛行，道家思想融入道教，从客观上对道家思想的传播，具有了一定的推动作用。

自从东汉末年佛教传入中国，就以道家和儒家作为支撑点，开始融入中华传统文化。到了唐宋时期，由于对佛、道的极力推崇，促使儒释道三家最终完成融合趋势，在相互吸收、相辅相成的基础上成为中国传统文化三大主流。

当然，除了上述三个主要阶段，道家哲学自老庄开始一直到当代，都在我国哲学思想史上起着重要作用。总体而言，先秦的老庄二人总摄了道家思想的纲领之后，道家形而上思想的深度立刻影响了儒家与法家的形而上思想，如儒家的《易传》与韩非子的《解老》。在社会政治的实际影响上，老子之学要到汉初黄老之治的实施后才正式被试验，因为在历经春秋战国、楚汉之争，人们发现争强争斗的弊病以及休养生息的重要，于是老庄的政治哲学观受到重视。等到西汉强盛，争战岁月再度启幕，直至魏晋清谈之风起，道家哲学又展现了它强大的生命力，何晏、王弼首开其风，从理论上阐发道家之学，而向秀、郭象则发展庄学的注释工作。魏晋之后，道家思想没有鲜明的创造传统之功，但其思想创见却为道教、易学与儒学理论的开创提供了来源与启示，而同时期的佛学传播，也曾通过道家"无"的概念来表达的。到唐代之后各派兼容，佛释道并存发展，虽宗教传播盛行，对道家哲学发展还是起到了一定的推动作用。

二、道家哲学观

儒家推崇理性、修身，道家却抱持反面观点，偏好自然与直觉。道家是"道德家"的简称，因老子的《道德经》而得名。历代研究者都认为，儒家是"入世之学"，主要讲的是政治教化，其作用偏重于社会和个人的品格修养，因此儒家讲"修身齐家治国平天下"。道家是"出世之学"，主要讲的是宇宙人生，其作用偏重于个人，尤其是个人的精神层面。道家哲学之根本在于阐释了一个"道"字，并在此基础上提出对自然、对人生的态度。

总体而言，道家哲学的基本观点成型于老庄二人，下面就通过介绍老庄的哲学观了解道家哲学思想。老子的哲学观非常广泛，涉及宇宙自然观、人生处世哲学、社会政治哲学和方法论。

(1)"道"的总体世界观

道家思想的核心是"道"，认为"道"是宇宙的本源，也是统治宇宙中一切运动的法则。老子曾在他的著作中说："有物混成，先天地生。寂兮寥兮，独立而不改，周行而不殆，可以为天地母。吾不知其名，强字之曰道，强为之名曰大。"老子把"道"视为最高范畴，用来观察和认识客观世界。老子认为，"道"表示宇宙的原始状态，它在天地形成之前就已经存在，即所谓"有物混成，先天地生"。"道"还表示世界的本源，认为天地万物都是"道"产生出来的。"无"为天地之始，是世界的开始状态。"有"为万物之母。"道生一，一生二，二生三，三生万物"。

这里的"道"通俗地讲就是宇宙自然万事万物的本质规律与最高级的宇宙智慧。在老子看来，事物虽然千变万化，但在各种变化的底层，事物演化的法则并不变。人如果懂得这些法则，按照这些法则来安排自己的行动，就可以使事物的演化对自己有利。即便如此，自然或人类社会的变化中总有难以预见的因素；无论人如何保护自己，还是难免受到伤害。于是老子发出这样的感叹："吾所以有大患，为吾有身，及吾无身，吾有何患？"

(2)无为而治的社会政治理想

老子强调"道法自然"，认为宇宙万物都是自然而然演进和发展的，因而要求人们要顺其自然地生活，不应人为地改变平衡的状态，否则就会招来祸患，即"无欲以静，天下将自定"。作为统治者，治理国家也应顺其自然，不能将主观意志强加于社会政治生活，这就是老子所谓的"无为而治"。"我无为而民自化，我好静而民自正，我无事而民自富，我无欲而民自朴"，又说："其政闷闷，其民淳淳；其政察察，其民缺缺。祸兮，福之所倚；福兮，祸之所伏。孰知其极?”也就是说,老子认为统治者的一切作为都会破坏自然秩序,扰乱天下,祸害百姓。要求统治者无所作为,效法自然,让百姓自由发展。

“无为而治”的理论根据是“道”,现实依据是变“乱”为“治”。“无为而治”的主要内容是“为无为”和“无为而无不为”,具体措施是“劝统治者少干涉”和“使民众无知无欲”。为此,老子提出统治者治理社会的方案:一是无为,即不要主观妄为,“以虚无为本,以因循为用”(司马谈《论六家要旨》);二是使民不起争斗之心,而要使老百姓无欲不争,就要实行小国寡民和愚民政策。小国寡民是一种鸡犬之声相闻、完全平和、自然理想的社会状态。而愚民就是不让老百姓懂得太多,否则很难治理。总之,根据老子的观点,在自然无为的状态下,事物就能按照自身规律顺利发展,人身、社会都是如此。如果人为干涉事物的发展进程,去干预或改变事物的自然状态,其结果只会自取其败。因此,明智的人应该采取无为之道来养生治世,才能达到预期的目的,这就是所谓“是以圣人处无为之事,行不言之教”。

(3)退让不争的处世哲学

老子将处下谦退看作是最高的处世之“德”。如何才能保持谦下呢?如何才能在内心引起一种持久的认同和信仰呢?答案即“自然”。他认为现实世界不好,即“大道废,有仁义。智慧出,有大伪。六亲不和,有孝慈。国家昏乱,有忠臣。”现行生活准则的根本问题就在于现实有太浓的“欲望”。若要从根本上解决,就要实行“绝圣弃智,民利百倍;绝仁弃义,民复孝慈;绝巧弃利,盗贼无有。”天下之所以这么乱,原因就是争斗得太厉害,从对立角度来看,能够救这个弊端的恐怕就只有“不争”与“退让”,就只有“虚静”不动了。因此,“谦退”“不争”等顺理成章就是“自然”的内涵,从而与“道”达到互通。

老子的人生态度是与他对宇宙事物看法相一致的。他认为宇宙万物有自己的规律,是自然而然的。同时,他又坚持事物“无”“阴柔”的作用,其退让不争的处世哲学实际上包括了这么几个方面:①“功成,名遂,身退,天之道”,即功成身退;②“知足不辱,知止不殆”,即人懂得满足,不贪心就不会受辱,而动的适可而止就不会遭遇危险,要做到“甘其食,美其服,安其居,乐其俗”;③“治人事天,莫若啬(即‘穑’)”,即个人修养和治理天下犹如收割庄稼,有一个耕种与收获的过程;④君子之交淡如水,即重品行之人的交情平淡,不尚虚华。从这四点可以看出,老子的处世哲学也强调个人的内在修为。

(4)“绝圣弃智”“涤除玄鉴”的方法论

老子提倡的“道”是形而上者,是不可言说的,具有超越人的感知、超越时空和缺乏具体规定性等特点,但又不得不用言语表达出来。

老子认为作为万物之本的“道”,其本质特征就是“无为而无不为”的最大和谐。受“道”支配的人世一切活动,也必须是和谐的。然而,现实情况却是社会的人老是不和谐。因此老子对儒家所提倡的礼乐仁义、为学修身等说法,表示了极大的蔑视,认为恰恰是这些东西违背了人们的自然本性、真实心态。对此,老子主张人们“见素,抱朴,少私,寡欲,绝学,无忧”,恢复到原始的无知无欲状态,亦即“婴儿”式的天真无邪、一片空白状态。可按照“道”的运行规律,人们又不可能返老还童,那唯一的办法就只有将精神清除杂念,得到净化,恢复到原始素朴和谐、无欲无求的心态。所以,老子一再强调说:“载营魄抱一,能无离乎?专气致柔,能如婴儿乎?涤除玄鉴,能无疵乎?爱民治国,能无为乎?天门开阖,能为雌乎?明白四达,能无知乎?”这就是说,只有弃绝一切人世既成的知识和经验,荡涤一切精神上的污染,使其一尘不染,回复到最初的无知无欲状态,即“见素抱朴”,才能“无为而无不为”,达到“道”的和谐境界。故曰："不出户，知天下；不窥牖，见天道。"

庄子的哲学思想主要是接受并发展了老子思想。庄子哲学核心是自然无为，把"道"仍然作为自己哲学体系的最高范畴，但他比老子更超然，论述比老子更幽默。庄子认为"道"是超越时空的无限本体，它生于天地万物之间，而又无所不包、无所不在，表现在一切事物之中。然而"道"也是自然无为的，在本质上是虚无的。在庄子哲学中，"天""人"是相对立的两个概念，"天"代表着自然，而"人"指的就是"人为"的一切。"人为"的就是"伪"的、假的、与自然相违背的。庄子主张顺从天道，摒弃"人为"，摒弃人性中那些"伪"的杂质。顺从"天道"，从而与天地相通，就是庄子所提倡的"德"。在庄子看来，真正的生活是自然而然的，因此不需要去教导什么，规定什么，也更用不着政治宣传、礼乐教化、仁义劝导。因为这些宣传、教化、劝导都带有人性中的"伪"，应该被摒弃。从而对儒家思想进行了批驳与否定。

庄子的《逍遥游》与《齐物论》是体现其哲学思想最重要的两篇文章。《逍遥游》全篇主张无所依凭、追求精神世界的绝对自由。庄子认为，客观现实中的一事一物，包括人类本身都是对立而又相互依存的，这就没有绝对自由，要想无所依凭就得无己。因而他希望一切顺乎自然，超脱现实，否定人在社会生活中的一切作用，把人类生活与万物生存混为一体，提倡不滞于物，追求无条件的精神自由。《齐物论》中，"齐物论"包含齐物与齐论两个意思。所谓"齐物"，表面看起来千差万别的世界万物包括人的品性和感情，归根结底却是齐一的、等同的。既然宇宙万事万物都是齐一的，那么，同样看起来千差万别的人的各种看法和观点，归根结底也应是齐一的，没有所谓是非和不同，这就是"齐论"。"齐物"和"齐论"合在一起便是《齐物论》的主旨，是庄子哲学思想的重要方面，与《逍遥游》一起构成庄子哲学思想体系的主体。庄子在看到客观事物存在区别、事物具有对立的同时，还出于万物一体的观点，认为宇宙一切（无论事物本体还是人的主观意念）都是统一的、浑然一体的，因而又体现为没有区别。这既讨论了宇宙观方面的问题，也涉及认识论方面的诸多问题，因而在我国古代哲学研究中具有重要地位。

简而言之，庄子认为"道"是看不见、摸不着的客观存在，其存在不以他物为条件，在时空上是无限的。庄子提倡"以道为师"，认为人们通过修养去体验"大道"、接近"大道"，可以超越人们对生死的执著和外在功名利禄的束缚。但这不需要人为去做什么。庄子提倡修养原则是"不以心损道，不以人助天"（《庄子 · 大宗师》），其体验方式是直觉主义的"坐忘"。何谓"坐忘"呢？其要点就是超脱认知心的束缚，即利害计较、主客体对立，分别忘却它们，并认为这些东西（包括仁义礼乐）妨碍自由心灵，即心对"道"的体悟与回归。在庄子心里，当时变乱纷扰的时代迫使人们已经失去了一些东西，而他的任务就是去发现并取回来。于是，庄子为人们设计了悠然自得的处世之道，不为外物所困，不为现实所扰。庄子的思想深入人性，洞察动乱的根由，为人们构建了朴素自然的自由天地。

总之，道家哲学首先摆脱儒家社会哲学的路径，直接从天道运行原理侧面切入，开展了以自然义、中性义为主的"道"的哲学。天道运行有其自然而然的原理或规律，道的哲学即在于解释这一原理性的内涵，而得以提出一个活泼自在的世界空间。通过认识宇宙世界的运行秩序，道家哲学认为，社会只是一方存在的客体，生存其中的人们应有其独立自存的自由性，而不应受任何意识形态的束缚与控制。实际上，道家哲学并不否定儒家的社会理想，但在社会责任的态度上，道家哲学更尊重人类自主性的态度与存在定位，更加重视人性的自由与解放。并提出了"为学日益、为道日损""此亦一是非彼亦一是非"的认识原理，还提出了"谦""弱""柔"

“心斋”“坐忘”“化蝶”等生活功夫面对世界，从而获取人的知识能力和心境的解放。

道家哲学坚持社会只是天道的一个过程，而不是目的本身。道家认为天道无时无刻不处在变化之中，无所谓绝对的是非善恶，不提倡以自身发展为主，因此强调人们在社会中生存的智慧原理，有利于人们休养生息的需求，这就为千百年来中国士大夫失意于儒家本位的官场文化之后，找到了一个更为广阔的心性世界，以此来顺遂人生。

三、道家哲学的影响

因《老子》《庄子》思想形成的道家学派，在中国思想界的影响仅次于儒学，是唯一能与儒学分庭抗礼的派别。学术界认为儒家思想的不足之处，往往需要道家思想作补充，因而有“儒道互补”的说法。道家思想在文学、艺术界有深远的影响。庄子思想是中国艺术精神的主体呈现，对文学、绘画都有极为深刻的影响。

从中国传统文化的内容与影响上看，总体上是儒、道互补。儒家思想倚重于人文层面，表现出“修身、齐家、治国、平天下”的社会理想。这是中国文化传统的精神基调，富于现实性和功利性。道家则返璞归真，从人与自然本质的联系中展示生命的意蕴，表现人生境界的自然意义。道家文化中充满着浪漫主义的文化气息。

首先，道家思想发育出一种宗教——道教。原始道教把道家创始人老子作为自己的教主，道教关于“长生不死”的宗教目标和“积精累气”的修持方法等基本教义的论证，都借助了《老子》和《庄子》中的思想观念。从此意义上说，道教是在道家思想的土壤里发育生长的。道家与道教的关系，在历史上是一种有离有合、同异并存、纠结发展的动态关系。道家先于道教而存在，道教依托道家而创立。魏晋以后，道教取代了道家的地位，在社会上扮演独立角色。在思想上，道教对道家既有继承，又有改造。道教内部，不同层次上的派系与道家的间距不一致：清修养性者最近，金丹服食者次之，符箓科教者最远。在中国传统文化中，道家与道教二元一体，亦即哲学和宗教的联合体，与儒、释二家三足鼎立。道教的基本信仰是所谓的“道”，也称“大道”。这是从道家借的一个概念，因此与老子所讲的“道”既有联系也有区别。道教认为，“道”是宇宙的本体，是天地万物的母体，它无所不在，无所不化，无所不管，是一个包容一切又生成一切的抽象无比的创世物。同时，道教还认为，“道”清虚自然，无为自化，人们只有清静无为，恬淡寡欲才能体会“道”，认为老子就是“道”的化身。传说老子一气化为三清。道教所尊崇的三个最高的神指元始天尊、灵宝天尊、道德天尊即太上老君，他们分别置于三清境，故“三宝”又称“三清”。“三清境”指的是玉清境、上清境、太清境。三清之下还有四御、王母娘娘、九天玄女等。道教的信仰保留了较多的民间信仰和方术，其宗教内容和传道组织包括了道家、神仙术和为人驱鬼治病等几个层次。

其次，道家思想哺育出中国文学艺术的自然主义风格。道家思想，特别是《庄子》反映人性的自然觉醒特点，构成了中国文学艺术的一个取之不尽的灵感源泉，形成了中国文学艺术的自然主义风格。苏轼的诗“出于《庄》者十之八九”，贾谊的《鵩鸟赋》也是在庄学影响下诞生的。魏晋陶渊明、唐代李白等均是道家哲学启蒙之下的伟大文学家。

最后，道家思想塑造了中国古代科学的基本形式。道家认为宇宙是一个整体而又充满无限生灭的有机过程。在此观念下，人类进行自然科学的观察、描述和分析。道家著作中有大量有关天文、物理、生理、心理等科学和经验事实记载。道家认为“道通为一”“通天下一气”，而“万化未始有极”“万物皆种也，以不同形相禅，始卒若环”“万物皆出于此，入于机”这些观念孕育了最基本的科学思想。著名科学家、科学史家李约瑟在《中国科学技术史》中认为，道家思想中保存着内在而未诞生的、最充分意义上的科学。当代某些最出色的物理学家如汤川秀树、卡普拉都认为，道家思想关于万物是从世界统一整体中有机地、不断生成的宇宙图式，对于解释量子力学理论所观察到的物理世界是富有启发性的，是十分吻合的。道家关于人与自然为一的观点，是一种最深刻最完善的生态智慧。中国民间道术科学的发展，许多科技成果及自然和生命奥秘的静心探研，应归功于道家。中国历史上许多卓有成就的科学家，如扬雄、张衡、葛洪、陶洪景、孙思邈、陈抟等都是道家人物并且具有典型的道家思想风骨。道家对社会和自然的观察、研究，都力图采取客观的视角和冷静态度，比儒学显然更具有理性价值，更接近科学智慧。“道法自然”的思想定势，唤起道家学者热爱自然、重视“天地与我并生，万物与我为一”的自然态度。尊重客观自然规律，因而极大地影响和推动了我国古代各门自然科学的发展，引导人们从自然哲学转到生命哲学，促进了中国特有的医药气功理论及养生妙术的发展。

当然，道家思想影响并帮助了儒学理论形态的演变和中国佛学脱离印度佛学理论轨道的独立发展。后来中国化佛教华严宗、禅宗、天台宗的形成无一不有道家哲学的功劳，并且道家柔弱处下、以柔克刚、无为而治的思想也深深地影响到中国历代政治家，成为中国政治文化的组成部分。

纵观中国几千年的历史，在社会动乱、朝代更迭之际，以及一个朝代鼎盛之时，在政事的治理上，无不显示道家学说的功劳。统治者一般均是“内用黄老，外示儒术”。南怀瑾先生认为：“自汉、唐开始，接下来宋、元、明、清的创建时期莫不如此，内在真正实际的领导思想是黄、老之学，即是中国传统文化中的道家思想。而在外面所标榜的，则是孔孟的思想、儒学的文化。”道家在中国历史上，最初产生最大影响的是在汉高祖刘邦创业之初。刘邦所用的建立功业最重要的人才是张良、陈平这些人，而他们都是崇尚道家的人物。汉代文景之治，黄老道学功不可没。汉文帝刘恒收服南越王赵佗，不是靠兵，而是只凭“一信一人”（当然有内政安排和军事部署）。他写信给赵佗，信中自谦，但又有理有据，使赵佗意识到刘恒的厉害，同时又派能干使臣陆贾（赵佗好友）前去说服，将一场大战消弭于无形。对付北方匈奴的作乱，汉文帝也是写了一封更短的信，只对匈奴领袖说了几句话，就将一场战争化解了。所以从汉文帝在位 23 年及他儿子景帝刘启在位的 16 年，一直到他的孙子武帝刘彻初期的五六十年间，国家民族安定，成就了汉代辉煌的文化，奠定了汉朝 400 年政权的基础。此外，孙武的《孙子兵法》也处处体现了道家哲学的处世智慧。在当代，面对越来越严重的环境问题，道家的“天人合一”的人与自然协调的思想也逐渐被重视；面对纷繁复杂的竞争环境，道家的“无为”“清净”又为现代人提供了一片心灵净土。道家研究在近年有逐渐上升的趋势，仅次于对儒学的研究，甚至在 21 世纪有压过儒学研究之势。1996 年 12 月 18 日至 21 日在中国澳门特别行政区，由澳门中国哲学会主办，中国社科院哲学所协办的“道家与西方”研究讨论会召开，主要研讨了中国道家与道教文化对西方社会的影响及其在中西文化交流中的地位和哲学内涵。近年道家与道教文化的研究在全世界范围形成热点，道家文化兼收并蓄，融通百家的特征也使它日益成为中西方文化的汇总，成为以中国优秀传统接引现代西方文化的桥梁。

第四节　中国化的外来佛家哲学

与土生土长的中国本土哲学儒家和道家相比，佛家哲学是外来宗教进入中国与中国本土文化相融合而形成的一种哲学理念。佛家哲学对中国哲学的发展有着重大的影响。这种影响，初期是外在的，后来逐渐转化为一种内在的修养与要求。

一、佛教的传入及其与中国本土文化的结合

佛教什么时候传入中国，可谓众说纷纭，但东汉明帝永平（公元58—75年）开始传法却是公认。为此，史家一般认为佛教在两汉之际传入中国。

东汉末年，佛教开始流行，并有僧人开始来华传教，其中著名的是安世高和支谶。安世高传小乘佛教，编译《大安般守意经》，夹杂有道教含气、吐纳、胎息等仙术。而支谶所传的是大乘佛教的般若学，编译《道行品经》，多援引道家尤其是《老子》的术语。这说明佛教进入中国之初选择了与道家文化相结合，依附道教进行传说，故有佛道之争、老子化胡之说。到三国晚期和魏晋之际，老庄玄学盛行，坚持"方术与玄学，俱本乎道家自然之说"的支谶及其后续者支谦、竺法护等，依玄学概念"格义"①般若学，大乘空宗得以广泛传播。后东晋时期流行于中土的"六家七宗"是广泛传播的产物。汉魏之际，清谈之风大为流行，佛势大盛，西域佛师接踵而至，而中国寺僧也渐具规模。尤其是迎来西域名僧鸠摩罗什驻锡长安主持翻译佛经，使得佛教摆脱"格义"的理解方式，大乘空宗般若学的真义得以彰显，这才真正实现了"佛经之译出较多，于是佛教乃脱离方士而独立，进而高谈清净无为之玄致"。

从两晋至南北朝时期，佛教初涉中国本土，与道教和儒家结合紧密，然而汉魏之后，一直到宋，"三教统一"的呼声甚嚣尘上，道家、儒家和释家彼此吸收、彼此接纳、互相取长补短，有的说儒佛一致，有的说道内儒外，有的说佛内儒外，有的说佛道同体别用，甚至有的说"三教一体"。佛教借助玄学融合中国儒道两家的理论和方法，使佛教思想与中国传统儒道思想融合起来。而玄学则借助于佛教丰富了自己的理论。由此可以看出，这段时期内，佛教已深入中国文化的血管，真正、完全地与中国本土文化相融合了，或者说，佛教已真正中国化了。

唐代是佛教在中国发展并最终扎根的黄金期。佛教经汉晋南北朝几百年间的传承，至隋唐进入鼎盛期。在唐代，尽管传统儒家思想在政治制度和理念层面仍起着决定性作用，但在平常百姓的精神追求、修身养性等方面已开始让位于玄学、道教和佛教理念了，这主要跟这一时期出现了一大批与中国本土文化相融合的佛教宗派有着密切关系。这些宗派中最有影响的是唯识宗、天台宗、华严宗、净土宗、禅宗等。唯识宗宣扬"万法唯识"，"万法"是种种自然现象，没有"自性"，是空的，而"法"是产生"万法"的源泉，是真实存在的。而天台宗、华严宗、净土宗和禅宗四宗宣扬与传承的是如来藏学。

唐朝佛学的兴盛主要在于统治阶级对其的推崇，故影响深入到社会生活的各个层面，特别是在思想理论方面，以至于后人将隋唐时期文化学术的特征概括为"佛学时代"，从而将其与先秦时期的"子学时代"、两汉的"经学时代"、宋明的"理学时代"和清代的"朴学时代"相并列，由此可以看出佛学在唐代的重要地位。关于佛学在唐代的重要影响，还可以通过两个名人的对话看出。相传北宋著名宰相王安石问他朋友张方平是否孔孟之后没有杰出的圣贤，张方平回答说，不仅有，有的甚至超过了孔孟，接着他举了一批禅宗大师的名字，如马祖道一、雪峰义存、云门文偃等。张方平还分析了原因："儒门淡薄，收拾住，皆归释氏焉。"近代思想家梁启超在《中国学术思想变迁之大势》中也指出："六朝三唐数百年中，志行高洁、学渊识拔之士，悉相率而入于佛教之范围。"中国深受佛教影响，并不是从宗教教义方面，而是受益内容大多在

① 格义，所谓"格义"，就是将佛家的事理名言，与道家（儒家）观念相比拟、相搭配；或者通俗地说，道家或儒家的名称比照、对应和解释佛家名称。

哲学方面。中国佛教哲学不照搬印度佛学，具有很大的创造和发展，而且与传统儒学有很好的互补性，可以看作隋唐哲学的主体之一。

隋唐佛教哲学理论最丰富、对中国哲学影响最大的宗派是天台宗、华严宗和禅宗。而唐代哲学的充分发展，为宋明理学的创立和发展提供了丰富的理论营养。甚至可以毫不夸张地说，如果没有隋唐佛教哲学的兴盛就不会产生宋明理学。

宋明理学肇始于唐代的韩愈、李翱。韩愈提出"道统"说，是受到佛教"祖统""传灯"说启示的产物。李翱创作《复性书》三篇，提倡"复性"说，受佛教影响也是非常明显的，主要体现在以下两点：一是受到佛教形而上学理论的启示，提出要发掘儒家形而上学的重要性和必要性；二是受佛教清静无为的影响，提出了"人之所以为圣人者，性也"的观点，明确地将"情"排除在外。这是对传统儒家情性二元论的重大修正，也是宋明理学中尊性去情，即"存天理，灭人欲"的理论源头。

宋明理学建立和发展的基础与前提是批判佛道、复兴儒学，但佛教哲学却在被批判中对宋明理学产生了广泛而深刻的影响，并在影响中与理学紧密地结合在一起了。宋明理学中对佛教批判得最严厉的是朱熹，但他青年时期却醉心于佛学。明代名僧空谷景隆曾指出："晦庵潜心佛学，可谓博矣。其排佛者，心病也。苟不排佛，则后学多看佛书。凡看佛书，则见其心病矣。由是密设墙堑，关住后学，令走不出，识不破也。"（见《尚直尚理编》）这段说明朱熹批判佛教、指出其破绽，目的是防止后学向佛弃儒，是出于维护儒学正统地位的心理。除此之外，理学中许多论题也受到佛学影响：理学创始人周敦颐的"主静"说源于佛教的禅定；理学的基本理论"理一分殊"说的中心思想源于华严宗的"理遍于事""一多相即"等理论，华严宗在论及理事关系时，非常强调理的整体不可分。

从汉代进入中国与道教、儒教的初次接触，到唐宋对佛学的大力提倡与大力排斥，最终使佛学与中国本土文化完全融合在一起，从而成为了彻彻底底的中国佛教。

二、佛教哲学观

中国佛教哲学融合了中国的儒学、道学、玄学，论证、解释并发挥了佛教唯心主义哲学体系。它继承了佛教哲学的论证方法，承认在自然现象背后存在一个绝对的超现实"本体"，或称"实相""佛性"。它运用"缘起论"等进行相对主义论证，否定自然世界的客观实在性和人的认知能力的主观性与可靠性。在论证过程中，中国佛教哲学突出了它的思辨性特点。特别是华严宗和禅宗理论，在本体论、认识论、发展观方面一定程度上推动了中国哲学的唯物主义成分的深化，从而构成了中国哲学史的重要一环。

众所周知，佛教哲学是广博而深奥的，很难理解，尽管如此，其哲学理念可简单概括为三点：一是"因果轮回"说，达到改造现实人生的目的；二是出世解脱，以万事万物无常联系到人生无常，生老病死是痛苦，以无我、苦空为方法，以自修达到脱离人世痛苦的目的；三是舍己救世，这是大乘佛教的根本精神。我们以在中国具有较大影响的佛教宗派进行说明。

1. 天台宗与"性具"观

天台宗开创于南朝末、隋朝初，是中国佛教中影响较大、持续时间较长的派别，因其创始人智常住天台山，故名天台宗，其所著的《法华玄义》《摩诃止观》《法华文句》被奉为"天台三大部"，是天台宗的基本经典。

天台宗认为，一切自然现象、万事万物之关系都是法性（指诸法的真实体性）的外在表现，认为"一念三千"，即当前的一念（即指心）便包含了一切法（法相，也就是自然现象），并以为一心具有天、人、阿修罗、地狱、饿鬼、畜生、声闻、缘觉、菩萨和佛等这十法界。对于根基浅的初学者,须由自己的心观起,以具体事物为观作对象,故提出“一心三观”为初入法,即一念之中同时观“空”“假”“中”三谛,且三者是同时存在而互不妨碍的。“空谛”是指一切事物因缘而生,没有永恒不变的实体;“假谛”是指一切事物显现出来的各种相貌;“中道谛”是指事物都超不出法性,亦真亦假。任何事物都具备空、假、中三谛,这就是佛家所称的“三谛圆融”。唐代的湛然,进一步阐明了天台宗“一念三千”和“三谛圆融”观,提出“无情有性”说,认为不仅人类甚至自然界万事万物都有佛性。

“一念三千”与“三谛圆融”之说集中反映了天台宗的主观唯心主义观点。“三谛圆融”确立了中道实相这一绝对真理的存在,同时,也承认空、假、中三种相对真理的存在;而且,相对真理是引导人们顿悟绝对真理的手段和方便工具。相对真理不过是绝对真理的显现与外在体貌,有差别的三谛甚或一切事物中的绝对真理是相互包容、渗透、圆融统一的。只有体悟到三谛圆融的境界,才能达到对绝对真理的把握,也就是说众生的迷茫或醒悟都在自己的一念之中。在某种程度上,天台宗宣扬的是意识先于物质存在,而物质形式不过是人类心灵感知的结果或显现;所追求的是精神的无物境界。

2. 华严宗与“性起”说

华严宗创始人是法藏,因以《华严经》为主要经典,故名华严宗,又因武则天赐号“贤首”,又称“贤首宗”。重要经典著作有《华严一乘教义分齐章》《华严经探玄记》《华严经义海百门》《华严金师子章》等。

华严宗认为“一真法界”为世界的本原,用法界缘起说明万事万物及现象之间的关系。与天台宗的“一念三千”不同,华严宗以“自性清净圆明”论“心”,即纯净不染为“性”,由纯净不染之“性体”为“用”,故曰“性起”。法藏称依“体”可起“二用”:“依体起二用者,谓依前净体起于二用。一者,海印森罗常住用。言海印者,真如本觉也,妄尽心澄,万象齐彰。……言一法者,所谓一心也。是心即摄一切世间、出世间法。即是一法界大总相法门体。唯依妄念而有差别,若离妄念,唯一真如,故言海印三昧也。……二者,法界圆明自在用,是华严三昧也,谓广修万行,称理成德,普周法界而证萨提。”这里所谓依“体”起“用”,一“用”指从本真之“心(性)”如何“起现”万事万物的自然之界,说明万象世界是“心”或“佛”的感知对象和结果,是“心有征知”后万象世界才得以彰显;二“用”则指万象世界如何回归本真心体。本真心体是自在自足的,而万象世界只是心体之体现,从万象世界任一事物均可证明本真心体。华严宗与天台宗一样,走的也是唯心主义的路子,坚持物质万象不过是精神意识的一种外在体现,只有在人类的精神感知下物质才是客观存在的,离开了人类精神它就不存在。

然而,华严宗的“性起”说是对佛教根本观念“缘起”说的进一步发展,尤其是在“性起”说基础上展开的“四法界”说,更是包含了哲学的普遍精神。“四法界”说认为“本性”统摄万事万物,“起现”出四种“法界”:一是“事法界”,即万事万物的现象界;二是“理法界”,即现象背后的本性、本体,现象在本质上是同一的,称作“理”;三是“理事无碍法界”,即现象与本性是相互包容相互渗入的;四是“事事无碍法界”,即有差别的各种现象都是“本性”的“起现”,故都是一一融通的。从四法界的解说可以看出,华严宗将一与多、大与小、同与异、善与恶等相反、相对的现象,甚至那些表面看起来没有任何关系的事物和现象进行了联系,从更大的一个范围角度将其解释为具有相互依存、和谐统一、不可分离的整体,并命名为“一真法界”。华严宗这些看法涉及了哲学上的本质与现象、一般与个别的关系,具有较强的唯物辩证倾向。但华严宗的这些看法，并非引导人们认识现实世界，而是教人脱离现实世界，为不合理的现实世界寻求合理性的理论论证，这一点是不可取的。

3. 禅宗与“即心即佛”观

禅宗是佛教与中国道教相结合的产物。因禅宗的创始人相传是菩提达摩，又称达摩宗。还因得佛心印，又称为佛心宗。“禅”义为“静虑”“思维修”，为佛教徒的一种修行方法。而禅修与入定紧密相关，故亦常以“禅定”为说。禅宗从五祖弘忍之后分为南北两派，北派以神秀为宗，南派以慧能为代表，后南派取得禅宗正统地位。禅宗所宗之经原为《楞伽经》，五祖弘忍宗《金刚经》，六祖慧能传法结集为《坛经》，成为禅宗宝典。

中国禅宗并不只是顾及修行方法，常涉及修行方法的理论依据。慧能的《坛经》提倡佛性本有，认定自心自性即具足佛性，这为众生得道成佛提供了内在依据。关于佛性的求得之法，慧能指出，佛性不需要借助外部条件，不读经、不礼佛、不参禅，以无念为念；认为成佛即在当下一念，即“即心即佛”“顿悟成佛”。不过顿悟，并非指领悟得一道理，而是去掉心理遮蔽，让心体中本有的清净境界顿时呈现。也就是说，人在面对万事万物的干扰，不动任何心念，将本有的佛性自然而然地显现出来。慧能所开示的佛性，实为一种精神上的“空灵”之境。

禅宗在凸显众生“佛性”的基础上，将原始宗教的“苦难”意识转化为乐观意识、自信意识，这都带有明显的儒家色彩。慧能以下，有行思、坏让、慧忠、神会等弟子，后禅宗又分为五支，即曹洞宗、云门宗、法眼宗、沩仰宗、临济宗，基本都是对慧能“即心即佛”的传承与发展。

4. 唯识宗与“万法唯识”说

唯理宗源于唯识学即瑜伽派，因主张“万法唯识”而得名。创始人为印度的无著和世亲兄弟俩，所传经论主要有《华严经》《解深密经》《摄大乘论》《十地经论》等，后由唐代玄奘法师传入中国，成为唯识宗。

唯识学宣扬“万法唯识”。“万法”指种种现象，“唯识”指种种现象都源于“识”。“万法”由“识”变化呈现出来，没有“自性”，是“空”的，而“识”是真实存在的，而且是唯一真实存在的。这是对万法的来源做了一个正面的说明，并由于确认“识”的真实存在而使佛教徒有了终极性的归依。

中国佛教无论是时代上还是内容上，都体现了唯心主义倾向，将万事万物等客观自然界看作是人类精神意识的外在体现，只有精神是真实存在的。中国佛教既有所有佛教的共同性，以人生为苦，宣扬五蕴、四谛、十二因缘等出世哲学，又有中国本土特色，尤其是经过禅宗的改造，佛教最终应和了中国传统的价值取向和民族文化，回归到活生生的生活世界，进入了平常百姓的日常生活，成就了人们的心灵境界。

总的来说，中国文化是以儒、释、道三家学说为核心和主体。从某种程度上说，尽管采取的方法和态度不一，但中国哲学都是入世哲学、人生哲学。分开来讲，中国哲学以道家学说为心脏、核心，儒家学说为支撑骨架，以佛家学说为配合、辅助的。或者可以这样说，中国古人的宇宙观是以《易经》《老》《庄》为代表，而孔孟儒家之说代表了伦理社会观，佛家明万事万物因果轮回的道理与儒家的积极入世哲学相辅相成，从而构成了中国古典哲学蔚为大观、积极入世与消极出世相得益彰的既矛盾又相成的哲学现象。

文选

二十五、其政闷闷

《老子》第五十八章

其政闷闷，其民淳淳[1]；其政察察[2]，其民缺缺[3]。祸兮，福之所依；福兮，祸之所伏[4]。孰知其极[5]？其无正邪[6]？正复为奇，善复为妖[7]。人之迷，其日固久矣[8]。是以圣人方而不割、廉而不刿、直而不肆、光而不耀[9]。

【注释】

[1]其：代指国家。闷闷：昏昧，这里指宽容。此句意为国家政策宽容，它的民众就淳厚质朴。

[2]察察：严密、苛酷。

[3]缺缺：本作"夬"，通"狯狯"（kuài），奸诈狡猾。

[4]兮：语气词，无实义。依：依傍。伏：潜藏。灾祸紧靠着幸福，幸福也潜伏着灾祸。

[5]孰：谁。极：终极，最后。

[6]其：通"岂"，难道。正：定准，规律。邪：通"耶"，语气词。此句意为难道没有一定的规律？

[7]奇：奇特，不正常。妖：妖孽，邪恶。此句意为正在转变为邪，善在转变为恶。

[8]迷：迷惑。固：本来。

[9]是以：因此。方：方正。割：割断，伤害。廉：棱角，引申为锋利。刿（guì）：刺伤。肆：放肆，无所顾忌。耀：耀眼炫目。此句意为因此，圣人为人方正而不伤害别人，有棱角而不刺伤别人，正直而不放肆，有光亮却不耀眼。

【迷津导航】

《老子》又名《道德经》，共八十一章，分上下篇。上篇为《道经》，下篇为《德经》。相传为春秋末期楚国的李聃所作，但据近人考证，《老子》是老子后学根据老子遗著加以整理而成。《老子》是中国古代著名的哲学著作，该书将"道"作为世界本原，并用以解释客观自然现象。该书还充满了朴素的辩证法思想，阐述了事物既相互对立、又相互依存的特性。

《其政闷闷》选自《老子》第五十八章，是老子唯物辩证法思想的深刻体现，其中"祸兮，福之所依；福兮，祸之所伏"成为千古著名的哲学命题。中国辩证法思想在《周易》以来便具有了，而用一般规律形式将其表达出来却是老子的贡献。老子认为宇宙间万事万物处在不断运动变化之中，而且是循环不已、周行不悖的。老子还认为，任何事物都有对立的两面，对立面相互依存、相互转化，是对立统一的。对立双方发展到一定程度就会走向反面，从而转化为另一面，而另一面到一定程度又转化到原来一面，这样循环往复。而《其政闷闷》就说明祸与福、正与奇、善与妖都是可以相互转化的。因此，凡事要适可而止，不要超越一定限度。

【思考与练习】

1. 结合课文，分析老子的辩证法思想。

2. 举生活中相互转化的两对立事物，并简单分析其转化过程。

二十六、太极天地

《朱子语类》卷一《理气上》节选

问："太极不是未有天地之先有个混成之物，是天地万物之理总名否[1]？"曰："太极只是天地万物之理[2]。在天地言，则天地中有太极；在万物言，则万物中各有太极[3]。未有天地之先，毕竟是先有此理[4]。动而生阳，亦只是理；静而生阳，亦只是理[5]。"问："太极解何以先动而后静，先用而后体，先感而后寂[6]？"曰："在阴阳言，则用在阳而体在阴，然动静无端，阴阳无始，不可分先后[7]。今只就起处言之，毕竟动前又是静，用前又是体，感前又是寂，阳前又是阴，而寂前又是感，静前又是动，将何者为先后[8]？不可只道今日动便为始，而昨日静更不说也[9]。如鼻息，言呼吸则辞顺，不可道吸呼。毕竟呼前又是吸，吸前又是呼。"淳

问："昨谓未有天地之先，毕竟是先有理，如何[10]？"曰："未有天地之先，毕竟也只是理。有此理，便有此天地；若无此理，便亦无天地，无人无物，都无该载了[11]！有理，便有气流行，发育万物[12]。"曰："发育是理发育之否[13]？"曰："有此理，便有此气流行发育。理无形体。"曰："所谓体者，是强名否[14]？"曰："是。"曰："理无极，气有极否[15]？"曰："论其极，将那处做极[16]？"淳

若无太极，便不翻了天地[17]！方子

太极只是一个"理"字。人杰

有是理后生是气，自"一阴一阳之谓道"推来[18]。此性自有仁义[19]。德明

天下未有无理之气，亦未有无气之理[20]。气以成形，而理亦赋焉[21]。铢

先有个天理了，却有气。气积为质，而性具焉[22]。敬仲

问理与气。曰："伊川说得好，曰：'理一分殊。'[23]合天地万物而言，只是一个理；及在人，则又各自有一个理[24]。"夔孙

问理与气。曰："有是理便有是气，但理是本，而今且从理上说气[25]。如云：'太极动而生阳，动极而静，静而生阴。'不成动已前便无静。程子曰：'动静无端。'[26]盖此亦是且自那动处说起[27]。若论著动以前又有静，静以前又有动，如云：'一阴一阳之谓道，继之者善也。'[28]这'继'字便是动之端。若只一开一阖而无继，便是阖杀了[29]。"又问："继是动静之间否[30]？"曰："是静之终，动之始也。且如四时，到得冬月，万物都归窠了；若不生，来年便都息了[31]。盖是贞复生元，无穷如此[32]。"又问："元亨利贞是备个动静阴阳之理，而易只是乾有之[33]？"曰："若论文王易，本是作'大亨利贞'，只作两字说[34]。孔子见这四字好，便挑开说了[35]。所以某尝说，易难看，便是如此[36]。伏羲自是伏羲易，文王自是文王易，孔子因文王底说，又却出入乎其间也[37]。"又问："有是理而后有是气。未有人时，此理何在[38]？"曰："也只在这里。如一海水，或取得一杓，或取得一担，或取得一碗，都是这海水[39]。但是他为主，我为客；他较长久，我得之不久耳。"夔孙。义刚录同。

问："先有理，抑先有气[40]？"曰："理未尝离乎气[41]。然理形而上者，气形而下者[42]。自形而上下言，岂无先后！理无形，气便粗，有渣滓[43]。"淳

或问："必有是理，然后有是气，如何[44]？"曰："此本无先后之可言。然必欲推其所从来，则须说先有是理[45]。然理又非别为一物，即存乎是气之中；无是气，则是理亦无挂搭处[46]。气则为金木水火，理则为仁义礼智。"人杰

【注释】

[1]太极:又称太初、太一,是中国古代对天地未分之前的混成物的称呼。表明宇宙从无极到太极,以至万物化生的过程。"太极"一词最早见于《易传·系辞上》。理:本原,根源。程朱理学中的"理"是哲学最高范畴,理是无所不在、不生不灭的,不仅是世界本原,也是社会生活的最高准则。总名:总体名称。

[2]只是:仅仅是。

[3]在……言:就……来说。各:各自。

[4]之先:之前,以前。毕竟:究竟,最终,到底。

[5]动、静、阴、阳:朱熹认为太极有动有静,动产生阳、静产生阴。

[6]解:解释。何以:义为"以何",凭什么。而:表顺接的连词。用:显现,作用。体:本原,本体。感:感知,感受。寂:平静,平和。

[7]端:开端,端点。动静无端:动静之间不知谁为开始。

[8]今只就起处言之:现在仅就开端之处说起。将:拿。何者:哪处?者:称代性结构助词,无实义。为:作为,当作。

[9]不可:不能。道:说,提及。更:再次。也:语气词,表陈述。

[10]谓:说,谈论。如何:怎么,怎样。这里表询问。

[11]便:表顺接的连词,义为"那就"。都:全部。该:包容,包括。载:承载,依靠,依托。

[12]流行:流动,移动。发育:萌发,生长。

[13]否:位于疑问句末尾,可译为"吗"。意为是"理"在萌发生长万物吗?

[14]所谓:所称作的。强名:勉强称作,勉强命名。此句意为那我们所称之为"体",是勉强给它起的名字吗?

[15]极:端点,极限。"理"没有极限,那"气"有极限吗?

[16]论:谈论。其:代词,它的。那处:同"哪处",哪一端。若要论及极限,要把哪一处作为它的端点呢?

[17]翻:翻身,此处意为"产生"。假若没有太极,便不可能产生天地!

[18]是:指示代词,这。自:介词,从。推:推论。

[19]自:自身,本来。

[20]天下不会有不含理的气存在,也不会有不含气的理存在,二者相辅相成。

[21]以:凭借,依据。成:成就,形成。赋:同"敷",铺陈,分布。焉:兼词,相当于"于之"。

[22]天理:本指自然法则,程朱理学将"天理"引申为"天理之性",即本然之性。却:表顺接的连词,义为"接着"。积:聚集。质:本体,形体。具:具备,具有。

[23]殊:不同,相异。理一分殊:一个理可依具体情况分为很多不同的理。

[24]合……而言:总起……来说。及:到,谈及。

[25]本:根本的,主要的。而今:现在,今儿。且:暂且。

[26]太极动就产生阳,动达到极限就是静,静产生阴。

[27]盖:表揣测的语气词,大概、或许。大概也是暂且从动开始谈论(动静的转化)吧。

[28]著:显著,显明。

[29]继:继续,这里指循环往复。阖:关闭。杀:通"煞",停止,终止。

[30]此句意为:"继"是动静之间的东西吗?

[31]四时:一年四季,春夏秋冬。窠:动物的巢穴。来年:第二年。息:消失,停止。

[32]如此:像这样。贞:方正。元:开始。"元亨利贞"出自《易经》中卦辞,原文为:"乾。元亨利贞。"四字分别义为"开始""亨通""顺利""方正"。程朱理学按照四字顺序,认为元——亨——利——贞——元……四者相互转化、循环不已。

[33]备:完备,具备。

[34]文王易:指文王易经。据《史记》记载"文王拘而演周易",后人认为《周易》为周文王所著。《周易》最初只称作《易》,从《周礼》开始称作《周易》。但《易》的始作者究竟是谁,却多有争议。故后文又提到还有伏羲撰写的《周易》。

[35]挑开:分开。说:解释,称呼。

[36]某:古代自称词,表自己、我。尝:曾经。

[37]因:依据,凭借。底说:基础之说。

[38]此句意为:有这种理就有这种气。(那么)没有人时,这个理又在哪里存在呢?

[39]或:有的人。杓:同"勺",可装液体的器具。

[40]……抑:表选择的疑问词,义为"(是)……

还是……”。是先有理,还是先有气呢?

[41]此句意为:理从来就没有离开过气。

[42]理是形而上的东西,而气是形而下的东西;意即理是抽象的意识形态,而气是具体可感的物质形态。

[43]渣滓:杂质,糟粕。从形体的上下来看,当然有先后之分的。(如)理没有形体的话,气就会变得粗糙,不精致,会夹杂诸多杂质。

[44]然后:这以后。然,指示代词,这。那一定是有这种理,才会有这种气吗?

[45]欲:想。所从来:从哪里来的。所,称代性结构助词,……的地方。然而,一定要推究从哪里出来的话,就必须说先有理这个东西。

[46]别:另外的,其他的。挂搭:着落,依据。

【迷津导航】

朱熹(1130—1200年),字元晦,南宋著名理学家、思想家、哲学家、教育家,世人尊称为朱子,是继孔子、孟子以来最杰出的儒学大师。朱熹是宋代理学的集大成者,继承北宋程颢、程颐的理学思想,宣扬“太极”即“天理”和“存天理,灭人欲”的客观唯心主义思想体系,成为程朱理学的创始人。他的学术思想,在元明清三代,一直是官方哲学,标志着封建社会意识形态的趋近完备。朱熹一生著述颇丰,主要著作有《四书集注》《四书或问》《太极图说解》《通书解》《西铭解》《周易本义》《易学启蒙》和《四书章句集注》《楚辞集注》等以及门人所辑的《朱子大全》《朱子语类》。

《朱子语类》是朱熹与其弟子问答的语录汇编。宋景定四年(1263年),黎靖德依据当时97家朱熹语录,按照内容类别进行编排,于咸淳二年(1270年)刊行为《朱子语类大全》140卷,即今通行的《朱子语类》。此书编排内容有理气、性理、鬼神、心性情意、仁义礼智、知行、力行、读书、为学等,前三类说明世界本原问题,接着三类说明伦理道德即人性本原,最后几类说明达及人性本原的手段、方式。

《朱子语类》较为集中详细地记录了朱熹思想。在哲学方面,朱熹一直被当作宋明客观唯心主义理学的集大成者,其太极说来自周敦颐的太极观念,而其一元论深受二程(程颐、程颢)影响,还吸收了张载关于气的某些观念。朱熹认为宇宙的本原是太极,世界万事万物都源于此。宇宙的本体是无极,而无极产生太极,太极又产生世界万事万物。太极是无限的、永恒的、绝对的。将理与气并列同等看待。理表现在人身上是性,并将人性分为天地之性和气质之性两种。前者是善的,而后者因受气所累而不善。朱熹根据自己人性论的基本观点,批评佛教和老庄学说,从而宣扬儒家主张的“性即理”的观点。从认识论上讲,朱熹继承格物穷理思想,并将其认识过程分为了两个阶段:一是直接接触实物的“格物”阶段,即感性认识阶段;二是逻辑推理的“穷理”阶段,即理性认识阶段。通过语录,我们还能够了解朱熹对“四书”“五经”作注的全过程,从而看出朱熹在儒学的进一步发扬上所做的贡献。

《太极天地》节选自《朱子语类》卷一“理气上”,本文是朱熹关于世界本原“太极”及其与天地万物之间关系的相关阐述。本文是一篇语录体,采用师生一问一答的形式。开篇用“太极只是天地万物之理”,表明了太极创生世界万物,是宇宙本原的世界观,但同时也暗示出“太极”作为混成物,是在“无极”基础上诞生的。何谓“太极”呢?接着朱熹总称一个“理”字,表明“太极”与“理”的相同关系,也说明在朱熹那里“太极”就是“理”。“理”有动静、阴阳,动生阳,静生阴,而动静相互循环不已,无始无终。接着,文章又分析“理”与“气”。“理”与“气”相辅相成、不离不弃,“理”以“气”为形,“气”以“理”为本,“理”是形而上者,“气”是形而下者;“理”和“气”没有先后之别,共生共存。

【思考与练习】

1. 结合课文,分析朱熹关于世界本原的哲学观。

2. 以生活的具体事物为例，评析朱熹哲学观的进步性。

3. 将黑格尔的“绝对观念即世界之源”与朱熹的“太极说”进行比较说明。

二十七、墨子·兼爱（上）

《墨子·兼爱》

圣人以治天下为事者也，必知乱之所自起，焉能治之[1]；不知乱之所自起，则不能治。譬之如医之攻人疾者然[2]：必知疾之所自起，焉能攻之；不知疾之所自起，则弗能攻[3]。治乱者何独不然[4]？必知乱之所自起，焉能治之；不知乱之所自起，则弗能治。圣人以治天下为事者也，不可不察乱之所自起[5]。

当察乱何自起，起不相爱[6]。臣子之不孝君父，所谓乱也[7]。子自爱不爱父，故亏父而自利[8]；弟自爱不爱兄，故亏兄而自利；臣自爱而不爱君，故亏君而自利；此所谓乱也。虽父之不慈子，兄之不慈弟，君之不慈臣，此亦天下之所谓乱也[9]。父自爱也，不爱子，故亏子而自利；兄自爱也，不爱弟，故亏弟而自利；君自爱也，不爱臣，故亏臣而自利。是何也[10]？皆起不相爱。

虽至天下之为盗贼者亦然[11]：盗爱其室，不爱异室，故窃异室以利其室[12]；贼爱其身，不爱人身，故贼人身以利其身[13]。此何也？皆起不相爱。

虽至大夫之相乱家，诸侯之相攻国者亦然[14]：大夫各爱其家不爱异家，故乱异家以利其家；诸侯各爱其国，不爱异国，故攻异国以利其国。天下之乱物，具此而已矣[15]。察此何自起[16]，皆起不相爱。

若使天下兼相爱，爱人若爱其身，犹有不孝者乎[17]？视父兄与君若其身，恶施不孝[18]？犹有不慈者乎？视子弟与臣若其身，恶施不慈？故不孝不慈亡有，犹有盗贼乎[19]？故视人之室若其室，谁窃[20]？视人身若其身，谁贼？故盗贼亡有。犹有大夫之相乱家、诸侯之相攻国者乎？视人国若其国，谁攻？故大夫之相乱家，诸侯之相攻国亡有。若使天下兼相爱，国与国不相攻，家与家不相乱，盗贼亡有，君臣父子皆能孝慈，若此则天下治。

故圣人以治天下为事者，恶得不禁恶而劝爱[21]？故天下兼相爱则治，交相恶则乱[22]。故子墨子曰[23]：“不可以不劝爱人”者，此也[24]。

【注释】

[1]圣人：传统文化中指知行完备、品德高尚的人，即至善之人。以……为：把……当作。事：事业，工作。必：必须。所自起：从……地方发生。焉：顺接连词，于是，就。之：代词，代天下。

[2]譬：譬如。之：衬音助词，无实义。如……然：固定格式，像……那样（一样）。攻：医治。

[3]弗：否定副词，不。

[4]治乱者：治理国家祸乱的人。独：副词，用在反问句中，义为“难道”“反而”。治理国家的人难道不是这样？

[5]不……不：双重否定表肯定，一定要。察：考察，调查。

[6]当：通“尝”，尝试。起：起源于。相爱：实际意义为“爱相”，“相”是一个互称性助词，表发出动作的双方，位于动词前，后常理解为“彼此”“互相”。

[7]此句意为：臣不敬君、子不孝父，就是所谓的祸乱。

[8]自爱：意为“爱自”，“自”是自称性助词，自己、亲自；一般位于动词前。亏：亏损，使亏损。利：使得利，使受到好处。

[9]虽：假设性让步连词，即使，纵使。慈：慈爱。

[10]此句意为：这是什么原因呢？

[11]至：至于，表示提及另外一事。盗：小偷。

贼：强盗。上古汉语中的盗贼与我们现代对盗贼的理解正好是相反的。亦然：也是这样。

[12]其：代词，他的。异：不同，这里是指"别人的"。

[13]贼：前"贼"是指人，后"贼"是动词，表残害、伤害。

[14]家：先秦时期卿大夫的封地采邑称作"家"。国：诸侯的封地。

[15]乱物：祸乱之事。物：事。具：动词，具备，完备。具此：全部集中在这里，毕尽于此。

[16]此句意为：考察这起源于哪里（都起于不相爱）。

[17]若：前"若"是假设连词，假若，假使；后"若"是"像"。其：代词，自己的。犹：副词，还。用在复句的后一分句，与"乎"字相呼应，表示更近一层的意思。

[18]视：看待。恶（wū）：疑问代词，何处，哪里，宾语前置。恶施不孝：向哪里施行不孝的事呢？或：怎么会做出不孝的事来呢？

[19]故：因此。亡（wú）：同"无"，没有。

[20]窃：偷盗。谁（还会）偷盗呢？

[21]得：能够。恶：前"恶"为疑问代词"哪里"；后"恶"为动词"憎恨""厌恶"。劝：勉励，鼓励。

[22]交相恶（wù）：相互仇恨。交相：交互，相互。

[23]子：前"子"是对老师的尊称，犹称"夫子"；后"子"是古代对男子的敬称。

[24]（先生墨子）所说"不可以不鼓励人们相爱"，就是这个道理了。

【迷津导航】

墨家是中国古代五大哲学流派（法家、道家、墨家、儒家和佛家）之一，大约产生于战国时期，创始人是墨翟。墨家是一个严密的学术团体，其首领被称为"巨子"。墨家学派分为前后期，前期思想主要涉及社会政治、伦理及认识论问题，后期主要关注逻辑学问题。

墨子，名翟，战国初期鲁国人（一说宋国人），著名的思想家。《墨子》一书是墨子弟子根据墨子言行记录编撰而成，记载了墨家思想。《墨子》汉时有71篇，宋以后只存53篇。全书分为两大部分：一是记载墨子言行和其政治主张，反映前期墨家思想；二是包括《经上》《经下》《经说上》《经说下》《大取》和《小取》等6篇，一般称作墨辩或墨经的部分，着重阐述墨家的认识论和逻辑思想。

《墨子》一书主要反映了墨子的政治思想，属政治哲学范畴。其政治哲学理念主要体现在《尚贤》《尚同》《兼爱》《非攻》《亲士》《天志》《明鬼》《节用》《节葬》《非乐》等篇章。面对春秋战国时期诸侯征战频繁、人民生活苦不堪言及社会急剧发生变化的现状，墨子极力主张"兼爱""非攻"思想。

《兼爱（上）》节选自《墨子·兼爱》，《兼爱》分为上、中、下三篇，主体核心都是阐述"兼相爱，交相利"的政治哲学。上篇通过分析国家祸乱产生的现象，得出祸乱的根源在于人与人之间不相爱的结论，从而提出"兼爱"的政治主张。中篇和下篇则是结合当时战争频繁的现状，从正反两方面进一步分析"兼爱"的重要性以及不"兼爱"可能带来的后果。

全文逻辑性非常强，善于运用比喻说明事理。墨子在开篇说明治乱者首先应该寻找祸乱的源头，找不到源头就不可治理；这正如医生治病必须寻找病因一样。接着指出自己对祸乱源头的勘察：起于不相爱。在列举现实中存在的种种不相爱实例及其后果之后，墨子提出解决问题的办法：兼爱；最后还提出了"兼爱"和不"兼爱"的两种截然不同的结局："天下兼爱则治，交相恶则乱"，从而完成了对自己政治主张的推崇。

【思考与练习】

1.联系自己以前对孔孟政治哲学的了解，评析一下墨子的政治哲学与孔孟政治哲学有何异同。

2. 联系我们周围人与人交往的现象,分析一下墨子"兼爱"观的现实意义。

3. 谈谈你理想中的国家治理原则。

二十八、原道

韩愈

博爱之谓仁[1],行而宜之之谓义[2],由是而之焉之谓道[3],足乎己,无待于外之谓德。仁与义为定名,道与德为虚位[4],故道有君子小人,而德有凶有吉。老子之小仁义,非毁之也[5],其见者小也。坐井而观天,曰天小者,非天小也。彼以煦煦为仁[6],孑孑为义[7],其小之也则宜。其所谓道,道其所道,非吾所谓道也;其所谓德,德其所德,非吾所谓德也[8]。凡吾所谓道德云者[9],合仁与义言之也,天下之公言也[10]。老子之所谓道德云者,去仁与义言之也,一人之私言也[11]。

周道衰,孔子没,火于秦[12],黄、老于汉[13],佛于晋、魏、梁、隋之间。其言道德仁义者,不入于杨[14],则入于墨;不入于老,则入于佛[15]。入于彼,必出于此。入者主之,出者奴之;入者附之,出者污之[16]。噫!后之人其欲闻仁义道德之说,孰从而听之[17]?老者曰:"孔子,吾师之弟子也。"佛者曰:"孔子,吾师之弟子也。"为孔子者,习闻其说,乐其诞而自小也[18],亦曰"吾师亦尝师之"云尔[19]。不唯举之于其口,而又笔之于其书[20]。噫!后之人虽欲闻仁义道德之说,其孰从而求之?

甚矣,人之好怪也[21]!不求其端,不讯其末,唯怪之欲闻[22]。古之为民者四,今之为民者六[23]。古之教者处其一,今之教者处其三[24]。农之家一,而食粟之家六;工之家一,而用器之家六;贾之家一,而资焉之家六[25]。奈之何民不穷且盗也!

古之时,人之害多矣[26]。有圣人者立,然后教之以相生养之道。为之君,为之师,驱其虫蛇禽兽,而处之中土。寒,然后为之衣;饥,然后为之食。木处而颠[27],土处而病也,然后为之宫室[28]。为之工,以赡其器用;为之贾,以通其有无;为之医药,以济其夭死[29];为之葬埋祭祀,以长其恩爱;为之礼,以次其先后;为之乐,以宣其壹郁[30];为之政,以率其怠勧[31];为之刑,以锄其强梗[32]。相欺也,为之符[33]、玺[34]、斗斛[35]、权衡[36]以信之;相夺也,为之城郭、甲兵以守之。害至而为之备,患生而为之防。今其言曰:"圣人不死,大盗不止,掊斗折衡,而民不争。"[37]呜呼!其亦不思而已矣!如古之无圣人,人之类灭久矣。何也?无羽毛鳞介以居寒热也,无爪牙以争食也[38]。

是故君者,出令者也[39];臣者,行君之令而致之民者也;民者,出粟米麻丝,作器皿,通货财,以事其上者也。君不出令,则失其所以为君;臣不行君之令而致之民,则失其所以为臣;民不出粟米麻丝,作器皿,通货财,以事其上,则诛[40]。今其法曰[41]:必弃而君臣[42],去而父子,禁而相生养之道,以求其所谓清净寂灭者[43]。呜呼!其亦幸而出于三代之后[44],不见黜于禹、汤、文、武、周公、孔子也[45];其亦不幸而不出于三代之前,不见正于禹、汤、文、武、周公、孔子也。

帝之与王,其号虽殊,其所以为圣一也[46]。夏葛而冬裘,渴饮而饥食,其事虽殊,其所以为智一也。今其言曰:"曷不为太古之无事?"[47]是亦责冬之裘者曰:"曷不为葛之之易也?"责饥之食者曰:"曷不为饮之之易也?"

传曰[48]:"古之欲明明德于天下者,先治其国;欲治其国者,先齐其家;欲齐其家者,先修其身;欲修其身者,先正其心;欲正其心者,先诚其意。”然则古之所谓正心而诚意者,将以有为也。今也欲治其心而外天下国家,灭其天常[49],子焉而不父其父[50],臣焉而不君其君,民焉而不事其事。孔子之作《春秋》也,诸侯用夷礼则夷之[51],进于中国则中国之[52]。经曰:“夷狄之有君,不如诸夏之亡也。”[53]《诗》曰:“戎狄是膺,荆舒是惩。”[54]今也举夷狄之法而加之先王之教之上,几何其不胥而为夷也[55]?

夫所谓先王之教者,何也?博爱之谓仁,行而宜之之谓义。由是而之焉之谓道,足乎己无待于外之谓德。其文《诗》《书》《易》《春秋》,其法礼乐刑政,其民士农工贾,其位君臣父子师友宾主昆弟夫妇,其服麻丝,其居宫室,其食粟米果蔬鱼肉。其为道易明,而其为教易行也。是故以之为己,则顺而祥;以之为人,则爱而公;以之为心,则和而平;以之为天下国家,无所处而不当。是故生则得其情,死则尽其常,效焉而天神假[56],庙焉而人鬼享[57]。曰:“斯道也,何道也?”曰:“斯吾所谓道也,非向所谓老与佛之道也。”尧以是传之舜,舜以是传之禹,禹以是传之汤,汤以是传之文、武、周公,文、武、周公传之孔子,孔子传之孟轲[58]。轲之死,不得其传焉。荀与扬也[59],择焉而不精,语焉而不详。由周公而上[60],上而为君,故其事行。由周公而下[61],下而为臣,故其说长[62]。然则如之何而可也?曰:不塞不流,不止不行[63]。人其人[64],火其书,庐其居[65]。明先王之道以道之[66]。鳏寡孤独废疾者有养也[67],其亦庶乎其可也[68]。

【注 释】

[1]之谓:固定格式,意为“称作”,“之”无实意。

[2]而:顺承连词,连接两动词,表动作先后。宜:使合宜。

[3]由:沿着,顺着。之:动词,到,往。

[4]定:确定,固定。这两句是指儒家仁义有具体的实际内容,而道德则有不同的解释。

[5]毁:诋毁,诽谤。

[6]煦煦(xǔ xǔ):颜色和悦的样子。这里指小恩小惠。

[7]孑孑(jié jié):琐屑细小的样子。

[8]这两句是说:老子所认为的道和德,与我提倡的道德内容相去甚远。

[9]云:语气助词,无实意。者:语助词,表停顿。

[10]公言:大家共同的心声。

[11]去:剔除,离开。私言:一家之言,个人观点。

[12]火:焚烧。火于秦:指秦始皇焚书坑儒的事情。

[13]黄、老:汉初道家学派,把传说中的黄帝与老子共同尊为道家始祖。

[14]杨:杨朱,战国时哲学家,主张“轻物重生”“为我”。此句指周朝末年学术界的情况,杨、墨学说在战国时最为盛行。

[15]老:指两汉以来,老庄学说和道家学说的盛行。

[16]污:污蔑,诋毁。

[17]孰:谁。“孰从”是宾语前置,实为“从孰”。

[18]诞:荒诞,欺诈。自小:“认为自己小”,自己轻视自己。

[19]云尔:语气助词,相当于“等等”。

[20]书:书写。

[21]好(hào):喜好,喜欢。谓语前置句,实为“人之好怪也,甚矣!”

[22]求:考究。

[23]为民者四:指士、商、农、工;为民者六:除前者还包括道士和和尚。

[24]古之教者:指士。今之教者:指士、和尚和道士。

[25]资:依靠。焉:代词,代生意。

[26]害:祸害,灾害。

[27]颠:从高处摔下来。

[28]宫室:泛指房屋。

[29]济:拯救。夭:夭折,未成年就死去。

[30]壹郁:心中积闷。壹:通“湮”。

[31]勌:通“倦”,疲倦。

[32]强梗:强暴之徒。梗:刚猛。

[33]符:古代一种凭证,以竹、木、玉、铜等制成,刻有文字,双方各执一半,合以验真伪。

[34]玺(xǐ):玉制的印章。

[35]斗斛:两种量器。十斗曰斛。

[36]权衡:指秤锤与秤杆。

[37]语出《庄子·胠箧》。与《老子》所说"绝圣弃智,民利百倍;绝仁弃义,民复孝慈;绝巧弃利,盗贼无有"义同。

[38]以:用来。居:抵挡。

[39]是故:因此。……者……也:文言判断格式,意为"所谓……(就)是……"。

[40]诛:责罚。

[41]其法:指佛法。

[42]而:同"尔",汝。

[43]清净寂灭:佛家教义,指离开一切恶行烦扰为清净。

[44]三代:指夏、商、周三朝。

[45]黜:罢黜,贬斥。

[46]帝:指尧、舜。王:指禹、汤、文、武。殊:不同,相异。一:同一,相同。

[47]其:代词,代道家。曷不:何不。

[48]传(zhuàn):解释儒家经典的书称作"传"。此处引文出自《礼记·大学》。

[49]天常:天伦,天性。

[50]父其父:前"父"是动词,意为"把……当作父亲";后"父"是名词。

[51]夷:中国古代汉族对其他少数民族的通称。

[52]进:同化。

[53]经:这里儒家经典。亡:通"无"。

[54]膺:抵挡,抗御。荆舒:古代东南方的少数民族。语出《诗经·鲁颂·閟宫》。

[55]几何:差不多。胥:都,皆。此句意为:这样岂不是大家都要去做夷人吗?

[56]郊:郊祀,祭天。假:通"格",到,降临。

[57]庙:祭祖。人鬼:指祖宗。

[58]文:周文王姬昌。武:周武王姬发。孟轲:战国时邹人,孔子再传弟子,被称作"亚圣"。从"尧以是传之舜"至"孔子传之孟轲",指儒家思想的整个流传过程,经由尧、舜、禹、汤、文、武、周公,再到孔孟。

[59]荀:荀子,名况,又称荀卿、孙卿。战国末年思想家、教育家。扬:扬雄,字子长,西汉末年思想家、文学家。

[60]由周公而上:这里指尧、舜、禹、汤、文、武。

[61]由周公而下:指孔子、孟子。

[62]长:使长久,这里指流传。

[63]不塞不流,不止不行:道家、佛家不加以塞止,则儒家的圣人之道不得以流行。

[64]人其人:前"人"为动词,这句意为勒令宗教徒返俗,从事生产。

[65]庐其居:把寺庙改为民用房舍。庐:作动词,改建。

[66]道:同"导",疏导、引领。

[67]鳏:老而无妻。寡:老而无夫。孤:幼而无父无母。独:老而无子。

[68]庶乎:差不多,大概。

【迷津导航】

韩愈(768—824年),字退之,河内河阳人(今河南省孟县),韩氏郡望为昌黎,故世称韩昌黎。唐代著名文学家、诗人、哲学家。贞元八年(792)进士,曾先后任宣武及宁武节度使判官。贞元末,官至监察御史,因上书言事被贬。一生跌宕起伏,起伏不定。谥号文,世又称韩文公。

韩愈一生推崇儒学,排斥老庄和佛学;反对六朝以来骈偶文风,提倡散文,倡导了唐代的古文运动。韩文兼备各体,遒劲有力,语言精练,是司马迁之后文学史上杰出的散文家之一。其诗气势壮阔,力求新奇,自成一体,开创了"以文为诗"的风气,对后来的宋诗影响很大。

韩愈处在中唐时期,由于统治者的推崇与提倡,当时佛家、道家成为显学,而儒学衰微并日渐被人遗忘。鉴于这种状况,韩愈极力捍卫中国儒家文化,倡导恢复孔孟之道;韩愈从他的世界观出发,提出了一系列伦理思想。韩愈认为,"天"是一个有意志并掌握着人类命运的至高无上的神,而人间统治者——皇帝是"天"派来统治人们的君主,这正是对"天子"的很好阐释。在人性方面,韩愈认为人性是与生俱来的,但人性需后天的学习和培养才能达到完善。人类社会是圣人创造的,在创造人类社会的同时圣人还创造了使社会得以延续的"道统",圣人的史观与道统是不可分的。这就决定了韩愈尽管是儒学的大力倡导者却与孔孟思想有着相当的距离，不能深入孔孟思想的根本问题，导致他不能真正继承并发扬儒家思想的精华。然而，韩愈的伦理哲学在中国儒学史上占有重要地位，尤其是对宋明理学影响很大，可谓是儒学传承中一个具有承上启下功能的人物。韩愈的哲学著作主要有《原道》《原性》和《谏迎佛骨表》等。

《原道》是韩愈哲学伦理思想的重要代表作。原道，顾名思义，就是探求儒道之原，用以排斥老道、佛家之说。"道"本义为道路，引申为事物运行规律、准则、宇宙本原等，天有天道（天体运行规律）、人有人道（做人准则）。儒家也讲天道、人道，老庄讲"虚无"之道，佛家讲"心悟"之道；韩愈反对佛家的"清净寂灭"之道，他认为道是"相生养之道"，具有伦理关系的内容。在本文中，韩愈提出了自己对"道"的理解，着重阐明"道统"学说。在文章开篇，韩愈在对仁、义、道、德作定义的基础上，将儒家道德与老子道德划了一个界限，认为二者的区别在于主张不主张仁义，接着进一步指出当时存在的社会问题：释道蔓延、学说不彰、世道衰微、人心不古，从而显示弘扬儒家仁义道德的必要性和重要性。作者从生产经济方面说明佛家、道教的危害性和自己"仁义"的具体内容，还从上层建筑方面批判指出佛教和道教破坏了封建社会的伦常道德，在此基础上，提出了自己的解决办法：禁止佛老学说，弘扬儒学。还进一步提出了自己理想中的社会模式，即对后世儒家发展有深远影响的"道统说"。在韩愈看来，理想的社会应该是把仁义道德作为儒学总纲，从文、法、位、服、居、食等七个方面阐述社会模式，阐明了中国文化的内容：人道、人文、人伦和人生。

【思考与练习】

1. 结合《原道》的相关论述，谈谈儒家与道家道德观的异同。

2. 谈谈韩愈"道统说"在今天的进步性和现实性。

二十九、论六家要旨

司马谈

《易大传》曰："天下一致而百虑，同归而殊途。"[1]夫阴阳、儒、墨、名、法、道德，此务为治者也[2]，直所从言之异路[3]，有省不省耳[4]。

尝窃观阴阳之术[5]，大祥而众忌讳[6]，使人拘而多所畏。然其序四时之大顺，不可失也。

儒者博而寡要，劳而少功[7]，是以其事难尽从。然其序君臣父子之礼，列夫妇长幼之别，不可易也[8]。

墨者俭而难遵，是以其事不可遍循[9]。然其强本节用，不可废也[10]。

法家严而少恩[11]；然其正君臣上下之分，不可改矣。

名家使人俭而善失真[12]。然其正名实，不可不察也。

道家使人精神专一，动合无形[13]，赡足万物。其为术也，因阴阳之大顺[14]，采儒、墨之善，撮名、法之要，与时迁移，应物变化，立俗施事[15]，无所不宜，指约而易操[16]，事少而功多。儒者则不然[17]。以为人主天下之仪表也，主倡而臣和，主先而臣随。如此[18]，则主劳而臣逸。至于大道之要，去健羡[19]，绌聪明，释此而任术[20]。夫神大用则竭，形大劳则敝；形神骚动，欲与天地长久，非所闻也[21]。

夫阴阳、四时、八位、十二度、二十四节，各有教令[22]。顺之者昌，逆之者不死则亡[23]，未必然也，故曰："使人拘而多畏。"夫春生夏长，秋收冬藏，此天道之大经也[24]，弗顺则无以为天下纲纪，故曰："四时之大顺，不可失也。"

夫儒者以六艺为法[25]。六艺经传以千万数，累世不能通其学，当年不能究其礼，故曰："博而寡要，劳而少功。"若夫列君臣父子之礼，序夫妇长幼之别，虽百家弗能易也。

墨者亦尚尧、舜道，言其德行曰："堂高三尺，土阶三等；茅茨不翦[26]，采椽不刮[27]；食土簋[28]，啜土刑[29]，粝粱之食[30]，藜藿之羹[31]；夏日葛衣，冬日鹿裘。"其送死，桐棺三寸，举音不尽其哀；教丧礼，必以此为万民之率[32]。使天下法若此，则尊卑无别也。夫世异时移，事业不必同，故曰："俭而难遵。"要曰强本节用，则人给家足之道也。此墨子之所长，虽百家弗能废也。

法家不别亲疏，不殊贵贱，一断于法，则亲亲尊尊之恩绝矣。可以行一时之计，而不可长用也，故曰："严而少恩。"若尊主卑臣，明分职不得相逾越，虽百家弗能改也。

名家苛察缴绕[33]，使人不得反其意，专决于名而失人情，故曰："使人俭而善失真。"若夫控名责实，参伍不失[34]，此不可不察也。

道家无为，又曰无不为，其实易行，其辞难知[35]。其术以虚无为本，以因循为用。无成势，无常形，故能究万物之情[36]。不为物先，不为物后，故能为万物主。有法无法，因时为业；有度无度，因物与合[37]。故曰："圣人不朽，时变是守。"[38]虚者，道之常也；因者，君之纲也[39]。群臣并至，使各自明也。其实中其声者谓之端，实不中其声者谓之窾[40]。窾言不听，奸乃不生；贤不肖自分，白黑乃形[41]。在所欲用耳，何事不成？[42]乃合大道，混混冥冥[43]。光耀天下，复反无名。凡人所生者神也，所托者形也。神大用则竭，形大劳则敝，形神离则死。死者不可复生，离者不可复反，故圣人重之。由是观之，神者，生之本也；形者，生之具也[44]。不先定其神〔形〕，而曰"我有以治天下"，何由哉？[45]

【注释】

[1]《易大传》：指《周易·系辞》，但也有一种说法认为是另外一书。

[2]务：追求，致力于。

[3]直：通"只"，仅仅。只是他们所遵循已从的学说不是一个路子。

[4]省（xǐng）：考察，明白。

[5]尝：曾经。窃：私下。

[6]大祥：意为"使祥大""抬高祥"，这里指重视吉凶的征兆。众：多。

[7]博而寡要，劳而少功：儒家学说广博但很少抓住要领，花费了力气却很少有功效。

[8]易：改变，更换。

[9]俭：墨家提倡节用、俭葬、非乐。遍循：全部依从。遍：都，尽。

[10]强：使……强；节：使……节约。巩固国之根本，节约国家开销。

[11]恩：仁爱，仁恩。

[12]俭：同检，束缚。俭而善失真：指名家使人受名词概念的束缚，而丧失其真实。

[13]无形：这里指道。

[14]因：依据，凭借。

[15]撮：选取，吸取。要：精要。应：顺应。

[16]指：同旨。操：操作，这里指掌握，控制。

[17]不然：不这样。然：指示代词，这样。

[18]如此：像这样。

[19]健：强大。羡：贪欲。

[20]聪明：这里指有为之智，道家崇尚清静无为。释：放下。术：治国之术，政治策略。

[21]敝：疲惫。这句意思是：精神过度使用就会衰竭，身体过度劳累就会疲惫，身体和精神受到扰乱，不得安宁，却想要与天地共长久，则是从未听说过的事。

[22]八位：指四正、四维，即东、南、西、北、东北、东南、西南、西北八个方位。十二度：十二月。二十四节：二十四节气。教令：依时寄政，由政府按历法行事而规定的各种教令。

[23]逆：违抗，违反。

[24]大经：重要规律。

[25]六艺：指六经，即《诗》《书》《周易》《礼记》《春秋》《乐》。法：准则，法式。

[26]翦：修剪，修饰。指用茅草盖房顶，而不加修剪。

[27]椽(chuán)：椽子。指用杂木做椽子，连树皮都被刮去。

[28]簋(guǐ)：上古的食器、礼器。土簋：陶制的食簋。

[29]土刑：刑，同“型”；土刑，即土钵，盛羹器。

[30]粝(lì)：粗米。粱：粟。

[31]藜藿(lí huò)：藜与藿相似，外表赤色；藿，豆叶。

[32]率：表率，标准。

[33]缴绕：缠绕，不切实际，不符合大道。

[34]参伍：交互错综。

[35]曰：叫做。其：代词，代道家。实：实际主张。辞：文辞，言语。

[36]成、常：都是固定，永恒之意。究：探究。

[37]此句意为：有法而不任法以为法，要顺应时势以成其业；有度而不恃度以为度，要根据万物之形各成其度并与之相合。

[38]不朽：永远流传。意思是：圣人的思想和业绩之所以不可磨灭，就在于能够顺应时势的变化。

[39]常：固定规律。纲：纲要。这句意思是：虚无是道的永恒规律，顺天应人是国君治国理民的纲要。

[40]中(zhòng)：符合。窾(kuǎn)：空。这句意思是：其实际情况符合其言论名声者，叫作“端”；实际情况不符合其言论声明者，叫作“窾”。

[41]乃：副词，就。形：形成。

[42]问题在于想不想运用，只要肯运用，什么事情办不成呢？

[43]合：合乎。

[44]此句意为：由此看来，精神是人生命的根本，而形体是生命的外在依托。

[45]由：凭借，依据。以：用来……的(办法)。这句意思：不先安定自己的精神和身体，却奢谈“我有办法治理天下”，凭借的是什么呢？

【迷津导航】

司马谈(？一前110年)，西汉夏阳(今陕西韩城)人。一生经历了汉文帝、汉景帝和汉武帝三朝，是汉武帝初著名的史学家。父亲司马喜在汉初任五大夫，其子是著名史学家司马迁。汉武帝元封元年(公元前110年)，东巡至泰山，举行封禅大典；时任太史令的司马谈因病留在洛阳，深感遗憾，后抑郁而终。

据司马迁介绍，司马谈一生有三方面的学问：一是向汉代著名星象专家唐都学习观测天象的天文之学；二是向汉初有名学者杨河学习《易经》，了解阴阳知识；三是向擅长黄老之术的黄子求教黄老之学。黄子是黄生，代表当时统治阶级的正统思想。司马谈学习这些，为他后来做太史令打下了基础。太史令，亦称太史公，是汉武帝时初设的官职，掌握天时星历；还职掌记录、搜集并保存典籍文献。司马谈一直想效法孔子写作《春秋》的精神，写一部体系完整的史书，可惜他只做了些准备工作，便病逝了；临死之前，他将自己的事业交给了儿子司马迁。

司马谈留下来的唯一一篇文章就是《论六家要旨》，这篇文章翔实、丰富地包含了司马谈的思想倾向。《论六家要旨》是他写作的一篇重要学术史著作，对先秦至汉初的诸子学说概括为六家：阴阳家、儒家、墨家、名家、法家、道家，并对诸说长短得失进行评说，并彰显了自己对黄老之术的厚爱与推崇。司马谈遵从信奉黄老之学，他认为“无为”是黄老之学最重要的政治主张，而道家、黄老的“无为”是以“有为”为前提的，是君无为而臣有为的一种统治之术，因此，黄老之学的“无为”又可以是“无不为”。司马谈还认为，黄老的“无为”是“因时”“因物”的无为，即根据具体的历史环境、社会状况来进行各种法令的制定，也就是文中说的“有法无法，因时为业；有度无度，因物与合，与时迁移，应物变化”。作为君主，根据“道”制定了“法”之后，便可以无为了，而臣必须按法令实施；如果像儒家提倡的“人主，天下之仪表也”，就会导致“主劳而臣逸”的后果，这是不可取的。另外，君主不应在臣子面前显露自己的爱憎好恨，这样就可以“无为而有守也，有守而无好也”，从而达到统治天下的目的。

《论六家要旨》第一次分析了春秋战国以来重要的学术流派，从侧面反映出汉武帝时代以儒家思想为主,兼用阴阳家、法家和道家"黄老"的学说,即所谓"汉家自有制度,本以霸王道杂之"的思想状况。其"六家"的概括,为后来司马迁为先秦诸子作传以重要启示和借鉴,也为西汉末年刘歆、刘向父子给先秦诸子分类奠定了基础。

【思考与练习】

1. 结合司马谈的《论六家要旨》,对儒家、道家所倡导学说进行评价。

2. 以一个公司运转为例,谈谈司马谈在文中提及的领导艺术的现实意义。

三十、数是万物的本原

亚里士多德《形而上学》

在这个时候,甚至更早些时候,所谓毕泰戈拉派[1]曾经从事数学的研究,并且第一个推进了这个知识部门。他们把全部时间用在这种研究上,进而认为数学的本原就是万物的本原。由于在这些本原中数目是最基本的,而他们又认为自己在数目中间发现了许多特点,与存在物以及自然过程中所产生的事物有相似之处,比在火、土或水中找到的更多,所以他们认为数目的某一特征是正义,另一种是灵魂和理性,另一种是机会,其他一切也无不如此;由于他们在数目中间见到了各种各类和谐的特性和比例,而一切其他事物就其整个本性来说都是以数目为范型的,数目本身则先于自然中的一切其他事物,所以他们从这一切进行推论,认为数目的元素就是万物的元素,认为整个的天是一个和谐,一个数目。因此,凡是他们能够在数目和各种和谐之间指出的类似之处,以及他们能够在数目与天的特性、区分和整个安排之间指出的类似之处,他们都收集起来拼凑在一起。如果在什么地方出现了漏洞,他们就贪婪地去找个东西填补进去,使它们的整个系统能够自圆其说。例如,因为他们认为十这个数目是完满的,包括了数目的全部本性,所以他们就认为天体的数目也应当是十个,但是只有九个看得见,于是他们就捏造出第十个天体,称之为"对地"[2]。

这些哲学家显然是把数目看作本原,把它既看作存在物的质料因[3],又拿来描写存在物的性质和状态。他们把数目的元素描述为奇和偶,认为前者是有限的,后者是无限的;一这个数目他们认为是由这两个元素合成的(因为它既是奇数又是偶数),并且由一这个数目产生出其他一切数目,整个的天只不过是一些数目。

这个学派中的另一些人说有十个本原,把它们排成平行的两列:有限和无限,奇和偶,一和多,右和左,阳和阴,静和动,直和曲,明和暗,善和恶,正方和长方。克罗顿的阿尔克迈翁似乎也持这种看法,也许是他从他们那里得到这个理论的,也可能是他们从他那里得到这个理论的。后一种情形是可能的,因为他与毕泰戈拉同时而稍幼。他说出了一些很像毕泰戈拉派的说法,因为他曾经说大多数关于人的事情都是成双的;但是他并没有像他们那样明白地规定出一些对立来,而是按照实际上的那些对立来讲的,如白,黑;甜,苦;善,恶;大,小。对于其余的对立,他只是含糊地说出一点胡乱的意见;毕泰戈拉派则明白地告诉我们有多少对立和哪些对立。

至少我们可以从这两个学派归纳出一点,就是:对立是存在物的本原;并且从其中的一个学派,我们可以知道,这些对立共有多少,以及这些对立究竟是什么。不过,究竟怎样可能把他们的观点归结到我们自己提出的那些原因上去,这件事他们并没有明白而确定地指出来。显然他们是把他们的那些元素放在质料因项下,因为他们说实体[4]是由这些存在的元素产生的，并且是由这些元素组成的。

【注 释】

[1]毕泰戈拉：现在一般翻译为毕达哥拉斯，是古希腊著名思想家、数学家，创立了哲学派别毕达哥拉斯学派。

[2]毕达哥拉斯学派认为数目“十”是完满的表现，任何事物都应达到数目“十”才能和谐，所以认为天体有第十个，并命名为“对地”。

[3]古希腊思想家亚里士多德提出了万事万物构成学说：“四因说”，即质料因、形式因、动力因和目的因。通俗的说，质料因是我们日常所见的实在（即“存在”），形式因是解释构成一个事物的基本原则（即“本质”），动力因是改变事物的动力及起因，而目的因是指事物存在或改变的原因，包括有目的的行动和活动。

[4]实体：英文是 entity，指宇宙世界中存在且可相互区别的事物，可以是物体实物，也可以是抽象概念。

【迷津导航】

毕达哥拉斯（约公元前572—公元前497），古希腊著名哲学家、数学家，是人类出现后在思想方面最重要的人物之一。毕达哥拉斯是凭借在数学上的成就而著称于世的，毕达哥拉斯发现了勾股定理（西方一般称其为毕达哥拉斯定理）：直角三角形两直角边长为3和4时，弦边长则为5，也就是我们通常说的“勾三股四弦五”；尽管早在古代中国的数学著作《周髀算经》中就提出了：“……故折矩，勾广三，股修四，经隅五。”但毕达哥拉斯是最早进行了数学论证，并最终演绎为所有直角三角形斜边平方等于两直角边平方之和，即世界闻名的毕达哥拉斯定理。

基于对数学的研究，毕达哥拉斯还提出了数学哲学。他将自然数分为奇数、偶数、素数、完全数、平方数、三角数和五角数等，认为数量和形状决定一切自然物体的形式。数不但是量的多少，也具有几何形状。在毕达哥拉斯那里，数是自然物体的形式和形象，是一切事物的总根源。因为有了数，就有了几何学上的点，有了点才有线、面和立体，有了立体才有火、气、水、土这四种元素，从而构成万事万物；也就是说，数在一切事物之先，是事物的源头。宇宙自然界的一切事物、现象和规律都由数决定，都必须服从“数的和谐”。毕达哥拉斯将数应用到分析世界上存在的任何现象，譬如，音乐、爱情，无论物质形态还是精神形态的东西，都是由数按照一定的“和谐”方式体现出来。

毕达哥拉斯创立了一个集宗教、政治、学术于一体的秘密团体，社团里有男有女，地位平等，一切财产公有。社团组织纪律严密，带有浓厚的宗教色彩；每个学员要经历一系列的神秘仪式，以求达到“心灵的净化”。他们接受并信奉毕达哥拉斯的数学和哲学学说，并积极宣扬毕达哥拉斯的各种学术观点。由于对毕达哥拉斯学说的继承性，后来将这一社团称作毕达哥拉斯学派。

毕达哥拉斯学派将数的概念提到突出地位，他们重视数学，企图用数来解释一切，大力宣称数是宇宙万物的本原，坚信“万物皆数”“数是万物的本质”，数是“存在由之构成的原则”，整个宇宙不过是数及其关系的和谐的体系。毕达哥拉斯学派将数神秘化，认为数是普遍的源头，是自然界中对立性和否定性的原则；并将1～10的数的内涵作了明确解说：“1”是数的第一原则，万物之母，也是智慧；“2”是对立和否定的原则，是意见；“3”是万物的形体和形式；“4”是正义，是宇宙创造者的象征；“5”是奇数和偶数，雄性与雌性和结合，也是婚姻；“6”是神的生命，是灵魂；“7”是机会；“8”是和谐，也是爱情和友谊；“9”是理性和强大；“10”包容了一切数目，是完满和美好。

本文节选自亚里士多德在《形而上学》中对毕达哥拉斯学派中“万物皆数”哲学观点的介

绍和评说。开篇亚里士多德介绍毕达哥拉斯学派坚持数是万物本原的观点,接着阐释学派中存在的另外一些关于世界本原的观点,最后对学派进行总结和评述,得出结论:从学派之争可以看出,对立才是万物的本原。

【思考与练习】

1. 谈谈毕达哥拉斯学派的“万物皆数”观与中国古代的“五行”学说的异同。

2. 结合生活事物之间的数量关系,谈谈“数的和谐性”的科学性。

三十一、空间和时间是我们感性的形式条件

康德《未来形而上学导论》

纯粹数学[1],作为先天综合知识来说,它之所以是可能的,就在于它只涉及感官对象[2],而感官对象的经验的直观,其基础是(空间的和时间的)纯直观,即先天的直观[3]。这种感性形式先行于对象的实在现象,在现象中首先使对象在事实上成为可能。然而这种先天直观的能力不涉及现象的质料,也就是说,不涉及在现象里构成经验的感觉,它只涉及现象的形式——空间和时间。如果有谁万一对于空间和时间不是规定自在物的[4],而仅仅是规定自在物对感性的关系的这一点有所怀疑的话,那么我希望知道:他怎么能够认为有可能先天地,在还没有同物打交道之前,也就是在物呈现给我们之前,预先知道物?物的直观是怎样做成的?这里就正是空间和时间的问题。然而,如果一旦把二者仅仅当作我们的感性的形式条件,而把对象仅仅当作对象,那么问题就迎刃而解了;因为这样一来,现象的形式,即纯直观,就完全能够来自我们自己,也就是来自先天。

为了补充一点东西说明和证实,我们只要看看几何学家们的很普通而且绝对必要的做法就够了。对于两个既定的图形之全等(这一个完全能够放在那一个的位置上)的一切证明,归根到底都是说这两个图形是符合一致的;这显然不是别的,而是一个建筑在直接的直观之上的综合命题,而这个直观必须是纯粹的、先天的,否则这个命题就不能认为是毫无疑问地可靠,而只能具有经验的可靠性。那样,就只能说是我们看到它总是那样,而且只有在我们的知觉所达到的范围以内才有效。整体的空间(它本身不再是另一个空间的界限)拥有三维,绝对不能多于三维,这是根据这样的一个命题得出来的,即不能有三条以上的直线成直角地相交于一点。不过这个命题绝不能从概念上来说明,而是直接根据直观的,当然是指纯粹的、先天的直观而言,因为它的可靠性是毫无疑问的。我们可以要求把一条直线延长到无限,或者把一连串的变化(比如由于运动而通过的许许多多空间)延续到无限,这就要求以空间和时间的表象为前提,而这种表象,就其本身之不受任何限制而言,是只能属于直观的,因为从概念里是永远推论不出来的。因此,数学实际上是以先天的纯直观为基础的,这些先天的纯直观使综合的、毫无疑问是有效的数学命题成为可能。因此我们的空间概念和时间概念的先验演绎也同时说明纯粹数学的可能性。假如没有这样一种演绎,假如我们不认为“可以提供给我们感官(在空间里提供给外感官,在时间里提供给内感官)的一切东西都是按照那些东西向我们表现的那样,而不是按照它们本身那样被我们直观”,纯粹数学的可能性当然也还是可以承认的,不过这种可能性绝对不能被人们理解。

有些人认为空间和时间是属于自在物的实在性质。一时还不能摆脱这种想法的人应当把他们的聪明才智用在下列的奇谈怪论上,并且,等到他们设法解决而解决不了这个问题而至少

暂时舍弃了成见，到那时他们就会想到，把空间和时间归之于仅仅是我们的感性直观形式，未始没有它的道理。

如果两个东西在各方面，即使用尽一切可能的办法去察看（无论是从量的规定性上或是从质的规定性上）都完全相同，那么势必在任何情况下以及任何关系中这一个都可以代替那一个而不致引起丝毫看得出的差别来。不错，这在几何学里的平面形上是可以应用的；不过对于各种球面形来说，尽管它们具有一种完全的内在一致性，却在外在关系方面表示出这一个绝对不可能代替那一个，比如两个球面三角形分处于两个半球，以一条在大圆上的弧线作为共同的底线，它们不论从边上或者从角上来看都完全相等，对两个三角形之中的任何一个的单独的和全面的描述都可以用在另一个三角形上，然而我们却不能拿这一个放在那一个（在相反的半球里）的位置上；因此在这里就有两个三角形之间的一种内在的差别，这种差别是任何理智所不能说成是内在的，它只有通过在空间里的外在关系才能表现出来。现在我再从日常生活中举出比较普通的例子。

还有比我的手或者我的耳朵同它们在镜子里的影像更相似，在各方面更相等的吗？然而我不能把镜子里所看到的这只手放在原来的手的位置上去；因为，如果这是一只右手，那么在镜子里的就是一只左手，而在镜子里的右耳就是一只左耳，它绝不可能放在右耳的位置上去。在这种情况下，仅凭我们的理智是想不出什么内在的差别的，然而感官却告诉我们，差别是内在的，因为，不管它们彼此多么相等、相似，左手却不能为右手的界限所包含（它们是不能相合的），而这一只手的手套也不能戴在那一只手上。那么问题怎么解决呢？这些对象绝不是这些东西按照它们本身那样的以及像纯粹理智会认识的那样的一些表象，而是一些感性直观，也就是一些现象，这些现象的可能性是建筑在某些未知的自在之物对另一个东西，即我们的感性的关系之上的。而我们的感性的外直观的形式就是空间，而且任何空间的内部规定之所以是可能的只因为它是整体空间的外部关系所规定的，而就整体空间来说，任何空间都是整体空间的一个部分（就它对于外感官的关系而言），也就是说，部分只能通过整体才是可能的；虽然在仅仅是理智的对象——自在物上绝不是这样，但是在现象上是这样的。因此我们对于相似、相等、然而不能相合的一些东西（比如两个彼此相反的螺旋），它们之间的差别是不能通过任何概念，而只能通过直接见于直观的右手和左手的关系来理解。

【注释】

[1]纯粹数学：指研究从客观世界中抽象出来的数学规律的内在联系的数学，也可以说是研究数学本身的规律。大体上分为三类：研究空间形式的几何类、研究离散系统的代数类和研究连续现象的分析类。

[2]感官：指人感受宇宙自然万事万物刺激的器官，包括眼、耳、鼻、舌、身、心等。

[3]直观：在康德哲学里，直观有两种特殊含义：一是指“自在之物”作用于“自我”所引起的知觉和印象，康德称之为“印象”或“经验的直观”，这是后天得来的感性认识；一是指“自在之物”作用于“自我”之前就存在于“自我”之中的纯粹形式，即空间和时间，康德称之为“纯粹直观”，或“先天的直观”。

[4]自在物：即物自体，是指事物本来的、最初的面貌；按康德理解，自在之物是未进入人类认知范畴的事物。自在之物是自由自在的，是人类根本不可认知的。人类能够认知的是知觉方式和直观表象，而空间和时间就是人类的感性形式。

【迷津导航】

伊曼努尔·康德（1724—1804年），德国哲学家、天文学家、星云说的创立者之一、德国古典哲学的创始人和德国古典美学的奠定者。被认为是最伟大的近代哲学家。

康德一生住在东普鲁士的柯尼斯城，他受的教育是伍尔夫派传述的莱布尼兹哲学，然而两个人物使他放弃自己所学：一是休谟，二是卢梭。前者使他找到了驳斥的敌手，后者对他影响相当大。康德早期著作多涉及科学，很少关系到哲学，尤其自然地理是他最感兴趣的学科。他讨论过地震形成理论和写过关于风的论著。其重要的科学著作有《论地球自转是否变化和地球是否要衰老》《关于自然神学和道德的原则的明确性研究》《把负数概念引进于哲学中的尝试》《上帝存在的论证的唯一可能的根源》《视灵者的幻梦》《论感觉界和理智界的形式和原则》，最重要的科学著作是《自然通史与天体理论》，倡导星云假说，论述了太阳系的一个可能起源。

从18世纪80年代开始，康德出版了一系列独创性的伟大著作，掀起了哲学思想界的一场革命，这些著作包括康德最著名的哲学代表作《纯粹理性批判》《实践理性批判》《判断力批判》《纯然理性界限内的宗教》以及未完成的《从自然科学最高原理到物理学的过渡》等；康德伟大的哲学体系就体现在其“三大批判”上，“纯粹理性批判”回答我们能知道什么？康德认为只能认识自然科学让我们认识的东西。他说，是人在影响事物，是人在构造现实世界；我们能感知的不过是事物的表象，而不能真正认识到自在之物的真性，自在之物是不可知的。在此基础上，康德还研究了人类感知事物的形式：空间和时间。而存在于空间和时间的所有物质被人类理解力加工为经验，而人类的理解力形式被称为“（绝对）范畴”。“实践理性批判”要回答的问题是“我们应该怎么做？”属伦理学范畴；“判断力批判”要回答的是“我们可以抱有什么希望？”提出要做到真正有道德就必须假设有上帝存在。

康德力求调和经验主义和理性主义对于思维和物质的统一，他对休谟极端的经验主义给予坚决的驳斥，首次把物质和思维的同一归结于“主体的能动性”，这是康德哲学的伟大贡献。然而，康德始终未能认识到矛盾是事物发展的动力。

本文节选自康德的《未来形而上学导论》，实际是《纯粹理性批判》中关于人类感知形式——空间和时间的具体阐释。康德认为，一切感知对象的行为可以发生，在于纯直观已然存在，这种纯直观是所有感知行为的基础；为证明空间和时间感知形式，康德接着以几何图形为例说明；然后对学术界将空间和时间看作是自在之物的实质而不是感知形式的观点进行了批驳，并以生活实例说明，再次强调空间和时间是人类感知形式；最后还指出任何空间和时间都不过是整个空间和整体时间的一个部分。

【思考与练习】

1. 谈谈黑格尔哲学对康德哲学的继承方面或康德哲学对黑格尔哲学的影响。
2. 结合你自己接触新事物时采用的感知方式，说说感知事物的整个过程。

三十二、物质现象与精神现象的本性是统一的

车尔尼雪夫斯基《哲学上的人本主义原理》

除了一个统一的本性之外[1]，我们在人身上还看到两种不同的现象：所谓物质方面的现象（人吃饭、走路）和所谓道德方面的现象（人思想、感觉、希望）。这两种现象彼此之间的关系是怎样的呢？它们之间的差别是否和自然科学所指出的人的本性的统一相抵触呢？自然科学回答我们说，我们没有根据作这样的假设，因为没有一个物体只具有一种性质，相反地，每个物体都显出各种无限多的现象，为了便于判别它，我们把这现象归入不同的种类，给每一种类冠

以性质名称,因此每个物体都具有不同的性质。——由此我们看到,完全不同的性质结合在一个物体之中,是事物的一般规律。但自然科学在这种多样性中还发现了联系,这种联系的发现并不是根据截然不同的表现形式和截然不同的现象,而是根据不同种类的现象从一个因素发生的方式(这个因素起作用时所造成的力的紧张或削弱)。例如,水具有产生温度的特性,即一切物体所共有的特性。不管我们称作热量的这种物体的特性如何,这种特性在不同的情况下总是以十分不同的数量表现出来的。有时同一个物体很冷,即它表现出来的热量很少,有时同一个物体很热,即它表现出来的热量很多。在水不管由于什么情况表露出来热量很少时,它就成为固体,成为冰,热量较多时,就成为液体,热量很多时,就成为气体。在三种状态下,同一种性质是以三种完全不同的现象表现出来的;这样,一种性质采取着三种不同性质的形态,仅仅由于量的不同分出三种性质。在这里面就表现出从量的差别过渡到质的差别[2]。

【注释】

[1]统一的本性:这里指人类具有统一的本性,此说源于德国语言哲学家洪堡特的观点,他认为,人类具有统一的本性和精神,民族和文化的具体形式都只是本质的表现形式。车尔尼雪夫斯基在《哲学上的人本主义原理》也提出"人具有统一的本性",不过他坚信物质和精神是其表现形式。

[2]质:本体,本性。量:数目的多少。事物保持自身本性就必须在相对固定的量范围运动,一旦超过量范围就会发生事物本性的变化。

【迷津导航】

尼古拉·加夫里诺维奇·车尔尼雪夫斯基(1828—1889年),俄国革命家、哲学家、作家,人本主义的代表人物。潜心研究黑格尔唯心主义哲学和费尔巴哈唯物主义哲学,对法国空想社会主义有着浓厚的兴趣。

车尔尼雪夫斯基是个博学之人,著述颇丰,涉及哲学、经济学、文学、社会学等领域,其中最重要的著作是《艺术对现实的审美关系》《俄国文学果戈理时期概观》《对反对公社所有制的哲学偏见的批判》《哲学中的人本主义原理》《生活与美学》以及小说《怎么办?》等,车尔尼雪夫斯基是俄国平民知识分子革命家中最杰出的代表。列宁称其为"未来风暴中的年轻舵手",普列汉诺夫把他比作俄国的普罗米修斯。

车尔尼雪夫斯基继承了别林斯基和赫尔岑的思想,可L.费尔巴哈对其世界观的形成起了决定性作用。车尔尼雪夫斯基一生坚持唯物主义的基本立场,认为世界是统一的,一切存在的东西都是物质,任何事物、现象不过是物质的存在形式。他否定哲学中的二元论,反对存在不依赖于物质的"精神实体";并指出人只有一个统一的本性,而所谓的物质现象和精神现象不过是人性的两种不同表现。人体发生的或表现的都是其实在本性的体现,由此他提出了"哲学中的人本主义原理"。车尔尼雪夫斯基批判了康德的不可知论和主观主义,相信宇宙一切都是可以被认识的;并初步认识到实践在认识中的作用,提出了"实践是一切理论的无可争论的试金石"看法。车尔尼雪夫斯基的唯物主义哲学基本上属于费尔巴哈的阶段,尖锐批评黑格尔唯心主义,重视辩证法。他用辩证法解释自然现象和历史事件,但他并没有彻底贯彻辩证法。

车尔尼雪夫斯基将费尔巴哈的唯物主义哲学观运用到美学和伦理学,提出了"美是生活"的重要命题,坚持艺术目的和本质在于再现生活。在伦理学方面,他主张人的本性既非善也非恶,而是随着不同环境转变的;而决定人行为动机的是利益,提倡"合理利己主义"。

本文节选自车尔尼雪夫斯基的《哲学上的人本主义原理》,是他关于人的本性是统一的、但却表现为物质和精神两种不同现象的观点的阐述。开篇直接指出人的本性有两种现象,接着以设问方式,提出物质现象和精神现象二者之间的关系:物质和精神不过是人性的表现;二者统一于人性中。全篇坚持一个物体只有一个性质,但可以表现出多种现象,并以生活中由水温不同而产生的三种状态——固体、液体和气体——作为说明。

【思考与练习】

1. 结合物质和精神的相关理论,谈谈车尔尼雪夫斯基所阐述的物质和精神关系的实质。

2. 按我们通常的理解,说说质与量的关系。

3. 以自己的吃饭和思考为例,谈谈物质和精神的关系。

道德：修为的人生

第十章　道德及其主要功能

道德是一种社会意识形态，是生活在某社团的人们共同生活及其言行举止的准则与规范；道德往往代表着社会的正面价值取向，起判断行为是否正当的作用。尽管不同时代与不同阶级，其道德观念都会有所变化；但不同时代、不同阶级的人们都明白，一个道德沦丧甚至缺失的国家，是不可能快速、持续和健康发展的，也不可能有社会的进步和社会秩序的存在。一个国家里道德存在的真正目的是直接关系到人们了解并掌握基本的为人之道，从而形成正常完善的人格。无论人性本善还是人性本恶，道德都是促使人们从善的。

尽管国家一直都在提倡"依法治国"与"以德治国"并行不悖，在用人机制上也主张"德才兼备，以德为先"的原则，然而法治作为强制性的惩罚手段是对道德约束的补充，但最终还是要靠道德来实现约束作用；而且道德能使人们主动敦促自身及别人遵守某种行为规范，是自觉的、潜意识状态下的。抬眼望去，当今一系列道德缺乏事件的发生说明当今道德的缺失已经不是个别现象，而是不得不让人深思、审视并正视的普遍问题。

自进人文明社会后，中国古人便对人类道德生活有所思考，并且历朝历代无不高度重视并最大限度地发挥道德的社会功能。那么，道德是什么？它有哪些功能？本章将对道德的有关问题给予回答。

第一节　什么是道德

什么是道德？"道德"一词在汉语中可追溯到先秦思想家老子所著的《道德经》一书，老子说："道生之，德畜之，物形之，势成之。是以万物莫不尊道，而贵德。"其中"道"指自然运行与人世共通的真理，而"德"是指人世的德性、品行和王道。从《道德经》中可以看出，老子的"道"和"德"是两个概念。而"道德"二字连用始于荀子的《劝学》："故学至乎《礼》而止矣，夫是之谓道德之极。"《论语·学而》："其为人也孝弟，而好犯上者，鲜矣；不好犯上，而好作乱者，未之有也。君子务本，本立而道生。"钱穆先生注曰："本者，仁也。道者，即人道，其本在心。"从以上可以看出，"道"是人们关于世界的基本看法，最初属于世界观的范畴。

"道德"由"道"和"德"两字组合而成。据现今文献考察，道字很早就出现了。

日本著名汉学家高田忠周曾这样说："《说文》云：'道，所行道也，从辵从首，一达谓之道'。首者，始也，本也，直也。道者，本道也，故一达直通也。……《说文》古文道从首寸，即导字，省文与道通用耳。要诱人人道，由道诱人，即导也。…道导元同字。"段玉裁注："毛传每云行道也，道者，人所行，故亦谓之行。道之引伸为道理。亦为引导。从辵首。首者，行所达也。首亦声。”“道”的本义是“道路”。后来古人作了广泛引申，于是“道”字具有了多种含义。

按《康熙字典》《故训汇篑》的记载，“道”字还有如下意义。

①《汉书·董仲舒传》：“道者，所由适于治之路也。”

②《广韵》：“理也，众妙皆道也，合三才万物共由者也。”

③《易·系辞》：“一阴一阳之谓道。《又云》立天之道，曰阴与阳。立地之道，曰柔与刚。立人之道，曰仁与义。”

④《尚书·大禹谟》：“道心惟微。又顺也。”又云：“反道败德。”孔颖达疏：“道者，物所由之路。”

⑤《大戴礼记 本命》：“分于道谓之命。”王聘珍解诂：“道者，天地自然之理。”

⑥《中庸》：“道也者，不可须臾离也。”朱熹章句：“道者，日用事物当行之理”，意为“率性之谓道”。

由此可见，“道”字的本义是指供人行走的道路。因含有首字的“原始”“根本”和“直达”的意义，而使得“道”逐渐有了万事万物的本源、规律和道理的本体论意味。所谓“道”，古人主要表示事物发展变化的规则、规律、道理，“人道”就是关于人的规则、规律、道理。“知道”就是了解、懂得、掌握事物发展变化的规则。所以，从宇宙论看，道是万事万物的根源；从国家而言，道是治国的根据；从修身来看，道是率性、修身的目标；从为人处世看，道是日常生活中万事万物运行的道理。道住在万物之中，贯乎一切之内，又似乎超乎一切之上，其大无外，其小无内，它超越了时空宇宙的限制，更可说，它没有限制，万事万物都源于它、依赖着它，又将归于它。

“德”字在甲骨文、金文中均有，可见德字也出现较早。在《说文解字》中段玉裁注：“升当作登。辵部曰。登也。此当同之。德训登者。公羊传。公曷为远而观鱼。登来之也。何曰。登读言得。得来之者，齐人语。齐人名求得为得来。作登来者，其言大而急。由口授也。唐人诗。千水千山得来。得即德也。登德双声。”可知，十目所视，无所隐也。目之所及，是直也。即目之所视而身心皆有所得，行之于人，则施恩惠，使人亦有所得也。得之愈多则登之愈高，所谓德高也，用之于人，则人皆有所得，而自己也没有什么损失，自古有品德的人就是如此啊。

按《康熙字典》《故训汇篑》的记载，“德”字还有如下意义。

①《广韵》：“德行也。”

②《正韵》：“凡言德者，善美，正大，光明，纯懿之称也。”

③《易·干卦》：“君子进德修业。”

④《诗·大雅》：“民之秉彝，好是懿德。”

⑤《尚书·皋陶谟》：“九德，宽而栗，柔而立，愿而恭，乱而敬，扰而毅，直而温，而廉，刚而塞，强而义。”

⑥《尚书·洪范》：“三德，一曰正直，二曰刚克，三曰柔克。”

⑦《周礼·地官》：“六德：知、仁、圣、义、中、和。”

⑧《玉篇》：“德，惠也。”

⑨《书·盘庚》：“施实德于民。”

⑩《诗·小雅》：“即饱以德。又善教也。”

⑪《左传·成公三年》：“王曰：然则德我乎。”

⑫《疏》：“德加于彼，彼荷其恩，故谓荷恩为德。”

⑬《素问·解经微论》:“是以人有德也。”

⑭《王冰注》:“德者,道之用,人之生也。”

⑮《管子》:“道之所舍之谓德,化育万物谓之德。”

⑯《淮南子》:“得其天性谓之德。”

⑰《尚书·咸有一德》:“德无常师,主善为师。”

⑱《菜沈集传》:“德者,善之总称。”

从以上对“德”的解释中可以看出,掌握了规则就是“德”。“德者,得也”,得到了有关“道”的知识,或者说把握了处理“天道”“人道”的规则,即处理人与自然、人与人之间的关系的准则就是“德”。这样就可以“内得于己,外得于人”;一方面,“以善德施于他人,使众人各得其益”,这就是“外得于人”另一方面,能够“以善念存诸心中,使身心互得其益”,这就是“内得于己”。

那什么是道德呢? 古人也常常是把“道”与“德”对立或并列使用,如孔子说:“志于道,据于德”(《论语·述而》)孟子说:“尊德乐道”(《孟子·公孙丑下》)后来,将道与德连称,于是有了“道德”一词。从以上“道”与“德”的解释来看,道德的本意就是“得道”,即“得到”,得到、掌握关于自然宇宙和人的道理、知识和准则。

社会发展到今天,道德是人类社会所特有的一种意识形态,是由一定社会经济关系所决定的,以善恶为评价标准的,依靠人们的内心信念、社会舆论和传统习惯来维持的,调节个人与他人、个人与社会之间利益关系的准则和规范的总和。道德也成为人们发展自己的一种特殊力量和方式。

第二节　道德的主要功能

粗略地说,道德是做人的规矩,促进人自身的发展和人格的完善;也是统治阶级维护社会和保护社会成员利益的一种精神层面的工具,有利于生产力的发展、社会的稳固和人与人之间的平等、和谐。

道德是由于人类社会生活的需要而产生的,具有很强的社会功能。道德是以善恶的方式来评价和调节人的言行举止的规范手段,也是人类自我完善的一种社会价值形态。

一、调节功能

道德的调节功能,是指用道德规范去调节人的行为,并借此来调节社会关系,告诉人们“应当怎样”“不应当怎样”。在社会生活中,个人与他人、个人与社会之间由于利益的不同,难免会产生一些矛盾和冲突,涉及政治的、法律的矛盾由政治、法律加以强制,除此之外,还有大量的矛盾和纠纷需要道德来调节。这种调节通过理性和信念起作用,表现在道德主体之间的相互协调、社会节制和自我节制,并以自我节制为主,通过指导和纠正个人行为而达到指导和纠正集体的行为,其目标是使个人与他人、人与社会之间的关系得到完善与和谐。

道德的调节功能是道德最主要和最重要的功能。在社会的各个领域中,道德总是通过评价、教育、指导、示范、激励、沟通等方式和途径,调节个人与他人、个人与社会的关系和行为。它以“应当怎样”为尺度,来评价人们行为的现状,并力图使现状符合于“应当”。如果这个“应当”是符合社会发展需要的,那么就能引导和激励人们按照这个“应当”去做,达到不断调节社会关系的目的。

在社会生活中，道德的调节虽然是广泛的、重要的，但不是万能的。道德所能调节的社会关系，主要是社会的非对抗性矛盾和对抗性矛盾中的非对抗性行为。在阶级社会中，还离不开政治的、法律的、宗教的规范等对社会关系的调节。只有消灭了阶级，到了共产主义社会，道德的调节功能才富有权威性，才能调节所有的社会关系。

二、教育功能

道德的教育功能，主要表现在通过道德评价来影响人的道德意识和道德行为。不同的阶级总是希望培养出合乎自己道德要求的人。在社会主义条件下，我们的道德教育就是通过规范引导、舆论评价、榜样激励等方式来指导人的行为，提高人们的社会主义道德水准。

三、认知功能

道德的认知功能，表现在人通过掌握道德界限，在社会生活中按照道德规范去处理个人与他人、个人与社会之间的关系，并对他人的社会行为作出正确评价。从认识的角度讲，道德着重从个人与社会整体、个人与个人之间的利益关系，特别是个人对社会整体利益和他人利益的态度这一角度，提供现实社会状况的信息，显示现实社会的生命力和历史趋势，展望或预测现实社会发展的未来图景。从表达认识的成果的方式看，道德主要以具有善恶意义的行为、准则、风俗、信念、理想等形式，表达其对现实社会的认识成果。就认识的基础而言，社会生活实践乃是道德实现其认识的基础和衡量认识成果的标准。道德实现其认识功能，往往更直接地依赖于社会生活实践，以至其认识过程往往就是整个社会、每个社会群体、社会组织、社会成员的实际生活过程本身。从认识主体方面说，整个社会、每个社会群体、社会组织、社会成员，都是道德认识的现实主体。由此可见，道德的认识功能是相当广泛的。

道德是引导人们追求至善的良师，它教导人们认识自己，对家庭、对他人、对社会、对国家负责，教导人们正确地认识社会道德的生活规律和原则，从而正确地选择自己的行为和生活道德。

四、导向功能

所谓导向，是指某事物向某个方向发展；而道德的导向功能，主要是指人在道德精神意识层面对自身所做出的言行举止进行方向指导以及某社群对合适言行达成的比较普遍的共识。

道德的导向功能，首先表现在对社会经济生活的导向，对社会生产力、科学技术、物质财富的价值实现即人们的消费导向，对具体的经济活动如商业盈利及竞争导向等。道德的导向功能还表现在可以在政治、法律中积极引导人们执行党的路线、方针、政策，引导人们自觉遵纪守法。可以这样说，只有道德价值导向明确的政治和法律，才能真正成为贤明、廉洁、公正的政治和法律。

五、普化功能

“普”是普遍、全面的意思；“化”是变化、融化的意思。所谓道德的普化功能，就是指道德对某国和全部队员具有潜在的规范约束和潜移默化的作用，而不是只对某些人或某部分人具有规范作用。

道德普化的最终目的是提升社会成员的道德境界，即全体社会成员通过接受道德教育，特别是经过长期道德修养所达到的道德觉悟程度以及所形成的道德品质状况和情操水平。

第十一章　中国传统道德

中国素有“礼仪之邦”的美誉，而这美誉的获得离不开丰富的中国传统道德文化遗产。中国的传统道德文化是人类最早的道德文化之一，也是人类最为完备和成熟的道德文化之一。随着历史的发展、古代社会的终结，它的许多内容与要求已经过时。但是，作为一个文化传统从未中断的伟大民族，我们在不断地进行反思和总结中国传统道德的许多方面。例如，人类某些“公共生活规则”和“古今共有”的为人处世之道、人类的基本理智和情感等。中国古人提出的一套道德教育和道德修养方法，也反映了道德教育和道德修养的一般规律。因此，产生于古代的中国传统道德，又具有普遍性、共同性。这就使中国传统道德在一些方面突破了时代和阶级的局限，而具有超越性、恒久性。这些文化不仅在今天具有现实意义，在将来也仍具有活力。

中国传统道德在古老的中华大地孕育、产生和发展，是中华民族祖先在特定历史环境下对人类道德生活所作的反思与总结，并为后人所躬行践履。因此，它表现了中华民族独特的心理和行为模式以及情感表达方式，形成了独具特色的中华道德精神。这种道德精神，不会受时代性、阶级性的制约，是民族凝聚力的源泉。所以，作为一个炎黄子孙，我们要了解自己民族的道德文化，对传统道德应有一个正确的认识，用批判继承的态度将优秀的道德文化发扬光大。

第一节　道德体系的产生

道德是社会意识形态之一，属于历史的范畴，并随着社会生产方式的变革而变革。中华民族是一个文化传统从未中断的民族，而这未中断的传统也不是一成不变的，而是不断革新的。在世界文明史上发源甚早的中国传统道德，在体系的产生上，大致经历了如下几个阶段。

一、上古时期——道德规范有所体现

中国传统道德规范最早产生于原始社会末期的尧舜时代，《尚书·尧典》中就有“以亲九族”“协和万邦”的表述。上古时期，人们“穴居而野处”(《周易·系辞》)，“昔太古尝无君矣，其民聚生群处，知母不知父，无亲戚兄弟夫妻男女之别，无上下长幼之道，无进退揖让之礼，无衣服履带宫室蓄积之便，无器械舟车城郭险阻之备。”(《吕氏春秋·恃君览》)这里说的“知母不知父”，是母系氏族社会的情形。到了父系氏族社会，就“知父”了。随着父系制的出现，就有了“亲戚兄弟夫妻男女之别”。可以看出，在上古时期，中国先人已经有了自己的道德观念。

有文献为证，据《礼记·礼运》记载：“大道之行也，天下为公，选贤与能，讲信修睦。故人不独亲其亲，不独子其子，使老有所终，壮有所用，幼有所长，鳏寡孤独废疾者，皆有所养。男有分，女有归。货，恶其弃于地也，不必藏于己；力，恶其不出于身也，不必为己。是故谋闭而不兴，盗窃乱贼而不作，故外户而不闭，是谓大同。”这是对古代“大同世界”的颂赞，虽有过分美化上古社会之嫌，但是这里说到的公有观念、平等观念和互助观念，确实是上古社会道德的基本特征。

二、殷商时期——道德观念开始萌芽

在殷墟的甲骨文字里就有“孝”“德”“礼”等文字，说明商代就已经有了初步的道德规范，并出现了具体的行为规范内容,即“六德”:知、仁、圣、义、忠、和。殷商时期的道德观主要体现在以下几方面。

首先是对上帝的崇拜。从现今的甲骨文中看到,殷人对上天的称呼,称“帝”或“上帝”。《尚书·盘庚》中,对上天既称“上帝”又称“天”。“帝”在甲骨文中是花蒂的象形,“帝”即“蒂”。蒂是果实的孕育和产生者,用此象征种族绵延不绝的本根。因此,殷人以“帝”作为祖宗神的称谓。但他们同时以“帝”或“上帝”称呼天神时,实际上就是把天神当作本宗族的本根,把祖宗神的属性加给了天神。这里可看出殷人对上帝的崇拜。

其次是对天上地上的诸神崇拜。从甲骨卜辞中可以看出,殷人崇拜的天神有日神、月神、雨神、风神、云神、雷神、雪神等天空的万象与自然天气现象。地神:古代中国很早就有了“天圆地方”、上下四方的空间观念。在古代四方与四季是互相配合的,青龙、白虎、朱雀、玄武四神象征四方。山神:殷人祭山神,多为祈雨。河神:殷人对河神崇拜具有明显的地域性,如黄河等。对诸神的崇拜表明当时人们生活的艰难,反映了人们对自然力的迷信、无奈以及对风调雨顺的向往。

最后是对祖先的崇拜。殷人在宗教信仰中,尊崇的重点是祖先神,殷人绝大部分祖先都受到隆重祭祀。根据卜辞显示,自祖甲以后,殷人用一种十分盛大和漫长的祭礼来祭祀先公、先王,整个祭礼用多种仪式轮番举行。其中,一个显著特点是用牲数量多而且只能用人牲,祭典特别隆重。可以说殷代是祖先崇拜的高峰期。可见中国人对于祖先的重视和对于后裔的关注,不是没有原因的,它是中国传统文化的一个重要部分。中国人从自己的祖先、自己、自己的子孙的血脉中,看见生命不息,自己身为其中一环,将不再是孤独的,而是有家的,有血缘亲情的,有归属的,也寄托着对永恒不朽的向往。而墓葬、宗庙、祠堂和祭祀活动就是通过对已逝的祖先和亲人追忆和纪念,来实现亲族联络、血缘凝聚和文化认同。

殷人尚鬼而尊神,在甲骨卜辞中的祸、咎、利、不利、吉、不吉等字及其内涵中,主要体现的是全体族员对自然与外族的宗教意识,还不是一般权利义务思想的表现。虽然已经出现了“孝”“德”“礼”等字,但并不表明其具有道德含义。根据考证,卜辞中的“孝”与“老”“教”相通;“德”即“直”;“礼”则是指盛有双玉的祭器。总之,它们都不是作为道德规范来使用的。

由此可知,殷商的道德观念虽有初步成形,但却是和宗教崇拜紧密相连的。

三、西周时期——道德观念初步成形

伴随着中国上古文明的发展,在西周已经出现明晰的“德”的观念。西周时期的道德观主要体现在以下几方面。

首先是敬天重人。殷人尚鬼尊神,而周人敬天重人。但周朝确实基本继承了殷商的一切,虽然它加入了自己的特色,周人同样对于祖灵之保佑十分重视。除了“天”“上帝”是意志的终极依据之外,“人”的感情也开始成了合理的依据。周朝是西域小邦,如何治理中原这么大的地域呢?为巩固王权的建立,周朝统治阶级建立了以亲情为基础并向外扩展的人际关系,并使用整个社会和谐一体的思想;同时还建立了以血缘为本原,由近及远的社会秩序的制度,将“礼”作为社会象征,以“乐”作为移风易俗的工具,从而给世界确立了秩序。因此,孔子感叹说:“周监于二代,郁郁乎文哉!吾从周。”

其次是礼乐的成熟。西周时期周成王、周公时代,礼乐成熟了。周代礼制的核心是确立以血缘为基础的家庭秩序,在同一的家庭天伦下,扩而大之,来建立社会的秩序。也就是以父子关系为纵轴、夫妇关系为横轴、兄弟关系为辅线,以划定血缘亲疏远近次第的“家”,和以君臣关系为主轴、君主与姻亲诸侯的关系为横轴、君主与领属卿大夫的关系为辅线，以确定身份等级上下的“国”重叠起来。《礼记·大传》云：“上治祖祢，尊尊也；下治子孙，亲亲也；旁治昆弟，合族以食。序以昭缪，别之以礼义，人道竭矣……立权度量，考文章，改正朔，易服色，殊徽号，异器械，别衣服，此其所得与民变革者也。其不可得变革者则有矣，亲亲也，尊尊也，长长也，男女有别，此其不可得与民变革者也。”亲亲即推行仁道，尊尊即推行孝道，长长即推行敬道，男女有别推行夫妇之道，一家之天伦尽，而人道亦竭也。不可变者，生养众多，以血缘建立的家庭人伦也。家是国的一个基本且最小的单元，将家庭秩序上推到一个国家的治理，这就使家与国联系起来，形成了中国特色的“家国同构”。《礼记·丧服小记》云：“王者禘其祖之所自出，以其祖配之，而立四庙……别子为祖，继别为宗，继祢者为小宗。有五世而迁之宗，其继高祖者也。是故，祖迁于上，宗易于下。尊祖故敬宗，敬宗所以尊祖祢也。”这就以家庭的伦理为基础，通过礼仪等象征性的祭祖活动，确立国家的伦理。家是小国，国是大家，把亲亲、尊尊、长长、男女有别这些原则放大到国家，就是“王道之大者”。

最后是道德因素的出现。西周的一个显著特点是道德因素的出现。殷商的先世诸王，多半以甲、乙、丙、丁等十天干中的日子命名，或以其他命名，但都没有用有道德意义的字命名。然而到了周代，历代周王名号中都有道德意义的字。其中“文”“武”“康”等虽沿袭商代世王的名号，但却赋予了道德的含义。例如，对文王的“文”字，则说：“秉文之德，对越在天。”（《诗经·周颂·清庙》）“穆文王，於缉熙敬止。”（《诗经·大雅·文王》）至于像“昭”“穆”“恭”“懿”“孝”等字样，其道德含义不言自明。《诗经·大雅·卷阿》中有诗句为证：“有冯有翼，有孝有德，以引以翼，岂弟君子，四方为则。”这里把“有孝有德”作为评判君子的一个道德标准，并将其当作是君子必有的品格；不仅如此，诗句还反映出当时人们还把具备“有孝有德”这种品格的“岂弟君子”，作为“四方”效法的准则和榜样。可见，西周时的道德意识、道德观念已经成了人们长期形成的观念和准则，而这些也成为统治阶级自觉地、有目的地推行的行为规范。因此，中国的道德观念开始形成，虽然还没有成为体系。

从先秦开始，百家争鸣，儒家孔子提出“仁”的伦理道德体系，管子提出了以“礼”为中心的治国思想和理念，墨子提出“兼相爱”的伦理尝试，老子提出“人法地，地法天，天法道，道法自然”的无为清净观。在某种程度上，百家提出的主张都可以说既是一种政治主张，又是一种伦理道德观念。

孟子在“仁”的基础上，突出了“义”，认为人性本善，并提出人有手足四体，亦有“仁”“义”“礼”“智”“四端”的四德说；荀子则认为人性本恶，提出用礼应对人的恶进行限制与约束，从而强调了礼的作用。秦始皇统一中国后，使用法治建国，大肆“焚书坑儒”，严令法出，不提倡道德。到了汉代，董仲舒系统地提出了“三纲”“五常”等伦理政治主张，并强调了“天人感应”的天道观；经过晋魏玄学的反思与提炼和隋唐佛风的熏陶与感染，到了主道学的宋明时期，主张“存天理、灭人欲”，反映到伦理上，就简单明确地提出了所谓“八德”。“八德”包括“孝”“悌”“忠”“信”“礼”“义”“廉”“耻”，去掉了“仁”，增加了“孝”与“悌”，从而将家族道德放在首位的同时，将董仲舒的天人合一再次强化，因人而及天，其连绵不绝对天人合一理想境界的追求，并再次强调的是对人本道德政治伦理主张的治国思想；以“慎独”“诚意”“修身”“五常”“八德”而作为“内圣”的条件和追求，以“齐家”“治国”“平天下”而实现“外王”的理想。从而形成如下局面：就个体而言，当“立德”，做人要“创制垂法，博施济众”，即树立道德风范并感染他人；就社会价值而言，当“立功”，做事要“拯厄除难，功济于时”，即能救国家于危难、力挽狂澜；就思想信念而言，可“立言”，做学问要“言得其要，理足可传”，即将自己言行和对事情的理解书写下来使后人流传学习。

说服汉武帝“罢黜百家，独尊儒术”的董仲舒除了提出“天人感应”学说之外，还结合当时的统治需要将儒家要求的道德标准总结为“三纲五常”，对后世影响深远。“三纲”即“君为臣纲，夫为妻纲，父为子纲”，可见“三纲”讲的是社会的伦理、社会的等级。“五常”，即仁、义、礼、智、信，讲的是个人的品德修养。儒学的道德体系出发点是“性善说”，即道德的先验论。孟子的一段话可以概括儒学的天赋道德说，“恻隐之心，人皆有之；羞恶之心，人皆有之；恭敬之心，人皆有之；是非之心，人皆有之”（《孟子·告子上》）。所以儒家认为，“恻隐”（同情心）、“羞恶”（羞耻感与罪恶感）以及“恭敬”（端庄而有礼貌）、“是非”（判断力）是每个人与生俱来的，这也正是人与禽兽的分别。一个人道德的养成，就是去掉外界强加给他的一切不良影响。所谓的“不善”之人，其本性并非不善，而是他舍弃了他“善”的本性。在如何自我修养的问题上，儒家主张“反求诸已”，即主观反省，养天赋之善心；养心之关键又在于“寡欲”，如孟子所说“养心莫善于寡欲”。到后来，程朱理学更是提出著名的口号：“存天理，灭人欲。”在儒家看来，人欲是邪恶的，是有害于道德的，因此，对个人修养的要求一直高举着禁欲主义的旗帜。由此可知“性本善”“灭人欲”就是儒家道德体系的核心内容，也是中国古代几千年封建社会一直提倡的道德规范。

第二节　中国传统道德的内容及特点

中国是世界四大文明古国之一，中华文化是历经五千年而依然保持青春活力的文化。中国又是礼仪之邦，有一套完备的伦理道德规范。春秋之后，孔子及儒学的出现、士的兴起、教育的平民化，使这种以仁学为中心、渗透着民本思想的传统道德薪火相传，深入人心，成为全民的人生观和世界观，塑造出了中华民族道德的心理结构。孔子的人道主义和实践理性，乐观进取的实践精神，自我牺牲的献身精神，拯救社会的人格理想，都传承为中华民族的文化心理，成为我们民族的道德正气，直到现在仍起着凝聚人心、团结炎黄子孙的进步作用。

孔子是中国文化史上第一个系统提出伦理道德理论的思想家。自西周末年至春秋战国时期，“礼崩乐坏”，列国纷争征战不休。社会的大动荡、大变革使人们失去了精神依托，迷失了信仰，找不到一个准则来协调和指导人们，使社会能趋于平衡稳定。孔子利用历史上已有的“仁”的概念，给予新的诠释，作为当时人们的行为准则。经过孔子重新塑造的“仁”，就是做人的道理；朱熹发展了仁学，提出处理一家、一国、天下大事，都要分辨义利、善恶、是非、得失。为己，就是人欲之私，为人，就是天理之公；人只有一个公私，天下只有一个邪正。做人，就要坚持仁、义、礼、智、信，公而忘私，忠而忘身，除邪扶正。遵循仁的原则，人们就可以正确协调家族及君臣、朋友各方面的利益关系，使社会恢复秩序，稳定发展。

孔子以“仁”来总括道德的各个层面，“仁”成为道德的总称。他将“仁”从神秘崇拜放到现实生活中，平实地讲做人的道理。仁是什么？“仁者，爱人也。”仁，就是爱人，仁字从人从二。孔子对“仁”在不同的时地有不同的解释，一方面体现为“己所不欲，勿施于人”“己欲立而立人，已欲达而达人”的“忠恕之道”；另一方面又体现为“恭、宽、信、敏、惠。恭则不侮，宽则得众，信则人任焉，敏则有功，惠则足以使人。”“恭”是自重，“宽”是宽厚待人，“信”是诚实守信，“敏”是勤恳做事，“惠”是关爱别人，施恩惠于人。有时孔子还将“仁”归纳为“温、良、恭、俭、让”，“温”是谦和，“良”是善良，“恭”是恭敬自重，“俭”是俭朴不侈奢，“让”是谦逊礼让。孔子的“仁”学，为汉民族的文化心理结构的建构奠定了基础。孔子教导弟子“志于道，据于礼，依于仁，游于艺”的人生之道，他认为君子一生都应坚持不懈地在道德修养与人格境界的提升上下工夫。

孟子提出的“富贵不能淫，贫贱不能移，威武不能屈”的“浩然之气”，做无私无畏“大丈夫”的精神境界和人格，是我们这个民族仁人志士的道德理想。这种浩然正气，是以道、义为底气的，是一种内在的理性东西。

孔子还以仁释礼。人因为有礼，才与禽兽有别。他把社会规范的“礼”，解释为人的内在需求，把宗教的神秘性人性化，从而使伦理规范与心理欲求融为一体，把神的命令变为人的自觉意识。仁的内涵，主要是心理情感原则、人道主义与个体人格，其精神实质是“实践理性”。“仁”在内在心理方面，突出了个体人格的主动性和独立性。“志士仁人，无求生以害仁，有杀身以成仁。”“三军可夺帅也，匹夫不可夺志也。”“士不可以不弘毅，任重而道远。仁以为己任，不亦重乎？死而后已，不亦远乎？”将“仁”归结为君子的世界观和人生价值。儒学突出个体人格价值，高扬道德人格性，主张仁义忠信，舍生取义。中国传统道德是以儒家道德为基础的，本节就从儒家学说的核心：仁、义、礼、智、信、孝、悌、勇、忠、廉“十德”来具体谈谈道德。

一、中国传统道德的内容

(一)仁

在中国古代，“仁”被视为“众善之源，百行之本”，列为“四德”之首。“仁”是传统道德的基本出发点，重仁爱是中国传统道德的重要特色。

据当今学者考证，“仁”字出现较早，现今文献始见于《诗经·郑风·叔于田》“洵美且仁”；再早可以上溯到《诗经·小雅·四月》“先祖匪人，胡宁忍予”，诗句“先祖匪人”的“人”字，实际就是“仁”字，就有人偶之意。估计在周朝初期，已有人使用“仁”义的“人”字了，到了周朝晚期才开始造出了“仁”字。也有的学者引用《尚书·商书·太甲》中“怀于有仁”一语，作为较早出现仁字的文献资料；但《太甲》是晚出来的，并且根据清代学者考据此书为伪书，不足为据。

考察“仁”字的初始意义，最常见的是引用《说文解字》段玉裁注：“亲也，从人二。会意，《中庸》‘曰，仁者，人也。’注：人相存问之言。《大射仪》‘揖以耦’注：‘言以者，耦之事成于此，意相人耦也。’《聘礼》‘每曲揖’注：‘以相人偶为敬也。’《公食大夫礼》‘宾入三揖’注：‘相人耦。’《诗·匪风》笺云：‘人偶能烹鱼者，人偶能辅周道治民者。’《正义》曰：‘人偶者，谓以人意尊偶之也。’《论语》注：‘人偶，同位人偶之辞。’《礼》注：‘人偶，相与为礼仪。’皆同也。”按人耦犹言尔我亲密之辞。独则无耦，耦则相亲，故其字从人二。

从文中可知，“人偶”，即人与人之间无论对方的身份地位如何，都以人的方式来尊敬对待；而“相人偶”是两人见面相揖为礼，彼此之间互致敬意与问候，表示尊敬。可见，“人偶”主要是指自己对他人的敬重态度，“相人偶”则是双方皆以对方为重而互相礼敬，即相互“人偶”，是一种敬重的方式。这些，都体现出人人平等，敬重生命，人们应当相亲、相敬、相爱之意。总之，“仁”字所表达的就是互相把对方当人看，以待人之道交往之。

“仁”的理念是孔子思想的核心，也是他伦理学说的根本。单在《论语》一书中，孔子谈到“仁”的就有 58 章，而“仁”字出现 105 次。这样，我们也就不难理解，为何他提出“仁者，爱人”的著名定义了。

(二)义

义所探讨的乃是道义。“义”有以下三个方面的内涵。其一,义是对等级区分、等级权益的自觉维护和尊重。孟子说:“敬长,义也”(《孟子·尽心上》)所表达的正是这个意思。其二,义为“宜”“当”,亦即应该,指拥有某种言行是理所当然的事。其三,义为正确的决断、裁制。处事是否得当、适宜,是以对是非善恶有正确决断为前提的。简言之,“义”是指公正、合理而应当做的,而这个评判是否公正、是否合理是以当时群体达成的某种精神意识来判定。

观《古文字诂林》《甲骨文诂林》《甲骨文字典》亦大略不出此意。从段玉裁对《说文解字》的解释中,“义”本来是“威仪”的“仪”字,后来被“宜”取代了。《礼记·礼运》中说“仁者,义之本也。”《孟子·离娄上》中有“仁,人之安宅也;义,人之正路也。”从而可知,义的概念是由“仁”发展而来的,“仁”是最高的道德原则,是最根本的立足点;而“义”是处理各种社会关系的原则,是实现“仁”、推广“仁”的最适宜的路径。

“义”一般认为是孔子最早提出。但《管子·牧民》云:“国有四维,一维绝则倾,二维绝则危,三维绝则覆,四维绝则灭”,又曰:“何谓四维?一曰礼,二曰义,三曰廉,四曰耻,礼不愈节,义不自进,廉不蔽恶,耻不从枉。故不逾节则上位安,不自进则民无巧诈,不蔽恶则行自全,不从枉则邪事不生。”从中可以看出,管子可能比孔子更早提出“礼”“义”等概念;管子认为“四维”是一个国家立国及存在的根本,“礼”是不能越出的应有节度,即思想行为不能超出道德规范;而“义”是自己不推荐自己,即就算自己的思想行为符合道德标准也不能自荐。管子的“义”与孔子的“义”含义不同,孔子强调个人的思想行为要符合道德标准,并从心理上觉得是应当的,义不容辞的,这与统治者对治下百姓要求更合拍,故孔子的“义”观被发扬光大了。

(三)礼

礼是“四德”之一,又是“四维”之首,因此它在中国传统道德中的地位十分重要。在中国传统道德的各种准则、规范中,礼具有更明显的时代性、阶级性。作为道德规范的礼,其基本精神是要求人们自觉遵守等级秩序,自觉尊重他人的等级地位,并为他人的等级权益而尽义务。

“礼”产生得很早,据孔子说:“殷因于夏礼,所损益可知也;周因于殷礼,所损益可知也。”(《论语·为政》)可见,至少从夏代开始就有了礼的传统,而礼与祭祀相关,祭祀传统更加悠久,据《史记·五帝本纪》中“鬼神山川封禅与为多焉”,即鬼神山川封禅祭祀之事,自古以来帝皇之中,推许黄帝以为多。

夏代的“礼”已经不可考。而“礼”字在商代卜辞中为“豊”。后来因为侍奉神灵而加了示的偏旁。据王国维考证说:“此诸字皆像二玉在器之形,古者行礼以玉,故《说文》:‘豊,行礼之器,其说古矣。’”(《观堂集林·释礼》)这就是说,当时祭祀上天之神或祖宗神的时候,都要用两块玉盛在一个器皿里去供奉,所以“豊”字从“珏”(jué),从“豆”。从“珏”是表示双玉,从“豆”是表示盛玉的器皿。

可以看出,礼最初主要表现在祭祀中对上天之神、鬼神表示敬畏的象征性意义,缺乏在人事方面的那种道德自觉含义。在殷商时期,祭祀仍然是一件神圣的大事,礼的核心内涵仍没有从祭祀中脱离开来。但到了西周时期,封建势力开始抬头,同时封建宗法制开始萌芽,由此人民开始“敬鬼神而远之”,据《礼记·表记》载:“周人尊礼尚施,事鬼敬神而远之,近人而忠焉”。礼的内涵悄然地从祭祀上帝、鬼神而转向人事、亲情、血缘关系了。相传周公旦“制礼作乐”,而这使得礼从祭祀敬拜上天之神、鬼神的礼器变成了一套良好的管理家邦的制度。

据《说文解字》:“礼,履也,所以事神致福也。从示从豊。”段玉裁注:“履,足所依也,引申为凡所依皆为履。”将“礼”释作“履”，而“履”是人立身处世、行走人间的基本依凭，这表明了将礼看作是一切外在行为、事物存在的依据和标准，并且这样做是可以达到讨神灵喜悦因而获得福报的。

然而礼乐制度的基础何在呢？据《左传·昭公十六年》记载：“君令臣共，父慈子孝，兄爱弟敬，夫和妻柔，姑慈妇听，礼也。”可见礼的标准已经从事神转向了遵行最基本的家庭人伦了，也即孝悌之道，仁道，并由此拉开了礼在封建社会家庭及统治秩序发挥强有力作用的序幕。

(四)智

智的原意是“聪明”“智慧”“知识”。儒家将智列为“四德”之一就赋予它以道德的意义，使之成为中国传统道德的重要德目之一。

“智”字虽然出现较早，但在西周以前，并不多见。只是到了春秋末期之后，“智”才成为人们普遍认可的道德规范。要谈“智”，我们必先谈“知”，因为二者关系密切。

按《说文解字》：“知，词也，从口从矢。”段玉裁注：“智，识词也……知、智义同。故智作知……识敏，故出于口者疾如矢也”。“矢”有“陈述”之意，意为用口陈述出来，则心意已经到了。据《荀子·王制篇》记载：“草木有生而无知”，意为草木有生命而没有认识事物的能力，将“知”注为“性识”义(即有认识事物的能力)。这是“知”的本意。

论“智”，按《说文解字》：“识词也，从白，从亏，从知”。按徐锴《系词》：“亏亦气也”，即“智”是从知而进行的会意，从而可以推断，“智”是从“知”而来的一种认识程度或境界。《释名·释言语》中亦云：“智，知也。无所不知也。”可以看出，“智”的意义源于“知”，是认识事物的能力达到一定程度后而形成的一种状态或性质。

孔子对“智”有较为著名的定义，并将“智”限定在道德范畴。他认为：“所谓智者，就是能了解人的人。”这算是一种很高的境界了，因为“知”仅表示一种认识事物的能力和认识事物的行为，而要达到“智”则需要了解人。到孟子时便给“智”提供了一个本体论的基础，他说：“是非之心，智之端也。”孟子将判断是非、辨别善恶的能力作为“智”，并认为这种能力是人生来就具有的。《荀子·正名》记载：“知之在人者谓之知。知有所合谓之智。”可见，“知”被解释为一种认识事物的能力，“智”是在认识事物的基础上有对事物本质更深更广的领悟与认识。

因此，大体先秦儒家都认为，对现象的认识是达到“智”的领悟的可能。因此《大学》说，“格物”是“致知”的前提；《论语》中说：“听其言，观其行”就可以了解一个人。《易经》中说圣人是如何获取崇高的神秘之物的本质性知识：“仰以观于天文，俯以察于地理，是故知幽明之故。原始反终，故知生死之说。精气为物，游魂为变，是故知鬼神之情状。”(《周易·系辞上》)

综上所述，“智”的具体内容包含有三方面。其一，明是非，别善恶。这是作为道德规范的“智”的最基本、最主要的内容与要求。孔子说：“仁者不忧，知(智)者不惑，勇者不惧。”(《论语·宪问》)智者所以不惑，就是因为他能明辨是非。其二，识利害，通变化，明本末。“智”不仅要求对是非、善恶有正确认识，还要求对利害、对事物之理、事物变化及发展有正确认识。孔子说：“仁者安仁，知者利仁。”(《论语·里仁》)在这里，智就包含了对利害正确认识的内容。其三，善于知人、自知。《论语》：“樊迟问人。子曰：‘爱人。’问知(智)。子曰：‘知人。’”这也是孔子“对智”的回答。

(五)信

信为“五常”之一，是诚实不欺、遵守诺言的品德。它是处理人际关系最基本的道德规范之一。

"信"字出现较晚,在金文、甲骨文中均无记载。在春秋以前,"信"多用于对上帝、鬼神的虔信,后经诸子百家,特别是儒家的提倡,"信"逐步摆脱宗教色彩,成为经世致用的道德规范。

关于"信"字的本意,按《说文解字》:"信,诚也,从人言。"段玉裁注曰:"会意字……人言则无不信者,故从人言也"。可见,凡人言,若是自己说的内容皆是发自真心,诚实无伪而说的;若是别人说的也会当说的人是以这种诚实的心说的,从而相信人所说的。这里,信的个体以及心口行一致的意义突显出来了。

有学者指出"信"为"从言人声"的形声字,把凡是人说的都当作可信的,这个与事实不合,因此,段玉裁的说法不正确。故他认为信的原本意义为,有其实而以言语的方式表达出来,故从言从口,而声符是从人的。

但是纵观二者的意见,对于信的真实原意并无妨碍,都是言而有实的意思,并且信的要求也不会因为人的不遵守而失去它的道德意义。

"信"首先是对个人道德规范的要求,但很早就与治理国家的方面结合起来了。孔子十分强调"信"在治理国家中的重要作用,认为治理国家时即使"去兵""去食",也不能"去信",因为"民无信不立"(《论语·颜渊》)。孟子继承了孔子关于"信"的基本思想,并进一步把"朋友有信"(《孟子·滕文公上》)与"父子有亲、君臣有义、夫妇有别、长幼有序"并列为"五伦",成为中国封建社会道德评价的基本标准和伦常规范。荀子把是否有"信"作为区分君子与小人的重要道德标准。可见,作为中国儒学的原创,孔子、孟子、荀子都把"信"作为为人与为政不可移易的基本准则。时至今日,民众心理仍然把朋友之间是否讲信义、守信用作为重要的个体道德判断标准。

(六)孝

在中国传统道德中,"孝"是一项极其重要的道德规范。它长期受到中国人的重视,被看作是做人的最基本的道德之一。

据《古文字诂林·卷七》记载,经多位学者对古文及古籍的综合考察,结论是孝的本意是"敬"的意思,并且不限于父母,凡长辈、祖先都当尊敬,并且在金文祭祀中常常"享""孝"连用,因而甚至有学者指出,"享孝"用于祭祀鬼神。从《论语·泰伯》中"致孝乎鬼神",《礼记·礼运》中"致其敬于鬼神"等语句可以推知。在春秋战国之前,孝还是以"尊敬祖宗,祭祀祖先"的"敬"的观念为主导的,在之后,其范围逐渐缩小,最后锁定为只"敬"至亲长辈,即父母,以及"善事父母"的核心观念了。

《尔雅·释训》对孝的解释是"善事父母为孝"。东汉许慎在《说文解字》中解释说:"孝,善事父母者。从老省从子,子承老也。"段玉裁在《说文解字注》中进一步解释说:"《礼记》'孝者,畜也。'顺于道,不逆于伦。是之谓畜。"尽管解释角度与解释内容各不相同,但都坚持尊敬长辈、侍老奉亲的共同理念。从此,"孝"字奠定了在儒家家庭伦理中"善事父母"的核心内涵,同时留有纪念先祖的追孝意味。

"孝"的观念的产生,是基于血缘而产生的亲情关系,生命可以在其中流淌与被纪念,这是人类一种古老而天生的感情。在此基础上,出现了"孝"的两种形态:一种是对在世父母,即对"活人"的孝;一种是对去世的父母、先祖,即对"死人"的孝。前者,在《尚书·酒诰》中有:"肇牵车牛,远服贾,用孝养厥父母。"这是说为了奉养父母而到远地去经商。在《诗经·唐风·鸨羽》中说到"王事"太繁忙,没有时间种庄稼,无力奉养父母,发出了"父母何怙?""父母何食?""父母何尝?"的哀叹等等,多有记载;后者,对于已死父母及先祖的"孝",通常被称为"追孝"。

"追孝"的目的与作用,有许多记载:"汝克绍乃显祖,汝肇刑文武,用会绍乃辟,追孝于前文人。"(《尚书·文侯之命》)"假哉皇考,绥予孝子。宣哲维人,文武维后。燕及皇天,克昌厥后。"(《诗经·周颂·醣》)"成王之孚,下土之式,永言孝思,孝思维则。媚兹一人,应候顺德,永吉孝思,昭哉嗣服。昭兹来许,绳其祖武,于万斯年,受天之祜。"(《诗经·大雅·下武》)"威仪孔时,君子有孝子,孝子不匮,永锡尔类。"(《诗经·大雅·既醉》)

从中可以看出,在西周时期,"孝"对其统治者也有着分明的政治意味,统治者对"孝"是非常重视的,把"孝"与"德"并列,认为"有孝有德"是对"君子"的主要道德要求。

孔子把孝作为行仁的开始和核心,说"孝悌也者,其为仁之本"。后来,在《孝经》中亦有"天子之孝""诸侯之孝"等,更是把孝的内涵进一步地扩大和泛化。

在中国古代男耕女织、自给自足的自然经济下,个体家庭乃是最基本的生产单位和社会的基本细胞。以尊父权为核心要求的传统孝道,对于维护个体家庭的安定,进而维护中国古代社会的稳定,起到了不容忽视的巨大作用。

(七)悌

"孝"是处理自己与长辈尤其是父母之间的关系,而"悌"乃是中国古代处理兄弟、姊妹关系的一对道德规范。

据《古文字诂林·卷八》中关于"悌"的记载得知,"悌"字出现于古《孝经》、古《尔雅》、古《论语》,可见在春秋战国之前"悌"字并不常用。以下是对"悌"字的解释:

"悌,善兄弟也,从心,弟声。"(《说文解字·卷十新附》)"善事兄曰悌也。"(《论语·学而》皇侃疏。)"善事兄长为悌。"(《孟子·梁惠王上》朱熹集注)"悌,德之序也。"(《孔子家语·弟子行》)"悌,弟也。"(《释名·释言语》)

又据陆德明释文中引《左传·僖公十二年》引"恺悌君子"解释说,"悌"本亦作"弟"字。在《论语·学而》刘宝楠正义中:"悌即弟之俗体",而"弟"字出现较早,在《古文字诂林·卷五》中显示,在甲骨文、金文中皆出现过"弟"字,以上可证"悌"字是从"弟"字来的。"弟"者,一方面是家中之年幼男子,另一方面隐含着弟对兄的恭敬态度,为此,"悌"本义则是弟对兄长的恭谨态度。这也就不难解释为何以上众多解释"悌"义跟善事兄长有关。

《说文解字》段玉裁的注更是详细明晰,将"弟"与"悌"的关系以及"弟"与"悌"的本义梳理得清清楚楚,段氏如是说:"韦束之次弟也。以韦束物。如辀五束,衡三束之类。束之不一则有次弟也。引申之为凡次弟之弟,为兄弟之弟,为岂弟之弟。诗正义引说文有第字。从古文之象。文各本作字。今正。说文小篆有从古文之像似者凡三。曰弟,曰革,曰民。皆各像其古文为之。特计切。十五部。凡弟之属皆从弟。"其中"韦"字在古代指熟皮,去毛熟治的皮革,用来捆绑东西,使物变得有条理。"弟"字原意即选取这韦束物之用,将其用于人事,使得"弟"字成了人事有条理次序的一个原则,即后来的"悌"字。这样人事有了"悌"的原则也兼有了顺从之意;又因人事是由近及远的,故从家庭血缘的兄弟关系开始,引申到长幼有序的处世原则上来,这样就给了"弟"一个相当丰富的内涵,促成了"悌"字的生成。

中国古代的宗族是以血缘关系为纽带而结成的群体,其中存在不同辈分的复杂关系。为使这种血缘关系和谐有序,所以别长幼、明尊卑。在宗族内部,既要处理好晚辈与长辈的关系,也要处理好平辈之间的关系。要维系宗族内部的协调和谐,不仅需要孝慈的道德,还需要友悌的道德。

（八）勇

“勇”即无畏无惧，是属于道德意志方面的品格。它要求人们面对危难、艰难、进犯、胁迫、压力、阻力而不胆怯、退缩、回避、妥协，敢于担当责任。它是人们在改造自然、改造社会和完善自身的活动和斗争中所应具的美德。

《古文字诂林·卷十》中认为，“勇”字最早见于金文中，也即至少是在西周时期开始有的文字，关于“勇”字最常用的解释如下。

《说文解字》：“勈，气也，从力甬声。勇或从戈用。”段注曰：“气，云气也，引申为人充体之气之称；力者，筋也；勇者，气也；气之所至，力亦至焉；心之所至，气乃至焉。故古文勇从心。”

孟子曰：“志，气之帅也。”[勇：志（心），气，力]

据《故训汇簒》的解释：

《玉篇·力部》：“果决也。”

《玄应音义》《慧琳音义》：“雄武果决也。”

《礼记·乐记》：“临事而屡断。”

《管子》：“折而不饶，勇也。”

《墨子·经上》：“勇，志之所以敢也。”

《左传·昭公二十年》：“知死不避，勇也。”

《玄应音义·卷二十三》：“悬命为仁为勇。”

《论语·为政》：“见义不为，无勇也。”

从以上可知，“勇”有着由内而外的表现。有志而好义，故从心，这是关于心灵的。心之所至，气亦至焉，持气为勇，力亦到焉，故从气，从力，这是关于身体的。从外在看，勇表现为做事决事果断，能承受，不惧怕；从方向看，勇是为了仁义之道而行；从心志看，它促成勇能行出来；从为与不为看，可知勇有着强烈的德行实践意义。

（九）忠

就现存文献考察，“忠”这一观念在中国历史上出现较晚。甲骨文中无“忠”字，而西周以前的金文中亦无“忠”字。据《古文字诂林·卷八》中，最早的金文“忠”出现在中山王鼎中，而中山国在古代大多指出现在春秋战国时期。据此推断最早的“忠”出现在东周时期。

《周易》的卦爻辞中无“忠”字，只在十翼的《文言》中出现过一次。据考，《文言》非孔子所作，应产生在战国之初。《诗经》中无“忠”字。《尚书》的情况较复杂。今文《尚书》中无“忠”字，而古文《尚书》中“忠”字却出现了七次，分别是《仲虺之命》《泰誓》《蔡仲之命》《君牙》《命》五篇各出现一次，《伊训》一篇出现两次。但这六篇都是伪古文，不能证明西周以前已经有了“忠”观念。

从“忠”字形可看，“忠”字在春秋以前不曾出现。而“忠”字作为一种道德品德，其本意在《说文解字》中较为清晰，说：“忠，敬也。尽心曰忠。从心中声。”段玉裁注：“敬者，肃也，未有尽心而不敬者。”

根据《康熙字典》《故训汇簒》对忠的解释：

《玉篇》：“直也。”

《增韵》：“内尽其心，而不欺也。”

《周礼·大司徒》：“一曰六德，知，仁，圣，义，忠，和。《疏》：中心曰忠。中下从心，谓言出于心，皆有忠实也。”

《六书精蕴》："竭诚也。"《尚书·伊训》："为下克忠。"《传》："事上竭成也。又不贰也。"

《诗经·邶风·北风》笺："诗人事君无二志，勤身以事君，忠也。"

《广韵》："无私也。"

《左传·成九年》："无私，忠也。"

《后汉书·任延传》延曰："私臣不忠，忠臣不私。又厚也。"

《周语》："忠非亲礼。"《注》："厚也。"

《谥法》："危身奉上，险不辞难曰忠。"

《礼记·中庸》朱熹章句："尽己之心为忠。"

可见，"忠"字的含义，从《诗》《书》中为臣下对君上的忠诚无二、无私等，渐渐转变为《说文解字》《中庸章句》中的内尽其心的道德自律要求，形成一种从内而外的品德。

在《左传》中，起初的"忠"，也是可以表现为君主对老百姓的仁爱，守信的。据《左传·桓公六年》载："所谓道，忠于民而信于神。上思利民，忠也；祝史正辞，信也。"这里"道"的概念是哲学的，也是政治的。"道"就是"忠信"。"忠"的对象是民，"信"的对象是神，首先要"忠于民"，然后才能"信于神"。而所谓的"忠"，就是要"上思利民"，也就是，在上位的君主必须爱护百姓。

然而到了《左传·僖公九年》："公曰：'何为忠贞？'对曰：'公家之事，知无不为，忠也；送往事居，耦俱无猜，贞也。"可见，春秋中期以后，作为"忠"已经不是对君主而是对臣下的规范和要求。这种观念在以后的典籍中越发得到广传。

从此，忠从外在来说，小的到对自己应尽的责任，大的到对国家尽忠、无私、尽心竭力；而从内在来说，要做到内心诚实无伪，尽忠实而无亏。如此才能算是尽忠了。

(十)廉

据《古文字诂林·卷八》记载，"廉"最早见于睡虎地秦墓竹简，属于战国晚期时的作品。不见于甲骨文、金文中，因此"廉"字产生于春秋战国时期，是形声字。从广(yǎn)，兼声。从"广"，表示与房屋有关，其本义原指厅堂的侧边。

据《说文解字·广部》："仄也。从广兼声。力兼切。"段玉裁注："仄也。此与广为对文。谓偪仄也。廉之言敛也。堂之边曰廉。天子之堂九尺。诸侯七尺。大夫五尺。士三尺。堂边皆如其高。贾子曰廉远地则堂高，廉近地则堂卑是也。堂边有隅有棱。故曰廉。廉，隅也。又曰。廉，棱也。引申之为请也，俭也，严利也。"可知，"廉"的本义指在厅堂之内有棱有角之处，作用在于从九尺、七尺等的高度，隔开外界对厅堂内清净的打扰；也就是说，"廉"是厅堂内外的分界线。引申到人的言行举止就是指为了保持内心的清洁、平安、无私而采取的措施。多重外在的行为表现，兼顾了内心的清廉节制之意。

"廉"义众多，按《康熙字典》《故训汇纂》对"廉"的解释：

《礼仪·乡饮酒礼》："设席于堂廉东上。"《注》："侧边曰廉。"

《释名·释言语》："敛也，自检敛也。"

《玉篇》："清也。"

《广韵》："俭也。"

《周礼·天官·小宰》："以听官府之六计，弊群吏之治。一曰廉善，二曰廉能，三曰廉敬，四曰廉正，五曰廉法，六曰廉辨。"《注》："既断以六事，又以廉为本。"《疏》："廉者，洁不滥浊也。"

《周礼·儒行》:"砥砺廉隅。察也。"

《大戴礼记》:"王聘珍解诂:不贪也。"

《孟子集注》朱熹句:"有分辨,不苟取也。"

从上诸多对"廉"的界定中可知,"廉"早已超过其原初的意思而引申为对内心清洁所采取的办法层面上来,具体表现为在生活方面节俭、克制自己的情绪欲望;在取用方面不贪财物,不苟取;在这个意义上,又要求廉而明察,有分辨的意义,同时又含有以廉洁为满足的安贫乐道的精神境界。

中国传统道德的"十德"要求,互为表里,相得益彰。"仁"是中华民族的"共德"和"恒德",既是个人道德的基本要求,也是最高社会道德的一种理想;"义"是大义、正义、公道,中华民族把"义"作为人生的终极目标和价值取向;"礼"是礼让、礼节,是中华民族传统文化的突出精神,是社会人之间的交往之道;"智"是明智、智慧,是知道遵道,是实现"仁"的重要条件,是将"仁义礼信"联系贯穿起来的线索;"信"是诚信、信任,是约定俗成的社会交往规则;"忠"是忠诚、忠良,是人忠于事业、忠于国家、忠于人民的一种品行;"孝"是孝心、孝敬,是对父母、长辈的遵从,强调长幼有序;"勇"是勇敢、刚毅,是勇敢果断、刚健不屈;"悌"是尊敬、顺从,是理顺家族中同辈关系的钥匙;"廉"是廉洁、廉明,是社会中的人不贪占别人物质财富的内在要求。从以上可以看出,中国古代的"十德"从大到小、从上到下,无不对社会中的人进行道德规范和约束。

"十德"是中华民族传统美德的基本内涵,是中华道德的要义、精华,也是人生的基本准则,更是社会伦理规范。

二、中国传统道德的特点

中国传统道德思想的特点是与西方传统道德思想比较而言的。在我国学术界,对于中国传统道德的特点尚有不同的见解。由于中国传统道德思想内容丰富,流派纷呈,同一学派在不同的历史时期,观点也有差异,但从总体上应当包括以下五个方面。

第一,在道德价值的最终目标上,追求"天人合一"、人与自然和谐交融的境界。

中国传统道德思想有一个明显的倾向。一方面,肯定人在自然天地中的重要地位,儒家的《周易大传》以"天""地""人"为"三才";道家的《道德经》以"道""天""地""人"为"四大"。不论是"三才",还是"四大",都把"人"看作是天地自然并存共荣的重要实体。不仅如此,人还是"天地之心"、万物的灵长、宇宙的精华。《礼记·礼运》说:"人者,天地之心也,五行之端也,食味别被色而生者也。"董仲舒也说:"天地人,万物之本也。天生之,地养之,人成之。天生之以孝悌,地养之以衣食,人成之以礼乐。"(《春秋繁露·立元神》)张载则进一步认为,天地本来无心,没有知觉,是人"为天地立心",天地万物通过人来认识自己。这些观点尽管有所不同,但肯定人在宇宙万物中的重要意义。

另一方面,肯定人与自然天地存在的不可分割的统一关系,即"天人合一""天人合德"。董仲舒说:"以类合之,天人一也。"(《春秋繁露·阴阳义》)还说:"天人之际,合而为一。"(《春秋繁露·深察名号》)中国古代思想家从认识"人"与"天"之间不可分离的依存关系开始,逐步认识"天人合德",发现"人道"与"天道",即人的道德与自然规律之间存在的某种不可分割的内在联系。《周易大传》说:"夫大人者,与天地合德,与日月合明,与四时合序。"张载则进一步提出:"儒者则因明致诚,因诚至明,故天人合一"。(《正蒙·干称》)

"天人合一""天地合德"是中国先哲在对人的生存方式深入思考的基础上提出的极其重

要的伦理道德思想，也是中国传统道德思想追求的最终价值目标。中国传统道德与西方不同。西方传统文化在人与自然的关系上，强调战胜自然，驾驭自然。中国传统道德则崇尚“天人合一”，人与自然环境和谐交融、亲密友善的境界，认为人不仅要爱人，协调人与人的关系，而且要爱万物，“仁者以天地万物为一体”（《程氏遗书》卷二上），追求人与自然关系和谐一致。这种“天人合一”“天地合德”的超然豁达、无限宽广的道德境界，始终是中国传统道德的至上价值目标。它不仅对于塑造中国人的许多“仁爱”“忠恕”美德具有重要的意义，而且对于构造中国古人明白、达观的人生观念有着重要的作用。

第二，在道德价值的应用上，重视道德思想与政治思想的融合。

在中国历史上，道德思想与政治思想、政治制度的关系极为密切，结下了不解之缘。一方面作为统治者的政治家，不论是早先的奴隶主贵族，还是后来的封建君主，最关心的是维护自己的统治地位。人与人的关系、社会的秩序，成为自己优先考虑的问题。他们较早地看到了“德治”的重要作用，把有益于自身利益的道德规范向民众进行普遍“教化”，规范人的思想与行为，看作是巩固自己政治统治的重要手段。另一方面，作为思想者的哲学家，在政治权力高度集中的大一统社会中，较早意识到合理的道德观念对于改善统治阶级的政治统治的积极意义。因而，历代进步的思想家、哲学家总是积极提出符合时代进步要求的道德思想，或者直接向最高统治者“进言”“进谏”，希望统治者在治理国家中实行合乎道德要求的“仁政”，或者通过宣传、教育活动，培养具有新道德观念的政治人才，使道德思想成为政治思想和政治制度的伦理基础，在全社会的广泛范围内，借助于政治制度，实现道德思想的自身价值。

道德思想与政治思想密切融合，是中国传统道德思想的一大特点。实行两者的结合，历史悠久。周公在总结夏、商兴亡的历史教训时指出：“惟不敬厥德，乃早坠厥命。”（《尚书·召诰》）可见当时的最高统治者已认识到“敬德”的重要性。是否敬德，不仅是个人道德问题，而且是关系到政权兴衰的政治问题。孔子要求统治者“为政以德”，孟子主张统治者以“不忍人之心”，为“不忍人之政”。儒家历来强调“正心、修身、齐家、治国、平天下”。这些都说明在我国古代政治思想与道德思想融为一体。统治阶级为了维护自己的统治，常常把有利于自己利益的道德规范，国家用强力使之具有政治与法律的权威。如汉代统治者把经由董仲舒归纳、推崇的“三纲五常”，作为“治国之要”，伦理道德规范直接成为政治统治的工具。

中国古代这种道德思想与政治思想融为一体的特点，使传统道德思想在社会实践中获得了超乎寻常的生命力。封建道德为维护封建社会的政治统治起到了其他任何力量不可取代的巨大作用。中国封建社会之所以在世界历史上延绵这么漫长的年代，与中国传统道德思想与政治思想相融合的重要的民族文化心理特点有很大关系。

第三，在道德价值的导向上，维护血缘关系和宗法制度，强调个体服从集体或整体利益。

在中国古代社会中，个人与他人、个人与社会的关系主要是以宗族为核心的血缘关系、宗法制度为其稳定和牢固的基础。在这一特定社会结构中形成的传统道德观念在价值导向上，不是个人主义或利己主义的，而是重视个体和整体利益的融合，重视个人对家庭、宗族和国家的道德责任，强调个体利益服从家庭、宗族和国家利益，遵循整体主义的利益原则。在这一道德价值原则的指导下，个人既没有独立的利益，也没有独立的人格。子从父、弟从兄、妻从夫，家庭从宗族，宗族从国家，封建君主则“以一人之大私，以为天下之大公”。封建君主才是最高利益的体现者，臣民的最大美德是服从、顺从。

中国古代的重要思想家为维护现存的血缘关系、宗法制度和君主专制，总是倡导一种个体服从整体的道德价值观。孔子以“仁”为核心的道德思想，视“孝”“悌”为仁义之本，从体现血亲之爱的“亲亲”，推及“尊尊”，由“孝亲”而“忠君”，要求人们去个人之“私”，为家庭、宗族、国家之“公”，积极履行自己的各种道德责任和义务。这样，孔子的“仁”，既“亲亲有求”，又“尊贤有等”，借助血缘关系和宗法制度，要求人们个体服从整体。孟子则进一步提出“父子有亲，君臣有义，夫妇有别，长幼有序，朋友有信”，作为协调封建人际关系的“五伦”，把维护血缘关系和宗法制度与维护封建君主的利益统一起来。在中国古代特定的宗法制和君主专制的统治下，个人利益与群体利益（包括家庭利益、宗族利益、国家利益）的关系，既依附，又对立。个人没有独立自主的经济利益，更不允许把个人利益放在宗族和国家利益之上，从而形成了个人利益必须绝对服从整体利益的道德要求。

中国传统道德思想这种强调个体服从整体的基本价值导向，在实践上具有两重性。一方面，它强调整体利益高于个人利益，有利于维护家庭内部的人际关系的有序和整个社会人际关系的稳定，在一定程度上有利于人们之间关系的改善，对于我们中华民族历史上的繁荣进步起到了促进作用。另一方面，它在仁义道德与整体利益的名义下，否认人们正当的个人权力和利益，使广大人民群众丧失了个人的人格独立、自由与尊严，压制了人民群众的革命精神和生命创造活动，成为欺骗和麻醉的人民群众的工具，正如陈独秀在批判中国封建道德时指出的：“君为臣纲，则民于群为附属品而无独立自主之人格矣；父为子纲，则子于父为附属品而无独立自主之人格矣；夫为妻纲，则妻于夫为附属品而无独立自主之人格矣；率天下之男女，为臣、为子、为妻而不见有一独立自主之人者，三纲之说为之也。缘此而生金科玉律之道德名词，曰忠、曰孝、曰节，皆非推己及人之主人道德，而为以己属人之奴隶道德也。”（《新青年》第一卷第五号）陈氏这样铿锵有力的分析、揭露是非常深刻的。

第四，在道德价值的分寸把握上，具有中庸居间的性质。

中国传统道德思想在道德价值的把握分寸上，非常重视道德行为、道德规范和道行品质上的“中庸”与“居间”的性质，认为道德的善，在于两种互相对立的行动和品质的“中庸”，“不偏不倚”。相传在远古时代，尧传位给舜，舜传位给禹时，都要“允执其中”（《论语·尧日》）。西周初箕子向武王进言，要求统治者以行为的居间不偏为美德。他说：“无偏无彼，遵王之义；无有作好，遵王之道；无有作恶，遵王之路。无偏无党，王道荡荡；无党无偏，王道平平；无反无侧，无道正直。”（《尚书·洪范》）以孔子为代表的儒家，更是大力提倡“中庸之道”。孔子说：“中庸之为德也，其至矣乎！民鲜久矣！”（《论语·雍也》）后来的儒家继承孔子的中庸思想，专门编写《中庸》一书。《中庸》说：“不偏之谓中，不易之谓庸，中者天下之正道，庸者天下之定理。”《中庸》作为“四书”之一，积极宣传中庸之道，影响很大。中国传统道德中的中庸思想，还鲜明地体现在具体的道德规范和道德品质中，所传皋陶的“九德”，即所谓“宽而栗，柔而立，愿而恭，乱而敬，扰而毅，直而温，简而廉，刚而塞，强而义”（《尚书·皋陶漠》）就有很强的中庸色彩。孔子更是在自己的言论中积极倡导“中道”“中行”及许多具体的中庸的品质。

应当看到，中国传统道德思想中的中庸，既是一种方法论，又是一种道德境界。它要通过折中调和方法，达到一种平衡与稳定，实现最合理的状态。它多少认识到，道德实践中的矛盾双方互相对立，又互相依存。道德的“善”，是一种“度”的分寸把握。凡是合理的道德行为和品质，都要保持在一定的范围内，要适当，恰到好处，不能偏向一面，走极端。这在道德认识上，反映了一定的辩证法思想。但是，中庸思想同时也具有某种回避矛盾，否认一切斗争的形而上学倾向，凡遇事一味讲“君子中庸”，“小人反中庸”（《中庸》），不利于人类的道德在矛盾的不断产生又不断解决中取得进步。中国传统道德在道德价值分寸把握上的中庸性质，对中华民族道德心理定势的形成，产生了重要的影响。

第五，在道德价值的取向上，具有"重义轻利""贵义贱利"的倾向。

"义利之辩"是中国道德思想史上争论的一个重要问题。义利问题，包含着道德与利益、个人利益与国家、民族整体利益等多方面的内容。尽管各个时期的各个学派的义利观有所变化，但"重义轻利""贵义贱利"成为中国传统道德价值取向的主要倾向。

从历史上看，关于"义利之辩"，主要有三种观点。一是"义利统一"论。《易・干・文言》说："利者，义之和也。"认为义和利是统一的，一定的道德行为会给人带来利益。墨子既"贵义"，又"尚利"。他说："有义则生，无义则死；有义则富，无义则贫。"（《墨子・天志上》）认为只有合义的行为才能给人带来得益，不义，也就是对人不利。他说："义，利也。"叶适认为道义不能脱离功利。他说："既无功利，则道义乃无用之虚语耳。"（《习学记言》卷二十三）颜元也提出："正其谊（义）以谋其利，明其道而计其功。"（《四书正误》）其二是"利重义轻"论。这主要以法家为代表。如韩非子注重功利，认为人与人之间首先是利害关系，有利才行义。他说："正直之道可以利义，则臣尽力以事主"，又说"善为主者，明赏设利以劝之，使民以功赏而不以仁义赐。"（《韩非子・奸劫杀君》）其三是"重义轻利"论。这主要是以儒家为代表。孔子认为："君子喻于义，小人喻于利。"（《论语・里仁》）把义与利对立起来，认为"不义而富且贵"为君子所不耻，要求人们"见利思义"，"义然后取"。孟子继承了孔子"重义轻利"的思想，以为"王何必日利，亦有仁义而已矣。"（《孟子・梁惠》）董仲舒主张："正其谊（义）不谋其利，明其道不计其功。"（《汉书・董仲舒传》）朱熹也说："仁义根于人心之固有，天理之公也；利心生于物我之相形，人欲之私也。循天重理，则不求利而自无不利。殉人欲，则利未得而害已随之。"（《四书章句集注》）从孔子到宋熹，尽管他们并非绝对排斥利，但在根本道德价值取向上，有明显的"重义轻利""贵义贱利"的倾向。

应当说，上述三种"义利"论在中国道德思想史上都有各自的影响。但纵观历史，"重义轻利"的倾向占主导地位，并形成中国传统道德思想的一个基本特点。由于"义"不仅是指"道义"，而且常常在封建社会中代表宗教、国家、民族的整体利益，因而"重义轻利"的价值取向同样具有双重的意义。一方面，"重义轻利"的道德价值观，往往在社会实践中易于走向"存义去利""存理灭欲"的极端，否认人民群众的现实利益需要，阻碍了人们生产劳动的积极性，只是利于维护极少数统治者的私利。另一方面，"重义轻利"的道德价值观，在一定程度上有利于节制人的利欲，摆脱一人一己之私利，珍视道德、理想、人格的重要价值，运用道德手段协调个人与他人、个人与社会的利益关系。

中国传统道德思想在上述五个方面的特点，既显示了中华民族世代相传的道德观念的固有优点，也反映了其中包含的缺点和片面，需要我们在走向现代化的历史进程中，从社会的整体文明进步的需要出发进行批判地取舍。

从19世纪末开始，随着"西学东渐"，中国传统道德遭到了革命，称之为"道德革命"。他们抨击"三纲五常"等封建道德观，批判旧道德。那么我们的该怎样维系我们几千年传承的道德体系呢？

道德体系的维系取决于两点：一是体系的内容是否合理，是否能够执行，对中国几千年独具特色的道德文化，我们应该对其进行加工提炼、改造充实，发扬其精华，剔除其糟粕；二是个人的道德修养依赖什么来约束。中国人的道德水准还有待进一步提高，而我们通过什么途径来提高？“性本善”，反而使人们不能正确地反省自己，就像很多人毫不吝啬地给自己戴上君子的桂冠，而轻易地将与自己不同的人贬为小人。所有不恰当的行为，都是小人的陷害，小人的蒙骗。无论如何，他都是一个“本善”之人。而“灭人欲”，反而使人欲横流，因为人欲是一种心理能量，它可以转化，但无法消灭。禁欲好比筑堤拦阻江河入海，早晚会堤坝溃决，洪水泛滥。因此，“性本善”和“灭人欲”的主张使人们离儒家的道德标准越来越远，方法与目的的关系好比缘木求鱼。

第十二章　做一个有道德的人

苏格拉底曾经说过："人类最高的知识就是人们内心深处的道德知识。"而道德，是我们做人的根本。

翻开历史画卷，会使人发现两个带有共性的问题。其一，自从人类进入文明社会以来，几乎与之同步，道德建设也就放到了议事日程之上。自周公、孔子以来，历朝历代圣贤先哲均在呼吁、强调道德建设及其重要性，或循循善诱，或声色俱厉，诸如"致君尧舜上，再使风俗淳""春风杨柳万千条，六亿神州尽舜尧"的文章言论数不胜数。其二历朝历代圣贤先哲一讲到道德，几乎都是发出批评斥责甚至抨击否定的声音。孔子说："吾未见好德者甚于好色！"什么世风日下、人心不古；什么"真风告逝、大伪斯兴"；什么"闾阎懈廉退之士、市朝驱易进之心"；什么"舔痔结驷、正色徒行"等等充斥于整个历史画卷。

两个带有历史共性的问题告诉我们：一方面，人类文明社会是与道德建设同步的，没有道德的建设也就没有人类社会的发展，人类社会离开了道德也就不称其为人类社会，充其量只是一个动物世界；另一方面，道德是至高至上的，但又是至艰至难的，所谓"从善如登"，所以历史上哪怕是被冠之于"治世""盛世"时的道德建设同样总有不尽如人意之处，甚至总有一些道德建设的严重问题存在。所以，我们的结论如下。其一，道德建设是极其重要的，对之忧患是必要的，任何时候都不能有丝毫的懈怠和忽视，什么时候轻视了道德，什么时候的"返祖"现象就严重了。"从猴子变成人，需要漫长的一百万年，而从人变成猴子，有时只需要一天工夫，岂唯一天，虽一嘘吸之间可矣！"这段话就十分形象地给道德建设的重要性作了一个脚注。其二，道德建设是重要的，道德建设同样是伴随着人类社会的进步而进步着的，所以"忧天"是不必要的，江河日下并未真"下"，沉舟侧畔照样千帆竞过、病树前头依旧万木争春。

做一个有道德的人，是一个十分宽泛的话题，也可以从不同角度去讲，可以从不同角色去讲，也可以从不同层次去讲，但不管从哪一方面讲，其基本内涵、基本原则、基本要求应该说还是大体一致的。鉴于目前道德领域的现状和整个社会的氛围、风气，要真正做一个新时代有道德之人，那么，以下一些基本原则、基本要求应该是考虑道德合格与否的基本指标。

第一节　诚实·良心

一个有道德的人应是一个诚实守信、有良心的人。一方面，中国历经了30几年的改革开放，国民的物质生活水平得到了极大提高。但另一方面，国民的道德诚信缺失问题却比较严重。比如，前两年，由于掺杂三聚腈胺，我国最大的奶粉生产企业——三鹿集团付出了惨痛的代价：有人被判死刑，企业创始人被判无期徒刑，企业破产、员工失业，这是一个民族的耻辱和悲哀！然而，好景不长，毒奶粉又一次卷土重来，毒血旺、毒蔬菜、毒大米、染色馒头、人造蛋、地沟油、瘦肉精、苏丹红也接踵而至，以至于温家宝总理都感叹道德滑坡，国人的诚实、善良的道德品质缺失严重。大学生是未来的希望，是未来中国的建设者和管理者，我们希望大学生们能够立志消灭有毒食品。要做到这一点，首先要说真话、做实事，崇尚科学，追求真理，做一个诚实、有良心的人。

一、诚实

诚实是人类最基本的素质要求之一。从小我们就知道"做人要诚实",但等到我们长大,却发现很多人都是"不诚实"的。"老实"反而成为"无用"的近义词,"诚实"者经常遭到嘲笑,不诚信者反而得到了诸多利益。然而在文学抒情中,"诚实"又被无限放大,小孩写作文懂得显示自己的"诚实",大人也喜欢言说自己的"诚实"。现实与文本的距离已经背离得很远,已经成为另一种更高层次上的"不诚实"。

诚实是当代中国的一个大问题,"诚信危机"已经成了中国一个显然的事实,提倡诚实的道德行为迫在眉睫。

1. 什么是诚实

"诚实"英文为honesty,指真实表达主体所拥有信息的行为。它的同义词有真诚(sincerity)、诚信、老实、诚恳、真实等;它的反义词是虚伪、虚假、造作、狡猾、说谎、言行不一等。

"诚实"包含"真实、真诚、诚信"三个层次:"真实"指所有事实之真;"真诚"指自身意识之真;"诚信"指涉人言行之真。而三者完全合一是古往今来人们苦苦追求的一个理想。

"诚实"的含义弄清楚了,但要分清"诚实"与"隐私""伪诚实"等两个概念的区别。

首先是"诚实"与"隐私"。"隐私"是主体(人或团体)不想让其他主体知道的某些言语、思想或行为,另外"隐私"必须是对社会没有实质危害的。"诚实"并不追求主体把什么都给表现、展示、SHOW出来,"诚实者"并没有义务把自己的"隐私"展示出来。比如有一个人在某段时间,心里非常地想(甚至想通过作恶)得到很多钱,这是这个人的真实想法,但这属于他的个人隐私,他没义务为了"诚实"而说出来。另外,人类是有局限性,这点我们要时刻注意,正因为认识到这一点,我们才可以包容人类的某些弱点,只要没有实质危害了他人或者社会,他人没有权利干涉主体的"隐私"。

其次是"诚实"与"伪诚实"。"伪诚实"是不顾自己"诚实"可能带来的后果,一味显示自己的"诚实",并借此嘲笑他人的"不诚实"或称"虚伪"。如某些人说:"我承认我很贪财",并借此嘲笑某些人"不贪财"的"虚伪"。这确实是他的心里话,但这种心里话对别人造成了不良影响,特别是对思想未成熟的孩子。这种"诚实"我们称为"伪诚实","伪诚实"以"诚实"为第一追求,却不知道前两个层次的"诚实"并不就是"善"。"伪诚实"的危害很大,首先,它以一种"诚实"的方式表示出来,使受众把它理解为"诚实"的代言人,误读了"诚实",从而跟随"伪诚实"者走向"伪诚实"。其次,"伪诚实"者自以为自己很"诚实",在这种"诚实"的掩护下,就可以肆无忌惮地说出自己的欲望,甚至是一些不良思想,一步步走向"诚实"(第三层次的意义上)的对立面。

2. 诚实的作用

在社会生活中,诚实不仅具有教育功能、激励功能和评价功能,而且还具有约束功能、规范功能和调节功能。就个人而言,诚实是高尚的人格力量;就企业而言,诚实是宝贵的无形资产;就社会而言,诚实是正常的生产生活秩序;就国家而言,诚实是良好的国际形象。

第一,诚实是个人的立身之本。诚实是个人必须具备的道德素质和品格。一个人如果没有诚实的品德和素质,不仅难以形成内在统一的、完备的自我,而且很难发挥自己的潜能并取得成功。程颢、程颐指出:"学者不可以不诚,不诚无以为善,不诚无以为君子。修学不以诚,则学杂;为事不以诚,则事败;自谋不以诚,则是欺其心而自弃其忠;与人不以诚,则是丧其德而增人之怨。”(《河南程氏遗书》卷二十五)“诚”不仅是德、善的基础和根本,也是一切事业得以成功的保证。诚于中而必信于外。一个人心有诚意,口则必有信语;心有诚意口有信语而身则必有诚信之行为。诚实是实现自我价值的重要保障,也是个人修德达善的内在要求。缺失诚实,就会使自我陷入非常难堪的境地,个人也难于对自己的生命存在做出肯定性的判断和评价。同时,缺失诚实,不仅自己欺骗自己,而且也必然欺骗别人,这种自欺欺人既毁坏了健全的自我,也破坏了人际关系。因此,诚实是个人立身之本,处世之宝。个人讲求道德修养和道德上的自我教育,培育理想人格,要求以诚心诚意的方式来进行自我陶冶和自我改造。中国古代思想家强调“正心诚意”和“反身而诚”在个人道德修养中的地位和作用,认为修德的关键是有一颗诚心和一份诚意。诚意所达到的程度决定修德所能达到的高度,正可谓“精诚所至,金石为开”“天下无不可化之人,但恐诚心未至;天下无不可为之事,只怕立志不坚。”所以,中国人特别强调“做本色人,说诚心话,干真实事”。

第二,诚实是企业和事业单位的立业之本。诚实作为一项普遍适用的道德原则和规范,是建立行业之间、单位之间良性互动关系的道德杠杆。诚实守信是社会主义职业道德建设的重要规范。诚实守信是所有从业人员在职业活动中必须而且应该遵循的行为准则,它涵盖了从业人员与服务对象、职业与职工、职业与职业之间的关系。企业事业单位的活动都是人的活动,为了发展就不能不讲求诚实。因为发展既蕴含着组织本身实力和生存能力的增强与提升,又蕴含着组织与组织、组织与外部以及组织内部各要素之间关系的优化与完善。无论是组织本身实力和生存能力的增强与提升,还是组织内外关系的优化与完善,本质上都需要诚实并且离不开诚实。诚实不仅产生效益和物化的社会财富,而且产生和谐和精神化的社会财富。在市场经济社会,“顾客就是上帝”,市场是铁面无私的审判官。企业如果背叛上帝,不诚实经营,一味走歪门邪道,其结果必然是被市场所淘汰。诚实是塑造企业形象和赢得企业信誉的基石,也是竞争中克敌制胜的重要砝码,还是现代企业的命根子。

第三,诚实是国家政府的立国之本。国家的主体是人民,国家的主权也归属于人民。中国古代政治伦理强调“民惟邦本,本固邦宁”“民为贵,社稷次之,君为轻”“得民心者得天下,失民心者失天下”(《孟子·尽心下》),认为国家的领导者应当以诚心诚意的态度和方法去取信于民,进而达到人民安居乐业,国家太平清明。唐代魏征在给太宗皇帝的上书中写道:“求木之长者,必固其本;欲流之远者,必浚其源;思国之安者,必积其德义。”(《贞观政要·论君道》)治国之道,在于贵德崇义,而德义的主要内容则是诚实。宋代司马光在《资治通鉴》中指出:“是故古之王者不欺四海,霸者不欺四邻。善为国者不欺其民,善为家者不欺其亲。不善者反之,欺其邻国,欺其百姓,甚者欺其兄弟,欺其父子。上不信下,下不信上,上下离心,以至于败。”以上言论说明诚实是领导者治理国家的基本准则,诚实构成国德,支配国运,没有诚实的国德就不能拥有长久而向上的国运。

3. 我们的正确选择

古往今来,凡是品德高尚的人,都是诚实守信的。

《吕氏春秋·审分览》说,在厄于陈蔡之间的日子里,有一天孔子昼寝,“颜回索米,得而爨之”。饭快要熟了,孔子远远地看见颜回用手抓锅里的饭吃,“佯为不见之”。不久,饭熟了,颜回请老师吃饭。孔子说:“刚才梦见我的父亲,我要用饭来祭祀他。”颜回说:“不行啊。刚才房上有灰尘掉进锅里面,那些米我舍不得扔掉,被我吃过了。这饭不能再用来祭祀了。”孔子深深地被他的诚实所感动。当时礼法规定,用来祭祀的饭菜,所有人都不能先动一筷子,必须等到祭祀结束，人才能吃。孔子说要进行祭祀，不过是想考验一下颜回是否能坦率承认自己已经吃过了锅里的饭。如果颜回什么话也不说，您要祭，我就给您把饭盛来让您祭祀，那么，孔子处理这件事就会成为学生品德教育的重要一课。但是，颜回不愧是颜回，他很诚实地说明自己吃过了，并且说明了自己为什么吃的原因。因此，这堂课实际上使师生双方都受到一次深刻的教育。

北宋时期著名的文学家和政治家晏殊，14 岁被地方官作为“神童”推荐给朝廷。他本来可以不参加科举考试便能得到官职，但他没有这样做，而是毅然参加了考试。事情十分凑巧，那次的考试题目是他曾经做过的，得到过好几位名师的指点。这样，他不费力气就从千名考生中脱颖而出，并得到了皇帝的赞赏。但晏殊并没有因此而洋洋自得，相反他在接受皇帝的复试时，把情况如实地告诉了皇帝，并要求另出题目，当堂考他。皇帝与大臣们商议后出了一道难度更大的题目，让晏殊当堂作文。结果，他的文章又得到了皇帝的夸奖。

晏殊当官后，每日办完公事，总是回到家里闭门读书。后来皇帝了解到这个情况，十分高兴，就点名让他做了太子手下的官员。当晏殊去向皇帝谢恩时，皇帝又称赞他能够闭门苦读。晏殊却说：“我不是不想去宴饮游乐，只是因为家贫无钱，才不去参加。我是有愧于皇上的夸奖的。”皇帝又称赞他既有真实才学，又质朴诚实，是个难得的人才，过了几年便把他提拔上来，让他当了宰相。晏殊为人诚实，表里如一，不弄虚作假，这是我们应该学习的。

作为新中国建设事业接班人的我们，学习和坚守诚实守信的美德，并将其发扬光大是我们义不容辞的责任和义务。这种美德表现在工作和学习上，就是专心致志，认真踏实，实事求是；表现在与人交往中，就是真诚待人，互相信赖；表现在对待国家和集体的态度上，就是奉公守法，忠诚老实。我们一定要认真践行诚实守信的美德，做一个诚实守信的中国人。

二、良心

一个有道德的人，是一个有良知讲奉献的人。随着信息时代的来临，良莠不齐的各种西方思潮涌入国人的视野，影响着国人的道德思想和道德行为。受到拜金主义、个人主义和享乐主义的腐蚀和毒害，使得一些国民的灵魂受到了扭曲，是非、善恶、美丑界限混淆。有的人只崇尚实惠，不讲良心；只图个人快乐，不顾别人痛苦；花了不义之财，却心安理得；做了损害他人的事，给别人造成苦难，却毫不羞愧；以强凌弱，毫无同情之心。究其原因就是缺少人起码应具有的良心。治标先要治本，治人必须治心。一个人有了内在的本质良心，就能把道德看作是自我实现的需要而具备道德自由；就能形成表里如一，健全真实的道德人格；就可能达到“慎独”的道德境界。有良心，是做人的基础；讲良心，是国民道德教育中重要的课题。

1. 良心的内涵

在日常生活中，我们经常可以听到这样一句话：“做人要讲良心”。那么，什么是“良心”？“良心”一词可析为两字：一为“良”，即道德；一为“心”，即意识。“良”字本身固然有多种含义，包括非道德意义上的“好”“精美”“手艺熟练”等，但一旦与“心”或“知”联系起来，则从来都只有道德的含义。这里值得注意的是“良”字还有“天赋、先天就有”的意义，如孟子所言“不学而能谓之良能，不学而知谓之良知”(《孟子·尽心上》)，就明确地以“不学而知”来定义“良知”。在中国，“良心”一词源于《孟子·尽心上》，孟子认为，良心就是人的本性，即“仁义之心”“恻隐之心”“羞耻之心”“是非之心”。后来的儒家大师秉其此义，又丰富了不少内容：朱熹讲“天理良心”，他强调人们要知耻，知耻之心是良心的要求；陆九渊讲“发明本心”，只要充分相信先天赋予的本心，行为自然就合乎道德；王阳明讲“致良知”，宣扬人天生就有分辨是非善恶的"良知"。在西方,"良心"仍然是一个古老的伦理概念。亚里士多德认为良心是百德之首,有良心的人是真正有道德的人。斯多亚派关于良心的朴素观念是:道德法则在我们心中,根据这一法则知道我们在道德上的行为是善的还是恶的。在托马斯·阿奎那那里,良心建立在天生的因素上,也建立在习得的因素之上,在良心中人拥有上帝的法则。卢梭则认为,良心是上帝赋予我们的关于正义和道德的内心法则。我们做出有良心的事,就是根据内心的道德法则去行动的。

从中西思想家或伦理学家对良心的论述中,我们可以对良心的内涵作出进一步的理解与分析。所谓良心,"就是人们对他人和社会履行义务的道德责任感和自我评价能力,是个人意识中各种道德心理因素的有机结合。"良心是每个人自身内部的道德评价。

2. 良心的起源

根据中西思想家的观点,良心的起源有两个源头,即直接起源和最终起源。

(1)良心的直接起源——良心的目的

直接来说,良心源于人是道德动物,每个人或多或少都有自己遵守的道德规范,从而有做一个合乎道德的人、做一个好人、做一个有美德的人的需要。试问,有谁不想做一个好人?有谁愿意做一个坏人?没有。每个人都想做一个好人,这是最深刻的人性。坏人也是人,也与好人同样具有人性,也与好人同样具有做一个好人的道德需要。即使是那些十恶不赦的道德败类,也并非没有做一个好人的道德需要。他们也是人,怎么会没有做一个好人的人性呢?他们同样想做好人而不想做坏人。只不过,他们对做一个好人的道德需要比较弱小,而他们所怀有的那些欺诈拐骗、偷盗抢劫、杀人越货的欲望却比较强大,以致远远超过和压抑了他们想做一个好人的道德需要。

(2)良心的最终起源——良心的原动力

从良心的直接起源可以看出,良心这种自我道德评价源于每个人希望自己做一个好人、做一个有美德的人的道德需要,目的在于满足自己做一个好人、做一个有美德的人的道德需要。然而,一个人为什么会有自己做一个好人的道德需要?良心的最终源头、原动力是什么?原来人是个社会动物,每个人的生活都完全依靠社会和他人:他的一切利益都是社会和他人给的。所以,能否得到社会和他人的赞许,便是他一切利益中最根本、最重大的利益。得到赞许,便意味着得到一切;遭到谴责,便意味着丧失一切。不言而喻,能否得到社会和他人的赞许之关键,在于他的品德如何:如果社会和他人认为他品德好,那么,他便会得到社会和他人的赞许和给予;反之,则会受到社会和他人的谴责和惩罚。所以,正如孟子所言,一个人是否有美德,乃是他一切利益中最根本的利益:"夫仁,天下之尊爵也,人之安宅也;莫之御而不仁,是不智也。"

比较良心的直接起源(良心的目的)与良心的最终起源(良心的原动力)可知,良心直接源于每个人做一个好人的道德需要,目的在于满足自己做一个好人的道德需要,而最终则源于利己,源于自我利益,源于社会和他人因自己品德好坏所给予自己的赏罚。因此,一方面,每个人,不论他如何高尚还是如何卑鄙,便都因其不能不是个社会动物而不能不具有做一个好人的道德需要,不能不具有良心,只不过其强弱有所不同罢了;另一方面,每个人的良心的强弱,固然与他自己的道德修养等偶然因素有关,但就其必然性因素来看,则直接说来,取决于他希望自己做一个好人的道德需要的多少。

3. 良心的实质

良心的实质在中西方的伦理学观点里差异较大,甚至可以说是迥异。

中国人的良心观主要是以性善论为基础的。尽管荀子论述了人性本恶，认为良心观的基础是性恶论，但是中国良心观主要是在继承孟子良心观的"性善论"基础之上逐步发展和延伸的。孟子是彻底的性善论者。孟子认为人具有先天或先验的善性，这是当时典型的人性理论，他把人的道德心作为人的本性，人性自然就本善了，良心就是人所共有的本心，良善之心，仁义之心，人的本心，通过表情和四肢自然而然地就会显示出来。"良心者，本然之善心，即所谓仁义之心也"。"虽存乎人者，岂无仁义之心哉？其所以放其良心者，亦犹斧斤之于木也，旦旦而伐之，可以为美乎"？"君子所性，仁义礼智根于心，其生色也，醉然见于面，盎于背，施于四体，四体不言而喻"。《三字经》开篇也认为，个体出生后其本性就是善心，"人之初，性本善。性相近，习相远"。

西方的良心观是和原罪感联系在一起，认为是原罪的直接反映。尽管在古希腊和古罗马以及西方的基督教文化传统中，如斯多亚学派和中世纪的神学家，他们的观点都认为神与人，善与恶是分离的，凡善都是从神或上帝那里来的，凡是恶都从人那里来的，认为人的本性在本质上是趋向恶的，良心是用来谴责和禁止恶的，它是人心中神的律则的守护者，这种源远流长的西方传统使得西方人心目中的良心总是与上帝、原罪感相互联系在一起。伊壁鸠鲁把良心看作是人的一种本能。18世纪的卢梭也把良心视为上帝的福音，"良心呀！良心！你是圣洁的本能，永不消逝的天国的声音"。一直发展到弗洛伊德还认为良心起源于图腾和禁忌，是人的一种本能驱使，"对禁忌的解释早已暗示出'良心'的本质和本源了，当人们提到禁忌，或在禁忌被破坏后所产生的罪恶感之中，人们已经具有'良心'的意义了。禁忌心理也许是良心现象的最早形式"。因此，中国的良心说以"为善带动去恶"的积极能动形式表现出来，而西方的良心观则以"去恶带动为善"的消极被动形式表现出来。但无论中西良心观的本质如何，都是为了一个目的——让人类认识从而拥有更大的良心。

4. 良心的作用

良心在我们的道德体系中具有基础性的地位和作用，是诸如责任心、羞耻心、同情心等道德范畴的综合体现。

(1)良心具有使人达到最高道德境界——无私利人的作用

良心起源的研究表明，良心直接源于每个人做一个好人的道德需要，目的在于满足自己做一个好人的道德需要；而最终则源于社会和他人因自己品德好坏所给予自己的赏罚：赏罚越公正，自己做一个好人的道德需要便越强，自己的良心便越强。

那么，是否人们的良心越强，他们的品德便越高尚，社会的道德风气便越良好？答案是肯定的。因为良心就其本性来说，乃是一种为做好人而做好人的行为及其心理，是一种为美德而求美德的行为及其心理，说到底，是完善自我品德之心所引发的行为及其心理。因此，良心具有使人达到最高道德境界——无私利人的作用。因为一个人要成为好人、道德的人、高尚的人，实现其完善自我品德之心，只有去做好事、道德的事、高尚的事。那么，一个人究竟要做什么样的好事才能完善自我品德？最重要的，无疑是无私利人。因为无私利人，众所周知，是最高尚的事，是完善的品德境界。所以，一个人受良心的驱使，便会无私利人，便会使人达到最崇高的道德境界。

因此，人们的良心越强，他们的品德便越高尚，社会的道德风气便越良好；人们的良心越弱，他们的品德便越恶劣，社会的道德风气便越败坏。

（2）良心具有使人遵守道德规范的价值或作用

良心具有使人达到最高道德境界——无私利人的作用。然而，这还不是良心的主要作用。从良心的直接起源和目的——良心直接起源于做一个好人的道德需要，目的是为了做一个好人、有道德的人、有美德的人——还可以得出一个更为重要的结论：良心具有使人遵守道德规范的价值或作用。因为美德是长期遵守道德的结果："德者，得也，行道而有得于心者也。"所以，一个人只有遵守道德规范做好事，才可能成为一个好人、有道德的人、有美德的人，从而才能实现良心的目的。反之，如果他不遵守道德做坏事，便不可能成为一个好人、有道德的人、有美德的人，便不可能满足自己做一个好人、有道德的人、有美德的人的道德需要，便不可能实现良心的目的。

因此，良心一方面通过产生自豪感和良心满足的快乐，推动行为者遵守道德，以便再度享受这种快乐；另一方面，则通过产生内疚感、罪恶感和良心谴责的痛苦，阻止行为者违背道德，以便从这种痛苦中解脱出来。

5. 我们的正确选择

我们的正确选择是寻找并确立自己的良心。

良心对一个人的道德品质的养成作用是非常大的，良心在一个人行为之前，就好比是一个指挥官，指挥着你什么事情可以做、什么事情不可以做。在一个人行为之中就好像是一个监察官，监督你这个事情可以做，那个事情不能做。在一个人行为之后，就好比一个检察官，回头看看你这个行为做得对还是不对。

人类历史上无论在人性问题的看法上多么对立的思想家，都是以追求人性之善为终极目标的。寻找和构建人类的良心始终是人类的价值追求。南宋著名思想家、教育家朱熹反复强调："圣贤千言万语，只是教人做人而已。"（《语类》卷十三）朱熹在建白鹿洞书院时，亲手制订了《白鹿洞书院揭示》。这个学规是指导学生修身为人的最高原则，师生相互遵守。周恩来先生在《我之人格观》一文中曾说："夫人格之造就，端赖良心。人同此心，心同此理。大道所在，正理趋之，处世接物，苟不背乎正理，则良心斯安，良心安，人格立矣。"

现在，我们的道德良心缺失严重，我们要找回那缺失了的良知。坚守良知，就是坚守希望，让心中常存一分热情，让素养多留一分宽容，让记忆焕发一分快乐，让岁月留驻一些感叹！

第二节　责任心·羞耻心

一个有道德的人应是一个有责任心和羞耻心的人。责任心是一个人人格健全的基础，乃处世之本，是人类个体在社会中正常生活的前提条件。羞耻心是个体维护自尊的基点，是个体道德人格的底线，即为人的底线，它有力地护卫着一个人的尊严，底线一旦失落，道德人格就有发生千里溃堤的危险。

一、责任心

康德认为："每一个在道德上有价值的人，都要有所承担，不负任何责任的东西，不是人而是物。"易卜生也曾认为，社会犹如一条船，每个人都要有掌舵的准备。列夫·托尔斯泰认为，一个人若是没有热情，他将一事无成，而热情的基点正是责任心。林肯也曾认为，人须知负责任的苦处，才能知道尽责任的乐趣。责任是一种负重。对于要承担的责任，个体持何种态度，将对其心理健康产生重要影响。那么，何谓责任心？怎么培养责任心？

1. 责任心的含义和类型

何为责任心？责任心是指个人对自己和他人、对家庭和集体、对国家和社会所负责任的认识、情感和信念,以及与之相应的遵守规范、承担责任和履行义务的自觉态度。它是一个人应该具备的基本素养,是健全人格的基础,是家庭和睦、社会安定的保障。

站在不同的角度分析,责任心的类型亦明显不同。国内外研究者的研究一般以责任心不同的表现形式来确定责任心的类型,主要可以分为六类:自我责任心、他人责任心、集体责任心、任务责任心、承诺责任心和过失责任心等。而这六类又可以划分为两大类,自我责任心、任务责任心、承诺责任心主要是与自我相关的责任心表现,是对自己的事情、自己承担的任务、自己的承诺承担责任,可简称为自我责任心;而他人责任心、集体责任心、过失责任心则主要涉及的是自我与他人之间的关系,是对他人的事情、集体的事情、对他人产生的不良后果所承担的责任,可简称为社会责任心。这六类不同的责任心表现形式共同构成了责任心的一个整体。其中个体自我责任心的价值取决于社会责任心的强弱,所以社会责任心在个人的责任心中处于核心地位。责任心意味着个人对待国家、社会、他人乃至整个人类社会的负责态度和奉献精神,体现了一个人的心理特征和人格倾向,具有重要的人格意义和社会意义。

2. 影响责任心的因素

责任心作为一种社会性品质,其形成和发展是受多方面因素影响的。其中个体自身的发展特点,如认知发展水平、能力是其中的重要因素。

(1)认知发展水平对个体责任心表现的影响

正如我们在前面所说的,责任心根据其表现形式不同可以分为六类,而这六类又可以总结为两大类,一类主要是与自我相关的责任心,包括自我责任心、任务责任心、承诺责任心等,另一类是涉及自我与他人关系的责任心,主要是指他人责任心、集体责任心和过失责任心等。这两类不同的责任心与主体不同的思维发展水平相关。与自我相关的责任心,其重点和中心主要在主体自己,是主体对自己的生活、游戏、学习、行为,对自己承担的任务,自己说过的话,作出的承诺负责,而主体对自我的关注和认识是发展较早的,因此主体这三类责任的发展则相对较快。而对于自我与他人的关系的认识,则受主体自我中心和抽象逻辑思维能力发展的影响,因此在他人责任心、集体责任心和过失责任心方面,主体的发展相对较慢。

(2)个体自身的能力发展水平对个体的责任心具有重要的影响

国内外的不少学者研究发现,责任心与道德、自豪感、坚持性、意志力、自主性等的发展都是密不可分的,它们彼此关联,共同作为一个大系统而发生作用,促进个体责任行为的产生,任何一个方面的缺乏或不足,都会不同程度地影响到个体责任心的发展。

(3)个体的责任心水平受到环境氛围的影响

曾有研究者的研究发现,个体在家中和在学校中会有不同的责任心表现,不少个体在学校中能表现出更多的责任行为。这一方面可能与家庭中父母的溺爱、缺乏相应的责任要求有关,但另一个重要的原因可能就是环境的影响。在社会心理学中有一种比较著名的“责任扩散”现象,所谓“责任扩散”是指在一个群体中,由于有别人在场,在一定程度上抑制了个人的行为动机,因为由于有多人在场,每个人都认为别人会来做这件事的,从而将责任扩散化了,而最终的结果是谁都没有负起这个责任。

当然除上面所说的原因外,个体责任心的发展还受到其他因素的影响,如教师、家长、同伴等。

3. 责任心的作用

如此强调责任心，那责任心究竟有什么样的作用呢？责任心在个人的诸品德中处于基础地位，高度的责任心是高尚品德和良好人格的重要标志。

责任体现了人的一种社会必然性，对于任何人来说都是不可推卸的。人活着，就意味着要承担责任。然而，人们对于自己所承担的各种责任的意识和自觉的程度却是不同的。例如，在对待工作方面，有的人忠于职守、尽职尽责、克己奉公，有的人却玩忽职守、消极怠工、以权谋私。其中就反映出人们工作责任心的强弱。道德的根本问题在于调节个人利益与社会整体利益的关系。很显然，一个人如果养成了高度的社会责任心，对国家、对社会和对他人负责，自然也就能摆正个人利益与社会利益的关系，从而达到应有的道德境界。因此，责任心的强弱，能够反映一个人品德的优劣。能不能以高度的责任心自觉履行自己应当承担的责任和以那种“己所不欲，勿施于人”的宽容精神是一个人是否具有高尚品德的重要标志，那种“先天下之忧而忧，后天下之乐而乐”的奉献情怀，既表现了一个人强烈的责任心，又反映了他的高尚人格。

(1)责任心是社会良性运行的保证，是社会发展的动力

一个人对所承担责任和义务的意识程度和履行状况，往往是判断这个人作为社会成员的素质高低的重要依据。如果每一个社会成员都能自觉、认真地履行自己对国家、社会和他人的责任，那么，社会的各项工作就会良好、有序地进行，符合历史必然性的道德关系和社会秩序也就会得到巩固和发展。进一步，如果广大成员都把国家的兴旺和社会的发展当做自己的责任，在内心深处形成高度的社会责任心，这责任心就会变成他们积极参与国家建设，促进社会向前发展的强大动力。反之，如果人们奉行极端个人主义，对自己的行为不负责任，甚至为了个人私欲不惜蔑视社会道德规范，损害国家、社会和他人的利益，其结果必然导致社会合力的削弱、人心涣散、社会风气败坏、违法犯罪猖獗，甚至会导致社会混乱和国家的分崩离析。

(2)责任心是成就事业的可靠途径

责任心出勇气、出智慧、出力量。有了责任心，再危险的工作也能减少风险；没有责任心，再安全的岗位也会出现险情。责任心强，再大的困难也可以克服；责任心差，很小的问题也可能酿成大祸。

发展和提高责任心水平是一项亟待解决的问题。有份研究表明：在当前青少年责任心教育中，有两种倾向值得关注：一是“责任扩散”问题；一是责任侵犯问题。所谓“责任扩散”用通俗的话说，就是“三个和尚没水吃”。许多应当承担责任的事情，因为相互推诿而不能很好地承担责任；所谓责任侵犯，就是在教育中，青少年应当承担的责任被家长、老师等成年人承担了，这实际上是家长、教师等侵犯了学生的责任权力。这种教育的结果，造成学生缺少责任意识，甚至对任何事情都不负责任。

4. 我们的正确选择

作为一种重要的社会性人格品质，责任心是未来社会对人才素质的一项基础要求。因此我们应该有意识地从各个方面严格要求自己，发展和提高自己的责任心。

首先是对自己的事情负责。在六种责任心表现中，与自我相关的责任心是基础，是其他责任心发展的前提。不难设想，如果一个人对自己的事情、自己的承诺、自己承担的任务都不能承担起应尽的责任，那么他又怎么能对他人、对集体，乃至对国家、民族具有责任心呢？因此我们每个人都要从自我做起，对自己的生活、学习、工作负责。

其次是根据自己的发展特点，确定不同的责任心发展目标。不同的责任心表现形式与主体不同的认知发展水平有关。由于主体对自我的认知先于对自我与他人关系的认知，因此主体与自我相关的几类责任心的发展也早于与自我关系相关的责任心的发展。因此对于不同年龄、不同发展特点的个体来说，必须根据自己的实际特点，有目的、有针对性地要求自己，提出最适宜自己"最近发展区"的发展目标。如在幼儿、小学阶段主要要注重发展自我责任心、承诺责任心、任务责任心等，注意自己对自己的学习、生活、游戏负责，答应帮小朋友做事情要尽力去做，认真完成老师交给的任务等；而到了中学乃至大学，在提高前三种责任心水平的基础上，必须开始注意集体责任心、过失责任心和他人责任心的发展和提高，要多关心、帮助他人，积极参加集体的活动，关心集体的荣誉，勇于承认自己的错误，并努力改正。

最后是要担起应尽的社会职责。除了对日常生活中与我们密切相关的生活琐事我们应该具有责任心外，作为一个社会的人，生活在世界这一大环境中，我们也必须对整个社会的进步和发展承担自己应尽的责任，做出自己应做的贡献，即应该具有全球责任意识，如对当前人类社会面临的一些共同问题，如战争、环境问题等尽自己力所能及的一份责任、一份义务，而不能因为觉得这些大事离自己很遥远而置之不理，不闻、不问。作为社会的一员，我们应该从自身周围的一些小事做起，为这些问题的解决尽自己的一份绵薄之力。如不仅自己注意环境保护，而且能教育、提醒他人，关心国家大事等，不要认为一个人的努力只是江海一川，是有限的，其实只要我们共同努力，承担起每个人应尽的职责，那么就能为我们大家建造起一个共同的美好家园。

责任心对个人、对社会、对国家都有至关重要的地位和作用，在我们的身边就有着许许多多有责任心的人，值得我们多看、多想、多学。中国传统文化中广为流传的"天下兴亡，匹夫有责"是对责任心的最好诠释。美国著名作家奥里森·马登曾说："责任是足以激发我们力量的东西。从来没有担当过责任职位的人，绝不会激发他那真正的力量。"人的巨大潜能常常要在"重大责任降临"时才能表现出来。奥里森·马登认为，美国南北战争中著名将领格兰特的创造性军事才能，只能在美国内战爆发这种责任降临到头上时，才能表现出来。美国总统林肯的巨大才能，不是种地、伐木、做测量员、管理店务、做执照律师所能激发的，甚至担任国会议员也不能激发，而是直到国家危机，"他担当起伟大责任后，才激发了他那巨大的力量，成为美国历史上无可匹敌的大英雄。"……在中国传统文化中，有许许多多具有责任心的楷模：孔子为了实现自己心目中的理想社会，带领学生周游列国 14 年，为的是对社会尽自己的一份责任；司马迁因李陵事件被喜怒无常的汉武帝抓进监狱，受到宫刑的处罚，曾多次准备自杀，但只因一桩未了的心愿，为了对社会、对历史尽一份责任，而活下来——最终写出了"史家之绝唱，无韵之离骚"的《史记》。

不是无奈抱怨，而是让每个人为改变现实贡献公民的力量。这种积极的态度是一个公民面对危机应有的姿态，是责任心的最好诠释，也是我们在平时生活中能够做到的，希望我们每一个人尤其是青年务必要好好承担起自己的个人责任、家庭责任和社会责任。

二、羞耻心

一个有道德的人应有羞耻之心。中国被称为礼仪之邦，其重要原因，就在于中国人有十分强烈的羞耻感。倘若没有羞耻感，任何脸面都不要，那也就无任何道德可言，甚至法律对他也是没有约束力的。"止于至善"是中国人的执著追求，中国人对与道德规范有关的一些"丢脸""丢面子"的事情是最感羞耻的。缺乏"道德"羞耻感，常常使个体陷于困境，导致他的生活境遇和原有的人际关系完全改变,甚至会使他走上一条自我毁灭的道路。

1. 羞耻心的含义

羞耻心是表现个人自尊的一种精神形态的词语,就是当自己有了不符合道德的思想和行为以后,有一种于心不安、内疚、惭愧、悔恨的心理和精神状态。在日常生活中,我们应该洁身自爱,会尊重别人更得会尊重自己。

羞耻心是一个人养成良好品德的基础。一个人如果没有了羞耻心,那是很可怕的。恬不知耻、寡廉鲜耻、厚颜无耻,这样的人你很难要求他能够有多高的思想道德素质。所以孔夫子说过一句话"知耻者为勇",一个人要知耻就说明这个人勇于追求高尚。和孔夫子同时代的一个古希腊的哲学家德谟克里特说过一句同样意思的话,"一个人对可耻行为的追悔就是对生命的拯救",你做了不符合道德的事情,自己有一种可耻感,你想到如何改进、改正,这就是对生命的拯救。

孟子曰:"羞恶之心,义之端也,无羞恶之心,非人也。"的确,一个人若少了羞恶之心,他对美丑的感知就会随之变得麻木,其言行必然失去规范,正如一位哲人所说:"羞耻心是一种重要的道德情感,是一种为善而斗争的精神力量,是对于卑鄙无耻的事物的一种强有力的抗毒剂,是义务感和责任心的道德情绪的支柱。"

2. 羞耻心的作用

羞耻心的重要作用具体表现在以下几方面。

第一,羞耻心是正义、公平得以形成的基础。孟子说:"知耻近乎勇。"孟子所说的"羞恶之心,义之端也"(《孟子·公孙丑上》),其意是说,有羞耻心的人就近乎勇敢之人。孟子的话十分有道理。羞耻心是任何时代人们道德建设、法制建设的心理基础。如果没有羞耻心做基础,什么道德、法律的界限都无所顾忌,那么任何道德戒律、法律条文都会失去效用。羞耻感是一种重要的道德情感,它是个体对自己所认为的"非"所产生的一种否定的态度体验。这种态度体验能为是非观的形成提供情感的土壤和动力,加深个体对是非观的认识,从而使是非观为个体所真正接受。个体是非观只有种植在羞耻感的肥田沃土之上,才能真正开花结果。因为只有经过学习者自我情感体验的是非观才能真正成为自己的人生观和世界观。大量的事实表明,仅仅停留在认知层面的是非观是靠不住的,甚至可以说,仅仅停留在认知层面的是非观还不是真正意义上的是非观。只有从情感土壤中生长起来的是非观才是真正意义上的是非观,才是进入生命层次的是非观。只有这样的是非观才能变成个体的自觉行动。所以,我们认为,羞耻感是一种最基本的道德情感。任何一个想获得良好道德品质和人格的人都不能无视它的存在与价值。

第二,羞耻心是个体自觉遵守道德规范的前提。羞耻感是个体自觉遵守道德规范的前提。任何人有了羞耻感,则会自觉地不做违法乱纪之事,自觉地遵守道德规范。一个人的道德决定了他的行为,而羞耻心是一个人道德行为的底线,有了羞耻心,个体就不会做出超越道德底线的事,反之则让人侧目。在重庆打黑除恶的过程中,鼎鼎大名的原重庆市公安局副局长、后来的重庆市司法局局长文强的罪行岂是一个"羞"字了得,其道德行为的无耻,生活作风的败坏实在不配一个国家干部共产党员的称号。他曾经也是一个很有才能和抱负的人,是重庆警界很出色的办案高手,但为什么最后沦为阶下囚呢?只有一个原因,就是缺乏起码的道德素质,就是没有羞耻之心。同样,在灾难面前也能拷问一个人、一个国家、一个民族的道德底线。2008 年 5 月 12 日中国汶川发生了 8.0 级地震,在灾难面前有的人不顾个人和家人的安危,抢救他人生命,但却有个别人在地震发生时,不顾他人,甚至是自己的家人的生命,只顾自己逃命,甚至还在事后为自己百般狡辩,这样的人我们除了说他缺乏羞耻心以外还能说他什么呢?可见,羞耻心在人的道德行为的引导上起着很重要的作用,是个体自觉遵守道德行为的前提。

3. 羞耻心的形成

“知羞恶易处世,忘荣辱难成人”。培养羞耻感对构建现代文明社会尤其重要,我们应从两个方面来培养人们的羞耻感:一方面要培养个体有正当合适的羞耻感,另一方面要纠正不良的羞耻感,从而正反相夹,使正确的羞耻心扎根于所有人的心中。培养个体正当合适的羞耻感可以通过培养个体的是非观、自尊心、荣誉感、责任心来培养羞耻感。

浙江在线的新闻曾报道过一篇名为《大学生道德之殇》的文章,大意是说一名已毕业的大学生往母校校名上撒尿,一名女生还上前查看“战果”,最后在湿了一块的校牌前集体合影“留恋”。相信大多数人看到这则新闻都会想“大学生怎么可以这样?”,都为大学生做出这种事感到悲哀和愤怒。曾几何时,“大学生”三个字不再是光环,而成了一种讽刺,“大学生”卖淫、“大学生”抢劫、“大学生”洗脚、“大学生”擦鞋等,大学生的道德何以沦丧到如此地步?

究其原因,这与某些大学生自身是非感和羞耻感的严重缺失不无关系。什么是对的,什么是错的,什么是该做的,什么是不该做的,什么是光荣的,什么是可耻的,这些大学生已经失去了判断的能力,所以才有了上述那毫无羞耻感的可叹的一幕!

4. 我们的正确选择

我们的正确选择是纠正不良的羞耻感。

所谓不良的羞耻感,是指在某些情况下,应当感到羞耻的事情却没有表现出羞耻之心,而在某些不应感到羞耻的情境却深以为耻。最为典型的悲剧就是国人普遍缺乏的忏悔理性。“中国文人的悲剧就是把忏悔看作羞耻。因此缺乏暴露自己精神缺陷的勇气,更不敢面对由于自身的怯懦和愚昧造成的历史罪恶。”这是一种全民族普遍存在的文化缺陷。这也是当我们面对21世纪历史时应当补上的一课。这一点我们的确应当与西方文化展开充分的对话。忏悔不是羞耻的事情,而是一种美德,是羞耻感的重要内容。巴金先生之所以伟大,在晚年那样受人尊敬,就是他勇于忏悔,勇于“揪出自己示众”。只有当巴金先生的个人忏悔品德变成了我们民族所有成员的品德的时候,我们的民族才真正能够在反思与觉醒的路途中阔步前进。

第三节 爱心·同情心

一个有道德的人应是具有爱心和同情心的人。“仁爱”历来是中华民族传统道德的重要内容,它提倡人与人之间应互相关心、互相尊重、互相友爱、互相帮助。仁爱观念是中国传统道德的“立人之道”,是儒家道德的核心精神。而“爱人”则是孔子关于“仁”的道德原则的第一要义。按照孔子的说法,“仁者”的含义就是关心人、帮助人,以帮助他人作为自己的最大快乐。孟子发展了孔子的“仁爱”思想,提出“亲民而仁民,仁民而爱物”(《孟子》)的道德观,强调厚德载物的精神。因此儒家的仁义之道就是爱人之心、怜悯之心。要做一个有道德的人,必定要有爱心和同情心。

一、爱心

爱心是我们日常生活中使用频率很高的道德词汇,也是我们很多人平时身体力行较多的一种道德行为,但究竟爱心的具体含义是什么?我们应该怎样做得更好呢?

1. 爱心的含义

爱心用英语表达可为(loving) heart、tender feelings、affections，是指同情怜悯之心态(有时还包括相应的一定行动)。当其对象为人类时，往往与“阶级友爱”或“同胞情”相对应，指超阶级的或超国的、基于彼此都是人类这一认识的同情怜悯；当对象为非人类时，则往往基于彼此都是动物或生命这一认识的同情怜悯。

毛泽东在他的《为人民服务》一文中特别强调人与人之间要“互相关心，互相爱护，互相帮助”，指出了爱心品质的主要内容。

我们现在所提倡的爱心品质应具有以下内涵：以“爱”为核心，以“尊重、理解、关怀、热爱”为基本内容，发扬“自爱、自尊、自强”的精神，以“尊重他人、理解他人、关心他人”为基本要求，以“爱集体、爱社会、爱祖国、爱人类”为自我道德责任感。

2. 爱心的作用

一位名人曾说：“播下一种心态，收获一种思想；播下一种思想，收获一种行为；播下一种行为，收获一种习惯；播下一种习惯，收获一种性格；播下一种性格，收获一种命运。”爱心对个人、社会都有着不可估量的作用：一是爱能体现自我价值，能成为人们心中的天使；二是爱为和谐社会奠定了良好的基础；三是爱起到了言传身教的作用，使下一代品德高尚、德才兼备；四是爱使我们的生活更加精彩，爱能在成长中进步，在发展中闪光；五是爱能使美丽的花朵绽放得更加绚丽多彩。

总之，个人有爱心，个人有希望；民族有爱心，民族有前途。理智清醒的文明人，不会把没有爱心的人看作英雄，哪怕他曾威名远扬、有过丰功伟绩。所以席勒说：“爱能使伟大的灵魂更伟大。”。

3. 我们的正确选择

有个关于心理学家治疗爱心缺失的案例。一个家喻户晓的工业家来找心理学家进行心理咨询，这位工业家当年从学校毕业的时候，就以有领导能力出了名，不到几年，他的事业就扶摇直上。一般人对他的评价是他特别冷静，从不慌乱，判断力更是相当正确，他的成功，一直是坊间书籍津津乐道的对象。谁都羡慕他，中小学生都暗暗地希望能像他这样，白手起家，建立一个庞大的工业王国。

这位工业家进来的时候，却流露出一种非常严重的焦虑心情，他直截了当地说：“我想自杀。”对心理学家而言，这当然是想象不到的，这位被人人都羡慕的社会知名人物，为什么如此沮丧呢？工业家告诉心理学家他之所以想自杀，是因为他有一个毛病，他无法“爱人”。

心理学家还是第一次听到这种怪病，这个年头，大多数的人都会埋怨没有人爱，感到社会的冷漠。自己承认无法爱人，一心在想自杀，这还是心理学家第一次碰到。

于是工业家告诉心理学家他的奇遇。在工业家大四的时候，他已是同学中企图心非常强的一位，有一天，学校里心理系的一位名教授把他叫去，问他肯不肯参与一个秘密的实验。这位名教授可以给他一种发明的药，吃了药以后，他的判断力会更好，人也会更加冷静，观察力会相当敏锐，以他现在既有的学问，加上这些特别的能力，将来一定可以事业成功，在社会上扶摇直上。

他虽然对这种药有兴趣，可是他也知道任何药都会有副作用的，所以他立刻问那位教授这种药有没有副作用，教授告诉他，他只要吃五颗就够了，在生理上副作用几乎没有，可是这种药却有一种奇怪的副作用，吃了药以后，就会丧失了爱人的能力。

工业家对于无法爱人,不太在乎,他认为这好像没有什么关系。他问教授会不会仍有被爱的能力,教授说他仍会感到别人对他的爱,只是不能爱人而已。

工业家觉得似乎值得一试,因为他知道在社会上所有成功的人不仅因为他们工作得非常努力,最重要的是他们的观察力特别敏锐,判断力也特别正确。他当时一心一意要在社会上出人头地,吃了药以后,虽然不能爱人,反正仍能感到被爱,因此他答应了。

教授却非常小心,一再问他对药的副作用了解了没有,他说他了解,而且也愿意冒这个险,于是教授给了他五颗药,他照指示在五天内吃了这五颗药。

药性果真很灵,他进入社会以后,大家都称赞他的观察力和判断力,他的决定十有八九都是对的,难怪他的事业蒸蒸日上,谁也比不上他。

可是他终于发现药的副作用非常可怕,因为他变成了一个十分冷漠的人,他从不同情任何人,也对任何人都没有什么感情,即使他的母亲去世,眼见他的弟弟哀痛欲绝,他却什么感觉都没有,他的太太和孩子都知道他对他们毫无感情可言,他的部下更加感到他是世界上最冷漠的人。

他开始发现他失去了世界上最大的快乐,他的理智告诉他,付出比得到更有意义,他冷眼观察社会上真正快乐的人都是对别人充满爱心的人,这些人事业都比不上他,可是只因为他们能够关怀别人,内心充满平安的他们快乐多了。他虽然很希望也能如此,可一直做不到,大概药性太强了。

他虽然号称可以感到别人的爱,可是因为他不爱人,也没有什么人爱他。最糟糕的是,给他药的教授已去世了。他无法去问他要解药,他知道心理学家是这位名教授的亲传弟子,也已是大牌教授,所以他只好来找心理学家,希望他替他弄到解药。

心理学家觉得这件事实在古怪之至,因为他从未听过这种药,他本来想立刻拒绝这个病人的,可是看工业家不断地要求,只好答应他试试看。心理学家利用电脑作了大规模的文献搜寻,发现从未有人提过这种药,据心理学家记忆所及,这位名教授也从未向他提起这一个秘密的实验,他更没有听过人的爱心是可以受药物控制的。

亏得心理学家想起一件事,这位名教授去世以后,校方为了对他表示尊重,曾经请他的遗孀捐出所有他的工作日志,心理学家因此请图书馆让他进入保存教授日志的特别房间。他发现教授的日志是以日期排列的,心理学家算一算那位病人在本校毕业的年份,一页一页地看,果然被他找到这个秘密实验的详细记录。

对心理学家而言,这个实验实在太有意义了,他看了记录以后,也做出了解药。

工业家又来了,心理学家告诉他,他已弄清楚这是怎么一回事,因此他已对症下药,工业家吃了他的药以后,可以恢复人类爱人的本能,可是这种药也有副作用,吃药以后判断力可能不像过去那样正确,观察力也可能不再敏锐。如果他的事业因此走下坡路,可不能怪他。

工业家此时对他的事业毫不在乎,他只想能够充满爱人,享受爱人的乐趣。

心理学家一再问他是否真的要想无私地爱人,工业家一再回答他的确如此,因此心理学家用一只小瓶子装了五颗药给工业家,工业家谢谢心理学家,匆匆地走了。

三个月以后,工业家回来了,他这次变了一个人。他说他已经感受到关怀别人所带来的心灵上的平安,他告诉心理学家他发现他的一位下属太太得了癌症,过去他对这种消息会完全无动于衷,这一次他主动地表示关心,虽然她仍去世了。可是他却从头到尾分担大家的痛苦,也使他对死亡有了深一层的了解。

他的另一位下属有一个儿子在念国中,这位下属收入不多,无法让儿子请最好的家教,他主动表示愿意帮这位国中生的忙,这位国中生的考试成绩,果真大为进步,使他高兴极了。

至于他的事业,他说他的事业似乎仍然不受影响。

工业家谢了心理学家以后,最后还是问了心理学家一个最不愿意回答的问题,究竟这是什么药?为什么从来没有人谈过药物可以左右人的爱心?

心理学家只好告诉他,他其实只是给了他维生素而已。当年,那位名教授也是给了他维生素。他的工作日志上写得一清二楚。人是有自由意志的。行善或行恶,都是人自己的事,你如立志做好人,就可以成为好人,你如冷酷无情,实在不该怪别人,这个病人年轻时,就只想成功,即使不能爱人,也在所不惜。那位名教授只是成全了他的志愿而已。这次他已下定决心要爱人,心理学家也只是给了他心理上的维生素而已。

我们都知道希特勒做了很多坏事,可是没有听说他是在某一种药物控制之下做的,我们更知道,既然在希特勒屠杀犹太人的时候,很多德国人牺牲自己的生命来拯救犹太人,这些人也从未是在药物的控制之下。

人是有自由意志的,我们也许不能控制自己的命运,可是只要下定决心,是可以控制自己行为的,我们都应该为我们的所作所为负责。

工业家轻松地谢谢心理学家,他说他有一件礼物要给心理学家,心理学家打开了礼物,发现是心理学家给他的五颗维生素。换了一个更漂亮的瓶子装,他显然一颗也没有吃。

工业家告诉心理学家,这次他非常小心。他将药带到一位药学系的教授那里去,那位教授一眼就看出这是最廉价的维生素。

工业家是个有智慧的人,他终于想通了,过去他是自己企图心的奴隶,如果他将自己从他的强烈企图、欲望中解放出来,他一生会恢复自由的。

世界上很少人知道,人最大的快乐来自给予,而不是来自得到。这位工业家是个聪明人,他虽然很晚才悟到这个道理,可是他倒是觉悟得特别得彻底。

“关爱他人”是我们人性中善美的本能,在日日机械的今人生活中,往往被尘封得太久。让我们人人都把心中滤除私欲后的“真爱”奉献给我们的家人、同事、朋友、邻居乃至于在生活中短暂相逢的陌生人。我们周遭的人事环境会因此而和谐温暖,我们的内心也会因此而充满喜悦和安然。

今晚,我们给自己的心灵点灯……

二、同情心

凡是一个有道德的人,一定对人充满同情之心。这是人与动物的根本差别之一。培根说:“善之真义乃造福于人的愿望,也就是古希腊人所谓的仁爱之心,而用时下的‘人道’一词来表示它还稍嫌不足。”他还说:“在人类高尚美好的品行中,善乃至高至美,因为善是上帝的特性。倘若无善,人类将变得庸庸碌碌,有害无益,如同虫豸蠹虫之类。”孔子说:“仁者爱人”。仁爱之心中最为重要的就是同情心和怜悯心。一个对同类都没有爱的人,不可能是一个有良心、有道德的人。战国《公羊传》里有一段话说得非常精彩,“君子见人之厄,则矜之;小人见人之厄,则幸之”,一个人有没有同情心作为区分君子和小人的分界线,当君子看到别人遇到困难了,就会产生一种同情、怜悯,就想去帮助人家。而小人呢?看到别人遇到困难了,则幸之,幸灾乐祸。所以同情心,是一个人提高思想道德素质绝对不能没有的。

1. 同情心的含义

同情心即“同情之心”，是指个体所具有的易于、愿意并能够产生同情现象、引导自己行为方向的心理状态或态度倾向。

同情心应包含以下两层意思。一是对某事（如另一人的感情）的觉察与同情感，亦指这种感情的表露。这是同情心的基本含义和初级层面，人人都应该具有不同程度的同情心。二是一种才能，往往指培养成的能与他人感情起共鸣的一种才能，而这种感情不必一定是悲伤，而是使自己处于他人地位的那种能力。这是同情心的引申、高级层面的含义。

2. 同情心的特征

从同情心的词典定义来看，它作为一种个体的心理现象或心理活动，具有比较明显的“向他性”“反应性”和“能动性”等特征。

同情心的向他性，是指同情总是与他者的遭遇或行为有关，是针对他者特定情感状态如高兴或悲伤所产生的共鸣（同喜、同悲）。

同情心的反应性，是指同情作为一种个体的情感体验不是原发性的，而是由他者的遭遇、行为及相应情感体验所引发的一种情感现象，正如麦克斯·舍勒（Max Scheler）所说，“所有同感本质上都是反应性的。”作为反应性的情感，旁观者的同情与当事人原初的情感体验在程度上可能存在着差别，但是在性质上应该具有一致性。

同情心的能动性，是指尽管同情是一种旁观者反应性的情感，但是它并不完全是消极的或无所作为的。事实上，同情的产生有助于激发旁观者发现或重新发现他与当事人之间休戚与共的亲密关系，并努力做好分享当事人成功或帮助当事人减轻痛苦的准备。同情的表达对应当事人来说也具有非同小可的意义。人人都需要同情，同情会增加当事人的快乐或减少当事人的痛苦，并在当事人内心中产生一种被理解、被肯定或被信任的感觉。“对于不幸者来说，最残酷的打击是对他们的灾难熟视无睹，无动于衷。”当别人取得成功的时候，同伴们不去及时地表达真诚的祝贺也不单单只是一种“失礼”的行为，还折射了人们内心的褊狭、嫉妒和自私。同情的能动性说明：“正是这种抑制自私和乐善好施的感情，构成尽善尽美的人性；唯有这样才能使人与人之间的情感和激情协调一致，在这中间存在着人类的全部情理和礼貌。”

3. 同情心与“怜悯”“移情”的区别

由于“同情”最平常的用法是指对他人的不幸遭遇产生共鸣，在此意义上，“同情”和“怜悯”一词在内涵上和情绪表现上都很相似，日常生活中人们也往往并列或交替使用这两个词。当老师看到或了解到父母的即将离异给孩子造成的巨大心理打击以至于愁眉不展、心神不安时，会对他或她的处境和感受深表“同情”或“怜悯”。但是，正如我们前面所分析的，同情用于表示旁观者对他人任何一种感情状态的同感，并不限于怜悯这一类特殊感情。当我们得知某人或某个社会群体的正义诉求经过斗争得到实现时，我们也会产生和他们一样的满足、欣喜和自豪的感觉。再者，即使从对他人不幸表示同感的角度上来看，同情与怜悯也未必是在同一个层次上。学界有意见认为，同情只是怜悯这一情感的动因，而不是其本身。有学者就认为，“同情伴随情感但本身并不是一种情感，因此不能与怜悯（pity、compassion）或仁慈（benevolence）相混淆。同情是情感的生气勃勃的起因，如果没有同情，情感仍然出于沉睡状态。因此，同情通过想象来复现他人的某种情感，并不特指某种具体情感”。从逻辑上说，同情确实是在旁观者身上产生具体情感体验的基础或条件，有一种逻辑上的在先性；但是，在实际的情感活动中，人们往往很难明确感受与区分出这两者的界限。没有一般意义上的同情，只有携带某种具体情感的同情;或者说,没有抽象的同情,只存在由某种具体情感所定义的同情。

"同情"与"移情"也是一对彼此之间存在密切关系因而比较容易混淆的概念。"移情"在英文中是"empathy",由字根"em"和"pathy"(feeling)组成,"em"是字根"en"的变形,意为"使……进入某种状态,使成为……",与"pathy"相结合组成 empathy,意为"移情作用""神入"。移情这一概念在西方多见于美学领域,认为审美活动即主体把自身的感情投射到审美对象身上,从而产生内心的审美体验。李普斯(Thedor Lipps)对此做了许多的研究,把移情看成是人的本能,认为移情就是经由自我的投射获得"异己之我",只有经由移情的途径人们才能获得有关他人心灵状态的知识。在他看来,移情与同情就是一回事情,移情致力于达到的目的就是旁观者和当事人在情感上完全的同一化,忘记主体和客体的区别。李普斯的这个观点受到了舍勒和斯泰茵(E. Stein)等人的批评。舍勒举例说,如果人们看到一个哭泣的小孩的脸,会有两种性质不同的心理反应,一种是想搞清楚这孩子怎么了,是考试没有考好,还是被爸爸妈妈打了;一种是被小孩子的眼泪和哭泣的样子所感染,产生怜爱之情。前一种情况追求对于对象某种情感状态的基本理解,属于移情;后一种则直接地表达了对孩子的关心,属于同情。斯泰茵也认为,移情确实指向对他人情感的理解,在这一点上与同情具有的"向他性"类似,但是移情在理解他人情感状态的过程中并不要求观察者自身保持与他人情感状态的一致。事实上,移情可能产生某些自然的情感反应,也可能根本不产生任何的情感反应;可能产生与当事人情感状态相一致的情感反应,也可能产生与当事人情感状态完全相反的情感反应。只有当观察者经由移情产生了与当事人情感状态相一致的情感反应并从主观上认可这种情感反应时,才能说经由移情的途径产生了同感或同情。一言以蔽之,同情强调的是对当事人遭遇及情感的共鸣性反应,而移情则追求对于当事人特殊遭遇和情感状态的深度理解,两者之间存在着一种条件性的关联,不能完全混淆或直接等同。

6. 同情心的作用

同情是人类爱的具体显现,也是互助原则的具体行为。现实生活中总会有许多意想不到的灾难降临,人在遭受灾难的时候往往显得格外的孤立无援,这时候接受亲朋好友的同情是绝对需要的。

首先,同情心是社会伦理道德发展进步的心理基础之一。同情别人和帮助别人都需要有丰富的想象力,需要用美好的想象来灌溉这片湿润的土地。我们常常说要设身处地地为别人着想,这"设身处地"就包括了丰富的联想与对比,通过设身处地地联想,别人的痛苦与困境都变得具体化、形象化,终于成为共同来承受和克服的命运了。安徒生的著名童话《卖火柴的小女孩》是一篇极为美丽的文学作品,它叙述的故事很简单:一个卖火柴的小女孩在圣诞之夜冻死在雪地里,但她偏偏是个卖火柴的小姑娘,她手里的微不足道的火柴在给她勉强取暖时,曾经给她带来了短暂而巨大的幸福的想象。这种想象与其说是那个小姑娘临死前的幻觉,还不如说是作家深沉而美丽的心愿。安徒生的伟大同情已经在他的文学想象中充分表现出来。由于他的这种努力,使读过这篇作品的人无不对这个可怜的姑娘产生深切同情。本来,冬天的城市街头冻死一个穷姑娘在当时是极为普遍的现象,但是由于安徒生的美丽的想象,小姑娘并没有独自承担苦难,包括作家,还有无数读者,都共同地承担了这一苦难。如果说,人们将为改变和消灭这种悲惨现象而斗争的话,那么,这种共同培养起来的同情将是其最有力的动力。

其次,同情心是个体战胜困难的勇气和力量。真正的同情心能给弱者和贫穷者以战胜困难的勇气和力量,这种帮助还不仅仅是物质上的,更重要的是在一个人的心灵中撒下了爱的种子，使一个人明白，在这个世界上，除了灾难、自私、冷漠之外，还有一种温暖和关怀。这种温暖可能对给予者来说并不是一件很困难的事情，但在被给予者来说却能享用一生。正如一首歌里所歌颂的："只要人人都献出一点爱，世界将变成美好的人间。"这种"爱"的内容非常博大，有亲情之爱、朋友之爱，同时也包含着对"陌生人"的同情。而对待"陌生人"的同情，则更加体现了"爱"的无私和伟大。下面是一则真实的故事，它告诉我们，同情有时会发生多么奇异的作用。

有一位从贫穷的山区来到大城市读书的大学生，为了解决学费，他偷偷地利用周末做起文具商品的推销人。他的性格比较腼腆，不善言辞，一个月下来，几乎没有得到什么报酬，失望、沮丧使他陷入了非常痛苦的境地。他不知道自己在这种境遇中能否坚持完成学业，因为家庭到底有多少经济的承受力，他自己心里清楚，年迈的父母和正在读书的弟弟、妹妹，由于他的拖累会更加困苦不堪。他心里暗暗下定决心，再做一个月的推销员，如果还不能挣到自己的学费，就退学出去打工，挣钱养活自己。在那个月的每一个周末，他疲惫不堪地奔走于一幢幢居民楼、学校、办公楼之间，而带给他的仍然是深深的失望。有一天晚上，他想最后再敲一家住户的门，如果还没有一点收获的话，他就要放弃努力。他紧张地、怯怯地摁响了门铃，出来开门的是一个中年妇女，她慈爱地问他做什么时，他语无伦次地说明了自己的来意，站在那位妇女身后的一位像初中生模样的小女孩，热情地把他拉进屋，要把他手中提的所有的铅笔、钢笔、圆珠笔一并买下，而那位妇女也没有什么反对的态度。他有点兴奋，有点感激，也有点莫名其妙，买这么多笔干什么？疑问使他意识到：是不是这家人同情他的狼狈模样才这样做？那位妇女和女孩似乎看出了他的犹豫，就和善地说："进屋坐会吧。"他说："不坐了，这位小妹妹没有必要买这么多笔，就买一支吧！"那位中年妇女却说："不客气，进屋坐吧，我有话和你聊聊。"没有想到那一天，他的生活整个发生了变化。那位妇女原来在公司办公室里见过他去推销文具，知道他是一位生活困难的大学生，就建议他不要再推销文具，让他辅导她的孩子学习，每月可以有几百块钱的收入。从此，那个大学生就安心自己的学业，后来成为一个很出色的学者。

愿每一个人都有真正的同情之爱，也愿这种同情之爱有理性的光辉照耀，富有真正的人间情味。

第四节　信仰

萨特曾经说过："世界上有两样东西是亘古不变的，一是高悬在我们头顶上的日月星辰，一是深藏在每个人心底的高贵信仰！"

信仰是人类对自然的敬畏之心，也是人类心灵的归属之地，还是一切文化的来源之所。如果你研究人类的文明与文化，无不发现他们的源头屹立着信仰二字。有什么样的信仰的国度、民族和人民，就会有什么样的国家精神、民族精神和人的精神。一个有道德的国度、有道德的民族和人民必定有着自己崇高而坚定的信仰存在着。

中国共产党创始人李大钊是北大的名教授，月薪600大洋，按当时价位，一个月工资可以在北京黄金地段买下一套四合院，但他没有选择600大洋而是选择了绞刑架。他这么做的理由可从他的一句话看出端倪："青年呵！你们临开始活动之前，应该定定方向。譬如航海远行的人，必先定一个目的地，中途的指针，只是指着这个方向走，才能有到达目的地的一天。若是方向不定，随风飘转，恐永无达到的日子。"这样一个用自己生命来擎起自己信仰的人，我们难道说他是没有道德的吗？可见，我们要成为一个有道德的人，一定要明确自己的信仰，并用这一坚定的信仰来指导自己的言行。

一、信仰的含义

信者，信奉；仰者，仰慕。信仰的梵语 sraddha 译作信心、信解、信仰，即所谓“生无信仰心，恒被他笑具”。

信仰是由个人的世界观、价值观、人生观与伦理观所构筑的信念体系，是个人用以衡量利害关系和精神追求的最高准则，它虽然没有教会人们如何谋生、发展的具体实践技能和理性知识，但却奠定了人们一生的思想追求和理想境界，决定了是乐观、积极地从自然走向自由，还是悲观、消极地适应人生，导致了使人们产生快乐和痛苦以及是否获得幸福和德性的精神基础的差异。换言之，信仰是指对人们对某种理论、学说、主义的信服和尊崇，并把它奉为自己的行为准则和活动指南，它是一个人做什么和不做什么的根本准则和态度。概括地说，信仰是人对人生观、价值观和世界观等的选择和持有。

二、信仰的本质

从物质和意识的领域来理解，信仰就是一种意识，道德就是意识对物质的反作用。从真理的概念来理解，信仰就是人们对未来世界正确的意识，道德就是在信仰的支配下正确的行为。

信仰是对人生意义的一种假定。人，就其本身来讲没有意义，人的意义就在于自己给自己设定的一个意义，不同的人设定有不同的意义，没有统一的、公认的、普遍的人生意义。设定的人生意义的丰富性，决定了信仰的丰富性。这是构成幸福的一个积极因素。信仰能够驱使人们共同应对不幸和灾难，促成整个社会的相互作用和支持。相反，如果我们都有一个共同的信仰，都崇尚一些共同的道德，那么，我们的世界必然会是一个和谐的世界。

因为人是时代的产物，因为物质决定意识，因为每个人所处的环境不尽相同，所以人与人的信仰是不尽相同的。由于物质决定意识，所以，一个脱离了生存危机的人的崇高信仰，不是天生俱来的，而是从优良的教育中学来的，是从爱的熏陶中萌发的，是在适合环境中培养出来的。崇高的信仰，来自于一个伟大的时代，来自于伟大的社会。

三、信仰的类型

根据信仰对象的不同，信仰可分为三种类型，即科学信仰、宗教信仰和政治信仰。科学信仰主要处理人与自然的关系，其目的是求真；宗教信仰是对外在于人、高于人的上帝（神）的敬畏或者对“天国”的美好境界的向往，其目的是求善；政治信仰主要处理人与人之间的关系，以建立一个尽可能让人人满意、人人满足的公正、自由、平等的理想社会，其目的是求实。

在日常生活中，各种信仰往往相互交错，却不能相互取代。

四、信仰的特征

因为信仰属于意识形态的范畴，所以在特性上具有多元性与可变性。

1. 信仰的多元性特征

它是指在面对同样或类似问题时，不同的信仰主体有机会做出不同的“信”的判断与“仰”的选择。信仰的多元性特征为信仰主体发挥主观能动性以及为个人或组织展现多种多样的文化性格提供了可能。以当今世界的政党信仰为例。现代政治被称为政党政治，政党的信仰在很大程度上影响和左右着人类的信仰。无论是面对国内的个性问题还是全人类的共性问题，不同政党的信仰选择不但会有所不同，甚至会截然相反。

从国际角度看，英国的保守党、美国的共和党、日本的自民党等把“保守主义”作为本党的信仰;英国、挪威、比利时等国的自由党以"自由主义"作为政治信仰;以德国社会民主党和英国工党为代表的全世界社会民主党,以"社会民主主义"作为自己的信仰。除上述政党及其不同的信仰选择外,还有基督教民主党以基督教民主主义为信仰,绿党以生态主义为信仰等。尤其值得我们关注和深思的是,法西斯主义居然也能成为某些政党的信仰选择。从人文关怀的角度看,同是在德国,绿党信仰的生态主义和纳粹党信仰的法西斯主义是完全对立的两种信仰选择。生态主义信仰的出发点是全人类的,不分阶级、阶层,关心的是整个人类和地球的生存;而法西斯主义信仰则强调生存竞争,强调等级,赞美暴力、战争和强权,是一种以对他人的敌视为特征的信仰。法西斯主义信仰作为仇视人类的意识形态受到人们的唾弃,但在某些国家也有死灰复燃之势,应当引起人们的警惕。

以上事实表明,信仰的多元与多样是一种不以人的意志为转移的客观存在,尽管它的内容本身是精神的而不是物质的。不同信仰之间是有差别的,而这种差别不但有形式上的差别,更有本质上的不同。对于具有强大影响力的政党而言,如果它选择了共产主义、生态主义等好的信仰,无疑是人类之福,如果它选择了法西斯主义等邪恶的信仰,则无疑是选择了灾难,无论是对信仰者自身还是对全人类。这就从一个角度回答了一个极其重要的问题——为什么我们在建设社会主义核心价值体系时一再强调要用一元化的指导思想引领多样化的社会思潮。因为多元、多样、不同的信仰之间难免有气量上的大小之差,境界上的高低之别,品质上的善恶之分。我们用来引领多样化社会思潮的那个一元化的指导思想当然应该是大的、高的、善的。在当代中国,这个大的、高的、善的一元化指导思想是中国特色社会主义,这是马克思主义中国化、时代化的产物,其中最前沿的思想成果就是科学发展观。这是目前中国共产党人在执政兴国的实践中要念念不忘的最高政治信仰。这是信仰多元性特征给我们的最重要的哲学启示。

2. 信仰的可变性特性

这是指同一信仰主体在不同的情况下其信仰本身会发生有与无、强与弱、此与彼等的变化。应该说,个人或组织一旦建立起某种信仰,通常这种信仰是比较稳定的,但就其本质而言,信仰是个变量而不是常量。只要条件足俱,信仰就会发生变化,变化的线索主要有两个:一个是从"信"的科学角度看,其变化在"真"与"假"之间;一个是从"仰"的价值角度看,其变化是在"善"与"恶"之间。从前的宗教信徒后来信仰了马克思主义,而原来坚定的唯物主义者突然有一天开始虔诚地求神拜佛,都在证明着、也在表现着信仰具有可变性这个基本的哲学原理。而我们要关注的是,这个基本原理既为信仰危机埋下了伏笔,也为信仰重建提供了希望。

五、信仰的功能

信仰是一种精神纽带,是一个组织或阶层,一个社会或国家的成员团结奋进的精神基础和精神动力,具有生活价值的定向功能,社会秩序的控制功能,社会力量的凝聚功能。

(1)生活价值的定向功能

人生力量的施展必须有确定的方向,否则就分散精力,不易取得人生的成果,甚至会使各种追求的力量互相抵消,一事无成。更严重的后果是,如果没有一个正确的方向,一个人可能走上歧途。而信仰给信仰者一个奋斗的目标和方向,使信仰者在实现自己的生活价值过程中更容易。

(2)社会秩序的控制功能

信仰给信仰者提供了一个"精神家园",也给个人和社会提供了社会规范和价值评判标准。信仰者受自己信仰的指引,会朝着符合整个社会规范的方向去寻找自己的"精神家园",

在相同的价值评判标准下,人们的行为就会变得和谐,整个社会也会更稳定,从而达到调节控制社会秩序的作用。

(3)社会力量的凝聚功能

共同或相似的信仰会把信仰者团结起来,而信仰的稳定性会加强这种团结的持久性,在长期寻求共同信仰的过程中,社会力量的凝聚力就会形成、增强,从而促使社会的健康、快速发展。

信仰是人生的支柱,是人活动的指导。信仰的有无,在很大程度上决定着一个人的发展的可能性。没有信仰的人,会失去把握自身命运的力量,其发展的可能性会大大减低。有信仰的人,会为自己的信仰调动自身的一切力量,集中到既定的目标上,其知识、能力、内心世界都会得到充实和提高,从而推动个人及社会的发展。

第五节　职业道德

在现代社会,我们是社会人,更是职业人。大部分人一生的2/3时间都在从事职业活动。因此,对职业道德的认知和遵守就显得至关重要。

一、职业道德的基本含义

所谓职业道德,是指同人们从事职业活动紧密联系的符合职业特点的道德准则、道德情操与道德品质的总和。职业道德不仅是从业人员在职业活动中的行为标准和要求,而且是本行业对社会所承担的道德责任和义务。职业道德是社会道德在职业生活中的具体化。

职业道德的含义包括以下八个方面:职业道德是一种职业规范,受社会普遍的认可;职业道德是长期以来自然形成的;职业道德没有确定形式,通常体现为观念、习惯、信念等;职业道德 依靠文化、内心信念和习惯,通过员工的自律实现;职业道德大多没有实质的约束力和强制力;职业道德的主要内容是对员工义务的要求;职业道德标准多元化,代表了不同企业可能具有不同的价值观;职业道德承载着企业文化和凝聚力,影响深远。

二、职业道德的主要内容

《公民道德建设实施纲要》规定,“要大力倡导以爱岗敬业、诚实守信、办事公道、服务群众、奉献社会为主要内容的职业道德,鼓励人们在工作中作一个好建设者。”对职业道德的这种规定,既体现了时代的鲜明特征,又概括了社会主义市场经济条件下各种职业道德的共同特点。所以,它适用于各行各业,是对各种职业道德的共同要求。

每个从业人员,不论是从事哪种职业,在职业活动中都要遵守道德。要理解职业道德需要掌握以下四点。

①在内容方面,职业道德总是要鲜明地表达职业义务、职业责任以及职业行为上的道德准则。它不是一般地反映社会道德和阶级道德的要求,而是要反映职业、行业以至产业特殊利益的要求;它不是在一般意义上的社会实践基础上形成的,而是在特定的职业实践的基础上形成的,因而它往往表现为某一职业特有的道德传统和道德习惯,表现为从事某一职业的人们所特有的道德心理和道德品质,甚至造成从事不同职业的人们在道德品貌上的差异。如人们常说,某人有“军人作风”“工人性格”“农民意识”“干部派头”“学生味”“学究气”和“商人习气”等。

②在表现形式方面,职业道德往往比较具体、灵活、多样。它总是从本职业的交流活动的实际出发,采用制度、守则、公约、承诺、誓言、条例,以至标语口号之类的形式,这些灵活的形式

既易于为从业人员所接受和实行,而且易于形成一种职业的道德习惯。

③从调节的范围来看,职业道德一方面是用来调节从业人员内部关系,加强职业、行业内部人员的凝聚力;另一方面它也是用来调节从业人员与其服务对象之间的关系,用来塑造本职业从业人员的形象。

④从产生的效果来看,职业道德既能使一定的社会或阶级的道德原则和规范"职业化",又使个人道德品质"成熟化"。职业道德虽然是在特定的职业生活中形成的,但它绝不是离开阶级道德或社会道德而独立存在的道德类型。在阶级社会里,职业道德始终是在阶级道德和社会道德的制约和影响下存在和发展的;职业道德和阶级道德或社会道德之间的关系,就是一般与特殊、共性与个性之间的关系。任何一种形式的职业道德,都在不同程度上体现着阶级道德或社会道德的要求。同样,阶级道德或社会道德,在很大范围上都是通过具体的职业道德形式表现出来的。同时,职业道德主要表现在实际从事一定职业的成人的意识和行为中,是道德意识和道德行为成熟的阶段。职业道德与各种职业要求和职业生活结合,具有较强的稳定性和连续性,形成比较稳定的职业心理和职业习惯,以致在很大程度上改变人们在学校生活阶段和少年生活阶段所形成的品行,影响道德主体的道德风貌。

三、职业道德的特点

①职业道德具有适用范围的有限性。每种职业都担负着一种特定的职业责任和职业义务。由于各种职业的职业责任和义务不同,从而形成各自特定的职业道德的具体规范。

②职业道德具有发展的历史继承性。由于职业具有不断发展和世代延续的特征,不仅其技术世代延续,其管理员工的方法和与服务对象打交道的方法,也有一定历史继承性。如"有教无类""学而不厌,诲人不倦",从古至今始终是教师的职业道德。

③职业道德兼有强烈的纪律性。纪律也是一种行为规范,但它是介于法律和道德之间的一种特殊的规范。它既要求人们能自觉遵守,又带有一定的强制性。就前者而言,它具有道德色彩;就后者而言,又带有一定的法律的色彩。就是说,一方面,遵守纪律是一种美德;另一方面,遵守纪律又带有强制性,具有法令的要求。例如,工人必须执行操作规程和安全规定;军人要有严明的纪律等。因此,职业道德有时又以制度、章程、条例的形式表达,让从业人员认识到职业道德又具有纪律的规范性。

四、职业道德与一般社会道德的关系

任何社会的职业道德总要受到该社会占统治地位的一般社会道德的影响和制约,它们之间在一定意义上是共性与个性的关系。资本主义社会的职业道德,尤其是资产阶级直接操纵和参与的那些职业的道德,受资产阶级利己主义道德原则的影响和制约最直接、最严重,它们是资产阶级一般道德原则的体现和具体补充。社会主义的职业道德则受共产主义道德原则的指导,同时又是共产主义道德原则和规范在各行各业的具体体现和补充。职业道德较之一般社会道德,具有以下特点:①职业道德是在历史上形成的、特定的职业环境中产生和发展起来的,它常常形成世代相袭的职业传统和比较稳定的职业心理和习惯,因此具有较强的稳定性和连续性;②职业道德反映着特定的职业关系,具有特定职业的业务特征,因而它的作用范围仅仅局限于特定的职业活动中,只对从事特定职业的人们具有约束力;③职业道德通常以规章制度、工作守则、服务公约、劳动规程、行为须知等形式表现出来。

在阶级社会中,一般社会道德总是一定阶级的道德。作为意识形态的特殊形式的职业道德,总是一定社会的经济关系的反映,并体现一定阶级的要求和愿望,为一定阶级的利益服务。

这是因为阶级社会中的职业最终都与一定阶级的实践活动相联系，并受本阶级的道德原则所制约。不同阶级的人们必然会把本阶级的观点和情感带进自己的职业生活中，形成不同的职业观和职业道德。剥削阶级总是把一些职业看作是“高贵”的，把另一些职业看作是“卑贱”的。那些所谓高贵职业的职业道德，往往更直接体现剥削阶级的利益和剥削阶级道德原则的精神，而劳动人民从事的那些所谓卑贱职业的职业道德，往往具有反抗剥削阶级的要求，同剥削阶级的道德原则相对立。但由于不同职业与统治阶级联系的远近、疏密程度不同，因而不同的职业道德受统治阶级道德影响的程度也不一样。不过，即使是医疗、体育、科学研究等这些并非直接隶属于统治阶级的职业的职业道德，也因其从业人员的职业活动不能摆脱该社会经济、政治制度和统治阶级道德原则的制约和影响，所以也具有一定的阶级性。

五、职业道德的作用

职业道德是社会道德体系的重要组成部分，它一方面具有社会道德的一般作用，另一方面它又具有自身的特殊作用，具体表现在以下几方面。

（1）职业道德有助于调节职业交往中从业人员内部以及从业人员与服务对象间的关系

职业道德的基本职能是调节职能。它一方面可以调节从业人员内部的关系，即运用职业道德规范约束职业内部人员的行为，促进职业内部人员的团结与合作。如职业道德规范要求各行各业的从业人员，都要团结、互助、爱岗、敬业、齐心协力地为发展本行业、本职业服务。另一方面，职业道德又可以调节从业人员和服务对象之间的关系。如职业道德规定了制造产品的工人要怎样对用户负责；营销人员怎样对顾客负责；医生怎样对病人负责；教师怎样对学生负责等。

（2）职业道德有助于维护和提高本行业的信誉

一个行业、一个企业的信誉，也就是它们的形象、信用和声誉，是指企业及其产品与服务在社会公众中的信任程度，提高企业的信誉主要靠产品的质量和服务质量，而从业人员职业道德水平高是产品质量和服务质量的有效保证。若从业人员职业道德水平不高，很难生产出优质的产品和提供优质的服务。

（3）职业道德有助于促进本行业的发展

行业、企业的发展有赖于较高的经济效益，而较高的经济效益源于较高的员工素质。员工素质主要包含知识、能力、责任心三个方面，其中责任心是最重要的。而职业道德水平高的从业人员其责任心是极强的，因此，职业道德能促进本行业的发展。

（4）职业道德有助于提高全社会的道德水平

职业道德是整个社会道德的主要内容。一方面，职业道德涉及每个从业者如何对待职业，如何对待工作，同时也是一个从业人员的生活态度、价值观念的表现；是一个人的道德意识，道德行为发展的成熟阶段，具有较强的稳定性和连续性。另一方面，职业道德也是一个职业集体，甚至一个行业全体人员的行为表现，如果每个行业，每个职业集体都具备优良的道德，对整个社会道德水平的提高肯定会发挥重要作用。

六、我们的正确选择

一个职业人，如果没有良好的职业道德，就会成为所有企业的灾难，也必将不容于社会，甚至受到法律的制裁。让我们来看看因职业道德缺失而产生的悲剧吧。

1995 年，一位年仅 28 岁的霸菱银行新加坡分行期货交易员李森（Nick Lesson），在短短的 3 年内，以偷天换日的手法，进行不当交易，让长达 232 年历史的英国霸菱银行（Barings Bank）

倒闭，最后以1英镑的象征性价格被荷兰ING集团收购。

2003年5月11日，《纽约时报》刊登了一则令人震惊的道歉启事，替该报27岁记者布莱尔(Jayson Blair)抄袭及杜撰新闻一事，向所有读者及相关人士致歉。虽然《纽约时报》勇于认错、扛起责任的态度值得钦佩，但这一事件已足以让这个百年金字招牌蒙受巨大损失。

2003年10月，华人圈最大的律师事务所台湾理律惊爆员工刘伟杰盗卖客户托管股票案，盗卖股票金额高达新台币30亿元，让理律一度濒临破产，虽然最后取得客户谅解并达成协议，以16季分期摊还、外加18年法律服务和公益慈善抵债的方式收场，但在金钱损失外，多年辛苦打造的品牌与商誉受创更大。

还有轰动世界的能源巨人安然(Enron)破产案。一家年营业收入达1 000多亿美元的企业，能在短时间内崩解，全因执行长与财务长勾结全球第五大的安达信会计师事务所，在财务报表上灌水作假、隐藏债务，借以哄抬股价牟利导致。

众多事实证明，一个职业道德缺失的人对企业和社会的危害是巨大的。所以，职业人须加强自身职业道德修养。企业也必须重视对员工的职业道德教育，加强职业道德约束，以使企业保持健康发展。而即将踏入社会作为职业人的大学生现在也必须学习怎么才能成为一个有职业道德的人。

第六节　社会道德

古往今来，沧海桑田。虽然时光在流逝，时代在变迁，但是道德建设的重要性不仅没有消减，反而与日俱增。我们党和政府对公民的道德建设十分重视。2005年中共中央印发了《公民道德建设实施纲要》，2007年中央精神文明建设指导委员会作出决定，将每年的9月20日定为“公民道德宣传日”。

一、社会道德的含义

社会道德有广义和狭义的理解。广义的社会道德是指反映阶级、民族或社会共同利益的道德。它包括一定社会、一定国家特别提倡和实行的道德要求，甚至还以法律规定的形式，使之得以重视和推行。狭义的社会道德是特指人类在长期社会生活实践中逐渐积累起来的、为社会公共生活所必需的、最简单、最起码的公共生活准则。它一般指影响着公共生活的公共秩序、文明礼貌、清洁卫生以及其他影响社会生活的行为规范。社会道德是人类社会生活最基本、最广泛、最一般关系的反映。在阶级社会中，尽管存在各种不同阶级的划分，也存在着各种不同的分工，但处于同一时代、同一社会环境里的全体社会成员，为了彼此的交往，为了维持社会的起码生活秩序，均必须遵守为这个时代和这个社会所必需的、起码的简单生活规则。

二、社会道德的特点

社会道德是人类社会文明成果的一种沉淀和积累。它具有以下几个特点。

①基础性。社会道德是道德体系的基础层次，在每一个社会都被看作是最起码的道德准则，是为维护社会公共生活的正常进行而提出的最基本的道德要求。遵守社会道德，是对社会生活中每个人的最低层次的道德要求，在此基础之上还有许多更高的道德标准和道德要求。社会道德水平的高低又昭示着一个社会道德风气好坏的程度。

②全民性。社会道德是社会全体成员都必须遵守的道德规范，具有最广泛的群众性和适用范围。在同一社会中，任何社会成员不管属于哪个阶级或从事何种职业，对于社会公共生活

的简单规则，都必须遵守，否则就要受到社会舆论谴责。国家、社会团体和机关单位有时甚至可以以国家权力或行政权力、经济权力予以干预。

③相对稳定性。社会道德作为“多少世纪以来人们就知道的、千百年来在一切行为守则上反复谈到的、起码的公共生活规则”，是人类世世代代调整公共生活中最一般关系的经验的结晶。这种最一般的关系，在不同时代、不同社会形态里都存在着，因而，调整这种关系的社会道德在历史上比起其他各种道德分支来，具有更多的稳定性。而且社会道德总是随着社会物质文明和精神文明的发展，保存和发扬其进步的、合理的部分，剔除其落后的、不合理的部分。

三、社会道德的主要内容

社会道德的内容是对公共生活中的方方面面提出的基本规范和要求。在我国现代社会中，社会道德的主要内容有以下几方面。

1. 文明礼貌

社会公共生活中人与人之间应该和谐相处，举止文明以礼相待。自觉杜绝说脏话、随便猜疑、欺骗他人等恶习。这是处世做人最起码的要求。

2. 助人为乐

助人为乐、见义勇为是社会成员在公共生活交往中用以调整相互关系的最一般的行为规范之一。在公共生活中，人与人之间应该团结友爱，相互关心，相互帮助。爱人者人恒爱之，信人者人恒信之。现实生活中不可能人人都时时快乐、事事顺心，难免会遇到这样或那样的困难和问题，总有需要人帮助、救济的时候。这就需要人们之间互相帮助，扶危济困，乐善好施，以助人为乐。对不法行为，每个公民都应当分清是非、挺身而出、智斗勇斗、见义勇为，都有责任和义务自觉维护社会治安。

3. 爱护公物

爱护公共财物是社会道德极其重要的内容。尤其在公共场合更要注意这一点。要爱护国家财产及公共财产不受侵犯。

4. 保护环境

为了保持社会公共生活的环境整洁、舒适和干净，保障社会成员的身体健康，每个公民都应当讲究公共卫生、保护生活环境，这也是社会公共生活中人们应当遵循的最基本的行为规范。讲究公共卫生，造成优美环境，是人身心健康的重要保证；是社会风尚的一个重要方面，体现出一个民族的文明程度和精神面貌。

5. 遵纪守法

法律是对公民行为的必要约束及规范，是对道德的补充。自觉遵守法律法规、纪律，是社会道德最基本的要求。在公共生活中，人们要能顺利地进行社会活动，就必须要有规矩可循，就必须遵循一定的行为规范。每个社会成员既要遵守国家颁布的有关法律、法规，也要遵守特定公共场所的有关规定。人们只有依照法律法规及纪律的有关规定行事，才不妨碍他人的正常活动，也保障自己所要从事的某项活动，才不会给社会和他人造成损失和伤害，保持社会公共生活相对稳定及和谐，并保证社会的健康发展。遵纪守法反映了人们的共同要求，体现了人们共同的利益。每个社会成员都应自觉提高法律意识、增强法纪观念，自觉地用法律来指导和约束自己的行为，自觉履行法纪规定的义务，敢于并善于运用法律武器同各种违法乱纪现象做斗争，并能正确运用法纪手段保护自己的合法权益不受侵犯，真正做到知纪懂法，遵纪守法。

四、社会道德的作用

社会道德作为人类社会生活中最起码、最简单的行为准则,是和广大人民群众的切身利益密切相关的,是适应社会和人的需要而产生的。它对人们的社会生活具有特殊且广泛的社会作用。每个社会成员都应该自觉遵守社会道德。

遵守社会道德是维护社会公共生活正常秩序的必要条件。社会道德是维护公共场所正常秩序和安定环境、维护现实社会生活的最低准则,是人们现实社会生活稳定发展的基本条件。

遵守社会道德是成为一个有道德的人的最基本要求。社会道德发挥着维护现实的稳定、公道、惩恶扬善的功能,在社会生产和生活中起着强大的舆论监督和精神感召作用。社会道德的这种作用体现在:一方面,肯定、维护和促进一切有利于或有助于社会和个人生存、发展和完善的思想和行为;另一方面,否定、抑制和阻止一切有碍于或有害于社会和个人生存、发展和完善的思想和行为。这主要是通过社会道德的规范方式来促进社会和个人弃恶扬善,扶正祛邪,从而指导人们的思想和行为,非强制性地调节和规范着社会生活中人们的言论和行动,维护社会公共生活秩序,有效地为满足社会与社会成员的需要服务。

社会道德建设是精神文明建设的基础性工程,也是精神文明程度的“窗口”。社会道德是道德的基石和支柱之一,社会道德对社会道德风尚的影响稳定而深刻、广泛而持久。社会道德又是社会精神文明的重要组成部分,所以从人们实践社会道德的自觉程度和普及程度,可以看出整个社会精神文明建设的状况。因此,如果社会道德遭到了践踏和破坏,整个社会的道德体系就可能会瓦解,整个社会的安定团结也将被破坏,社会主义精神文明建设也就不可能真正搞好。但在一定的历史发展阶段,社会的道德风尚通常是衡量一个社会的精神文明发展水平的重要标志,是整个人类社会精神文明发展的一种反映和体现。因为一个地区或一个国家的精神面貌总是先从社会风尚中表现出来。总之,从一定意义上说,社会主义社会的社会道德是社会主义进行的基础,是现代社会必须高扬的基本道德。每个社会成员都应该增强社会道德意识,自觉地以社会责任感考虑自己的行动,遵循体现社会群体利益和他人利益的公共规范。

第七节　家庭道德

家庭是社会的细胞。细胞健全,整体方能健全。有了千家万户的和谐,才有整个社会的和谐。一个人呱呱坠地就生活在家庭环境之中,从小到大,成家立业,首当其冲的人际关系是家庭成员之间的关系。处理好家庭关系,才能进而处理好社会关系。从这个意义上来说,人与人的和谐首要的是家庭成员之间的和谐,家庭和谐是社会和谐的基础。

一个有道德的人应是一个有家庭道德观念的人。

一、家庭道德的含义

家庭道德,是指人们在家庭生活中调整家庭成员间关系、处理家庭问题时所遵循的道德规范和准则。

社会主义的家庭道德,是社会主义道德在家庭生活中的具体体现。众所周知,为人民服务是社会主义道德的核心。它在家庭生活中的表现,就是每个家庭成员都要履行自己的道德责任和道德义务,都要有奉献精神,都要为他人服务,一人有难,全家相助,形成一个相互关心、相互帮助的和睦家庭。集体主义是社会主义道德的基本原则,在家庭生活中,每个成员都要关心家庭这个集体,共同治理好家庭,个人利益服从家庭的整体利益。“五爱”:即爱祖国、爱人民、爱科学、爱劳动、爱社会主义，这是社会主义道德的基本要求，每个家庭成员都必须以"五爱"规范自己的行为。实行革命人道主义是社会主义的重要道德，每个家庭成员都要多一分爱心，要尊重人、爱护人，要尊老爱幼，男女平等，邻里团结，和睦相处。总之，每个家庭成员都要加强社会主义道德修养，才能建立美满、和谐、幸福的家庭，即建立真正具有美德的家庭。

二、家庭道德的基本要求

家庭道德要做到"十要"，即夫妻平等要恩爱，孝敬父母要贴心，婆媳相处要宽容，教育子女要重德，兄弟姊妹要谦让，亲友邻里要互帮，持家立业要勤俭，有事共商要民主，生活文明要守法，社会建设要尽责。

1. 尊老爱幼

我国自古以来就倡导"老有所终，幼有所养"，形成了尊老爱幼的良好家庭道德传统。谁不孝敬父母、善待子女，谁就会被世人唾骂为"缺德"，情节严重的还会受到法律的制裁。因此，尊老爱幼，不仅是每个公民必须遵守的道德准则，也是每个公民应尽的社会责任和法律义务。

尊老的基本要求是赡养。父母对子女的爱，是最伟大、无私的。为了抚养和教育子女，父母总是倾注全部心血。"谁言寸草心，报得三春晖"，对父母的养育之恩，做子女的当知报答，而且无论如何也是报答不尽的，况且我们每个人也都会老，"善待老人，就是善待明天的自己。"所以，赡养老年父母，是子女必须承担的法定义务，也是社会主义家庭美德的起码要求。

爱幼要讲究艺术。目前，普遍存在对子女爱护过度的现象，特别是三代同堂、四代同堂的家庭，独生子女好似"小皇帝"，捧在手里怕摔了，含在口里怕化了，"饭来张口，衣来伸手"。俗话说："严是爱，宠是害。"如果一味娇惯宠爱子女，无原则地迎合、满足孩子的要求，就会使子女形成任性、放纵、骄横、自私、冷淡、孤僻、怕失败、怕挫折等不健康心理素质，影响孩子的成长。因此，对子女应当做到爱和严相结合。当然，严格要求并不等于体罚。有的家长仍信奉"棍棒之下出孝子"，容易导致孩子产生逆反心理。必须针对孩子的心理特点，启发诱导孩子纠正错误，改正缺点，逐步养成良好的行为习惯。

2. 男女平等

男女平等，是指在家庭生活的各个方面，女子和男子人格独立、地位平等，享有同等的权力，负有同等的义务。要摒弃"重男轻女"的传统思想，使家庭中的男女享有教育、就业及财产等方面的同等权利。特别是在生育观上，要真正做到"生男生女都一样"，切勿生儿子就兴高采烈，生女儿就懊丧不已，甚至溺弃女婴。要实现男女平等，当然需要男性的理解、支持和尊重，妇女自己也应当努力做到"自尊、自爱、自信、自立、自强"。要摆脱传统女性角色的束缚，自我确立生活目标，自我选择生活道路，自我驾驭生活航船，自我主宰个人命运，以巾帼不让须眉的豪情，去学习、去拼搏、去创造，实现自我，做一名既是"生活主人"，又是"事业强者"的时代新女性。

3. 夫妻和睦

夫妻是家庭关系的核心，夫妻和睦是家庭幸福的重要前提和保证。夫妻关系应以平等互爱为基础。夫妻之间不存在谁侍候谁、谁主宰谁的问题，"大男子主义""妻管严"等倾向都是要不得的。许多家庭夫妻不和，实际上都是由一些"小事情"引起的，例如一方很少做家务或根本不做家务，或者一方在家务事上很少与另一方沟通等。作为夫妻，应该努力做到互敬、互爱、互信、互帮、互谅、互让、互慰、互勉。

近年来，离婚率持续上升成为社会关注的热点。婚姻自由固然是社会主义婚姻家庭制度的基本原则。但是，如果把婚姻自由看作可以轻率地结婚和离婚，这是十分错误的。那种朝三暮四、喜新厌旧，对妻子（丈夫）、子女和社会不负责任的所谓“自由”，是不符合我们所说的婚姻自由原则的，必须坚决反对。

4. 勤俭持家

勤俭持家，是我国家庭的传统美德。我国民间流传着许多勤俭持家的格言，如“勤是摇钱树，俭是聚宝盆”“俭以养德”“一粥一饭当思来之不易，半丝半缕恒念物力维艰”等。改革开放以来，人民生活水平逐步提高，绝大多数家庭生活已从“温饱型”向“小康型”转变，但是我们仍应该珍惜劳动果实，继承和发扬勤俭持家的传统美德。

勤俭持家并未过时，我们所说的勤俭持家是以“量力而行、量入为出、勤俭节约、适度消费”为原则的。勤俭持家就是要精打细算，科学合理地安排家庭经济生活，避免浪费。勤俭持家就是要树立具有现代文明的消费观。首先，不盲目攀比，不追求高消费。在坚持量入为出原则的基础上，根据现代生活消费特点，适度的“超前消费”也不为过。但是，切忌盲目攀比，追求不合实际的高消费，“别人有汽车，我家也得有”，“别人有别墅，我家也要有”等思想要不得。其次，适当增加精神消费的比重。现在有一些家庭，各式家电一应俱全，居室装修得富丽堂皇，就是看不到报刊、书籍。单纯考虑物质上的满足容易引起精神上的空虚。在物质条件得到基本满足之后，我们应该及时调整消费结构，把精神消费提到重要地位，把一部分资金投放到购买书籍、家庭成员继续教育上，以丰富家庭文化生活。

5. 邻里团结

良好的邻里关系对人们的生活、工作、学习等各方面都大有益处。我国劳动人民一贯重视邻里关系，民间流传着许多名言，如“邻里好，赛元宝”“远亲不如近邻”等。“孟母三迁”的故事更是妇孺皆知。清朝宰相张英收到家书说，家人想将府宅外扩三尺，可邻居不肯，所以想让他解决此事。张英回信写一首诗：“千里家书只为墙，让他三尺又何妨？万里长城今犹在，不见当年秦始皇。”家人十分羞愧，主动将院墙后退三尺，邻居大为感动，也将院墙后退三尺。从此，六尺巷的故事成为了美谈。

然而，近年来，人们发现，随着科学技术的飞速发展，特别是信息时代的到来，我们与世界各地人民的联系越来越近，相反，与自己对门而居的邻里关系似乎越来越远了。在现实生活中，特别是在城市，住在同一小区、同一幢楼，相互之间不了解、不熟悉的人并不少，有的甚至对门对住了好几年，也不知邻居姓甚名谁、在哪里工作，真可谓“鸡犬之声相闻，老死不相往来”。

固然，随着改革开放的不断深入，现代家庭的生活方式、休闲方式等发生了很大变化，邻里关系面临许多新情况。特别是城市里的楼房越盖越多、越盖越高，不少家庭告别平房和大杂院，搬进了设施齐全的单元住宅，客观上也给改善邻里关系带来诸多不便。但是，我们仍可以根据现代社会生活的要求，建立良好、新型的邻里关系。

三、家庭道德的社会作用

个人生活的幸福与否，不仅与社会的文明进步相关，还与是否拥有一个和睦、温馨的家庭密切相关；家庭担负着培养教育下一代的责任，家风直接影响着儿童和青少年的健康成长；家庭生活还与社会生活有着密切的联系，正确对待和处理家庭问题，共同培养和发展夫妻爱情、长幼亲情、邻里友情，不仅关系到每个家庭的美满幸福，也有利于社会的安定和谐。家庭美德对于社会安定团结有着极其重要的作用。弘扬家庭美德是加强社会主义道德建设的需要。家庭美德是美满幸福生活的力量源泉。因此,家庭美德不仅对于社会安定团结有着极其重要的作用,是加强社会主义道德建设的需要,而且也是美满幸福生活的力量源泉。

时光荏苒,白驹过隙,从遥远的孔子到今天的劳模,从古老的《道德经》到现在的道德教育,时代在变,但道德从未改变,它约束着我们,成为了人生的第一准则,仁、义、孝、忠依然是人们追求的"完美"。道德下,我们摒弃损人利己之事;道德下,我们鄙视不忠不义之人。一个有道德的人是珍惜名誉的,用一个高尚的举动博取社会的青睐;一个有道德的人,既然索取社会就要回报社会;一个有道德的人,只需平和而又正确的处世而不是仓促地去展示自己的卑劣。

做一个有道德的人吧,让智慧伴你左右,让道德焕发出人性的光辉,演绎完美的人生!

文选

三十三、善行无辙迹

《老子》第二十七章

善行无辙迹[1],善言无瑕谪[2];善数[3]不用筹策[4];善闭无关楗[5]而不可开;善结无绳约[6]而不可解。是以圣人常善救人,故无弃人[7];常善救物,故无弃物,是谓袭[8]明。故善人者,不善人之师[9];不善人者,善人之资[10]。不贵其师[11],不爱其资,虽智大迷[12],是谓要妙[13]。

【注释】

[1]善行无辙迹:辙,车轮压出的痕迹;迹,脚步、马蹄等留在地上的痕迹。善行无辙迹,意思是善于走路的,不留痕迹在地面上。

[2]瑕谪(zhé):瑕、谪都是玉上面的疵病,此引申为过失。

[3]数:计算。

[4]筹策:古代计算时所使用的一种工具,用竹制成,其功能相当于今天的珠算。

[5]关楗:关锁门户所用的栓销,用金属或木制成。

[6]绳约:约,绳、索的意思。绳约,就是指绳索。

[7]是以圣人常善救人,故无弃人:常,帛书本作"怪",总是、永远。因此圣人总是善于做到人尽其才,所以没有被遗弃的人。

[8]袭:因袭,通"习"。袭,有保持、含藏的意思。

[9]善人者:勇于救助人的人;不善人,不善于救助人的人。

[10]资:取。这里是取之为镜的意思,即借鉴。

[11]贵:以……为贵,尊重,推崇。

[12]迷:迷惑,糊涂。虽智大迷,虽看起来有智慧,其实是大糊涂。

[13]要妙:精要玄妙。

【迷津导航】

本章是对"自然无为"思想的引申:善于行路的人可以不留下车辙的痕迹,善于言谈的人不会留下漏洞把柄让人责备,善于计算的人可以不用算筹,善于锁闭的人可以不用栓销而仍使人无法打开,善于捆绑的人可以不用绳索而仍使人无法解开。因此,圣人一贯善于救人,所以没有人被抛弃;一贯善于救物,所以也没有物被抛弃。这就是承袭了"道"的智慧。所以说,"善人"是"不善人"的老师,"不善人"是"善人"的借鉴。如果不珍视这些老师,不爱惜这个借鉴,即使再聪明也要犯大错误。这是极其精要玄妙的道理。

老子用"善行""善言""善数""善闭""善结"作喻指,说明人只要善于行不言之教,善于处无为之政,符合自然,不必花费太大的气力,就有可能取得很好的效果,并且无可挑剔。这一章又发挥了不自见、不自是、不自伐、不自矜的道理,不从正面"贵其师",不从反面"爱其资",只能"虽智大迷"。因而,本章的主导思想,是把"自然无为"思想扩展应用到更为广泛的生活领域中。

【思考与练习】

1. 结合课文,分析老子"自然无为"的思想。

2. 论述"自然无为"思想在当今社会中的积极意义。

三十四、善建者不拔

《老子》第五十四章

善建[1]者不拔[2]，善抱[3]者不脱，子孙以祭祀不辍[4]。修之于身[5]，其德乃真[6]；修之于家，其德乃余[7]；修之于乡，其德乃长[8]；修之于邦[9]，其德乃丰[10]；修之于天下，其德乃普[11]。故以身观身，以家观家，以乡观乡，以邦观邦[12]，以天下观天下[13]。吾何以知天下然哉？[14]以此[15]。

【注释】

[1]建：建树，建立。

[2]不拔：不可拔掉、不可拔除。

[3]抱：抱住，有牢固的意思。

[4]子孙以祭祀不辍：以，因，凭借；辍，停止、断绝。（如果一个人既能建树事业、又能保持事业）、子孙便会因此而祭祀不绝了。这里指他的事业长盛不衰。

[5]修：修德。老子将修德作为建立自我、处人治世的基点，而道家的为家为国，也是充实自我之后的自然的流泽，这与儒家不同。

[6]真：正。其德乃真，他的德行才够纯正。

[7]余：充裕，丰足。

[8]长：一说为加长的意思，与上文"有余"相应；一说为尊崇的意思。今从前解。

[9]邦：一本作"国"，傅奕本、帛书甲本作"邦"，《韩非子·解老篇》引作"邦"。

[10]丰：丰厚，博大。

[11]普：普遍，普及。

[12]以身观身，以家观家，以乡观乡，以邦观邦：从个人本身的情形观察（其他的）个人；从自己家的情形观察别人家的情形；从自己一乡的情形，观察别乡的情形；从自己一国的情况观照别国的情况。观，观察、洞察。

[13]以天下观天下：从目前天下的状况观察将来天下的状况。

[14]然：这样。

[15]以此：以，用，凭。此，这些道理，指"以身观身"等。

【迷津导航】

本章是老子对"德"的进一步通俗化的叙述："以德修身""以德安民""以德理政""以德治国"。体现的唯物哲学道理则是"整体与部分的辩证关系"：整体的变化会影响到部分的性能状态及其变化；部分也制约整体，甚至在一定条件下，关键部分的性能会对整体状态起决定作用。

文章用一般的"善建者""善抱者"来类比善于建立"德"和善于坚持"德"的人，并且包含了有"个别"才有"一般"、认识了"个别"就能认识"一般"的道理。让人们清晰地看到"德"的实用性。

【思考与练习】

1. 结合课文，分析老子的辩证法思想。

2. 如何正确对待本文，如何明确"德"的作用？

三十五、子罕言利

《论语·子罕》

子罕言利，与命[1]，与仁。

达巷党人曰[2]："大哉，孔子！博学而无所成名[3]。"子闻之，谓门弟子曰："吾何执[4]？执御乎？执射乎？吾执御矣。"

子曰："麻冕[5]，礼也；今也纯[6]，俭[7]，吾从众。拜下[8]，礼也；今拜乎上，泰也[9]。虽违众，吾从下。"

子绝四：毋意[10]，毋必[11]，毋固，毋我。

子畏于匡[12]。曰："文王既没，文不在兹乎[13]？天之将丧斯文也，后死者不得与于斯文也[14]；天之未丧斯文也，匡人其如予何？"

太宰问于子贡曰[15]："夫子圣者与？何其多能也[16]？"子贡曰："固天纵之将圣[17]，又多能也。"

子闻之，曰："太宰知我乎？吾少也贱，故多能鄙事[18]。君子多乎哉？不多也。"

牢曰[19]："子云，'吾不试[20]，故艺'。"

子曰："吾有知乎哉？无知也。有鄙夫问于我，空空如也[21]；我叩其两端而竭焉[22]。"

子曰："凤鸟不至[23]，河不出图[24]，吾已矣夫！"

子见齐衰者[25]、冕衣裳者与瞽者[26]，见之，虽少，必作[27]；过之，必趋[28]。

颜渊喟然叹曰[29]："仰之弥高，钻之弥坚，瞻之在前，忽焉在后[30]。夫子循循然善诱人，博我以文，约我以礼，欲罢不能。即竭吾才，如有所立卓尔[31]。虽欲从之，末由也已。"[32]

子疾病，子路使门人为臣[33]。病间[34]，曰："久矣哉，由之行诈也。无臣而为有臣[35]。吾谁欺？欺天乎？且予与其死于臣之手也，无宁死于二三子之手乎？[36]且予纵不得大葬，予死于道路乎？"

子贡曰："有美玉于斯，韫椟而藏诸[37]，求善贾而沽诸[38]？"子曰："沽之哉！沽之哉！我待贾者也。"

子欲居九夷[39]。或曰："陋，如之何？"子曰："君子居之，何陋之有[40]？"

子曰："吾自卫返鲁[41]，然后乐正[42]，《雅》《颂》各得其所[43]。"

子曰："出则事公卿，入则事父兄，丧事不敢不勉，不为酒困，何有于我哉！"

子在川上曰："逝者如斯夫！不舍昼夜。"

子曰："吾未见好德如好色者也。"

子曰："譬如为山，未成一篑[44]，止，吾止也；譬如平地，虽覆一篑，进，吾往也。"

子曰："语之而不惰者，其回也与！"

子谓颜渊，曰："惜乎！吾见其进也，未见其止也！"

子曰："苗而不秀者，有矣夫[45]！秀而不实者，有矣夫！"

子曰："后生可畏，焉知来者之不如今也？四十、五十而无闻焉，斯亦不足畏也已！"

子曰："法语之言[46]，能无从乎？改之为贵。巽与之言[47]，能无说乎？绎之为贵[48]。说而不绎，从而不改，吾末如之何也已矣！"

子曰："主忠信，毋友不如己者，过则勿惮改。"[49]

子曰："三军可夺帅也[50]，匹夫不可夺志也。"

子曰："衣敝缊袍[51]，与衣狐貉者立[52]，而不耻者，其由也与？'不忮不求，何用不臧？'[53]"子路终身诵之。子曰："是道也，何足以臧？"

子曰："岁寒，然后知松柏之后凋也。"

子曰："知者不惑，仁者不忧，勇者不惧。"

子曰："可与共学，未可与适道[54]；可与适道，未可与立[55]；可与立，未可与权[56]。"

唐棣[57]之华，偏其反而。岂不尔思？室是远而。子曰："未之思也，夫何远之有？"[58]

【注释】

[1]与（yù）：许、赞同。

[2]达巷党：名叫达的巷子。巷党，里巷。

[3]成名：定名，专长某事而以此成名。

[4]执：专持。

[5]麻冕：用麻布制成的帽子。

[6]纯：黑色的丝。

[7]俭：根据礼的规定，用麻做礼帽，需要两千四百缕经线。而麻线较粗，制作起来非常费工。丝线细，相比而言反而俭省。

[8]拜下：根据礼的规定，臣子向君主行礼时先在堂下磕头，然后升堂再磕头。

[9]泰：骄纵。

[10]意：凭空猜度。

[11]必：必须如此，不知变通。

[12]子畏于匡：根据《史记·孔子世家》的记载：孔子离开卫国，准备去陈国，路过匡地。匡人曾经受过鲁国阳货的伤害，而孔子长得很像阳货，就被匡人误认为是阳货而遭围困。畏：围困。匡：邑名。据《左传》记载有多处。这里是指卫国的匡，大约就是今河南长垣西南十五里的匡城。

[13]文：指礼乐制度。

[14]后死者：孔子自称。与（yù）：接触，得到。

[15]太宰：官名，又称冢宰。本指天子的六卿之一，辅佐帝王治理国家，执掌百官。春秋时各国也多设此职。

[16]能：技艺。

[17]纵：舍。将（jiāng）：大。

[18]鄙事：指技艺而言。技艺属于小道，因此称为"鄙事"。因为不足以与圣人的才能联系在一起，所以太宰有这样的疑问。

[19]牢：人名。郑玄说此人系孔子的学生，但在《史记·仲尼弟子列传》中未见此人。今存疑。

[20]试：用，指用世、做官。

[21]空空：通"悾悾"，诚恳的样子。

[22]叩：询问。两端：事物的两极，两种过度的倾向。

[23]凤：古代传说中的一种神鸟。雄为凤，雌为皇（凰）。它的出现标志盛世到来。

[24]河：古时专指黄河。图：花纹。

[25]齐衰（zī cuī）：古代丧服，用熟麻布制成，下边缝齐，故名齐衰。

[26]衣裳：古代上衣称衣；下衣称裳，相当于现在的裙。瞽（gǔ）：目盲。

[27]作：起，站起来。

[28]趋：低头弯腰、小步快走，表示恭敬的一种走路姿势.

[29]喟（kuì）：长叹的样子。叹：赞叹。

[30]"仰之弥高"四句：形容孔子的学说高妙难测，无所不在。

[31]所立：孔子有新的创立。

[32]末：无。

[33]臣：治丧的专人。

[34]间：病痊愈或好转。

[35]无臣而为有臣：按照礼的规定，诸侯、大夫死时才能有臣治丧。孔子此时没有官职，故不能由臣为他治丧。

[36]无宁：宁。"无"是助词，没有意义。

[37]韫（yùn）：藏。椟：匣子。诸：兼词，"之乎"的和音。

[38]贾（gǔ）：商人。沽：卖。

[39]夷：古代对东方落后部落的称谓。

[40]此章表明孔子想用先进文化改变文化落后地区面貌的自信态度。

[41]自卫反鲁：根据《左传》的记载，此事发生在鲁哀公十一年（公元前 484 年），孔子已 68 岁。反，通"返"。

[42]乐正：整理音乐。包括两方面的内容：二是正乐章，确定各种音乐所适用的场合；一是正乐音、对音调、节奏都给予符合其功能的定位。

[43]《雅》《颂》：最初是乐曲分类的类名。

[44]篑（kuì）：盛土的竹筐。

[45]秀：谷类作物抽穗开花。

[46]法：严肃。

[47]巽（xùn）：通"逊"，谦逊恭顺。

[48]绎：寻求头绪，推究。

[49]此章重出，见第一章《学而》篇（8）。

[50]三军：军队的通称，有时指上中下三军，有时指左中右三军。

[51]衣(yì):穿着,当动词用。缊(yùn):旧絮。当时的絮是丝绵,棉花出现得较晚。这里指破旧的衣服。

[52]狐貉(hé):泛指名贵的皮毛。

[53]不忮(zhì)不求,何用不臧(zāng):这两句见《诗经·邶风·雄雉》篇。忮,嫉恨。臧,善,好。

[54]适:到……去。

[55]立:坚持道而不变。

[56]权:权变,根据情况而变通。

[57]唐棣:一种植物,属蔷薇科,落叶灌木。

[58]此章比喻思仁。仁德并非遥不可及,只要自己衷心向往、努力实践,一定可以达到仁德之境。

【迷津导航】

本篇共包括31章。以论学的内容居多,1章讲孔子学问的内容;2、6、7、11章反映孔子学问渊博;8章介绍孔子进知的方法;19章强调持之以恒的态度的重要性;22、30章讲进学的不同境界。3、10、12章关涉礼制。4、16章是对孔子的评价。5章记述孔子游历经过匡地的情形。9、13章反映孔子等待盛世出现,积极用世的愿望。14章反映孔子对先进文化的自信。15章记述孔子晚年致力于整理古代文化。17章是孔子慨叹时光易逝,时不待我。20、21章是孔子评价颜回。23章反映成名要趁早的主张。24章说明对待谏言的正确态度。27章反映孔子教学随时变动的特点。18、28、29、31章讲道德修养。其中著名的文句有:"出则事公卿,入则事父兄";"后生可畏,焉知来者之不如今也";"三军可夺帅,匹夫不可夺志也";"岁寒然后知松柏之后凋也";"知者不惑,仁者不忧,勇者不惧"等。

【思考与练习】

1. 结合本文,分析孔子的道德思想。

2. 结合现实,举例说明传统道德在现实生活中的体现。

三十六、大学之道

《礼记·大学》节选

大[1]学之道,在明明德,在亲[2]民,在止于至善。知止而后有定,定而后能静,静而后能安,安而后能虑,虑而后能得。物有本末,事有终始,知所先后,则近道矣。

古之欲明明德于天下者,先治其国;欲治其国者,先齐其家;欲齐其家者,先修其身;欲修其身者,先正其心;欲正其心者,先诚其意;欲诚其意者,先致其知;致知在格物。物格而后知至,知至而后意诚,意诚而后心正,心正而后身修,身修而后家齐,家齐而后国治,国治而后天下平。

自天子以至于庶人,壹是皆以修身为本。其本乱而末治者,否矣。其所厚者薄,而其所薄者厚,未之有也。此谓知本,此谓知之至也。

所谓诚其意者,毋[3]自欺也。如恶恶臭[4],如好好[5]色,此之谓自谦[6]。故君子必慎其独也。小人闲居为不善,无所不至,见君子而后厌然[7],揜[8]其不善而著其善,人之视己如见其肺肝然,则何益矣。此谓诚于中,形于外,故君子必慎其独也。曾子曰:"十目所视,十手所指,其严乎!"富润屋,德润身,心广体胖[9],故君子必诚其意。

《诗》云:"瞻彼淇澳[10],菉竹猗猗[11]。有斐[12]君子,如切如磋,如琢如磨。瑟兮僩[13]兮,赫兮喧兮。有斐君子,终不可喧[14]兮。"如切如磋者,道学也。如琢如磨者,自修也。瑟兮僩兮者,恂栗也。赫兮喧兮者,威仪也。有斐君子,终不可喧兮者,道盛德至善,民之不能忘也。《诗》云:"于戏前王不忘。"君子贤其贤而亲其亲,小人乐其乐而利其利,此以没世不忘也。《康诰》曰:"克[15]明德",《大甲》曰:"顾諟[16]天之明命",《帝典》曰:"克明峻[17]德",皆自明也。

汤之《盘铭》曰："苟日新，日日新，又日新。"《康诰》曰："作新民。"《诗》曰："周虽旧邦，其命维新。"是故君子无所不用其极。《诗》云："邦畿千里，惟民所止。"《诗》云："缗蛮黄鸟，止[18]于丘隅。"子曰："于止，知其所止，可以人而不如鸟乎？"《诗》云："穆穆[19]文王，于缉熙敬止！"为人君，止于仁；为人臣，止于敬；为人子，止于孝；为人父，止于慈；与国人交，止于信。子曰："听讼，吾犹人也，必也使无讼乎！"无情者不得尽其辞，大畏民志。此谓知本。

【注释】

[1]大：旧音太，朱熹读本音。
[2]亲：程颐认为"亲"当作"新"。
[3]毋：音"吴"。
[4]恶恶：上音物，下音饿。臭：音秀。
[5]好好：上音浩，下音郝。好：喜好。
[6]谦：通"慊"，快乐，满足。
[7]厌然：掩饰躲藏的样子。
[8]揜：通"掩"，遮掩，掩盖。
[9]胖：音(pán)，安然舒坦。
[10]澳：音"域"，崖岸弯曲处。
[11]猗：美盛的样子。
[12]斐：有文采的样子。
[13]僩：刚毅。
[14]喧：忘。
[15]克：能。
[16]諟：是，此。
[17]峻：大。
[18]止：居。
[19]穆穆：深远。

【迷津导航】

《大学》原是《礼记》中的一篇文章，记述的是孔子及其弟子特别是曾子论"礼"的教育思想，其主旨即在说明"大学之道"，即大学教育的目的、内容、步骤、方法及指导方针，可以说是儒家教育的纲领性论著，是一篇中国古代论述修身治国的佳作，不仅充满了中国古代的政治观和伦理观，而且洋溢着古代儒家学者治学修身的颇有价值的教育思想。朱熹认为《大学》的"经"是"孔子之言而曾子述之"，"传"是"曾子之言而门人记之"，所以基本上是儒家孔孟一派的作品。

【思考与练习】

1. 结合课文，谈谈"大学之道"究竟是什么？
2. 结合当今社会、学生实际，谈谈大学生应该怎样修身？

三十七、公孙丑上

《孟子·公孙丑上》

公孙丑[1]问曰："夫子当路于齐[2]，管仲、晏子之功，可复许乎[3]？"

孟子曰："子诚齐人也，知管仲、晏子而已矣。或问乎曾西曰[4]：'吾子与子路孰贤[5]？'曾西蹵然曰[6]：'吾先子之所畏也[7]。'曰：'然则吾子与管仲孰贤？'曾西艴然不悦[8]，曰：'尔何曾比予于管仲[9]？管仲得君如彼其专也，行乎国政如彼其久也，功烈如彼其卑也，尔何曾比予于是！'"曰："管仲，曾西之所不为也，而子为我愿之乎？"

曰："管仲以其君霸，晏子以其君显。管仲、晏子犹不足为与？"

曰："以齐王，由反手也[10]。"

曰："若是，则弟子之惑滋甚。且以文王之德，百年而后崩，犹未洽于天下；武王、周公继之，然后大行。今言王若易然，则文王不足法与？"

曰："文王何可当也！由汤至于武丁，贤圣之君六七作[11]。天下归殷久矣，久则难变也。武丁朝诸侯，有天下，犹运之掌也。纣之去武丁，未久也，其故家遗俗，流风善政，犹有存者；又有微子、微仲、王子比干、箕子、胶鬲[12]，皆贤人也，相与辅相之。故久而后失之也。尺地，莫非其有也；一民，莫非其臣也。然而文王犹方百里起，是以难也。

齐人有言曰：'虽有智慧，不如乘势；虽有镃基[13]，不如待时。'今时则易然也。夏后、殷、周之盛，地未有过千里者也，而齐有其地矣；鸡鸣狗吠相闻，而达乎四境，而齐有其民矣；地不改辟矣，民不改聚矣，行仁政而王，莫之能御也！且王者之不作，未有疏于此时者也；民之憔悴于虐政，未有甚于此时者也。饥者易为食，渴者易为饮。孔子曰：'德之流行，速于置邮而传命[14]。'当今之时，万乘之国行仁政，民之悦之，犹解倒悬也。故事半古之人，功必倍之，惟此时为然。"

公孙丑问曰："夫子加齐之卿相[15]，得行道焉，虽由此霸王，不异矣[16]。如此，则动心否乎？"

孟子曰："否。我四十不动心。"

曰："若是，则夫子过孟贲远矣[17]。"

曰："是不难。告子先我不动心[18]。"

曰："不动心，有道乎？"

曰："有。北宫黝之养勇也[19]，不肤挠[20]，不目逃。思以一毫挫于人[21]，若挞之于市朝。不受于褐宽博[22]，亦不受于万乘之君。视刺万乘之君，若刺褐夫。无严诸侯[23]，恶声至，必反之。孟施舍之所养勇也[24]，曰：'视不胜，犹胜也；量敌而后进，虑胜而后会，是畏三军者也。舍岂能为必胜哉？能无惧而已矣！'孟施舍似曾子，北宫黝似子夏[25]；夫二子之勇，未知其孰贤；然而孟施舍守约也。昔者曾子谓子襄曰[26]：'子好勇乎？吾尝闻大勇于夫子矣。自反而不缩[27]，虽褐宽博，吾不惴焉[28]；自反而缩，虽千万人，吾往矣。'孟施舍之守气，又不如曾子之守约也。"

曰："敢问夫子之不动心，与告子之不动心，可得闻与？告子曰：'不得于言，勿求于心，不得于心，勿求于气。'不得于心，勿求于气，可；不得于言，勿求于心，不可。夫志，气之帅也；气，体之充也。夫志至焉，气次焉。故曰：'持其志，无暴其气[29]。'"

"既曰'志，至焉；气，次焉'，又曰'持其志，无暴其气'者，何也？"

曰："志壹则动气，气壹则动志也。今夫蹶者趋者[30]，是气也，而反动其心。"

"敢问夫子恶乎长？"

曰："我知言，我善养吾浩然之气[31]。"

"敢问何谓浩然之气？"

曰："难言也。其为气也，至大至刚，以直养而无害，则塞于天地之间。其为气也，配义与道；无是，馁也[32]。是集义所生者，非义袭而取之也[33]。行有不慊于心[34]，则馁矣。我故曰告子未尝知义，以其外之也。必有事焉而勿正[35]，心勿忘，勿助长也。无若宋人然。宋人有闵其苗之不长而揠之者[36]，芒芒然归，谓其人曰：'今日病矣[37]，予助苗长矣。'其子趋而往视之，苗则槁矣。天下之不助苗长者寡矣。以为无益而舍之者，不耘苗者也。助之长者，揠苗者也，非徒无益[38]，而又害之。"

"何谓知言？"

曰："诐辞知其所蔽[39]，淫辞知其所陷[40]，邪辞知其所离[41]，遁辞知其所穷[42]。生于其心，害于其政；发于其政，害于其事。圣人复起，必从吾言矣。""宰我、子贡善为说辞[43]，冉牛、闵子、颜渊善言德行[44]。孔子兼之,曰:'我于辞命,则不能也。'然则夫子既圣矣乎?"

曰:"恶,是何言也!昔者子贡问于孔子,曰:'夫子圣矣乎?'孔子曰:'圣则吾不能,我学不厌而教不倦也。'子贡曰:'学不厌,智也;教不倦,仁也。仁且智,夫子既圣矣。'夫圣,孔子不居。是何言也?"

"昔者窃闻之:子夏、子游、子张[45],皆有圣人之一体;冉牛、闵子、颜渊,则具体而微。敢问所安?"

曰:"姑舍是。"

曰:"伯夷、伊尹何如[46]?"

曰:"不同道。非其君不事,非其民不使;治则进,乱则退,伯夷也。何事非君,何使非民;治亦进,乱亦进,伊尹也。可以仕则仕,可以止则止,可以久则久,可以速则速,孔子也。皆古圣人也。吾未能有行焉,乃所愿,则学孔子也。"

"伯夷、伊尹于孔子,若是班乎[47]?"

曰:"否。自有生民以来,未有孔子也。"

曰:"然则有同与?"

曰:"有。得百里之地而君之,皆能以朝诸侯,有天下。行一不义,杀一不辜。而得天下,皆不为也。是则同。"

曰:"敢问其所以异?"

曰:"宰我、子夏、有若[48],智足以知圣人;污[49],不至阿其所好。宰我曰:'以予观于夫子[50],贤于尧、舜远矣。'子贡曰:'见其礼而知其政,闻其乐而知其德,由百世之后,等百世之王,莫之能违也。自生民以来,未有夫子也。'有若曰:'岂惟民哉!麒麟之于走兽,凤凰之于飞鸟,泰山之于丘垤[51],河海之于行潦[52],类也。圣人之于民,亦类也。出于其类,拔乎其萃[53],自生民以来,未有盛于孔子也。'"

孟子曰:"以力假仁者霸[54],霸必有大国。以德行仁者王,王不待大[55],汤以七十里,文王以百里。以力服人者,非心服也,力不赡也[56]。以德服人者,中心悦而诚服也,如七十子之服孔子也[57]。《诗》云:'自西自东,自南自北,无思不服。'此之谓也。"

孟子曰:"仁则荣,不仁则辱。今恶辱而居不仁,是犹恶湿而居下也。如恶之,莫如贵德而尊士,贤者在位,能者在职,国家闲暇,及是时,明其政刑,虽大国必畏之矣。《诗》云:'迨天之未阴雨[58],彻彼桑土[59],绸缪牖户[60]。今此下民,或敢侮予?'孔子曰:'为此诗者,其知道乎!能治其国家,谁敢侮之!'今国家闲暇,及是时,般乐怠敖[61],是自求祸也。祸福无不自己求之者。《诗》云:'永言配命[62],自求多福。'《太甲》曰[63]:'天作孽,犹可违;自作孽,不可活。'此之谓也。"

孟子曰:"尊贤使能,俊杰在位[64],则天下之士皆悦而愿立于其朝矣。市,廛而不征[65],法而不廛,则天下之商皆悦而愿藏于其市矣。关,讥而不征[66],则天下之旅皆悦而愿出于其路矣。耕者,助而不税[67],则天下之农皆悦而愿耕于其野矣。廛[68],无夫里之布[69],则天下之民皆悦而愿为之氓矣[70]。信能行此五者,则邻国之民,仰之若父母矣。率其子弟,攻其父母,自生民以来未有能济者也[71]。如此,则无敌于天下。无敌于天下者,天吏也。然而不王者,未之有也。"

孟子曰:"人皆有不忍人之心。先王有不忍人之心,斯有不忍人之政矣。以不忍人之心,行不忍人之政,治天下可运之掌上。所以谓'人皆有不忍人之心'者,今人乍见孺子将入于井[72]，皆有怵惕恻隐之心[73]，非所以内交于孺子之父母也[74]，非所以要誉于乡党朋友也[75]，非恶其声而然也。由是观之，无恻隐之心，非人也；无羞恶之心，非人也；无辞让之心，非人也；无是非之心，非人也。恻隐之心，仁之端也[76]；羞恶之心，义之端也；辞让之心，礼之端也；是非之心，智之端也。人之有是四端也，犹其有四体也。有是四端而自谓不能者，自贼者也[77]。谓其君不能者，贼其君者也。凡有四端于我者，知皆扩而充之矣，若火之始然[78]，泉之始达。苟能充之，足以保四海；苟不充之，不足以事父母。"

孟子曰："矢人岂不仁与函人哉[79]？矢人惟恐不伤人，函人惟恐伤人，巫、匠亦然[80]。故术不可不慎也。"孔子曰："里仁为美[81]。择不处仁，焉得智？"夫仁，天之尊爵也，人之安宅也。莫之御而不仁[82]，是不智也。不仁不智，无礼无义，人役也。人役而耻为役，由弓人而耻为弓[83]，矢人而耻为矢也。如耻之，莫如为仁。仁者如射，射者正己而后发，发而不中，不怨胜己者，反求诸己而已矣。

孟子曰："子路，人告之以有过，则喜。禹闻善言[84]，则拜。大舜有大焉[85]：善与人同，舍己从人，乐取于人以为善；自耕稼、陶、渔[86]，以至为帝，无非取于人者。取诸人以为善，是与人为善者也，故君子莫大乎与人为善。"

孟子曰："伯夷，非其君不事，非其友不友，不立于恶人之朝，不与恶人言。立于恶人之朝，与恶人言，如以朝衣朝冠坐于涂炭[87]。"推恶恶之心，思与乡人立，其冠不正，望望然去之[88]，若将浼焉[89]。是故诸侯虽有善其辞命而至者，不受也。不受也者，是亦不屑就已。柳下惠[90]，不羞污君[91]，不卑小官，进不隐贤，必以其道，遗佚而不怨[92]，阨穷而不悯[93]，故曰："尔为尔，我为我。虽袒裼裸裎于我侧[94]，尔焉能浼我哉！"故由由然与之偕而不自失焉[95]，援而止之而止。援而止之而止者，是亦不屑去已。"孟子曰："伯夷隘，柳下惠不恭。隘与不恭，君子不由也[96]。"

【注释】

[1]公孙丑：公孙，姓。丑，名。孟子的学生。

[2]当路：当道，意为执掌政权。

[3]许：兴。

[4]曾西：曾申，字子西，孔子学生曾参的儿子。

[5]子路：即仲由，孔子的弟子。

[6]蹵(cù)然：吃惊的样子。

[7]先子：指已逝世的长辈。这里指曾西的父亲曾参。

[8]艴(fú)然：恼怒的样子。一作"勃"。

[9]曾：竟然。

[10]由：通"犹"。

[11]圣贤之君六七作：商自成汤至于武丁，中间有大甲、大戊、祖乙、盘庚。作，兴。

[12]微子、微仲、王子比干、箕子、胶鬲：五人皆商朝贤臣。

[13]镃(zī)基：锄头。

[14]置邮：古代传达命令的驿站。

[15]加：居，担任。

[16]异：意动用法，认为……奇异。

[17]孟贲(bēn)：古时勇士。

[18]告子：名不害，兼治儒墨之道，尝学于孟子。

[19]北宫黝(yǒu)：人名，其事不可考。

[20]桡(náo)：退。

[21]挫：拔。

[22]褐宽博：即下文的褐夫，地位低下的人。褐，粗布。

[23]严：畏。

[24]孟施舍：人名，事无可考。

[25]子夏：孔子的学生，姓卜名商，春秋时晋国人。

[26]子襄：曾子的弟子。

[27]缩：直。

[28]惴：使……惊惧。

[29]暴：乱。

[30]蹶(jué)者：失足跌倒的人。

[31]浩然：盛大流行的样子。

[32]馁：饥饿。

[33]袭:朱熹注:袭,掩取也,如齐侯袭莒之袭。

[34]慊(qiè):满足。

[35]正:止。

[36]闵:忧。揠(yà):拔。

[37]病:疲倦。

[38]非徒:不但。

[39]诐(bì):偏颇。蔽:隐蔽。

[40]淫:过分。陷:沉溺。

[41]离:背离于正。

[42]遁:逃避。穷:困屈。

[43]宰我:孔子的学生宰予。子贡:孔子的学生端木赐。

[44]冉牛:孔子的学生冉耕,字伯牛。闵子:孔子的学生闵损,字子骞。颜渊:孔子的学生颜回。

[45]子游:孔子的学生言偃。子张:孔子的学生颛孙师。

[46]伯夷:商末孤竹君的长子。他和弟弟叔齐互相让位双双出逃。武王伐纣时,两人曾扣住马头劝谏,武王不听,于是两人隐居首阳山,不食周粟活活饿死。伊尹:商朝大臣,名伊,尹是官名,曾辅佐商汤攻灭夏桀。

[47]班:等齐。

[48]有若:孔子的学生,鲁人。

[49]污:下,地位低下。

[50]予:宰我之名。

[51]垤(dié):小土堆。

[52]行潦(lǎo):路上积水。

[53]萃:聚。

[54]假:借。

[55]待:依靠。

[56]赡:足。

[57]七十子:《史记·孔子世家》"孔子以诗书礼乐教弟子,盖三千焉,身通六艺者七十有二人。"七十子为通称。

[58]迨(dài):等到。

[59]彻:取。桑土:桑根的皮;土,根。

[60]绸缪:缠结。牖(yǒu):窗。

[61]般(pán):大。怠:惰。敖:遨游。

[62]永:长。配:合。

[63]太甲:《尚书》篇名。

[64]俊杰:才能异于众人的人。

[65]廛(chán):市宅,栈房。征:征税。

[66]讥:查问。

[67]助:赵岐注:"助者井田什一,助佐公家治公田"。

[68]廛:民居。

[69]布:钱、货币。古代税收有夫布与里布之分。

[70]氓:民。

[71]济:成功。

[72]乍:忽。孺子:幼子。

[73]怵惕(chù tì):恐惧。恻隐:哀痛,怜悯。

[74]内:同"纳",结。

[75]要:求。

[76]端:开始。

[77]贼:暴弃。

[78]然,同"燃"。

[79]矢人:造箭的人。函人:造铠甲的人。

[80]巫:医。匠:制造棺材的木工。

[81]里:处。

[82]御:阻挡。

[83]由:通"犹",就像。

[84]禹:传说是夏朝第一位天子,因治水有功,舜传位于他。

[85]有:通"又"。

[86]耕稼、陶、渔:《史记·五帝本纪》云:"舜耕历山,历山之人皆让畔;渔雷泽,雷泽之人皆让居;陶河滨,河滨器皆不苦窳。一年所居成聚,二年成邑,三年成都。"

[87]涂炭:污泥和炭灰,比喻肮脏的地方。

[88]望望然:不愉快的样子。

[89]浼(měi):污染。

[90]柳下惠:鲁国大夫,姓展,名禽,字季。柳下是其号。

[91]污:指行为恶滥。

[92]遗佚:不被任用。

[93]阨(è):穷困。悯:忧愁。

[94]袒裼(xī)裸裎(chéng):赤身裸体。

[95]由由:自得的样子。

[96]由:取。

【迷津导航】

本篇主要涉及仁政、人格修养以及人性等问题。本篇首章即以孟子弟子公孙丑的问话引出了孟子对于王道与霸道的严格区分。孟子说,“霸”道只能使人力量不足时短暂屈服,而“王”道却能使人心悦诚服。由此他认为施仁政于民,便可“无敌于天下”,统一天下,“以齐王,由反手也”。在个人修养问题上,孟子提出“不动心”和养浩然之气,认为“不动心”源自他善于养浩然之气。简言之,孟子的浩然之气是指以人性之善为基础的,敢于坚持一切真理的纯而盛的道德感情。孟子的养浩然之气的养气原理,也就是培养人的道德感情、道德情操的原理。

孟子为他的仁政以及浩然之气找到了终极的理论依据——“性本善”的心性观。孟子认为,“不忍人之政”就是仁政,仁政的基础就是每个人都具有的“不忍人之心”。另外,“性善论”的基础还包括了“四端”说,即“恻隐之心,仁之端也;羞恶之心,义之端也;辞让之心,礼之端也;是非之心,智之端也”。简言之,心有先天的善端,上推一步便是性善,外发出来,便是仁义礼智,在社会上扩展开去,就是仁政。这样,孟子就将仁政的社会性和根本性的依据落实到人的内心。当今之时,重拾孟子的“仁义”本性说,让人重回“仁义”本性的源头,反省自身,加强个人道德修养,这种理念对于建立温暖有情的社会关系是意义重大的。

另外,孟子在谈施行仁政于农夫时,要求恢复井田制,即耕田人只助种公田,不纳税,在《滕文公》中也反复提及。后人对此有褒贬不一的评价。在当时,社会极度混乱,统治者为了自己的利益,采用多种方式百般剥削百姓,在这种情形下,井田制也许是一种暂时不错的选择。

【思考与练习】

1. 论述传统道德对人格修养的要求。
2. 讨论当今大学生应从哪些方面提高自身道德修养。
3. 分析本文,孟子的思想对社会发展有何重大意义?

三十八、学七·力行(节选)

《朱子语类》卷第十三

有个天理[1],便有个人欲[2]。盖缘这个天理须有个安顿处[3],才安顿得不恰好,便有人欲出来。夔孙。以下理欲、义利、是非之辩。

“天理人欲分数有多少。天理本多,人欲便也是天理里面做出来。虽是人欲,人欲中自有天理。”问:“莫是本来全是天理否?”[4]曰:“人生都是天理,人欲却是后来没巴鼻生底。”[5]干。

人之一心[6],天理存,则人欲亡;人欲胜,则天理灭,未有天理人欲夹杂者。学者须要于此体认省察之。椿。

大抵人能于天理人欲界分上立得脚住[7],则尽长进在。祖道。

天理人欲之分[8],只争些子[9],故周先生只管说“几”字[10],然辨之又不可不早,故横渠每说“豫”字[11]。大雅。

天理人欲,几微之间[12]。焘。

或问[13]:“先生言天理人欲,如砚子[14],上面是天理,下一面是人欲。”曰:“天理人欲常相对。”[15]节。

问:“饮食之间,孰为天理,孰为人欲?”曰:“饮食者,天理也;要求美味,人欲也。”节。

有天理自然之安,无人欲陷溺之危。[16]焘。

不为物欲所昏,则浑然天理矣。[17]道夫。

天理人欲,无硬定底界,此是两界分上功夫。这边功夫多,那边不到占过来。若这边功夫少，那边必侵过来。焘。

人只有个天理人欲，此胜则彼退，彼胜则此退，无中立不进退之理。凡人不进便退也。譬如刘项相拒于荥阳成皋间，彼进得一步，则此退一步；此进一步，则彼退一步。初学则要牢札定脚与他捱[18]，捱得一毫去，则逐旋捱将去[19]。此心莫退，终须有胜时。胜时甚气象！祖道。儒用略。

人只是此一心。今日是，明日非，不是将不是底换了是底。今日不好，明日好，不是将好底换了不好底。只此一心，但看天理私欲之消长如何尔[20]。以至千载之前，千载之后，与天地相为始终，只此一心。读书亦不须牵连引证以为工[21]。如此缠绕[22]，皆只是为人；若实为己，则须是将已心验之。见得圣贤说底与今日此心无异，便是工夫[23]。大雅。

学者须是革尽人欲[24]，复尽天理，方始是学[25]。今去读书，要去看取句语相似不相似，便方始是读书[26]。读书须要有志；志不立，便衰[27]。而今只是分别人欲与天理[28]，此长，彼必短[29]；此短，彼必长。寿昌。

未知学问，此心浑为人欲[30]。既知学问[31]，则天理自然发见[32]，而人欲渐渐消去者[33]，固是好矣[34]。然克得一层[35]，又有一层。大者固不可有，而纤微尤要密察[36]！谟。

凡一事便有两端[37]：是底即天理之公，非底乃人欲之私[38]。须事事与剖判极处[39]，即克治扩充功夫随事著见。然人之气禀有偏[40]，所见亦往往不同。如气禀刚底人，则见刚处多，而处事必失之太刚；柔底人，则见柔处多，而处事必失之太柔。须先就气禀偏处克治。闳祖。

义理身心所自有[41]，失而不知所以复之。富贵身外之物，求之惟恐不得[42]。纵使得之[43]，于身心无分毫之益[44]，况不可必得乎！[45]若义理，求则得之。能不丧其所有[46]，可以为圣为贤[47]，利害甚明[48]。人心之公，每为私欲所蔽[49]，所以更放不下。但常常以此两端体察[50]，若见得时，自须猛省[51]，急摆脱出来。闳祖。

徐子融问："水火，明知其可畏[52]，自然畏之，不待勉强[53]。若是人欲，只缘有爱之之意，虽知之而不能不好之[54]，奈何？[55]"曰："此亦未能真知而已。"[56]又问："真知者，还当真知人欲是不好物事否？"曰："如'克、伐、怨、欲'，却不是要去就'克、伐、怨、欲'上面要知得到[57]，只是自就道理这边看得透，则那许多不待除而自去。若实是看得大底道理[58]，要去求胜做甚么？[59]要去矜夸他人做甚么？[60]'求仁而得仁，又何怨！'怨个甚么？耳目口鼻四肢之欲，惟分是安，欲个甚么？见得大处分明，这许多小小病痛，都如冰消冻解[61]，无有痕迹矣。"贺孙。

"今人日中所为，皆苟而已[62]。其实只将讲学做一件好事，求异于人。然其设心，依旧只是为利，其视不讲者，又何以大相远！天下只是'善恶'两言而已。于二者始分之中，须著意看教分明[63]。及其流出去[64]，则善者一向善[65]，但有浅深尔。如水清泠[66]，便有极清处，有稍清处。恶者一向恶，恶亦有浅深。如水浑浊，亦有极浑处，有稍浑处。"问："此善恶分处，只是天理之公，人欲之私耳。"曰："此却是已有说后，方有此名。只执此为说，不济事[67]。要须验之此心，真知得如何是天理，如何是人欲。几微间极索理会[68]。此心常常要惺觉[69]，莫令须刻悠悠愦愦。[70]"大雅云："此只是持敬为要。[71]"曰："敬不是闭眼默坐便为敬，须是随事致敬，要有行程去处[72]。如今且未论齐家、治国、平天下，只截自格物、致知、诚意、正心、修身为说[73]，此行程也。方其当格物时，便敬以格之；当诚意时，便敬以诚之；以至正心、修身以后，节节常要惺觉执持，令此心常在，方是能持敬。今之言持敬者，只是说敬，非是持敬。若此心常在躯壳中为主，便须常如烈火在身，有不可犯之色。事物之来，便成两畔去，又何至如是缠绕！"[74]大雅。

【注释】

[1]天理:天地之理,即万事万物共同的运行或存在规律。

[2]人欲:指人的欲望、思想。

[3]盖,发语词,大概,或许。缘:源于,因为。

[4]莫……否:构成反问语气,表揣测或反问,义为"莫非/难道……吗?"。

[5]没巴鼻:没由来,无根据,没办法。底:结构助词,相当于现在的"的"。

[6]一心:专心,一心一意。

[7]大抵:大概。界分:界限,区别。立得脚住:即站得住脚,义为能成立。

[8]分:区分,判别。

[9]争些子:差点儿,只差分毫。

[10]周先生:这里指周敦颐,北宋著名哲学家,是理学学派的开山鼻祖。

[11]横渠:指北宋著名哲学家张载,张载是大梁(今河南开封)人,后徙家居住于凤翔县(今陕西眉县)横渠镇,世人称其为横渠先生。每:常常,经常。

[12]几微:些微,一点点。

[13]或:不定代词,有些人。

[14]砚子:光滑的石头。

[15]相对:两相对应或对立、相反。

[16]陷溺:指陷入人欲的泥淖而无法自拔。

[17]昏:迷惑,遮蔽。浑然:全然,完全,都。

[18]札定脚:站住脚。捱:遭受,忍受。

[19]逐:逐步,逐渐。旋:不久,将来。

[20]消长:减少和增长,义为变化。尔:语气词,无义。

[21]牵连:牵扯,关联。

[22]缠绕:纠缠,搅扰。

[23]工夫:能耐,能力。理学家们称积功累行、含蓄存养心性为工夫。

[24]革:革除,剔除。

[25]方始:副词,才。

[26]便:副词,与上句顺承成句,义为"就"。

[27]衰:减少,削弱。

[28]分别:区别,分辨。

[29]此、彼:指示代词,这、那。

[30]浑:全部,都。

[31]既:在……以后,表动作行为发生之后。

[32]发见:实为"发现",发生,显现。

[33]消去:消失,去除。者:助词,表停顿。

[34]固:本来。

[35]克:克服,战胜。

[36]纤微:细微、细小的事物。密察:仔细、谨慎地察看。

[37]两端:事物的两个顶端、极端,或两头。

[38]是、非:正确、错误,引申为肯定或批评。

[39]剖判:分析、判别。极处:极限处,极端处。

[40]偏:歪,偏差,不全面、不正确。

[41]自有:自然具备,自身带来的。

[42]惟恐不得:只担心不能得到、获取。

[43]纵使:即使,纵然。

[44]益:好处。无分毫之益:表示对身体没有任何一丁点好处。

[45]况:况且,何况。必:必然。

[46]丧:丧失,丢失。

[47]为:成为。

[48]利害:好坏,利益与损害。甚:副词,非常。

[49]为……所:被动句式,义为"被"。蔽:蒙蔽,遮蔽。

[50]体察:体会省察。

[51]猛省:猛然醒悟,幡然醒悟。

[52]其:代词,代水火。畏:畏惧。

[53]勉强:用外力迫使别人做不愿意做的事情。

[54]好(hào):喜欢,爱好。

[55]奈何:如何,能怎么样呢?

[56]而已:句末语气助词,相当于"罢了"。

[57]就:靠近,接近。

[58]看得:懂得。大底道理:大道理。

[59]甚么:即"什么"。

[60]矜夸:骄傲自夸,自尊。

[61]冰消冻解:像冰遇热融化一样,这里指懂得大道理后,那些小方面、瑕疵自然而然就会随之消失,不存在了。

[62]日中:指白天。苟:暂且。

[63]分明:清楚,明晰。

[64]及:等到。其:代善恶。

[65]一向:一直。

[66]清泠:清澈凉爽。

[67]济:帮助,有益。

[68]理会:理解,领会。

[69]惺觉:醒悟,领会。
[70]悠悠:思念,忧思。愦愦:烦闷,忧愁。
[71]要:重要,关键。
[72]行程:路程,旅程。
[73]格物:穷究事物的道理。致知:获得知识。诚意:心志真诚,不欺人。正心:使心灵从对外物的依附中解放出来,能集中精力做每一件事。修身:修养身心,努力提高自身的思想道德修养水平。
[74]又何至如是缠绕:又哪里像这样纠缠不清、烦乱不堪呢。

【迷津导航】

《朱子语类》是朱熹与其弟子问答的语录汇编 。由中国宋代黎靖德以类编排,共 140 卷。此书编排次第,首论理气、性理、鬼神等世界本原问题,以太极、理为天地之始;次释心性情意、仁义礼智等伦理道德及人物性命之原;再论知行、力行、读书、为学之方等认识方法。又分论《四书》《五经》,以明此理,以孔孟、周程、张朱为传此理者,排释老、明道统。《朱子语类》基本代表了朱熹的思想,内容丰富,析理精密。本部分是节选的《朱子语类》中《学七 · 力行》中关于"天理人欲"的一部分。

【思考与练习】

1. 论述朱熹关于"天理人欲"的思想。
2. 结合课文,谈谈怎样处理好"利"与"欲"的关系。

口语：表达的人生

言语是指人们掌握和使用语言的活动，具有交流功能、符号功能和概括功能。言语表达能力是人们通过口头语言顺畅、准确地表达自己思想、观点、意见和建议，以求信息接受者能够理解、明白、认知的能力。良好的言语表达能力能够使对方轻松、明确地把握自己思想观点的内核，并因此可以避免因词不达意造成的理解偏差，甚至产生误会的现象。

中国自古就有“一人之辩，重于九鼎之宝；三寸之舌，强于百万之师”的说法。在古代，不乏凭借“三寸不烂之舌，两行伶俐之齿”治国安邦的事例。苏秦张仪，四处游说，谈横论纵；唐雎不辱使命；墨翟止楚攻宋；触龙说赵太后；烛之武退秦师；孟子见梁惠王；邹忌讽齐王纳谏等。这些都一再说明了言语交际在社会交际中的重要地位，言语的运用有着不可忽略的重要功用。

(1)情真意切的言语是联络情感的红丝绳

俄罗斯谚语：“语言不是蜜，却可以粘住一切东西。”二战期间，英国政府迫切需要鼓舞人民用坚定的信念去抵抗法西斯的疯狂进攻。为此，丘吉尔向秘书口授了一篇演讲稿：“我们绝不投降，绝不屈服。我们要战斗到底，我们将在法国作战，我们将在海上和大洋上作战，我们将满怀信心地在空中越战越强。我们将不惜一切代价来保卫我们的本土。我们将在海滩上作战，在敌人陆降处作战，在田野作战，在山区作战，我们任何时候都绝不投降！”当丘吉尔讲完时，这位年近七旬的首相竟然像小孩子一样，哭得泪流满面了。果然，这篇倾注自己血泪的演讲极大地鼓舞了英国人。要想感动别人，首先要使自己感动，这样才能产生“共振效应”。

(2)文明礼貌的言语是人际交往的通行证

从前，有个县官骑着高头大马带着随从进庄，走到一处交叉口不知该往哪里走，见到一位荷锄老翁过来，便盛气凌人地问：“喂，老头，往王庄朝哪条路上走？”那老翁不予理睬，只顾低头走自己的路。“喂！你站住！”县官大声喊叫，“你耳朵聋了吗？”老翁说：“我不聋，可我现在没工夫答话，我正急着去李庄看一件稀奇事儿呢？”，“什么稀奇事儿？”，“李庄有匹马下了头牛，你说怪不怪？”“胡说！马怎么会下牛呢？”老翁马上接口说：“谁知那畜生它怎么不下马呢？”可见，只有尊重别人，真正地平等相处，才会有感情的沟通与交流。

(3)睿智机敏的言语是捍卫尊严的强大武器

古代历史上流传着一个著名的晏子使楚的故事。楚王想要羞辱晏子，问：“齐无人耶？”言下之意齐国派矮小而丑陋的晏子难道是由于国内再也找不到人了吗？晏子巧妙地回答：“齐命使各有所主，其贤者使贤王，不肖者使不肖王。晏最不肖，故直使楚矣！”一句话暗含机锋，巧妙地回击了楚王的挑衅。

美国哲学家乔治·桑塔耶那将要结束他在哈佛大学的教授生涯，这天，他在礼堂讲最后一课时，一只美丽的知更鸟停在窗台上欢叫，他打量许久，然后转向学生们，轻轻地说：“对不起，诸位，失敬了，我与春天有个约会。”说完，疾步向前走出门去，告别教书生活。

(4)幽默机智的言语能化解尴尬。

古希腊哲学家苏格拉底的妻子脾气十分暴躁。有一次，苏格拉底正跟客人谈话，他妻子闯进来大骂苏格拉底，并且随手把一盆脏水倒在苏格拉底头上，只见苏格拉底淡淡一笑，对客人说：“我早就知道，打雷之后，接着一定会下大雨。”众人皆笑。

言语交际作为一种社会活动，它在传播信息、交流思想、沟通联络、调节行为、开展工作等方面都具有巨大作用。因此，研究言语交际的特点，了解并掌握言语交际的内在机制与规律，提高言语交际的艺术，对于每一个人来说都是迫切需要的。我们在处理人际关系时，出言不逊，就会使自己处于四面楚歌之中；用语熨帖，则能使自己左右逢源，甚至化干戈为玉帛。

第十三章 交际口才

语言是人类最重要的交际工具,也是人类进行抽象思维的工具。言语是使用中的语言,是运用语言的过程和产物。早在春秋战国时期,我国就有了专习言辞的课程。孔子是我国古代著名的思想家、教育家,他把教学分成四个门类:即德行、政事、文学和言语,所用教科书是"六经",即《诗》《书》《礼》《易》《乐》《春秋》。把"言语"列为四科之一,可见他重视口才训练,注重语言表达。据《论语·子路》记载:"定公问:'一言而可以兴邦,有诸?'孔子对曰:'言不可以若是其几也。人之言曰:'为君难,为臣不易。'如知为君之难也,不几乎一言而兴邦乎?'曰:'一言而丧邦,有诸?'孔子对曰:'言不可以若是其几也。人之言曰:'予无乐乎为君,唯其言而莫予违也。'如其善而莫之违也,不亦善乎?如不善而莫之违也,不几乎一言而丧邦乎?"孔子认为"一言"有时可以达到"兴邦"或"丧邦"的功效。因此修辞是进德、修业、治国的大事。在孔子三千弟子、七十二贤人中,口才最好的是宰予和子贡。子贡说:"出言陈辞,身之得失,国之安危也。故辞不可不修,说不可不善。"他指出了口才表达对社会的重要作用。

言语也叫作说话。说话是很平常的事,每个正常人都会说话,我们通过说话来表达思想,进行交际。由于说话是人际交往和个人适应社会生活的工具,所以我们每个人天天都要用到。我们在母腹中就开始学习说话,将近一岁时开口说话,一直说到心脏停止跳动,因此我们的人生一大半是在说话当中。

口才是善于说话的才能。交际口才就是人们在交际过程中驾驭说话的才能。说话说得好的人,我们称其"口才好";反之,称其"口才差"。说话本身其实并不难,难的是如何将说话变成一种才能。因此我们很多时候发现"做起来难,说起来也不容易。"

说话的能力,决定了沟通的成败。历史上有很多这样的例子,比如我们熟悉的《杯酒释兵权》:

宋太祖赵匡胤在陈桥被部将们黄袍加身,登上了皇位。平定天下后,他寝食难安,怕领军大臣走他的老路,在和弟弟赵匡义、宰相赵普商议之后,开始着手解决那些位高权重的功臣们的问题。有一天,他趁晚朝的机会,邀大将石守信等一起饮酒,回忆一起出生入死的日子。

宋太祖长叹一口气说:"如果没有你们,我哪会有今天?但是,我这当皇帝的,还没有你们在外当节度使的自由自在,逍遥快活,我从没安安稳稳地睡过一觉。"

石守信惊讶不解道:"如今天下大局已定,谁敢图谋不轨!陛下为什么说出这样的话?"

宋太祖:"你们虽无夺位之心,但你们麾下的人,谁不想荣华富贵?如果有人也把黄袍加在你们身上,即使你们心中不愿,恐怕也身不由己啊!"宋太祖将自己的忧虑和盘托出,石守信等慌忙磕头谢罪。

石守信:"我们都很驽钝,从没考虑到这件事情。望陛下怜悯,指引我们一条明路。"

宋太祖:"人生一世,有如白驹过隙一样短暂,不如多积攒一些金帛,多买田地房屋,留给子孙后代;与歌姬舞女相伴,乐享天年。如果是这样,我们君臣之间也就没有猜疑了,这样不是很好吗?"

石守信:"陛下替我们考虑得如此周详,真是我们的再生父母!"

第二天，石守信等功臣都称病请求辞去军职。宋太祖也履行了先前的诺言，用有职无权的官位安置他们，并给了他们十分优厚的赏赐。

历朝历代，很少有开国功臣能够善终的。所谓"狡兔死，走狗烹""敌国灭，谋臣亡"，历史上演了一幕又一幕屠杀功臣的惨剧。而赵匡胤的循循善诱，石守信等的急流勇退，在酒桌上轻易地解决了这个难题。那么怎样才算善于说话呢？

口才的好坏，其实不在于是否"滔滔不绝"或"少言寡语"，而在于把话说得得体，起到应有的作用。不论是谈天说地、广告推销，还是交友恋爱，如果达不到说话的目的，甚至起了反作用，就算说得再多或再少，都属于口才差或没有口才。口才是传播自己的观点、抒发自己情感的活动，它有一定的听众和情景。可以说，口才是一种能力，同时也是一门艺术。

口才是基于人际沟通的现实需要而产生的。在人际交往复杂的现代社会，口才已经成为衡量一个人能力水平的重要标志。社会交往需要口才，成才更需要口才，没有口才很难适应时代的需求。尤其在职场中，口才好的人更容易脱颖而出。

第一节　交际日常用语

任何人际关系的建立、发展、巩固和调整都要依靠一定的语言艺术。人际交往口才水平的高低直接关系到人际关系的好坏。可见，能够娴熟地运用口才技巧，是人际互动得以成功的重要因素之一。

在日常生活中，人与人都需要进行沟通交流。从陌生到熟悉，从熟人到朋友再到知己，人与人之间的交往始于开口介绍，然后通过不断地相互交谈、交流、交心，促使彼此的认识逐步深入，关系逐步稳固。

一、介绍

介绍，是社交场合人们相互认识、建立联系的必不可少的手段。随着社会的发展，人与人之间的交往越来越频繁，人们需要获得的方方面面信息也越来越多，介绍就犹如一座桥梁，它能由此及彼，通向四面八方。

在社交场合，我们往往要与形形色色的人打交道，其中也包括从未接触过的陌生人，与陌生人结识、交往，最重要的是要做好相互的介绍，以便进一步交谈。介绍一般分为自我介绍和介绍他人。

1. 自我介绍

自我介绍，是指在没有中间人的情况下自己介绍自己，实际上是一种自我推销，它能给别人留下深刻的印象。

自我介绍是跨入社交圈、结交更多朋友的第一步。怎样才能更好地介绍自己，给他人留下深刻的印象？这与个人的思想、修养、气质和口才密不可分。学会自我介绍，可以帮助我们树立自信、大方的个人形象。

自我介绍常常包括姓名、年龄、籍贯、职业、职务、工作单位或住址、毕业学校、主要经历、特长、兴趣等。但介绍时，不必将以上内容一一说出，要根据不同的社交目的需要来决定介绍的繁简。一般情况下，自我介绍应简洁明了，讲清姓名、身份、目的和要求即可。例如：

"您好，我是工人日报的记者李军，久仰您的大名，非常想请教您几个问题。"

"我叫露西，是某某公司销售部经理秘书，很高兴和大家在此见面。请多关照！"

在你未被介绍或没有人为你做介绍时,应主动自我介绍。从交际心理上看,人们初次见面,彼此都有一种了解对方,并渴望得到对方尊重的心理。如果这时,你能及时、简明地进行自我介绍,不仅满足了对方的渴望,而且对方也会以礼相待,介绍自己。这样双方以诚相见,就为进一步了解奠定了良好的基础。

2. 介绍他人

在工作、社交中因某种需要,人们要充当介绍人的角色,即将甲介绍给乙,或将乙介绍给甲。这是站在中间人的立场上,使双方相识或建立关系的一种社交活动。介绍他人通常把其姓名、职务、特长、使命等说清楚,但是要根据社交目的而有所选择、有所侧重。介绍他人时要做到注重礼节,多使用尊称、谦敬辞等。

介绍两个人认识时,要注意不仅介绍他们各自的姓名;还要给他们贴个富有特色的标签。如"这是我的好朋友""我的同事""我们公司新来的会计"给他们加上了这些标签,就等于给了他们交谈的话题。如果这两个人有些共同点,也不妨提一下。如"小王,这位是林教授。你喜欢摄影,林先生是位摄影高手,曾有许多作品参赛获奖。"这样的介绍有穿针引线、增进了解的作用。

介绍的时候先介绍谁,后介绍谁呢?不同国家、不同民族往往有不同的礼仪习俗,如果不合当地习俗,往往会造成不快,也会给自己造成不良影响。总的来说,介绍的顺序是以长幼尊卑的关系为标准的。

如将男性介绍给女性:

"张女士,我想请你认识一下赵先生。"

"丽丽,这是我的邻居王涛。"

又如将年轻者介绍给年长者:

"王伯伯,我介绍一下,这是我的同学小珊。"

"李阿姨,这是我的同事小李。"

再如将职位低的介绍给职位高的:

"周局长,我来介绍一下,这是我的同事叶先生。"

除此之外,在年龄差别不大的同性之间,将未婚的介绍给已婚的。

为他人作介绍时,首先应了解双方是否有结识的愿望,切不可冒昧引见,尤其在双方职位或地位相差悬殊的情况下。最客气的介绍方法是以一种询问的语气问。如:"于总,我可以介绍欧阳给你认识吗?""你想认识苏珊娜吗?"等。如果对方同意,那么正式介绍时,最好先说诸如"请允许我向您介绍……""让我介绍一下……"等礼貌用语。介绍时,应面带微笑,说话要简洁。

作为被介绍人时,应站在另一个被介绍人的对面。等介绍完后,应握一下对方的手,并说:"您好""认识您很高兴""久仰久仰"等。也可递上自己的名片,说"请多关照""请多指教"等。

在相互介绍完之后有可能进行短暂的寒暄或交谈,那么,在结束交谈和寒暄时要注意礼貌用语。道别时,除了"再见"之外,还可以说:"见到你真是太高兴了,以后有问题我想请教您""我期待着在年会上再次见到你""有幸能认识您真是太好了,以后保持联系"等。

二、赞美

赞美是指人际交往中,一方给予另一方的称赞和表扬,它侧重于对人的某一方面价值的肯定和褒奖。

赞美如同阳光，人人不可缺少。在生活中，父母经常赞美孩子，使家庭和睦、欢乐；在职场中，领导经常赞美下属，使员工的积极性、创造性得到激发。真诚的赞美，体现了对人的尊重、期望与信任，并有助于增进彼此间的了解和友谊，是协调人际关系的好方法。

每个人皆有可赞美之处，只不过长处、优点或大或小、或多或少、有隐有显而已。你可以对一个长得并不漂亮的女士称赞她"心地善良""善解人意"；同样你可以对一个相貌一般的男士称赞他"有气魄""有能力"；你可以对刚做完晚餐的母亲说："今天的晚餐太可口了。"你也可以对刚下班的父亲说："您辛苦了。"

赞美贵在真心诚意，难在确实有效。刻板的赞美会让人怀疑你的真诚；阿谀奉承则会令人对你心生轻蔑。因此，我们要学会赞美的方法和技巧。

(1)赞美应当实事求是，适当适度

赞美要建立在客观事实的基础之上。言不由衷地夸赞对方并不具备的优点、长处，甚至居心叵测地夸赞对方的缺点，以到达不可告人的目的，这是谄媚、吹捧，而不是赞美。比如一个人成绩落后，技不如人，你却夸他"学业优异，才思敏捷"，他听后必然会感觉反感，认为你在讽刺挖苦他。尤其身为领导或专家，如果要在公众场合称赞某人或某单位，一定要经过仔细考察和全面了解，深思熟虑，力求做到客观公正，不夸大、不缩小、不偏差。

(2)赞美应当措辞得体，把握分寸

在真实的前提下，赞美的措辞也要得体，不要油嘴滑舌、口不择言。比如一个刚出生的婴儿，你夸赞他"举止优雅，才智过人，将来必定能成为名人"这就很不得体。而你说他"长得很可爱，简直跟他爸爸小时候一模一样"那就显得很有分寸。

(3)赞美应当发自内心，态度诚恳

口蜜腹剑、溜须拍马都不是真正的赞美，它们不是正常的交际手段，而是钩心斗角时用来讨好、利用或迷惑、麻痹对方的阴谋伎俩。在日常交际中，赞美要出自内心，不虚假，不客套，这样才会取得到好的效果。比如有的人逢人便说："真是久仰大名，闻名不如见面。""早就听说令千金才貌双全，面如西子，才似文君。"类似的话令人感到虚伪，缺乏诚意。如果说："一直听人说，您在书法方面造诣颇深，我正想向您请教几个问题。""你新买的裙子真不错，款式大方，颜色清丽，跟你的气质很合适。"这样恳切、真挚的赞美会使人欣然接受。

赞美要讲究一定的技巧，尤其是对那些从未被赞美过，或常常被旁人忽略的人。锦上添花易，雪中送炭难。他们是最需要被赞美的"丑小鸭"。如果得到他人真诚的赞美，他们就有可能精神面貌焕然一新，发现、发挥自己的优势，激发创造力和上进心，蜕变成绽放夺目光芒的"白天鹅"。我们来看一则故事：

一位母亲为她的女儿伤透脑筋，求救于心理医生："医生，我弄不明白她是怎么回事，她对自己的一切都马马虎虎，毫不关心，衣衫邋遢，吊儿郎当，学业荒废，对周围的事漠不关心，整天魂不守舍。"

医生同意和她女儿谈谈。母亲走后，医生端详女孩，发现她很美，只是这美被邋遢的外表掩盖了。医生讲着，她似听非听，心不在焉。医生沉默了一会儿，突然说："难道你不知道你是个非常漂亮、非常好的女孩吗？"

女孩听了，眼里放射出一缕光亮。她惊奇地问："你说什么？"

医生说："我说你很漂亮、很好，可你却不知道自己是个漂亮的好女孩。"

平时女孩所听的除了同学的奚落、嘲弄，就是母亲的数落、谩骂，因此，她就破罐破摔了。

听了医生的话，她感到新鲜、激动。

医生说："今晚我和夫人要去剧院看芭蕾舞剧《天鹅湖》，特请你陪我们一块去。现在还有两个小时的时间，如果你愿意，请你回家换换衣服，我们在这儿等你。"

女孩高兴极了，活蹦乱跳地跑出去。当女孩再次出现在医生面前时，医生惊呆了：一位清水出芙蓉般的少女盛装映入他眼帘。他简直不敢相信，这就是刚才那位蓬头垢面的女孩。

从此，女孩变了，变得自爱而奋发，不但学习好，而且后来还成为了著名的舞蹈家。

医生的赞美，以正面激励唤醒了女孩长期压抑的自爱、自强意识，起到了点化作用，使其振奋起来。

三、拒绝

拒绝是使对方的要求和建议落空的一种言语行为，又叫回绝或推辞。

在人际交往中，他人的要求很多，合理的，无理的，可能达成的，无法实现的，总是不断地提出来。在日常生活中，任何人都不可能做到有求必应，该拒绝的，就得拒绝。我们每个人都有拒绝的权利，对一些不合理或不合自己心愿的要求可以拒绝。通常最简单、最直接的拒绝是说"不"。如果不好意思当场拒绝说"不"，轻易承诺了自己不愿、不应、不必履行的职责，事办不成，最终反而会自食苦果。

拒绝时要把态度表明，防止误解发生，使问题迅速澄清，但又不能太过生硬。有时碍于情面还要表示对对方的尊重、理解和同情，争取把拒绝带来的遗憾降到最低限度，做到既不伤对方的自尊和感情，又取得对方的支持和谅解。因此，我们必须掌握拒绝的方法，并注意礼貌用语，这样才能在交际中广结善缘，不犯众怒。

拒绝他人时要做到既坚持原则，又要方法灵活。

（一）直接解释拒绝的理由

不能接受的要求或不必回答的问题，应当予以拒绝，不能迁就，更不能犹豫。语气可以委婉，态度绝不可含糊。切忌模棱两可，使对方产生误解，抱有不切实际的幻想。比如，你正要在公司加班整理材料，朋友约你去听音乐会，你不妨直接告诉他："明天我要会见一个重要的客户，商谈时必备的资料还需要进一步地完善整理。能不能改个时间，等忙完，我请你。"

（二）攻守兼备

当遇到敏感问题或难以承诺的要求时，一定要沉着冷静，不急不躁，机智应对。对于无理的要求或挑衅的提问，既可以采取主动出击为主的攻势，也可采取以防卫为主的守势。攻势常用的有诱导否定，守势常用的有转移话题。

1. 诱导否定

诱导否定是指诱导对方自动收回他的要求，或自动否定其要求你作出回答的必要性。这种拒绝的方法是在对方提出问题后，不马上做明确的回答，而是先讲一点理由，提出一些条件或者反问一个问题。

【示例】

1972年5月27日凌晨一点，美苏关于限制战略核武器的四个协定刚刚签署，基辛格就在莫斯科一家大宾馆里向随行的美国记者团介绍情况，回答记者提问。

记者："苏联一年能生产多少战略性导弹？"

基辛格："苏联生产导弹的速度每年大约250枚。"

记者："那我们的情况呢？我们有多少潜艇导弹在配置分导式多弹头？有多少远程导弹

在配置分导式多弹头?”

基辛格:“我不确切知道正在配置分导式多弹头的远程导弹有多少,至于潜艇,我的苦处是,数目我是知道的,但我不知道是不是保密的?”

记者:“不是保密的。”

基辛格:“不是保密的,那你说是多少?”

记者们都傻了,只好一笑了之。

记者问到美国战略部署情况,基辛格当然知道这是国家机密不可泄漏,然而基辛格称自己不知道是不是保密的,记者当然说不是保密的,基辛格接过对方话头,既然不是保密的那你说有多少。就这样运用诱导的方法,巧妙地拒绝了记者的提问。

2. 转移话题

有时碍于某种情面,不便立即回绝,可以采取寻找借口、答非所问、转移话题、推诿搪塞等方法,把对方的焦点暂时转移开,从而达到间接拒绝的目的。如“这件事情等有机会再说”“我尽量争取”“这项任命是董事会集体研究决定”等。

(三)委婉含蓄

在言语表达上要尽量避免简单地说“不”。不善于拒绝,一次拒绝就有可能得罪一位多年的好友;善于周旋,尽管天天都在拒绝,却仍热能在交际中如鱼得水,极少因拒绝招来非议、埋怨。拒绝别人的原则是拒绝而又不得罪,即通过婉言拒绝使对方认识到说话者不是“不为”,而是“不能为”。用述说自己的难处、苦衷,来表示心有余而力不足,比生硬地塞给对方一个“不行”更易取得他人的谅解。我们来看一看《宋弘委婉辞婚》的故事:

东汉光武帝时,司空宋弘博学多才,品行端正,光武帝颇为赏识。有一年,光武帝的姐姐湖阳公主的丈夫死了,按照汉制,公主可以在朝臣中选择夫君。她选中了品貌俱佳的宋弘。光武帝深感棘手,但是为了姐姐,还是把宋弘招入宫,让湖阳公主坐在屏风后。光武帝和宋弘寒暄后,开始切入主题。

光武帝:“我听说人的地位变高贵后要改换朋友,富裕了要休掉结发妻子,这样的做法合不合乎情理?”

宋弘委婉而坚定地说:“我也听说贫贱之交不可忘,糟糠之妻不下堂。”

屏风后的湖阳公主听了此话,只好放弃了自己的打算。

光武帝与宋弘的一问一答都十分巧妙。光武帝为了留下回旋的余地,来了一招投石问路“贵易交,富易妻”试探宋弘,宋弘很快知道这是抛出的一根联姻红线,很坚定又委婉地以“糟糠之妻不下堂”应对,光武帝自始至终都没有提及湖阳公主与宋弘的婚事,宋弘也没直接说“不”拒绝。但是前者提亲的目的已然达到,后者婉拒的目的也已达到。

此外,在日常生活中,人们互动交际的方式,还有交谈、批评、安慰、道歉等。

①交谈要善于寻找话题、调节话题;注意聆听,营造轻松和谐的气氛。

②批评应当选择适当的场合和时机,可借助自身感受缓和地提出批评,尽力将称赞与批评相结合,做到对事不对人,批评要具体准确,富有建设性,巧用幽默性语言。

③安慰要做到倾听他人说话、恰当应答,切忌谈论自己的处境或表现得高人一等,不责怪对方,不主动提建议,承认形势变化对当事人的重要性。

④道歉要勇于承担责任,善于把握时机,巧于借物传情,并且贵在持之以恒。

第二节　交际常用技巧

在言语交际中，人是交际的主体，并与其参与交际的动机构成了言语交际的主观因素。交际环境则是交际的客观因素，它包括人从事交际活动的时间、地点、对象、话题及社会文化背景等。在人际交往中，应当根据不同的交际场合掌握相应的常用技巧。接下来我们以商务场合和外交场合为例，来谈谈交际常用技巧。

一、商务场合

人们在商务活动中，常常结交合作伙伴，洽谈生意。在谈生意时，侧重一个“谈”字，“谈”就是人们运用言语进行的沟通，这个过程叫作商务推销。

商务推销是推销人员向推销对象销售商品的过程。推销者要紧紧围绕顾客的利益，运用种种技巧来说服对方，以促成交易。推销的关键是相互获益，推销的主要手段是说服。推销人就要从双方获益的目标出发，通过直接的对话，说服顾客接受他所推销的商品或服务。

推销产品的方式要因人而异、灵活变通。对不同年龄、职业、性别、爱好的顾客要使用不同的称呼，运用不同的句式。商务推销人员要做到表现高度的临场机智。怎样把不好说的说好些，把好的说得更加出色，以满足不同层次的顾客，这就需要随机应变的能力。

【示例】

小刘是一个大商场的优秀售货员，主管贵重首饰柜。她很会招揽生意，一次，一位性格内向、不爱说话的女士来到柜台前。

小刘：您好，请问需要买什么？

女士：随便看看。

小刘：您这条裙子好漂亮啊！

女士：谢谢！

小刘：这种浅纹的色调很少见，是在隔壁的百货商场买的吗？

女士：不是！这是从国外买回来的。

小刘：是这样啊，怪不得从没见过。说真的，你穿这套裙装，确实很有风度，很吸引人。

女士不好意思地说：您过奖了！

小刘：只是……对了，可能您已经想到了这一点。要是再配一条合适的项链，效果可能就更好了。

女士：是呀，我也这么想，只是怕自己选得不合适。

小刘：那好办，你可以多挑几条试试，直到满意为止。买贵重首饰还是多试比较好。

女士：那不是麻烦你了吗？

小刘：没关系，我的工作就是为顾客服务嘛！我为您参谋一下吧。

最后这位女士买到了自己满意的项链。

在这段谈话中，小刘暂时避开谈话主题，谈顾客感兴趣的事，边谈边观察对方反应，当双方开始取得某种心理认同时，再将话题引到买项链上来。小刘有好的口才，注意谈话技巧，又有良好的服务意识，做成了这笔生意自然就不奇怪了。商务推销时还应当热情诚恳，有礼有节。要多用敬辞、谦辞，语气要亲切柔和、委婉含蓄。

二、外交场合

外交辞令是语言艺术中不可缺少的组成部分，它具有委婉、模糊、礼貌等显著特征。因而被广泛地用于外事活动的交际应酬，也应用于外交谈判和交涉。在外交活动中，如果不善于用外交辞令，轻者会扩大分歧，造成误解；重者会影响两国关系，乃至影响世界政局。可见外交辞令是一种十分重要和具有高度实用价值的语言艺术。外交场合语言的使用技巧有以下几点。

(1)措辞委婉

外交界风云变幻，寒暖乍起，关系纷繁复杂。因而在外事活动中，有时需要直言不讳，慷慨陈词；有时又需要委婉含蓄，旁敲侧击。但在大多数情况下，依据外交礼节，往往采取委婉含蓄的方法。它的表现形式多是措辞委婉，使话语表达的主旨形成藏而不没，显而不露，但所要表达的目的，对交际各方来说又是十分明确的。

【示例】

两位外交官会晤之后，就下次会谈的地点展开了交谈。

甲：我们的意图是使下次会议能在纽约召开。

乙：贵国的饭菜不好，特别是我上次去时住的那个酒店更是糟糕。

甲：那么，您觉得我今天用于招待您的法国小吃味道如何。

乙：还算可以，不过，我更喜欢吃英国菜。

最后，他们商议决定会议在英国召开。

乙并没有直接表示要在英国开会，但是他用“我更喜欢吃英国菜”这一委婉、隐晦的方式表达了自己希望在英国召开会议的意图。于是双方很快达成了协议。

(2)妙用模糊

模糊语言是交谈中的一种策略，前提是交谈者并不是表述不清，而是为了某种需要和不便，人为地制造模糊。在日常生活中，有些话不必说得太直白、太具体，恰当地使用模糊语言，能避免被动、争取主动。在外事活动中，经常会遇到一些敏感话题，既有国家政事，也有私人生活，不想说或不能说，却又不得不说。在这种情况下，使用模糊语言能巧妙周旋，走出困境。

【示例】

一次，英国一家电视台采访中国作家梁晓声。记者是一个老练、机智的英国人。在进行一些交谈后，他突然提了一个很刁钻的问题。

记者：没有文化大革命，可能也就不会产生你们这一代青年作家，那么文化大革命在你看来是好是坏？

梁晓声略一思忖，立即反问道：没有第二次世界大战，就没有以反映第二次世界大战而著名的作家，那么您认为第二次世界大战是好是坏？

记者不由一怔，摄像机立即停止了拍摄。

英国记者问梁晓声的那个问题，确实相当棘手。说文化大革命好吧，于理不合，于实际不符；说它不好吧，又与记者题设的“没有文化大革命，可能也就不会产生你们这一代青年作家”相违背，就像一个死结。梁晓声不直接说好或者不好，巧用模糊语言，转移矛盾，解了这个“结”，他稍一改动之后，又将问题回给了记者。让英国记者自己解自己结的死结，真是相当巧妙。

(3)有礼有节，张弛有度

国家不论大小强弱，关系都是平等的，外交官不受侮辱是公认的国际法则。因此，在外事交往中，必须保持应有的礼貌。做到彬彬有礼、温文尔雅、注意分寸，使争论或交涉的双方始终处在一种平静的气氛中。

在一些利害攸关的思想交锋中，外交官也应做到语言尖锐但又不粗野，措辞既激烈但又不鄙俗。争辩双方都应自觉地避免进行人身攻击，更不允许污辱谩骂。否则，那将会使其代表的国家蒙受耻辱，甚至产生严重的后果。

【思考与练习】

1. 分小组练习交际日常用语，如自我介绍或介绍他人等。

2. 收集经典场景对话，并分析其中的交际技巧。

第十四章　面试用语

面试，顾名思义，就是“面对面的考试”，是一种通过精心设计，以交流和观察为手段，了解应聘者能力、品德、性格等方面状况的一种方法，是用人单位选聘录用人才的重要方法和必不可少的手段。面试不仅可以考核求职者的知识水平，更可以全面考察求职者在长期实践中形成的能力和素质，如语言表达能力、仪态、应变能力等。因此，面试是择业过程中最具有决定性意义的一环，事关成败。同时，面试也是求职者全面展示自身素质、能力、品质的最好时机，面试发挥出色，可以弥补先前笔试或是其他条件如学历、专业上的一些不足，有利于受到全面、公正地进行评价。

在面试中，主要测评有仪表风度、专业知识、口头表达能力、应变能力等要素，而这些要素的实现离不开语言。语言作为在求职面试中最重要的交流沟通工具，更是求职者展现自己知识、能力的一种主要渠道。面试语言运用得好坏，直接关系到面试的成败。恰当得体的语言会增加求职者的竞争力，帮助获得面试的成功；而不恰当得体的语言会削弱求职者的竞争力，甚至导致面试的失败。因此，掌握面试答辩的语言艺术，对于面试有着十分重要的作用。

第一节　求职面试

一、面试的发展状况

面试运用于求职，古已有之，源远流长，在古代也是很重要的选拔测试手段。孔子虽一贯坚持“有教无类”的思想，但在招收弟子时犹恐失人，故对远道而来求学的学子们通过面试决定取舍。汉代刘劭对面试颇有研究。刘劭认为，面试时间可长可短，若只想了解某一方面的素质情况，则一个早晨的时间就足够了，若要详细地测评各方面的内在素质，则需要三天的时间。刘劭告诫人们，面试也有不足之处，如果不去深入交谈，不本着实事求是的态度去辨析对方之言，则就会生疑误判。诸葛亮对面试中的言谈和观察提出了一套系统的观察，“问之以是非而观其志，穷之以辞辩而观其变，咨之以计谋而观其识，告之以祸难而观其勇”。在古代的科举考试中，面试就以“策问”的形式存在，即考官提出有关政治、教育、生产、管理等方面的问题，考生发表见解，提出对策，有的还有一些实用价值。古人的这些面试思想，对我们今天如何面试仍有一定的指导意义。

近十年来，我国进行了人事制度改革，面试在党政机关选拔人员上受到越来越多的重视。1994 年，国家人事部要求公务员的录用和招聘按统一的程序和标准进行面试。1996 年，人事部考录司又正式提出在国家公务员录用中全面推行结构化面试。2001 年，人事部颁布《国家公务员录用面试暂行办法》规范了国家公务员录用面试工作，使面试在公务员录用考试中走上规范化、法制化的轨道。在现在，不论是在政府机关还是企事业单位，不论是在员工招聘中还是单位内部竞争上岗中，面试已经成为了录用决策的关键测评手段之一，应聘者笔试成绩再高，如果在面试中表现差，用人单位也不会录取。

二、面试的种类

面试的种类根据不同的标准可以有多种不同的划分。

根据面试的结构划分，可以分为非结构化面试、结构化面试和半结构化面试。所谓非结构化面试就是面试考官可以完全任意地与应聘者讨论各种话题，面试所问的问题没有一个事先安排的需要遵守的框架。这种面试方式可以使面试考官和应聘者在谈话过程中都比较自然，但由于对不同的应聘者问不同的问题，可能会影响到面试的信度和效度，并有可能会把最关键的问题给漏掉了。结构化面试即提前准备好面试题目、实施程序、面试评价的相关内容，要求应聘者统一作答，是一种比较规范的面试形式。结构化面试中考官可以根据应聘者回答的情况进行评分，并对不同应聘者的回答进行比较，面试的有效性和可靠性更高，但不可能进行话题外的提问，又局限了谈话的深入性。半结构化面试是介于非结构化面试和结构化面试之间的一种面试方式，只对面试的部分因素有统一要求的面试，如有统一的程序和评价标准，但某些部分可以根据面试对象而变化。

根据面试的组织方式划分，可以分为一对一面试、系列式面试、小组面试和集体面试。一对一面试是一次只有一个应聘者的面试，一般面试大都属于这类。系列式面试又称为顺序面试，是指由几个面试考官依次对应聘者进行面试，可以避免一个面试考官决定应聘者的主观性，从而得出更客观的结论。小组面试即几个面试考官同时对一个应聘者进行面试，可以对应聘者综合考察，评价会更准确。集体面试是由多个面试考官和多个应聘者同时进行面试，有助于了解应聘者在参加集体活动时的人际关系能力。

根据面试的目的不同，可划分为压力式面试和非压力式面试。压力式面试是将应聘者置于一种紧张气氛中，以考察应聘者的机智和应变能力等。非压力式面试是面试考官力图创造一种宽松亲切的氛围，使应聘者能够在最小压力情况下回答问题，以获取录用所需要的信息。

根据面试的内容不同，可分为情景式面试、行为描述式面试和综合式面试。情景式面试指通过给应聘者一个假定的情境，考察应聘者如何在情境中考虑问题、做出反应。行为描述式面试是主要测评与面试者将来工作相关联的过去行为，即过去的行为是未来行为的最好预测。综合式面试兼具前两种面试的特点，内容主要集中在与工作职位相关的知识技能和其他素质上。

三、面试的测量要素

在面试中，测量的要素可谓五花八门，不同的企业根据自身要求的不同通常会预设不同的测量要素，从一般能力、个性品质到知识经验、身体特征都会成为面试的考察内容，并无统一的标准。相对来说，在国家公务员考试中，有一套稳定的面试测试标准，《国家公务员录用面试暂行办法》第 8 条中有较为详细的规定：“面试主要测评应试人员适应职位要求的基本素质和实际工作能力，包括与拟任职位有关的知识、经验、能力、性格和价值观等基本情况。”第 9 条规定：“面试内容分为若干测评要素，主要包括综合分析能力、言语表达能力、应变能力、计划组织协调能力、人际交往的意识与技巧、自我情绪控制、求职动机与拟任职位的匹配性、举止仪表和专业能力。必要时，根据职位要求，面试内容可以增加其他测评要素。”

①综合分析能力，主要考察应试者对考官所提出的问题能否抓住本质，全面地进行分析，有深度、有独到见解，且论点鲜明，论据充分，论证严密，条理清晰。

②言语表达能力，主要考察应试者用语言表达的方式将自己的观点、思想清晰透彻地阐述出来，并与听众进行有效交流的能力。

③计划、组织、协调能力，主要考察应试者对活动进行组织计划、安排日程、调配资源，并对冲突各方的利益进行协调的能力。

④应变能力，主要考察应试者在有压力的情况下，迅速思考问题、分析问题、解决问题的能力。

⑤自我情绪控制，主要考察应试者在较强刺激情境中，表情和言语是否自然，在受到有意挑战甚至有意羞辱的场合能否保持冷静，在遇到上级批评指责、工作压力或是个人利益受到冲击时能否克制、容忍，理智地对待，不至于因情绪波动而影响工作，工作是否有耐心、韧劲。

⑥人际合作意识与技巧，主要考察应试者有目的地建立自己与他人、团体的关系，并在维持良性人际关系的基础上，有效拓展人际交往范围的能力。

⑦求职动机与拟任职位的匹配性，主要考察应试者报考动机是否明确，个人的条件、意愿与所报考的职位是否相一致，回答问题是否诚实、负责。

⑧举止仪表，主要考察应试者的外貌、气质、衣着举止、精神状态等，看其穿着打扮是否得体，言行举止是否符合一般礼仪，是否有多余的动作。

第二节　面试技巧

一、面试前的准备

古人云："凡事预则立，不预则废。"面试前准备得如何是面试能否取得成功的一个基本条件。面试前的准备包括资料准备、仪表和心理调节等多个方面。充分的准备将在很大程度上影响到面试结果，为面试成功增加砝码。

1. 收集资料

要先了解招聘单位、岗位职能等各方面的信息，有针对性地开展面试是很有必要的。一方面，对招聘单位和岗位职能了解越多，会使面试官感到你对这份工作越重视。另一方面，资料的收集对面试的应答会有所帮助，可以提早判断自己是否适合这一职位。自己在应聘这一职位时，自己的优劣势在哪，应该如何改进。因此，要尽可能了解清楚招聘单位的性质和背景，搞准确它是哪一种行业，生产何种产品，企业文化是什么，业务情况如何。另外，对招聘单位的内部组织、员工福利、一般起薪、工作地点等也应该尽可能了解清楚。如果事先不了解这些情况，也无法判断这一工作是否适合自己，无法有针对性的面试。

2. 仪表

求职面试时第一印象至关重要，没有一个考官会对一个装扮邋遢、衣着举止不得体的考生心生好感。考官考虑更多的是你可能并不重视这次面试和这份工作，或者一个对自己很马虎的人，怎么可能认真对待交付给他的工作呢？因此，从开门进屋的那一瞬间起，仅在几秒钟之内所给予考官的第一印象比起履历表中所载的经历和资格证书等更为重要。现在求职者大都知道着装的重要性，不再会衣着邋遢地出现在考场中，但什么才是得体的着装，在分寸感上把握起来就不尽如人意了。总的来说，面试者不能过分以个人的情趣、爱好选择服装，不要以为你的个性在第一次面试就非得通过着装表现出来。为慎重起见，应穿着样式较传统、符合大众潮流的服装，千万不可穿上色彩艳丽、图案凌乱和样式奇特的服装。至于服装究竟应该怎么穿，应试者应该根据用人单位的实际情况而定，看行业和企业文化穿衣打扮。此外，女性在面试时不要擦拭过多的香水，也尽量避免浑身首饰叮当乱响。总之，举止稳重绝对比时髦炫目重要得多,在出门面试前,选择好穿什么服装对你的成功绝对有加分的效果。

3. 心理调节

面试不仅仅是对求职者专业知识和技能的考验,同时也是对综合素质,尤其是心理素质的一次考验。一般来说,求职者进入面试现场,会产生一定的心理压力。如果不善于进行心理调节,就容易出现心理紧张,影响正常水平的发挥。那么,如何在面试过程中进行心理的调节呢?首先,以平常心对待面试。参加面试的目的当然是为了成功,但也不要把失败看得过于严重,"胜败乃兵家常事",即使这次失败了也不要紧,还会有其他机会,相信自己最终会找到比较满意的工作。抱着这种积极乐观的态度,就能增强信心,排除杂念,稳定情绪,从容不迫地参加面谈与面试。其次,巧妙运用"肢体语言"。坐直或站直,闭上双眼,冥想一些愉快、舒适或可笑的事,使自己心情调节到最愉快的程度,也可以想自己以前最成功的一件事,想象成功时的心境。最后,提前到场。这时要带一份报、一本书或杂志,以备等候时翻阅。因为等待时人最易产生紧张心理,正好你手上有东西看,那就全神贯注地看报或看书、看杂志,一来可解等候的不安,二来可显示自己的素质。

二、面试中的非言语技巧

面试中的非言语信息在面试中的使用,包括声音、表情、动作、目光等。它有助于表达一个人的情绪状态和态度,起到辅助表达、增强力量、加强语气的作用,可以全面反映考生的人际沟通能力,促进考生与考官间的情感交流。非言语交流的得体使用,是考生面试成功的重要手段与技巧,并影响考官对考生的评价。

1. 面试对姿势的要求

俗话说"站有站相,坐有坐相"。面试中的姿势应该自然大方,和日常工作、学习中的标准姿势差不多。首先,良好的姿势能使面试者精神振奋、朝气蓬勃。其次,姿势的使用要把握好度。大幅度的手势,太夸张的姿势,频繁地点头,会给考官造成不稳重的印象。最后,体态语言的运用要结合自己的具体情况,要符合自己的个性气质。如考生刚健、热情、活泼,则可以使用幅度大的手势,数量上也可稍多一些,体姿也可以"动作"大一些;而内向、文静的考生就可以表现自己的动作轻巧、身姿优雅,手势语则用一些象征性的就够了。

2. 面试中对声音的要求

面试中求职者应注意,音调适中,不可过高或过低;有节奏感,不单调。这样的声音会给考官留下精明能干,心理素质好的印象,为面试成功铺平道路。考生同时应该避免:音调过高,给人以不成熟和情绪冲动的印象;尾音过长,声音太弱,给人以不肯定的感觉;语速过快,让考官难以深入理解并减低考官们对考生的重视程度;发出呼吸声,给人不稳重的感觉;尖锐刺耳,会给人以粗俗之感;语调末尾上升,表明了考生的信心不足;声音颤动,让考官误认为你紧张或羞怯;语速过于缓慢,让你显得毫无生机和压抑;语调呆板,声音沙哑,将减弱考生的说服力;用鼻音说话或哼声,会让考官觉得你傲慢、冷漠、缺乏诚意。

3. 面试中对表情的要求

求职者在面试中,应有意地纠正有碍于交流的面部不良表情,一切超出常规的感情流露都不适宜。如果考官提的问题让你感到不舒服,甚至让你感到难堪,这时仍应保持冷静,切忌冲动。恰当的面部表情是言语交际进行的润滑剂,因此求职者要能够用恰当的面部表情语言灵活自如地"说话",特别是学会微笑,并在面试时使之贯穿始终。当面对考官时都报以真诚的微笑,使你的笑貌音容在大家的脑海里最后再打上一个印记。即使是在面试结束时,也一定要留给考官一个愉快的印象,笑容便是结束谈话的最佳“句号”。

4. 面试中对目光的要求

“眼睛是心灵的窗户”,求职者与考官的目光沟通,除了一些非言语信息的交流外,更表达了求职者对考官的尊重以及对考官说话内容的注意。面试时与考官保持视线的接触,是起码的礼貌,更是求职者自信的一种表现。面试时若是回避考官的目光或者目光游离不定,会被考官认为你胆怯,底气不足;或太傲气,不把考官放在眼里。一般情况下,求职者可以将目光停留于考官的额头或鼻梁上,这样会给考官以自然、舒服、轻松的感觉,有利于双方的进一步交流。当考官为多人时,求职者需要用环顾的方法,照顾到“全视野”内的考官,以使每个考官都感受到你在同他说话,满足他们要求被注意和尊重的心理,并提高他们对你的兴趣。除了把握住自己的注视方式外,还需要观察考官的目光,并对其做出灵敏的反应。如一位目光始终游离于别处的考官,突然目光注视你,那么考生在捕捉到这个信号时,就应该主动与其保持接触,做出期待与其交流的样子,以促进考生与考官之间的融洽。

三、面试中的言语技巧

面试离不开语言,因为答辩必须用语言来回答试题或考官提出的问题。语言运用的好坏,直接关系到面试的成败。因此,掌握面试的语言艺术,对于面试的成败有着十分重要的作用。

1. 面试语言的基本要求

面试有着严格的时间限制,在短短的几十分钟时间里,求职者的面试语言要做到简洁,避免在叙述一件事情时说了很多话,但还是无法把他的意思表达出来。听者花了很多时间和精力,仍然不知道他想说明什么东西。同时,语言要有条理性、逻辑性,讲究节奏感,保证语言的流畅性。切忌含含糊糊,吞吞吐吐,这会给考官留下坏的印象,从而导致面试的失败。除了语言的简洁性和流畅性,回答问题时语调、表情等诸方面也应适当配合。需要特别注意的是,面试中不能有太多的手势和口头禅,手势太多让人看了觉得别扭;口头禅太多,让人听起来费劲。

2. 面试语言应注意的问题

面试中求职者应克服不良的语言习惯,具体要注意以下一些方面。

第一,用语过于绝对或不确定。有的求职者经常使用绝对肯定的词语,如“绝对是”“肯定是”“没问题”,显得比较夸张;相反,有些求职者则常用一些很不确定的词语,如“可能”“也许”“差不多”“还可以”,显得缺乏自信。这两种情况对于面试都会有不良影响。

第二,语言过于呆板。一般地说,听者总是希望说者的语言丰富多彩。我们虽然不必像某些名人所说那样,每说一事都要创造一个新词汇,但也应该在许可的范围内尽量使表达多样化,而有的求职者说话时语言显得比较贫乏,每个问题的回答都像小学生回答问题一样“因为……所以……”,这样即使内容很精彩,也会令人感到呆板、乏味。

第三,避免使用粗俗的词。常言道:“言语是个人学问品格的衣冠。”一个相貌堂堂、看上去高贵华丽的人,如果一开口就说出粗俗不堪的话,那么别人对他的敬慕之心就会马上烟消云散。其实,这些人中的相当一部分并非学问品格不好,只是在追求语言的新奇和俏皮的过程中,不知不觉地染上了这种难以更改的坏习惯,在面试这样的正式场合更应该特别地注意。

第四,说话时注意考官的反应。有的求职者在面试时只顾自己说,对考官的反应一无所知,这样就起不到良好的面试效果。也许你在长篇大论、滔滔不绝时,考官已经显得不耐烦了,结果吃力不讨好;也许考官正对你的某些观点感兴趣时,你却突然转移了话题;还有的求职者抢着说话不给考官插嘴的机会,或者打断考官说话,这些都是不善于察言观色的结果。

（三）面试中常见问题的回答

1. 如何做自我介绍

面试开始时，考官都会问及求职者自身的一些基本问题，因此自我介绍是面试的必考题。考官问这个问题一般有两个目的：一是面试刚开始时求职者多少有些紧张，问一些求职者熟悉也易于回答的问题，可使其放松一下，消除紧张情绪。另一个目的，是想了解求职者的个人基本信息，探究你是一个什么样的人。

首先，请报出自己的姓名和身份，虽然考官们完全可以从你的报名表、简历等材料中了解这些情况，但仍请你主动提及，这是礼貌的需要，还可以加深考官对你的印象。其次，你可以简单地介绍一下你的学历、工作经历、家庭概况等基本个人情况，这部分的陈述务必简明扼要、抓住要点。例如介绍自己的学历，一般只需谈本专科以上的学历。工作单位如果多，选几个有代表性的或者你认为重要的介绍，就可以了，但这些内容一定要和面试及应考职位有关系。保证叙述的线索清晰，一个结构混乱、内容过长的开场白，会给考官们留下杂乱无章、个性不清晰的印象，并且让考官倦怠，削弱对继续进行的面试的兴趣和注意力。同时，应试者还要注意这部分内容应与个人简历、报名材料上的有关内容相一致，不要有出入。在介绍这些内容时，应避免书面语言的严整与拘束，而使用灵活的口头语进行组织。这些个人基本情况的介绍都属于中性问题，没有对或错的问题，而有些求职者事先将自我介绍背得滚瓜烂熟，在介绍时像在背书，显得过于拘谨。

2. 如何回答个人爱好方面的问题

个人爱好能在一定程度上反映求职者的性格、观念、心态，这是招聘单位问此类问题的主要原因。在回答这类问题时，对于在业余爱好上没有突出特长的求职者回答应该委婉谦虚，一般在回答前应平和地说“其实也不是什么特长，只是稍知道一些……”，但最好也不要说自己没有业余爱好；不要说自己有那些庸俗的、令人感觉不好的爱好；不要说自己仅限于读书、听音乐、上网，否则可能令面试官怀疑应聘者性格孤僻，最好能有一些户外的业余爱好来“点缀”你的形象。而对于有突出特长的求职者，应尽量用实例来说明问题，如参加过什么活动、有什么作品、得过什么奖项。

3. 如何回答求职动机方面的问题

求职动机是各种应聘面试中最常见的问题之一，目的是从你的回答中了解你的职业价值取向，从而确认你的工作动机是否与拟任职业的要求相匹配。

针对这一问题，要着重结合你的职业理想说明你应聘这个职位的原因。你可以谈你对应考单位或职务的认识了解，说明你选择这个单位或职务的强烈愿望。原先有工作单位的应试者应解释清楚自己放弃原来的工作而做出新的职业选择的原因。你还可以谈如果你被录取，那么你将怎样尽职尽责地工作，并不断根据需要完善和发展自己。当然这些都应密切联系你的价值观与职业观。不过，如果你将自己描述为不食人间烟火的、不计较个人利益的“圣人”，那么考官们对你的求职动机的信任，就要大打折扣了。

4. 如何回答工作经验方面的问题

工作经验是在求职过程中用人单位较看重的问题，因此回答这类问题需谨慎。对于年龄较大、工作经验较多的求职者，可以突出自己的以下优势：工作实践经验丰富，不需要投入更大精力进行岗前培训；为人成熟、稳重，往往给人可靠老成的感觉；对工作的期望比较现实，不会“一山望着一山高”；追求并且珍惜稳定、踏实的工作机会，不会轻易要求转岗或者跳槽。但切忌不可“夜郎自大”，在考官面前班门弄斧、吹嘘自己，而要让考官认为你是个即谦虚、坦诚又有一定社会经验的人。对于年龄较轻、工作经验较少的考生，在面试回答考官提问时，要体现出自己的优势：可塑性强，思维活跃，容易接受新事物，学习新技术；薪酬福利方面的期望值不会过高；对工作充满热情，为人处世单纯，不会斤斤计较；家庭负担轻，能随时加班、出差。最重要的是，以一两个例子来形象地、明晰地说明自己的经验与能力，例如：在学校担任学生干部时成功组织的活动；或者参与过什么社会实践，做了什么事情；或者自己在专业上取得的重要成绩以及出色的学术成就等。

第十五章 一般口才训练

口才是指社会交际具有说话、交谈、演讲、谈判、辩论、社交等方面的口头语言表达的才能。这是一个人知识水平、思维能力、反应能力、表达能力的综合表现。美国著名的演说家戴普曾说过:“世界上再没有比令人心悦诚服的交谈能力更能迅速获得成功与别人的钦佩了,这种能力,任何人都可以培养出来。”简言之,口才就是口语表达的才能,或者说是口语表达的艺术和技巧。从人们的语言交际的实践看,口才主要表现为说话的六种才能和能力,即说明能力、吸引能力、说服能力、感人能力、创造能力和控制能力。

1. 说明能力

说明能力是指把话说得准确明白的能力。口才最基本的要求就是说话者能够准确自如、恰到好处地表达自己的思想、感情和意图;能够把道理讲得清楚明白;能轻松自然、简洁明了地使他人听清和理解自己的话。

2. 吸引能力

吸引能力,是指通过说话把别人的注意力留住的能力。美国著名的心理学家和人际关系学家戴尔·卡耐基先生认为:“只有说话具体的人,不管他受教育的程度如何,才具备吸引别人注意的能力。”他还说:“具体化的语言比修辞和逻辑都更重要。”因而,交谈最基本的条件是既要有充实而有价值的内涵,又要善于表达,使人听得清楚,而且回味无穷。

3. 说服能力

说服能力,是指说话能打动人心,使听者心悦诚服的能力。中国古代就有“一言可以兴邦,一言也可以误国”之说,又有“一人之辩重于九鼎之宝,三寸之舌强于百万之师”之论。翻看古今中外的历史,出现过毛遂自荐,救赵于危;晏子使楚,不辱使命;墨翟陈辞,止楚攻宋。诸葛亮的“隆中对策”,是天下三足鼎立的策略基础,“舌战群儒”更是力挽狂澜的宏论雄辩,无不是靠着卓绝的口才取胜。

4. 感人能力

感人能力,是指用语言感动人的能力。真实、真情和真诚的态度是成功的说话者的法宝,能够让听者闻其言、知其意、感其心,达到情感上的共鸣,激起群众的热情,就能产生震撼人心的巨大力量,获得以情动人的效应。第二次世界大战期间,年近70岁的英国首相丘吉尔在对秘书口授反击法西斯战争动员的讲稿时,激动得泪流满面。他的这一次演讲,动人心魄,极大地鼓舞了英国人民的反法西斯斗志。

5. 创造能力

创造能力,是指讲话中根据思想表达的需要创造语言的能力,或者说是创造性地运用语言来表达自己思想的能力。

6. 控制能力

控制能力,是指控制自己语言所引起后果的能力。具体表现在准确把握说话分寸的能力;针对不同的受众和不同的情况,准确预料和有效控制听话人对自己语言所作出反应的能力;在谈话过程中已经出现问题的情况下,改用恰当语言予以补救的能力。在富兰克林的自传中有这样一段话："我在约束自己的时候，曾有一张美德检查表。当初那表上只列着12种美德。后来，有一个朋友告诉我，说我有些骄傲，这种骄傲，常在谈话中表现出来，使人觉得盛气凌人。于是我立刻注意这位友人给我的忠告，我相信这足以影响我的前途。然后我在表上特别列上虚心一项，我决定竭力避免说出一切直接触犯别人感情的话，甚至禁止自己使用一切确定的词句，像'当然'、'一定'、'不消说'……而以'也许'、'我想'、'仿佛'……来代替。"

我们常说，一个说话受别人欢迎的人，等于在银行中有取之不尽的存款，到哪里都能够通行无阻。因而，善于说话的人不但可借口才引起旁人的注意，也比一般人拥有更多、更好的发展机会。一个人必须了解如何探寻事物、如何说明事理、如何进行说服性的言谈、如何以情动人，才能在学习与工作的道路上获得更大的成功。

第一节　即兴发言

一、定义与种类

即兴发言，是指事前几乎没有准备，没有现成讲稿，因事而发，触景生情，在特定的环境下的"临场发挥"，或者说是有感而发的"即席发挥"。即兴发言最突出的特征是"即兴"，因而即兴发言也就具有临时性、动因的触发性、针对性、短暂性、灵活性这五个特点。

即兴发言在日常生活中使用面很广，如小规模、小范围的社交聚会中的欢迎、欢送、哀悼、竞选、就职、答谢、婚宴等场合下的发言或讲话。发言者需要注意的是言简意赅，表达心意即可，切忌冗长。同时，即兴发言在不同的时令、地理环境、自然景物等情况下进行，往往因人的主观感受之不同而附上不同的情绪色彩。若能结合自然情景来组织话语，便可激起听者的共鸣，收到更好的表达效果。

【示例】

李瑞环同志在天津工作期间，适逢国家足球甲级联赛在天津举行。天津队参赛前正赶上下雨，李瑞环鼓励队员们说："下雨了，你们要混水摸球，要快传多射，千万别拖泥带水。"这里巧借场上下雨这一自然情境因素，或仿拟，或双关，话语风趣幽默，很好地发挥了鼓舞士气的作用。

即兴发言就其方式来说，可以分为主动型即兴发言和被动型即兴发言两种。

（一）主动型即兴发言

主动型即兴发言，是指发言者在没有外力推动与督促的情况下，受环境的影响或出于某种目的有感而发的临时性发言。

【示例】

1863年7月发生在宾夕法尼亚州的葛底斯堡的战斗是联邦的一次重大胜利，标志着战争中的一个转折点。5.1万多名士兵在那场战斗中受伤。1863年11月19日，在这个战场上建立的一个军人公墓正式启用。典礼的组织者因为不能肯定总统是否能够到场，所以只把他作为了一名次要的演讲者，只请林肯讲"几句合适的话"，但他却让这么"几句合适的话"成为了演讲史上的经典之作：

87年前，我们先辈在这个大陆上创立了一个新国家，它孕育于自由之中，奉行一切人生来平等的原则。

我们正从事一场伟大的内战，以考验这个国家，或者任何一个孕育于自由和奉行上述原则的国家是否能够长久存在下去。我们在这场战争中的一个伟大战场上集会。烈士们为使这个国家能够生存下去而献出了自己的生命,我们来到这里,是要把这个战场的一部分奉献给他们作为最后安息之所。我们这样做是完全应该而且非常恰当的。

但是,从更广泛的意义上说,这块土地我们不能够奉献,不能够圣化,不能够神化。那些曾在这里战斗过的勇士们,活着的和去世的,已经把这块土地圣化了,这远不是我们微薄的力量所能增减的。我们今天在这里所说的话,全世界不大会注意,也不会长久地记住,但勇士们在这里所做过的事,全世界却永远不会忘记。毋宁说,倒是我们这些还活着的人,应该在这里把自己奉献于勇士们已经如此崇高地向前推进但尚未完成的事业。倒是我们应该在这里把自己奉献于仍然留在我们面前的伟大任务——我们要从这些光荣的死者身上吸取更多的献身精神,来完成他们已经完全彻底为之献身的事业;我们要在这里下定最大的决心,不让这些死者白白牺牲;我们要使国家在上帝福佑下自由地新生,要使这个民有、民治、民享的政府永世长存。

在准备这篇简短的演讲稿时,林肯想带领1.5万名参加公墓启用典礼的美国人经历一次情感的最后典礼,他也需要为一场还远远没有胜利的血腥的斗争赢得继续的支持。演说虽只有3分钟,却充满着真挚的感情,哀痛而振奋,沉重而自豪,赢得了民众的心。

(二)被动型即兴发言

被动型即兴发言,是指演讲者原本没有打算发言,在外力的促使下,被迫发表的临时性发言。

【示例】

1976年1月8日,周恩来逝世时,设在美国纽约的联合国总部门前的联合国旗降了半旗。自1945年联合国成立以来,世界上有许多国家元首先后去世,联合国还没有为谁降过半旗。一些国家感到不平了,他们的外交官聚集在联合国大门前的广场上,言辞激愤地向联合国总部发出质疑:我们国家的元首去世,联合国的大旗升得那么高,中国的总理去世,为什么要为他下半旗呢?

当时的联合国秘书长瓦尔德海姆站出来,在联合国大厦前的台阶上发表了一次极短的演讲,总共不过一分钟。

女士们,先生们:

为了悼念周恩来,联合国下半旗,这是我个人的决定,原因有二。

一是,中国是个文明古国,她的金银财宝多得不计其数,她使用的人民币多得我们数不过来。可是她的总理没有一分存款。

二是,中国有九亿人口,占世界人口的四分之一,可是周总理没有一个自己的孩子。

你们任何国家的元首,如果能做到其中一条,在他逝世的日子,联合国总部将照样为他降半旗。

谢谢!

说完,他扫视了一下广场,而后转身返回秘书处。这时广场先是鸦雀无声,接着响起雷鸣般的掌声……

这次即兴发言最大的特点就是言简意赅,内涵深刻,因此获得了“雷鸣般的掌声”。这不仅表现出瓦尔德海姆先生机敏的谈吐和机智的外交才能,也反映了周总理举世无双的高尚品质。

二、即兴发言的技巧

(一)平时准备

1. 对即兴发言者能力的要求

发言者平时的知识积累、兴趣爱好、阅历修养对其发言的成功都有着紧密的关系。"巧妇难为无米之炊",这就要求发言者平时要"国事、家事、天下事,事事关心"。同时也要求发言者有着极佳的心理素养,处乱不惊。

2. 对即兴发言内容的要求

发言者要尽快观察、熟悉现场,及时收集捕捉现场的所见所闻,包括现场环境(时间、地点、场景)、听众、其他发言者的发言,以确定自驾的话题,增加发言的即兴因素。

(二)临场准备

即兴发言因具有临时性的特点,没有充足的准备时间,所以需要发言者平时积累知识,提高文化素养,并且临场能快速构思,选好话题切入点。其技巧主要表现在三定、四思、五借。

1. 三"定"

三"定",是指选定主题、确定观点、勾定框架。

选定主题——尽量选择你想说的、观众想听的、你能讲的、社会生活需要的话题。

确定观点——应确立明确精练、正确深刻、为大家所能接受的、言之有理的观点。

勾定框架——即是通过联想,把已经选好的点,将毫无关系的人、事、物有机联系起来,并将这种"联系"上升到某种高度,表现发言的主题。

一般来说,分为开门见山、曲径通幽、结构精选三种模式。

①开门见山式又叫金字塔式,即是先亮出观点,然后围绕观点做较详细地论证和分析说明。

【示例】

某厂的职工三岁半的孩子身患急性粒细胞白血病,家里倾其所有,也无法承受高昂的治疗费用,为此,该厂团委组织了一次街头义演募捐活动。一位抱着孩子的母亲捐钱之后,对着话筒作了一次反响很大的即席演讲,她开头是这样说的。

各位父老,各位姐妹:

我是一个孩子的妈妈,(怀里抱着刚满一岁的孩子)我想对在场所有的妈妈讲几句话:"大家都看到了吧,照片上这个小男孩长得多可爱,(募捐议书上贴着孩子12寸相片)大大的眼睛,圆圆的脸,他正在向您微笑,笑得那么甜。可是,有谁会想到,残酷的病魔正吞噬着他的笑容……"

引发这位母亲作这篇令现场听众震撼的即席演讲的,显然是充满爱心的现场氛围,尤其是孩子的这张照片。

②曲径通幽式也称为卡耐基的"魔术公式"。其要点有以下三点:一是在尚未涉及演讲核心内容之前,先举事例,通过例子把你想让听众知道的事透露出来;二是用明确的语言,叙述主旨、要点,将你要传达的观点抛出;三是说明理由,进行论证分析。

【示例】

白岩松应邀到哈尔滨工业大学进行了一场演讲,在台上他即兴发挥,妙语连珠,激起大学生们阵阵掌声:

"有这么一对儿夫妇,吃完饭就坐在那里看电视,看完了,就洗漱一下睡觉,日复一日、年复一年就这么过着。也许有的同学会说：'太枯燥了吧，该离了吧？'但真正的生活就是这样，就是这样平常，生活如此，创业如此。大学生们走入社会之后，注定要花大部分时间做平平常常的事。那对夫妻在年老的那一天会彼此含着热泪感谢对方与自己携手相伴一生、彼此温暖一生；而同学们也会在平平常常的生活中等来生命中只占百分之五的激情与辉煌时刻！（掌声）因此，同学们要做好准备，毕业后准备好迎接平淡。"

2. 四"思"

四"思"，是指逆向思维、纵深思维、发散思维和综合思维

①逆向思维，是指从相反方向思考问题，即一反传统看法，提出与之相对或相反的观点。这是一种反弹琵琶式的思维模式，它鲜明地表现为对传统的批判精神，但要注意观点必须持之有据，能够自圆其说。

②纵深思维，是指从一般人认为不值一谈的小事，或无须作进一步探讨的定论中，发现更深一层的被现象掩盖着的事物本质，即"透过现象看本质"。

③发散思维，是指从同一问题中产生各种各样的为数众多的答案，在处理问题中寻找多种多样的正确途径。多端、灵活、精细、新颖是它的特点。

④综合思维训练，是指前面三种思维的综合运用。事实上我们在思考问题时，一般情况都是将各种思维综合在一起使用的。

3. 五"借"

五借，是指借物、借景、借话、借事、借地。"借"的东西很多，五"借"是泛指。它要求演讲者要善于观察现场，获取信息。

①借物发挥——抓住某物在特定场合、特定时间下的象征意义、借题发挥。

【示例】

20世纪50年代初，有一次周总理在中南海勤政殿设宴招待外宾。客人们对中国菜的花样之繁多、风味之独特、味道之鲜美都赞不绝口。这时，上来一道汤菜，汤里的冬笋、蘑菇、红菜、荸荠等都雕刻成各种图案，色、香、味俱佳。然而，冬笋片是按照民族图案刻的，在汤里一翻身恰巧变成了法西斯的标志。贵客见此，不禁大惊失色，忙向周总理请教。对于这个问题，周总理也感到十分突然，但他随即泰然自若地解释道："这不是法西斯的标志！这是我们中国传统中的一种图案，念'万'，象征'福寿绵长'的意思，是对客人的良好祝愿！接着他又风趣地说："就算是法西斯标志也没有关系嘛！我们大家一起来消灭法西斯，把它吃掉！"话音未落，宾主哈哈大笑，气氛更加热烈，这道汤也被客人们喝得精光。

②借景发挥——以周围环境、某种氛围为点，点明其象征意义，从而表现发言主题。

【示例】

作家郭风去闽北参加一个笔会，当主持人宣布笔会开幕时、门外适时地爆响一串鞭炮，这使会场顿时增添了几分热烈的气氛。接着，发言者陆续开始念发言稿。当郭风被邀作即席发言时，他脱口说道："我想今天会议的气氛特别感人，因为就在刚才鞭炮响时，我看见有两只蝴蝶从窗外飞了进来。我看见那是两只小小的、孱弱的，但又十分美丽的蝴蝶，我以为它们就是被我们的笔会所吸引而飞来的，由此我也被深深地感动了……"话音未落，全场已响起一片热烈的掌声和由衷的笑声。

发言者借会场之景，作为发言的引子，自然而贴切。我们在作即兴发言时，也可借会场中的某一摆设、某一幅画、某一种情景，或借用会场外的某种景物，以此作引子，能取得"由具体

到抽象”的好效果。

③借话发挥——借用在场某位发言者或观众讲的某一句话作发挥，或肯定，或质疑，或引申，或重新诠释，进而快速构思成一席发言。

【示例】

在一次智力竞赛抢答会上，主持人问：“三纲指的是什么？”女生抢着回答：“臣为君纲，妻为夫纲，子为父纲。”答毕，全场哄笑，但是她并没有尴尬地坐下，反而从容地继续说下去：“笑什么？我说的是新三纲。我们国家人民当家做主，是主人，而领导不论官有多大，都是人民的公仆，这不是臣为君纲吗？当前国家实行计划生育政策，一对夫妇只生一个孩子，这孩子都成了小皇帝，岂不是子为父纲吗？许多家庭中，妻子的权力远远超过丈夫，‘妻管严’、模范丈夫遍地流行，岂不是妻为夫纲吗？”

这种“借话发挥”，常能使沉闷的会场为之一振，暂不说这位女生的回答能否加10分，但她从容镇定地平息了哄笑，机智地为说话的失误加以新颖的辩解，挽回败局，不能不使人们对她谈话的技巧加以赞赏。

④借事发挥——巧妙地借用会场内外的一些事情，找出这些事情与发言的某些关系，进而深入阐述，成为一席发言。

【示例】

某次全国人大小组讨论会，桌上有橘子招待大家。一位代表吃橘子后说牙齿不好，吃一个就不能再吃了。另一位代表便借用这件事发挥，快速构思了一席很成功的发言：

“我昨天掉了一颗牙，我的孙子最近也掉牙。我们两人掉牙有本质不同。我掉牙是衰老的表现，而我孙子掉牙却是成长的象征。同样，改革中出点问题，就像小孩子掉牙一样，是新生事物发展中的问题。前进中的问题，本身就包含着解决问题的因素。只要继续前进，问题就会解决。80年代初，广东放开市价，鱼价一下子上去，群众有意见，上级部门也有不同看法，可省委、省政府硬着头皮前进，终于扛过去了。现在广东的鱼价在全国各城市中是最便宜的。可见，对新旧交替过程中的问题，应积极采取新的办法解决。”

这席话中借用“掉牙”的事，以此与改革中的问题作类比，形象、生动、自然。作即兴发言时，如能从生活里新鲜有趣的事情中借用一两件，以此同类相比，深入问题的本质，常能快速有效地构思成篇。

⑤借地发挥——巧妙借用会议地点，为发言服务，引出一番风趣发言。

【示例】

香港回归前某一年年底，香港宝莲禅寺天坛大佛举行开光典礼，新华社香港分社社长周南和港督彭定康均应邀做主礼嘉宾。仪式过后，彭定康借回答记者提问，指责我“港澳办”关于香港问题的声明“并不是一份有特别吸引力的圣诞礼物”。周南闻言，便借用宝莲禅寺这一佛门圣地，说道：“谁搞‘三违背’，定会苦海无边，罪过！罪过！谁搞‘三符合’，自是功德无量，善哉！善哉！”说罢，再加上一句“阿弥陀佛”，引得在场的人哄堂大笑。

借用会场所在地，阐发一些与之相关的道理，引出一些妙语，常能为构想整篇发言开出一段生动的引子，进而理出清晰的思路。

第二节　辩　论

辩论作为人们阐发不同意见，通过争辩来深化辩题及彼此的认识，从而达到或说服对方或求取妥协的一种语言方式，是随着人类语言的产生而产生的。在人们的日常生活中，辩论已经悄悄潜入了人们的大脑意识，成为人们语言运用中的一种本能，大到竞选演说中的辩与论，小到买东西时的讨价还价，都有辩论的成分。

一、概念与种类

辩论是指以论证或反驳为具体表达方式，以论清是非、辨别曲直为基本目的，持不同见解的各方就同一话题阐述己见、批驳对方所进行的言语交锋，是人类在长期的社会实践中所形成的一种人际交往形式。因而，辩论的特点是观点对立。和演讲不同的是演讲是一人讲，众人听，很少有争论发生；辩论却是对立双方语言的直接对抗。这种对抗，根本上还在于观点的针锋相对。辩论双方，除了正面阐述自己观点的正确性之外，还要竭尽全力反驳对方的观点，证明其谬误或不足。

对于辩论，我们可以针对不同的角度对其进行种类划分。

①根据辩论使用的语言形式，可以将辩论分为书面辩论和口头辩论。书面辩论是指借助文字说理、驳难和抒发情感，大多是针对某一严肃的问题而展开辩论。口头辩论是一种直接的信息交流，被广泛用于公众演说、法庭辩论、赛场辩论及日常的问题争辩等不同场合之中。

②根据辩论是预先安排还是随机引发，可将辩论分为有意识辩论和随遇性辩论。有意识辩论是根据设定好的主题或目标，经过认真的准备而进行的辩论过程。随遇性辩论是指辩论者并非是有意识安排，而是在遇到某一问题或突发情况时，临时展开说理或辩论。

③根据辩论者的目的，可将辩论分为自证性辩论和悟他性辩论。自证性辩论是以检验和展示自我立论的正确性为目的而展开的辩论活动，如不同类型的答辩等。悟他性辩论则是以说服、教育他人接受一种理论或主张而展开的辩论，如谈判等。

二、赛场辩论的准备

赛场辩论准备的过程，其实就是一个自我提升的过程。任何一种观点，不经过打磨，就不会变得光彩照人，准备就是这个打磨的过程。

（一）研究辩题，正确立论

立论是辩手在赛场上进行辩论的立足点。辩题被明确无误地确认后，参赛队员就可以根据辩题，共同商量，研究确立一个最有利于本方论证的具体的总论点。所谓最有利于本方，就是指该总论点不仅观点正确，旗帜鲜明，而且用之攻能破对方任何的立论，用之守能抵挡对方的任何攻击。能不能确立这样一个总论点是一次辩论赛准备的成败关键。

在立论时需要掌握以下三个原则。

第一，弱化我方命题，强化对方命题。确立立场不仅应确立我方对辩题的理解，还须限定对方对辩题的理解，也就是必须明确指出对方应该论证的内容。尽可能扩大我方立论范围，从而给我方留下较大的回旋余地。其主要方法有以下两种。一是对辩题中的主要概念作限制性解释。如在南大队对台大队“人类和平共处是一个可能实现的理想”论辩中，正方南大队一辩开头就指出：“人类和平共处是和战争相对而言”，消除了战争也就实现了人类和平共处。这样就把其他形式的暴力行为排除在外，为本方以后论述打下了较好基础。另一个方法是对辩题加条件。如1986年亚洲大专辩论会北大队对香港中文大学队的比赛中，辩题是“发展旅游业利大于弊”，北大队是反方，正方中文大学队举出许多例子论证许多国家由于具备某些条件，发展旅游业获得了成功。北大队马上指出，正方的立场并不是“在一定条件下”发展旅游业利大于弊，所以中文大学队跑题了。这实际上是要正方证明“在任何情况下”发展旅游业都利大于弊，当然使正方无从论证，陷入被动。

第二，尽量选择逻辑性强、不易受攻击的立场。其主要方法是“高立论”。在任何一个细节上都和对方纠缠不休往往会丧失本方的优势，到最后仍是“一笔糊涂账”；不如干脆对一些显而易见的事实、众所周知的观点予以承认，接着立即指出：这些仅仅是问题中的一个方面，但我们应该讨论的是更重要的东西，把争论上升到更高层次，使对方精心准备的材料无从发挥，在我方熟悉的阵地上与其交锋，高屋建瓴，势如破竹。如在北大队和澳门东亚大学队的比赛中，辩题是“贸易保护主义是否可以抑制”，北大队是正方。具备一点经济学知识的人都知道，当今世界范围内贸易保护主义愈演愈烈，而新加坡更是饱尝贸易保护主义之苦。东亚大学队开始就“贸易保护主义是否严重”，在这一层次上与对方纠缠，显然要占下风，而且很可能引起评委和观众的反感。所以北大队经过仔细斟酌，论辩伊始就明确说明，当今世界范围内贸易保护主义确实相当严重，在这一点上我们非但不否认，而且还可以举出比你们多得多的例子。但是，我们应该讨论的是贸易保护主义是否可以抑制，而不是贸易保护主义是否存在或是否严重。这样就避开了对方拥有大量材料的事实，把论辩中心提高到对我方有利的“可以抑制”层次上来，避其锋芒，争取主动。

第三，确立立场时还应该注意的是立意要新奇，要能够“言人所未言，见人所未见”。从新的角度来分析问题，给人以耳目一新之感，往往会起到很好的场上效果。同时，对手对此准备不足，也会措手不及，仓促应战。当然不能故作惊人之语，应当在“意料之外”，又在“情理之中”。这就要求教练和队员们对辩题仔细揣摩和思索，努力使自己的立场既无懈可击、固若金汤，又新意迭出，令对方猝不及防，从而使自己立于不败之地。

为了要确立这样一个总论点，首先要对辩题进行严格的审题，也就是要对辩题字面上的每个词或词组逐个进行概念分析，即通常所说的“破题”。

1. 根据辩题的实质，研究辩题两个对立面的内涵，做到知己知彼

从辩论的特点我们知道，赛场辩论的辩题是中性的，没有是非结论的句子。因而，我们在“破题”的时候要同时站在双方的立场审视，不能一厢情愿。尤其是要分析出哪些词或词组对对方立论具有潜在的有利因素，可能成为双方首先争论的焦点，因为一般的辩论赛双方都会抓住辩题中的某个词项解释入手开始辩论，有时会出现整个辩论赛始终围绕这种解释来进行。因此，尽量设法站在一定理论高度，对辩题作出有利于本方观点的界定，以获得大多数听众的“公认”，是极为重要的一环。

【示例】

1990年第三届亚洲大专辩论会有一辩题为《儒家思想是亚洲四素》，南京大学持反方。为了说明儒家思想不是主要推动因素，南大对“儒家思想”“亚洲四小龙经济快速成长”“主要”“推动因素”四项词组进行了剖析，发现辩论双方争论焦点肯定会在“主要因素有多个，儒家思想是其中之一。”于是，南大把“主要因素”界定为必须是具有总揽全局功能这一点上。这样一来，南大总论点的方向便明朗了——儒家思想只是四小龙取得经济快速成长的背景条件，而并非是一个主要推动因素，推动四小龙经济快速发展的主要推动因素是四小龙做得尤为突出的

能总揽全局的正确而灵活的战略和政策。

能攻能守的总论点的确立是辩论赛准备的关键,但并不等于说在实际辩论中就一定获胜。如何使这个总论点在实际的唇枪舌剑中充分发挥好,还要有一定的战略战术与之配合。所谓战略,是指辩论中用以争取胜利的带有全局性的总的论战方法;所谓战术,则是指论战中的一些具体的技术方法。上面列举的南京大学一例,就是制定了"避实就虚"的战略和设计了一些具体的战术,才保证了整个辩论赛的成功。

2. 对辩题进行全方位逻辑设计

辩论从某个意义上说是逻辑之辩,逻辑是辩论的灵魂。逻辑设计的任务:首先自己的立场能自圆其说,并建立一个牢固的防线;其次是分析对手可能的逻辑设计路线,进行防御性的设计。

(二)做好论据准备和战术准备

1. 论据准备

论战也是材料的较量。审题与立论是确定辩论战略的关键,而辩论材料则是实施战略的基础,它在论战中扮演了多重角色,对于夺取辩论胜利具有决定性的重要意义。从立论和驳论的需要看,大体需要准备理论和事实两种材料。

第一,广泛搜集辩论材料。搜集辩论材料可以通过在现实生活中寻找第一手材料和查阅大量书刊资料获取间接材料两种方法获得。例如,有关的历史资料、现实状况、数字数据、正反典型事例、法律条文、名人名言等,其标准是确凿、具体、权威、充分、幽默。这些论据应包括我方和对手双方的资料。

第二,精心加工辩论材料。加工辩论材料的具体方法有对材料进行选择与分类、对材料进行提炼与加工、制作论据卡片等。

2. 战术准备

第一,辩论制胜与谋略。辩论的结局往往取决于对抗双方的智力和谋略水平的高低,神机妙算是论战制胜的关键性因素之一。谋略主要是指论战的计谋和策略,它作为一种对辩论过程和全局的谋划安排,把辩论人的诸多因素有效地组合、连接、搭配,进而形成强大整体作战力量的克敌制胜的艺术。

第二,辩论谋略的策划。它包括辩论战场的设计、战略战术目标的设定,以及战术预案的制定。充分研究敌我双方的有利、不利因素,在此基础上,决定先发制人还是后发制人;是单刀直入还是迂回包抄;是诱敌深入还是防守反击等。

(三)辩词的撰写

辩词主要是指指定辩论阶段要阐述己方观点的发言和自由辩论之后四辩的总结陈词,也包括部分自由辩论的进攻设计,它在整个辩论过程中是辩手主要的凭借和依据,常常起到总纲和主线的作用。一般来讲,辩论比赛常采用4:4的模式,正好体现"起承转合"的古文手法,四位辩手便可依据此来分工。

①一辩侧重逻辑判断,作用是"起",即开题。一辩的主要任务应是完成逻辑分析和辩题的认识。这一环节主要是设计一个骨架,把己方的基本立场和观点清楚地展现出来,确立己方的阵地和进攻路线,这里的关键是要使自己的立场能够自圆其说。

【示例】

以下是2003年国际大专生辩论赛A组总决赛——"顺境还是逆境更有利于人的成长"的

立论陈词。

正方一辩：顺境就是良好的境遇，逆境与之相对。人的成长指的是人从自然人转变为社会人，以及充分社会化的过程。以身心的健康发展和社会角色趋向成熟两个指标来显示，虽然顺境逆境，都是人成长过程中必然面对的人生境遇，但比较而言，顺境更有利于人的成长。

首先，从人的身心发展来看，一方面科学的营养供给、健全的公共卫生体系，比起匮乏的物质保障，欠缺的公共卫生服务，更有利于人的生理成长。另一方面，顺境更有利于人心智的成长，人心智的成长包括认知能力的提升、性情的陶冶、品格的养成。逆境中，学习环境是压制性的，可以认知事物，但是顺境中，提供的是鼓励性的教育氛围，更有利于认知的系统发展。逆境中可以认识到人生的艰辛，但也容易产生焦虑和痛苦，甚至产生对他人的疏离感和不信任。而顺境当中，我们更可以体会到家庭的温暖，社会的关爱，友情的可贵，从而拥有宽容开放、健康的心态。逆境中，对人品格的培养是有条件的，很容易就超出了基本的心理承压范围，造成人格的扭曲。而顺境中，对人品格的培养却是潜移默化的，通过积极的教育手段和良好的性情陶冶，可锻造更健全的人格。

其次，从人的社会化进程来看，一方面顺境更有利于满足人生各阶段的成长需求，当我们还是孩童的时候，顺境中家庭的关爱让我们具有了自信心和自主意识，而在破碎家庭中长大的孩子，容易自卑多疑。青少年的时候，顺境中良好的教育，可以使我们学业有成，谋生有道，而缺乏教育，则一时失去成长依托，迷失生活方向。当我们到了成年乃至老年的时候，顺境使人在自我肯定中，获得终生成长的动力，而逆境的冲击，容易使人意志消沉，自我否定。另一方面，顺境更有利于人社会角色的成熟，因为人的成长，总是以其独立的担当、恰当的社会角色为标志的，逆境中的困顿，容易产生挫败感，使人打断终生成长的进程，而顺境中持续的社会发展，健全的制度安排，和谐的日常生活，为人的社会角色成熟提供了更为良性的空间。

好风凭借力，助我上青云。凭借顺境的好风，我们可以展开成长的双翼，在人生的天际飞得更高，更远。谢谢！

②二辩应侧重理论判断，作用是“承”，即承上启下。在辩论过程中，二辩的使命应该是两个：一是在对方一辩至多是二辩陈述后，能迅速把握住对方立论中的基本观点和问题，为以后辩手指明攻击方向；二是在自由辩论中要起到收线的作用，时刻准备使辩论回到主题上。因而，这一环节需要选择一个特定的角度来深化己方的基本立场和理论，展开论述己方立场的核心观点，加强己方立场的理论基础和立论的可信度。

【示例】

以下是2003年国际大专生辩论赛A组总决赛——“顺境还是逆境更有利于人的成长”的反方二辩盘问正方二辩环节。

反方二辩：对方辩友您好，下面我们来玩一个游戏，这个游戏很简单，就是现在我们桌上，上面有三个杯子，请您猜一下，哪个杯子里面，我们有放喉糖。

正方二辩：这个真猜不出来。是不是有放喉糖的就是顺境，没有放喉糖的就是逆境呢？

反方二辩：对方辩友，您先猜猜看就知道了，你随便猜，猜错还可以再猜一次也没关系。

正方二辩：那我猜三个里面都有行不行啊？

反方二辩：可以呀，对方辩友。我们先看，对方辩友，这里面有喉糖对不对。

正方二辩：嗯。

反方二辩：那您如果猜对这个的时候，想请问您，如果您没有机会再猜下一次的时候，您如何证明这两个里面有没有喉糖呢?

正方二辩:我为什么一定要证明这两个里面有没有喉糖呢?我觉得人活着,如果真的有糖吃,然后过得比较好,自己能获得发展,就已经够了。不需要去尝试很多条错误的途径,没有困难创造困难也要去上,你说是不是呢?

反方二辩:对方辩友,我想要告诉您的是,如果说今天您猜对了,这两个杯子里面到底放了什么东西,您就永远都不会知道了吧?

正方二辩:可是人生不是一场猜谜游戏,在这里,我猜对了喉糖有糖吃,猜错了喉糖没糖吃,很简单,损失并不大。可是有的时候,往往是对我一生都非常有影响重大的选择,如果我选错了,可能真的是追悔莫及了。所以能走正确的路的时候,我们还是不要往弯路上走。

反方二辩:对方辩友,今天你来参加国际大专辩论会,如果说今天你遇到的都是实力非常强的队伍,而他们的实力都超出您方所预期的实力,这时候,下次您再参加这场比赛的时候,您会不会有更充分的准备,更认真的准备,因为担心会遇到更强的对手?

正方二辩:可是无论我的对手多么强,都有我的教练、队友,还有场下的观众支持着我,我觉得这是我发展的顺境,在这种顺境之中,无论遇到多么强的对手,我都会迎难而上,取得成功的,谢谢你。

反方二辩:对方辩友意思是说,下次遇到更强的对手,您方就不打算更认真地准备,因为觉得现在这个程度就可以打败更强的对手的吗?

正方二辩:不,就算您是我的对手,您也不是我的困境,我觉得您是我成长中的动力,您的关心和鼓励,我都非常感谢。

反方二辩:谢谢您。

③三辩应侧重事实判断,作用是"驳"。三辩的使命是在他本人的陈述和自由辩论中起到谈笑风生,众横捭阖的作用,从容拓展辩论的深度和广度,使用迂回的方法阐明本方的题旨和攻击对方的理论。因而,这一环节即是在对方的立场阐述后,根据已方的立场予以反驳,并在确凿材料的基础上进一步发挥已方的立场。

【示例】

以下是2003年国际大专生辩论赛A组总决赛——"顺境还是逆境更有利于人的成长"反方反驳正方环节。

反方三辩:我们先来回顾一下刚刚的质询答辩,对方辩友在猜我们桌上的喉糖的时候,她用了一个很巧妙的方式,说我三个都猜可不可以呀。在这场比赛当中,当然可以,可是我想请问一下在座的各位观众,我们在人生的选择当中,可以说我统统都要可以吗?好像不行吧。不管我们是科学家在做实验,不管我们是学生在选择人生的经历和过程,不管我们是一个企业家在选择企业投资的方向,我们好像都必须要从中择一,当然如果遇到顺境,我们第一次都猜对,我们就得到了成功的果实,我开了第一个杯子知道里头有东西了,可是在这个过程当中,我失去了什么,我失去了看看其他杯子里的东西的机会。《阿甘正传》里头不就有一句话吗:"人生就像一盒巧克力,你不吃下去,你永远不知道它的味道是什么?"顺利的人有一个特色,就是他永远都吃到他最喜欢吃的那颗巧克力,可是呢,他永远不知道其他巧克力是什么味道,他也永远不知道别的路途会有什么样的风景。

对方辩友今天告诉我们,所谓的顺境,有三个立意,第一个是在生理上的发展,可是我们要知道,生理上真的是在顺境当中比较容易带来发展吗?我们都知道,人体为什么会产生对病菌的抗体，就因为是我们生过病，才会有抗体的，如果从来就没有生过病，一场病就把你击倒了，这怎么会是顺境的发展呢？对方辩友又告诉我们说，有顺境，身体才会好，可是这跟我们的经历也不一样，一个富翁，有车子，有房子，有仆人这种是顺境吧，他的身体会比农夫来得好吗？其次对方辩友告诉我们，说他的心智在顺境当中会成长，可是我们就要想想看了，如果我们去念大学遇到两个老师，一个是严格的老师，一个是偷懒的老师，随便课程都让你 pass，随便你交什么作业给你高分，这总是顺境，可你的心智会成长吗？最后我们还想到，有关品格的问题，对方辩友如果身在一个父母极度宠爱的顺畅环境里，打破花瓶父母说没有关系，捉弄小孩子，没有关系。对方辩友，这样的溺爱品格会正常吗？谢谢大家！

④四辩应侧重价值判断，作用是“合”，即总结。四辩的发言是总结性的，有着无可替代的重要地位，因此，其必须具备较高的价值判断能力。这一环节需要把己方的观点放在一个新的高度，加以概括，努力与人类社会的真、善、美结合起来，并对对方的理论和观点进行总体的反驳。

【示例】

以下是 2003 年国际大专生辩论赛 A 组总决赛——“顺境还是逆境更有利于人的成长”正方四辩总结陈词环节。

正方四辩：对方刚才最后一句话说，父母亲是父母亲，但成长还是自己的成长。但是有没有一个父母亲不希望自己的孩子更好地成长呢？对方今天其实要告诉大家，天下的父母说，如果你让你的孩子幸福的话，那么你错了，因为你如果不忍心看到你的孩子受苦，那是不让他成长。如果一个老师不对一个学生，苛刻地要求的话，那么你错了，因为如果你不对他苛刻地要求的话，这个孩子就没有办法成长。所以今天如果在座的各位，是身处名校，受过良好的教育的话，那么对不起，您没有成长。

对方又告诉我们《西游记》的故事，我们非常的感动，但是《西游记》到底是有利于孙悟空的成长呢，还是有利于我们在座普普通通的人成长呢？孙悟空压 500 年可以练就不坏金身，可是如果您被压了 500 年，恐怕也很难泰山压顶不弯腰吧？孙悟空在炼丹炉里头，可以练得火眼金睛，可是如果我在炼丹炉里头，恐怕就要变成北京烤鸭了。所以其实今天对方辩友告诉我们的有两点，第一点，他告诉我们说，其实您在逆境当中，要付出更多的努力，顺境中，也许只付出了三分，逆境中，你也许付出了八分，所以三分努力叫顺境，八分努力叫逆境。可是有没有人在逆境当中，意志消沉，借酒消愁呢？不是有一句话叫“举杯消愁愁更愁”嘛，我没有付出努力，是不是因为因此我们就没有身处逆境了呢？如果我们有人在顺境中珍惜我们现有的资源，加倍地努力，付出十二分的努力，是不是在对方眼中，因为我们有了这些良好的资源，父母的关爱，因而即使我们如何的努力，我们依然身处逆境呢？

第二点，对方辩友其实要告诉我们的是说，如果您在逆境过程中，能够激励您的潜能，所以我们当看到一个盲人要过马路的时候，不应该去帮助他，因为您应该告诉他，黑暗的世界更有利于您激发您的潜能，可是我们如何能忍心呢？如果我们看到处于战乱和饥荒中的儿童的时候，对方辩友也应该告诉大家，我们不应该对他们施以援手，因为我们何尝忍心，对他们的帮助让他们转逆为顺，从而失去了成长的动力呢？所以今天对方辩友可以高呼说，有许许多多伟大的人物，他们在逆境中成长了，没错，他们成长得非常好，但是我们为什么对他们心怀敬佩呢，不正是因为他们身处逆境，这样如此不利于我们生存的环境，却能够创造出生命的奇迹吗？但是我们今天应该谈的是普普通通的老百姓嘛，你可以高呼逆境如何获取历练，但您有什么权利，让我们不去追求幸福的生活呢，如果逆境让我们有了动力，那是因为我们顺境还拥有阳光，谢谢！

最后需要强调的是，辩词在分头写完后，还要碰头在一起充分斟酌，反复修改，力求达到最佳效果。

三、辩论的技巧

（一）一般辩论的技巧

这里，本教材选取了四种比较贴近生活、比较实用的辩论技巧介绍给大家。

1. 借此说彼法

借彼说此法就是利用两个事物之间的某些相似点，借助别处的彼事物来说明眼前的此事物，不仅通俗易懂，而且能增强说服力，常常能收到事半功倍的效果。

【示例】

清代著名的雄辩家纪晓岚善于驾驭语言。有一回，乾隆想开个玩笑以考验纪晓岚的辩才，便问纪晓岚："纪卿，忠孝二字作何解释？"

纪晓岚答道："君要臣死，臣不得不死，是为忠；父要子亡，子不得不亡，是为孝。"

乾隆立刻说："那好，朕要你现在就去死。"

纪晓岚立刻说："臣领旨！"

乾隆笑着问："纪卿，那你打算怎么个死法？"

纪晓岚思索后，说："跳河。"

话一说完，纪晓岚便走了出去，乾隆知道纪晓岚不可能真的去跳河，于是决定静观其变。

果然，不一会儿，纪晓岚又回到乾隆面前，乾隆笑道："纪卿，你何以未死？"

纪晓岚回答道："我碰到屈原了，他不让我死。"

乾隆疑惑地问："此话怎讲？"

纪晓岚煞有其事地说："我刚刚到河边，正要往下跳时，屈原从水里向我走来，他说，'晓岚啊，你此举大错！想当年楚王昏庸，我才不得不死。可如今皇上如此圣明，你为什么还要死呢？你应该回去问问皇上是不是昏君，如果皇上说他跟当年的楚王一样是个昏君，你再死也不迟啊！'所以臣就回来了。"

2. 归谬制人法

归谬制人法是先假定对方的命题为真，然后顺次前提进行延伸、推论，将它推向极端，推出明显的荒谬结论而使其难堪的一种方法。

【示例】

书载，在秦始皇嬴政时期，有一个12岁就被拜为上卿的少年，名叫甘罗。相传在他七八岁的时候，有一天看见他那在当朝为官的外公，回家后长吁短叹，闷闷不乐。于是就向外公打听到底发生了什么事。原来皇上听信谗言，给甘罗的外公出了个难题：找一枚公鸡下的蛋。甘罗听了后说：这事情好解决，我替你去办。第二天，甘罗叫外公在家休息，他穿着外公宽大的官服上朝去了。皇上及大臣看到他这身打扮，既感到好笑又觉得好奇。于是问甘罗：你外公不来上朝，他到哪里去了？甘罗不紧不慢地说：外公生小孩子了。皇上听了大笑着说：小家伙骗人也不讲点技术含量，男人会生小孩子吗？甘罗马上接上去说：既然男人不会生小孩子，那么公鸡又怎么会下蛋呢？皇上只好收回成命。就这样，甘罗运用归谬法，在与皇上及大臣的交谈中占了上风。

3. 类比反驳法

类比反驳法是辩论的一方不直接驳斥对方的论题，而是寻找一个与该论题有关的事例，通过对两者的比较，推导出对方论题的荒谬。这种反驳形象直观，避免了抽象说理的枯燥，使辩论更加有力、有趣。

【示例】

1983 年前后，大连歌舞团到上海演出，演员拿着麦克风一边走一边唱，上海的报纸指责这种唱法是“资产阶级腐朽的台风”“腐朽的港澳台风”。连篇累牍的批判，给歌舞团造成极大压力。时任辽宁日报副总编的范敬宜在一个适当的机会向任仲夷作了汇报，任仲夷沉默了一会儿，忽然问道：“关于这个问题马克思是怎么说的？”范敬宜说：“恐怕马克思也没有这方面的论述。”任仲夷说：“那好吧，既然老祖宗也没有说走着唱就是资本主义，站着唱就是社会主义，共产党省委只管唱什么，不管怎么唱！”（《百年潮》2010 年 2 期）

4. 引人就范法

辩论时，让对手接受自己的观点是不容易的，因为双方本来就是意见对立的，但如果绕开一定的弯子，让对方在无察觉的情况下，进入圈套，却是一种行之有效的办法。

【示例】

从前，河南有个大财主叫金泰来，他是一个吝啬鬼，想趁袁世凯称帝的时机，克扣长工的工钱。一天，他以庆祝袁世凯当皇帝为名，摆了几桌酒席，并把长工奴仆都叫来。在酒席上，他说：“为了庆贺皇帝登基，我想赏给在座各位每人 200 两银子，只是有个条件，每人必须说一件我从来没听过的事。说对了有赏，说错了就扣一年的工钱。”众人自然了解他的用意，却也拿他没辙，只好皱着眉头苦思对策。

此时，有一个小丫头说：“老爷，从前我家养了一只鸭，一天下七颗蛋，三个双黄的，四个……”

没等丫头说完，金泰来一摆手说：“别说啦，我家的鸭子一天还下过十颗蛋呢！来啊！把她的工钱扣下来！”管账的人一听，就扣下小丫头一年的工钱。

接着，有个长工说：“老爷，我见过一条狗，两个眼睛朝前，两个眼睛朝后，两个眼睛朝左，两个眼睛……”

金泰来随即又打断他说：“唉，别说啦！一边长六个眼睛的狗我都见过呢！把他的工钱也扣下来！”管账的人又把这个长工一年的工钱给扣了下来。

后来，金财主一口一个“听说过”，毫不留情地把长工们的钱都给吞了。最后轮到一个当奶妈的仆人时，她站起来说道：“老爷，奴家姓钱，我家祖父说，他与您家曾祖父有八拜之交，要真论起来，您还得叫我声姑奶奶，这事您一定听说过吧？”

金泰来眼睛一瞪，酒盅一摔，怒声吼道：“瞎说！我怎么从来没听说过？”

奶妈突然哈哈大笑：“老爷，既然您没听说过，那就快拿 200 两银子赏我吧！”

金泰来才明白自己上了当，但在众人面前又不敢赖账，只好拿出 200 两银子给奶妈。后来奶妈把银子分给大家，结果一算，大家拿到的钱比原来的工钱还多了好几倍。

这位奶妈之所以出奇制胜，就在于她了解金泰来绝不会认她为姑奶奶。另一方面，因为金泰来对“你没听说过吗？”一语有相当的警觉性，于是她巧妙地以“你一定听说过吧”来替换，借以降低他的警觉心，使金泰来因瞬间的冲动而中计。很显然，巧妙的语言迂回技巧，就是奶妈成功的原因。

（二）赛场辩论的技巧

下面我们主要介绍辩论赛中问、答、对抗的技巧。

1. 问的技巧

（1）直问技巧

直问是开门见山、单刀直入地提问。这种提问不迂回、不绕弯，直接抓住要害一针见血地设问。

【示例】

在1999年全国大专辩论会决赛——“美是客观存在还是主观感受”辩论赛中，正反双方就使用了大量的直问形式展开激烈交锋。

反方：请教对方同学，那么既然美是可以感受到，不感受到不代表不美，那么对于电磁场这种我们不能直接感受到的东西，请教你们的二辩，它到底美还是不美呢。

正方：美不美是要存在在那事物之中，但是我们能不能感受到美，就是凭我们自己的主观感受，但是如果说我们感受不到美的话，并不表示说那样东西不美，它就必须要有美的特质。对方刚才说电磁场，那么电磁场本来若是拥有美的特质，它能散发出美的特质，能影响、感染人的话，那么它就会令人有美的感受。但是若美的特质不在电磁场上，那么就无法取得，让我们感受到它的美。所以美本身还是客观存在的，在那个事物至上，而并非我的主观感受，就告诉说，电磁场美不美。

（2）反诘进攻技巧

反诘进攻是辩论的基本语言技巧之一，是修辞学上的反问在辩论中的运用。所谓反诘，就是从反面提出问题，用否定的疑问句来表示肯定的语气，或者用肯定的疑问句来表示否定的语气。

【示例】

苏格拉底认为除非一个人很谦逊，“自知其无知”才能激发起他的学习热情，否则他不可能学到真知。苏格拉底谈话是借助于问答，以弄清对方思路。他偏重于问，不轻易回答对方问题，由对方回答中从而导引出其他问题的资料，直至最后由于不断的诘问，使青年承认他的无知。

年轻人格老孔还不到20岁，但他一心想在城邦政府中做一名领袖向群众演讲，他的亲友中没有一个人能够制止他。

苏格拉底在一次偶然遇到他的时候，为了使格老孔乐意听自己的话，就拦住他，说：“喂，格老孔，你是立定志向做我们城邦的领袖吗？”

“我的确是这样想，苏格拉底”，格老孔回答道。

“那好极了，如果人间真有什么好事的话，这又是一桩好事了。因为很显然，如果你的目的能实现，你想要什么就会得到什么；你将能够帮助你的朋友；为你的家庭扬名，为你的祖国增光；你的名声首先会传遍城邦，然后还会传遍希腊，你也许还会像赛米斯托克勒斯那样，在异邦人中享盛名；你将来无论到哪里去，都会受到人们的敬仰。”

格老孔听到这番话感到大为高兴，于是就欣然留下来了。

苏格拉底接着说道：“看来很显然，格老孔，如果你想要受到人们的尊敬，你就必须对城邦有所贡献。”

“完全是这样”，格老孔回答。

“我以神明的名义请求你，不要向我们隐瞒，而是要告诉我们你打算怎样开始对城邦做出有益的事来”，苏格拉底说。

但是当格老孔由于考虑应当从哪儿开始而沉默不作声的时候，苏格拉底接着又说道：“譬如，当你要促使一个朋友的家庭兴旺的时候，你就会想方设法使它更加富裕起来，你是不是也想方设法使城邦富裕起来呢？”

“当然”，格老孔回答。

“如果它的税收更加充足起来，是不是就会变得更加富裕一些呢？”

“很可能是这样。”

“那么，请你告诉我”，苏格拉底说，“目前城邦的税收是从哪些方面来的，总数共有多少？为了使不足的得以补足，使缺少的可以得到新的来源的弥补，毫无疑问，你对这些问题一定都考虑过了。”

“说实在的，对于这些问题，我还没有考虑过”，格老孔回答。

“如果你在这方面疏忽了”，苏格拉底说道，“那么，请你对我们讲一讲城邦的支出吧。因为很显然，你一定打算把那些开支过大的项目加以削减。”

“老实说”，格老孔回答道，“我还没来得及考虑这个问题。”

“那么”，苏格拉底说道，“我们只有把使城邦富裕的问题暂时搁一搁了，因为连支出和收入都还不知道，又怎能把这些事照管好呢？”

(3)控制局势式技巧

在辩论中，一个善变者提出的问题往往可以决定对方能不能答，答什么，怎么答。因而能起到控制辩论的方向和中心的作用，控制辩论局势的发展发现，使辩论的主动权牢牢掌握在自己手中。

【示例】

1997年国际大专辩论赛决赛关于“真理是否越辩越明”的辩论中有这么一节辩词。

正方：请问在定比定律的发现过程中难道不是真理越辩越明吗？

反方：对方辩友那么推崇辩，那么就请你们以辩来论证地球是以23.5度来绕着太阳转的。

正方：对方辩友，看来你是无法解释我方提出的这段科技史上的佳话，请问对方辩友，你们如何解释波普尔的猜想反驳定理呢？

反方：对方告诉我们辩论是一种充分条件，对方是不是告诉我们辩论必然带来真理呢？那么请对方以辩来论证地球是以23.5度环绕着太阳运行的。（掌声）

正方：对方今天错误地理解了我们今天的辩题，我们说充分条件是说既有真理又有辩存在的情况下，真理越辩越明，对方根本排除辩的存在。请问这又如何论证你方的观点呢？我再次问对方辩友，在《诸子舆论大全》中说道，朱熹和他的学生往复诘难。其越辩越详，其艺越精，请问这难道不是越辩越明吗？

反方：如果必须有其他的条件配合，那么辩论如何还是追求真理的充分条件呢？再请问对方辩友，遗传之父曼德尔他是通过豆苗的实验还是豆苗进行辩论来找到遗传的定律呢？（掌声）

正方：我不得不提醒对方注意，今天我们讨论的是辩能不能真理明的问题。可是对方举出了各种实例都没有辩的参与其间，根本就没有辩，如何论证你方观点呢？（掌声）

在这段辩词中，我们可以发现，双方都力图以提问来控制对方，使局势朝有利于己方的方向发展。

(4)设置圈套式提问技巧

在辩论中,可以将几方面的问题牵连在一起组成是非式问句向对方发问,要求对方做出肯定或否定的回答,不管对方怎样回答,都势必陷入困境,这就是牵连问式圈套。

【示例】

作为享誉世界的著名记者和作家的法拉奇以犀利的提问著称于世。当采访对象正面拒绝时,她会采用迂回法,由远及近,引人落入圈套。比如采访南越"总理"阮文绍时,她想获得他对外界评论他是"南越最腐败的人"的意见。当直接问他时,阮文绍矢口否认了这个说法,法拉奇就将这个问题分解为两个有内在联系的小问题,她先问:"你出身贫穷,对吗?"阮文绍听后,动情地描述了小时候他家庭的艰难处境。得到了肯定的答案后,法拉奇接着问:"今天,您富裕至极,在瑞士、伦敦、巴黎、澳大利亚有银行存款和住房,对吗?"阮文绍虽然否认了,但为了澄清这一"传言",他不得不详细地道出他的"少许家产"。如此一来,阮文绍是否真的如传言中的那么腐败,还是如他所言并不奢华,已昭然若揭。

2. 答的技巧

辩论中的答不仅是对问的反馈,而且是对问的针锋相对的反击。以下介绍三种答的技巧。

(1)相反应对技巧

相反应对是在辨明对方问话原意的基础上,处处从对方问话的反面给予鲜明有力的答复,并进行透彻精辟分析的答辩方法。

【示例】

2003 年 A 组总决赛关于"顺境还是逆境更有利于人的成长"的辩论中有这么一节辩词:

反方:在你刚才的发言当中,我们听到顺境能够提供克服困难的条件,可是我们知道,克服困难不只是有条件,还需要个人的能力,人的成长,是一个持续的过程,一个成长的标志,我理解这两个方面四点比较困难,简单地说,一个标准就是,它解决和面对不确定性问题的能力的增加,这种能力的增加,是不是要由逆境来提供?如果人在顺境当中成长起来,在面对一个不确定性的时候,他的经验从哪里来,他的成长标志又是什么呢?

正方:谢谢这位嘉宾的提问,其实我们坦然承认,每个人在人生中总有顺境,总有逆境,这位嘉宾所说的不确定困难会出现在我们的人生旅途之中,这点我方坦然承认。其实当困难出现的时候,这是对方所论证的,面对困难,其实我方说,顺境呢,恰好提供了一个解决困难的途径,这就好比说,逆境带给我们的是面对挑战,但是面对挑战和解决挑战,是一个概念吗?显然不是,这两者是截然不同的,因为逆境中您面对了这个不确定性的困难,但是顺境中,给您克服这个困难提供了有力的保障。比如说我们有良师益友的指导,平时为我们谆谆教诲,为我们善言,来提醒我们哪些疏漏;比如说良好的物质条件,良好的生活环境,这些呢,都为我们克服这个困难提供了有利的条件。其实话说回来了,面对困难,和克服困难,恰是今天的分歧所在,而克服困难是成长标准,谢谢。

(2)蝉联答辩技巧

蝉联答辩即是表面上顺着对方的话来作答,但最终却否定了对方的话语,这之间却多了一层曲折,有活泼感,也能显示出一种机智。

【示例】

在 1999 年国际大专辩论会关于"美是客观存在还是主观感受"中的一节辩词。

正反：请问对方辩友，我美不美？

反方：对方二辩非常美，但这个观点只代表我个人的感受，有没有人认为对方二辩不美呢？如果有人胆敢说对方二辩不美，我们要不要踏上千万只脚让她永世不得翻身呢？如果美的标准是客观的话，你何必问我美不美，你只要评价、衡量，拿自己的标准去衡量一下那个客观的标准，何必问大家你美不美呢？

(3)模糊答辩技巧

一般来说，辩论语言应该准确，不能含糊，但在某些特殊辩论场合中，对于一些难以精确做答而又不能不答的问题，运用一些具有模糊性的语言，反而可以使自己在咄咄逼人的发问者面前进退自若，化解被动局面。

【示 例】

有一次，有人问英国的天文学家琼斯："我们地球有多大年龄了？"琼斯回答说："有一座巍峨的高山，比方是高加索的厄尔希鲁士山吧，再设想有一只麻雀，它无忧无虑地跳来跳去，啄着这座大山，那么这只麻雀把厄尔希鲁士山啄完了，大约需要多长时间，地球就存在了多长时间。"

3. 对抗的技巧

对抗性是辩论的重要特征之一。本书介绍三种比较常见的对抗技巧。

(1)史实对抗

当对方从历史典籍中挑选与对方观点有联系的史实来进行辩论时，我们也可以从历史史籍中找出与对方观点相反的史料来与之对抗。

【示例】

在1997国际大专辩论赛关于"真理是否越辩越明"的辩论中，有这么一节辩词。

正方：社会的发展需要真理，真理的发展需要辩论，人类社会的每一次进步都伴随着对真理的争辩。在科技史上不断的辩论使科学的真理越来越明。达尔文的《物种起源》刚一出版大主教温博胡就组织辩论大会，企图扼杀进化论思想，但结果呢，进化论反而在辩论中得到了传播和普及。正如伟大的科学家伽利略所说："真理就是具备这样的力量，你越想攻击它，你的攻击就越加充实和证明了它。"法国科学家普鲁斯特为了探索定比定律同贝索勒进行了九年的争辩，在这期间贝索勒向普鲁斯特提出了种种质疑，迫使他潜心研究，终于发现了定比定律。当人们为普鲁斯特庆功时，他执意要将一半的功劳归于贝索勒，因为他知道，这是贝索勒的质疑和这九年的争辩才使他获得了成功。在思想史上人执著的争辩也使思想放出了璀璨的光芒。春秋战国时期的诸子百家在争鸣中形成了各自的学说，开创了中华五千年文化的轴心时代，为中国思想的发展奠定了坚实的基础。魏晋时期的名士会众倾谈，在辩论风云中唤醒了人们的解放，文的自觉。在近代中国的风风雨雨中，从洋务运动的自强振兴，到为新运动的变法图存，从辛亥革命的驱除鞑虏，到新文化运动的民主科学。又有哪一次进步不是伴随着同守旧思想的激烈论辩呢？即使在现代社会，人们的生活也与辩论密不可分。学子求学离不开对知识理念的论辩，先生治学离不开对学术思想的论辩，国家的治国方略大政方针更是离不开严谨周密的论辩。中国著名的三峡工程，就是经过了几十年的激烈论辩，最后终于拿出了一套科学稳妥的方案，使这项跨世纪的工程真正造福于亿万人民。综上所述，古往今来无数事实告诉我们真理越辩越明。谢谢各位。(掌声)

反方：对方辩友告诉我们人不是生而知之，这点我方承认。但，我们知道孔子告诉我们要学而知之，可没告诉我们要辩而知之呀！对方辩友告诉我们强权的介入，对呀。正是因为强调强权的介入，才使真理不会越辩越明，这点不是正是论证了我方立场吗？对方辩友提到三峡工程，我到请问对方辩友，三峡工程到底是辩出来的，还是建出来的呀！（掌声）对方辩友告诉我们推翻前任理论也叫辩，那我就奇怪了，爱因斯坦推翻牛顿理论，对方辩友是否要告诉我们爱因斯坦和牛顿也在辩论吗？（掌声）对方辩友又告诉我们百家争鸣的历史，对呀，百家争鸣不是大家各说各的话吗？到最后谁是真理呢？到底性善还是性恶，知易行难还是知难行易呀？到今天还没有定论呢！真理不会越辩越明，已从无数的事实获得一一证实。

(2)例证对抗

在辩论中，当对方选取生活的某些具体事例来论证他们的观点时，我们不妨选取生活中与之相反的事例来进行反驳，从而构成尖锐对抗。

【示例】

首届国际大专辩论会决赛时关于“人性本善”的辩论中的一节辩词：

正方：对方辩友，请你们不要回避问题，台湾的正严法师救济安徽的大水，按你们的推论不就是泯灭人性吗？

反方：但是对方要注意到，8 月 28 号《联合早报》也告诉我们这两天新加坡游客要当心，因为台湾出现了千面迷魂这种大盗。

(3)数据对抗

在辩论中，当论敌用数据进行论证时，我们有时可以引用与之不同的数据进行反驳，从而构成尖锐的矛盾对立。

【示例】

在第三届上海市大学生辩论赛关于“当前我国环境保护的主要问题是缺乏资金”的辩论中，有这么一个辩论回合：

正方：对方同学对于缺乏资金视而不见，那让我来告诉你们一个数据：中华人民共和国《环发公报》指出中国老一代工业企业污染的治理费用至少要用两千亿啊！难道这是空谈一时、大谈一时就能解决的吗？对方同学那你们该怎么办？

反方：你们忽略了一个最基本的问题，根据可靠的数据，去年仅大吃大喝所用的公款就达一千多亿，我国每年流失的国有固定资产就达五百亿。请问你又如何解决这个问题呢？难道资金是我们面临的主要问题吗？

第三节　演　讲

由于人类社会发展的需要而产生了语言，语言的发展和发音器官的进化，又使有声语言成为主要的表达方式。人们为了更加充分地表达思想感情，而把有声语言和态势语言有机地结合起来，这就产生了作为一种语言表达方式的演讲。

演讲又叫讲演或演说，是指在公众场所，以有声语言为主要手段，以体态语言为辅助手段，针对某个具体问题，鲜明、完整地发表自己的见解和主张，阐明事理或抒发情感，进行宣传鼓动的一种语言交际活动。简言之，就是向听众发表对某个现实问题的见解或阐明某种事理。演讲是人类文明长河那奔腾的激流所涌起的簇簇浪花。宽泛意义的演讲已经具有相当悠久的历史。4 000 多年前，古埃及的法老就说演讲比打仗更有威力，据史籍记载，古希腊、雅典、中国的春秋战国时期，各处政治势力之间产生错综复杂的矛盾，不同的学术流派也相继形成并展开争鸣，演讲活动也借此蓬勃兴起。

一、演讲的构成

主要是指演讲整个活动的构成，它包括三个构成要素（部分）。

1. 主体要素——演讲者

演讲者是演讲的内容和形式的生发者和体现者，是演讲活动的中心和前提。没有演讲者出现，演讲活动便不能构成。主体要素是整个演讲活动的主人和支配者，也是演讲成败的决定性因素。

2. 客体要素——听众

听众是演讲者演讲的接受者、对象和演讲效果的体现者，主要是指演讲者演讲时面对面的直接听众，即现场听众，也包括现代广播电视演讲的非现场的间接听众。

3. 环境要素——时间、空间、地点

时间、空间、地点是演讲活动赖以进行的客观条件，是演讲者和听众构成特定关系的场合，对演讲活动能否顺利进行乃至成败具有直接制约作用。

这三要素在演讲者演讲的能动作用下相互配合构成了演讲活动整体。缺少哪一个要素也不能构成演讲。此外，演讲的构成有时是指演讲本身的构成，不包括听众和环境，只是指演讲者所进行的演讲的内容和形式。其内容一般是由所讲的事物、道理、情感和知识构成的，形式一般是由表达内容的口语、态势、结构构成的。内容起决定作用，形式为表达内容服务，对内容也有能动的作用。内容诸要素和形式诸要素的和谐统一组成了演讲活动主体部分的整体。

二、演讲的类型

根据演讲活动的性质和特点，可以把演讲分成如下类型。

①从演讲内容上分，主要有政治演讲、生活演讲、法律演讲、学术演讲、教育演讲、军事演讲、生意演讲、公共关系演讲、宗教演讲和外交演讲等，这是对演讲最基本的分类。

②从演讲形式上分，有命题演讲、即兴演讲和论辩演讲等。

③从演讲目的上分，有说服性演讲、鼓动性演讲、传授性演讲、娱乐性演讲等。

④从演讲场合上分，有集合演讲、课堂演讲、法庭演讲、教堂演讲、战地演讲和广播演讲和电视演讲等。

⑤从演讲表达方式上分，有叙述式演讲、议论式演讲、说明式演讲和抒情式演讲等。

⑥从演讲的情调上分，有激昂型演讲、深沉型演讲、严谨型演讲和活泼型演讲等。

演讲的类型多种多样，它的分类没有固定不变的规定，但每次分类都必须从同一角度、采用同一标准。

三、演讲的性质

①社会性。演讲活动发生在社会成员之间，它是一个社会成员对其他社会成员进行宣传鼓动活动的口语表达形式。因此，演讲不只是个体行为，还具有很强的社会性。

②现实性。所谓现实性，是指符合客观事物的自身情况的性质。

③艺术性。演讲是优于一切现实的口语表现形式，它要求演讲者去除一般讲话中的杂乱、松散、平板的因素，以一种集中、凝练、富有创造色彩的面貌出现，这就是演讲的艺术性。

④综合性。演讲只是发生在一定时间内的活动，而为这一活动，演讲者要有各方面的充分准备，同时还需要大量的组织工作与之配合，这就是演讲的综合性。

⑤逻辑性。演讲者思维要缜密,语言应有条理,层次分明,结构清楚,这就是演讲的逻辑性。

⑥针对性。演讲主题应是众所周知的问题,要注意听众的年龄、身份、文化程度等,这就是演讲的针对性。

⑦感染性。演讲者要有鲜明的观点、自己独到的见解和看法以及深刻的思想等,要善于用流畅生动、深刻风趣的语言和恰当的修辞打动听众,这就是演讲的感染性。

四、演讲的目的

总体来看,演讲的目的包括:说服听众采取某些行为;传达希望听众了解的信息;针对特定听众的要求提供信息;为有争议或挑战性的观点提供讨论平台;了解人们对某种情境或观点的反应;争取听众的参与及合作;使听众参与问题解决方案的制定。

第四节　朗　诵

朗诵,就是把文字作品转化为有声语言的创作活动。朗,即声音的清晰、响亮;诵,即背诵。朗诵,就是用清晰、响亮的声音,结合各种语言手段来完善地表达作品思想感情的一种语言艺术。朗诵是口语交际的一种重要形式。朗诵不仅可以提高阅读能力,增强艺术鉴赏,更为重要的是,通过朗诵,大者可以陶冶性情,开阔胸怀,文明言行,增强理解;小者可以有效地培养对语言词汇细致入微的体味能力,以及确立口语表述最佳形式的自我鉴别能力。因此,要想成为口语表述与交际的高手,就不能漠视朗诵。

一、朗诵的特点

1. 朗诵是一种"说"的形式

朗诵将语言文字符号转化为有声语言形式的一种活动,属于"说话"的范畴。它要求朗诵者将文字符号通过发音器官"说"出来,因此是一种语言输出形式。

2. 朗诵是一种"读"的形式

朗诵是一种语言的输入形式。朗诵者只有通过视觉"看"到文字并将之转化为相应的语言形式才能进行朗诵。朗诵中除了眼、脑以外,还有发声器官的参与。从读的目的来看,朗诵除了要获取信息,有时还是为了传递信息。

3. 朗诵是一种"听"的形式

朗诵者在朗诵的时候,将无声的文字符号变成了有声的语言,在这一连续的过程中,朗诵者本身无论是有意的还是无意的都会听到自己发出的语言信息。

总的来说,朗诵是一种语言信息处理和转换的过程。它对视觉感知的语言信息加以理解和加工,再将信息内容转换为口语语言表达出来。这样使人的言语观察、言语听觉和言语动觉都能得到锻炼。

二、朗诵前的准备

朗诵是朗诵者的一种再创作活动。这种再创作,不是脱离朗诵的材料去另行一套,也不是照字读音的简单活动,而是要求朗诵者通过原作的字句,用有声语言传达出原作的主要精神和艺术美感。不仅要让听众领会朗诵的内容,而且要使其在感情上受到感染。为了达到这个目的,朗诵者在朗诵前就必须做好一系列的准备工作。

1. 选择朗诵材料

朗诵是一种传情的艺术。朗诵者要很好地传情，引起听众共鸣，首先要注意材料的选择。选择材料时，首先要注意选择那些语言具有形象性而且适于上口的文章。因为形象感受是朗诵中一个很重要的环节；干瘪枯燥的书面语言对于具有很强感受能力的朗诵者也构不成丰富的形象感受。其次，要根据朗诵的场合和听众的需要，以及朗诵者自己的爱好和实际水平，在众多作品中，选出合适的作品。

2. 把握作品的内容

准确地把握作品内容，透彻地理解其内在含义，是作品朗诵重要的前提和基础。固然，朗诵中各种艺术手段的运用十分重要，但是，如果离开了准确透彻地把握内容这个前提，那么，艺术技巧成了无源之水、无本之木，成了一种纯粹的形式主义，也就无法做到传情，无法让听众动情了。要准确透彻地把握作品内容，应注意以下几点。

(1) 正确、深入的理解

朗诵者要把作品的思想感情准确地表现出来，需要透过字里行间，理解作品的内在含义，首先，要清除障碍，搞清楚文中生字、生词、成语典故、语句等的含义，不要囫囵吞枣、望文生义。其次，要把握作品创作的背景、作品的主题和情感的基调，这样才会准确地理解作品，才不会把作品念得支离破碎，甚至歪曲原作的思想内容。

(2) 深刻、细致的感受

有的朗诵，听起来也有着抑扬顿挫的语调，可就是打动不了听众。如果不是作品本身有缺陷，那就是朗诵者对作品的感受还太浅薄，没有真正走进作品，而是在那里“挤”情、“造”性。朗诵者要唤起听众的感情，使听众与自己同喜同悲同呼吸，必须仔细体味作品，进入角色，进入情境。

(3) 丰富、逼真的想象

在理解感受作品的同时，往往伴随着丰富的想象，这样才能使作品的内容在自己的心中、眼前活动起来，就好像亲眼看到、亲身经历一样。通过深入的理解、真挚的感受和丰富的想象，使己动情，从而也使人动情。

3. 用普通话语音朗诵

要使自己的朗诵优美动听，必须使用标准的普通话进行朗诵，因为朗诵作品一般都是运用现代汉民族共同语（即普通话）写成的。所以只有用普通话语音朗诵，才能更好地、更准确地表达作品的思想内容；同时普通话是汉民族共同语，用普通话朗诵，便于不同方言区的人理解、接受。因而，在朗诵之前，首先要咬准字音，掌握语流音变等普通话知识。

三、常用的表达手段

朗诵时，一方面要深刻透彻地把握作品的内容，另一方面要合理地运用各种艺术手段，准确地表达作品的内在含义。朗诵常用的基本表达手段有停顿、重音、语速、句调。

(一) 停顿

停顿指语句或词语之间声音上的间歇。停顿一方面是由于朗诵者在朗诵时生理上的需要；另一方面是句子结构上的需要；再一方面是为了充分表达思想感情的需要；同时，也可给听者一个领略和思考、理解和接受的余地，帮助听者理解文章含义，加深印象。停顿包括生理停顿、语法停顿和强调停顿三种。

1. 生理停顿

生理停顿，是指朗诵者根据气息需要，在不影响语义完整的地方做一个短暂的停歇。要注意生理停顿，不要妨碍语意表达，不割裂语法结构。

2. 语法停顿

语法停顿是反映一句话里面的语法关系的，在书面语言里就反映为标点。一般来说，语法停顿时间的长短同标点大致相关。例如，句号、问号、叹号后的停顿比分号、冒号长；分号、冒号后的停顿比逗号长；逗号后的停顿比顿号长；段落之间的停顿则长于句子停顿的时间。

3. 强调停顿

为了强调某一事物，突出某个语意或某种感情，而在书面上没有标点、在生理上也可不做停顿的地方做了停顿，或者在书面上有标点的地方做了较大的停顿，这样的停顿我们称为强调停顿。强调停顿主要是靠仔细揣摩作品，深刻体会其内在含义来安排的。

例如："遵义会议‖纠正了｜在第五次反'围剿'斗争中所犯的'左倾机会主义性质'的严重的原则错误，团结了｜党和红军，使得｜党中央和红军主力胜利地完成了长征，转到了｜抗日的前沿阵地，执行了抗日民族统一战线的新政策。"

"遵义会议"之后没有标点符号，但是为了突出"遵义会议"的地位，强调"遵义会议"在我党历史上的伟大意义，就应有一个停顿，而且比下面的其他强调停顿时间要长一些。"纠正了""团结了""使得""转到了""执行了"这些词语后面也没有标点，但为清楚显示"遵义会议"的伟大历史意义，应用停顿，句中划"‖"和"｜"的都表示强调停顿。

（二）重音

重音是指朗诵、说话时句子里某些词语念得比较重的现象。一般用增加声音的强度来体现。重音有语法重音和强调重音两种。

1. 语法重音

在不表示什么特殊的思想和感情的情况下，根据语法结构的特点，而把句子的某些部分重读的，叫语法重音。语法重音的位置比较固定，常见的规律如下：①一般短句子里的谓语部分常重读；②动词或形容词前的状语常重读；③动词后面由形容词、动词及部分词组充当的补语常重读；④名词前的定语常重读；⑤有些代词也常重读；如果一句话里成分较多，重读也就不止一处，往往优先重读定语、状语、补语等连带成分。值得注意的是，语法重音的强度并不十分强，只是同语句的其他部分相比较，读得比较重一些罢了。

2. 强调重音

强调重音指的是为了表示某种特殊的感情和强调某种特殊意义而故意说得重一些的音，目的在引起听者注意自己所要强调的某个部分。语句在什么地方该用强调重音并没有固定的规律，而是受说话的环境、内容和感情支配的。同一句话，强调重音不同，表达的意思也往往不同。因而，在朗诵时，首先要认真钻研作品，正确理解作者意图，才能较快较准地找到强调重音之所在。

（三）语速

语速是指说话或朗诵时每个音节的长短及音节之间连接的松紧。说话的速度是由说话人的感情决定的，朗诵的速度则与文章的思想内容相联系。一般来说，热烈欢快、兴奋、紧张的内容速度快一些；平静、庄重、悲伤、沉重、追忆的内容速度慢一些；一般的叙述、说明、议论则用中速。

（四）句调

在汉语中，字有字调，句有句调。句调我们则称为语调，是指语句的高低升降。句调是贯穿整个句干的，只是在句末音节上表现得特别明显。句调根据表示的语气和感情态度的不同，可分为升调、降调、平调和曲调四种。

①升调（↑）。前低后高，语势上升，一般用来表示疑问、反问、惊异等语气。

②降调（↓）。前高后低，语势渐降，一般用于陈述句、感叹句、祈使句，表示肯定、坚决、赞美、祝福等感情。

③平调。这种调子语势平稳舒缓，没有明显的升降变化，用于不带特殊感情的陈述和说明，还可表示庄严、悲痛、冷淡等感情。

④曲调。全句语调弯曲，或先升后降，或先降后升，往往把句中需要突出的词语拖长着念，这种句调常用来表示讽刺、厌恶、反语、意在言外等语气。

除了以上这些基本表达手段外，要使朗诵有声有色，还得借助一些特殊的表达手段，例如笑语、颤音、泣诉、重音轻读等，这里我们就不详细介绍了。

四、朗诵、朗读、演戏三者的区别

朗诵不同于朗读，朗读是用清晰、响亮的声音把文章读出来，以传达文章的思想内容。朗诵则是用清晰、响亮的声音把文章背出来，以传达文章的思想内容。可见，朗诵的要求比朗读要高，它要求不看作品，面对观众，除运用声音外，还要借助眼神、手势等体态语帮助表达作品感情，引起听众共鸣。

朗诵常常伴随有手势、姿态等体态语，但朗诵时的姿态或手势不能过多、过火。毕竟朗诵不同于演戏，演戏时演员不直接和观众交流，他扮演剧中人物，模仿剧中人物的语言、动作，他只和同台的演员进行交流。而朗诵者直接交流的对象是听众，主要是通过声音把感情传达给听众，引起听众共鸣，手势、姿态等只不过是帮助表达感情的辅助性工具。

文选

三十九、参加××信息中心的面试

现场实录

在××信息中心的一个小型会议室里正在进行着该单位对前来应聘并通过初选的考生的面试。以下是一考生与主考官的对话实录。

考生:各位领导、老师们好!

主考官:请坐!请介绍一下自己的情况,好吗?

考生:非常高兴参加这次面试,我叫李××,是××大学计算机系的应届本科毕业生。我对××软件开发很有兴趣,在这方面投入了不少精力;同时作为班、团主要干部也参与、组织了不少社会活动,应该说大学期间我在这两个方面都有不少的收获。这是我的成绩单和个人简历,请您过目。

主考官:你了解我们单位吗?

考生:贵单位是国家著名的信息中心,我从上大学起就十分向往毕业后到信息中心工作。我认为到信息中心工作能最大限度地展示我的才华,我不怕吃苦,就怕无事可做。

主考官:上大学时你为什么报考计算机专业?

考生:说实话,当时报考计算机专业是老师和家长的主意。但我在学习了计算机方面的知识后,就深深地爱上了这个专业。特别是随着信息时代的到来,我对这个专业发展前景非常有信心。

主考官:你学过的课程与我们的工作有什么关系?

考生:我想,计算机技术的广泛使用、发展趋势将对我们的生活起到重要作用。计算机专业的课程设置几乎涵盖了硬件和软件技术的主要内容,为此我打下了坚实的理论基础,也使我有较强的适应能力,前面我已说过我对软件开发更有兴趣,我想这方面的知识和能力也许在将来的工作中是用得着的。

主考官:你喜欢你们学校吗?你们学校的老师怎么样?

考生:我非常喜爱我的母校,我也非常尊敬我的老师,因为我在母校学到了知识,我从老师身上学会了做人。

主考官:你还有哪些特长和爱好?

考生:除了专业外我还具有一定的组织管理能力,喜欢美术和流行音乐,也喜欢背起行囊去游历名山大川。

主考官:你有哪些缺点?

考生:我得承认我还缺乏实际工作经验,这方面的不足还需要在今后的工作实践中不断学习和弥补。再就是外语学得不够好,主要是口语,还需要继续努力学习。

主考官:你对加班、出差怎么看?

考生:我近几年内不会考虑结婚,没有家庭负担和拖累,加班应该没有问题。至于出差更是我所喜欢的。

主考官:你是否打算将来继续深造?

考生:我想先工作几年,积累一些经验,发现自身的一些不足,然后再进一步“充电”。

主考官:你有什么问题要问吗?

考生:不知贵信息中心什么时候能给我一个明确的结果?

主考官:一个星期内我们将公布此次招聘录取名单。

考生:谢谢你们,我可以走了吗?

主考官:再见!

【迷津导航】

应该说这个案例展现的是一个典型的面试过程,主考官所提的问题是面试时常常涉及的问题,该考生的回答也称得上圆满。下面就面试中所涉及的有关问题逐个点评。

①介绍一下自己,好吗?对这个问题,你回答时千万不可从你出生一直介绍到现在。因为主考官并不想了解你的生平经历,况且这些东西一份简历就会搞清楚。对考官来说,重要的是通过你的回答来判断你的概括能力和表达能力。因此,我们建议你在回答这个问题时把重点放在你的优势及主要成绩上。

②你了解我们单位吗?提这个问题的考官是想了解考生对其单位的关注程度。有的可能是在暗示你,本单位福利待遇不高,工作比较辛苦忙累,想试探你是否知情。对这个问题的回答应坦率,知之为知之,不知为不知,最忌不懂装懂、东拉西扯。因为对用人单位来说,这不是最重要的,重要的是直接回答这个问题之后,应表明对福利、条件并不看重,只要有工作可干,并不挑肥拣瘦的态度。

③为什么你选读此专业?这个问题主要是考察你对专业的热爱程度,以及将来你从事该项工作的态度。有的人可能入学时就向往并热爱所学专业,而有的人则是通过大学学习逐渐爱上这一行的。对这两种情况都不必隐瞒,不必有过多的担心,因为用人单位要关心的是你现在的态度,并不是你高考时的志愿。

④你所学的专业与我们的工作有什么关系?回答时,要简明扼要地把你学过的重点课程,特别是与用人单位需要的专业的关系讲清楚。介绍自己专业成绩的同时,说明到单位后可以利用学过的哪些知识来为单位服务。同时也别忘了承认你存在实践经验不足,还需要进一步在工作中锻炼的弱点,这样会显得你更坦诚。

⑤你喜欢你的学校吗?你的老师怎样?一般而言,对这个问题要持积极肯定的态度。一个不爱母校、不尊敬老师的考生不会受欢迎。

⑥你有什么特长、爱好?对这个问题要据实回答,不可无中生有,也不可过分谦虚。因为一个爱好广泛、多才多艺的考生备受用人单位的青睐。

⑦你为什么愿意到本单位工作?回答这个问题时,应多从工作性质、工作环境如何有利于自己专业发展,从干一番事业、为单位多做贡献的角度来叙述。你的兴趣爱好与用人单位性质相宜的也可以谈,但绝不要讲“工资高”“福利好”等等,那样用人单位会怀疑你的择业动机。

⑧你有什么优缺点?这是一个常常被问及并且较难回答的问题。难就难在一般人难以对自己有一个客观的评价。即使能客观评价自己,回答时也很困难。往往谈优点多了怕用人单

位觉得你自傲;谈缺点多了更怕遭到用人单位的拒绝。其实这些担心都是多余的。如实讲述自己的优缺点,并不会减少录用的机会。假如你有致命的弱点,即使你不讲,用人单位也会了解,对你来说,回答问题时的态度比回答的内容更重要。这个问题可以从为人处世、学习成绩、工作及社会活动能力等诸方面来回答。最后别忘了说一句:由于客观原因,自我评价可能不是完全准确,若有可能,您仍可再通过学校组织了解。

9. 你对加班、周末、假期工作怎么看? 回答这个问题的主题是我能够全力以赴地工作。现在还未恋爱或未打算结婚,以及家庭没有拖累、负担等都可作为陈述的理由。

10. 你是不是打算继续学习? 回答这个问题之前,考生应当弄清楚一点:不是所有的用人单位都希望你将来进一步继续深造,有一些用人单位是希望自己的员工坚守工作岗位。无论如何,回答这一问题时,可以表明你愿意进一步深造的愿望,同时说明,如果工作需要,也愿意放弃进一步深造的机会。

11. 你还有什么疑问? 这暗示着面试将要结束,面试考官告诉你,他已达到目的,正给你一个自由的机会来阐述或提出你没有提到的有意义的事情。这时,不要简单地说"没有",而应把握住机会,通过提问或表态等方式强化考官对你的印象。需要指出的是,不要离题,更不能长篇大论,说个没完没了,答完这个问题应主动称谢告辞。

【思考与练习】

1. 说说示例中的考生面试回答时的机智表现。

2. 谈谈若你将来面试时碰到相同问题你会如何作答。

四十、少年中国说

梁启超

日本人之称我中国也,一则曰老大帝国,再则曰老大帝国。是语也,盖袭译欧西人之言也[1]。呜呼! 我中国其果老大矣乎? 任公曰:恶[2],是何言! 是何言! 吾心目中有一少年中国在。

欲言国之老少,请先言人之老少。老年人常思既往,少年人常思将来。惟思既往也,故生留恋心;惟思将来也,故生希望心。惟留恋也,故保守;惟希望也,故进取。惟保守也,故永旧;惟进取也,故日新。惟思既往也,事事皆其所已经者,故惟知照例;惟思将来也,事事皆其所未经者,故常敢破格。老年人常多忧虑,少年人常好行乐。惟多忧也,故灰心;惟行乐也,故盛气。惟灰心也,故怯懦;惟盛气也,故豪壮。惟怯懦也,故苟且;惟豪壮也,故冒险。惟苟且也,故能灭世界;惟冒险也,故能造世界。老年人常厌事,少年人常喜事。惟厌事也,故常觉一切事无可为者;惟好事也,故常觉一切事无不可为者。老年人如夕照,少年人如朝阳。老年人如瘠牛,少年人如乳虎。老年人如僧,少年人如侠。老年人如字典,少年人如戏文。老年人如鸦片烟,少年人如泼兰地酒。老年人如别行星之陨石,少年人如大洋海之珊瑚岛。老年人如埃及沙漠之金字塔,少年人如西伯利亚之铁路。老年人如秋后之柳,少年人如春前之草。老年人如死海之潴为泽,少年人如长江之初发源。此老年与少年性格不同之大略也。任公曰:人固有之,国亦宜然。

任公曰:伤哉,老大也! 浔阳江头琵琶妇,当明月绕船,枫叶瑟瑟,衾寒于铁,似梦非梦之时,追想洛阳尘中春花秋月之佳趣[3]。西宫南内,白发宫娥,一灯如穗,三五对坐,谈开元天宝间遗事，谱霓裳羽衣曲[4]。青门种瓜人，左对孺人，顾弄孺子，忆侯门似海、珠履杂遝之盛事[5]。拿破仑之流于厄蔑，阿剌飞之幽于锡兰，与三两监守吏，或过访之好事者，道当年短刀匹马，驰骋中原，席卷欧洲，血战海楼，一声叱咤，万国震恐之丰功伟烈[6]，初而拍案，继而抚髀[7]，终而揽镜：呜呼，面皴齿尽，白发盈把，颓然老矣！若是者，舍幽郁之外无心事[8]，舍悲惨之外无天地，舍颓唐之外无日月，舍叹息之外无音声，舍待死之外无事业。美人豪杰且然，而况于寻常碌碌者耶？生平亲友，皆在墟墓；起居饮食，待命于人。今日且过，遑知他日；今年且过，遑恤明年。普天下灰心短气之事，未有甚于老大者。于此人也，而欲望以拏云之手段[9]，回天之事功，挟山超海之意气[10]，能乎不能？

呜呼，我中国其果老大矣乎？立乎今日以指畴昔，唐虞三代[11]，若何之郅治[12]；秦皇汉武，若何之雄杰；汉唐来之文学，若何之隆盛；康乾间之武功，若何之烜赫。历史家所铺叙，词章家所讴歌，何一非我国民少年时代、良辰美景赏心乐事之陈迹哉！而今颓然老矣！昨日割五城，明日割十城，处处雀鼠尽，夜夜鸡犬惊。十八省之土地财产[13]，已为人怀中之肉；四百兆之父兄子弟，已为人注籍之奴。岂所谓"老大嫁作商人妇"者耶[14]？呜呼，凭君莫话当年事，憔悴韶光不忍看！楚囚相对[15]，岌岌顾影；人命危浅，朝不虑夕。国为待死之国，一国之民为待死之民。万事付之奈何，一切凭人作弄，亦何足怪！

任公曰：我中国其果老大矣乎？是今日全地球之一大问题也。如其老大也，则是中国为过去之国，即地球上昔本有此国，而今渐澌灭，他日之命运殆将尽也。如其非老大也，则是中国为未来之国，即地球上昔未现此国，而今渐发达，他日之前程且方长也。欲断今日之中国为老大耶？为少年耶？则不可不先明国字之意义。夫国也者，何物也？有土地，有人民，以居于其土地之人民，而治其所居之土地之事，自制法律而自守之，有主权，有服从，人人皆主权者，人人皆服从者。夫如是斯谓之完全成立之国。地球上之有完全成立之国也，自百年以来也。完全成立者，壮年之事也；未能完全成立而渐进于完全成立者，少年之事也。故吾得一言以断之曰：欧洲列邦在今日为壮年国，而我中国在今日为少年国。

夫古昔之中国者，虽有国之名，而未成国之形也。或为家族之国，或为酋长之国，或为诸侯封建之国，或为一王专制之国。虽种类不一，要之，其于国家之体质也，有其一部而缺其一部。正如婴儿自胚胎以迄成童，其身体之一二官支[16]，先行长成，此外则全体虽粗具，然未能得其用也。故唐虞以前为胚胎时代，殷商之际为乳哺时代，由孔子而来至于今为童子时代，逐渐发达，而今乃始将入成童以上少年之界焉。其长成所以若是之迟者，则历代之民贼有窒其生机者也。譬犹童年多病，转类老态。或且疑其死期之将至焉，而不知皆由未完全未成立也；非过去之谓，而未来之谓也。且我中国畴昔，岂尝有国家哉，不过有朝廷耳。我黄帝子孙，聚族而居，立于此地球之上者既数千年，而问其国之为何名，则无有也。夫所谓唐、虞、夏、商、周、秦、汉、魏、晋、宋、齐、梁、陈、隋、唐、宋、元、明、清者，则皆朝名耳。朝也者，一家之私产也；国也者，人民之公产也。朝有朝之老少，国有国之老少。朝与国既异物，则不能以朝之老少而指为国之老少明矣。文、武、成、康[17]，周朝之少年时代也；幽、厉、桓、赧[18]，则其老年时代也。高、文、景、武[19]，汉朝之少年时代也；元、平、桓、灵[20]，则其老年时代也。自馀历朝，莫不有之。凡此者谓为一朝廷之老也则可，谓为一国之老也则不可。一朝廷之老且死，犹一人之老且死也，于吾所谓中国者何与焉？然则，吾中国者，前此尚未出现于世界，而今乃始萌芽云尔。天地大矣，前途辽矣，美哉我少年中国乎！

玛志尼者[21]，意大利三杰之魁也。以国事被罪，逃窜异邦。乃创立一会，名曰"少年意大利”，举国志士，云涌雾集以应之。卒乃光复旧物，使意大利为欧洲之一雄邦。夫意大利者，欧洲第一之老大国也。自罗马亡后，土地隶于教皇，政权归于奥国，殆所谓老而濒于死者矣。而得一玛志尼，且能举全国而少年之，况我中国之实为少年时代者耶？堂堂四百馀州之国土，凛凛四百馀兆之国民，岂遂无一玛志尼其人者！

龚自珍氏之集有诗一章，题曰《能令公少年行》[22]。吾尝爱读之，而有味乎其用意之所存。我国民而自谓其国之老大也，斯果老大矣；我国民而自知其国之少年也，斯乃少年矣。西谚有之曰：“有三岁之翁，有百岁之童。”然则，国之老少，又无定形，而实随国民之心力以为消长者也。吾见乎玛志尼之能令国少年也，吾又见乎我国之官吏士民能令国老大也。吾为此惧。夫以如此壮丽浓郁翩翩绝世之少年中国，而使欧西日本人谓我为老大者，何也？则以握国权者皆老朽之人也。非哦几十年八股，非写几十年白折[23]，非当几十年差，非捱几十年俸，非递几十年手本[24]，非唱几十年诺[25]，非磕几十年头，非请几十年安，则必不能得一官，进一职。其内任卿贰以上[26]，外任监司以上者[27]，百人之中，其五官不备者[28]，殆九十六七人也。非眼盲，则耳聋；非手颤，则足跛；否则半身不遂也。彼其一身饮食步履视听言语，尚且不能自了，须三四人在左右扶之捉之，乃能度日，于此而乃欲责之以国事，是何异立无数木偶而使之治天下也！且彼輩者，自其少壮之时，既已不知亚细亚、欧罗巴为何处地方，汉祖、唐宗是那朝皇帝，犹嫌其顽钝腐败之未臻其极，又必搓磨[29]之，陶冶之，待其脑髓已涸，血管已塞，气息奄奄，与鬼为邻之时，然后将我二万里山河，四万万人命，一举而畀于其手。呜呼！老大帝国，诚哉其老大也！而彼輩者，积其数十年之八股、白折、当差、捱俸、手本、唱诺、磕头、请安，千辛万苦，千苦万辛，乃始得此红顶花翎之服色[30]，中堂大人之名号，乃出其全副精神，竭其毕生力量，以保持之。如彼乞儿拾金一锭，虽轰雷盘旋其顶上，而两手犹紧抱其荷包，他事非所顾也，非所知也，非所闻也。于此而告之以亡国也，瓜分也，彼乌[31]从而听之，乌从而信之！即使果亡矣，果分矣，而吾今年既七十矣八十矣，但求其一两年内，洋人不来，强盗不起，我已快活了一世矣；若不得已，则割三头两省之土地[32]，奉申贺敬，以换我几个衔门，卖三几百万之人民作仆为奴，以赎我一条老命，有何不可，有何难办！呜呼！今之所谓老后老臣老将老吏者，其修身齐家治国平天下之手段，皆具于是矣。“西风一夜催人老，凋尽朱 颜白尽头。”使走无常当医生，携催命符以祝寿，嗟乎痛哉！以此为国，是安得不老且死，且吾恐其未及岁而殇也。

任公曰：造成今日之老大中国者，则中国老朽之冤业也；制出将来之少年中国者，则中国少年之责任也。彼老朽者何足道？彼与此世界作别之日不远矣，而我少年乃新来而与世界为缘。如僦屋[33]者然，彼明日将迁居他方，而我今日始入此室处。将迁居者，不爱护其窗栊，不洁治其庭庑[34]，俗人恒情，亦何足怪。若我少年者，前程浩浩，后顾茫茫，中国而为牛为马为奴为隶，则烹脔[35]鞭箠之惨酷，惟我少年当之；中国如称霸宇内，主盟地球，则指挥顾盼之尊荣，惟我少年享之，于彼气息奄奄与鬼为邻者何与焉！彼而漠然置之，犹可言也；我而漠然置之，不可言也。使举国之少年而果为少年也，则吾中国为未来之国，其进步未可量也；使举国之少年而亦为老大也，则吾中国为过去之国，其澌亡可翘足而待也。故今日之责任，不在他人，而全在我少年。少年智则国智，少年富则国富，少年强则国强，少年独立则国独立，少年自由则国自由，少年进步则国进步，少年胜于欧洲则国胜于欧洲，少年雄于地球则国雄于地球。红日初升，其道大光[36]；河出伏流[37]，一泻汪洋；潜龙腾渊，鳞爪飞扬；乳虎啸谷，百兽震惶；鹰隼试翼，风尘吸张；奇花初胎，矞矞皇皇[38]；干将发硎[39]，有作其芒；天戴其苍，地履其黄[40]；纵有千古，横有八荒[41]，前途似海，来日方长。美哉我少年中国，与天不老；壮哉我中国少年，与国无疆！

"三十功名尘与土，八千里路云和月。莫等闲白了少年头，空悲切。"此岳武穆[42]《满江红》词句也。作者自六岁时即口受记忆，至今喜诵之不衰。自今以往，弃"哀时客"之名，更自名曰："少年中国之少年。"

【注释】

[1]欧西：指欧美西方世界。

[2]恶：叹词，犹"唉"，含有否定的意思。

[3]"浔阳"六句：用白居易《琵琶行》诗所写的故事。琵琶妇原是长安歌女（此处误为洛阳歌女），老大嫁作商人妇。商人离她经商而去。在浔阳江头的夜晚，枫叶瑟瑟，她回想往事，有不胜零落之感。浔阳江，在今九江市北，长江流经九江市的一段。

[4]"西宫"六句：就白居易《长恨歌》所咏唐玄宗与杨贵妃事，用元稹《行宫》"白头宫女在，闲坐说玄宗"诗意，谓安史之乱后，白头宫人忆及当年事，倍感凄凉。西宫：唐太极宫。李隆基自四川返京后，先居兴庆宫，后迁西宫。霓裳羽衣曲，本名《婆罗门》，源出印度，开元中传入中国。传说李隆基梦游月宫，听诸仙奏曲，默记其调，醒后令乐工谱成。南内：唐代的兴庆宫，在皇城东南，故称南内。

[5]"青门"四句：用汉初邵平故事。邵平在秦末为东陵侯。秦亡后，在长安东门外种瓜为生。（见《三辅黄图》）此句谓邵平回想当年的繁华，颇为感伤。青门：汉长安东门。孺人：古代大夫之妻称孺人，明、清两代七品官的妻子封孺人。珠履：用珠子装饰的鞋。杂遝：杂乱。

[6]丰功伟烈：丰功伟绩。烈：功绩。贾谊《过秦论》："及至始皇，奋六世之馀烈，振长策而御宇内。"

[7]抚髀：髀，bì。《三国志·蜀志·先主传》裴注引《九州春秋》："备住荆州数年，尝于（刘）表坐起至厕，见髀里肉生，慨然流涕。还坐，表怪问备，备曰：'吾常身不离鞍，髀肉皆消；今不复骑，髀里肉生。日月若驰，老将至矣，而功业不建，是以悲耳！'"髀：大腿。

[8]幽郁：深沉的忧郁。

[9]拏云：上干云霄之意。李贺《致酒行》诗："少年心事当拏云。"

[10]挟山超海：喻英雄壮举。《孟子·梁惠王上》："挟泰山以超北海。"

[11]唐虞三代：指唐尧、虞舜和夏、商、周三代。

[12]郅治：至治，把国家治理得太平强盛。郅：极，至。

[13]十八省：清初全国共分十八个省。光绪末年增至二十三省，但人们习惯上仍称十八省。

[14]老大嫁作商人妇：白居易《琵琶行》中的诗句。

[15]楚囚相对：喻遇到强敌，窘迫无计。《晋书·王导传》载，晋元帝时，国家动乱，中州人士纷纷避乱江左。"过江人士，每至暇日，相要出新亭饮宴。周顗中坐而叹曰：'风景不殊，举目有江河之异。'皆相视流涕。惟（王）导愀然变色曰：'当共戮力王室，克复神州，何至作楚囚相对泣邪？'"

[16]官支：五官、四肢。

[17]文、武、成、康：周朝初年的几代帝王。周文王奠定了灭商的基础；周武王灭商建立周朝；成王、康王把国家治理得非常强盛，史称"成康之治"。所以下句将其比作周朝的少年时代。

[18]幽、厉、桓、赧：指周幽王、厉王、桓王、赧王。幽王宠褒姒，废申后，申侯联合犬戎攻周，幽王被杀，西周灭亡。周厉王暴虐，被流放于彘（今山西霍县）。周桓王时，东周王室衰落。周赧王死后不久，东周灭亡。

[19]高、文、景、武：指汉初四代皇帝。汉高祖灭秦、楚，建立汉王朝。文帝、景帝发展生产，国家强盛，史称"文景之治"。武帝重武功，国力强盛。

[20]元、平、桓、灵：汉元帝、平帝、桓帝、灵帝。汉元帝时，西汉开始衰落；汉平帝死后不久，王莽篡国，西汉灭亡。桓帝、灵帝是东汉末年的两代帝王，其执政期间外戚、宦官专权，政治黑暗，为东汉灭亡种下了祸根。

[21]玛志尼（1805—1872 年）：意大利爱国者。罗马帝国灭亡后，意大利受奥地利帝国奴役，玛志尼创立"少年意大利党"，创办《少年意大利报》，发动和组织资产阶级革命，完成意大利的独立统一事业。他与同时的加里波的、喀富尔并称"意大利三杰"。下文"旧物"，指国家原有的基业。

[22]《能令公少年行》：龚自珍抒怀之诗，收入《定庵全集》，原意是说一个人不追求名利，放宽胸怀，就能长葆青春。这里取其长葆青春意。

[23]白折：清代科举应试的试卷之一。殿试取

中进士后，还要进行朝考，以分别授予官职。朝考用白折，即用工整的楷书写在白纸制的折子上。

[24]手本：明清官场中下级晋见上级时用的名帖。

[25]诺：古代的一种礼节。对人打躬作揖，口中出声，叫唱喏。诺，当作“喏”。下文“请安”，系清代问候的礼节，男子打千，即右膝微跪，隆重时，双膝跪地，呼“请某某安”。

[26]卿贰：卿是朝廷各部的长官，贰指副职。

[27]监司：清代通称各省布政使、按察使及各道道员为监司。

[28]五官不备：指五官功能不全。

[29]搓磨：磋磨，切磋琢磨。原是精益求精意，这里指磨去棱角、锋芒。

[30]红顶花翎：大官的帽饰。清代官员帽顶上顶珠的颜色、质料，标志着官阶的品级，一品官用红宝石顶珠。花翎，用孔雀翎做的帽饰，以翎眼多者为贵，五品以上用花翎，六品以下用蓝翎。

[31]乌：何，哪里。

[32]三头两省：闽奥方言，三两个省。

[33]僦（jiù）屋：租赁房屋。

[34]庭庑（wǔ）：庭院走廊。

[35]脔：切成小块的肉，这里用作动词，宰割之意。箠：棍杖，这里用作动词，捶打之意。

[36]其道大光：语出《周易·益》：“自上下下，其道大光。”光：广大，发扬。

[37]伏流：水流地下。《水经注·河水》：“河出昆仑，伏流地中万三千里。”

[38]矞矞（yù）皇皇：形容艳丽。《太玄经·交》：“物登明堂，矞矞皇皇。”司马光集注引陆绩曰：“矞皇，休美貌。”

[39]硎（xíng）：磨刀石。

[40]“天戴”二句：是说少年中国如苍天之大，如地之广阔。

[41]八荒：八方荒远之地。《说苑·辨物》：“八荒之内有四海，四海之内有九州。”

[42]岳武穆：岳飞，死后谥武穆。

【迷津导航】

《少年中国说》是梁启超的代表作之一，写于百日维新失败后的1900年。当时，大清王朝处于被列强瓜分的惨境，国家命运岌岌可危。时仅27岁的作者在文中揭露了老朽当权者的昏庸误国，歌颂改良主义的政治理想，激励青年发愤图强。变革现实，表现了作者挚诚热烈、乐观进取的爱国主义精神。

这篇政论，其鲜明的特点首先表现为它强烈的批判性。批判日本、欧洲人对中国的看法，批判中国腐朽的官僚，批判目光短浅的中国人。其次，梁启超在这里几乎是借用了欧洲小说家描摹人物心理的手法，对那些手握国权而又老朽不堪的人的心理状态作了无情的解剖。他说这些人：“积数十年之八股、白折、当差、捱俸、手本、唱喏、磕头、请安、千辛万苦”，才弄到“红顶花翎”，“中堂名号”，自然要“出其全副精神”“以保持之”。这些人，“既七十矣，八十矣”，“今日且过”，管它明日；“今年且过”，管它明年！为自己能够“快活”地了结余生，自然甘愿“割三头两省之地”，“换我几个衙门”；“卖三几百万人民”“赎我一条老命”！“以此为国，安得不老且死”！这真是入木三分的精彩刻画！梁启超以“老”为中心，对清帝国所作的系统批判，确实抓住了封建政体的痼疾。但是，他对于“少年中国”的本质、特点、精神、追求的描述却是朦胧的、肤浅的，而把一切希望不加分析地寄托于中国新起的一代少年，也是片面的进化论观点。他对于少年中国的未来，于字里行间，虽然充满了炽热的情感，但他到底也没能指出一条奔赴未来的可行之路。本文的艺术特色如下。

1. 形象的丰富性

《少年中国说》的另一特点是其形象的丰富性。形象性是中国古代政论文的优良传统，在历史上早就有贾谊《过秦论》那样的传诵千古的名篇。梁启超的散文则把传统散文创造出的意象体系，大大地扩展了、丰富了。其写“老”则不仅用“夕照”，用“瘠牛”、用“秋柳”、用“陨石”，用浔阳江头的琵琶妇，西宫南内的白发女等等民族的、传统的、为人熟知的形象，作多侧面的揭示，而且大量地运用了新时代、新生活、新知识、新事物提供的丰富形象。诸如“死海”“金字塔”“西伯利亚大铁路”，拿破仑的流放，阿剌飞（或译阿拉比帕沙）的幽囚，玛志尼的革命等等，自然而然地把读者的目光引向中华帝国之外的广阔世界。让人在不知不觉中领悟到要使古老的民族恢复青春，就必须以欧洲为师。更值得赞赏的是，梁启超使用丰富的形象，不仅围绕着一个思想中心，而且在众多的形象之中也是有主有从，突出了中心形象。这个中心形象就是手“握国权”的“老朽之人”。如果没有这个中心形象，前面的形象虽然丰富，但难免杂乱，有了这个中心形象，前面丰富的形象就与之共同构成了有机的整体，集中地为批判、揭露腐败的清廷服务了。

2. 笔锋常带情感

“笔锋常带情感”是梁启超“新文体”的又一特色。《少年中国说》通篇就不是用冷静的分析、严密的逻辑逐层论证，而似乎是顺着情感的奔流，纵笔而成。一落笔，“欲言国之老少，请言人之老少”。就像久遭禁锢的情感的火山，突然爆发，一气用了十个排比句，将“老年人”与“少年人”的两种生理状况，心理特征，精神状态，思想方法，反复地进行对比分析。开头是两个长句，长句中又包括几个短句，分述相关相异的几层意思，气势稍缓；但越往后，句式越短，节奏越快，奔腾直泻，一发难收。开头好像是火山的熔岩滚滚外溢，而往后则是短促的、猛烈的、势不可挡的连续喷发了。以后的几大段情感的节奏渐趋平缓，而情感的力度却伴随着论题的开展而加强、而深化了。最后以一段四言韵语作结，把情感再次推向高潮。但这不同于开头那久遭禁锢后的情感爆发，而像江水出峡后的汪洋恣肆，其中充满了对“少年中国”的未来的热切追求，美好向往，让人觉得天空海阔前程无量，文虽终而情未尽，悠远绵长，耐人回味。

3. 文学语言上的独创性

《少年中国说》文学语言上的独创性，在梁启超的散文作品中也很有代表性。就词汇来说，这里有“俚语”如“赎我一条老命”，“走无常当医生”之类；有韵语如末段“红日初升，其道大光。河出伏流，一泻汪洋……”；有外国语法，如“夫国也者，何物也？有土地，有人民……”一段。这三者，细辨似有不同，但又共同构成一篇文章的有机整体，达到了水乳交融的境地。这不能不说是对中国传统的文学语言的重大改革。

【思考与练习】

1. 续话练习

婚礼刚举行完毕，主持人领着新郎与新娘从婚礼台上走下来，正准备举杯给来宾敬酒，不料突然停电，全场一片漆黑。正在这时，只听主持人朗声说：“……”全场一片喧哗，然后转为一阵笑声。

2. 谈谈《少年中国说》所抒写的作者的社会理想有什么缺陷，在今天还有没有现实意义。

四十一、不要抛弃学问

胡适

诸位毕业同学：

现在你们要离开母校了，我没有什么礼物送你们，只好送你们一句话罢。

这一句话是：“不要抛弃学问。”以前的功课也许有一大部分是为了这张毕业文凭，不得已而做的，从今以后，你们可以依自己的心愿去自由研究了。趁现在年富力强的时候，努力做一种学问。少年是一去不复返的，等精力衰疲时，要做学问也来不及了。即为吃饭计，学问绝不会辜负人的。吃饭而不求学问，三年五年之后，你们都要被后来的少年淘汰掉的。到那时再想做点学问来补救，恐怕已太晚了。

有人说："出去做事之后，生活问题急需解决，哪有工夫去读书？即使要做学问，既没有图书馆，又没有实验室，哪能做学问？"

我要对你们说：凡是要等到有了图书馆方才读书的，有了图书馆也不肯读书。凡是要等到有了实验室方才做研究的，有了实验室也不肯做研究。你有了决心去研究一个问题，自然会撙衣缩食去买书，自然会想出法子来设置仪器。

至于时间，更不成问题：达尔文一生多病，不能多工作，每天只能做一点钟的工作。你们看他的成绩！每天花一个小时看10页有用的书，每年可看3,600多页，30年可读11万页书。

诸位，11万页书可以使你成为一个学者了。可是，每天看三种小报也得费你一点钟的工夫，四圈麻将也得费你一点半钟的光阴。看小报呢？还是打麻将呢？还是努力做一个学者呢？全靠你们自己的选择！

易卜生说："你的最大的责任是把你这块材料铸造成器。"

学问便是铸器的工具。抛弃了学问便是毁了你们自己。

再会了！你们的母校会眼睁睁地看着你们十年之后成什么器。

【迷津导航】

胡适(1891.12.17—1962.2.24)，汉族，安徽绩溪人，现代著名学者、诗人、历史学家、文学家、哲学家，因提倡文学革命而成为新文化运动的领袖之一。胡适回国后，任北京大学教授，加入《新青年》编辑部，撰文反对封建主义，宣传个性自由、民主和科学，积极提倡"文学改良"和白话文学，成为当时新文化运动的重要人物。

这篇文章是胡适对1929年中国公学18级毕业的赠言。胡适言辞恳切，语重心长地论说了做学问的重要并指明了该怎样做学问。

【思考与练习】

1. 结合胡适的公开演讲，说说演讲的重要特点。
2. 自己准备一份毕业典礼上的送别式演讲，注意情真意切(即演讲语言的运用)。

四十二、我有一个梦想

马丁·路德·金

100年前，一位伟大的美国人签署了解放黑奴宣言，今天我们就是在他的雕像前集会。这一庄严宣言犹如灯塔的光芒，给千百万在那摧残生命的不义之火中受煎熬的黑奴带来了希望。它之到来犹如欢乐的黎明，结束了束缚黑人的漫漫长夜。

然而100年后的今天，我们必须正视黑人还没有得到自由这一悲惨的事实。100年后的今天，在种族隔离的镣铐和种族歧视的枷锁下，黑人的生活备受压榨。100年后的今天，黑人仍生活在物质充裕的海洋中一个穷困的孤岛上。100年后的今天，黑人仍然萎缩在美国社会的角落里，并且意识到自己是故土家园中的流亡者。今天我们在这里集会，就是要把这种骇人听闻的情况公之于众。

就某种意义而言，今天我们是为了要求兑现诺言而汇集到我们国家的首都来的。我们共和国的缔造者草拟宪法和独立宣言的气壮山河的词句时,曾向每一个美国人许下了诺言,他们承诺给予所有的人以生存、自由和追求幸福的不可剥夺的权利。

就有色公民而论,美国显然没有实践她的诺言。美国没有履行这项神圣的义务,只是给黑人开了一张空头支票,支票上盖着“资金不足”的戳子后便退了回来。但是我们不相信正义的银行已经破产,我们不相信,在这个国家巨大的机会之库里已没有足够的储备。因此今天我们要求将支票兑现——这张支票将给予我们宝贵的自由和正义的保障。

我们来到这个圣地也是为了提醒美国,现在是非常急迫的时刻。现在绝非侈谈冷静下来或服用渐进主义的镇静剂的时候。现在是实现民主诺言的时候。现在是从种族隔离的荒凉阴暗的深谷攀登种族平等的光明大道的时候,现在是向上帝所有的儿女开放机会之门的时候,现在是把我们的国家从种族不平等的流沙中拯救出来,置于兄弟情谊的磐石上的时候。

如果美国忽视时间的迫切性和低估黑人的决心,那么,这对美国来说,将是致命伤。自由和平等的爽朗秋天如不到来,黑人义愤填膺的酷暑就不会过去。1963 年并不意味着斗争的结束,而是开始。有人希望,黑人只要撒撒气就会满足;如果国家安之若素,毫无反应,这些人必会大失所望的。黑人得不到公民的权利,美国就不可能有安宁或平静,正义的光明的一天不到来,叛乱的旋风就将继续动摇这个国家的基础。

但是对于等候在正义之宫门口的心急如焚的人们,有些话我是必须说的。在争取合法地位的过程中,我们不要采取错误的做法。我们不要为了满足对自由的渴望而抱着敌对和仇恨之杯痛饮。我们斗争时必须永远举止得体,纪律严明。我们不能容许我们的具有崭新内容的抗议蜕变为暴力行动。我们要不断地升华到以精神力量对付物质力量的崇高境界中去。

现在黑人社会充满着了不起的新的战斗精神,但是不能因此而不信任所有的白人。因为我们的许多白人兄弟已经认识到,他们的命运与我们的命运是紧密相连的,他们今天参加游行集会就是明证。他们的自由与我们的自由是息息相关的。我们不能单独行动。

当我们行动时,我们必须保证向前进。我们不能倒退。现在有人问热心民权运动的人,“你们什么时候才能满足?”

只要黑人仍然遭受警察难以形容的野蛮迫害,我们就绝不会满足。

只要我们在外奔波而疲乏的身躯不能在公路旁的汽车旅馆和城里的旅馆找到住宿之所,我们就绝不会满足。

只要黑人的基本活动范围只是从少数民族聚居的小贫民区转移到大贫民区,我们就绝不会满足。

只要密西西比仍然有一个黑人不能参加选举,只要纽约有一个黑人认为他投票无济于事,我们就绝不会满足。

不!我们现在并不满足,我们将来也不满足,除非正义和公正犹如江海之波涛,汹涌澎湃,滚滚而来。

我并非没有注意到,参加今天集会的人中,有些受尽苦难和折磨,有些刚刚走出窄小的牢房,有些由于寻求自由,曾在居住地惨遭疯狂迫害的打击,并在警察暴行的旋风中摇摇欲坠。你们是人为痛苦的长期受难者。坚持下去吧,要坚决相信,忍受不应得的痛苦是一种赎罪。

让我们回到密西西比去,回到亚拉巴马去,回到南卡罗来纳去,回到佐治亚去,回到路易斯安那去,回到我们北方城市中的贫民区和少数民族居住区去,要心中有数,这种状况是能够也必将改变的。我们不要陷入绝望而不可自拔。

朋友们,今天我对你们说,在此时此刻,我们虽然遭受种种困难和挫折,我仍然有一个梦想,这个梦想是深深扎根于美国的梦想中的。

我梦想有一天,这个国家会站立起来,真正实现其信条的真谛:"我们认为这些真理是不言而喻的,人人生而平等。"

我梦想有一天,在佐治亚的红山上,从前奴隶的后嗣将能够和奴隶主的后嗣坐在一起,共叙兄弟情谊。

我梦想有一天,甚至连密西西比州这个正义匿迹,压迫成风,如同沙漠般的地方,也将变成自由和正义的绿洲。

我梦想有一天,我的四个孩子将在一个不是以他们的肤色,而是以他们的品格优劣来评价他们的国度里生活。

我今天有一个梦想。我梦想有一天,亚拉巴马州能够有所转变,尽管该州州长现在仍然满口异议,反对联邦法令,但有朝一日,那里的黑人男孩和女孩将能与白人男孩和女孩情同骨肉,携手并进。

我今天有一个梦想。

我梦想有一天,幽谷上升,高山下降;坎坷曲折之路成坦途,圣光披露,满照人间。

这就是我们的希望。我怀着这种信念回到南方。有了这个信念,我们将能从绝望之岭劈出一块希望之石。有了这个信念,我们将能把这个国家刺耳的争吵声,改变成为一支洋溢手足之情的优美交响曲。

有了这个信念,我们将能一起工作,一起祈祷,一起斗争,一起坐牢,一起维护自由;因为我们知道,终有一天,我们是会自由的。

在自由到来的那一天,上帝的所有儿女们将以新的含义高唱这支歌:"我的祖国,美丽的自由之乡,我为您歌唱。您是父辈逝去的地方,您是最初移民的骄傲,让自由之声响彻每个山冈。"

如果美国要成为一个伟大的国家,这个梦想必须实现。让自由之声从新罕布什尔州的巍峨的崇山峻岭响起来!让自由之声从纽约州的崇山峻岭响起来!

让自由之声从科罗拉多州冰雪覆盖的落基山响起来!让自由之声从加利福尼亚州蜿蜒的群峰响起来!不仅如此,还要让自由之声从佐治亚州的石岭响起来!让自由之声从田纳西州的了望山响起来!

让自由之声从密西西比的每一座丘陵响起来!让自由之声从每一片山坡响起来。

当我们让自由之声响起来,让自由之声从每一个大小村庄、每一个州和每一个城市响起来时,我们将能够加速这一天的到来,那时,上帝的所有儿女,黑人和白人,犹太教徒和非犹太教徒,耶稣教徒和天主教徒,都将手携手,合唱一首古老的黑人灵歌:"终于自由啦!终于自由啦!感谢全能天父,我们终于自由啦!"

【迷津导航】

这篇演讲词是中外演讲史上文采斐然的篇章之一。作者运用多种修辞手法,几乎每一段都有大量形象的比喻,如用"灯塔"和"黎明"来比喻林肯签署的解放黑奴宣言,用"物质充裕的海洋中一个穷困的孤岛"和"故土家园中的流亡者"等来比喻黑人的处境,生动地描绘出美国黑人的生存现状和他们内心的渴望。"空头支票"等则形象地表现出了政府许诺和现实之间的距离。文中华丽的词句,典雅的语言,为演讲锦上添花。文中还大量运用了排比、呼告和反复等修辞手法，使作者的思想表达得更充分，更鲜明，有着排山倒海的气势，增强了作品的感染力和表达效果。

【思考与练习】

1. 请以“社会是没有围墙的大学”为题，分别用开门见山式、曲尽通幽式两种模式构思进行即兴发言。

2. 结合本节内容归纳演讲时应注意的事项。

四十三、雪

鲁迅

暖国的雨，向来没有变过冰冷的坚硬的灿烂的雪花。博识的人们觉得他单调，他自己也以为不幸否耶？江南的雪，可是滋润美艳之至了；那是还在隐约着的青春的消息，是极壮健的处子的皮肤。雪野中有血红的宝珠山茶，白中隐青的单瓣梅花，深黄的磬口的蜡梅花；雪下面还有冷绿的杂草。蝴蝶确乎没有；蜜蜂是否来采山茶花和梅花的蜜，我可记不真切了。但我的眼前仿佛看见冬花开在雪野中，有许多蜜蜂们忙碌地飞着，也听得他们嗡嗡地闹着。

孩子们呵着冻得通红，像紫芽姜一般的小手，七八个一齐来塑雪罗汉。因为不成功，谁的父亲也来帮忙了。罗汉就塑得比孩子们高得多，虽然不过是上小下大的一堆，终于分不清是壶卢还是罗汉，然而很洁白，很明艳，以自身的滋润相粘结，整个地闪闪地生光。孩子们用龙眼核给他做眼珠，又从谁的母亲的脂粉奁中偷得胭脂来涂在嘴唇上。这回确是一个大阿罗汉了。他也就目光灼灼地嘴唇通红地坐在雪地里。

第二天还有几个孩子来访问他；对了他拍手，点头，嘻笑。但他终于独自坐着了。晴天又来消释他的皮肤，寒夜又使他结一层冰，化作不透明的水晶模样，连续的晴天又使他成为不知道算什么，而嘴上的胭脂也褪尽了。

但是，朔方的雪花在纷飞之后，却永远如粉，如沙，他们决不粘连，撒在屋上，地上，枯草上，就是这样。屋上的雪是早已就有消化了的，因为屋里居人的火的温热。别的，在晴天之下，旋风忽来，便蓬勃地奋飞，在日光中灿灿地生光，如包藏火焰的大雾，旋转而且升腾，弥漫太空，使太空旋转而且升腾地闪烁。

在无边的旷野上，在凛冽的天宇下，闪闪地旋转升腾着的是雨的精魂……

是的，那是孤独的雪，是死掉的雨，是雨的精魂。

一九二五年一月十八

【迷津导航】

鲁迅的《雪》写于 1925 年 1 月。当时正处于北伐革命的前夜，同时两党结成统一战线，革命形势出现了可喜的局面。但鲁迅当时生活的北平仍在北洋军阀的黑暗统治下，反动势力猖獗，斗争极其激烈。鲁迅先后用象征手法，通过对江南和北方的雪景的对比描写，赞美了飞雪追求自由和顽强斗争的精神，表达了作者对冷酷黑暗的社会现实的强烈不满和无比愤思的感情，抒发了对美好事物的赞颂和黑暗势力作坚决斗争的革命情怀。

《雪》是鲁迅散文诗集《野草》中最为明朗的一篇。它的景物描写细致生动，用词准确。文章描写了江南与北方的雪景，并在对比中体现出作者的倾向。江南的雪是美的，但它是温润的美，相比而言，最值得称赞的还是在孤单的境遇下独自抗争的北方的雪。这一情感取向，阅读时需要仔细辨析。鲁迅的语言风格非常独特,例如,在描写完江南的雪之后,用了一个峻急的"但是",转入对"朔方的雪"的描述。看似并不需要转折,可加上这个"但是"之后,情感的倾向性更加明显了。这一点需细细体会。

【思考与练习】

1. 深刻体会《雪》所饱含的情感,在此基础上,试着朗诵《雪》。

2. 谈谈朗诵中语调与重音的作用。

3. 请运用归谬反驳法做以下练习。

一个顾客走进一家超市,从货架上拿下一盒饼干,问销售员:"这饼干好吃吗?"销售员回答:"先生,不好意思,我没有品尝过。"顾客说:"你怎么能卖你没吃过的东西呢?"

(请你替推销员对顾客的评论给予反驳。)

4. 全班认真观看一场国际大专辩论赛,并分组讨论辩论技巧。

参考文献

[1]胡军. 哲学是什么[M]. 北京:北京大学出版社,2002.
[2]李芷萱. 影响世界的100个重要流派[M]. 武汉:武汉出版社,2009.
[3][美]布鲁斯·厄姆森. 贝克莱[M]. 曹秋华,译. 北京:中华书局,2005.
[4][英]乔治·贝克莱. 人类知识原理[M]. 关文运,译. 北京:商务印书馆,1973.
[5]王瑞芳. 从古希腊人的民族性格谈希腊哲学的产生[J]. 湖北社会科学,2004,10.
[6]杜丽燕. 希腊哲学是基督教思想的奠基者[J]. 求是学刊,2004,1.
[7][宋]黎靖德. 朱子语类[M]. 王星贤,点校. 北京:中华书局,1986.
[8]郭锡良. 古代汉语(修订本)[M]. 天津:天津教育出版社,1996.
[9]荆贵生. 古代汉语[M]. 3版. 武汉:武汉大学出版社,2005.
[10][英]罗素. 西方哲学史(上卷)[M]. 何兆武,李约瑟,译. 北京:商务印书馆,1963.
[11][英]罗素. 西方哲学史(下卷)[M]. 马元德,译. 北京:商务印书馆,1976.
[12]冯友兰. 中国哲学简史[M]. 涂又光,译. 北京:北京大学出版社,2010.
[13]北京大学哲学系外国哲学史教研室. 西方哲学原著选读(下卷)[M]. 北京:商务印书馆,1982.
[14]北京大学哲学系外国哲学史教研室. 西方哲学原著选读(上卷)[M]. 北京:商务印书馆,1981.
[15]郭齐勇. 中国古典哲学名著选读[M]. 北京:人民出版社,2005.
[16]冯达文. 中国古典哲学略述[M]. 广州:广东人民出版社,2009.
[17]方立天. 中国佛教哲学要义[M]. 北京:中国人民大学出版社,2002.
[18]吕澂. 中国佛学源流略讲[M]. 北京:中华书局,1979.
[19]徐文明,朗宇法师/清修法师. 中国佛教哲学[M]. 北京:宗教文化出版社,2008.
[20]杨蔚. 中国传统哲学导引[M]. 北京:北京交通大学出版社,2005.
[21][德]卡尔·洛维特. 从黑格尔到尼采[M]. 上海:上海三联书店,2006.
[22]王海明. 新伦理学[M]. 北京:商务印书馆,2002.
[23]何怀宏,良心论[M]. 上海:上海三联书店,1994.
[24][法]蒙田. 蒙田随笔全集[M]. 潘丽珍,译. 南京:译林出版社,1999.
[25]马克思,恩格斯. 马克思恩格斯选集 (第4卷) [M]. 北京:人民出版社,1995.
[26][英]培根. 培根随笔集[M]. 曹明伦,译. 北京:燕山出版社,2000.
[27]燕良轼,刘丽君,苗艳敏. 青少年是非之心的培养策略 [J]. 辽宁师范大学学报:社会科学版,2009(1):55-57.
[28][汉]许慎. 说文解字 (现代版) [M]. 宋徐铉,校定. 王宏源,新勘. 北京:社会科学文献出版社,2005.
[29][德]康德. 道德形而上学原理[M]. 苗力田,译. 上海:上海人民出版社,2005.
[30]夏征农. 辞海[M]. 上海:上海人民出版社,1997.

[31]朱熹. 孟子集注[M]. 济南:齐鲁书社,1992.
[32]段玉裁. 说文解字注[M]. 上海:上海古籍出版社,1981.
[33]方勇. 孟子[M]. 北京:中华书局,2010.
[34]孔子及其弟子. 论语[M]. 张燕婴,译. 北京:中华书局,2011.
[35]张岱年. 中国哲学大纲[M]. 北京:中国社会科学出版社,1982.
[36][奥]西格蒙德·弗洛伊德. 弗洛伊德后期著作选[M]. 林尘,译. 上海:上海译文出版社,1986.
[37]郭思乐. 教育走向生本[M]. 北京:人民教育出版社,2001.
[38]贾东海. 史学概论[M]. 北京:中央民族大学出版社,1992.
[39]葛剑雄,周筱替. 历史学是什么[M]. 北京:北京大学出版社,2002.
[40]赵亚夫. 历史教育测量与评价[M]. 北京:高等教育出版社,2003.
[41]聂幼犁. 中学历史教育论[M]. 上海:学林出版社,1999.
[42]梁启超. 中国历史研究法[M]. 上海:华东师范大学出版社,1996.
[43]白寿彝. 史学概论[M]. 银川:宁夏人民出版社,1983.
[44]尹达. 中国史学发展史[M]. 郑州:中州古籍出版社,1985.
[45]白寿彝. 中国史学史[M]. 上海:上海人民出版社,1986.
[46]施丁. 中国史学简史[M]. 郑州:中州古籍出版社,1987.
[47]杰弗里·巴勒克拉夫. 当代史学主趋势[M]. 上海:上海译文出版社,1987.
[48]赵世玲. 西方马克思主义史学的发展现状——访加拿大学者布赖恩·帕尔默,当代西方史学思想的困惑[M]. 北京:中国社会科学出版社,1991.
[49]刘为. 有立必有破——访英国著名史学家 E. P. 汤普森[J]. 史学理论研究,1992,3.
[50]刘为. 历史学家是有用的——访英国著名史学家 E. J. 霍布斯鲍姆[J]. 史学理论研究,1992,4.
[51]杰弗里·巴勒克拉夫. 当代史学主趋势[M]. 上海:上海译文出版社,1987.
[52]周婷. 成功面试礼仪与口才[M]. 北京:经济管理出版社,2010.
[53]刘玉瑛. 考官谈面试[M]. 北京:新华出版社,2009.
[54]刘青. 面试中的心理学[M]. 北京:人民邮电出版社,2009.
[55]李元授. 演讲口才丛书——即兴演讲艺术[M]. 长春:吉林大学出版社,1993.
[56]刘素丽. 即兴演讲[M]. 北京:海潮出版社,2000.
[57]谢伦浩. 即兴演讲构思方略[M]. 北京:石油工业出版社,2002.
[58][美]戴尔·卡耐基. 卡耐基口才训练全集[M]. 雅琴,译. 杭州:浙江人民出版社,2009.
[59]牛殿庆. 口才、社交与礼仪教程[M]. 上海:上海财经大学出版社,200.
[60]刘汉民. 日常论辩与司法论辩技巧[M]. 北京:中国民主法制出版社,2011.
[61]欧阳友权,朱秀丽. 实用口才训练[M]. 上海:东华大学出版社,2008.
[62]林华章. 应用口才教程[M]. 北京:法律出版社,2005.
[63]余培侠. 正方反方评方(历届国际大专辩论会评析)[M]. 北京:西苑出版社,2001.
[64]兴盛乐. 口才资本与演讲技巧[M]. 北京:企业管理出版社,2007.
[65]叶晗. 大学口才教程[M]. 杭州:浙江大学出版社,2004.
[66]林语堂. 怎样说话与演讲[M]. 北京:文学艺术出版社,2004.

[67]杨中慧.实用口才[M].安徽:合肥工业大学出版社,2005.
[68][美]戴博拉·费恩.谈话的艺术[M].曹毅然,译.桂林:广西师范大学出版社,2006.
[69]李建南.口头交际的艺术——通用口才学[M].北京:中国青年出版社,1991.
[70]谢伦浩.即兴对话经典品读[M].北京:石油工业出版社,2002.
[71]牛殿庆.口才、社交与礼仪教程[M].上海:上海财经大学出版社,2007.
[72]康苏珊.实用演讲技巧[M].北京:外语教学与研究出版社,2004.
[73]汤小映.得心应口:100%的口才与演讲技巧[M].哈尔滨:黑龙江人民出版社,2004.
[74]武小军.大学演讲(理论与语言技巧)[M].成都:电子科技大学出版社,2006.
[75]冯景照,蔡宇茗,林锦和.朗文名人演讲精选和技巧解析[M].南京:译林出版社,2007.
[76]唐树芝.演讲语言技巧与实践[M].长沙:湖南师范大学出版社,2003.
[77]曾致.朗诵艺术指要[M].北京:中国传媒大学出版社,2007.
[78]李红岩.诗歌朗诵技巧[M].北京:中国广播电视出版社,2002.
[79]赵兵,王群.朗诵艺术创造[M].上海:格致出版社,2008.
[80]路英.朗诵语言技巧与实践[M].长沙:湖南师范大学出版社,2002.
[81]谢伦浩.中外美文佳作朗诵指导[M].北京:石油工业出版社,2005.
[82]杜伟东,常莹.普通话朗诵指导与点评[M].北京:中国广播电视出版社,2004.
[83]王一川.文学理论[M].成都:四川人民出版社,2003.
[84]童庆炳.文学理论新编[M].北京:北京师范大学出版社,2005.
[85]陶东风.文学理论基本问题[M].北京:北京大学出版社,2008.
[86]杨春时.文学理论新编[M].北京:北京大学出版社,2007.
[87]刘乃昌,萧涤非.中国文学名篇鉴赏[M].济南:山东大学出版社,2007.
[88]袁行霈.中国文学史[M].北京:高等教育出版社,2003.
[89]朱东润.中国历代文学作品选[M].上海:上海古籍出版社,2003.